XIANDAI CHUANSHU

CHANYE FAZHAN YU JISHU CHUANGXIN

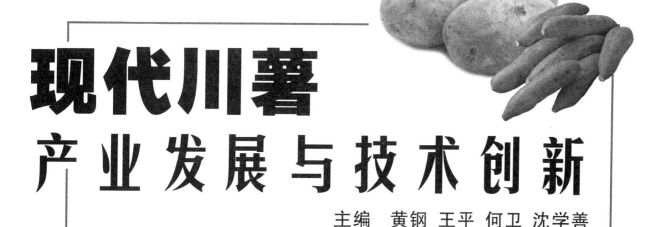

现代川薯
产业发展与技术创新

主编 黄钢 王平 何卫 沈学善

四川科学技术出版社

图书在版编目（CIP）数据

现代川薯产业发展与技术创新/黄钢等主编.--成都：
四川科学技术出版社, 2019.7
ISBN 978-7-5364-9480-0

Ⅰ.①现… Ⅱ.①黄… Ⅲ.①薯类作物 – 产业发展 –
研究 – 四川 Ⅳ.①F326.11

中国版本图书馆CIP数据核字(2019)第111826号

现代川薯产业发展与技术创新

XIANDAI CHUANSHU CHANYE FAZHAN YU JISHU CHANGXIN

主　　编　黄　钢　王　平　何　卫　沈学善

出 品 人　钱丹凝
责任编辑　何　光
封面设计　张维颖
责任出版　欧晓春
出版发行　四川科学技术出版社
　　　　　成都市槐树街2号　邮政编码 610031
　　　　　官方微博：http://e.weibo.com/sckjcbs
　　　　　官方微信公众号：sckjcbs
　　　　　传真：028-87734035
成品尺寸　210 mm × 285 mm
印　　张　33　字数 650 千
印　　刷　成都市新都华兴印务有限公司
版　　次　2019年7月第1版
印　　次　2019年7月第1次印刷
定　　价　160.00元

ISBN 978-7-5364-9480-0

邮购：四川省成都市槐树街2号　邮政编码：610031
电话：028-87734035 电子信箱：sckjcbs@163.com

《现代川薯产业发展与技术创新》
编 委 会

前　言

四川省薯类科研事业始于 20 世纪 40 年代。1940 年四川省农业改进所（现四川省农业科学院）杨鸿祖先生从美国引进南瑞苕在四川省繁殖、观察、鉴定、试种，产量高而稳定，品质特优，适应性强，深受广大农户欢迎。50 年代推广面积迅速扩大，1959 年达 87.46 万 hm²，占当年全省甘薯面积的 55%，比地方品种增产 50% 以上。直到 1985 年该品种累计种植面积达 1 466.67 万 hm²。在马铃薯育种上，四川省农业科学院于 1947 年引进马铃薯杂种实生苗“B76-43”,1951 年秋鉴定出该材料具有晚疫病抗性，1955 年定名为巫峡洋芋，向全国 21 个省累计推广面积 133 万 hm²。1980 年 6 月，四川省农业科学院开始与国际马铃薯中心（CIP）开展科技合作，38 年来与国际马铃薯中心（CIP）在薯类种质资源引进、品种选育、脱毒种薯扩繁、耕作栽培、贮藏保鲜、产后加工、服务企业、科技扶贫、产业经济和人才培养等多方面开展了广泛而富有成效的合作。回顾这些历史，在于激励四川薯业同仁，不忘初心，砥砺前行。

马铃薯、甘薯是四川省第四和第五大粮食作物，不仅对粮食安全、农业结构调整和农民持续增收意义重大，对于确保贫困地区和民族地区口粮安全、精准扶贫具有特殊重要作用。但由于种种原因，相当长的一个时期，薯类作物未能受到应有的重视。15 年前，四川省薯类产业存在的主要问题：科研资金匮乏、科技人员流失、创新转化能力弱化、新品种少、种薯混杂退化、栽培技术落后、种植模式单一、病虫害严重、贮藏损失大、加工比例低、面积不断萎缩、单产长期低而不稳。川薯产业在农业增效、农民增收和产业扶贫方面的巨大潜力远没有得到发挥。

四川省农业厅继启动第一期（2008 ～ 2013 年）马铃薯创新团队之后，于 2014 年启动了第二期薯类创新团队建设工作（2014 ～ 2018 年）。五年来，在四川省农业厅的领导下，薯类创新团队和四川省科研院校薯业科技人员在科技创新、成果转化、产业扶贫和人才培养等方面都取得了突出成效，为川薯产业的健康发展提供了强大的科技支撑。为了总结五年来薯类创新团队和全省广大薯业科技人员的创新转化业绩，经本书主编倡导和全省广大薯业科技人员积极响应，《现代川薯产业发展与技术创新》一书终于问世了。

2014 年以来，本书中的研究内容先后受到公益性行业（农业）科研专项（201503121-08；201503127-03）、四川薯类创新团队建设项目（川农业 [2014]91 号）、四川省应用基础项目（2017JY0078；2018JY0626）、四川省软科学研究项目（19RKX0454）、四川省财政创新能力提升专项（2016GYSH-027；2018GYSH-001）等国家级与部省级项目的资助。我们向上述项目资助部门表示衷心的感谢。

　　本书主要面向科技人员、领导干部、管理人员、企业家、新型经营主体领办人，以及有志于现代川薯产业发展的大学生和研究生。本书凝聚了四川省广大薯业科技人员近年来在现代川薯产业发展中的大量阶段性科研成果，涉及现代川薯产业发展现状、发展战略、产业关键技术创新、人才培养、新型经营主体培育等诸方面，技术创新方面汇集了在良种良繁、耕作栽培、植物保护、贮藏加工等关键技术领域的最新研究进展。参与本书撰稿和编著工作的作者涉及四川省科研院校、推广部门和企业共计 30 个单位 148 位科技人员，四川省薯类创新团队的所有岗位专家、国家马铃薯、甘薯现代产业技术体系所有在川岗位专家和试验站站长、全省主要科研院校多数薯业科研骨干和一大批青年新秀都积极参与了本书工作。在此，我们向所有支持本书工作的作者表示衷心的感谢和诚挚的敬意。我们诚挚感谢四川科学技术出版社对本书审稿、校稿和出版的大力支持。

《现代川薯产业发展与技术创新》编委会

2019 年 2 月 19 日

目　录

一、发展综述

二、良种良繁

三、耕作栽培

四、植物保护

五、贮藏加工

一、发展综述

为做强川薯产业构筑科技支撑

黄　钢，王　平，何　卫，屈会娟，沈学善，王　宏

（四川省农业科学院，四川成都　610066）

摘　要：本文综述了四川薯类创新团队五年来在科技创新、成果转化和团队建设等方面的主要进展。一是川薯产业关键领域实现六大技术创新；二是加强成果转化，双创互动延伸川薯产业链；三是加强双创人才培养，建设高水平薯类创新团队。对存在的问题及未来川薯产业创新转化重点进行了讨论。

关键词：薯类；产业；技术创新；成果转化；团队建设

马铃薯、甘薯是四川省第四和第五大粮食作物，不仅对粮食安全、农业结构调整和农民持续增收意义重大，而且对确保贫困山区和民族地区口粮安全、精准扶贫具有特殊重要作用。四川薯类创新团队成立之前，由于种种原因，过去相当长一个时期，薯类作物未能受到应有的重视。四川省薯类产业存在的主要问题：科研资金匮乏、科技人员流失、创新转化能力弱、优质专用新品种少、种薯混杂退化、栽培技术落后、病虫害严重、贮藏损失大、加工比例低、面积不断萎缩、单产长期低而不稳。川薯产业在农业增效、农民增收和产业扶贫方面的巨大潜力远没有得到发挥[1]。

四川省农业厅继启动第一轮（2008～2013年）马铃薯创新团队之后，于2014年启动了第二期薯类创新团队建设工作（2014～2018年）。第二期薯类创新团队设岗位专家15人，其中国务院政府特殊津贴获得者2人，四川省学术和技术带头人3人。五年来，在四川省农业厅的领导下，薯类创新团队在科技创新、成果转化、产业扶贫和人才培养等方面都取得了突出成效，荣获部省科技进步奖8项，其中四川省科技进步一等奖1项，为川薯产业的健康发展提供了强大的科技支撑。2017年，四川省薯类种植总面积130.16万 hm²、总产量2 686万 t。四川省马铃薯、甘薯总产和面积均居全国第一。

1　川薯产业关键领域实现六大技术创新

五年来，薯类创新团队在深入市场和产业调研的基础上，按照"创新技术链—延伸产业链—提升价值链"的技术路线[2]，以支撑现代川薯产业链为总体目标，将川薯周年生产供给、优质专用品种选育、良种脱毒种薯快繁、优质绿色高效栽培、主要病虫害绿色防控、贮藏保鲜、精深加工与装备研制

基金项目：国家现代农业产业技术体系四川薯类创新团队项目（川农业函 [2014]91 号）；四川省软科学项目"基于产业优势构建川薯全产业链科技支撑研究"（19RKX0454）。

作者简介：黄钢（1955—），男，二级研究员，博士，主要从事作物耕作栽培和现代农业研究，国家现代农业产业技术体系四川薯类创新团队首席专家（2008—2018）。E-mail：huanggangsaas@163.com。

等产业链核心环节的技术创新链与产业创新链紧密结合，着力构建现代川薯产业科技价值链，在川薯产业关键领域取得了六大技术创新成果。

1.1 多季高效种植新模式为突破口，构建川薯产业周年生产技术体系

一直以来，四川省薯类生产以一季为主，春马铃薯和夏甘薯种植面积占绝大多数。四川省适宜多熟种植的生态条件优势远没有发挥出来，种植模式单一成为制约四川及西南地区薯类发展的瓶颈。创新团队在深入分析生态条件比较优势的基础上，以薯类多季高效种植模式为突破口，扩大秋冬马铃薯种植面积，大幅度提高春秋冬三季马铃薯单产和效益，形成了马铃薯周年生产、周年供给的产业链发展格局[3]。同时，以春甘薯早育早栽为突破口，形成早春薯和夏秋薯两季甘薯周年生产新型种植制度。创新早春食用薯和夏秋淀粉薯一年两熟甘薯周年种植新模式，比传统模式增收两倍，增产40%以上。一是创新薯类多季高效种植模式，运用亚热带立体气候类型区多元共生作物时空协调理论，利用秋、冬温光资源和空闲田土，结合薯类适宜间套种植的特性及四川不同区域的生态特点，创新薯类多季高效种植时空调控技术和模式，发展多熟间套作栽培，分区构建薯类多季高效种植模式。二是筛选季节专用品种优化生态布局，以生育期、种薯休眠期、薯块膨大期和多熟制薯类主要病害抗性等为主要评价指标，根据不同熟制气候及生态特点，制定了薯类不同熟制季节性品种筛选标准，优选出适宜多熟制条件下的新品种28个。三是分类制定不同季节薯类品种高产栽培关键技术，根据不同季节薯类群体生理特点和生产上存在的主要问题，集成创新春、秋、冬马铃薯和春甘薯及夏甘薯高产高效栽培技术体系，大幅度提高各季薯类单产和耕地使用综合效益。

1.2 选育优质专用薯类新品种，推进川薯品种更新换代

以优质专用新品种选育为核心，分类制定了淀粉加工型、鲜食型、紫肉鲜食型、高花青素加工型等优质专用型薯类新品种的筛选标准体系。收集薯类遗传资源690份，筛选出多份抗晚疫病、病毒病、青枯病、癌肿病以及高产、高淀粉、加工专用、适应性和抗逆性强的马铃薯核心种质。从甘薯遗传资源中筛选出大批有价值的核心种质，创制出一批高干物质、高淀粉、高花青素、高β-胡萝卜素、高抗黑斑病和病毒病的育种新材料，扩大了甘薯育种遗传基础，突破了遗传背景狭窄的瓶颈[4]。对省内外薯类新品种的产量、抗病性和重要品质特性进行了系统研究，对新品种蛋白质、淀粉、可溶性糖、花青素、维生素C、胡萝卜素、粗纤维、铁、铜、硒、钠等营养成分进行了分析测试比较研究。创新薯类品种选育技术，创制薯类新材料120份，选育出川芋、川凉薯、川薯、南薯、绵薯系列等新品种15个，其中，淀粉加工型1个，鲜食型9个，紫肉鲜食型4个，高花青素加工型1个。8个品种被四川省农业厅定为四川省农作物主导品种，推进川薯品种更新换代。

1.3 创新原原种脱毒苗快繁关键技术，构建种薯高效扩繁技术体系

突破四川省川薯产业发展中原原种脱毒快繁的技术瓶颈，着力构建高效率高质量的三代种薯体系，加强良繁技术研究和种薯基地建设，建立种薯全程质量监控体系。系统研究不同世代脱毒种薯休眠特性及其萌芽的酶学与激素生理、原种（原原种到原种）和生产种扩繁（原种到生产种）的生长发育动态及其产量形成差异，明确了不同世代脱毒种薯休眠期的梯级变化规律和优质种薯的生理质量特征；深入研究不同世代种薯扩繁的养分吸收利用特性及其差异，明确了肥料运筹对脱毒种薯扩繁养分吸收利用、光合特性、抗旱性以及块茎发育激素生理的影响规律[5]，探明了不同世代脱毒种薯扩繁的营养、光合与块茎发育生理特性；重点解决因脱毒种薯（尤其是原原种）休眠期长、种薯小、抗逆能力弱而带来的成苗率低、保苗难度大和因长势弱、单株结薯能力差带来的扩繁效率低两大技术难题，取得了脱毒种薯田间高效扩繁理论与技术的重大突破[6]。创新优质种薯生理质量调控、增密优配高效群体构建、肥料高效运筹技术促生长、化学调控平衡物质分配的"调、增、促、控"四大关键技术，并在此基础上分类优化集成了原种和生产种高效扩繁（专用）技术规程，扩繁产量提高30%以上，生产成本

降低 20% 以上。

1.4 集成创新薯类提质增效栽培技术体系

突破了限制薯类单产提高的技术瓶颈。以高效、安全、简化为目标，开展优质专用薯类新品种调优高产配套栽培技术研究，集成创新薯类不同品种、不同种植模式、不同播栽期、不同熟期优化栽培技术体系 14 项，其中 7 项技术被列为部省主推技术，针对薯类生产上的苗弱、苗稀、起垄低和偏施氮等共性栽培技术问题，研究提出了壮苗培育、增加密度、高厢垄作和控氮增钾等薯类提质增效四改关键栽培技术[7]。围绕紫色马铃薯提质增效关键栽培技术开展系统研究，探明了不同灌水时期、不同光照地区和不同海拔高度对紫色马铃薯产量、品质及花青素含量的影响，集成创新紫色马铃薯提质增效关键技术体系[8~9]。围绕紫色甘薯生理特性和提质增效关键栽培技术开展了系统的研究，集成创新了以"优质种、双膜提早育苗、垄作免耕保墒、及早移栽、增密种植和平衡施肥"为要点的紫色甘薯优质高产高效栽培技术体系[10~11]。以充分发挥高淀粉甘薯的品种产量潜力和品质潜力为目标，开展高淀粉甘薯新品种调优高产简化高效栽培技术研究与示范，集成创新以"优质种、高密度、垄作免耕保墒和平衡施肥"等技术为核心的高淀粉专用型甘薯优质高产高效栽培技术体系[12]。以"节本、省工、提质、增效"为目标，对马铃薯机械化生产耕整地、播种、中耕培土、植保、杀秧和收获等主要技术环节进行了集成研究，确立了四川马铃薯机械化种植主要技术参数，分别选用 2CM-4、2CM-4（改进型）、2CM-2、2CM－1/2 四种机型，研究形成 4 套农机农艺融合机械种收技术模式。系统研究四川省马铃薯晚疫病、病毒病等主要病害的发病规律，明确马铃薯晚疫病菌菌丝生长的最适温度、培养基、pH 值范围和光照条件，在不同温度条件下孢子囊的变化动态和影响释放游动孢子的营养条件，探明了四川马铃薯晚疫病菌生理小种组成及各毒性基因的发生频率，明确关键施药时期及配套防治药剂，集成创新马铃薯主要病虫害的绿色防控技术，建立了主要病虫害预警防控技术体系[13~14]。

1.5 创新安全贮藏保鲜控芽关键技术

针对薯类贮藏中的控芽和保鲜问题，以安全贮藏技术及分子机理研究为重点开展科技攻关。利用植物源成分延长薯类贮藏期研究表明，紫茎泽兰萃取物对贮藏种薯具有延长贮藏期、可逆性调控发芽期与播种期契合、减少烂薯率和降低重量损失的作用。创新"利用紫茎泽兰对马铃薯种薯贮藏保鲜"技术，贮藏损失率由 15% 以上降低到 5% 以下，结合冷藏设施，贮藏期由 60 d 延长至 150 d。研制出利于解除块茎休眠萌芽的植物生长调节剂及其处理方法。研究不同试剂处理对马铃薯原原种打破休眠的影响。发现并验证油菜素内酯（BR）是块茎解除休眠和萌芽所必需的信号物质，其作用方式与赤霉素（GA$_3$）既有区别也有联系。研究了外源油菜素内酯（BR）处理对块茎萌芽和芽生长的影响。利用人工生产的 BR 类似物 24- 表油菜素内酯（24-eBL）解除块茎休眠，并与 GA$_3$ 复配使用，改变了传统 GA$_3$ 单独催芽处理造成的种薯特别是原原种萌芽不整齐、芽纤弱问题，使块茎达到更佳生理状态，提高产量 10% 以上[15~18]。解决薯类在储运过程中的保鲜、抑芽、防病等问题，分类制定四川鲜薯大规模集中和小型分散贮藏技术体系，在薯类主产县推广示范取得良好效益。

1.6 创新薯类加工关键技术和新工艺

与薯类加工企业结合，创新优质专用薯类提质增效精深加工关键技术，研发薯类全粉、全薯粉丝、薯泥、快餐营养粉和甘薯非油炸方便面五大系列主食加工新产品。创新以冷冻薯泥为原料的加工关键技术和设备；探明紫薯褐变机理，探讨了光照、pH 值、温度、浓缩和预处理对紫薯浓缩液稳定性的影响，创新紫薯营养成分保护技术，研发紫薯加工制品护色新工艺，有效防止花青素的氧化，减少鲜薯营养成分流失，提高产品复水性；研究薯泥控温熟化新工艺，减少高温对薯类蛋白质、膳食纤维、维生素等营养物质的破坏，提高产品花青素含量；采用薯泥胶体磨均质新工艺，提高了产品口感；创新了节本增效的冷冻薯泥三级脱水工艺，经过三级脱水使其含水量降至 57% 左右。创新生全粉加工工艺，薯类生全粉采用预脱水、气流干燥新工艺代替回填气流干燥工艺，从鲜薯到加工成全粉成品整个流程缩短 1/3，干燥能耗下降 30% 以上。以薯类全粉为主要原料，建立连续化、节能环保高效的生产线，创新薯类非油炸方便面加工新工艺；创新优质专用薯类淀粉粉丝精深加工新技术和主食产品节能环保新工艺；系统研发薯类全粉一体化综合利用及节能高效环保新工艺，形成连续化、清洁化生产加工新工艺。建立鲜薯薯渣预脱水与气流干燥新工艺，提高了精制淀粉产品质量[19~20]。采用精加工与粗加工结合方式，创新适合于中小型加工户加工精制淀粉。研制薯类粉皮的低温冷却老化新工艺，缩短了加工时间，采用保鲜新技术，产品保质期达 6 个月。在保鲜粉皮方面，采用挤压式一次熟化成型可以有效地降低能耗和人工。薯类粉皮挤压法生产粉皮比传统生产方式节约 10 h 以上。开发生产多种薯类主食加工产品和特色风味产品，如全薯粉丝、紫薯冷冻薯泥、加入薯类全粉的馒头、面包、面条、快餐营养粉、烘焙食品、速溶即食食品等，川薯主食新产品远销国内外。

2　加强成果转化，双创互动延伸川薯产业链

薯类创新团队在构建川薯产业技术创新链的同时，大力加强技术创新与产业创新的双创互动，创新"构建技术创新链—延伸产业创新链—提升科技价值链"的三链联动转型升级机制，通过农科教企、产学研用紧密结合在薯类主产区加强示范推广，在促进薯业增效、薯农增收和产业扶贫等方面取得了显著成效。

2.1　加强重点示范，在重点县建立核心基地

建立重点示范县和多功能核心示范基地，实现与重点示范县的有效对接。创新团队以重点示范县为核心区，带动全省薯类新品种、新技术、新模式、新机制推广。岗位专家坚持以多功能核心示范基地为依托，形成创新转化一条线的技术推广模式，在示范片的规模、质量、科技含量上狠下功夫。创新团队岗位专家和示范县农技人员必须在四川省薯类产业示范县按照"点、片、面"结合的原则，以特色专用新品种新技术示范为核心，亲手搞好集科研试验、成果展示、技术示范、技术培训、人才培养为一体的多功能核心示范基地。核心示范基地一般以一个行政村为单位成建制建设。核心示范基地的创新转化成果通过"示范点→辐射片→推广面"的技术扩散渠道，为当地农技推广部门示范推广提供样板。创新团队在总体方案设计中，对各核心示范基地的试验、示范、培训等多方面的内容都做了全面的严格要求。

2.2　开展高产创建，建立薯类科技推广网络

创新团队要求岗位专家要根据项目系统顶层设计要求和自身特点，在薯类科技创新产业链的关键节点上围绕薯类产业生产技术体系构建必须做出一至几项关键技术突破性创新，这是提升四川省优势产业核心竞争力的最重要的技术基础。同时，在搞好关键技术创新的基础上，将新技术与引进及已有先进成熟技术系统集成，形成适应四川省特定区域的标准化的薯类产业技术体系，并在较大面积上做出示范样板，创造多季多点高产高效典型，高产纪录不断刷新。通过技术创新与高产创建相结合，加强"三新"联动、"五良"配套。2018 年在会东县创造了冬马铃薯最高单产 83 628 kg/hm² 的历史高产纪录。在通江县空山乡创造了 6.67 hm² 春马铃薯鲜薯平均产量 75 582 kg/hm²，产值达 181 395 元 /hm² 的"马铃薯双万模式"。淀粉加工型专用甘薯实现鲜薯最高产量 78 709.35 kg/hm²，刷新四川省甘薯高产新纪录。2017 年紫色甘薯绵紫薯 9 号高产高效栽培技术示范鲜薯最高产量 60 183 kg/hm²，创国内紫色甘薯高产量纪录。

2.3　开展技术培训，培育薯类新型经营主体

以先进实用新技术培训为载体，创新团队以优质专用新品种新技术示范推广为核心，做出技术培

训年度计划，以薯类先进实用技术为培训重点内容，在核心示范基地加强对专业大户和农技骨干的培训，将培训教材汇集成册提供给推广部门。一是利用各级政府召开农业农村工作会议的机会，在会议期间面向乡村基层领导进行培训，打通主干线。二是充分利用广播、电视、报刊、板报、标语、科技赶场等宣传工具，层层宣传实施意见和主要技术要点。三是在薯类生产关键环节，在示范点召开技术现场会，发送技术资料，举办播栽现场会，做到了户有一个"明白人"，家有一张"明白纸"，有力地保证了项目主体技术的全面普及。采用"创新团队＋企业＋合作社＋农户"的方式，指导多家龙头企业、公司和专业合作社等新型薯类经营主体。五年来，四川薯类创新团队主办和承办薯类科技培训班155次，培训基层技术人员1.5万人次，培训农民专业大户4.6万人次，发放技术资料6.3万份。扶持专业合作社32个，种植大户136户，在合作社基地集中开展新品种、新技术、新产品与新机械示范；以特色薯产业为切入点，指导企业22家，开发脱毒种薯、有机商品薯和主食化加工产品。

2.4 助力精准扶贫，加强贫困地区技术推广

2015年，习总书记为核心的党中央提出精准扶贫的总动员令以来，薯类创新团队进一步将助推精准脱贫作为产业技术推广服务的重中之重。一是积极行动，落实责任，组建5个工作小组，分赴14个市州，与当地农技部门对接，开展巡回指导和技术培训。二是深入调研，对口帮扶，进村入户开展调研，掌握各地薯类生产现状、存在问题和产业扶贫技术需求。分片区召开了所有团队成员参与的薯类产业扶贫研讨会。通过调研和研讨，进一步明确了四川省贫困地区薯类产业发展六个方面的重大技术需求。强化对各类薯类新型经营主体的培育与服务。在民族地区和贫困地区重点建设绿色食品原料标准化生产基地，助力打造了"凉山马铃薯""万源马铃薯""曾家山马铃薯""峨边马铃薯""空山马铃薯""宁南冬季马铃薯"等国家农产品地理标志和"光友薯业""524红苕""千盛惠禾""空山农场"等薯类品牌。三是加强培训，强化示范，在贫困地区建立创新团队3个工作站，有针对性地开展薯类产业技术培训和示范工作。已向8个市州的16个县市区47个贫困村，派出专家55名，建立产业示范基地30个。四是突出凉山，带动全省，以大小凉山为重点，派出多批专家，分赴昭觉县、喜德县、美姑县等县进行薯类产业技术帮扶指导工作。

2.5 加强媒体宣传，及时撰写生产建议与调研报告

针对马铃薯生产和甘薯生产中出现的问题提出应急处理建议55份，向省、市、县撰写61份生产建议与调研报告，有3份得到省领导批示。在技术推广中，团队报送团队信息1 740条，部省级宣传报道47次，市县级宣传报道171次。

3 加强双创人才培养，建设高水平薯类创新团队

科技双创人才是薯类科技创新主体和成果转化的载体，是现代川薯产业的栋梁。五年来，创新团队加强跨部门、跨单位、多学科、多层级薯类相关科技资源的高效整合，以农科教、产学研协同创新协作转化为主线，以增强产业竞争力为目标加强创新团队建设，在管理团队目标任务、培育长效合作机制和构建农业技术推广新模式等方面取得了显著成效。

3.1 重视团队管理，培养高水平科技双创人才队伍

根据川薯产业技术创新要求和科技工作的岗位能级原理，科技双创人才可以分为领军人才、高层级、中层级、基层级科技双创人才。科技双创领军人才要求有战略眼光和国际视野，对薯类科技产业领域的前沿研究、基础研究、应用研究及试验发展研究进展有比较全面的把握，对现代薯类科技产业领域的重大技术进展和重大技术难题有比较深刻的了解，善于将技术创新链与产业创新链有效链接，

懂得科技项目运筹和科技人才管理，知识结构和能力结构属于复合型高级人才。高层级、中层级和基层级科技双创人才主要在薯类技术创新链的不同层级上承担某一个或几个关键节点的技术创新和转化工作，他们共同的特性是能够将薯类技术创新与产业创新紧密结合，能够在薯类科技成果转化的双创互动中发挥主动积极作用并取得一定成效。不同层级薯类科技双创人才一般具备三个共同特点：一是懂薯类专业技术，在技术创新的某一些方面有创新成果；二是懂薯类产业需求，善于将技术创新与产业需求结合起来；三是有实际成果，在薯类双创实践中有实际成效和双创成果。对科技双创人才的目标任务考核更加关注推动产业发展和技术支撑的实际效果，为推动薯类产业发展做出的实际业绩；在开展薯类产业指导、技术服务、培育新型经营主体和精准扶贫、示范基地建设、技术培训等方面情况和取得的实际效果；在薯类产业技术集成创新与熟化取得的代表性成果等。为此，创新团队加强顶层设计，建立严格的目标管理责任制，重视首席专家与岗位专家的互动交流，首席专家每年至少对每一位岗位专家工作情况进行三次工作交流考察。加强创新团队的集体活动和学术交流，每年组织全体成员参加的团队集体活动 5 次以上，组织小组活动至少 10 次以上。

3.2 重视资源整合，加强与国家产业体系的合作

实践证明，大科技项目管理与大型创新团队建设相结合，是破解妨碍科技创新转化的体制性障碍的有效途径。在发展川薯优势产业的过程中，创新团队主要从科技人才资源整合、双创项目投资整合和创新团队打造三个方面推进工作[21]。一方面，加强四川薯类人才资源整合，针对薯类产业创新链条长、关键技术节点多、科技人才资源分散、研究课题难以适应现代薯类产业技术创新链构建的紧迫需要等问题，以增强农业产业竞争力为目标，按照农业科技创新价值链的增值规律系统设计技术创新方案，把分散的薯类科技力量整合到技术创新链上，大力促进薯类技术创新链与产业创新链的有机结合、双创互动和有序推进。创新团队以提升川薯产业核心竞争力为目标，组织和培育跨部门、跨单位、跨学科的高素质科技创新团队，围绕薯类产业发展的重大关键技术问题开展协同创新，集中了全省从事薯类科研的科研院（所）校和核心基地示范县的科技人员，围绕全省薯类产业发展的重大技术需求，在技术创新链的各个关键节点开展协同攻关。另一方面，加强科技项目投资整合，针对薯类产业投资分散、多数项目运行期短、低效或重复劳动比例较高等问题，以项目实施单位为平台加强对薯类科技项目投资的整合，将薯类双创项目与各类财政经费支持的薯类项目紧密结合，提高科技双创人才的双创效能和科技投入的产出效率。创新团队主动与国家薯类现代产业技术体系专家和各类薯类产业项目加强工作衔接，共同设计试验，共建试验示范基地，联合开展科技双创行动。同时，加强全省薯类科技人员、新型农业经营主体、示范县之间多单位多部门的合作，共同推动川薯产业的发展。有效实现了川薯科技项目投资的系统整合。

3.3 重视人才培养，打造高素质科技创新团队

现代薯类产业发展对科技力量的系统整合提出了紧迫需求。创新团队加强薯类科技双创人才的培养，凝聚了一支从事薯类产业技术研发与推广的队伍，包括来自高等院校、科研院所、基层农业部门和甘薯企业的科技人员，及一大批基层农民技术员。薯类创新团队高度重视中青年科研人员培养，每个岗位专家都负责带一个课题组，将中青年人才培育作为重要任务。五年来，大批中青年科技骨干快速成长，薯类创新团队科技人员总数已达 78 人，高级研究人员数量增加 5.5 倍，正高级职称增加 3 倍，中级职称增加 6 倍，博士增加 5 倍，硕士增加 7 倍。公开发表论文 141 篇，发表著作 7 部，申报国家专利 61 项，已获国家专利授权 50 项，获批技术标准 7 项。先后有 35 人次共获部省科技进步奖奖励 8 项，其中，部省一等奖 1 项。获得 13 项创新创业奖励，其中获国际创业奖 1 项、团中央和教育部颁发的全国创业奖 2 项，省级创业奖 7 项。

4 存在的问题及未来川薯产业创新转化重点

4.1 现阶段川薯产业发展存在的问题

从产业发展层面讲，一是供求关系出现了阶段性过剩，薯类消费增速递减。二是投资回报率逐年下降，生产成本费用不断攀升。三是外延式增长方式不可持续，"薯贱伤农"常有发生。四是加工产业发展滞后，加工比例偏低。从产业技术层面讲，一是专用型品种尚未满足现代绿色薯业发展需要；二是脱毒种薯种苗规模化生产水平较低；三是薯类产业绿色生产技术需加强研究；四是薯类农机化尚处于起步阶段；五是产后贮藏和加工技术尚待加强研发[22]。

4.2 未来十年川薯产业技术创新转化重点

必须深化农业供给侧结构性改革，以中高端农产品和食品消费市场为主攻目标，实施科技驱动战略。进一步实施现代绿色薯业"构建技术创新链—延伸产业创新链—提升科技价值链"的三链联动转型升级机制，进一步加强四川薯类创新团队的培育，着力提升川薯现代绿色产业技术创新链，加强科技成果转化应用和脱贫攻坚，大力推动川薯产业转型升级。

一是加强品质育种，主攻薯类特色专用新品种的选育，重视种质资源利用与育种方法改进，开展生物技术在薯类育种中的研究应用。二是加强种薯快繁技术创新与良繁体系提升，构建马铃薯脱毒种薯技术创新链，重视茎尖脱毒组培苗高效扩繁技术和优化脱毒苗高效繁育栽培技术研究应用。三是加强绿色安全生产技术研究与周年供给体系提升，重视薯类提质增效关键共性栽培技术、薯类种植新模式和提质增效栽培关键技术研究，开展紫色薯等特色薯绿色高效栽培技术研究应用。四是加强农机农艺深度融合机械化技术体系研究，重视机械化生产模式与水肥一体化、植保无人机在薯类生产中的应用和薯类农膜使用与残膜回收技术研究应用。五是加强主要病虫害的预警与绿色防控技术，集成创新薯类病虫害绿色防控技术体系；重视抗病品种筛选与区域布局、药剂筛选与配套机械、病害监测预警与化学农药减量增效研究应用。六是加强薯类绿色安全贮藏技术体系优化提升，重视先进的贮藏设施与轻简高效贮藏技术及管理方法研究应用，深入研究薯类休眠萌芽调控新技术薯类光控萌芽机制及关键技术。七是加强薯类新产品市场开发与加工新技术研究，重视薯类主食化产品市场分析和薯类主食化新产品研发应用，开展薯类餐桌化产品研发，积极打造川薯著名品牌。

参考文献

[1] 黄钢，沈学善，王平，等.供给侧改革与现代绿色薯业技术创新[M].北京：科学出版社，2017.

[2] 黄钢.农业科技成果转化的双创理论与实践[J].农业科技管理，2011，30（1）：1–5+13.

[3] 黄钢，沈学善，屈会娟，等.亚热带立体气候区马铃薯多熟高效种植模式的构建（英文）[J].Journal of Agricultural Science & Technology，2013，14（9）：1344–1346.

[4] 徐成勇.四川省马铃薯杂交育种的障碍及解决途径[J].中国园艺文摘，2013，29（01）：35–38.

[5] ZHENG Shun–Lin，LI Ji–Hang，et al.Effects of pre–elite seed size and planting density on development and propagation efficiency of two virus–free potato cultivars in Sichuan Province，China.Africa Journal of Agricultural Research，2016，11（25）：2231–2239.

[6] 郑顺林.施肥水平对马铃薯块茎发育过程中PAs、GA3和JAs含量的影响[J].园艺学报，2013，40（8）：1487–1493.

[7] 沈学善，屈会娟，等.四川省春马铃薯超高产栽培的技术途径与措施[J].中国马铃薯，2012，26（5）：277–280.

[8] 郑顺林，等．不同海拔高度对紫色马铃薯产量、品质及花青素含量的影响 [J]. 西南农业学报，2013，26（4）：1420–1423.

[9] 吴翠平，沈学善，等．栽培因子调控马铃薯、甘薯等作物花青素合成研究进展 [J]. 中国农学通报，2016，32（24）：90–96.

[10] 屈会娟，沈学善等．套作条件下种植密度对紫色甘薯干物质生产的影响 [J]. 中国农学通报，2015，31（12）：127–132.

[11] 沈学善，黄钢，等．施钾量对南紫薯 008 干物质生产和硝酸盐积累的影响 [J]. 南方农业学报，2014，45（2）：235–239.

[12] 屈会娟，等．基于正交试验的高淀粉甘薯新品种川薯 217 优化栽培技术研究 [J]. 西南农业学报，2012，25（6）：1995–1999.

[13] 李洪浩，张鸿，李华鹏，等．马铃薯晚疫病 CARAH 预警模型在四川春马铃薯上的应用 [J]. 中国农学通报，2017，33（4）：136–141.

[14] 李洪浩，彭化贤，席亚东，等．四川马铃薯晚疫病菌交配型、生理小种、甲霜灵敏感性及 mtDNA 单倍型组成分析 [J]. 中国农业科学，2013，46（4）：728–736.

[15] 邹雪，邓茂胜，李立芹，等．油菜素内酯合成和信号转导基因在马铃薯块茎贮藏期间的表达变化及对萌芽的影响 [J]. 作物学报，2017，43（6）：811–820.

[16] Liqin Li，Xue Zou，Jiao Li，et al. Transcriptome analysis of potato phosphorus–tolerant variety seedlings（Atlantic）revealing the gene expression profile under low phosphorus stress. Plant Omics Journal，2015，8（4）：340–347.

[17] 邹雪，肖乔露，等．通过体细胞无性系变异获得马铃薯优良新材料 [J]. 园艺学报，2015，42（3）：490–498.

[18] 邹雪，张烨，等．马铃薯和拟南芥 GAPC 酶基因的克隆及分析 [J]. 草业学报，2014，23（1）：239–247.

[19] 周航，何秀丽，何强．紫薯丁护色工艺研究 [J]. 食品科技，2015，40（8）：175–178.

[20] 何秀丽，李学理，陈大贵，等．紫甘薯浓缩液成分及颜色稳定性研究 [J]. 中国粮油学报，2014，29（1）：26–29.

[21] 沈学善，黄钢，等．马铃薯产业周年生产供给体系的构建与管理 [M]. 成都：四川科学技术出版社，2017.

[22] 张千友．中国马铃薯主粮化战略研究 [M]. 北京：中国农业出版社，2016：134.

西南地区马铃薯产业发展现状与对策

王　平[1]，屈会娟[2*]，沈学善[1]，张　鸿[1]，黄静玮[3]，朱　玲[2]，王　宏[1]

（1.四川省农业科学院，四川成都　610066；2.四川省农业科学院生物技术核技术研究所，四川成都　610066；

3.成都大学，四川成都　610106）

摘　要： 根据西南五省马铃薯产业的调研情况，着重从主要种植区划、种植模式、主推技术、主要栽培品种等四个方面阐述西南五省马铃薯生产概况。在此基础上，得出品种结构不合理，加工专用型品种缺乏；脱毒种薯扩繁能力不足，普及率低；专用品种优质高效生产技术研究少，推广面积小；连作障碍严重，病虫害防治意识淡薄；机械化水平低等五个生产制约因素。针对这些问题，提出了西南五省市马铃薯科技发展途径：加强主粮品种的选育与推广应用；创造利于高产的土壤与营养环境；抗旱栽培，构建高光效群体；加强晚疫病防治技术研究与推广；做好马铃薯生产机械化推广示范工作。

关键词： 西南五省；马铃薯；产业；发展现状；对策

西南五省市（四川、云南、贵州、重庆和广西）以云贵高原、四川盆地为主体，在全国马铃薯区划中属西南一二季混作区。西南山区海拔 1 200 m 以上的地区占总面积的 29.4 %，800 ~ 1 200 m 的地区占 43.6 %，800 m 以下的地区占 27 %。依不同的海拔高度，一、二季作交互出现，一年四季均有马铃薯收获。其中，高原山区种植春马铃薯，平坝丘陵区种植秋马铃薯和冬马铃薯。据中国种植业信息网农作物数据库资料，2015 年西南五省马铃薯种植面积 250.13 万 hm²，总产量 4 485.45 万 t，分别占全国马铃薯种植面积和总产量的 45.33 %、47.28 %；马铃薯平均单产 17 190.75 kg/hm²，较全国平均单产高 4.32 %。近年来，以马铃薯主粮化和产业扶贫为契机，西南五省马铃薯产业快速发展，但也存在众多问题。为此，笔者课题组对西南五省马铃薯产业发展现状和存在问题进行了大量调研，探索马铃薯产业发展对策，以期为西南五省马铃薯产业发展提供参考。

表 1　2015 年西南一二季混作区马铃薯生产情况

省份	面积（×10⁴hm²）	总产量（×10⁴t）	单产（kg/hm²）
四川	79.72	1 537.98	19 292.25
贵州	70.92	1 188.12	16 753.50
云南	55.81	852.30	15 271.50

基金项目： 公益性行业（农业）科研专项（201503127、201503121）；"十三五"四川省农作物及畜禽育种攻关项目（2016NYZ0051）；四川省财政创新能力提升专项（2016GYSH-027）；四川省软科学项目（2017ZR0090）；四川省软科学项目"基于产业优势构建川薯全产业链科技支撑研究"（19RKX0454）。

作者简介： 王平，硕士，高级农艺师，主要从事薯类高产栽培研究，E-mail：13330981915@189.cn

*通讯作者： 屈会娟（1982—），女，河南新密人，博士，副研究员，主要从事薯类高产栽培生理生态研究，E-mail:qhjuan120@126.com

续表

省份	面积（×10⁴hm²）	总产量（×10⁴t）	单产（kg/hm²）
重庆	36.37	640.35	17 607.00
广西	7.31	151.60	20 739.00
西南地区	250.13	4 485.45	17 932.65
全国	551.82	9 486.26	17 190.75

1 生产概况

1.1 主要种植区划

四川马铃薯主要分布在盆周山区、川西南山地区和部分丘陵地区。2012 年，四川省春、秋、冬马铃薯所占比例分别为 66.2 %、17.3 % 和 16.5 %，已形成周年生产供给体系。小春马铃薯在 1 月上旬至 2 月上旬播种，5 月中下旬至 6 月中下旬收获。大春马铃薯在 2 月下旬至 4 月中旬播种，7 月中下旬至 9 月上中旬收获。秋季马铃薯在平坝丘陵区 8 月下旬至 9 月上旬播种，山区为 7 月下旬至 8 月上旬播种，11 月下旬至翌年 1 月收获。冬季马铃薯（早春马铃薯）在 10 月下旬至 12 月中下旬播种，2 月下旬至 5 月上旬收获。

表 2　四川省马铃薯产业周年生产供给体系

季节		月份											
		1	2	3	4	5	6	7	8	9	10	11	12
春马铃薯	生产	▬	▬	▬	▬	▬	▬						▬
	收获					▬	▬	▬	▬	▬			
秋马铃薯	生产							▬	▬	▬			
	收获	▬	▬								▬	▬	▬
冬马铃薯	生产	▬									▬	▬	▬
	收获		▬	▬	▬	▬							
周年生产收获	生产	▬	▬	▬	▬	▬	▬	▬	▬	▬	▬	▬	▬
	收获	▬	▬	▬	▬	▬	▬	▬	▬	▬	▬	▬	▬

注：粗横线代表该月份有马铃薯生长或收获。

云南四季均可种植马铃薯。海拔 1 000 m 以上为大春马铃薯产区；滇东北、滇东南为小春马铃薯产区；滇东北为秋马铃薯产区；冬马铃薯主要分布在滇中和滇南海拔 2 200 m 以下范围的地区[1]。从周年分布状态来分析[2]，大春马铃薯主要集中在宣威、会泽等县，小春马铃薯主要集中在陆良、宣威等县，冬季马铃薯主要在巧家、盈江等县，秋作马铃薯主要集中在宣威和陆良，种植面积分别占全省的 66.1 %、18.5 %、8.6 %、6.8 %。

贵州马铃薯区划[3]主要包括 3 个一级区和 8 个二级区。其中，高原高中山春播一熟区马铃薯在 3 ～ 4 月播种，8 ～ 9 月收获，为种用薯、淀粉加工型薯、兼用型薯或粮、饲型薯的适宜区。高原丘陵春、秋播二熟区马铃薯春播一般在 2 月播种，5 ～ 6 月收获，秋播在 8 月播种，11 月收获，为兼用型品种的适宜区。边缘低山丘陵冬播区马铃薯在 12 月播种，3 ～ 4 月收获，为冬季鲜食商品薯的适宜区。

重庆马铃薯区划[4]包括 7 个不同类型区：一年二至三熟光照较丰区、一年二至三熟光照一般区、一年二熟光照较丰区、一年二熟光照一般区、一年一至二熟光照较丰区、一年一至二熟光照一般区和气候冷凉不适宜区。近年来，秋马铃薯种植面积稳步增长[5]，主要集中在重庆中西部以及东北部河谷地区。

广西马铃薯区划包括四个重点优势产业带[6]。春种优势产业带主要是桂北及部分桂中地区，实行避霜栽培，12月下旬至次年1月下旬播种，五一节前后收获。夏种优势产业带主要是高寒山区和特殊气候区，3月底至4月初播种，6月底至7月中旬收获。秋种优势产业带主要是中稻地区，8月底至9月上旬播种，元旦节前后收获。冬种优势产业带主要是桂南双季稻地区，10月下旬至11月中下旬播种，次年2月中旬至3月下旬收获。

1.2 主要种植模式

1.2.1 春马铃薯

盆周山区和高原地区[7]："春马铃薯/玉米（大豆）"模式，1.5 m或2.0 m开厢，马铃薯和玉米带各占一半，形成"双二五"或"双三〇"等模式。

平坝丘陵地区：稻田"早春马铃薯－水稻－秋菜（或秋马铃薯）"模式，地膜覆盖净作早春马铃薯，一般在12月中下旬播种，次年4月上中旬收获。旱地"早春马铃薯/玉米/大豆（或甘薯）+秋菜（或秋马铃薯）"模式，早春马铃薯于12月中下旬采用地膜覆盖栽培，次年3月下旬至4月上中旬在马铃薯行间种玉米。

1.2.2 秋马铃薯

稻田："中稻－秋马铃薯/油菜"模式，秋马铃薯在8月下旬至9月上中旬播种，10月下旬至11月上旬套栽油菜，12月中下旬收获马铃薯。

旱地："小麦/玉米/甘薯（大豆）/秋马铃薯"模式。

1.2.3 冬马铃薯

"小麦+马铃薯/玉米/甘薯（大豆）"：在原"小麦/玉米/甘薯"的基础上，利用改制的预留空行增种一季冬马铃薯，马铃薯收后种植一季迟春玉米或早夏玉米。

"冬马铃薯－水稻"：水稻收后不能蓄水过冬的高塝田、漏筛田，改"绿肥（或冬闲）－中稻"为"冬马铃薯－水稻"两熟，冬马铃薯实行净作。

"果树（林木）+冬马铃薯"：在一些幼龄果园、桑园和苗木地，形成了"果树（桑树、林木）+冬马铃薯"等农林结合高效种植模式。

1.3 主推技术

四川主推四套集成技术，分别是盆周山区马铃薯"六改"关键栽培技术、马铃薯机械化高产栽培技术、春秋冬马铃薯高产高效栽培技术和脱毒马铃薯垄作高产栽培技术。

云南主推抗旱栽培技术，大春马铃薯生产中，高海拔地区采取地膜覆盖和马铃薯平播后起垄，中海拔地区采用高垄双行侧膜覆盖抗旱栽培，小春马铃薯推广早春马铃薯膜下滴灌抗旱栽培。冬作马铃薯大力推广水旱轮作技术和小型农业机械化栽培。

贵州主推马铃薯综合配套高产高效栽培技术，在冬作马铃薯上主推稻草覆盖免耕栽培、聚垄高厢栽培、病虫害综合防治和测土配方施肥、机械化栽培等新技术。

重庆主推四套集成技术，分别为春马铃薯高产高效栽培技术、丘陵山区马铃薯高垄双行覆膜机播机收高效栽培技术、马铃薯晚疫病综合防治技术、西南山区"薯－玉－苕－薯"高垄带植高产高效技术。另外，稻草覆盖秋马铃薯种植技术也是一大亮点。

广西成功摸索出多种栽培技术模式，包括黑地膜覆盖栽培、稻草包芯栽培、稻草覆盖免耕栽培、与果树或甘蔗等作物间套种等。集成了马铃薯免耕栽培技术、脱毒良种高产栽培技术、地膜覆盖栽培技术、"三避"技术、水肥一体化标准生产技术。

1.4 主要栽培品种及脱毒种薯普及率

四川主栽品种有三大来源[8]：四川省选育品种，包括川芋系列、川凉薯系列、凉薯系列、达薯系列等；国内外引进品种，包括费乌瑞它、中薯 2 号、中薯 5 号、青薯 9 号、坝薯 10 号等；紫色薯品种，主要是黑美人和蓉紫芋 5 号。脱毒种薯普及率约 30 %。

云南主栽品种为合作 88、会 -2，丽薯 6 号、宣薯 2 号、云薯 401、青薯 9 号，分别占全省种植面积的 36 %、33 %、16 %、7 %、2 %、1 %。脱毒种薯普及率约 20 %。

贵州主栽品种[9]有费乌瑞它、宣薯 2 号、威芋 5 号，分别占全省种植面积的 11.02 %、6.75 % 和 6.75 %。脱毒种薯普及率 30 % 左右。

重庆优先推广鄂马铃薯 5 号、渝马铃薯 1 号、中薯 3 号、费乌瑞它、青薯 9 号、紫云一号等品种。

广西主栽早熟品种有费乌瑞它、东农 303、克新 4 号、中薯 3 号等；中熟品种有克新 1 号、延薯 4 号、丽薯 6 号等；晚熟品种有合作 88、青薯 168、冀张薯 8 号等。脱毒种薯普及率低于 20 %。

2 生产制约因素

2.1 品种结构不合理，加工专用型品种缺乏

西南五省市主要种植以高产、抗病为主要目标的鲜食类菜用品种或饲料品种，优质专用品种如高淀粉型、薯条薯片加工型、紫色鲜食型和色素提取型等种植面积不大，且分布零散，不能适应市场需要。因此要加大薯形好、口感佳的早熟品种和中晚熟品种的大面积种植力度，尽快形成早、中、晚熟搭配，鲜食、加工、种薯齐全的品种结构[10]。

2.2 脱毒种薯扩繁能力不足，普及率低

脱毒种薯生产基地布局分散，规模不大，从原原种到二级良种，扩繁能力都不够。在生产上，因优质种薯价格过高和数量有限，加上各地盲目引种，导致品种混杂、病害严重，马铃薯产量和质量总体上没有显著提高。同时对脱毒种薯质量监管还处于起步阶段，种薯经营渠道混乱、质量无保证。

2.3 专用品种优质高效生产技术研究少，推广面积小

西南五省市大多数马铃薯产区标准化栽培程度不高，很多地方不起垄；有些地方虽起垄但是垄面过宽，冬作马铃薯基本不封垄，密度过低；有些地方垄高不够，雨季时若雨水过大、排水不及时，薯块被水淹没导致产量受到影响。由于专用马铃薯优质高效生产技术研究及推广较少，良种良法不配套，加上地膜覆盖、起垄栽培、平衡施肥、机械化栽培等高效栽培技术普及率低，广种薄收的现象还没有得到根本扭转[11]。

2.4 连作障碍严重，病虫害防治意识淡薄

随着马铃薯多年种植，老产区病虫害容易积累造成连作障碍，晚疫病、疮痂病和病毒病日趋严重。但是由于主产区以一家一户生产为主，地块轮作的空间有限。同时，西南五省内成熟的晚疫病预报预测技术和晚疫病防控技术应用面积较小，部分种植户对晚疫病防治意识不强，待田间发病后才喷药或者根本不喷药防治，导致防治成本增加，或晚疫病高发的年份严重减产。

2.5 机械化水平低

西南五省市的马铃薯主要分布在丘陵山区，以梯田、坡耕地为主，地块小，种植分散，机械化水平非常低，其中，云南马铃薯耕种收机械化水平只有 8.18 %，四川马铃薯机械化收获率不到 5 %。其突出问题是农机农艺不协调、小户生产模式与机械化规模化生产矛盾突出、缺乏适宜机具与大力提高马铃薯机械化生产水平矛盾突出[12]。

3 马铃薯科技发展途径

3.1 加强主粮品种的选育与推广应用

加强主粮化品种资源的引进、筛选与创新研究。综合利用基因重组、诱变育种、分子生物学、杂交育种等技术，选育具有高产、抗病毒、抗晚疫病、早熟、高淀粉、抗旱、耐贮藏等性状的适合主粮化的马铃薯新品种。建立优良品种脱毒种薯的原原种、原种、一级种三级种薯体系，加强标准化脱毒种薯生产基地建设，实行种薯的精选、分级、包装和安全贮藏，在播种时种薯已达到生理成熟期。

3.2 创造利于高产的土壤与营养环境

在土壤方面，一是应用全方位深松机，加深耕作土层，犁地深度为 45 ～ 55 cm，有效改善土壤原有的耕层结构，有利于马铃薯的生长和发育；二是改窝播平作为沟播垄作，沟内重施有机肥，增加结薯区域土壤的通透性和整个田块的蓄水排水性能。在营养方面，重施有机肥，适量施用复合肥来保证营养的平衡供给，在现蕾初期通过叶面补施磷钾肥来促进植株健壮生长。

3.3 抗旱栽培，构建高光效群体

在抗旱栽培方面，西南五省冬、春季节性缺水严重，应建立房屋面集雨解决生活用水、田边集雨解决灌溉的"一户二窖"集雨抗旱体系[13]。冬、春马铃薯前期春旱影响出苗，后期雨季晚疫病严重，若有一个小水窖，在马铃薯播种后滴灌 4 ～ 5 次，就可让马铃薯提前出苗、正常生长，避开后期晚疫病危害。在群体结构方面[14]，选用株型紧凑、抗倒、抗病的耐密型品种，缩小行距和窝距、增加窝数、减小单窝茎数，创建苗匀、苗齐、苗壮的高产群体。当群体即将封行时，喷施植物生长控制剂，控制分枝徒长，防止荫蔽。

3.4 加强晚疫病防治技术研究与推广

一是提高马铃薯晚疫病防治意识，西南五省山区内贫困户缺乏对晚疫病发生特点及防治措施的认识，应利用多种形式开展晚疫病病害识别、病情发生动态和防治技术的宣传。二是选用抗病品种和种植脱毒种薯，深沟高厢排除积水，降低田间湿度，可延缓马铃薯晚疫病的流行。三是科学防治事半功倍，县级植保站可建立马铃薯晚疫病监测预警系统，及时发布预警信息，联合防治。

3.5 做好马铃薯生产机械化推广示范工作

一是重点引进中小型马铃薯种植、植保、收获机械，进行机具选型与配套。二是建立马铃薯机械化生产技术试验点，开展关键环节机械化生产技术试验。三是总结各生产环节机械化作业的技术数据，对机械进行改进定型或调整农艺措施，使农机农艺相融合。四是确定适合当地生产条件的机械化生产模式和机具配套方案。五是做好技术培训工作，大量建立示范点，对种植大户、农机大户做好马铃薯全程机械化技术、机械化深松技术、全膜机械化技术和机械的使用维护知识等技术培训。

参考文献

[1] 梁淑敏，王颖，杨琼芬，等 . 我国云南山区马铃薯周年生产潜力的时空分布特征 [J]. 中国农业资源与区划，2016，37（6）：201-207.

[2] 桑月秋，杨琼芬，刘彦和，等 . 云南省马铃薯种植区域分布和周年生产 [J]. 西南农业学报，2014，27（3）：1003-1008.

[3] 吴永贵，杨昌达，熊继文，等 . 贵州马铃薯种植区划 [J]. 贵州农业科学，2008（3）：18-25+4.

[4] 杨世琦，高阳华，罗孳孳 . 重庆地区马铃薯气候适宜性区划研究 [J]. 南方农业，2013，7（S1）：71-74，89.

[5] 罗孳孳，杨世琦，高阳华，等 . 重庆秋马铃薯气候影响因子与种植气候区划 [J]. 西南农业学报，

2014，27（1）：374–379.

[6] 刘文奇，徐世宏，马善团，等 . 广西马铃薯产业发展现状和潜力分析与对策思考 [J]. 南方农业学报，2013，44（3）：535–539.

[7] 梁南山，郑顺林，卢学兰 . 四川省马铃薯种植模式的创新与应用 [J]. 农业科技通讯，2011（3）：120–121.

[8] 沈学善，屈会娟，王晓黎 . 四川省马铃薯主栽品种特性简介 [J]. 四川农业与农机，2015（2）：48–49.

[9] 黄俊明 . 发展马铃薯产业，助推贵州精准脱贫 [C]. 中国作物学会马铃薯专业委员会 . 马铃薯产业与精准扶贫 2017[C]. 中国作物学会马铃薯专业委员会，2017：7.

[10] 彭慧元 .2012 年贵州省马铃薯产业现状·存在问题及发展建议 [C]. 中国作物学会马铃薯专业委员会 . 马铃薯产业与农村区域发展 [C]. 中国作物学会马铃薯专业委员会，2013：3.

[11] 钟巍然，伍加勇，董　政，等 . 重庆马铃薯产业发展初探 [J]. 南方农业，2011，5（1）：52–54.

[12] 周玉华，刘汶树，张先锋，等 . 西南地区马铃薯生产机械化与产业发展战略 [J]. 农业开发与装备，2017（10）：6.

[13] 郭华春 . 国家主粮化战略下的云南马铃薯产业发展思考 [C]. 中国作物学会马铃薯专业委员会 .2016 年中国马铃薯大会论文集 [C]. 中国作物学会马铃薯专业委员会，2016，3.

[14] 沈学善，屈会娟，黄钢，等 . 四川省春马铃薯超高产栽培的技术途径与措施 [J]. 中国马铃薯，2012，26（5）：277–280.

真抓实干，振兴川薯产业

卢学兰，崔阔澍

（四川省农业技术推广总站，四川成都　610041）

摘　要： 四川是薯类生产大省，近几年，薯类生产规模稳居全国第一，优质专用薯基地建设不断发展，薯类加工产品不断丰富，品牌创建成效显著，经营主体数量不断增加，马铃薯和甘薯已成为目前四川省较具增产增收潜力的特色粮食作物。面对目前存在的良繁滞后、集约化程度低、加工还不发达等问题，今后将在抓良繁建设、绿色薯业技术创新、标准化生产、主食加工产品开发、市场培育、品牌打造等方面下功夫，努力提升科技种植水平，提高产业效益和主食消费率。

关键词： 马铃薯；甘薯；振兴；川薯产业

四川是薯类生产大省，主产有马铃薯和甘薯[1]。马铃薯和甘薯耐旱、耐瘠，具有较强的适应性和抗灾能力，且营养丰富，是粮食安全的重要保障和绿色健康食品的重要来源，是目前四川省较具增产增收潜力的特色粮食作物。农业产业"10+3"推进方案中将川薯产业单列。

1　产业基本情况

1.1　生产规模

目前马铃薯和甘薯总面积约 130 万 hm^2、总产量 2 600 多万 t。其中，2016 年统计数据：马铃薯面积 80.7 万 hm^2、总产 1 611.5 万 t，甘薯面积 47.7 万 hm^2、总产 1 044 万 t，马铃薯面积和产量从 2012 年起连续五年位居全国第一，甘薯面积和产量多年位居全国第一。三农普后，2017 年（预计）：马铃薯面积 71.8 万 hm^2、总产 1 413 万 t，甘薯面积 58.3 万 hm^2、总产 1 273 万 t。

四川马铃薯一年四季都可种植，有春作（早春和晚春）、秋作和冬作之分，具有周年生产周年供应的显著特点，形成了盆周山区种薯及兼用型马铃薯（早、晚春马铃薯）、川西南山地区加工型马铃薯（晚春马铃薯）、平丘区菜用型马铃薯（秋、冬马铃薯）三大各具特色和优势的集中产区。2 万 hm^2 及以上有凉山彝族自治州、达州市、巴中市等 13 个市州，其中：凉山彝族自治州 16 万 hm^2 以上，达州市 10 万 hm^2 以上，0.67 万 hm^2 以上的县近 40 个。

四川甘薯种植广泛，主产区集中在盆地丘陵地区，可以种植春、夏、秋三季，目前以夏栽甘薯为主，有少部分春栽早市甘薯。2 万 hm^2 以上有南充、达州、资阳等 14 个市，其中：3.3 万 hm^2 以上有南充、达州、资阳等 7 个市；0.53 万 hm^2 以上的县近 40 个。

作者简介： 卢学兰（1964—），女，硕士，研究员，主要从事薯类生产管理与技术推广工作。E-mail: luxuelan110@sina.com。

1.2 基地建设

近年来，随着市场需求和加工业的发展，优质专用薯基地建设得以发展，全省建立马铃薯标准化生产基地约 13.3 万 hm^2（其中：凉山彝族自治州建设 10 万 hm^2 "全国绿色食品原料马铃薯标准化生产基地"）；建立加工、紫色、鲜食型等特色专用甘薯基地近 16 万 hm^2（其中：加工用甘薯基地 13.3 万 hm^2、特色甘薯基地近 2.7 万 hm^2）。

1.3 薯类加工

四川省马铃薯加工业起步较晚，不同年分加工比例波动较大，最高可达 13%，年鲜薯最大加工量约 200 万 t，传统加工产品主要是马铃薯淀粉。2015 年开始实施马铃薯主食产品开发，加工产品主要有淀粉、粉丝（条、皮）、面条、馒头、糕点、饼干等。甘薯加工起步较早，加工率稳定在 30% 左右，加工产品主要有淀粉、粉丝（条）、酒精、方便小食品、紫薯全粉等，年鲜薯加工量 300 万 t 左右。

1.4 品牌创建

"凉山马铃薯""万源马铃薯""曾家山马铃薯""峨边马铃薯""空山马铃薯""宁南冬季马铃薯"获批国家地理标志农产品；"光友粉丝""白家粉丝""蒲江蛋苕酥""陈振龙紫薯旺"等甘薯加工名品，以及遂宁"524"甘薯、西充红心苕、安岳尤特薯等，都提升了四川省薯类产品的核心竞争力。

1.5 经营主体情况

四川省有较大规模的马铃薯加工企业近 20 家（其中，主食产品加工企业 13 家），马铃薯种薯生产经营企业近 10 家；甘薯有较大规模的加工企业近 10 家，小型农户粗淀粉加工与粗粉条加工较为普遍。薯类种植大户和销售大户正不断涌现。带动全省马铃薯销售比例从 50% 以下提高到目前的 60%，甘薯销售比例从 35% 以下提高到 45% 以上。

2 主要问题

2.1 投入不足

近年来，马铃薯专项资金不足，仅依托省级现代农业发展工程项目和国家马铃薯主食项目，每年投入约 3 000 万元，进行原种生产基地建设和主食产品开发；甘薯产业长期未受到重视，项目缺乏，投入极少。

2.2 良繁体系滞后

优良品种缺乏，种薯体系不健全，脱毒种薯（苗）利用不力。

2.3 集约化程度低

专业化、规模化、标准化和机械化生产相当薄弱，还没有成熟的机械化栽种技术（特别是甘薯）；薯类地上部分有效利用研究缺乏；贮藏设施简陋，贮藏损失严重（6% 以上）；产销衔接不紧密，种植效益不高。

2.4 加工转化增值差

目前，四川省薯类加工比例还不高，马铃薯主要用作鲜食，甘薯还有很大部分直接用作饲料，加工企业技术落后，产品单一，加工品主要为粗淀粉、粉丝等初级产品，深加工产品生产规模很小，加工转化增值不高。

2.5 与主食化需求不相适应

专用品种、种植标准化程度、原料平衡供应、主食产品开发资源共享、主食产品质量检测等等与主食化需求还很不相适应。

3 发展思路和目标

贯彻落实《中共四川省委关于全面推动高质量发展的决定》和省政府《关于印发推进农业供给侧结构性改革加快四川农业创新绿色发展行动方案的通知》精神,按照农业产业"10+3"推进方案中的川薯产业振兴发展要求,真抓实干,着力推进两薯产业发展。

3.1 发展思路

以确保绿色健康和促进农民增收为出发点,以市场为导向,以园区为抓手,以科技为支撑,以龙头企业为带动,突出优势区域,按照"做优基地、做强加工、做活市场、做响品牌、做长链条、做大产业"的思路,通过项目带动、良繁促动、营销拉动、加工推动,促进川薯产业上新台阶。

3.2 发展目标

3.2.1 马铃薯

稳定面积、增加单产、改善品质,春、秋、冬作协调发展,推动马铃薯主食化。到 2022 年,面积稳定在 66.7 万 hm² 以上,平均单产提高到 2.25 万 kg/hm² 以上,鲜薯总产 1 500 万 t 以上;优质脱毒种薯普及率达到 40% 以上;优质专用(鲜食和加工)品种种植比例达到 60%,主食消费占马铃薯总消费量的 35%。

3.2.2 甘薯

稳定面积、增加单产、改善品质,大力发展优质加工专用甘薯和特色甘薯。到 2022 年,面积稳定在 53.3 万 hm²,平均单产提高到 2.4 万 kg/hm²,鲜薯总产达到 1 280 万 t;甘薯脱毒种薯(苗)普及率达到 30% 以上;优质专用(鲜食和加工)品种种植比例达到 50%,甘薯加工率稳定在 30%。

4 今后重点工作

4.1 抓良繁机制建设,提高种薯(苗)繁育水平

依托有关项目,创新良繁运作机制,走"种薯(苗)企业+农民专业合作社+生产基地"的新型良繁路子,逐步实现良种育、繁、推一体化。健全种薯生产营销体系和质量监控体系,提升优质脱毒种薯生产和应用能力[2]。

4.2 抓绿色薯业技术创新,提高科技种植水平

一要加强优质专用品种选育。加强鲜食型、主食加工专用品种和适合不同季节的品种选育[3]。二要加强栽培技术集成创新示范。在继续优化种植模式的基础上,特别加强不同季节生产配套栽培技术的研究,在品种选择、适期播种、规范种植、改进施肥方法、病虫防治、轻简栽培、农机农艺融合等关键环节狠下功夫,依靠科技创新,努力提高种植水平[4~7]。三是加强薯类创新人才队伍建设,保持对四川省薯类科技创新队伍的长期稳定项目经费支持。

4.3 抓标准化生产,提高基地产出能力

以绿色优质高产高效为抓手,加快建设专用薯标准化生产示范基地,按照"优质、高产、高效、生态、安全、专用"的原则,统一技术规程、统一技术培训、统一供应良种、统一病虫防治,引导种植户按标生产。同时,加强贮藏等基础设施建设,提高基地生产能力。

4.4 抓市场培育,提高鲜薯商品率

加强信息服务,引导合理的生产和储运;加快建设和培育鲜薯交易市场;积极培育和扶持营销大户和经纪人,加强鲜薯营销力度。

4.5 抓主食加工产品开发,提高主食消费率

加强薯类主食化宣传力度;在优良品种引进和推广、生产基地建设等环节为薯类主食加工企业提

供服务；引导企业进一步加强主食产品开发、优化产品加工工艺、开拓产品市场，加强多方面合作，实现资源共享，推进薯类主食化，不断提高薯类主食消费率。

4.6 抓品牌打造，提高产品知名度

加强优势区域引导，促进规模化生产；引导农户成立各种形式的薯类专业合作社，提高产前、产中、产后的服务能力；积极搭建川薯宣传交流平台，组织开展经贸洽谈、产品推介、参观考察等活动；加大"无公害农产品""绿色食品"和"有机食品"基地认定和产品认证力度，进一步宣传川薯产品的优势和特色；加快注册一批川薯种薯、商品薯及加工产品品牌、商标，努力打造地域品牌和商品品牌，促进加工和流通。

参考文献

[1] 崔阔澍，王斌，卢学兰.四川马铃薯产业优势及发展思路 [J].中国农技推广，2018，34（04）：9-11.

[2] 柴玮.加强四川脱毒马铃薯种薯繁育体系工作的思考 [J].中国种业，2016（05）：10-12.

[3] 徐成勇，杨绍江，陈学才，等.四川马铃薯周年生产季节性专用品种选育策略 [J].中国种业，2015（02）：11-16.

[4] 王平，屈会娟，沈学善，等.2017年四川冬春马铃薯示范情况及冬马铃薯生产建议 [J].四川农业科技，2017（09）：13-15.

[5] 李洪浩，张鸿，李华鹏，等.马铃薯晚疫病CARAH预警模型在四川春马铃薯上的应用 [J].中国农学通报，2017，33（04）：136-141.

[6] 任丹华，胡建军，刘小潭，等.四川马铃薯主要种植机械的适应性验证 [J].四川农业与农机，2016（06）：36-37.

[7] 梁南山，陈文红，王晓琴，等.四川盆周山区马铃薯超高产栽培技术 [J].现代农业科技，2015（12）：103-117.

四川省马铃薯主食产品及产业开发现状、问题及建议

崔阔澍，卢学兰

（四川省农业技术推广总站，四川成都　610041）

摘　要：四川是我国重要的马铃薯产区。2015 年以来，四川省为贯彻落实中央通过关于推进马铃薯主粮化的建议，首批实施"马铃薯主食产品及产业开发试点项目"。主食化项目实施产业开发基础良好，实施以来开发了多种产品、培植了部分品牌、一定程度上带动了脱贫。本文总结了四川主食化进程中取得的成绩，提出了存在的问题并给出相关建议，对继续推进主食化项目起到承接作用。

关键词：马铃薯；主食产品；产业；现状；建议

四川常年气候温润、立体气候明显，马铃薯生产条件得天独厚，是我国重要的马铃薯主产区，全省 21 个市州、100 余个县均有种植 [1]。较北方马铃薯主产区一年一熟的耕作制度，四川省春、秋、冬三季都可种植马铃薯，生产的鲜薯四季供应，上市时间长，经济效益好。

马铃薯主粮化有利于改善我国国民膳食结构，引领居民健康膳食，优化农业种植结构，是新形势下保障国家粮食安全、促进农民持续增收的积极探索 [2~4]。2015 年，四川为贯彻落实农业部提出的马铃薯主粮化战略，执行中央通过关于推进马铃薯主粮化的建议，首批实施"马铃薯主食产品及产业开发试点项目"。

1 马铃薯主食产品及产业开发基础良好

1.1 周年生产优势明显

四川马铃薯主要分布在盆周山区、川西南山地区和部分平原丘陵区，有春作、秋作和冬作之分，具有周年生产周年供应的特点。

1.2 生产规模迅速扩大

近年来，四川省大力探索创新马铃薯种植模式，通过增、间、套作和发展秋、冬马铃薯，努力扩大马铃薯种植面积，马铃薯生产规模不断扩大。马铃薯种植面积从 2003 年的 29.53 万 hm² 扩大到目前的 66.67 万 hm² 以上，年均扩大 3.33 万 hm² 以上；鲜薯总产从 2003 年的 528 万 t 扩大到目前的 1 500 万 t 以上，年均增加 70 万 t 以上。2016 年，马铃薯种植面积 80.7 万 hm²、总产 1 611.5 万 t，马铃薯种植面积和产量从 2012 年起连续 5 年位居全国第一。

1.3 政策推动有力

近年来，四川马铃薯生产发展态势良好，依托省马铃薯良繁体系建设及科技示范推广项目、省粮

作者简介：崔阔澍，女，博士，农艺师，主要从事马铃薯育种栽培，QTL 分子细胞遗传学研究。E-mail: sunnyxinfan@qq.com。

食生产能力建设项目、"天府英才"马铃薯良繁体系攻关人才培养项目及国际马铃薯中心（CIP）马铃薯种薯体系灾后重建项目等，切实加大投入。2006~2016年通过四川省农业厅粮油系统实施的马铃薯项目资金近5.2亿元，其中省级财政投入近3.7亿元[5]。

1.4 薯类加工基础好

有光友薯业、紫金都市、天伦食品、白家食品等较大规模的马铃薯加工企业近20家，加工产品主要有淀粉、粉丝、饼干等。目前，全省马铃薯加工能力约200万t（其中，凉山彝族自治州130万t），马铃薯加工率约13%。

2 马铃薯主食产品及产业开发现状

2.1 增强科技支撑、提升效益

四川省从2015年开始实施"马铃薯主食产品及产业开发开发试点项目"，到2018年已连续实施4年。四川省是农业部首批实施马铃薯主食开发试点之一，为攻克当时全国都存在的技术难题，四川主动作为引导企业会同科研院校进行科技攻坚，帮助企业完成了加工过程中鲜薯褐变、花青素氧化等3项技术突破，实现了冷冻薯泥添加、研发设计自动化流水线等4项技术创新。项目实施以来，共生产9 500 t主食产品，全部销售金额13 147万元。开发的马铃薯主食产品包括马铃薯面条（方便面、干挂面、湿面）、馒头（花卷）、米粉（粉丝、粉条、粉皮）、饼干（脆片、薯片、土豆酥）和糕点（马铃薯糕点、四季饼、迷你饼、月饼）类等42种马铃薯主食产品。

2.2 培植农业品牌、增强知名度

四川光友薯业、天伦食品分别应邀参加农业部"马铃薯产业开发高层研讨暨成果发布会""马铃薯主食开发成果展示会"展示产品，并受到农业部余欣荣副部长、屈冬玉副部长及其他有关领导关注和赞扬，各企业开发的马铃薯主食新产品种类丰富、各具特色受到广大消费者的喜爱。同年，光友薯业有限公司被全国马铃薯主食加工产业联盟评为马铃薯主食加工"十大企业"，光友、紫金、绿野生产的主食产品分别被评为"十大休闲食品""十大主食""十大特色小吃"。

2.3 推动产业链条升级、助力扶贫

凉山彝族自治州、阿坝藏族羌族自治州是四川省贫困人口集中地区，也是全省马铃薯主产区和马铃薯优势产区，是四川省马铃薯主食开发主要试点区。将马铃薯主粮化产业链前端（脱毒种薯繁育）和产业链终端（主食加工和消费）充分结合起来，引领与凉山彝族自治州与全省销售优势区域协作，推动产业链条升级，提升产业效益，将马铃薯主食开发与全省精准扶贫工作相结合，为脱贫增收发力。商品薯在贫困地区被收购后加工成全粉，马铃薯主食加工企业再将马铃薯全粉加工成主食产品进入市场后流通到整个西南地区，有效地推动区域间优势互补、良性互动，促进贫困地区"造血"式发展，以此带动贫困人口增收脱贫。四川日报对四川省马铃薯主粮化进行专题报道，对紫金、光友、天伦等企业进行了专访，并提出"秋洋芋单产22 500 kg/hm², 纯收入可达30 000元/hm²，马铃薯主食化能增加销路、提高附加值，现实意义重大"。企业表示以此为契机，推动生产，让更多贫困老乡脱贫增收[6]。2018年，四川省委组织部及四川省农业厅等多家单位联合组织"科技扶贫万里行活动"，选择马铃薯主粮化带动脱贫的相关内容在贫困地区进行宣讲。

3 存在的问题

3.1 产品研发时间长

有的企业需要另建生产线，产品开发后还需要制定企标、报审并开拓市场，特别是一些附加值较

高的产品，短时间内难以取得最优效果，导致项目实施进度较慢，前一年度的部分项目任务需在第二年完成。

3.2 市场空间未打开

马铃薯主食化刚刚起步，消费者对主食产品的认识不足，市场需求相当有限，产品推广难度较大[7]。

3.3 原料供应不适应

加工原料有马铃薯全粉、鲜薯，目前全粉供应价格高，鲜薯生产季节性强，缺乏仓储设施，难以保证供应。

3.4 产品工艺待优化

为了完成项目，有的产品开发仓促，品质有待提高。

3.5 产品质检验收困难

目前四川省马铃薯产品验收缺乏依据，最重要的马铃薯粉使用比例测定困难，导致验收工作存在一定困难。如：凉山彝族自治州农业部门曾联系国内多个相关机构，但均无法出具有效的马铃薯粉比例检测书，导致凉山彝族自治州 2016 年项目尚未完成验收，2017 年项目无法继续实施下去。

4 建议

加快良种选育、增强技术支撑、扶持加工链条，全面带动马铃薯和其制品的全产业链升级[8～9]；企业对接科研机构继续发展科技创新平台，优化马铃薯加工产品工艺，特别是加大鲜薯的利用率；鼓励企业自有一定规模的原料基地，争取实现马铃薯产业化、规模化生产[10～11]；加大全省马铃薯主食化宣传力度，促进企业与市场的对接，提升市场对马铃薯主食产品的认可度；鼓励各市（州）之间合作，拉低资源共享门槛，共同协作开拓市场，提高主食产品的市场覆盖率。

参考文献

[1] 梁南山，郑顺林，卢学兰 . 四川省马铃薯种植模式的创新与应用 [J]. 农业科技通讯，2011（03）：120-121.

[2] 高康，何蒲明 . 马铃薯主粮化战略研究 [J]. 合作经济与科技，2018（14）：31-33.

[3] 胡显清 . 马铃薯主粮化对粮食安全的积极影响 [J]. 农业与技术，2017，37（18）：195.

[4] 晏书诚 . 中国马铃薯主粮化战略研究 [J]. 中国科技信息，2017（05）：103-104.

[5] 崔阔澍，王斌，卢学兰 . 四川马铃薯产业优势及发展思路 [J]. 中国农技推广，2018，34（04）：9-11.

[6] 李淼 . 四川日报 [N]. http：//epaper.scdaily.cn/shtml/scrb/20161122/148 672.shtml.201 6-11-22

[7] 王金秋，武舜臣 . 马铃薯主粮化战略的动力、障碍与前景 [J]. 农业经济，2018（04）：17-19.

[8] 黄钢，沈学善，屈会娟 . 为做强做优薯类产业构筑科技支撑 [J]. 四川农业科技，2017（10）：49-51.

[9] 沈学善，屈会娟，黄钢，等 . 四川马铃薯创新团队的合作机制与技术推广模式 [J]. 农业科技管理，2014，33（02）：69-72.

[10] 李向 . 推进马铃薯主粮化战略的建议 [N]. 中国国门时报，2017-08-02（003）.

[11] 杨雅伦，郭燕枝，孙君茂 . 我国马铃薯产业发展现状及未来展望 [J]. 中国农业科技导报，2017，19（01）：29-36.

西南地区马铃薯机械化种植现状、问题与建议

沈学善[1]，任丹华[2*]，刘小谭[3]，王　宏[1]

（1. 四川省农业科学院土壤肥料研究所，四川成都　610066；2. 四川省农机化技术推广总站，四川成都
610017；3. 四川省农业机械研究设计院，四川成都　610066）

摘　要：全程机械化生产技术是西南地区马铃薯生产发展趋势。本文在调查研究和试验示范的基础上，总结提出了西南地区马铃薯主要种植制度、种植模式、机械化生产现状及存在的问题，提出了马铃薯机械化生产建议，为西南地区马铃薯机械化生产应用推广提供参考。

关键词：马铃薯；西南地区；机械化；种植模式；建议

西南地区自然条件优越，一年四季均有马铃薯种植，以春、秋、冬三季为主，周年生产格局明显，是中国马铃薯主产区，2015 年播种面积占全国播种面积的 44.02%，总产量约占全国总产量的 44.51%。发展马铃薯对贫困山区扶贫增收具有重要意义[1]。西南五省市（云、贵、川、渝、桂）的马铃薯种植主要分布在丘陵山区，以梯田、坡耕地为主，地块小，种植分散[2]。受经济技术基础等的影响，马铃薯生产作业仍以人畜力为主，机械化水平非常低，其中，云南马铃薯耕种收机械化水平只有 8.18%，四川马铃薯机械化收获率不到 5%[3]。前人对云、贵、川等地马铃薯主要生产环节机械进行了大量研究[4~7]，分区域集成了马铃薯全程机械化技术[8~10]。马铃薯机械化生产能减轻劳动强度、提高生产效率[11~14]。加快马铃薯机械化生产步伐，提高马铃薯机械化生产水平，已成为西南地区马铃薯生产面临的主要问题。本文调查了西南地区马铃薯主要种植制度、种植模式、机械化生产现状及存在的问题，提出了机械化生产建议，为西南地区马铃薯机械化生产应用推广提供参考。

1　西南地区马铃薯优势区域的种植制度

西南地区为马铃薯一二季混作区，马铃薯春、秋、冬作全面发展。依不同的海拔高度，一、二季作交互出现，一年四季均有马铃薯收获。高原山区一般种植一季春马铃薯，平坝丘陵区一般种植秋、冬二季马铃薯。

以四川省为例，制定了《四川省马铃薯产业发展规划》，确定盆周山区和川西南山地春马铃薯优势区、平坝丘陵秋马铃薯优势区和川东南及金沙江（长江）流域冬马铃薯优势区，构建春、秋、冬三季马铃薯周年生产、周年供应的产业发展格局。2012 年，四川省春、秋、冬马铃薯所占比例分别为

基金项目：国家现代农业产业技术体系四川薯类创新团队项目（川农业函 [2014]91 号）；四川省软科学项目"基于产业优势构建川薯全产业链科技支撑研究"（19RKX0454）。

第一作者：沈学善（1981—），男，博士，副研究员，主要从事马铃薯高产栽培生理生态研究。

*通讯作者：任丹华（1969—），女，推广研究员，主要从事作物机械化生产技术集成示范方面的研究。

66.2%、17.3% 和 16.5%。由于周年生产体系的建立，近年四川没有出现由于一季马铃薯集中上市大量滞销，薯农利益受损的情况。

2 西南地区马铃薯的主要种植模式

2.1 春马铃薯种植模式

"春马铃薯/玉米"：田间配置上，1.5 m 或 2.0 m 开厢，马铃薯和玉米带各占一半，形成"双二五"或"双三〇"等模式。以 2：2 行比最佳。马铃薯带和玉米带隔年交替，形成马铃薯与玉米分带间套轮作。茬口衔接上，马铃薯在 2 月中下旬播种，6 月中下旬至 7 月上旬收获，玉米 3 月下旬至 4 月播种，8～9 月收获。

"春马铃薯/大豆"：生产上也有"春马铃薯/大豆"种植模式，马铃薯与大豆的行比为 1：1 或 1：2。

"早春马铃薯-水稻-秋菜（或秋马铃薯）"：该模式用于平坝丘陵区的稻田生产，采用地膜覆盖净作早春马铃薯，早春马铃薯一般在 12 月中下旬播种，次年 4 月上中旬收获，马铃薯收获后栽插水稻，水稻收获后再种一季秋菜或秋马铃薯。

"早春马铃薯/玉米/大豆（或甘薯）+秋菜（或秋马铃薯）"：该模式用于丘陵区旱地种植，是在原"小麦/玉米/甘薯""小麦/玉米/大豆"模式上发展起来的，用早春马铃薯代替小麦，玉米收获后增种一季秋菜或秋马铃薯。早春马铃薯于 12 月中下旬采用地膜覆盖栽培，次年 3 月下旬至 4 月上中旬在马铃薯行间种玉米，马铃薯收后种大豆或甘薯，玉米收获后种一季秋菜或秋马铃薯。

2.2 秋马铃薯种植模式

秋马铃薯主要分布在西南地区海拔 300～800 m 的平丘地区和河谷地带。气候温暖，雨量充足，农业生产三季不足，两季有余。可以利用水稻、玉米收获后，小春作物播栽前的空闲时间，通过合理间套，增种一季秋马铃薯。

西南地区秋马铃薯播种时间为 7 月下旬至 9 月下旬，但普遍集中在 8 月下旬至 9 月上旬。其中，山区播种较早，在 7 月下旬至 8 月上旬播种（称为早秋马铃薯），平坝、丘陵区普遍在 8 月下旬至 9 月上旬播种，秋马铃薯收获时间可根据生长情况、下茬种植需要和市场需求等提前或推迟，可从当年的 11 月中下旬延至次年 1 月上中旬收获。

稻田秋马铃薯：在水稻收后采用"中稻-秋马铃薯/油菜"三熟。秋马铃薯在 8 月下旬至 9 月上中旬播种，10 月下旬至 11 月上旬套栽油菜，12 月中下旬收获马铃薯，4 月底至 5 月上旬收获油菜，然后栽水稻。

旱地秋马铃薯 采用"小麦/玉米/甘薯（大豆）/秋马铃薯"模式，是一种深度开发晚秋资源的种植方式。对于播种较迟和生育期较长的秋马铃薯，到小麦播种时如未成熟收获，可与小麦套作共生一段时间。

2.3 冬马铃薯种植模式

"小麦+马铃薯/玉米/甘薯（大豆）"：在"小麦/玉米/甘薯"的基础上，利用改制的预留空行增种一季冬马铃薯，马铃薯收后种植一季迟春玉米或早夏玉米。

"冬马铃薯-水稻"：采用"冬马铃薯-水稻"两熟，冬马铃薯实行净作，单产可达 15 000 kg/hm² 以上。

"果树（林木）+冬马铃薯"：在一些幼龄果园、桑园和苗木地，形成了"果树+冬马铃薯""林木+冬马铃薯"等农林结合高效种植模式，如宁南、南部的"桑树+冬马铃薯"模式。

3 西南地区马铃薯机械化生产及装备现状

3.1 马铃薯机械化生产现状

高原大地块马铃薯生产主要采用大型和中型马铃薯机具，从耕整地到收获环节均配置了相应的机具。受价格因素、机具利用率低和业主投资不足影响,收获机基本没有配置装车输送装置,且无配套拖车和马铃薯清选设备,收获需要人工捡拾、分选,也无切种薯设备,但综合机械化程度高。

二半山区平坝及河谷地区受地形和地块中等的影响,主要采用中型和小型机具。其中小型机具无配套的中耕设备和植保设备。综合机械化程度一般。

平原和丘陵地区马铃薯生产受单位种植规模限制,丘陵地区还受地形和地块小的影响,主要采用中小型机具。目前以小型机具为主,部分采用中型机具,少量采用微型机具。尤其丘陵地区机械化程度低。

3.2 马铃薯机械化装备种类、水平

西南地区马铃薯生产过程中采用的机械装备主要有轮拖配套的大中型成套设备,以及轮拖配套的小型设备和手拖配套的微型部分设备。其中大型成套设备(四垄)主要有中机美诺、德沃、希森等国产品牌,主要的机具有:耕整地机、播种机、中耕机、喷药机、杀秧机、收获机。中型(两垄)成套设备主要有中机美诺、德沃、希森等主要品牌,洪珠也介入了部分中型设备领域,以上大、中型成套设备广泛采用国外先进技术和关键零部件,设备配套性好,可靠性有一定保障;小型设备(一垄)以洪珠为主,主要有播种机、杀秧机、收获机,设备配套性一般,可靠性一般;微型设备主要有手拖带动的播种、收获机具,应用少,设备配套性、适应性、可靠性均差,不成熟。

3.3 生产作业环节应用

大中型成套设备涵盖耕整地、播种、中耕、植保、杀秧、收获环节。适应大地块和中等地块 90 cm 垄距的连片种植模式,机艺融合程度较好,以高原和部分二半山区平坝为主要推广区域。设备投资大,利用率低,适宜单位种植规模 600 ~ 1 500 亩的经营主体,目前推广数量不多。

小型成套设备涵盖播种、杀秧、收获环节,机艺融合程度一般。适应中小地块 100 cm 垄距的有一定规模的种植模式,以二半山区平坝和河谷地为主要推广区域。设备投资不高,虽然设备利用率低,适宜单位种植规模 10 ~ 15 hm² 的经营主体,但推广数量较多。

微型设备只涵盖播种、收获环节,应用少,适应山丘区和平原小地块零星种植。设备投资低,利用率低,推广数量少。

4 西南地区马铃薯机械化生产存在的问题

西南地区马铃薯种植面积和产量位居全国前列,但机械化水平较低。主要受地形地貌、气候和土壤,经济发展水平劳动力及投入产出,单位种植规模,种植模式不统一,机械适应性和配套性,机具利用率低价格差异大,农机企业对产品开发效益的预期等因素的影响。

4.1 农机农艺不协调,矛盾突出

马铃薯生产种植模式多,以间套种为主,以提高产量和提高复种指数为主要目标,种植技术千变万化,与机械化严重脱节。马铃薯人工生产各个环节的农艺要求均存在与机械化不协调的问题,垄距不统一从 60 cm、70 cm、80 cm 到 100 cm,导致与拖拉机的轮距不配套,平作或稀大窝种植,导致机收困难无法实施。

4.2 小户生产模式与机械化规模化生产矛盾突出

西南地区马铃薯生产以小农户种植为主,种植面积小,70% 以上的种植规模不超过 3 hm²/户,种植大户以 6.67 ~ 33.33 hm² 为主,超过 66.67 hm² 的占比不超过 10%。

4.3 缺乏适宜机具与大力提高马铃薯机械化生产水平矛盾突出

目前我国马铃薯机具生产厂家主要集中在北方,生产机具以大中型机具为主,机具的主要技术参数是按照北方的农艺要求设置。这类机具在西南地区的适应差,主要体现在三个方面:一是机具偏大,

紧凑性不够，而西南地区田块小，存在下地难，转弯半径过大；二是播种密度不够，北方播种密度为 52 500 ～ 60 000 株 /hm²，西南地区为 67 500 ～ 97 500 株 /hm²；三是小型机具的可靠性差。

5 西南地区马铃薯机械化生产建议

5.1 进一步提高马铃薯机械化的重要战略地位

要在制定出台农业宏观政策时，进一步提高马铃薯机械化的重要战略地位，明确马铃薯机械化中长期发展目标，采取行之有效的举措推进马铃薯机械化快速发展。

5.2 制定实施促进马铃薯机械化的奖补政策

制定实施促进马铃薯机械化的奖补政策，加大投入力度，尤其是加大主产区马铃薯机具购置补贴投放力度，将有限的资金优先用于补贴先进适用的马铃薯机具上，并向马铃薯种植龙头企业、农机专业合作组织、农机大户等新型农业主体倾斜，促进马铃薯规模化、机械化生产。

5.3 加强技术装备引进和创新

以马铃薯机械化播种和收获薄弱环节为突破口，加强国外先进技术装备的引进、消化、再创新，研发制造机艺协调化、功能集成化、全程规范化、作业高效化的马铃薯机械化技术装备。

5.4 加强企业自主研发创新

联合产学研推部门，开展马铃薯机具研发。以四川为例，四川薯类创新团队与成都市农林科学院、成都市鑫成丰机械有限公司结合四川省农艺要求研制的 2CM-4 马铃薯播种机的样机已经试制成功，该播种机将马铃薯的最大播种量提高到了 90 000 株 /hm²。同时还在进一步开发收获机、杀秧机和中耕机。

5.5 加强基础理论研究和自主创新

有计划地启动一批技术研发项目，突破马铃薯装备技术瓶颈，提高装备制造水平，研制适应性强、可靠性高、价格低廉的具有国际竞争力的国产品牌机具。

5.6 加快土地流转，促进规模化经营

随着土地流转带动了以家庭农场、种植大户、专业合作社为代表的马铃薯规模化生产，大力发展马铃薯生产机械化，用机械替代人力劳动，实现"增机、减人、增效"，已成为马铃薯产业发展的未来趋势。

5.7 加强马铃薯市场开拓

畅通市场信息和绿色运输通道，通过减免税收等方式引导马铃薯初、深加工向主产区聚集，扶持马铃薯物流业、加工业发展，延伸马铃薯产业链，提高市场吞吐量，为马铃薯机械化、产业化提供不竭动力。

参考文献

[1] 农业部薯类专家指导组 . 2016 年全国马铃薯生产指导意见 [J]. 农机科技推广，2016，（05）：34-37.

[2] 梁南山，郑顺林，卢学兰 . 四川省马铃薯种植模式的创新与应用 [J]. 农业科技通讯，2011，（03）：120-121.

[3] 詹小旭 . 马铃薯收获机研究进展 [A]. 中国作物学会马铃薯专业委员会 . 马铃薯产业与现代可持续农业（2015）[C]. 中国作物学会马铃薯专业委员会，2015，7.

[4] 赵野，刘宪 . 云南马铃薯生产机械化问题探讨 [J]. 农机科技推广，2014，（06）：17-18.

[5] 汪涛，张永华，宁旺云 . 云南马铃薯机械化生产关键技术探讨 [J]. 湖南农业科学，2013，

（01）：125-128.

[6] 周训谦，肖洁，张佩，等.贵州马铃薯机械化生产技术选择 [J].贵州农业科学，2015，43（03）：67-70.

[7] 任丹华，刘小谭，杨玖芳.浅谈四川省马铃薯机械化生产现状与发展前景 [J].四川农业与农机，2015，（2）：45-46.

[8] 尹自友，潘哲超，金绍波，等.云南春季 G1 代脱毒马铃薯种薯扩繁半机械化生产技术 [J].云南农业科技，2015，（06）：36-38.

[9] 周训谦.贵州马铃薯机械化生产技术选择思考 [A].中国作物学会马铃薯专业委员会.马铃薯产业与精准扶贫 2017[C].中国作物学会马铃薯专业委员会，2017，9.

[10] 任丹华，沈学善，黄钢，等.西南地区马铃薯中小型机具的研究与应用 [J].农业开发与装备，2017，（07）：116-117.

[11] 柯剑鸿，杨波华，焦大春，等.我国马铃薯机械化生产发展现状与对策 [J].南方农业，2017，11（19）：71-72+75.

[12] 王华，栾雪雁，董立柱.马铃薯主要种植模式与机械化发展途径 [J].农机科技推广，2013，（04）：37-38.

[13] 魏忠彩，李学强，张宇帆，等.马铃薯全程机械化生产技术与装备研究进展 [J].农机化研究，2017，39（09）：1-6.

[14] 柯剑鸿，周玉华，钟魏然，等.西南山区马铃薯机械化种植及收获技术研究 [J].乡村科技，2016，（17）：7.

马铃薯产业扶贫：角色贡献、面临危机与风险化解研究

张千友[1, 2*]，蔡昌艳[2, 3]，李浩森[3]，邓　柠[1]

（1. 成都大学商学院，四川成都　610106；2. 马铃薯主粮化战略研究中心，四川成都　610000；

3. 西昌学院经济管理学院，四川西昌　615013）

摘　要：本文使用 FAO 数据库和中国薯网数据中心提供的数据资料，应用描述统计方法，在分析贫困山区马铃薯比较优势突出、保障当地粮食安全、助力农民脱贫增收、带动贫困山区农业转型升级等突出贡献的基础上，提出了当前马铃薯产业开发正面临：市场消费受到抑制，市场价格剧烈波动，加工比例偏低产业链条短，市场需求趋于饱和，供给出现阶段性过剩等危机。并提出注重延伸产业链条，加强马铃薯系列制成品加工；注重由温饱型消费向营养健康消费升级；促进产业开发由外延扩张转向内涵提升转变；注重新型农业经营主体培育，加强山区马铃薯流通体系建设；积极举办山区马铃薯文化美食节等政策建议。

关键词：贫困山区；马铃薯；产业开发；脱贫增收；扶贫政策

马铃薯在国内是菜粮饲兼做的重要农作物，在中国 2011 年 592 个国家级贫困县中，有 549 个县种植马铃薯，占 92.74%，马铃薯在这些地区的生产效益明显优于其他粮食作物[1]。中国是马铃薯生产大国，播种面积和总产量均居世界第一[2]，产量和面积均占到全球的 1/4 以上。2016 年中央一号文件指出积极推进马铃薯主食开发[3]。2016 年 2 月，农业部正式发布《关于推进马铃薯产业开发的指导意见》，正式决定将马铃薯作为主粮产品进行产业化开发[4]。

现有研究更多强调马铃薯产业开发在扶贫中的贡献，尤其是在国家实施马铃薯主粮化战略背景下，贫困山区纷纷把马铃薯作为产业扶贫的重要抓手，积极做大马铃薯产业规模。这有其历史的必然性，也有其现实的紧迫性，然而较少有学者关注到：马铃薯产业开发还受制于全国宏观市场环境等诸多因素的制约。因此，本文主要分析马铃薯扶贫开发的贡献，把握马铃薯产业面临的挑战，研究贫困山区如何把"小土豆"做成大产业，让大产业真正能够助推大扶贫。分析马铃薯在产业扶贫中的突出贡献，明确当前马铃薯产业面临的危机和挑战，为更好地促进山区马铃薯产业开发，实现产业脱贫提出建议。

基金项目：国家自然科学基金项目"山区农户生计与贫困、生态环境问题研究"（41461040）；马铃薯主粮化战略研究中心重点课题"中国马铃薯市场价格预测研究——基于产销信息监测预警视角"（MLS1801）。

作者简介：张千友（1979—），男，副教授，经济学博士后，主要研究技术经济及管理。E-mail：zhangqianyou@163.com。

1 马铃薯在脱贫攻坚中的重要角色

1.1 马铃薯主产区多分布在贫困山区，在当地农作物中优势突出

我国马铃薯生产多分布在西北和西南等经济贫困地区，这些地区或土地贫瘠（如宁夏固原等），或气候冷凉（如四川凉山、云南曲靖、贵州毕节），或干旱少雨（如甘肃定西等）[5]。根据 2016 年全国各省马铃薯产量情况，我国马铃薯生产大省主要是四川、甘肃、贵州、云南、内蒙古、重庆和黑龙江等地区。

1.2 马铃薯是贫困山区保障粮食安全，解决生存难题的重要作物

在贫困山区，马铃薯长期作为老百姓餐桌上的主食。2011 年，在 592 个国家级贫困县里，马铃薯种植面积为 300 万 hm^2，占全国总面积的 51.48%；产量 4 876.08 万 t，占全国总产量的 46.18%。在国家级贫困县里，马铃薯播种面积占粮食播种面积比重为 10.69%，比全国平均（4.91%）高 5.87 个百分点，这说明马铃薯在贫困地区农业生产中占有重要的地位。在种植有马铃薯的近 400 个国家级贫困县里，马铃薯面积占粮食作物面积的比重为 15%，比全国平均高出 10 个百分点[6]。

1.3 马铃薯是贫困山区农民增收脱贫的支柱产业

农业是贫困山区的基础产业，也是大部分山区的支柱产业，其中马铃薯已成为贫困山区最具增产潜力、最具增收潜力、最具市场需求潜力的粮经作物。以国家脱贫攻坚重点县山西吕梁市岚县为例，2015 年全县马铃薯产业总产值 6.3 亿元，提供农民人均纯收入 2 260 元，占农民人均纯收入的 51.7%。目前，岚县马铃薯种植面积达到 2 万 hm^2，从事马铃薯产业的合作社达到 115 家，经纪人 500 多人，从业农户达到 2.4 万户，占农户总数的 61.5%。马铃薯产业已经成为山西岚县推进扶贫攻坚、实现富民强县的一大支柱产业[5]。在甘肃省定西地区和宁夏西海固地区，马铃薯已经成为农民脱贫致富的主导产业，马铃薯收益占到了农民人均纯收入的 30% 以上[6]。在贵州威宁县，当地农民从马铃薯产业中实现人均纯收入 1 690 元左右，占全县农民人均纯收入的 22%[7]。在四川凉山，马铃薯面积、产量、商品量、经济效益四项指标居四川省首位，近年凉山马铃薯实现了规模效益同步增长，为贫困山区农民增收做出了贡献[8]。

1.4 马铃薯产业化开发，带动贫困山区农业转型升级

主产马铃薯的部分贫困山区，围绕这一主导产业，以马铃薯主食产品、功能休闲食品、马铃薯饮品等系列加工制品为重点，以举办马铃薯文化节、观赏马铃薯花开、品尝马铃薯美食等为补充，实现一、二、三产业融合发展，优化组合农村耕地资源、农业劳动力资源、农业科技资源以及工商资本等各种生产要素，实行区域化布局、专业化生产、规模化种植、系列化加工、社会化服务、企业化管理，形成产供销、贸工农、农工旅、农科教一体化经营体系，使当地马铃薯产业逐步走上自我发展、自我积累、自我约束、自我调节的良性发展轨道，形成了现代化的经营方式和产业组织形式[9]，从而辐射和带动贫困山区农业产业的转型升级。据调查，在河北张家口、甘肃定西、山西岚县、贵州毕节以及内蒙古乌兰察布等地，围绕马铃薯产业升级开展了积极探索，取得了一定的成效。

2 马铃薯产业开发面临的现实困境

2.1 宏观经济进入"新常态"，马铃薯消费可能受抑制

近年来中国经济进入"新常态"，经济增长速度将结束过去 30 多年 10% 左右的高速增长，经济发展模式将与传统不平衡、不协调、不可持续的粗放增长模式基本告别。这将对中国马铃薯的消费产生深远而持续的影响。由于建筑工地和东南沿海工厂的集团消费是马铃薯商品性消费的重要组成部分，也最容易受到经济环境和市场环境的影响，因此中国经济"新常态"的到来，对中国马铃薯消费产生

深远而持续的影响,将逐步体现在马铃薯产业链条的各个环节,比如生产环节、加工环节、流通环节以及最终的消费环节等。

2.2 农业发展进入新阶段,马铃薯产业面临供给侧改革

国内农产品供求关系已经由总量不足进入阶段性的供过于求和结构性不足并存的新时期。近 20 年来,我国农产品供求关系实现了从总体短缺到总量基本平衡、丰年有余,再到阶段性供过于求、结构性不足的历史性跨越。农业未来的主攻方向,要从增加产量转向提高供给质量,必须以市场需求为导向,减少无效供给,增加有效供给。马铃薯产业过去主要追求高产,今后同样面临转型升级绿色发展的挑战。

2.3 市场价格波动剧烈,"薯贱伤农"现象频发

从短期来看,2016 年马铃薯田间价格较 2015 年平均上涨 14% 左右,批发市场价格较 2015 年平均上涨 12%,总体行情好于前两年。但是,2016 年价格波动剧烈,2 ~ 6 月田间价格在 2.3 ~ 2.9 元 /kg,较 2015 年同期上涨 35% 以上;批发市场价格 3.2 元 /kg,较 2015 年同期增长 25% 左右;进入 6 月以后,价格下滑,田间平均价格和批发价格都跌落到近两年同期价格水平之下,8、9 月更是创近年新低,田间平均价格 0.90 元 /kg,较 2015 年同期下滑 20%。进入 10 月以后,价格回升,11 月份田间价格达到 1.35 元 /kg,较 2015 年同期上涨 15%,批发市场价格 2.50 元 /kg,较 2015 年同期增长 10%[10]。近年来,马铃薯生产成本不断上升,已达到 0.91 元 /kg,马铃薯生产部分时段已经面临亏损,市场价格波动剧烈,盈利能力面临挑战,倒逼生产方式的变革。

从长期来看,以中国薯网数据中心公布的甘肃省马铃薯市场价格指数为例(图 1),在 2011 年至 2016 年期间,甘肃省马铃薯市场价格水平波动比较频繁。在 2 192 个样本数据中,最小值为 0.80,出现在 2011 年 10 月 2 日,最大值为 4.80,出现在 2013 年 6 月 2 日;全距为 4.0,中位数为 1.90,平均值为 1.954 0,标准差为 0.506 3。马铃薯价格走势如"过山车"。

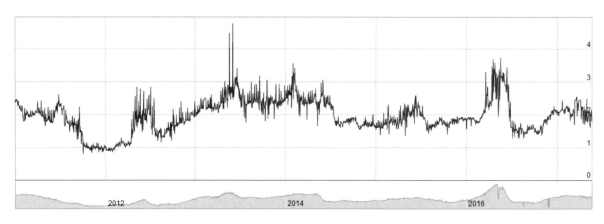

图 1 2011 ~ 2016 甘肃省马铃薯市场价格指数走势

2.4 以鲜食消费为主,加工比例偏低产业链条偏短

长期以来中国马铃薯消费以鲜食为主,1994 年以后,马铃薯食用消费占比从 35.45% 一路呈上升趋势,到 2005 年达到 74.84% 的最高水平。此后略有下降,但仍然保持在 60% 以上的较高水平。

与此同时,国内马铃薯加工比例长期维持在较低的水平。从 1993 年到 2000 年,国内马铃薯加工占比处于下降阶段,从 23.42% 下降到 6.83% 的最低水平,此后加工比例尽管有所回升,但长期围绕 10% 的水平上下波动,近年来占比又呈现新的下降趋势(图 2)。对于贫困山区来说,由于交通条件滞后,工业化水平较低,马铃薯加工比例更低,结果导致马铃薯的消费方式单一,

商品率不高，主要被用于自己食用或者喂牲口，以"煮洋芋""烤洋芋"等温饱型消费方式为主，产业链条短。

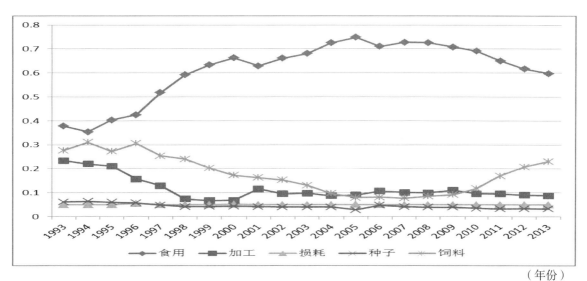

图 2　中国马铃薯消费结构（单位：100%）

2.5　马铃薯供给快速增长，出现了阶段性过剩

从与世界马铃薯人均产量对比来看，中国马铃薯人均生产量在 2002 年首次超过世界平均水平，2013 年达到 67.76 kg，比世界平均水平高出 26.70%（图 3）。从国内近 30 年的数据来看，马铃薯供求基本平衡，供给略大于需求。马铃薯总产量与总消费量基本保持同步变化，绝大多数年份总产量与总消费量的差额都在 250 万 t 以内，从相对比重来看，供给和需求之间的缺口占总产量和总消费量的比重非常低，长期维持在 2% ~ 3%，个别差额较大的年份缺口比重也不超过 10%。再加上我国马铃薯以国内消费为主，基本是国内自产自销，进出口占总量的比重较少。从未来长期趋势来看，根据预测到 2020 年，马铃薯的总消费为 1.090 0 亿 t，马铃薯总产量为 1.125 亿 t，供给大于需求 225 万 t，预测到 2030 年，马铃薯总产量为 1.358 5 亿 t，马铃薯的总消费量为 1.328 0 亿 t，供给大于需求 305 万 t[11]。

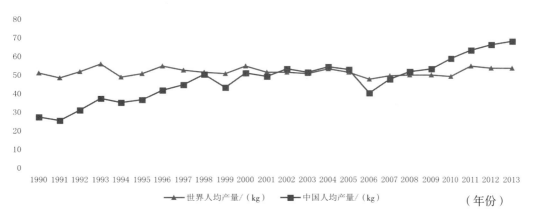

图 3　中国与世界马铃薯人均生产量对比（kg/ 人）

2.6 马铃薯人均消费增速递减，市场需求趋于饱和

从短期来看，消费需求趋于饱和。2002 年我国马铃薯人均消费量首次超过世界平均水平，2013 年中国人均马铃薯消费达到 62 kg，世界马铃薯人均消费达到 54 kg。中国人均消费量已经超过世界平均人均消费量的 14.81%，已经超过部分世界发达国家马铃薯人均消费水平。近年来，马铃薯人均消费量的增长速度呈现递减趋势，市场需求逐步趋于饱和，供略大于求（图 4）。

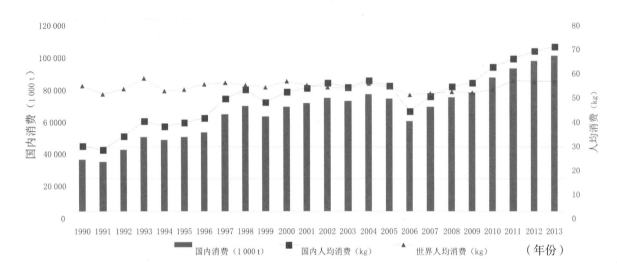

图 4 中国与世界人均马铃薯消费量对比（kg/ 人）

从长期来看，国内马铃薯潜在需求较大，但完全释放出来还需要较长时间。首先，马铃薯营养价值正逐渐被越来越多的人所接受。马铃薯的营养价值不仅丰富而且全面均衡。其次，我国消费结构升级将拉动马铃薯加工品消费。随着收入水平的提高，人们对马铃薯加工品的需求逐步增多。第三，主食化战略撬动马铃薯供给侧结构性改革。2015 年国家政府启动中国马铃薯主食化战略，一大批适合国人消费习惯的主食产品，方便食品以及其他高附加值的马铃薯产品相继涌现，将进一步引领开拓我国马铃薯主食化和方便食品消费市场。

3 马铃薯产业扶贫风险化解

3.1 促进马铃薯销售由卖原料产品向卖产业化系列制成品转变

马铃薯属于具有高加工潜力和高附加值的农作物。经过深加工，可以增值几倍甚至几十倍。按照 6∶1 的比例换算，用马铃薯鲜薯加工马铃薯泥产品的增值将近 15 倍[12]。马铃薯休闲食品受到广大消费者青睐，马铃薯制品已经占了整个休闲食品的 45% ~ 70%[13]。随着人们收入水平的提高，对马铃薯鲜食消费比重逐步降低，对加工制品，尤其是冷冻制品的消费量将大幅提高。从世界马铃薯产业发展趋势看，发达国家卖产品，发展中国家卖原料，发展中国家与发达国家最主要的差距体现在加工上[14]。加工兴则产业兴，没有强大的加工业，贫困山区马铃薯产业的整体开发水平将受到严重限制。因此，贫困地区开发马铃薯产业，应该坚持走产业化的道路，把扶持贫困山区马铃薯龙头企业确定为推进马铃薯产业开发的重要抓手，促进马铃薯在原产地就地就近加工增值，尽快改变贫困山区马铃薯加工业发展滞后的现状。

3.2 引导消费者由温饱型消费向营养健康消费转变

据调查，贫困山区马铃薯消费以鲜食消费为主，消费方式单一，贮藏周期也较短。建议以营养功能为重点，引导人们消费马铃薯主食产品。积极借鉴秘鲁经验，秘鲁政府不仅为当地贫困家庭提供免

费的用马铃薯粉与小麦粉制作成的早餐面包，还要求军队、医院和监狱等系统推广冷冻马铃薯相关制品[15]。建议积极开展马铃薯主食产品营养功能评价，建立健全营养功能评价体系，坚持政府引导，企业主体，科研院所参与的模式，建设主食产品消费体验站，指导街道社区、大型超市、集体食堂以及相关企业参与产品消费体验站建设，把产品消费体验站建设成为产品消费引导、营养知识科普的互动平台。让马铃薯系列产品（比如马铃薯馒头、面条、米粉等）走进贫困山区中小学生营养午餐、驻地武警官兵、医院系统、高等院校等人员密集场所的公共食堂，通过他们的引领示范，逐步使广大老百姓接受马铃薯系列产品。

3.3 促进马铃薯产业开发由外延扩张向内涵提升转变

过去国内马铃薯产业开发主要属于外延扩张阶段，马铃薯总产量的增加主要是依靠马铃薯播种面积的增加实现的，其贡献率大约是马铃薯单产提高贡献率的 2 倍，也就是说，过去马铃薯总产量的增加是一种外延式的粗放增长模式，中国马铃薯单产水平还有较大的提升空间[16]，在马铃薯产业扶贫攻坚中应该贡献更多。一是良种，提高脱毒种薯覆盖率，以贵州为例，2016 年脱毒种薯的覆盖率为61.17%，其中毕节市脱毒种薯占播种面积的 64.71%，均还有较大的提升空间。二是良法，大力推广标准化种植，适时播种，增施肥料，合理轮作，科学密植，加强管理。三是机械化，近年来农业劳动力短缺，农业劳动日工价上升，马铃薯生产的人工成本快速上升，为此要加快山区马铃薯机械化步伐，尤其是适宜贫困山区马铃薯播种、中耕以及收获需要的小型农业机械。四是稳定规模，根据市场变化合理调控马铃薯生产规模扩张的速度，尽量实现按需生产，订单生产，维持产销平衡，降低种植风险，防止"薯贱伤农"。五是调整结构，突出品种结构、空间结构和产业结构等三大结构优化。

3.4 培育贫困山区新型农业经营主体，建立现代流通体系

贫困山区农户具有分散性、边远性与封闭性等特点，与外界市场联系较少，马铃薯生产的自然经济属性明显。这些地区的马铃薯产业开发，更需要发展马铃薯专业合作社，有效降低马铃薯流通费用，提高流通效率，实现贫困山区"小农户"与"大市场"的对接，同时在马铃薯种植技术推广、晚疫病等病虫害的统防统治、马铃薯市场销售等环节均可发挥重要作用。采取针对性扶持政策，培育新型农业经营主体和服务主体，激活各类人才到马铃薯领域创新创业，重点扶持种植大户、家庭农场、农民专业合作社以及龙头企业等新型农业经营主体，规范新型农业经营主体的生产行为，做好产前、产中以及产后的生产服务工作。同时，还要加快建立山区现代流通体系，在贫困山区大力发展订单农业，加强马铃薯品牌建设，建立紧密的产销关系，提高农户抵抗市场风险的能力。实施"互联网＋马铃薯"战略，创新销售模式，利用互联网消除贫困山区在时间与空间的距离，拓展鲜薯销售渠道，完善市场信息体系。

3.5 积极举办马铃薯文化美食节

依托贫困山区丰富的旅游资源和民族文化资源，举办马铃薯产业相关节庆活动。整合现有旅游基础资源，打造具有山区特色的马铃薯花赏花节、"土豆宴"美食节等。利用广播、电视、网络、报纸、图书等形式，加大在当地主流媒体和新型媒体上的宣传力度，向公众普及马铃薯营养知识、推广马铃薯产品。举办富有山区特色的马铃薯文化节、马铃薯营养活动周、产品交易会和营养餐计划推广等活动。

参考文献

[1] 罗其友，刘洋，高明杰，等 . 马铃薯产业可持续发展战略思考 [C]// 马铃薯产业与小康社会建设 . 2014.

[2] 农业部薯类专家指导组 . 2016 年全国马铃薯生产指导意见 [J]. 农机科技推广，2016（13）：44-46.

[3] 新华社 . 中共中央国务院关于落实发展新理念加快农业现代化实现全面小康目标的若干意见 [N]. 经济日报，2015–12–31.

[4] 乔金亮 . 马铃薯产业开发路线明确 [N]. 经济日报，2016–2–24.

[5] 高奇英 . 小土豆大产业 靠创新惠民生——岚县马铃薯产业转型升级的现状、问题和对策 [J]. 前进，2017（1）：47–50.

[6] 屈冬玉，陈伊里 . 马铃薯产业与小康社会建设 [M]. 哈尔滨：哈尔滨工程大学出版社，2014.

[7] 沈光勇 . 聆听马铃薯破土的声音——探访"中国南方马铃薯之乡"威宁 [N]. 乌蒙新报，2017–06–30.

[8] 佚名 . 抓好脱毒马铃薯良种繁育工作 发挥国有农场示范带头作用 [J]. 四川农场，2013（1）：28–30.

[9] 摘自《武清信息网》. 农业产业化概念、特征及发展意义 [J]. 吉林农业，2013（12）：45–45.

[10] 罗其友，高明杰，刘洋，等 . 2016～2017 年中国马铃薯产业发展态势分析 [C]. 中国马铃薯大会 . 2016.

[11] 米健，罗其友，高明杰，等 . 马铃薯中长期供求平衡研究 [J]. 中国农业资源与区划，2015（3）.

[12] 张千友 . 中国马铃薯主粮化战略研究 [M]. 北京：中国农业出版社，2006.

[13] 王薇 . 我国马铃薯产业如何应对世界马铃薯产业发展 [J]. 农产品加工，2013（9）：20–21.

[14] 魏延安 . 中国马铃薯产业发展现状初步研究与探讨 [EB/OL].http：//blog.sina.com.cn/s/blog_9a3edc6301010kwo.html

[15] 佚名 . 解读秘鲁与国际马铃薯年 [J]. 北京农业，2008（11）：23.

[16] 张千友，罗雪妹 . 马铃薯生产的长期趋势、影响因素与目标预测研究 [J]. 农村经济，2016（07）：60–64.

四川甘薯产业发展及品种应用

卢学兰，崔阔澍

（四川省农业技术推广总站，四川成都　610041）

摘　要： 近年来，四川甘薯种植规模下滑，但种植面积仍稳定在 47 万 hm² 以上，鲜薯总产稳定在 1 000 万 t 左右，仍然是全国甘薯种植面积最大的省份。四川一年可以种植三季甘薯：春作甘薯、夏作甘薯和秋作甘薯，以夏作种植为主，主产区集中在盆中及川东北丘陵地区。目前，甘薯市场形势较好，专用甘薯不断发展，加工保持稳定，利用方式发生改变。育成审定川薯系列、南薯系列、绵薯系列等品种 40 多个。种植面积在 0.33 万 hm² 以上的品种约占全省甘薯总面积的 92%，老而无特色的品种应用逐步减少，优质加工薯和紫色薯等专用特色品种应用逐步增加。甘薯生产用种薯主要为农民自留种，部分通过市场购置商品甘薯作种薯。产业发展存在着投入严重不足、良繁严重滞后、生产水平低、加工转化增值差等方面的问题，其中优质新品种推广不力、脱毒种薯（苗）应用差表现尤为突出。

关键词： 四川；甘薯；产业发展；品种应用

长期以来，四川是全国最大的甘薯省份[1~2]，甘薯曾经为解决温饱做出了很大贡献。近年来，随着农村形势的发展，甘薯面积下滑，甘薯的需求、利用和种植结构发生改变，甘薯品种应用也发生改变[3~6]。

1　生产情况

1.1　生产规模

20 世纪末以前，甘薯作为主要粮食作物和重要的粗饲料以及重要的救灾改种补种作物，常常作为人们餐桌上的主粮，为解决人们温饱做出了重大贡献，支撑了畜牧业尤其是农村家庭养猪业的发展。近年来，随着农村劳动力大量进城务工，生猪集中养殖的发展，散养量严重减少，甘薯种植不断减少，种植面积已由 21 世纪初的 93.33 万 hm² 锐减到目前的 66.67 万 hm² 以下，鲜薯总产量由 1 800 多万 t 锐减到目前的近 1 000 万 t，但四川甘薯仍然是全国甘薯最大的省份。2016 年四川甘薯面积 47.68 万 hm²、总产 1 044.0 万 t、单产 21 892.5 kg/hm²，面积和产量均位居全国第一。2006 ~ 2016 年四川甘薯种植规模变化见表 1。近五年，四川甘薯种植规模基本稳定，种植面积稳定在 47 万 hm² 以上，鲜薯总产稳定在 1 000 万 t 左右。

作者简介：卢学兰（1964—），女，硕士，研究员，主要从事薯类生产管理与技术推广工作。E-mail: luxuelan110@sina.com。

表1 2006 ~ 2016 年四川甘薯种植规模变化情况（来源：四川省统计数据）

年份	种植面积（万 hm²）	鲜薯单产（t/hm²）	鲜薯总产（万 t）
2006	93.70	18.3	1 715.0
2007	84.51	21.6	1 827.0
2008	81.20	21.2	1 723.5
2009	77.91	22.1	1 721.0
2010	77.45	22.3	1 726.0
2011	76.32	22.3	1 698.0
2012	47.46	21.7	1 027.0
2013	47.23	21.0	992.0
2014	47.37	21.4	1 012.5
2015	47.65	21.9	1 043.5
2016	47.68	21.9	1 044.0

1.2 种植季节和分布

四川一年可以种植三季甘薯：春作甘薯、夏作甘薯和秋作甘薯。目前，以夏作甘薯种植为主，秋甘薯很少，春甘薯开始起步并有增长的趋势。夏作甘薯栽插时间：5 月中旬至 6 月中旬，收获时间：10 月中旬至 11 月中旬。

四川省甘薯种植广泛，除了甘孜藏族自治州和阿坝藏族自治州高原地区没有或极少种植，其余 19 个市州都有种植，主产区集中在盆中及川东北丘陵地区，面积集中分布在海拔 150 ~ 800 m 范围内。种植面积 1.66 万 hm² 以上的市有：南充、达州、资阳、成都、内江、遂宁、宜宾、乐山、巴中、眉山、绵阳、广安、泸州、自贡 14 市。各市州甘薯种植规模情况见表 2。甘薯面积 0.33 万 hm² 以上的重点县 50 个（面积约 36.33 万 hm²，占全省甘薯总面积的 77%），主要有：简阳市、资阳市雁江区、资中市、仁寿县、安岳县、三台县、南部县、射洪县、中江县、巴中市巴州区、仪陇县、宜宾县、宣汉县、乐至县、遂宁市安居区、西充县、蓬安县、合江县、渠县、万源市、荣县、南充市嘉陵区、威远县、大竹县、阆中市、平昌县、南江县、井研县、达县、金堂县。

表2 各市州甘薯种植规模情况

市、州	种植面积（万 hm²）	鲜薯单产（t/hm²）	鲜薯总产（万 t）
南充	6.54	27.86	182.10
达州	5.38	23.72	127.50
资阳	4.41	19.82	87.30
成都	4.06	17.04	69.20
内江	3.79	22.76	86.40
遂宁	3.63	33.81	122.60
宜宾	3.33	28.05	93.30
乐山	3.03	13.22	40.10
巴中	2.82	21.30	60.00

续表

市、州	种植面积（万 hm²）	鲜薯单产（t/hm²）	鲜薯总产（万 t）
眉山	2.42	27.38	66.30
绵阳	2.41	25.05	60.50
广安	2.18	37.77	82.20
泸州	2.11	25.71	54.10
自贡	1.96	27.65	54.10
广元	1.45	31.85	46.20
德阳	1.30	19.26	25.00
雅安	1.15	11.19	12.90
凉山	0.49	15.75	7.80
攀枝花	0.06	12.41	0.70
甘孜	0.01	9.84	0.10
阿坝	0.00	0.00	0.00

1.3 主导品种、技术和模式

1.3.1 主导品种

南薯 88、徐薯 18、南薯 99、川薯 34、绵薯 6 号、川薯 101、西成薯 007、南紫薯 008、川薯 20、绵薯 8 号、川薯 294、绵薯 7 号、川薯 164、绵紫薯 9 号、遂宁地方品种 524 等。

1.3.2 技术和模式

推广甘薯覆膜育苗移栽、脱毒种薯（苗）、一年两季甘薯高产高效种植新技术、紫色甘薯高产高效栽培关键技术等。四川甘薯生产大多实行套作，套种面积占甘薯总面积的 60% 以上，其中以"玉米 / 甘薯"最为常见，较长一段时间主要采用"麦 / 玉 / 苕"旱三熟种植模式，目前此种模式呈现下降的趋势；而专用甘薯生产基地多采取净作生产模式，呈增长均势。2017 年各项技术应用情况大致为：甘薯覆膜育苗移栽技术面积 46 万 hm²、间套种面积 30.66 万 hm²、无公害生产 42.33 万 hm²、配方施肥 9 万 hm²、脱毒甘薯推广 4.66 万 hm²、机械化起垄技术 6.33 万 hm²、甘薯覆膜栽培（早市甘薯栽培）0.16 万 hm²、机械化收获 0.1 万 hm²、机械化栽种技术空白。

2 产业特色

2.1 市场形势较好

近两年甘薯销售形势较好，市场平均价格高于马铃薯，2016 年甘薯平均销售价 1.44 元 /kg（比去年同期增加 0.04 元 /kg），是近两年四川增收形势较好的粮食作物。甘薯销售典型：遂宁 524 红苕在电商平台的销售价格约 24 元 /kg，且供不应求；安岳尤特薯品开发公司的川薯 294 等品种淡季批发价平均 9 元 /kg。

2.2 专用甘薯发展

近年来，绵阳、南充等地在光友等甘薯加工企业的带动下，甘薯加工势头较好；南充、遂宁、资阳等地紫色甘薯、香薯等特色甘薯有较好的发展。据调查，目前四川省建立加工用甘薯基地近 13.33 万 hm²，生产加工用甘薯 300 多万 t；特色甘薯基地近 2.66 万 hm²，产量 50 多万 t。

2.3 利用方式改变

从以饲用为主转为鲜食、加工、饲用并重。饲用比重逐步下降，鲜食和加工比重增加。目前四川甘薯主要用途为鲜食（32%）、加工（30%）、饲料（30%）和种薯（8%）。

外销：包括鲜食、加工和种薯三部分。据调查，四川甘薯商品率近几年呈逐年增长趋势，目前在47%左右，其中鲜食薯25%、加工18%、种薯4%。

农户自留：用途包括鲜食、自加工、自留种薯、饲用四部分。目前农户自留薯比重约53%，其中：鲜食薯7%、自加工薯12%、自留种薯4%、饲料薯30%。

2.4 加工保持稳定

四川甘薯传统加工基础较好，包括小型农户粗淀粉加工与粗粉条加工、大中型企业精淀粉和食品加工以及食用酒精加工，产品主要有甘薯淀粉、粉丝（条）、酒精、方便小食品、紫薯全粉等，目前年鲜薯加工量近300万t，加工率稳定在30%左右。

3 品种利用

3.1 四川甘薯品种育成情况

3.1.1 品种数量

20世纪80年代以来至2016年，四川省内审定的甘薯品种共48个，其中，四川省农业科学院育成川薯系列品种21个、南充市农业科学院育成南薯系列品种14个、绵阳市农业科学院育成绵薯系列品种12个、内江市农业科学院育成1个（内渝紫2号）。1985～2016年四川育成的所有甘薯品种见表3。与国际马铃薯中心有关的品种7个：西成薯007、南薯010、川薯（218、219、220、221）、川紫薯2号，占四川省审定品种数的15%。淘汰品种2个：1985年审定品种：胜南、川薯27。

表3 1985～2016四川育成的甘薯品种

序号	品种名称	审定年份	选育单位	薯皮、薯肉色	熟性	薯块形状	用途
1	胜南	1985	四川省农科院	淡红皮黄红肉	中熟	纺锤形	食用型
2	川薯27	1985	四川省农科院	淡红皮黄红肉	中熟	不规则	兼用型
3	南薯88	1988	南充农科院	淡红皮橘黄色肉	早熟	纺锤形	兼用型
4	绵粉1号	1988	绵阳农科院	薯皮黄薯肉白	中熟	纺锤形	淀粉型
5	绵薯早秋	1994	绵阳农科院	薯皮红薯肉红	早熟	纺锤形	食用型
6	绵薯3号	1995	绵阳农科院	薯皮黄薯肉白	中熟	纺锤形	兼用型
7	南薯95	1995	南充农科院	红皮黄心	中早熟	纺锤形	饲用型
8	川薯1774	1995	四川省农科院	紫皮白肉	中晚熟	纺锤形	淀粉型
9	绵薯4号	1996	绵阳农科院	薯皮黄薯肉白	中熟	纺锤形	兼用型
10	绵薯5号	1997	绵阳农科院	薯皮黄薯肉白	中熟	纺锤形	淀粉型
11	川薯101	1997	四省川农科院	黄皮黄红肉带紫	中早熟	纺锤形	兼用型
12	川薯383	1999	四川省农科院	紫皮白肉	中熟	纺锤形	兼用型
13	川薯294	1999	四川省农科院	淡红皮橘红肉	早熟	纺锤形	食用、食品加工
14	南薯99	1999	南充农科院	紫红皮淡黄心	早熟	纺锤形	兼用型
15	南薯28	2000	南充农科院	红皮黄心	早熟	纺锤形	兼用型
16	绵薯6号	2000	绵阳农科院	薯皮黄薯肉白	中熟	纺锤形	淀粉型

续表

序号	品种名称	审定年份	选育单位	薯皮、薯肉色	熟性	薯块形状	用途
17	绵薯 7 号	2001	绵阳农科院	薯皮黄薯肉白	中熟	纺锤形	兼用型
18	川薯 168	2003	四川省农科院	淡红皮黄白肉	中熟	纺锤形	兼用型
19	川薯 34	2003	四川省农科院	紫皮白肉	中熟	纺锤形	淀粉型
20	南薯 97	2004	南充农科院	淡黄皮淡黄心	中早熟	纺锤形	兼用型
21	川薯 73	2006	四川省农科院	红皮橘红肉	早熟	纺锤形	食用型
22	川薯 164	2006	四川省农科院	淡红皮 白黄肉	中晚熟	纺锤形	兼用型
23	绵薯 8 号	2006	绵阳农科院	薯皮黄薯肉红	中熟	纺锤形	食用型
24	川薯 59	2007	四川省农科院	淡红皮、白黄肉	中早熟	纺锤形	兼用型
25	川薯 20	2008	四川省农科院	黄皮黄红肉	早熟	纺锤形	食用型
26	西成薯 007	2008	南充农科院	红皮淡黄心	中熟	纺锤形	淀粉型
27	南紫薯 008	2008	南充农科院	紫皮紫肉	中熟	纺锤形	食用、特用型
28	南薯 010	2010	南充农科院	黄皮橘红心	中早熟	纺锤形	食用、食品加工
29	川薯 217	2011	四川省农科院	红皮白肉	中熟	纺锤形	淀粉型
30	川薯 218	2012	四川省农科院	紫皮白肉	中熟	纺锤形	淀粉型
31	川紫薯 1 号	2012	四川省农科院	紫皮，紫肉	中熟	纺锤形	特用型
32	南薯 011	2012	南充农科院	红皮淡黄心	中熟	纺锤形	淀粉型
33	南薯 012	2012	南充农科院	红皮橘红心	中熟	纺锤（或球形）	食用、食品加工
34	绵紫薯 9 号	2012	绵阳农科院	薯皮红薯肉紫	中熟	纺锤形	食用、特用型
35	绵南薯 10 号	2013	绵阳农科院等	薯皮黄薯肉白	中熟	纺锤形	淀粉型
36	川菜薯 211	2013	四川省农科院	淡红皮白肉	早熟	叶菜用	菜用型
37	南紫薯 014	2013	南充农科院	紫皮紫肉	中熟	纺锤形	食用、特用型
38	南紫薯 015	2014	南充农科院	紫皮紫肉	中熟	纺锤形	食用、特用型
38	绵渝紫 11	2014	绵阳农科院	薯皮红薯肉紫	中熟	纺锤形	食用型
40	川薯 219	2014	四川省农科院	紫皮浅黄肉	中熟	纺锤形	淀粉型
41	川紫薯 2 号	2015	四川省农科院	紫皮薯肉紫色	中熟	长筒形	食用型
42	川紫薯 3 号	2015	四川省农科院	紫皮薯肉紫色	中熟	纺锤形	食用型
43	绵渝紫 12	2015	绵阳农科院	浅紫皮紫肉	中熟	纺锤形	食用型
44	南薯 016	2016	南充农业科院	红皮浅橘红肉	中熟	纺锤形	食用型
45	南薯 017	2016	南充农科院	红皮黄红肉	中熟	长纺锤形	食用型
46	川薯 220	2016	四川省农科院	红皮浅橘红肉	中熟	纺锤形	食用型
47	川薯 221	2016	四川省农科院	红皮浅橘红肉	早熟	纺锤形	食用型
48	内渝紫 2 号	2016	内江农科院等	紫皮紫肉	中熟	纺锤形	食用型

注：不同用途优质品种应具有以下特点：鲜食型：商品性好、耐储性好、口感好、薯肉颜色偏黄、红或紫。淀粉型：高淀粉 20% 以上，高产；饲用型：生物量高（藤蔓和薯块），干物质不能低于 27%，粗蛋白含量较高、地上部分再生力强。共性：抗黑斑病、病毒病 SPVD、软腐病、干腐病，适应性广，高产，耐贮藏，萌芽性好。

3.1.2 品种主要特性

材料类型或来源及育种方法：单交品种 34 个，集团杂交品种 14 个。48 个品种全部是采用"传统育种"方法育成。

抗病虫特性（抗黑斑病）等：高抗黑斑病 14 个（南薯 28、南薯 97、西成薯 007、南紫薯 008、绵粉 1 号、绵薯 6 号、绵薯 7 号、川薯 383、川薯 218、川薯 220、川薯 221、川紫薯 3 号、南薯 017、绵渝紫 12），中抗黑斑病 20 个。

熟性：早熟 9 个（南薯 88、南薯 99、南薯 28、绵薯早秋、川薯 294、川薯 73、川薯 20、川菜薯 211、川薯 221），中早熟 5 个（南薯 95、南薯 97、南薯 010、川薯 101、川薯 59），中晚熟 2 个（川薯 1774、川薯 164），其余全部为中熟 32 个。

烘干率：≥ 30% 的品种 15 个：西成薯 007、南薯 011、南紫薯 014、绵粉 1 号、绵粉 5 号、绵粉 6 号、绵南薯 10 号、川薯 1774、川薯 34、川薯 217、川薯 218、川薯 219、南紫薯 015、绵渝紫 11。

淀粉含量：≥ 17% 的品种 27 个：南薯 88、西成薯 007、南薯 011、南薯 012、绵粉 1 号、南紫薯 014、绵薯 3 号、绵薯 5 号、绵薯 6 号、绵紫薯 9 号、绵南薯 10 号、胜南、川薯 27、川薯 1774、川薯 34、川薯 164、川薯 217、川薯 218、川薯 219、川薯 220、川薯 221、南薯 016、南薯 017、南紫薯 015、绵渝紫 11、绵渝紫 12、内渝紫 2 号；其中，≥ 20% 的品种 9 个：西成薯 007、南薯 011、南紫薯 014、绵粉 1 号、绵南薯 10 号、川薯 217、川薯 218、川薯 219、南紫薯 015。

可溶性糖含量：≥ 5% 的品种 18 个：南薯 28、西成薯 007、南紫薯 008、南薯 010、南薯 012、南紫薯 014、绵薯早秋、绵薯 5 号、绵薯 7 号、绵薯 8 号、绵紫薯 9 号、胜南、川薯 27、川薯 73、川薯 20、川薯 220、南薯 016、川紫薯 2 号。

β 胡萝卜素含量：≥ 1 μg/g 的品种 13 个：南薯 88、南薯 010、南薯 012、绵薯早秋、绵薯 4 号、绵薯 5 号、绵薯 8 号、川薯 101、川薯 294、川薯 73、川薯 20、川薯 220、川薯 221。

含花青素：11 个：南薯 88、南紫薯 008、南紫薯 014、绵紫薯 9 号、川紫薯 1 号、川紫薯 2 号、川紫薯 3 号、绵渝紫 11、绵渝紫 12、南紫薯 015、内渝紫 2 号。

薯皮、薯肉颜色：红皮黄肉（或橘红肉）品种 20 个，黄皮黄肉 3 个，黄皮红肉 2 个，红皮白肉 2 个、黄皮白肉 6 个，紫皮紫肉 8 个，紫皮白肉 4 个，红皮紫肉 2 个、紫皮浅黄肉 1 个。

3.2 甘薯生产中品种应用情况

3.2.1 主栽品种

据调查：2016 年种植面积预计 47.68 万 hm²，种植面积在 0.33 万 hm² 以上的主要品种 22 个，依次是：南薯 88、徐薯 18、南薯 99、川薯 34、绵薯 6 号、川薯 101、西成薯 007、南紫薯 008、川薯 20、川薯 59、绵薯 8 号、川薯 27、豫薯 13、川薯 294、绵薯 7 号、川薯 164、潮薯 1 号、绵粉 1 号、香薯、绵紫薯 9 号、524、商薯 19，共 43.93 万 hm²（约占全省甘薯总面积的 92%）。其中：属于四川省审定的品种 16 个，共约 34.33 万 hm²（约占主要品种总面积的 78%，约占全省甘薯总面积的 72%）；从省外引进的品种 4 个：徐薯 18、潮薯 1 号、商薯 19、豫薯 13，共约 0.56 万 hm²（约占主要品种总面积的 19%，约占全省甘薯总面积的 18%）；农家品种 2 个：香薯、524，共约 1.07 万 hm²（约占全省甘薯总面积的 2%）。2016 年甘薯主要品种应用情况见表 4。

表 4 2016 年甘薯主要品种应用情况

品种名称	播种面积（万 hm²）	占全年甘薯面积（%）	品种类型（用途）	品种应用趋势
南薯 88	8.53	18.0	鲜食	稳定
徐薯 18	6.33	13.3	饲料、鲜食、淀粉	下降

续表

品种名称	播种面积（万 hm^2）	占全年甘薯面积（%）	品种类型（用途）	品种应用趋势
南薯 99	4.33	9.1	饲料、鲜食、淀粉	下降
川薯 34	4.80	10.1	淀粉	稳定
绵薯 6 号	2.00	4.2	淀粉	下降
川薯 101	1.27	2.7	饲料、鲜食	下降
西成薯 007	2.00	4.2	淀粉	上升
南紫薯 008	1.80	3.8	鲜食	上升
川薯 20	1.67	3.5	鲜食	上升
川薯 59	1.53	3.2	饲料、鲜食、淀粉	上升
绵薯 8 号	1.47	3.1	鲜食	稳定
川薯 27	1.07	2.2	饲料、鲜食、淀粉	下降
豫薯 13	1.07	2.2	鲜食	下降
川薯 294	1.07	2.2	鲜食	上升
绵薯 7 号	0.80	1.7	饲料、鲜食、淀粉	下降
川薯 164	0.93	2.0	饲料、鲜食、淀粉	稳定
潮薯 1 号	0.80	1.7	饲用	下降
绵粉 1 号	0.53	1.1	淀粉	下降
香薯	0.53	1.1	鲜食	上升
绵紫薯 9 号	0.53	1.1	鲜食、全粉	上升
524	0.53	1.1	鲜食	上升
商薯 19	0.33	0.7	淀粉	上升
合计	43.93	92.1		

3.2.2 不同用途品种

2016 年四川甘薯主要品种中，鲜食品种 17.20 万 hm^2（其中：特用紫色薯 2.33 万 hm^2、适合食品加工的川薯 294 等 2.13 万 hm^2），占甘薯总面积的 36.1%；淀粉加工专用品种 9.67 万 hm^2，占总面积的 20.3%；饲用品种 2.07 万 hm^2，占 4.3%；兼用品种 15.00 万 hm^2，占 31.5%。

随着甘薯产业萎缩和新品种推广，有的主栽品种（多为 2006 年以前育成的品种）应用逐步减少（如徐薯 18、南薯 99、绵薯 6 号、川薯 101 等），有的加工专用薯和紫色薯等特色品种应用会逐步增加（如西成薯 007、南紫薯 008、南紫薯 014、川薯 294、绵紫薯 9 号、川菜薯 211、香薯、524 等）。

3.2.3 种薯来源

四川省甘薯种薯主要为农民自留种，部分通过市场购置商品甘薯作种薯。脱毒种薯（苗）应用很少，仅个别专业种植户和科研单位的示范种植基地开展了脱毒种薯应用示范。据调查：目前农民自留种约占甘薯总用种量的 80%，其余约 20% 种薯通过市场购置商品甘薯作种薯。

4 存在问题

4.1 投入严重不足

甘薯产业长期不受重视，项目缺乏，投入极少。

4.2　良繁严重滞后

一是优良品种缺乏。甘薯品种多、乱、杂，加工专用品种、抗病（黑斑病、病毒病 SPVD、软腐病、干腐病等）和耐贮藏、萌芽性好的品种缺乏。二是优质新品种利用不够。近年来，育种单位育成了一些甘薯优质新品种，但推广应用不力，普通老品种在生产上仍占相当大比重。三是良繁体系尚未建立。甘薯种薯生产和经营体系缺乏，还没有一家专业的甘薯种薯（苗）生产经营企业，甘薯脱毒种薯（苗）应用比例很低（不足 1%），种薯严重退化、质量差。

4.3　生产水平低

专业化、规模化、标准化和机械化生产相当薄弱，还没有成熟的机械化栽种技术；生产条件差，抗灾能力弱，配套技术落实差，生产水平低；贮藏设施简陋，甘薯贮藏损失严重（6% 以上）；产销衔接不紧密，种植效益不高。

4.4　加工转化增值差

目前，四川省甘薯还有很大部分直接用作饲料，虽然加工比重不低，但加工企业技术落后，产品单一，加工品主要为粗淀粉、粉丝等初级产品，污染问题较为严重，深加工产品少且规模小，加工转化增值差。

5　发展目标和对策建议

5.1　发展思路和目标

发展思路：以确保绿色健康和促进农民增收为出发点，以市场为导向，以园区为抓手，以科技为支撑，以龙头企业为带动，突出优势区域，按照"做优基地、做强加工、做活市场、做响品牌、做长链条、做大产业"的思路，通过项目带动、良繁促动、营销拉动、加工推动，促进川薯产业上新台阶。

目标：稳定面积、增加单产、改善品质，大力发展优质加工专用甘薯和特色甘薯。到 2022 年，面积稳定在 53.33 万 hm²，平均单产提高到 2.4 万 kg/hm²，鲜薯总产达到 1 280 万 t；甘薯脱毒种薯（苗）普及率达到 30% 以上；优质专用（鲜食和加工）品种种植比例达到 50%，甘薯加工率稳定在 30%。

5.2　对策建议

5.2.1　加强优良品种选育和应用

加大甘薯品种选育投入，选育、引进适合四川省种植的各类优质加工型和特色甘薯品种；同时，加大优良品种的推广和应用力度，淘汰劣质品种，从品种应用上提高甘薯品质。

5.2.2　加强绿色高效生产技术的研发和应用

加强绿色高效新技术、新模式的研发、集成和示范、推广，如：绿色高效育苗技术、机械扦插技术、科学贮藏技术、春季甘薯和秋季甘薯种植技术等。

5.2.3　加强良繁体系建设

加大甘薯良种繁育体系的投入力度，健全种薯（苗）繁育体系，加强种薯（苗）生产和质量监管，促进甘薯脱毒种薯（苗）推广应用。

5.2.4　加强甘薯生产能力建设

加大甘薯基地建设和贮藏设施建设投入，实施标准化生产，引导科学贮藏，提高甘薯生产水平和贮藏能力。

5.2.5　倡导薯类主食化

建议对甘薯主食化开发同样给予资金扶持，促进马铃薯主食化开发和甘薯主食化开发同步发展。

参考文献

[1] 卢学兰，崔阔澍. 四川甘薯产业发展及品种应用 [J]. 中国种业，2019（03）：30–34.

[2] 张颙，段晓明，陈沧桑. 四川省农科院薯类国际科技合作回顾与展望 [J]. 四川农业科技，2008（06）：24–25.

[3] 易中懿，汪翔，徐雪高，等. 品种创新与甘薯产业发展 [J]. 江苏农业学报，2018，34（06）：1401–1409.

[4] 谢一芝，郭小丁，贾赵东，等. 中国食用甘薯育种现状及展望 [J]. 江苏农业学报，2018，34（06）：1419–1424.

[5] 姜启双，唐洪杰. 我国甘薯采后贮藏技术现状 [J]. 农业科技通讯，2018（06）：16–17+131.

[6] 楚良慧，宋帅，张红，等. 紫薯的营养价值及其脱毒快繁技术研究进展 [J]. 安徽农学通报，2018，24（24）：34–35+42.

发展四川甘薯产业的重大意义

黄静玮¹，王　平²，屈会娟²，沈学善²*，王晓黎²，王　宏²

（1. 成都大学，四川成都　610106；2. 四川省农业科学院，四川成都　610066）

摘　要： 四川省是我国最大的甘薯生产省份。针对四川省农产品消费市场的新变化和供给侧结构性改革的新需求，发展现代甘薯产业的重大意义集中体现在四个方面：优质健康绿色食品的重要来源，促进农民增收脱贫奔康的重要途径，具有国际竞争潜力的优势特色产业，国家粮食安全重要的底线作物。甘薯是新一轮种植业结构调整较适宜发展的主要作物之一，扩大优质专用甘薯种植面积，提高其单产和效益，延长甘薯加工产业链，有利于推进我国甘薯产业转型升级。

关键词： 甘薯；产业；绿色发展；粮食安全；优质

甘薯高产、稳产，适应性广，营养丰富，是重要的粮食、饲料、工业原料及生物质能源用块根作物，广泛种植于世界上 100 多个国家，是全球最重要的五大粮食作物之一[1]。我国是世界上最大的甘薯生产国，2014 年，我国甘薯种植总面积 336.70 万 hm^2，折粮总产量 1 426.1 万 t，约占全球总产量 75%。四川省是我国最大的甘薯生产省，2017 年甘薯种植面积 58.3 万 hm^2，折粮总产量 255 万 t，面积和总产均居全国第一。针对我国农产品消费市场的新变化和供给侧结构性改革的新需求，发展现代甘薯产业的重大意义集中体现在四个方面。

1　优质健康绿色食品的重要来源

中国成为世界第二大经济体，我国人民的食品消费已由温饱型向美食、营养、优质、健康、时尚的享受型消费转变。甘薯作为营养丰富生态安全的农产品已成为我国广大消费者健康绿色食品的重要来源之一。在粮食短缺的过去，甘薯主要是作为重要的粮食来源解决广大人民群众吃饱的问题。改革开放前我国曾种植甘薯 1 000 多万 hm^2，许多人曾有"一年甘薯半年粮"的记忆，更有"甘薯救活了几

基金项目： 国家现代农业产业技术体系四川薯类创新团队项目（川农业函 [2014]91 号）；"十三五"四川省农作物及畜禽育种攻关项目"突破性粮油作物新品种提质增效关键栽培技术研究与示范"（2016NYZ0051）；四川省软科学项目"基于产业优势构建川薯全产业链科技支撑研究"（19RKX0454）。

作者简介： 黄静玮（1985—），女，讲师，博士，研究方向：薯类作物营养与人类健康研究。E-mail：huangjingwei1003@qq.com。

* **通讯作者：** 沈学善，男，副研究员，博士后，研究方向：作物高产栽培生理生态研究。E-mail：shenxueshan@126.com。

代人"的说法。但是，在常年粮食供给充足的今天，我国农产品供给的主要矛盾已发生了根本性的转变，现阶段我国农产品市场的主要矛盾已由总量不足转变为结构性矛盾，突出表现为中高端优质安全供给不足，矛盾的主要方面在供给侧。因此，对于我国甘薯产业来讲，应该充分发挥甘薯自身存在的重要的营养价值，将甘薯产业作为美食、营养、优质、健康的绿色食品进行开发，重点解决人民吃好的问题，在满足我国广大消费者农产品消费结构升级和食品优质安全需求上持续发力。

甘薯块根营养丰富，除了含有淀粉、蛋白质、糖类、脂肪、膳食纤维、无机盐、微量元素（硒、钙、磷、镁、钠、钾、铁等）、维生素（A、B、C、E）和人体必需的 18 种氨基酸等成分外，还含有其他功能型组分，如 β–胡萝卜素、花青素、多酚、黄酮、脱氢表雄甾酮、黏液蛋白、准女性激素等。根据国内外研究，甘薯的功能型组分具有重要的食疗作用。甘薯含有大量膳食纤维、抗性淀粉，能刺激肠道，增强蠕动，通便排毒，是医学营养家所推崇的食物纤维来源。甘薯是生理碱性食品，有利于调节人体的酸碱平衡，具有降低胆固醇、降血脂、防止白血病、夜盲症和减少高血压发病率等功效。不同肉色的甘薯中均广泛存在 β–胡萝卜素，尤其以橘黄肉色块根含量最为丰富；β–胡萝卜素是维生素 A 源，对于视觉细胞内感光物质的构成、预防夜盲症、刺激组织的分化、诱导，增强中老年人体内 NK 细胞的活性等方面有作用。紫色甘薯块根含有大量花青素，具有清除体内氧自由基、恢复肝功能等多种保健作用。甘薯块根的多酚、黄酮具有清除人体内氧自由基的作用，具有预防心血管疾病、神经变性疾病等作用。

从绿色安全生态种植的角度讲，甘薯本身就是典型的绿色作物之一，由于甘薯水肥利用效率高，病虫害少，广大农户在生产实践中用水用肥较少，农药使用量少，尤其是主要分布在丘陵山区，多为贫困地区，这些地区的甘薯生产基本不用化肥和农药，是纯天然的优质绿色生态农产品。在绿色农产品和有机食品认证的过程中，在多数情况下，由于甘薯作物生产环境本身就比较符合绿色生产要求，甘薯达到绿色和有机标准的成本往往相对于其他作物也要低一些。近年来，四川省有一批新型甘薯经营主体实现了甘薯的有机或绿色农产品认证。例如，遂宁市安居区"524 红苕"、南充市西充县的"薯宝宝"、资阳市安岳县的鸿安合作社"尤特牌"等甘薯都通过了有机认证。

健康绿色食品的开发已成为全球食品产业发展的主流。在食品加工领域，甘薯全营养粉、全营养薯泥、非油炸薯条、薯片和方便面等是比较时尚的健康绿色食品。近年来，四川省一些加工企业已经将甘薯全营养粉应用于全薯粉丝、糕点、膨化食品等加工食品。如四川省绵阳光友薯业有限公司的甘薯全薯粉丝和甘薯非油炸方便面，四川紫金都市农业有限公司生产的甘薯紫薯泥全营养面条、面包、馒头，天伦食品公司利用甘薯全粉开发的品种丰富的各类糕点等。国内外一些企业从甘薯中提取胡萝卜素、活性蛋白、活性多糖、花青素、黄酮、异黄酮、膳食纤维等作为食品加工的重要绿色农产品原料。广大消费者对甘薯作物的营养保健作用已普遍认同，对于美食、营养、优质、绿色、时尚、健康的中高端甘薯食品的追求已成为引领市场消费新趋势。

紫色甘薯产业开发是当前国际甘薯产业发展的新方向。国内外对紫色甘薯花青素苷的组成与结构、生理保健功效、产品加工新技术等方面的研究都取得了十分突出的进展，为紫色甘薯产业化开发奠定了重要的科研基础。近 10 年来，一大批自主选育的优质、抗病、高产的紫色甘薯新品种相继问世。四川省农业科学院作物所育成川紫薯系列品种，南充市农科院育成南紫薯系列品种，绵阳市农科院育成绵紫薯系列品种。其中，南紫薯 008 是四川省第一个通过品种审定的紫薯新品种，具有薯皮光滑、薯形外观好、熟食品质优等特点。绵紫薯 9 号不仅花青素含量高，抗病性强，耐贮藏，而且产量潜力高，2017 年在四川省创造了单位面积产量 60.3 t/hm² 的紫色甘薯高产纪录。同时，在紫甘薯标准化安全生产和紫甘薯全粉及其系列产品加工新技术新工艺方面都取得了重要进展。

2 促进农民增收脱贫奔康的重要途径

甘薯是我国贫困地区的主要口粮作物，同时，也为甘薯主产区广大农民增产增收起到了重要作用。四川省甘薯主产区多数分布在丘陵山区等贫困地区。近年来实践证明，大力发展甘薯产业，通过利益联结机制不断提升甘薯产业价值链，是带动农民可持续增产增收，实现脱贫奔康的重要路径之一。在构建现代绿色甘薯产业价值链的进程中[2~6]，需要产学研用的紧密结合，科技创新团队提供技术支撑，构建现代绿色甘薯技术创新链，农业产业化龙头企业抓甘薯新产品加工和市场开发，延伸现代绿色甘薯产业创新链，家庭农场、农民合作社等新型经营主体带动种植农户在广阔的农村建立规模化、标准化的甘薯绿色生产基地，由此提升从大田到餐桌的现代绿色甘薯科技价值链的产业价值，让广大农户和大批新型甘薯经营主体、甘薯加工龙头企业及产品营销网络等在现代绿色甘薯产业价值链的延伸中分享增值收益。

实践证明，大力发展优质专用甘薯鲜销和加工是广大种植甘薯农户增产增收的重要途径。例如，紫色甘薯新品种由于具有保健特性，商品外观性好，其亩增收效益一般为普通甘薯的 2~3 倍，综合利用紫色甘薯开展精深加工，将更能提升其产值和收益。近年来，四川省甘薯主产区农户种紫色甘薯净收入 2.25 万~3 万元 /hm²。四川光友薯业公司近年在绵阳市大面积发展甘薯高淀粉品种原料生产基地，平均鲜薯产量 30 t/hm² 以上，比种植普通甘薯增收 4 500 元 /hm²。四川省遂宁市安居永丰绿色五二四红苕合作社，在四川省农业科学院专家的指导下，带动和辐射了全市 18 个乡镇、66 个村、1.56 万余户农户种植 524 红苕 2 000 hm²，有效地带动了周边农民群众增产增收。再如，安岳县周礼镇鸿安红薯专业合作社获得有机食品认证，"尤特"牌商标通过国家商标局注册，合作社现有社员 118 户，种植面积 90.67 hm²，辐射带动周边农民 2 000 余户，面积 1 333.3 hm²，年产鲜甘薯 4 万 t。

3 具有国际竞争潜力的优势特色产业

甘薯块根和茎叶含有丰富的营养物质，其食品加工增值潜力很高。目前全球的甘薯加工食品主要有全粉、淀粉、粉条、粉丝、薯条（片）、薯泥、果脯、果酱、点心、软糖、饴糖、饮料、清酒、雪糕、脱水蔬菜及多种甘薯全粉和淀粉衍生制品等，甘薯加工食品消费潜力巨大。从产业竞争潜力分析，甘薯加工产业可以培育成为中国具有国际竞争力的优势特色产业。其一是原料规模优势。由于我国甘薯生产总量居世界第一，而甘薯食品加工产品在国内外食品市场上的消费量与日俱增，产量巨大的原料优势是甘薯食品加工产业可持续发展的基础。其二是种植成本低的优势。欧美等发达国家甘薯种植面积近半个世纪一直处于下降趋势，而我国则由于巨大的人口压力和粮食需求市场拉力，甘薯种植面积一直保持较大规模，近年来总产量一直占全球 75%。从全球比较，中国甘薯种植的成本还是比较低的，因而甘薯是我国可以培育成为具有国际竞争力的优势特色产业之一。第三是我国甘薯科技成果积累优势。多年来，中国甘薯科技界在优质专用品种选育、绿色安全高效栽培和食品精深加工等领域已有相当丰厚的积累，加之日益增长的巨大的市场需求和各级政府不断出台有利于绿色农产品加工的招商引资政策，甘薯食品加工产业有可能培育成为中国未来具有国际竞争力的优势特色农产品加工产业之一。当前，我国甘薯食品加工产业发展滞后，是典型的发展不充分不平衡的短板和瓶颈，必须加快优质专用甘薯产业发展，创新日益丰富的甘薯加工制品和烹饪制品，才能真正使我国甘薯食品行业具有国际竞争力。应该将中国甘薯食品烹饪传统风味与现代甘薯加工技术有机结合，在保持丰富多样的甘薯美食的同时，挖掘出市场占用率高、具有中国特色的甘薯美食加工制品。

甘薯耐贫瘠，适应性强，在条件很差的旱坡地仍然可以获得一定的产量，具有不与主要粮食作物争地的优势，加之生物产量高，是淀粉加工的优质原料来源之一。甘薯块根富含膳食纤维，主要成分为胶质、半纤维素、木质素等，能够吸收食品或食物中的人工色素、铝、突变剂等有害成分，具有改善肠道细菌群落等作用。

我国每年有 15% ~ 25% 的甘薯贮藏损失率。甘薯也是价廉物美的酒类原料，利用甘薯做酒类原料，不仅可以解决中国酒类行业过多依赖水稻、小麦、玉米、高粱等谷类粮食原料的问题，也可以开发出具有特色的多种原料酿造的功能性新型酒类产品。四川省农业科学院和四川大学在这方面已有多年研究，四川省一些酒类企业多年来也一直在利用甘薯原料开发白酒和果酒，降低了成本，节约了粮食，丰富了酒类产品，提高了酒类产品竞争力。四川省农业科学院紫色甘薯课题组探索了在浓香型白酒工艺上选用富含花青素的紫色甘薯做原料的酿酒效果，通过紫甘薯与多粮粉的五种不同原料配比酿酒试验，用气相色谱法测定了酒中 43 种微量成分，结果表明酒中甲醇和甲酸乙酯含量较高，尤其是酮类化合物有显著增加，且都与使用紫甘薯原料的多少呈正相关，为利用紫甘薯酿造浓香型白酒提供了技术依据。研究表明，以富含花青素的紫甘薯酿酒，丰富了中国白酒的原料选择，花青素属于酚类化合物中的类黄酮类，通过长期发酵有利于生态转化，可以有效提高酒中酮类化合物含量，有利于中国白酒健康品质的提升。

4　国家粮食安全重要的底线作物

习总书记 2018 年 9 月 25 日在黑龙江省考察农业时强调："确保国家粮食安全，把中国人的饭碗牢牢端在自己手中。而且，必须装自己生产的粮食。"我国作为世界第一人口大国，确保粮食安全始终是国民经济工作的基础，也是国家政治经济社会稳定的最重要的根基。甘薯因其生态适应性强和巨大的增产增收潜力始终是确保国家粮食安全的重要的底线作物。

从全球范围看，大宗粮食作物主要有小麦、水稻、玉米、马铃薯和甘薯。甘薯由于其自身的一些特性，如不耐储存，加工产业发展滞后等，迄今未受到应有的重视，其单产潜力远远没有得到发挥出来。多年来，我国广大科技人员长期在艰难的条件下坚持甘薯科技攻关，在甘薯优质专用新品种、新技术、新产品等方面积累了大量的科技储备，完全有能力为中国甘薯单产翻一番提供强大的科技支撑。从产量潜力分析，我国近年甘薯的超高产纪录多在 60 t/hm^2 以上，是我国现阶段常年甘薯单位面积产量的 3 倍以上。加之甘薯对环境条件和生产条件要求比较粗放，适应性强，尤其是在许多肥水条件差的干旱贫瘠土地上，甘薯仍可以获得一定的收成。由于甘薯适应性强、生长期短、产量潜力高、栽培技术简化高效和用途广泛等特点，是最适合实施藏粮于地、藏粮于技战略的底线粮食作物。

近年来，我国许多省（市、区）把甘薯作为农业产业结构调整中的特色优势作物，并逐步向效益型经济作物转变，加工和食用的比例不断提高。从四川省主要粮食作物生产潜力分析，甘薯单产再翻一番是完全可以实现的。以四川省五大作物近四年高产纪录与其在当年全省单产平均数之比为例，小麦、水稻、玉米、马铃薯和甘薯高产纪录分别是当年同一作物全省平均单产的 2.80 倍、2.06 倍、3.52 倍、3.83 倍和 3.75 倍。甘薯具有耐旱、耐瘠、适应性强、节水、节肥、节药等特点，适种范围广，增产增收潜力大，许多作物不能种植的干旱地区甘薯仍然可以获得一定的产量，是发展资源节约型、环境友好型农业的适宜旱地作物，尤其是在干旱和半干旱条件下，甘薯节水抗旱效能更加突出。甘薯作物是新一轮种植业结构调整较适宜发展的主要作物之一。扩大优质专用甘薯种植面积，提高其单产和效益，延长甘薯加工产业链，有利于推进我国甘薯产业转型升级。

参考文献

[1] 马代夫，李强，曹清河，等 . 中国甘薯产业及产业技术的发展与展望 [J]. 江苏农业学报，2012，

28（5）：969–973.

[2] 黄钢，沈学善，王平，等．供给侧改革与现代绿色薯业技术创新 [M]．北京：科学出版社，2017．

[3] 黄钢．农业科技成果转化的双创理论与实践 [J]．农业科技管理，2011，30（01）：1–5+13．

[4] 黄钢，李颖，王宏．农业资源型技术创新三环模式及链接特性 [J]．中国人口·资源与环境，2011，21（02）：124–129．

[5] 黄钢．技术创新五级价值增值原理及应用 [J]．农业科技管理，2012，31（1）：1–6

[6] Huijuang Qu，Xueshan Shen，et al. Application of sweet potato science–technology value chain in Sichuan sweet potato industry. Proceedings of the Fifth International Conference on Management Science and Engineering Management，Macau，P. R. China，November 7–9，2011，pp62–66.

发展甘薯产业的创新驱动路径

黄静玮[1]，王　平[2]，屈会娟[2]，沈学善[2*]，王晓黎[2]，王　宏[2]

（1.成都大学，四川成都　610106；2.四川省农业科学院，四川成都　610066）

摘　要：发展甘薯现代绿色产业的关键是实施创新驱动战略。即以优质专用甘薯提质增效为核心技术的发展现代甘薯产业，实施技术创新与产业创新紧密结合的农业科技成果转化双创互动，运用现代甘薯产业"构建技术创新链－延伸产业创新链－提升科技价值链"的三链联动转型升级机制，推进甘薯产业转型升级。为此，应从技术路线创新、关键技术创新、运行模式创新、转化机制创新四个方面开拓甘薯现代绿色产业新路径。

关键词：甘薯；技术路线；关键技术；运行模式；转化机制

推进四川甘薯产业发展的总体思路：以市场新需求为导向，按照"市场新变化－产业新需求－发展新动能－创新新成果－转型新路径"的思路开展甘薯技术创新和成果转化推广[1]，以优质专用甘薯提质增效为核心技术的发展现代甘薯产业，实施技术创新与产业创新紧密结合的农业科技成果转化双创战略[2]，运用现代甘薯产业"构建技术创新链－延伸产业创新链－提升科技价值链"的三链联动转型升级机制，推进甘薯产业转型升级[3]。为此，应从以下四个方面推进创新。

1　创新驱动的四条路径

1.1　技术路线创新

按照"构建技术链－延伸产业链－提升价值链"的技术路线，以优质专用甘薯提质增效关键技术创新转化为总体目标，以市场需求为导向，以培育提升现代优质专用甘薯产业链为系统设计依据，以

基金项目：国家现代农业产业技术体系四川薯类创新团队项目（川农业函[2014]91号）；"十三五"四川省农作物及畜禽育种攻关项目"突破性粮油作物新品种提质增效关键栽培技术研究与示范"（2016NYZ0051）；四川省软科学项目"基于产业优势构建川薯全产业链科技支撑研究"（19RKX0454）。

作者简介：黄静玮（1985—），女，讲师，博士，研究方向：薯类作物营养与人类健康研究。E-mail：huangjingwei1003@qq.com。

＊通讯作者：沈学善，男，副研究员，博士后，研究方向：作物高产栽培生理生态研究。E-mail：shenxueshan@126.com。

科研院校为主要技术创新源，以农业产业化龙头企业为产业开发主体，通过产学研紧密结合实施产业技术链协同创新，将优质专用甘薯良种筛选、脱毒快繁、提质增效关键栽培技术和精深加工关键技术、市场导向的优质专用甘薯全产业链推广运行模式等产业链关键环节紧密结合，实现现代甘薯产业技术创新链的构建，支撑甘薯产业创新链的延伸，提升四川省现代甘薯产业链的整体价值和国际竞争力，促进甘薯主产区农户增产增收和全省甘薯产业的转型升级和持续健康发展（图 1）。

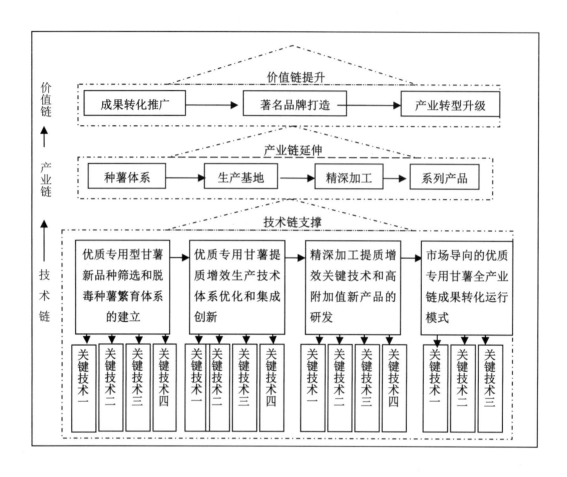

图 1　现代甘薯产业链创新转化技术路线

1.2　关键技术创新

应用产业链关键技术创新转化互动模式，在产学研用协同创新的作用下，将技术创新与成果转化模式创新紧密结合。在设计理念上，从市场需求和产业发展的重大技术难题着手，找出需要研究的关键节点核心技术问题[4]。从科技攻关的技术路线上，围绕优质专用甘薯产业链核心节点关键问题组织产学研用紧密合作协同攻关，在取得关键节点核心技术创新突破的基础上，加强产业链集成创新，支撑产业链延伸，研发形成系列创新产品，大幅度提升优质专用甘薯产业链的整体价值，为现代甘薯产业链转型升级和可持续健康发展提供科技支撑（图 2）。

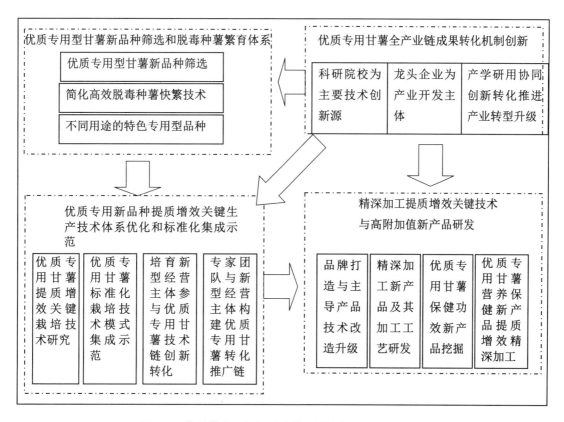

图 2　现代甘薯产业链提质增效关键技术创新转化互动模式

1.3　运行模式创新

按照"构建技术创新链 – 延伸产业创新链 – 提升科技价值链"的三链联动转型升级机制，建立了适合优质专用甘薯产业化创新转化的运行模式。

一是建立专用型甘薯新品种"基础苗 – 原原种 – 原种 – 生产种"三级脱毒种薯现代良种繁育体系，每年按订单向分布在全省各地的甘薯种薯专业合作社、种薯企业提供甘薯新品种原原种和一级原种。

二是在甘薯主产区重点县通过甘薯种薯专业合作社、种薯企业建设甘薯新品种原种、生产种繁育基地，再由这些繁育基地向四川省甘薯主产区提供原种建立生产种繁殖基地，向优质专用甘薯示范县生产上提供生产种，通过三级良种种薯体系建设，解决大面积生产上新品种种薯供应瓶颈问题。

三是在甘薯示范县建立省级创新团队专家指导下的优质专用甘薯新品种新技术示范基地，构建"五新联动、六良配套"的甘薯新技术推广链，形成创新转化一条线的技术推广模式，通过示范基地向千家万户集中示范推广新品种新技术，逐级放大辐射效应，解决优质专用甘薯新技术展示、培训技术示范和辐射推广着力点问题。

四是通过大力培育各类甘薯新型经营主体，在统一对农户进行技术服务指导的基础上，将广大农户的商品薯通过订单方式及各种销售渠道与大市场连接，解决农民甘薯的销路问题。

五是大力支持农业产业化龙头企业发展甘薯精深加工，通过产学研用双创互动不断提升龙头企业的精深加工能力和品牌知名度，解决甘薯产业的可持续发展的动能转换问题（图 3）。

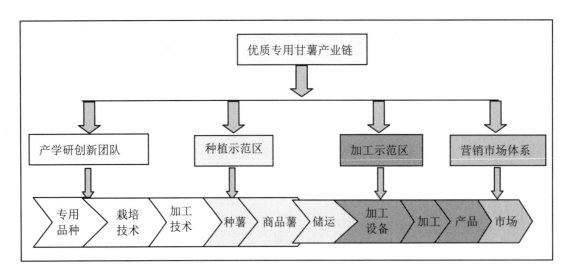

图3　优质专用甘薯产业技术链构建

1.4　转化机制创新

1.4.1　以市场需求为导向发展优质专用甘薯产业新方向

我国甘薯消费市场对甘薯产品消费正在从低层次消费阶段向中高端消费层次为主的阶段转型[1]。现阶段甘薯在我国出现阶段性过剩，主要是大宗普通甘薯产品过剩，市场中高端甘薯消费品的供给量远远跟不上市场需求。破解这一难题的根本性途径在于要在稳定面积的基础上着力提质增效，转变甘薯产业发展方式，把特色优质专用品种、安全标准化生产、精深加工制品、中高端消费加工制品供给等现代优质专用甘薯产业科技价值链的关键节点抓实抓好，大力推进甘薯产业向现代绿色薯业转型升级。

1.4.2　坚持技术创新与产业创新紧密结合的甘薯成果转化双创战略

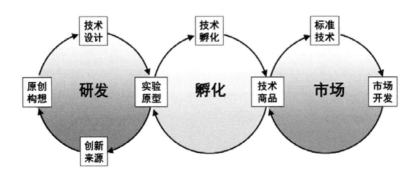

图4　基于科技价值链的双创互动三环模式

围绕发展现代优质专用甘薯产业，要大力实施技术创新与产业创新紧密结合的科技成果转化双创战略，大力推进优质专用甘薯高新科技成果产业化的系统创新。要按照基于科技价值链的双创互动三环模式和甘薯品种双创互动三环模型[5]，即研发创新环、孵化创新环、市场创新环推进甘薯科技成果的转化，重点是加强孵化创新，促进研发创新成果推广孵化熟化在市场创新环节实现高效率转化（图4）。

双创战略的核心是双创互动，即技术创新与产业创新的循环往复的互动，促进科技成果的成熟和转化[2]。引领甘薯现代优质专用甘薯产业新方向，必须实施创新驱动战略，大力推进技术创新与产业创新紧密结合的双创战略，推进甘薯产业的转型升级。为此，要构建三链联动转型升级机制和市场导向的甘薯产业链运行模式，为创新农业科技成果高质量高效率转化机制提供了新路径。要坚持产学研紧密结合，着力培育科研、开发、示范、转化一体化的双创实体，打造双创团队，培养双创人才，实施双创项目，搭建双创平台，构建双创园区，以科技创新引领产业创新，以产业创新推动科技创新[1]。整合新型甘薯经营主体、甘薯产业化龙头企业、科研院校、投资机构、政府、中介机构、推广机构等多元创新实施主体，重点培育从事甘薯科技产业开发、科技经济一体化的科技型甘薯产业化龙头企业[1]。

黄钢提出技术创新五级价值转化增值原理，即技术创新的项目化增值、产权化增值、产品化增值、产业化增值及资本化增值[6]。这一增值原理对于甘薯科技成果转化具有重要的指导意义，应在甘薯产业新技术应用推广实践中积极实施，促进双创互动五级转化增值路径及对策措施（图5）。

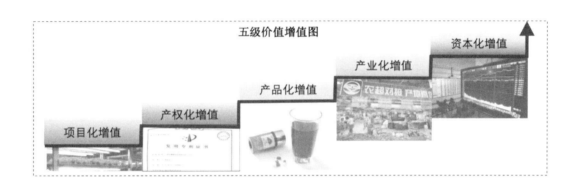

图5 技术创新五级价值转化增值原理

一是加强现代甘薯技术创新产业化示范项目转化增值。项目资金的稳定支持是技术创新和产业化示范的必要条件，要多渠道增加甘薯科技项目资金投入，确保甘薯技术创新链一级价值增值。科研开发选题立项是构建现代甘薯产业科技价值链的起始节点，关系到技术创新源的产业发展空间。提升现代甘薯产业科技价值链系统创新能力的关键之一，在于拥有丰富的技术创新源和具有独创性、先进性的核心技术。应在加强科研院所甘薯科技创新项目投入的同时，大幅度增加甘薯科技成果转化投入。

二是加强现代甘薯产业技术创新的全过程知识产权保护和产权化增值。技术创新链生成、构建、运转、升值的全过程，都需要加强知识产权的创造、保护、开发与利用，这是确保技术创新链实现二级价值增值的关键。应加强现代甘薯产业新品种、新专利、新成果、新产品、新配方、新工艺等自主知识产权的创造、运用、管理和保护。加大品种权、专利权、技术秘密等可转让的经营性知识产权研发力度，加大技术咨询、技术检测、技术转让、技术承包等高附加值的智力产业技术研发力度。加强知识产权价值的科学评估，促进其转化交易程序的公开、公正和规范化，提高转化效益。建立形式多样的现代甘薯产业技术孵化园，加快甘薯产业技术成果的孵化、熟化和转化工作。

三是重视现代甘薯产业高科技创新成果的产品化、产业化和资本化增值，通过多种途径促进现代甘薯产业高科技成果核心技术与多元化的金融资本的一体化结合。甘薯科技成果转化是链接技术创新和产业创新的桥梁，是确保技术创新链实现三级、四级及五级价值增值的重要途径，应在现代甘薯科技成果转化的过程中，大力实施双创战略，采取多种激励措施促进科技要素向甘薯产业创新第一线流动。

1.4.3 坚持三链联动转型升级机制，加快推进甘薯科技成果转化

要着力构建市场导向的甘薯产业链运行模式。一是建立从新品种脱毒基础苗 G0 到原原种 G1、原种 G2、生产种 G3 的三级脱毒种薯高效快繁体系。二是大力培育以甘薯育苗专业户和企业甘薯专业化育苗为主的种薯产业链网络体系。三是加强优质专用甘薯新品种安全生产标准化原料基地建设。四是加强甘薯加工产业化龙头企业的培育，促进甘薯主食工业化产品与品牌创新（图6）。

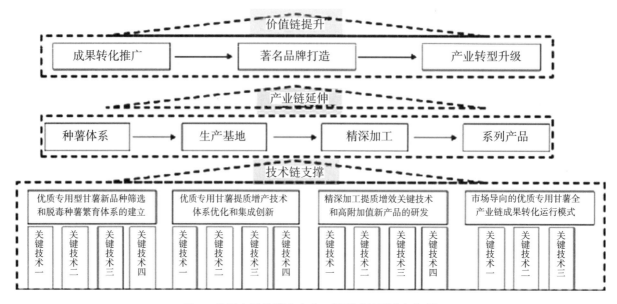

图6 优质专用甘薯全产业三链联动转型升级机制

2 构建市场导向的成果转化运行模式

在加强科技创新的同时，应把甘薯科技成果转化应用放在更加突出的地位，通过农科教、产学研紧密结合大力加强示范推广，在"三抓三带"（即抓良繁带基地、抓示范带增效、抓加工带产业）工作思路的指导下，努力推进四川甘薯产业从数量型为主向优质高效型转变，从种植业向生产、流通、加工协调发展转变。

2.1 专用型甘薯新品种三级种薯基地建设

长期以来，四川省甘薯生产上专用型品种未建立现代种薯生产供给体系是制约甘薯现代产业发展的瓶颈之一，也是发展四川省甘薯现代产业的难点之一。应该将优质专用甘薯种薯基地建设列为构建甘薯产业链的第一关键节点，实施的主体以农业产业化龙头企业和种薯专业合作社为主，科研机构负责提供新品种原原种和种薯高效快繁技术[7]。

甘薯种薯基地在甘薯新品种筛选方面的主要功能：研究甘薯新品种的农艺性状和理化指标及其对加工产品质量的影响。在广泛筛选国内外优质高产甘薯专用型新品种的基础上，筛选适应四川省生态特点和市场需求的优质专用甘薯新品种。

甘薯种薯基地在新品种良种繁育方面的主要功能：建立高效率、低成本、易操作的脱毒繁殖技术体系和病毒快速检测技术体系，集成创新简化高效的专用新品种脱毒种薯快速繁殖产业链，优化组培配方，构建育苗专业户和企业工厂化育苗的产业链网络体系。研究与示范优质专用甘薯品种原原种、原种、生产种的优质高效标准化生产技术体系，并进行大面积示范推广。在项目核心区建立优质专用甘薯优质种薯原原种、原种、生产种标准化繁育基地，构建稳定的优质种薯供应体系。

2.2　新品种优质安全标准化原料基地建设

优质专用型甘薯新品种优质高效标准化生产技术链的构建和集成示范是培育和壮大甘薯现代科技产业的基础，也是制约四川省甘薯现代产业链价值提升的难点之一。为此，应该将优质专用甘薯新品种优质安全标准化原料基地建设列为构建甘薯产业链的第二关键节点，针对四川甘薯生产中存在的育苗移栽偏晚、低密度、不合理施肥等问题，在甘薯主产区重点县区开展优质专用甘薯优质原料安全生产关键技术研究与优质专用型甘薯新品种多熟高效种植模式集成示范，实施主体以农业产业化龙头企业和种薯专业合作社为主[8]。

优质专用甘薯原料安全生产集成示范：以优质高效抗逆为主要目标，优化集成示范双膜覆盖全覆土育壮苗技术、提早移栽高密度垄作种植技术、控氮增钾科学施肥技术，包括优质专用型新品种、新型种植模式、新型生物农药、生物肥料与综合防治相结合的绿色防控技术集成示范；节本省劳简化高效栽培技术体系。以构建甘薯安全生产全程综合技术链为目标，优化集成示范甘薯投入品控制、重要病虫害绿色防控、无害化除草、无害化保鲜与商品化处理等绿色安全生产关键技术，形成甘薯优质原料安全生产技术规范。

优质专用型甘薯新种植模式集成示范：结合甘薯主产区耕作制度，建立优质专用型甘薯新品种新型种植模式，重点示范"麦（＋肥或菜）/玉/甘薯/秋马铃薯""冬马铃薯/玉/甘薯""春马铃薯－甘薯"等以甘薯为主的新型种植模式，提高土地的利用率、生产效率和全年经济效益；在核心示范区加强甘薯新型种植模式与高产高效抗逆生产技术集成示范。

优质专用新品种绿色原料基地建设：在四川省甘薯主产区建立优质专用优质原料基地，为甘薯鲜食型和加工型新品种的产业化经营提供充足的优质原料。每个重点县建立一个核心示范区和多个辐射区，主要开展优质专用新品种展示、脱毒种薯高产示范、主导品种种植模式示范推广、标准化高产高效栽培和病虫害综合防治技术集成示范、标准化分户简易贮藏技术示范及农户技术培训等工作。

2.3　创新甘薯原料新技术示范推广机制

2.3.1　建立"五新联动、六良配套"的甘薯新技术推广链

甘薯示范县应以优质高效创建为抓手，坚持以大样板促大示范，以大示范促大带动，以大带动促大发展。建立高规格示范样板，在示范片的规模、质量、科技含量上狠下功夫，全力搞好"五新联动"（新模式、新品种、新技术、新产品、新机制），"六良配套"（良壤、良种、良制、良法、良机、良灌）。

2.3.2　探索"三带三突破"的基地示范方式

即专家带农技员，突破技术关；专业合作社带农户，突破生产关；营销大户带基地，突破市场关的科技服务产业模式。建立科技人员联系专业合作社、农业企业（业主）制度，以"科技人员＋专业合作社（农业企业、业主）＋农户"的模式构建甘薯科技产业链[1]。在大力推广甘薯高产高效综合生产技术的同时，加强培育当地甘薯新型经营主体合作，以"公司（营销大户）＋协会＋农户"的模式联系服务甘薯加工龙头企业和营销大户，为企业组织订单生产。

2.3.3　形成创新转化一条线的技术推广模式

从五个方面加强产业重点县科技服务，形成"创新转化一条线，专家农民面对面"的农技推广模式。

以多功能核心示范基地为依托：按照"做给农民看，带着农民干，帮着农民赚"的示范原则，在四川省甘薯产业示范县按照"点、片、面"结合的原则，以优质专用甘薯新品种新技术示范为核心，搞好集科研试验、成果展示、技术示范、技术培训、人才培养为一体的多功能核心示范基地。核心示范基地一般应以一个行政村为单位成建制建设。核心示范基地的创新转化成果通过"示范点→辐射片

→推广面"的技术扩散渠道，为当地农技推广部门示范推广提供样板。

以关键技术集成示范为突破口：在甘薯科技创新产业链的关键节点上围绕优质专用甘薯生产技术体系构建加强关键技术突破性创新，这是提升四川省优势产业核心竞争力的最重要的技术基础。同时，在搞好关键技术创新的基础上，还应将新技术与引进及已有先进成熟技术系统集成，形成适应四川省特定区域的标准化的甘薯产业技术体系，并在大面积上做出示范样板，以利于当地农技推广部门采纳推广。

以先进实用新技术培训为载体：以甘薯先进实用技术为培训重点内容，在核心示范基地加强对专业大户和农技骨干的培训。一是利用各级政府召开农业农村工作会议的机会，在会议期间向乡村基层领导进行培训，打通主干线。二是充分利用广播、电视、报刊、板报、标语、科技赶场等宣传工具，层层宣传实施意见和主要技术要点。三是在每个甘薯生产关键环节，在示范点召开技术现场会，发送技术资料，举办播栽现场会，做到户有一个"明白人"，家有一张"明白纸"，促进主体技术的全面普及。

以整体推进核心示范县为重点：加强与重点示范县的对接工作，实行专家团队包基地、县级部门包乡镇、技术人员包农户的工作机制，形成主要领导亲自抓、分管领导具体抓、干部职工共同抓的工作格局。

产学研联合共同打造甘薯科技产业链：注重试验、示范相结合，重视与企业和地方农技部门、农民协会的合作，通过"企业＋基地＋农户"和"专家＋企业＋合作社＋农户"的示范推广模式，将新品种、新技术第一时间传递到基层农户手中，以龙头企业带动大户方式，带动基地农民增产增收，形成紧密的集成示范促进产业链发展，解决技术与开发脱离的"两张皮问题"。

3 推进甘薯主食工业化产品创新

以甘薯高附加值精深加工新产品研发和甘薯资源综合利用的科技攻关为重点，将甘薯主食工业化产品创新列为构建甘薯产业链的第三关键节点[9]。

3.1 甘薯精深加工产品主食工业化为总体目标

在甘薯加工产业创新方面，应以全营养、高附加值甘薯精深加工产品主食工业化为总体目标，研究开发甘薯全粉及主食食品加工关键技术及生产工艺为重点。一是利用精深加工高新技术改造现有加工工艺和技术，以甘薯为原料的绿色保健食品产业链开发为重点，用新一代甘薯全薯营养方便粉丝类新品种取代现有的淀粉类方便粉丝，以甘薯全粉、全营养薯泥系列新产品取代现有的营养价值低的淀粉类加工食品；二是加强甘薯营养保健功能的深度挖掘和高附加值精深加工新产品的研发，包括类黄酮等提取技术和膳食纤维食品等新产品精深加工工艺和系列产品研发；三是以零排放、全利用为目标，加强甘薯加工清洁化技术链的研发，建立布局合理的初加工与精深加工相结合的甘薯加工技术链网络体系，构建甘薯优质专用品种的块根及薯渣、薯液等综合利用链式开发加工技术体系，研究开发甘薯节能高效环保加工工艺及设备，升级建设连续化、自动化示范生产线。

3.2 甘薯全粉及主食工业化产品创新

3.2.1 以紫薯为原料加工生产主食食品的关键技术研究

紫薯营养成分保护技术研究：研究护色、蒸煮和干燥工段中典型成分如花青素等成分的变化规律，在获得较高全粉产率基础上最大程度保留紫薯中营养成分。研究不同杀青、破碎、干燥工艺对紫薯全粉熟化工艺及风味品质的影响，形成配方、温度、时间等独特的全套工艺参数。研究紫薯生全粉连续清洗、预脱水和气流干燥一体化综合利用以及节能高效环保的新技术[10~11]。

3.2.2　以优质专用甘薯为原料加工生产主食食品的工艺路线研究

研究专用甘薯生全粉连续清洗、去皮、去杂、破碎、预脱水、干燥、包装一体化新工艺，形成连续化、清洁化的生产加工工艺，形成相应的生产工艺标准；研究专用甘薯熟全粉清洗、去皮、去杂、杀青护色、蒸煮、干燥等一体化新工艺，解决规模化生产中紫薯全粉花色苷成分氧化分解技术难题；研究不同杀青、干燥工艺对紫薯全粉熟化工艺及对风味品质的影响，形成相应企业产品生产工艺标准；专用甘薯粉丝、方便面、面皮等主食产品生产工艺路线研究。紫薯全粉主食原料产品包括紫薯熟全粉和紫薯生全粉，以紫薯全粉为主要原料的主食终端食品研究开发[12]。

3.2.3　优质专用甘薯主食食品关键技术产业化示范

利用精深加工新技术升级改造现有加工工艺和技术，建立连续化、节能环保高效的生产线，研发新一代专用甘薯全粉新产品，以甘薯全粉系列新产品开发甘薯方便面等主食食品，提高甘薯主食工业化产品的附加值和经济、社会效益。以清洁化、综合利用为目标，加强专用甘薯加工技术链的研发，建立布局合理的初加工与精深加工相结合的专用甘薯加工技术链网络体系，构建甘薯专用品种、主食工业化产品新工艺及综合利用开发技术链，研究配置甘薯节能高效环保加工工艺及设备[13]。研发紫薯全粉、全薯粉丝、薯泥、快餐营养粉和薯类方便面等系列主食加工关键技术、新工艺及系列主食新产品，带动四川省甘薯加工产业升级，提高四川省甘薯加工比例。

参考文献

[1] 黄钢，沈学善，王平，等.供给侧改革与现代绿色薯业技术创新[M].北京：科学出版社，2017.

[2] 黄钢.农业科技成果转化的双创理论与实践[J].农业科技管理，2011，30（01）：1-5+13.

[3] 黄钢，徐玖平.农业科技价值链系统创新论[M].北京：中国农业科技出版社，2007.

[4] 马代夫，李强，曹清河，等.中国甘薯产业及产业技术的发展与展望[J].江苏农业学报，2012，28（5）：969-973.

[5] 黄钢，李颖，王宏.农业资源型技术创新三环模式及链接特性[J].中国人口·资源与环境，2011，21（02）：124-129.

[6] 黄钢.技术创新五级价值增值原理及应用[J].农业科技管理，2012，31（1）：1-6

[7] Huijuang Qu, Xueshan Shen, et al. Application of sweet potato science-technology value chain in Sichuan sweet potato industry. Proceedings of the Fifth International Conference on Management Science and Engineering Management，Macau，P. R. China，November 7-9，2011，pp62-66.

[8] Huijuang Qu, Xueshan Shen, et al. Constructing modern industrial chain of sweet potato to develop sweet potato industry. Proceedings of the Fifth International Conference on Management Science and Engineering Management，Macau，P. R. China，November 7-9，2011，pp218-221.

[9] 黄钢.构建科技价值链 打造红薯大产业[J].农产品加工，2009，（12）：10-11.

[10] 周航，何秀丽，何强.紫薯丁护色工艺研究[J].食品科技，2015，40（08）：175-178.

[11] 沈升法，吴列洪，李兵.紫肉甘薯部分营养成分与食味的关联分析[J].中国农业科学，2015，48（03）：555-564.

[12] 文玉，刘嘉等.干燥方式对紫薯全粉水合特性及抗氧化能力的影响[J].食品工业科技，2014，35（06）：119-124.

[13] 邹光友，郑天力.方便粉丝发展现状与未来趋势[J].食品与发酵科技，2010，46（03）：14-17.

达州市马铃薯生产现状及产业发展对策

胡振兴*，赵思毅，杨小丽，高龙梅，李　益

（达州市农业科学研究院，四川达州　635000）

摘　要： 达州是四川省马铃薯第二大主产区，马铃薯是达州第三大粮食作物。本文总结了达州市马铃薯生产的 4 个基本特点、发展马铃薯产业的 5 个方面优势、近年在品种引进鉴定及选育、脱毒薯繁育、高产栽培、高效模式、品牌打造等方面取得的成绩，分析了存在的问题，提出了进一步发展达州马铃薯特色优势产业的对策。

关键词： 达州；马铃薯；现状；对策

达州市位于四川省东部，大巴山南麓，地处川、渝、鄂、陕四省市接合部和长江上游成渝经济带。达州市农作物种类繁多，主要农产品在全省占有重要地位，素有"秦巴粮仓"之称，据《四川统计年鉴》（2017），2016 年农业人口 479.3 万人，粮食播种面积 55.76 万 hm^2，产量 292.5 万 t，农业总产值 276.60 亿元，其中薯类播种面积 15.99 万 hm^2，产量 66.1 万 t，均居全省第二位。

1　基本特点

1.1　种植面积大

近年达州马铃薯种植面积达 10.67 万 hm^2 左右[1]，其中 2015 年、2016 年、2017 年马铃薯种植面积分别为 10.44 万 hm^2、10.61 万 hm^2、10.97 万 hm^2，是四川省仅次于凉山彝族自治州的第二大马铃薯主产区，也是四川省马铃薯生产布局重点区域。

1.2　总产、单产逐年增加

2015 年、2016 年、2017 年达州马铃薯总产分别为 198.1 万 t、203.0 万 t、211.0 万 t，单产分别为 18.97 t/hm^2、19.12 t/hm^2、19.22 t/hm^2。

1.3　立体气候明显，马铃薯周年供应

达州为典型的丘陵山区，最高海拔 2 458.3 m，最低海拔 222 m。山地占辖区面积 70.70%，丘陵占 28.10%，平坝占 1.20%。海拔高度的差异、地形地貌的不同形成了气温、日照、昼夜温差各异的不同立体气候，使达州成为春、秋、冬多季马铃薯生产混合种植区，并形成鲜薯周年供给特点。

基金项目： "十三五"四川省农作物及畜禽育种攻关项目"突破性薯类育种材料与方法创新"（2016NYZ0032）；达州市科技攻关项目"脱毒马铃薯种薯繁育及推广应用"。

***通信作者：** 胡振兴（1973–），男，高级农艺师，研究方向：生物技术研究与应用。E-mail：2683077145@qq.com。

1.4 主要分布

达州马铃薯主要集中分布在宣汉县、万源市、大竹县，约占全市马铃薯种植面积的70%[2]。达州马铃薯春、秋、冬三季均有种植，其中以冬马铃薯为主，2015年、2016年、2017年冬马铃薯种植面积分别为6.27万、6.42万、6.75万hm²，总产分别为119.4万、123.4万、130.0万t，种植面积和总产均约占全市的60%。高山一季区主要是春马铃薯，净作；中低海拔二季作区，春马铃薯栽培方式主要是马铃薯与玉米套作；秋马铃薯、冬马铃薯主要分布在平坝及城郊，主要栽培方式是净作、菜用。

2 发展优势

2.1 生态环境优越，土壤地理条件较好

达州市常年日照1 300 ～ 1 400 h，日平均气温为14.7 ～ 17.6℃，无霜期237 ～ 317 d，属中亚热带湿润季风气候；土壤主要为紫色土和黄壤土，土层较厚，土质疏松，富含钾素，一般速效钾含量120 ～ 200 mg/kg；常年降雨量为1 050 ～ 1 300 ㎜，降水主要集中在5—9月，海拔较高，气候冷凉，昼夜温差大。这些独特的自然条件，最适宜于发展马铃薯生产，生产的马铃薯块大、干物质含量高、食味上乘。同时，达州东部高寒阴湿山区海拔1 000 m以上，年降水量900 mm左右，传播病毒媒介昆虫少，自然隔离条件较好，是马铃薯种薯繁育的理想地区。

2.2 品质优势

川东秦巴山区土壤富硒，特别是达州万源为全国三大富硒地带之一，是四川省唯一的天然富硒区，土壤中硒含量最大值1.74 µg/g，平均0.51 µg/g，属于中硒到高硒水平，处于植物生长和人体吸收的最佳状态。达州富硒马铃薯最大特点是甜、面、香，以薯型好、品质佳、口感好、具有保健作用等特点，在国内享有盛名，是秦巴山区特色农产品。

2.3 区位交通优势

达州位于成都、重庆和西安三角的中心地带，是四川东出北上的"门户"和通江达海的东通道，历为秦巴地区物资集散地和商贸中心。其中，6条高速公路、4条铁路纵横交错、贯穿全境，达州机场已开通航线13条。成都—南充—达州—万州、包头—海口等2条高铁线路和按照4C+标准规划达州新机场正在建设。

2.4 科技优势

达州市农业科学研究院从2000年开始就成立了马铃薯研究团队，有从事马铃薯新品种选育和栽培技术研究、脱毒种薯繁育技术研究两个课题组，先后承担有"达州马铃薯新品种引种鉴定""四川省马铃薯育种攻关"、"四川省农业厅脱毒马铃薯原原种繁育""四川省马铃薯区域试验"以及"马铃薯高产栽培技术研究"等项目。达州市、县、乡（镇）都有一大批长期从事马铃薯科技推广工作的农技人员，在马铃薯示范推广方面也积累了丰富经验。

2.5 群众种植积极性高

马铃薯是达州市传统种植作物，经济效益高，增产增收潜力大，深受山区群众喜欢，种植面积不断增加，已成为达州市第三大作物。2010年以来达州万源已建立脱毒种薯繁育基地666.7 hm²以上，年产脱毒种薯2万余t，培育马铃薯专业合作社23个，种薯企业6家，常年外销优质种薯10万t以上，万源已逐步成为川东北重要种薯繁育基地。

3 取得的成绩

3.1 品种引进鉴定与选育

达州市农科院创新"聚合特异亲本杂交、杂交种子高效育苗、生物组培脱毒快繁、高低海拔同步鉴选"的高效育种新方法，选育出高产优质抗病性强适应性广的达薯系列新品种 3 个。达薯 1 号被列为四川省主推品种，达芋 2 号被列为达州市主推品种。同时，坚持育种与引种结合，鉴定筛选出 6 个适合达州生态条件的优质高产抗病耐贮品种，即秦芋 30、川芋 6 号、渝薯 1 号、坝薯 10 号、中薯 3 号、鄂薯 3 号。

3.2 脱毒种薯繁育

创新了马铃薯种薯规模化精准脱毒精细管理高效繁育新技术，实现了"种薯规模化高效精准脱毒、脱毒试管苗分阶段精细组培高效快繁、脱毒试管薯周年循环精细生产新工艺、雾化精细栽培五段管理、原原种立体混合双层基质精细栽培新方法"五大脱毒马铃薯繁育技术突破，从 2010 年至 2017 年，生产的脱毒马铃薯原原种连续 15 次抽检合格率达 100%。达州市农科院建成了可年产原原种 500 万粒的"脱毒马铃薯原原种繁育基地"，万源市在八台乡、堰塘乡、官渡镇、梨树乡等乡镇建立了规范的原种扩繁基地 133.3 hm²、一级种、良种繁育基地 666.7 hm² 及配套的种薯贮藏设施，形成了可年产原种 200 万 kg、一级种 1 200 万 kg、良种 7 000 万 kg 能力。

3.3 高产栽培

集成创新了以"优质品种脱毒良种、严格种薯处理、高厢垄作双行错窝栽培、密植早播地膜覆盖、高效测土配方平衡施肥"核心的马铃薯绿色高产栽培技术体系和以"防为核心、控为重点、治为关键"的马铃薯晚疫病绿色综合防控技术体系，创造了一系列高产典型：2008 年在达川檀木镇高产示范，鲜薯平均单产 41 245.5 kg/hm²，最高单产 45 832.5 kg/hm²，创达州市平坝区马铃薯高产纪录[3]。万源市 2008 年春马铃薯超高产创建净作 6.67 hm² 平均单产 269 855 kg/hm²，单个田块最高产达 73 965 kg/hm²；2010 年春马铃薯超高产创建"马铃薯 / 玉米"6.67 hm² 平均单产 75 360 kg/hm²，单个田块最高产达到了 87 900 kg/hm²，分别创四川省春马铃薯净作和套作最高单产纪录[4]。2014 年在达川区木子乡实施"优质高产马铃薯新品种及高效生产技术示范推广"项目 6.67 hm²，平均单产 43 753.5 kg/hm²，较对照增产 66.59%，最高 54 241.5 kg/hm²，再次刷新达州平坝区马铃薯高产纪录。

3.4 高效模式

总结提出了"稻田稻草全覆盖种植秋马铃薯关键技术"[5]；创新了秋马铃薯稻草覆盖半浅耕轻简化栽培模式[6]；创新了"马铃薯—玉米—苎麻"模式[7]；提出和实施了"薯—稻—薯"新模式，实现全年粮食产量过万斤、产值过万元"双万"目标[8]。

3.5 品牌打造

"万源马铃薯"获农业部"农产品地理标记登记证书"；检测确定了万源马铃薯为"富硒马铃薯"，获国家质检总局"生态原产地产品保护证书"；编制撰写了《万源天然硒马铃薯地方标准》。

4 存在的问题

4.1 品种更新换代慢，专用品种缺乏

达州市马铃薯主要品种有马尔科、安薯 56、川芋早、川芋 56 等品种，品种年限久、退化严重，近年新引进秦芋 30、川芋 6 号、渝薯 1 号、坝薯 10 号、中薯 3 号、鄂薯 3 号等新品种，新选育了达薯 1 号、达芋 2 号等，但种植推广面积较低，农民自留种薯占比例高，自由串换、品种混杂，新品种更新换代慢，优新品种应用率不足 50%。种植品种单一，加工薯、特色薯、专用薯几乎为空白。

4.2 脱毒种薯生产能力不足，种薯质量较差，优质脱毒种薯覆盖率低

达州只有达州市农科院进行脱毒马铃薯原原种生产，但因设施设备老化，经费投入不足，基础设施落后及管理体制等原因，生产数量有限。从外省调运种薯运距远、耗损大、成本高，种薯质量又难以保证。为节省投资，高山区农民种薯与商品薯不分，自行留种，缺少更新换代和提纯复壮技术和意识。平坝区农户有换种意识，但难以鉴别种薯优劣，以商品薯作种薯的现象十分普遍。以上原因造成达州马铃薯种薯质量参差不齐，优质脱毒种薯覆盖率不足 40%。

4.3 整体栽培技术水平低，平均产量不高，广种薄收的现象还没有得到根本扭转[9]

栽培方式不科学。达州市大面积种植马铃薯技术较落后，采用窝播或沟播条栽平板式，切块播种[10]。平作稀窝，群体构建不科学，以稀大行（窝）平作带植为主[4]。

肥料结构不合理，施肥方法不当；有机肥、生物菌肥、中微量元素肥使用量极少；化学肥料特别是氮肥使用量偏大，钾肥施用量严重不足；施肥有的还是全地撒施，肥料利用效率低。

重茬面积大，种薯精选处理少，病虫综合防控不力，晚疫病危害重，个别年份部分地块损失达 50% 以上。

由于丘陵山地环境及以家庭分户种植为主，地块小，栽培分散，大型机械使用和推广难度大，机械化发展慢、水平低[11]。

4.4 加工企业少，加工利用率低

达州马铃薯多在海拔较高的山区种植，交通不便，产地分散，除大约 20% 作种外，50% ~ 60% 主要作鲜食用，其余 20% ~ 30% 作饲用和淀粉等初加工，精深加工尚未起步，粗加工企业数量少，规模小。

4.5 市场营销不强，竞争力弱

营销网络不健全，没有规范的马铃薯种薯、商品薯销售市场，没有马铃薯销售经营队伍，销售信息不畅，贮藏设施简陋，交易组织化程度低，小生产与大市场矛盾突出。

5 发展对策

5.1 深化对发展马铃薯产业重要性的认识

马铃薯产业是新世纪最具发展前景的产业之一，是当前粮食作物中增产增收潜力最大的作物[12]，作为四川第二大马铃薯主产区，达州应将马铃薯产业作为达州"特色优势农业、扶贫重点产业、富硒特色"突破口，加大投入，重点培育，优先发展。特色产业的培育发展和壮大绝非一朝一夕，不可能一蹴而就，还要有耐心，要持之以恒，久久为功。

5.2 加强马铃薯种植规划，促进生产区域化

坚持因地制宜、突出特色优势、产业发展的原则，集中力量打造优势产业带和专业乡镇。高寒山区以繁育高质量脱毒种薯为主，中高山区以发展粮用、加工薯为主，平坝及城郊主要以发展各具特色的菜用薯为主。种植季节上充分利用达州自然气候优势，稳定秋马铃薯，发展春马铃薯，扩大冬马铃薯，建立马铃薯周年供应体系，满足市场多方需求。

5.3 引育并举，加强优新品种的推广应用

品种是农业产业开发的基础。在坚持自主选育同时，要从全国引进鉴定出适应达州不同区域气候的专用品种、特色品种，如菜用型（炒、蒸、煮）、油炸型（薯条、薯片）、淀粉加工型及不同早、中、晚熟品种等，优化品种结构，适应市场的各种需求，实现品种"优质化、专用化与多元化"。

5.4 加强脱毒种薯繁育体系建设，提高种薯质量和优质脱毒种薯覆盖率

种薯是马铃薯生产链条中最重要环节[13 ~ 14]。各级政府及主管部门要加大投入，对繁育基地进行基

础设施改造，完善种薯质量检测监管体系，实施种薯生产、经营资格认证、基地认证。引进和培育种薯龙头企业，引导建立高标准、集成系统化的脱毒种薯生产线、生产基地，实现标准化、规模化生产。加大脱毒种薯生产扶持和良种补贴，促进优质脱毒种薯生产和应用，实现"良种化"。

5.5 建立不同种植模式的不同栽培技术规程，推行标准化生产

重点推广优新品种、脱毒良种、冬春马铃薯覆膜栽培、大垄双行膜下滴管、水肥一体化、测土配方施肥、病虫绿色综合防控等先进实用技术。根据不同区域气候特点、不同栽培季节、不同栽培模式，分别制定不同生产技术规程、地方标准，推行按照"菜单"进行"标准化"生产，大幅提高马铃薯生产管理水平和种植效益。

5.6 加大马铃薯生产全程机械化推广力度

一是引进和筛选适合达州地形和土地条件的山地马铃薯中小型机械，重点引进中小型马铃薯种植、植保、收获机械，进行机具选型与配套[15]，促进农机农艺融合，解决耕种和收获方面的难题，减轻劳动强度，降低生产成本。二是要在优势生产区域，加大马铃薯机械化生产示范和推广力度，推进坡改梯、高标准农田建设，集中连片打造优质马铃薯种薯基地、商品薯基地，进行马铃薯"全程机械化"示范区建设，推动规模化、集约化，提高市场竞争力和经济效益。

5.7 广泛技术宣传和人员培训

达州马铃薯高产栽培示范产量高，但大面积整体平均水平还是不高，应大力度、大范围加强农民技术培训和生产指导服务。要进行高产高效示范区、农业科技示范园区建设，通过现场观摩、专题讲座、种植大户总结交流等开展人员培训；要利用高产创建、农技110、专家大院、科技扶贫在线等进行现场指导、远程咨询，切实推动马铃薯高产高效技术应用，提高生产技术水平。

5.8 产品品牌化，经营市场化

坚持质量兴农、品牌强农。富硒是达州马铃薯特色和优势，应大力加强高富硒马铃薯新品种、富硒栽培技术的研发，真正让富硒马铃薯成为川东北农业的一张名片。宣传上，要高举"绿色、优质、富硒"旗帜，提升达州马铃薯知名度和良好形象，可优先集中打造"万源马铃薯"区域品牌。要借助农产品博览会、展销会、电视电台、报纸、互联网、公众微信号、马铃薯文化节等加强品牌营销推介。

要拓宽营销渠道，培养和建设马铃薯营销队伍，开展"农超对接""农校对接""农社对接"；支持建设集交易批发、贮藏保鲜、加工包装、信息发布于一体的马铃薯综合交易市场；扶持发展"互联网+"马铃薯电子商务。培育马铃薯种植大户、家庭农场、马铃薯专业合作社和农业企业等，组建马铃薯协会，以协会为纽带，龙头企业和专合组织为平台，将龙头企业、专合社、基地、农户、市场连为一个有效整体，建立"协会+龙头企业/专合社+基地+农户+市场"的马铃薯生产经营新模式，促进小生产与大市场衔接，实现产业化经营。

5.9 大力发展马铃薯加工业

大力发展以薯片、薯条、全粉、淀粉等产品为主的马铃薯加工业；通过招商引资，有计划、有目的地引进培育一批有实力的马铃薯精深加工企业，完善加工链，提升价值链。

5.10 强化保障

成立马铃薯特色产业培育领导小组、马铃薯产业化推进办公室，建立市级领导联系特色优势产业制度，定期研究解决产业发展中的相关问题，强化组织保障。在达州市农科院现有基础上，组建马铃薯工程实验室、马铃薯产业技术研究院；在达州汇集马铃薯品种选育、种薯繁育、高产栽培、农技推广、加工、市场营销等方面专家、人才，建立市级马铃薯产业创新团队，将产业发展不同部门、人员紧紧联系在一起，建立"育—繁—推""产—学—研—用"一体化模式，攻克解决产业发展中的各种难题，强化科技支撑和保障。建立政府马铃薯特色产业发展专项资金，涉农资金、项目要多向马铃薯

产业倾斜，强化投入保障。

参考文献

[1] 舒忠旭. 浅谈达州市马铃薯生产与发展 [J]. 中国马铃薯，2012，26（1）：58-61.

[2] 赵思毅，黄承键，王胜谋. 达州市马铃薯生产现状及对策 [J]. 四川农业科技，2007（3）：7-8.

[3] 赵思毅，黄承建，丁大杰. 达州市马铃薯生产"三快、三高"特点及产业化分析 [J]. 四川农业科技，2008（8）：32-33.

[4] 沈学善，屈会娟，黄钢，等. 四川省春马铃薯超高产栽培的技术途径与措施 [J]. 中国马铃薯，2012，26（5）：277-280.

[5] 李万明，杨肖锋，谢勇，等. 稻田稻草全覆盖种植秋马铃薯关键技术 [J]. 作物杂志，2007（4）：95-96.

[6] 赵罗琼，黄娟，赵思毅. 秋马铃薯稻草覆盖半浅耕栽培模式探索 [J]. 四川农业科技，2014（4）：20-21.

[7] 任小松，舒忠旭，李亚玲. "马铃薯—玉米—苎麻"套栽技术及经济效益分析 [J]. 四川农业科技，200（9）：20.

[8] 赵思毅. 薯稻薯高产高效栽培模式及关键技术 [J]. 四川农业科技，2012（3）：28.

[9] 钟巍然，伍加勇，董政，等. 重庆马铃薯产业发展初探 [J]. 南方农业，2011，5（1）：52-54.

[10] 赵思毅，王亚军，黄承建. 四川省达州市马铃薯生产特点及产业对策 [J]. 中国马铃薯，2007，21（2）：7-8.

[11] 周玉华，刘汶树，张先锋，等. 西南地区马铃薯生产机械化与产业发展战略 [J]. 农业开发与装备，2017（10）：6.

[12] 赵思毅，黄承建. 达州市马铃薯新品种新技术应用效果显著 [J]. 四川农业科技，2009（12）：21-22.

[13] 张威，白艳菊，李学湛，等. 马铃薯种薯质量控制现状与发展趋势 [J]. 中国马铃薯，2010，24（3）：186-189.

[14] 何三信，文国宏，王一航，等. 甘肃省马铃薯产业现状及提升措施建议 [J]. 中国马铃薯，2010，24（1）：54-57.

[15] 屈会娟，沈学善，王平，等. 西南五省马铃薯产业发展现状与对策 [C] // 屈东玉，陈伊里. 马铃薯产业与脱贫攻坚 [M]，哈尔滨：哈尔滨地图出版社，2017：56-61.

凉山彝族自治州马铃薯产业发展减贫效果及对策研究

蔡昌艳，李佩华 *

（西昌学院经济管理学院，四川西昌　615013）

摘　要： 凉山彝族自治州的气候资源适合马铃薯生长。本文以凉山彝族自治州马铃薯产业发展现状为基础，分析了凉山彝族自治州马铃薯产业发展的减贫效果，并提出了凉山彝族自治州马铃薯产业扶贫的对策建议。

关键词： 马铃薯产业；减贫；对策

凉山彝族自治州是国家乌蒙山贫困地区的核心区域。土地处于干旱和半干旱地区，农作物主要是马铃薯，这是贫困地区农民增加农业收入的最现实，最直接的产业。为了实现凉山彝族自治州地区贫困人口的精准脱贫，必须从贫困人口覆盖面最广的马铃薯产业着手，把马铃薯产业发展作为地区扶贫的重点，充分发挥马铃薯产业在凉山地区扶贫中的重要作用[1~4]。

1　凉山彝族自治州马铃薯产业发展现状

马铃薯是重要的扶贫作物，主要体现在三个方面：一是产量持续稳定。2016 年凉山彝族自治州马铃薯种植面积 15.74 万 hm²，鲜薯产量 371 万 t，产值 40.36 亿元，薯农现金收入 25.25 亿元。二是良种繁育体系基本形成。近年来，凉山彝族自治州脱毒马铃薯繁育基地已逐步建立在布拖县、盐源县、昭觉县等地。三是加快了工业化发展速度。现有 12 家马铃薯龙头企业、14 个大型加工厂，专业合作社 71 个，民间组织 17 个，"凉山马铃薯"被授予地理标识和认证标志，并成功注册了 15 个马铃薯加工产品商标。

当然，凉山彝族自治州马铃薯产业发展还存在一些突出问题。一是科技支撑能力不足。主要体现在学术带头人和马铃薯专家仍较少，马铃薯科技服务人员比例相对较低，马铃薯相关工作人员的整体素质还需进一步提高。二是产品附加值还不高。目前，加工厂有 14 家加工能力 130 余万 t 鲜薯。第三，农民的组织性较差。特别是马铃薯专业合作社的发展缓慢，农民的利益没有紧密联系。

基金项目： "十三五"四川省农作物及畜禽育种攻关"突破性薯类材料与方法创新"（2016NYZ0032），西昌学院马铃薯主食化战略研究平台。

作者简介： 蔡昌艳（1987—），硕士，助教，研究方向：马铃薯产业研究，E-mail：280786424@qq.com

* 通讯作者：李佩华（1975—），男，硕士，副研究员，研究方向：马铃薯育种、良种繁育、高产栽培、加工及产业发展研究，E-mail：1604003116@qq.com

2 凉山彝族自治州马铃薯产业发展中减贫效果的实证分析

2.1 变量的选取及数据说明

变量的选取：首先，关于马铃薯产业发展水平的衡量，本文选择凉山彝族自治州马铃薯产量作为衡量指标。其次，关于贫困的衡量问题，联合国粮农组织在研究中直接使用恩格尔系数来表示，但多数国内学者认为恩格尔系数可能不适合衡量我国的贫困程度。故在研究我国贫困问题时，基本上采用人均消费的对数进行衡量，由于消费最重要的影响因素为收入，因此，本文选择凉山彝族自治州人均可支配收入来表示凉山彝族自治州贫困地区的贫困水平。

数据说明：鉴于 2007 年前的数据不可获取，因此本文样本数据选取的时间段为 2008 ~ 2017 年，马铃薯种植面积数据全部来自凉山彝族自治州马铃薯办公室，人均可支配收入来源于凉山彝族自治州统计公报。借助 Eviews 软件实现实证分析。为了消除数据的异方差性并影响回归结果，用相关变量自然对数来做实证分析。

2.2 实证检验

2.2.1 ADF 平稳性检验

为了消除由时间序列不稳定引起的伪回归问题，ADF 测试用于对 lny 和 lnx 执行 ADF 测试，滞后顺序由 AIC 和 SC 标准确定。测试结果见表 1。lny 和 lnx 都是稳定的，可以直接进行 Granger 因果关系检验。

表 1　各相关变量的 ADF 检验结果

变量	检验式	ADF	Prob	是否平稳
lny	（C，T，0）	−4.103 733	0.050 4	平稳
lnx	（C，N，1）	−3.659 072	0.032 1	平稳

注：测试公式（C，T，K）中的 C 和 T 分别表示检验是否包含常数项和时间趋势项。N 表示不包括，K 指滞后阶数。

2.2.2 Granger 因果关系检验

表 2 中相关变量的 Granger 因果关系检验结果所示，lnx 是 lny 的 Granger 原因，而 lny 不是 lnx 的 Granger 原因。试验结果表明，凉山彝族自治州马铃薯种植产量将对凉山彝族自治州人均可支配收入产生影响；但是凉山彝族自治州人均可支配收入不影响马铃薯种植。由此可见，2008 ~ 2017 年凉山彝族自治州马铃薯产业发展与凉山彝族自治州脱贫存在长期稳定关系，马铃薯产量的增加会对农村脱贫产生促进作用，凉山彝族自治州脱贫取得明显效果。整体上表现出，凉山彝族自治州支持马铃薯产业发展对凉山彝族自治州脱贫表现出良好的推动作用。

表 2　相关变量的格兰杰因果关系检验结果

Null Hypothesis：	Obs	F-Statistic	Prob.
LNX does not Granger Cause LNY	9	12.262 3	0.012 8
LNY does not Granger Cause LNX		0.277 01	0.617 5

3 马铃薯产业扶贫的对策

凉山彝族自治州地区贫困户的生活和收入主要来源于马铃薯产业。依托凉山彝族自治州的优势资源，发展马铃薯产业有助地区脱贫，必须关注以下重点工作。

3.1 创新马铃薯产业化扶贫模式

"合作社＋基地＋大户＋贫困户"模式：首先，土地将由大型工业企业统一承包，无偿培训农户种植技术。统一承包种植基地，实现大规模和小规模合作与分工。马铃薯合作社推广扶贫模式是山地地形的农村地区的最佳模式，适用于凉山彝族自治州广大农村地区。要充分发挥农村领导的带头作用，引导土地，资金，劳动等资源进入贫困户、合作社和基地。加强指导，规范管理，注重指导培训，提高农民自力更生，自我发展，合作发展的意识和能力，提高农户组织化程度。

"龙头企业＋合作社＋基地＋农民（贫困农民）"模式：直接引进龙头企业投资，充分发挥龙头企业在统一技术、种子供应、收购、加工、销售、质量保证、品牌推广等方面的统领作用。公司实施种植和加工的全面一体化运作，公司统一采购和销售，通过二次返利实现扶贫效益。加快培养懂技术和会经营的一批专业农民，促进家庭农场、合作社、企业和其他综合商业实体的发展。提高组织化程度，实现从"一个一个"的小生产到"大集团"的转变全面提高行业抵御风险的能力，确保龙头企业和贫困农民的共同利益。

3.2 加快优良品种的质量监督和推广

严格按照《中华人民共和国种子法》的要求，建立凉山彝族自治州马铃薯种薯登记制度以及质量监督机制，构建标准化的种薯生产和质量控制监督体系，扩大种薯的种植规模，加强对种薯市场的监督力度，提高种薯质量，加快无病种马铃薯的繁殖和推广。一是通过巩固和加大对现有马铃薯脱毒检测中心技术和资金的支持力度，凉山彝族自治州将努力建成四川最大的马铃薯种薯生产基地。每年生产的种薯可以在满足本地区种植需求的前提下销往省内外种植基地。二是积极加强与企业和农业机构的合作，打造一批高产高效的重点示范区。种薯基地建设首先迎合贫困户，鼓励贫困户开展规范化的马铃薯种植和合理的土地流转。农民可以享受土地转让带来的好处，可以在附近工作，增加劳动收入。

3.3 建立马铃薯"一二三产业融合"的示范基地

一是加强马铃薯加工体系建设。以市场为导向，大力发展马铃薯面条、馒头等主食产品，以及薯条、薯片等深加工产业，重点在全粉、改性淀粉，支持龙头企业加工生产高附加值马铃薯产品，支持加工企业进行技术改造和扩建升级。二是建立专业的马铃薯市场，逐步完善马铃薯生产和营销信息服务平台，做好凉山马铃薯市场的分析和预测，促进生产与销售的有效衔接和流通。建立凉山彝族自治州马铃薯现代物流体系，积极拓展马铃薯营销渠道，通过广播、电视、互联网、报纸、期刊等媒体进行推广，以此提高凉山彝族自治州马铃薯的知名度和美誉度，让马铃薯成为凉山彝族自治州贫困户脱贫致富的"金豆"。三是着眼马铃薯产业发展与地方旅游相结合。在便利的马铃薯种植区，打造具有凉山彝族特色的马铃薯主题旅游景区，促进马铃薯产业与当地旅游扶贫的融合，使马铃薯成为旅游礼品，提高马铃薯的社会和经济效益。

参考文献

[1] 朱子红. 精准脱贫背景下宁蒗县马铃薯产业发展探讨 [J]. 现代农业科技，2017（17）：82-83.

[2] 龙永华. 精准扶贫视域下湘西州农业产业扶贫模式创新研究 [D]. 吉首大学，2015.

[3] 龙永华，蒋才芳. 武陵山片区农村产业化扶贫模式创新研究——以湖南省湘西自治州为例 [J]. 中外企业家，2015（04）：23-27.

[4] 桑维亮. 毕节市马铃薯产业现状及发展方向——在2017年中国马铃薯大会上的主题报告 [J]. 世界农业，2017（08）：244-246.

凉山彝族自治州马铃薯流通体系现状及优化建议

张千友[1]，董洪清[2]，刘巧茹[2]，邓 柠[1]

（1.成都大学商学院，四川成都 610106；2.马铃薯主粮化战略研究中心，四川成都 610041）

摘 要： 马铃薯流通体系一头连着农户，一头连着消费者，是马铃薯产业发展中的重要环节之一。马铃薯是凉山彝族自治州最具增产潜力、最具增收潜力、最具市场需求潜力的粮食作物，在流通体系建设方面还存在一系列问题。本文通过田野调查、问卷调查、实地走访等方式收集第一手数据资料，总结了凉山彝族自治州马铃薯流通现状，分析流通领域存在的主要问题，并提出了相关的政策建议。

关键词： 凉山彝族自治州；马铃薯；流通体系；产业化

在 2015 年 1 月马铃薯主粮化发展战略研讨会上，农业部提出要通过推进马铃薯主粮化，因地制宜扩大种植面积，让马铃薯逐渐成为我国第四大主粮作物，为我国粮食安全提供更多保障[1]。2016 年中央一号文件指出"积极推进马铃薯主食开发[2]"；2016 年 2 月，农业部正式发布《关于推进马铃薯产业开发的指导意见》，要求搞好产销衔接，加强信息服务平台建设，探索建立区域性产地批发市场或物流中心[3]。

凉山地处四川西南部，当地气候条件适合种植马铃薯，产量高。但凉山马铃薯产业的发展尚面临品种繁育滞后、组织化程度不高、产业链条不长、品牌知名度不高、科技推广不平衡、机械化程度低、贮藏设施缺乏、专业营销市场少、流通体系建立不完善等突出问题，其中以流通问题尤为突出，一定程度上影响和制约着马铃薯产业的发展壮大。大力发展马铃薯产业、建立健全马铃薯流通体系是稳定发展粮食生产，保证粮食安全，增加农民收入的重要突破口。解决马铃薯流通中存在的问题，对解决凉山彝族自治州马铃薯产业发展中"卖薯难"与"买薯贵"，对服务山区农民脱贫致富同步奔康，对凉山打造"绿色食品马铃薯之都"等都具有十分重要的现实意义。

1 流通体系的界定

流通体系是指用现代高新技术武装，采用现代化组织方式，服务农产品全球流通的重要平台，以解决农产品生产、销售过程中涉及市场和信息、中介组织和龙头企业、科技推广和应用、农产品加工、包装和经营，以及市场检测和检疫等为己任，是农产品物流、信息流和流通服务的统一体[4]。简而言之就是从生产者到消费者中间一系列流程的统称，具体而言从马铃薯种植农户开始，经过集货商（经

基金项目： 马铃薯主粮化战略研究中心重点课题"中国马铃薯市场价格预测研究——基于产销信息监测预警视角"（MLS1801）

作者简介： 张千友（1979—），男，副教授，经济学博士后，主要研究技术经济及管理。E-mail：zhangqianyou@163.com

纪人）→产地批发市场→销地批发市场→农贸市场（超市）→消费者等环节，本文将上述过程进一步简化，抽象出主要的流通环节，即马铃薯种植农户→产地批发市场→销地批发市场→销地农贸市场（超市）→消费者等五个环节（图1）。

农业生产具有区域性、季节性和分散性，农产品具有鲜活性、不易储存性。农产品在流通过程中具有明显的季节性、复杂的技术性、较强的政府干预性、流通半径受到较大的限制[5]。马铃薯是重要的农产品，具有农产品的一般属性，还有其自身的特殊性。凉山彝族自治州马铃薯流通体系经过近年来的快速发展，取得了显著的成效。

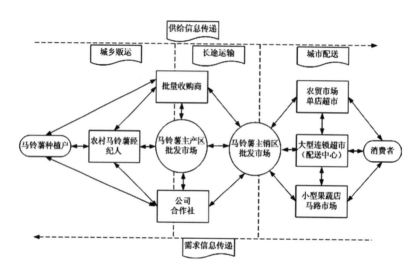

图1　马铃薯流通体系示意图

2　凉山马铃薯流通体系建设成效

2.1　加工企业初具规模

自2004年以来，凉山彝族自治州加大了对马铃薯加工企业的扶持力度，通过招商引资、企业融资等方式，相继建成投产一批不同规模的马铃薯加工企业。目前，凉山彝族自治州境内现有11家大型马铃薯加工企业，15家大型加工厂，中小型加工厂119个，年加工鲜薯60多万t，主要以加工淀粉为主。重点培育了科兴薯业、世富农业、润嘉薯业等一批龙头企业，建成规模以上加工企业14个。

2.2　品牌建设取得成效

长期以来，凉山彝族自治州马铃薯种植立足于实施品牌战略，不断提高产业化经营水平，同时发挥区域优势，狠抓种薯繁育，不断提高规模效益和良种覆盖率及生产水平。实现了昭觉县、布拖县发展春马铃薯，宁南、会东、会理等县发展秋冬马铃薯的产业新格局，初步形成了鲜明特色的马铃薯产业带，不断提高生产水平。2010年登记"凉山马铃薯"地理标志；2014年5月凉山炸薯块和乌洋芋走进了CCTV9《舌尖上的中国2》记录节目；2016年8月四川马铃薯工程技术中心研发的土豆米糕、土豆丸子、马铃薯锅巴、马铃薯珍珠奶茶分别荣登2016薯博会"中国100土豆美食"十大主食、十大菜肴、十大糕点最受欢迎土豆饮品榜单。凉山本土马铃薯产品品牌建设成效显著。

2.3　交通设施明显改善

凉山地处四川西南部，境内地貌复杂多样，地势西北高、东南低，高山、深谷、坪坝相互交错，致使马铃薯主产区与外界的通达性较差，运输成本高。然而，通过近年的交通大会战，凉山彝族自治州州府西昌至各个马铃薯主产县的通油路基本完成，县县已实现双车道，大大缩短了空间距离，减少了物品运输时间。大多数村落通村公路基本建成，一般的小型面包车可通过，甚至可直接到达田间地头。

2.4 电子商务快速发展

凉山彝族自治州马铃薯电子商务已起步，布拖乌洋芋已在食品商务网电子平台上销售；凉山马铃薯已在全国农产品商务信息公共服务平台上销售。大凉山电子商务产业园区将"大凉山"特色产品实体与电子商务相结合的特色产品集聚区，充分利用"大凉山"特色产品产业优势，重点发展以马铃薯、洋葱等"大凉山"特色农产品为主，同时为企业提供配套服务，形成特色产业链，打造以"网上交易为主，实体经营为辅，配套服务共存"的新型电子商务应用示范园区。

3 凉山马铃薯在流通过程中存在的问题

目前，凉山马铃薯体系建设尽管取得一些成效，但是，凉山彝族自治州马铃薯主产区大多集中在二半山及以上地区，当地马铃薯种植农户具有分散性、偏远性、封闭性等特征，由于历史及自然原因，交通不便，流通过程中问题较突出。

3.1 专用交易市场缺乏

凉山马铃薯专用交易市场建设滞后。甘肃定西已经建设完成国家级定西马铃薯批发市场，该市场涵盖信息发布、检验检测、成果展览展示、期货交割、网上交易等功能；黑龙江省分别在哈尔滨、大庆、齐齐哈尔、牡丹江、绥化等地建有马铃薯专用交易市场。2014年凉山彝族自治州马铃薯总产量349.597万 t，商品率62%。盐源、昭觉、越西、喜德、布拖等地作为马铃薯种植大县，但均无马铃薯专用交易市场，大多数通过经销商自己到田间收购，压级压价现象经常发生，商贩利润较高，导致农民丰产得不到丰收，收益较低。

3.2 贮藏设施简陋损坏率高

凉山彝族自治州马铃薯鲜薯贮藏以农户贮藏为主，贮藏方式多数为将薯块自然堆放在屋檐、室内院坝、室外及田间地头等，农户基本没有专门的种薯贮藏装备，贮藏条件极其简陋，贮藏时粗放随便。据调查，凉山马铃薯损耗率一般均在20%以上，不少地区高达30%左右，而全国马铃薯贮藏条件较好的地区，马铃薯的损耗率可以降到5%左右。

表 1 凉山彝族自治州马铃薯损失统计表

损失率（%）	可减少的损失额（万元）	
	2014 年	2015 年
15	56 000	57 600
20	84 000	86 400
25	112 000	115 200
30	140 000	144 000

3.3 加工企业亟待升级

凉山马铃薯加工企业规模较小，发展相对滞后。对农户的示范带动作用小，州内仅有少部分马铃薯被企业加工，加工比例偏低。凉山彝族自治州现有加工企业、作坊100多家，但普遍加工规模小，以淀粉等简单粗加工产品为主。但随着国内马铃薯淀粉价格的整体下滑，州内众多淀粉加工企业发展举步维艰。

据调查，在接受问卷的131户马铃薯种植农户当中，与企业签订"公司＋农户"协议仅有6.87%，这反映龙头企业对马铃薯种植户的示范和带动作用不强。

表2 凉山彝族自治州马铃薯农户签订"公司+农户"协议统计表

签订"公司+农户协议"	频率（户）	百分比（%）	有效百分比（%）	累积百分比（%）
已签订	9	6.87	6.87	6.87
未签订	122	93.13	93.13	100.00
合计	131	100.00	100.00	

3.4 马铃薯专业合作社少

截至2013年6月，凉山彝族自治州登记注册的农民专业合作社共计1 031家，但主要针对马铃薯销售和种植而成立的合作社很少。据调查，在接受问卷的131户农户当中，马铃薯种植户加入合作社的比重仅有9.16%，其中90.84%未加入合作社。凉山彝族自治州作为西南地区马铃薯种植大州之一，但仍然以小农户单打独斗为主、分散经营为主，农民专业合作社等新兴农业经营主体发展缓慢，带动性不强。

表3 凉山彝族自治州马铃薯农户加入合作社统计表

加入合作社	频率（户）	百分比（%）	有效百分比（%）	累积百分比（%）
已加入	12	9.16	9.16	9.16
未加入	119	90.84	90.84	100.00
合计	131	100.00	100.00	

3.5 市场销售以鲜薯为主

在调研区域马铃薯仅有三成多一点用于出售，且是以鲜薯的形式直接出售，仅有少部分被进一步深加工为马铃薯淀粉出售。据调查，在接受问卷的131户马铃薯种植农户当中，农户的马铃薯直接用于出售占33.30%，加工后再出售占7.90%，绝大部分用于自己食用或喂牲口，比例高达57.90%。

表4 凉山彝族自治州种植马铃薯用途统计表

种植马铃薯用途	频率（户）	百分比（%）
自己食用或者喂牲口	73	57.90
直接出售马铃薯	42	33.30
加工（淀粉等）后再出售	10	7.90
其他	1	0.80
合计	126	1.00

3.6 日常消费以鲜食为主

尽管凉山彝族自治州马铃薯主食消费习惯悠久，但主要以鲜食消费为主，长期处于温饱型消费阶段。据调查，凉山彝族自治州马铃薯有83.8%的比例以土豆丝、土豆片、整粒、块状的形式被消费，仅有5.4%、2.7%、2.2%、2.7%、2.7%比例分别以土豆泥、土豆淀粉、土豆馒头或面条、零食、快餐食品的形式消费。

表 5　凉山彝族自治州马铃薯消费方式统计表

消费方式	频率（户）	百分比（%）
土豆丝	44	23.80
土豆片	32	17.30
整粒消费	54	29.20
块状消费	25	13.50
土豆泥	10	5.40
土豆淀粉	5	2.70
土豆馒头或面条	4	2.20
零食消费	5	2.70
快餐食品	5	2.70
其他	1	0.50
合计	185	100.00

3.7　流通环节多费用高

农产品差价体系是指农产品在不同环节的价格之间以及同种农产品在不同地区、不同季节、不同规格、不同质量之间存在着差价关系，形成了差价体系。根据对凉山彝族自治州内马铃薯产地市场零售价格、产地市场批发价格、销地市场批发价格、销地市场零售价格等数据的监测统计，并将马铃薯流通四个主要环节的数据资料进行对比分析。将产地市场零售环节与批发环节比较，产地市场零售的平均价格为 1.63 元 /kg，在产地批发市场的平均价格为 1.03 元 /kg，后者比前者便宜 38.81%；将产地批发市场与销地批发市场比较，销地批发市场的平均价格为 1.76 元 /kg，比产地市场批发价格高出 70.87%；将销地批发市场与销地零售市场比较，销地市场零售价格比销地市场批发价格高出了 93.75%。

由此可见，马铃薯从田间到餐桌，从农户生产到市民消费的各个环节中，流通渠道过多，流通费用过高，流通效率较低。从产地市场批发价格到销地市场零售价格，价格上浮了 1.78 元 /kg，累计溢价了 231.07%，即价格上涨幅度超过了 2.3 倍。流通环节中产生的费用已经超过了生产环节的所有费用。

表 6　产地和销地的批发和零售市场价格对比

序号	调研时间	市场类型	价格水平（元 /kg）	变化率（%）
1	2015 年 9 月	产地市场零售价格	1.63	–
2	2015 年 7 ~ 12 月	产地市场批发价格	1.03	−38.81
3	2015 年 7 ~ 12 月	销地市场批发价格	1.76	+70.87
4	2015 年 6 月	销地市场零售价格	3.41	+93.75

4　对策建议

4.1　在主产区建立马铃薯专用交易市场

选择在西昌、昭觉、盐源、美姑等马铃薯主产区和物流集散中心建立马铃薯专用交易市场，涵盖信息发布、检验检测、成果展览展示、期货交割、网上交易等部分，用于鲜薯、商品薯、种薯以及加工产品的交易，并逐步发展期货交易。形成一批以马铃薯为中心，果蔬、粮油、肉类及水产、农资、农机等其他农副产品为辅的大宗交易市场。

4.2 改善贮藏设施修建马铃薯专用贮藏室

改善现有的以农户贮藏为单位的自然堆放的贮藏方式，转变观念，强化贮藏工作的组织领导，探索"政府主导，企业主体，农民主动"的运行模式；在主产区以自然村为单位开展马铃薯贮藏库建设工作，由政府主导、企业承建的方式进行贮藏库建设；建立较为完善的马铃薯贮藏体系，形成千家万户小型库、专合组织及种植大户中型库、集散市场中转库及加工企业大型库的贮藏体系。

4.3 加大对马铃薯加工企业的引导扶持

龙头企业在农业产业化过程中具有重要的引领示范作用。龙头企业能够发挥一体化产业链诸环节的协同效应和利益共同体的组织协同功能，把马铃薯生产的产前、产中、产后很好地联系起来，扩大农户的外部规模，形成区域规模和产业规模，产生聚合规模效应。为此，应加快培育本土马铃薯加工企业，扶持龙头企业实现转型升级，促进产学研深度融合，推进凉山彝族自治州马铃薯深加工产品种类研发，升级现有的淀粉、粉丝、粉条等传统加工产品。

4.4 推进马铃薯加工产业转型升级

瞄准国际马铃薯加工技术与产业发展前沿，以产学研合作为依托，开发具有自主知识产权的技术和装备，进一步提高产品科技含量和附加值，促进产业优化升级。依托西昌学院"马铃薯主粮化战略研究中心""四川马铃薯重点实验室""四川马铃薯工程技术中心"等科研院所，设立科研专项，研发变性淀粉、功能食品、胶粘剂、生物降解材料等新产品，拓宽马铃薯应用和增值空间。开展马铃薯加工副产物综合开发利用，解决好环境污染问题。面向中高端市场，引进先进设备和生产线，淘汰落后产能，提高马铃薯加工业的核心竞争力。

4.5 引导树立新的消费观念

以营养功能为重点，引导居民消费马铃薯主食产品。开展马铃薯主食产品营养功能评价，建立营养功能评价体系。坚持政府引导、企业主体、科研院所参与的模式，建设主食产品消费体验站，指导街道社区、大型超市、集体食堂以及相关企业参与产品消费体验站建设，把产品消费体验站建设成为产品消费引导、营养知识科普的互动平台。让马铃薯系列产品（比如马铃薯馒头、面条、米粉等）走进凉山小学生营养午餐、驻州武警官兵、大中专院校等人员密集场所的公共食堂，通过他们的引领示范逐步使广大老百姓接受马铃薯系列产品。

4.6 引导扶持马铃薯专业合作社

农民专业合作社是在农村家庭承包经营基础上，同类农产品的生产经营者或者同类农业生产经营服务的提供者、利用者，自愿联合、民主管理的互助性经济组织，以其成员为主要服务对象，提供农业生产资料的购买，农产品的销售、加工、运输、贮藏以及与农业生产经营有关的技术、信息等服务。因此，发展马铃薯专业合作社能有效降低马铃薯流通费用，提高流通效率，实现"小农户"与"大市场"的对接。比如在马铃薯种植技术推广、晚疫病统防统治、马铃薯市场销售等环节均可发挥重要作用。

4.7 积极举办马铃薯文化美食节

依托凉山丰富的旅游资源和民族文化资源，举办马铃薯产业相关节庆活动。整合现有旅游资源，打造具有凉山特色的马铃薯赏花节、"土豆宴"美食节等。利用广播、电视、网络、报纸、图书等形式，加大在凉山主流媒体和新型媒体上的宣传力度，向公众普及马铃薯营养知识、推广主食产品。举办富有凉山特色的马铃薯节、马铃薯营养活动周、产品交易会和营养餐计划推广等活动。

参考文献

[1] 乔金亮 . 小土豆将跻身"四大金刚"——马铃薯主粮化渐行渐近 [N]. 经济日报，2015-1-8.

[2] 新华社 . 中共中央国务院关于落实发展新理念加快农业现代化实现全面小康目标的若干意见 [N]. 经济日报，2015-12-31.

[3] 乔金亮 . 马铃薯产业开发路线明确 [N]. 经济日报，2016-2-24.

[4] 姚卫 . 湖北省农产品流通的问题及对策研究 [D]. 长江大学，2011.

[5] 李崇光，赵晓飞，孙剑，等 . 中国农产品流通现代化研究 [M]. 2015.

浅析四川基层农业技术推广体系

刘莉莎，唐明双，何素兰*，黄迎冬，李育明，周全卢，李　胜，李东波，朱洪庆

（南充市农业科学院，四川南充　637000）

摘　要： 基层农业技术推广体系是四川省农业生产技术提高的关键组成部分，本文针对基层农技推广体系建设存在的问题及挑战进行了分析，就基层农技推广体系改革和农技推广工作改善提出了几点建议。

关键词： 基层农技推广；问题；建议

四川是农业大省，农业在四川的发展中占有举足轻重的地位。过去几年，四川省的基层农业技术推广工作，在健全管理体制、提升队伍能力、提高服务效果等方面取得了较大成绩[1]，对农业生产的进步做出了突出的贡献，发挥了不可替代的作用[2]。但是主要依赖以政府为主体的公益性农业技术推广体系，逐渐显示出了与现代农业生产发展不适应的一面，在此，我们谈谈对目前基层农业技术推广体系的看法和想法。

1　四川省基层农业技术推广体系面临的问题和挑战

改革开放以来，四川省市场经济取得了辉煌的成绩，但是农业却长期受到计划经济体制的影响，农业技术推广机制不健全，农业科技成果转化效率低下；基层农业技术推广机构人员知识结构老化，服务质量下降；农业技术推广经费不足，人员待遇长期处在较低水平；农村劳动力老龄化严重，知识水平低，新技术、新成果接受能力差；农业技术推广以政府性公益机构为主，主体单一，缺乏创新活力。这些都对四川农业推广工作的开展和发展造成了严重的制约，同时也不可避免地影响了农业产业转型升级的步伐和农村社会经济的发展。

1.1　基层农业技术推广机制不健全，农业科技成果转化效率低下

目前以市级农技推广站为主的农技推广体系，已经不能适应市场经济的发展和农业科技进步的要求。部分农技站职能职责不明确，人员队伍不稳定，特别是乡镇一级农技推广部门，工作效率低下，激励机制不健全，个别地方的农技站管理松散、设备落后，工作进展较困难[3, 4]。

基金项目： 现代农业产业技术体系建设专项（CARS-10-B12、CARS-10-C23）；四川薯类创新团队项目（川农业函[2014]91号）；四川省育种攻关项目（2016NYZ0049）。

作者简介： 刘莉莎（1983—），女，黑龙江哈尔滨人，博士，副研究员，研究方向：甘薯遗传育种及栽培技术研究。E-mail：cauliulisha@163.com

* 通讯作者： 何素兰（1967—），女，四川仪陇人，研究员，研究方向：甘薯育种与栽培研究。E-mail：hsl5219@163.com

1.2 基层农业技术推广机构人员知识结构老化，服务质量下降

基层农业技术推广机构作为政府公益性的组织，没有额外的经济收入作为支撑，仅仅依靠基本工资收入和微博的奖金，很难吸引到优秀的技术人才；平均年龄逐渐增大，对新技术、新成果的引进和吸收动力不足；知识结构严重老化，面对快速发展的现代农业新技术，在农作物新品种、新型化肥和农药的使用和新型栽培方式的引进、示范和推广方面，进展非常缓慢，已经远远不能满足四川建设现代化农业强省的需求。知识结构老化、激励措施的缺乏和工作热情的减退使农技服务的质量出现了较大幅度的下降，有的地方的农技推广站名存实亡。

1.3 农业技术推广方法与理念已与发展不适应

在过去的相当长的时间，农技推广是以推广农业生产技术为核心，主要目标是提高农业的产量。在市场经济的新形势下，农技推广部分作为最主要的农业新技术、新思想的传播中心，必须改变思路，要以培养有文化、懂技术、会经营的新型农民为中心。在农村劳动力日益减少的今天，要充分调动农民的积极性，培养既懂技术又会经营的新型农民，才能让农民真正的有钱可赚，农业生产经营有效益了，才能后继有人，才能确实地增强农业生产的活力，才能真正地解决以后谁来种地的问题。我们看问题不能再用老眼光，不能只看哪个品种推广了多大面积，哪个种植模式推广了多大面积，不以这个作为工作业绩，我们必须要用市场经济的眼光看问题，要以农民有没有收益，有多少收益，还有没有继续再生产的意愿，有没有扩大规模的意愿，有没有继续主动的学习新技术、新方法的意愿作为指导思想。

1.4 实用的农业先进技术引进不力，很多技术和品种水土不服

要因地制宜地发展农业生产才能少走弯路，才能赢得农民的信任，农民才会认真去实行。有的地方单纯为了完成任务而引进新品种，喜欢引进新、奇、特的品种来博取眼球，考虑不全面，也没有经过相应的引种试验，结果导致了很多种养殖项目的失败，国家花了钱，农民花了精力，最后中途夭折，或者是不符合本地的消费习惯，成了有价无市的"水土不服"的产品，严重地打击了农民的积极性，造成了部分农民对当前的农技推广体系的不信任。部分地方推广的农业项目来到乡村，农民首先想到的是为了配合农技人员工作来干这件事，而不是说农技推广人员来推广好技术、好品种，这样就成了农民为农技推广部门服务，如此的本末倒置，使得在少数地方，农技推广部门不仅不能为农业生产服务，反而成了农民的累赘。

1.5 农业技术推广的对象在新时期发生了显著变化，农业生产经营组织和家庭农场迫切需要技术支持

最近几年，各种农业生产经营组织发展很快，特别是各类种养殖的专业合作社，如南充市高坪区马家乡吊脚楼村蔬菜专业合作社等11个农民专业合作社被四川省农业厅确定为全省第四批农民专业合作社省级示范社。目前的农村，各种私营业主和专业合作社是先进农业生产力和规模农业的代表，但是我们看到很多农业生产经营组织在前期走了很多弯路，技术不成熟，种养殖模式不成熟，这些付出的代价都折射出了乡镇一级的农技推广体系的缺位。因为农技推广站的人才储备、技术储备的不足，导致了目前农技人员的巨大需求缺口。一方面，自负盈亏的农业经营者迫切希望得到市场信息和技术层面的支持，另一方面，我们的农技推广部门却有心无力。

1.6 农业科研院所对农业技术推广的贡献有待提升

农业科研院所、农业院校是农业科研成果的源头，是农业先进技术集中地，但是他们的人力资源条件有限，农技推广工作不是他们工作的重心，同时也没有相应的激励机制，使得先进的农业生产技术和示范推广之间存在了巨大的鸿沟，通过农业科研院所、农业院校开展的推广工作面积和影响范围非常有限。如何充分发挥这支队伍的推广积极性，把他们变成先进农业生产技术和优质农作物品种的

传播中心，优秀农技人员的培训中心，是亟待解决的问题。虽然四川省农技系统已经开展了很多年的全省范围内的农技人员培训，但是相比巨大的专业人才缺口和快速发展的农业生产技术，还是显得杯水车薪。

2 改善农技推广服务工作的几点建议

2.1 完善现有的基层农业技术推广体系

在现有农业技术推广体系的基础上，科学界定职能，合理设置机构，制定合理的激励机制，保证农技推广人员的工资待遇，创新服务机制，完善考核制度。重新核定各级推广机构编制，优化人才队伍，加强技术推广部门自身的人才和技术积累[5]。只有完善的管理机制和稳定的人才队伍，才能开展好农技推广服务工作。

2.2 加强农业科技人员再教育培训，增强农技人员服务能力

基层农技推广人员直接为"三农"服务，要和农民加强沟通交流，同时要对市场需求有相应的了解，只有他们懂市场懂技术，才可能带动起一批懂市场会经营的技术型农民，才能适应农业产业发展的需求。农技推广人员的继续再教育要制度化常规化，要与农业科研院所挂钩，以利于科研成果的转化和利用，培训过程要理论与实践相结合，培养和造就一批适应市场经济发展和农业产业化需求的复合型专业技术人才[6]。

2.3 紧跟现代农业发展步伐，不断更新农技推广理念

农技推广体系建设必须把提高农民素质、培养懂技术会经营的新型农民作为目标，把提高农民综合素质融入技术推广工作中，经济效益是核心，要通过部分先进农民的带动作用，以点带面，让农民看见从事农业生产是有不错的收益的，自然就是最好的活榜样，这也是解决有限的农技推广人员和巨大的农技需求之间矛盾的可靠手段[7]。只有农民成了专家，基层的农技推广体系才算有了保证，才能激活农民的种养殖热情，只有藏技于民，四川农业的全面发展才有希望。

2.4 实事求是、因地制宜的引进新品种新技术

要站在农民的角度，事事为农民着想，以促进农民增收为农技推广工作的工作重心。新引进品种，要仔细做好市场调查，综合分析经济效益，同时要本着为农民负责的精神，认真做好品种适应性试验，避免品种水土不服，引种时要做好病虫害检疫。工作中要尊重农民的种植意愿，不要片面追求新品种推广面积，避免损害农民的利益。

2.5 把农业生产经营组织和家庭农场作为农业技术推广体系中的重要主体

农民专业合作社、家庭农场和私营业主作为农村劳动力集中地，是农业科技推广体系中的重要阵地，发挥着基础性的作用，自然应该作为农技推广体系中的重要主体。各种规模化的农业生产经营组织在引进新品种、采用新技术的时候，可以更直观地看到效果，更快接受新的技术。同时国家鼓励和支持拥有技术优势的农民专业合作社、涉农企业，采取多种形式，为农民应用先进农业技术提供有关的技术服务。

总体来说，合作社的发展还处于初期阶段，种养殖模式和技术还在摸索阶段，各项扶持政策还有必要完善和加强。

2.6 加强农业科研院所在农业技术推广中的科技中心作用

科技推广是科技研发的自然延续，其直接成果是农业新技术、新品种、新工具和新方法，推广工作是检验并完善成果的重要环节。农业科研院所是实现农业现代化的重要力量，要进一步鼓励教育科研单位以合作社、私营业主、涉农企业等为平台进行农民技术培训，加强实践交流，开展农业新技术、

新成果的示范推广。

2.7　鼓励农业技术推广主体的多元化发展

《中华人民共和国农业技术推广法》规定："国家鼓励和支持村农业技术服务站点和农民技术人员开展农业技术推广。"亦即是高效利用可利用的农业技术资源，国家可以给予合理的补贴，鼓励农业技术人员和有经验的农民一起来分享种养殖经验和技术。也可以鼓励农民和农业生产组织展开农业生产竞赛，对在农业生产竞赛中，表现优异的个人和组织给予奖励，并分享优质高产的经验，鼓励农业技术推广主体的多元化发展。

参考文献

[1] 刘俊豆. 推进四川农技推广体系建设的几点思考 [J]. 四川农业与农机，2017（05）：10-11.

[2] 徐德郁. 基层农技推广途径及创新策略探究 [J]. 南方农业，2018，12（21）：104+109.

[3] 官春邦. 多元化农技推广服务体系构建分析 [J]. 南方农机，2018，49（16）：153.

[4] 赵瑞利. 新时期基层农技推广工作探究 [J]. 吉林农业，2018（17）：38.

[5] 王瑾. 健全农技推广服务体系 加强现代农业发展水平 [J]. 上海蔬菜，2018（04）：77-78+80.

[6] 何妍，严维丽. 基层农技推广体系建设存在的问题及对策 [J]. 农家参谋，2018（15）：6.

[7] 李长泳. 浅谈中国农技推广问题及解决对策 [J]. 农家参谋，2018（15）：21.

科技型马铃薯新型经营主体的培育

黄静玮[1]，王　平[2]，屈会娟[2]，沈学善[2*]，王　宏[2]

（1. 成都大学，四川成都　610106；2. 四川省农业科学院，四川成都　610066）

摘　要： 科技型新型经营主体是马铃薯现代绿色产业的根基。大力培育科技型马铃薯新型经营主体，是深化马铃薯产业供给侧结构性改革、实施乡村振兴战略、马铃薯现代绿色产业新技术示范效应、推进科技创新要素向农村流动、构建马铃薯现代科技产业链的需要。"专家＋新型经营主体＋农户"的科技成果转化模式是一种机制创新，技能型科技人才在开拓新型职业农民发展思路、加快科技成果转化应用、加强基层技术服务、加强新型职业农民培育、协助整合产业资源等五个方面对培育马铃薯科技型新型经营主体具有不可替代的技术引领作用。从马铃薯科技型新型经营主体发展的实际情况看，有三种层次的规模经营："专家＋新型经营主体"自营流转型规模经营；"专家＋新型经营主体＋农户"业主带动型规模经营；"专家＋龙头企业＋合作社家庭农场＋农户"全产业链辐射型规模经营。

关键词： 科技型；马铃薯；经营主体；培育；绿色产业

近 10 年来我国马铃薯产业发展取得了举世瞩目的成就，成为全世界马铃薯面积和总产量发展最快的国家，已是世界上最大的马铃薯生产国和消费国[1]。目前，中国马铃薯产业主要矛盾已由总量不足转变为结构性矛盾，突出表现为中高端优质品种及加工制品供给不足，矛盾的主要方面在供给侧。我国农产品市场对马铃薯产品消费正在从低层次向中高端消费层次为主的阶段转型，而且这种消费转型具有不可逆转性，对我国马铃薯产业转型升级提出了迫切需求，质量兴薯已成为我国马铃薯产业最重要的发展方向。

1　新时代对马铃薯现代绿色产业的新需求

新时代对马铃薯产业提出了更多更高的新需求，需要进一步加强马铃薯科技创新和成果转化，大力发展马铃薯现代绿色产业。其基本概念是：以生态环境保护为前提，现代产业装备为基础，绿色马铃薯生产技术为标准，马铃薯新型经营主体为载体，构建马铃薯产业化龙头企业为主导的生产经营绿色马铃薯产品及加工制品的现代产业体系。

基金项目： 四川省教育厅人文社会科学重点研究基地：马铃薯主粮化战略研究中心"新品种、新技术对四川省马铃薯绿色产业发展的作用机制"（MLS1804）；四川省软科学项目"基于产业优势构建川薯全产业链科技支撑研究"（19RKX0454）。

作者简介： 黄静玮（1985—），女，讲师，博士，研究方向：薯类作物营养与人类健康研究。E-mail: huangjingwei1003@qq.com。

* **通讯作者：** 沈学善，男，副研究员，博士后，研究方向：作物高产栽培生理生态研究。E-mail: shenxueshan@126.com。

发展马铃薯现代绿色产业的一项艰巨而重要任务就是依靠科技积极发展适度规模经营，大力培育马铃薯科技型新型经营主体。马铃薯绿色产业的发展必须依靠先进科技成果的引领，实现技术创新与产业创新的双创互动。应该看到，我国马铃薯产业已进入必须转型升级的新阶段，不仅对科技创新提出了更高的要求，而且对从事马铃薯成果转化的各类新型经营主体也提出了更高的要求。虽然，近年来我国马铃薯产业各类新型经营主体都得到了快速的发展，但是，依靠科技支撑实现马铃薯产业转型升级的新型经营主体并不多，亟待各地加强培育和扶持。

1.1 深化马铃薯产业供给侧结构性改革的需要

中国作为全球第一大马铃薯生产国和消费国[2~3]，1993～2013年20年间马铃薯总产量增长了108.9%，种植面积扩大82.1%，单产仅提高14.8%。而同期多数国家单产提高的幅度都超过了中国，全世界马铃薯平均单产提高18.2%，非洲单产提高33%，亚洲单产提高25.2%，欧洲、北美洲、南美洲、大洋洲平均单产分别提高19.0%、24.6%、33.6%和27.4%。中国市场以鲜食消费为主，加工比例偏低，加工消化的马铃薯原料少，产业链条偏短。中国马铃薯人均消费增速递减，市场需求趋于饱和。市场价格周期性波动剧烈，"薯贱伤农"现象频发。近10年人工成本年增长率达23.95%，土地成本年均增长19.47%，生产直接费用年均增长6.49%，生产投资利润率显著下降。2003年成本利润率达到127.0%，2011年成本利润率只有23.3%。大宗马铃薯普通产品过剩，中高端马铃薯消费品的供给量远远跟不上市场需求，因而出现市场价格周期性剧烈波动。破解这一难题的根本性途径在于坚决摒弃主要依靠扩大种植面积的外延式发展道路，以科技为支撑深化马铃薯产业供给侧结构性改革。从供给侧源头上抓起，依靠科技成果，依靠科技人才，依靠科技型新型经营主体，在稳定面积的基础上着力提质增效。推进转变马铃薯产业发展方式，把特色优质专用品种、绿色安全标准化生产、精深加工制品、中高端消费加工制品创新等现代绿色薯业价值链的关键节点抓实抓好，大力推进马铃薯产业向现代绿色薯业转型升级。

1.2 实施乡村振兴战略的需要

实施乡村振兴战略，首先是产业振兴，推进马铃薯现代绿色产业融合发展，要发展多种形式适度规模经营，培育科技型新型经营主体，健全农业社会化服务体系，实现小农户和现代农业发展有机衔接。在培育以科技为支撑的马铃薯产业新型经营主体过程中，应积极发挥广大科技人员的作用，鼓励广大科技人员直接深入到马铃薯企业、合作社、家庭农场和种植大户中去，大力培育以科技为支撑的马铃薯新型经营主体。当前中国以超小型农户为主的高度分散的经营方式无法适应马铃薯现代绿色产业生产格局，必须大力培育新型职业农民，通过科技型新型经营主体实现马铃薯良种专用化、种薯脱毒化、生产绿色化、作业机械化、经营集约化、产品品牌化。通过专业合作社、家庭农场、种植大户等新型主体，有效降低马铃薯流通费用，提高流通效率，实现"小农户"与"大市场"的对接。

1.3 马铃薯现代绿色产业新技术示范效应

从现代农业技术管理的角度讲，没有懂技术、善经营、会管理的较高素质的新型职业农民，是无法适应现代农业新技术应用和激烈的农产品大市场竞争的。马铃薯现代绿色产业对新技术提出了更高的需要，对选用优质专用新品种、推广脱毒种薯和绿色高效标准化生产技术、全程机械化技术管理、专用病虫害绿色防控、马铃薯储存及加工技术等都需要成千上万懂技术、会管理、善经营的新型职业农民，因而对培育马铃薯科技型新型经营主体提出了更高的要求。必须大力培育新型职业农民和农业新型经营主体。要从新型职业农民的源头抓起，大力培育科技型新型经营主体，吸引返乡农民工、大学生、城镇居民、工商企业以及科技人员从事马铃薯现代绿色产业生产经营。

1.4 推进科技创新要素向农村流动的需要

必须培育一大批愿意采纳马铃薯现代绿色产业新技术，并且有能力将新技术转变为新生产力的现代绿色产业的微观经济组织，这种组织形式主要包括马铃薯农业产业化龙头企业和大量的马铃薯新型农民经营主体。培育以科技为支撑的马铃薯新型经营主体，以高效、生态、安全为目标，有利于加快马铃薯产业新品种、新技术推广，促进马铃薯产业科技创新要素向农村流动。

1.5 构建马铃薯现代科技产业链的需要

马铃薯现代科技产业链[4~5]的运行涉及农业科技价值链的多种要素，包括马铃薯科技成果从技术创新源到大规模化生产应用的全过程，需要整合马铃薯产业链上中下游各节点资源。培育以科技为支撑的马铃薯新型经营主体，有利于通过马铃薯现代绿色产业的产前、产中、产后及产品的运输、储存、销售和加工等马铃薯产业内部分工的专业化、规模化经营和科学管理，降低生产和流通成本，同时通过延伸马铃薯现代绿色产业链，提升马铃薯产品附加值，增加农民收入，促进马铃薯产业转型升级。

2 科技人才对新型经营主体技术的引领作用

科技型新型经营主体是马铃薯现代绿色产业的根基[6]。广阔农村的绿水青山是马铃薯现代绿色产业取之不尽的"绿色金矿"，广大的科技型新型经营主体的领办人是马铃薯现代绿色产业基层的技能型人才。技能型科技人才长期奔波在马铃薯主产区，在培育马铃薯新型经营主体方面付出了辛勤的汗水，把论文写在大地上，成果留在农民家。实践表明，"专家+新型经营主体+农户"的科技成果转化模式是一种机制创新，技能型科技人才从五个方面在培育马铃薯科技型新型经营主体过程中起到了不可替代的技术引领作用。

2.1 开拓新型职业农民发展思路

技能型科技人才帮助新型经营主体业主掌握马铃薯产业科技发展动态，结合市场需求和自身实际情况，在延伸现代绿色马铃薯产业创新链中找准自身的产业生态位，指导新型经营主体的发展战略、定位主导产品和市场开拓新渠道等。

2.2 加快科技成果转化应用

技能型科技人才向新型经营主体业主和农民推广马铃薯科技成果，通过示范带动业主和农民采用先进适用的新品种、新技术，促进马铃薯科技成果的快速转化，缩短马铃薯成果转化为生产力的时间和空间距离，有时效地解决成果应用的"最后一公里"问题。

2.3 加强基层技术服务

技能型科技人才向业主和广大农户推广马铃薯先进适用技术，在新品种、肥料、农药、机具等农业生产资料供应方面实行配套技术服务，技物结合。业主和农户在马铃薯生产过程中遇到的各种技术问题，也可通过多种渠道向专家咨询，及时解决技术问题。

2.4 加强新型职业农民培育

培育马铃薯新型经营主体的关键是培育业主，包括家庭农场主、合作社主任、农业产业化企业经理等，技能型科技人才可以通过对新型职业农民开展马铃薯新技术培训班，在实用技术、产业动态、发展理念、项目申报、经营管理等多方面及时向新型经营主体提供全方位技术培训服务。

2.5 协助整合产业资源

技能型科技人才一头联系科研院校，将马铃薯科技成果输送给新型经营主体，另一头联系市场，将富含科技成果的马铃薯农产品输出到大市场中，通过科技→生产→市场的马铃薯产业链的价值转换和升值，实现互惠多赢。

3 推进科技型新型经营主体适度规模经营

深化马铃薯供给侧结构性改革[7]，科技型新型农业经营主体是引领力量。通过科技型新型经营主体的培育，引入发展马铃薯现代绿色产业新理念、增加新技能，是深化供给侧结构性改革的重要内容。新型经营主体按照其组织形式，可分为种养大户、家庭农场、合作社、龙头企业、社会化服务组织、新农人等类型。近五年我国马铃薯产业发展的实践反复证明，哪一个地方的马铃薯科技型新型经营主体搞得红火，那个地方的马铃薯产业就热火朝天。近年来，全国各地马铃薯主产区涌现出大批马铃薯新型经营主体，在马铃薯新品种繁育、规模化机械化标准化生产及服务、病虫害统防统治、贮藏、物流、加工、营销及品牌创造等多方面为马铃薯产业发展做出了重要贡献。

目前，我国马铃薯主产区多数农用耕地还处于高度分散的经营状态，无法满足现代绿色薯业规模化、机械化、标准化生产经营的需要，必须按照国家农用耕地"三权分置"的政策，积极促进农用耕地经营权的流转，推进马铃薯现代绿色产业适度规模经营。究竟多大规模是马铃薯现代绿色产业原料生产基地的适度规模经营呢？从马铃薯科技型新型经营主体发展的实际情况看，有三种层次的规模经营。

3.1　"专家 + 新型经营主体"自营流转型规模经营

在专家指导下，新型经营主体将农用土地经营权直接流转到自身直接生产经营。北方平原有利于马铃薯机械化生产，马铃薯产业规模经营面积大，有许多 50 ~ 100 hm² 的新型经营主体。西南丘陵山区地块小，多数不利于大型农机作业，采用中小型农业机械化种植，马铃薯新型经营主体直接流转的面积一般在 10 ~ 20 hm²，超过 50 hm² 的很少。这种自营流转型规模经营目前占多数，以家庭农场为主。例如，位于四川省凉山彝族自治州的宁南县邱洋种植家庭农场，其农场主是 1988 年出生的大专生邱洋。该家庭农场有家庭成员 4 名，劳动力 4 人，长期聘用 1 名工人，主要从事冬季马铃薯种植、销售。该家庭农场以国家马铃薯产业技术体系凉山综合试验站、四川薯类创新团队为技术依托，2016 年桑园间作套种冬季马铃薯 24.3 hm²，实现了集中成片机械化种植，降低了生产成本，提高了桑园资源综合利用率，实现鲜薯总产 76.65 万 kg，产品于春节期间上市，销往成都市百家农贸市场，供不应求，实现销售收入 148.7 万元，利润 81.4 万元。四川省三台县旭升家庭农场种植马铃薯面积 45 hm²，该家庭农场现有家庭成员 3 人，劳动力 2 人，长期聘用人员 1 人，主要从事冬作马铃薯种植与鲜薯销售。该家庭农场以四川薯类创新团队为技术依托，开展了马铃薯全程机械化种植、水肥一体化、大棚双膜高产高效栽培技术的示范，平均产量 52 530 kg/hm²。

3.2　"专家 + 新型经营主体 + 农户"业主带动型规模经营

在技能型科技人才指导下，由一家新型经营主体牵头联合多家农户，实现大规模的生产经营。牵头的科技型新型经营主体负责生产计划、下达订单、统一技术和质量管理、市场开拓、产品营销和品牌建设等，自身也有小规模的核心流转土地，但其主要精力放在技术推广和产品的营销管理上，成为新时期的农民企业家，其带动的经营规模远远大于自营流转规模。这种规模经营模式适合中国人多地少、小农户多、新型职业农民少的实际情况，有利于迅速扩大业主的经营规模和提高经营效益，降低生产经营成本和风险，有利于培育新型职业农民企业家。对广大小农户而言，有利于产业扶贫，稳定增加农民收入，增加农民就业，将高度分散的小农户与大市场联结起来。目前这种"专家 + 新型经营主体 + 农户"业主带动型规模经营在中国薯类产业中已发展成为主要模式。四川省盐源县华刚马铃薯专业合作社，位于盐源县下海乡上海村，现有社员 62 户，法人代表陈华是凉山彝族自治州粮食生产大户。八年来，在原有社员承包土地基础上，流转土地 60 hm²，在国家马铃薯产业技术体系和四川薯类创新团队专家指导下采取"专家 + 新型经营主体 + 农户"的模式建设马铃薯原种基地，常年生产马铃薯原种 100 万 kg 以上，种薯销售收入 250 万元以上。通江县空山马铃薯专业合作社也是实施"专家 + 新型经营主体 + 农户"成果转化新模式的典型。该合作社现有入社社员 478 户，现有脱毒马铃薯组织培养室 1 500 m²，防虫网室 30 000 m²，良繁基地 1 333 hm²，常温库 6 000 m²；营销网络遍及川东北、陕西南部地区，辐射成都市场；2012 年认证了 67 hm² 空山马铃薯有机食品基地。位于宁南县披砂镇的宁南县白鹤滩马铃薯专业合作社现已发展成社员 317 个，注册资金达 2 510 万元，在农业科技专家的指导下，近年来经营范围以冬季马铃薯经营为主，由合作社统一为成员或农户提供种薯、药品等农用物资，成员或农户按照统一的种植技术标准种植，然后由合作社统一按保护价回收并进行统一销售。

3.3 "专家＋龙头企业＋合作社家庭农场＋农户"全产业链辐射型规模经营

"专家＋龙头企业＋合作社家庭农场＋农户"规模经营方式是指由一个马铃薯加工龙头企业或种薯龙头企业为主导牵头组建的马铃薯全产业链，辐射带动其生产基地一大批业主和成千上万的小农户。这种全产业链辐射型规模经营模式，形成产业规模放大的乘数效应。这种规模经营模式已在我国一些省市做出了样板，与第二种业主带动型规模经营模式相比，具有其共同的优点，但带动规模更大，农民增收效益更稳定，技术和质量管理要求更高，但对龙头企业的社会责任和领办人的素质品德要求也更高。这种规模经营模式为龙头企业在原料生产基地奠定坚实的基础。全产业链辐射型规模经营将是未来 10 年中国现代绿色薯业农用耕地规模经营的主要方式。四川省北川羌族自治县兴羌生态农业科技开发有限近年来一直积极实施这一规模经营模式。该公司依靠中科院和四川薯类创新团队专家，主要应用马铃薯组织培养与快速繁殖生物技术、采后贮藏生理保鲜，从事高山特色植物资源种质、种苗的培育、快繁、生产示范与销售。该公司依托四川薯类创新团队北川工作站建立了"北川马铃薯脱毒种薯繁育体系及基地建设"。近年公司已达到年产原原种 1 000 万粒、原种及生产种 3 000 余 t 的规模，在基地紧密联系马铃薯专业合作社 18 家，带动北川农户 2.4 万余户脱贫奔康。

参考文献

[1] 屈冬玉，金黎平，谢开云.中国马铃薯产业 10 年回顾 [M].北京：中国农业科学技术出版社，2010.

[2] 屈冬玉，谢开云.中国马铃薯产业的可持续发展.2015 年北京世界马铃薯大会论文集，2015：2–13.

[3] 秦军红，李文娟，卢肖平，等.世界马铃薯产业发展概况.中国马铃薯大会论文集.2016.7–14.

[4] 黄钢.农业科技成果转化的双创理论与实践 [J].农业科技管理，2011，30（01）：1–5+13.

[5] 黄钢.技术创新五级价值增值原理及应用 [J].农业科技管理，2012，31（1）：1–6

[6] 黄钢.发展以科技为支撑的新型农民组织化模式 [J].西南农业学报，2011，24（2）：794–798.

[7] 黄钢，沈学善，王平，等.供给侧改革与现代绿色薯业技术创新 [M].北京：科学出版社，2017.

二、良种良繁

四川省马铃薯种质资源研究回顾

徐成勇[1]，杨绍江，张　荣，马阿乾静坤

（凉山彝族自治州西昌农业科学研究所高山作物研究站，四川昭觉　616150）

摘　要：本文介绍了四川省马铃薯种质资源的搜集、引进历程、研究利用现状、保存技术研究与资源库建立等工作，介绍了资源评价、杂交育种、资源创新的成就以及目前资源研究工作中存在的主要问题与解决方法。

关键词：马铃薯；种质资源；研究现状

马铃薯起源于拉丁美洲秘鲁和玻利维亚等国的安第斯山脉高原地区。大约在 16 世纪中期引入我国。四川省在 18 世纪末就有省外农家品种引进种植，资源引进工作是从 20 世纪三四十年代开始，因此四川省马铃薯育种研究工作也经历了从国内外引种鉴定到杂交育种的过程，四川省自 1984 年第一个品种开始审定起，到 2016 年实施的《中华人民共和国种子法》前，共审定 44 个品种，自主育成 42 个，引进审定 2 个，自主育成的品种中川芋系列品种 16 个、川凉薯（凉薯）系列品种 19 个，达芋系列品种 2 个，西芋系列品种 4 个，万芋系列品种 1 个。四川马铃薯种质资源收集、发掘与利用及育种材料改良、新方法研究从"十二五"开始才得到项目稳定经费支持。马铃薯是我国第四大粮食作物，对保障国家粮食安全、农业产业精准扶贫意义重大，随着我国马铃薯主粮化战略的推进，不同的主食化产品对马铃薯品种的需求不同，现有品种不能完全满足周年生产需要。因此，加强马铃薯种质资源收集、发掘与利用及育种材料改良、新方法研究对马铃薯新品种培育有着重要的支撑作用。

1　马铃薯种质资源的搜集引进

目前，自然界中发现马铃薯有 235 个种，其中 8 个栽培种，227 个野生种，能结薯的种有 226 个。由于马铃薯是外来作物，因此资源的引进和利用，是拓宽四川省马铃薯遗传多样性的唯一途径。种质资源的搜集引进、鉴定、创新和利用一直被四川省马铃薯育种者所重视。

1.1　地方品种的搜集

在 18 世纪末，八宝、土红、大白洋芋、三层洋芋、乌洋芋、鸡窝洋芋、阿斯子、河坝洋芋、娃波、彭州市乌花等品种为四川省的农家品种，其中河坝洋芋、乌洋芋、大白洋芋、土红是栽培历时较长的马铃薯品种，食味品质好，但是产量低。当时作为四川省不同地区的主栽品种之一，这些农家品种为四川省最早的杂交育种提供了遗传资源。

基金项目：四川薯类创新团队项目（川农业函 [2014]91 号）。

作者简介：徐成勇（1965—），男，推广研究员，研究方向：马铃薯遗传育种及栽培技术研究，Email：sczjxcy@163.com

1.2 国内外品种资源的引进

1939年杨鸿祖从美国引进自交种子66份和杂交组合18个，开始杂交育种。当年遭遇晚疫病大爆发，试验材料所剩无几。1940年他又从苏联引进16个马铃薯野生种，开始用栽培种与野生种进行杂交育种试验，经两年试验获得小乌洋芋等37个品种的自交系种子和峨眉白洋芋等18个品种的杂交种子，从中筛选出生产力较高的自交系24个，芽眼浅而少的品系19个，其中有8个品系经评比获得较高产量。1947年杨鸿祖又从美国引进35个杂交组合，从这批组合中培育选出巫峡、292-20（多籽白）、S33-4（小黄山药）成为20世纪50年代许多地区的主栽品种[1]。

在20世纪五六十年代，经多方收集，四川省共收集到波友一号、卡它丁（Katahdin）、波友二号、阿普它（Apta）、西北果、旁洽克、川丰收、燕子（Swallow）、新芋4号、米拉（Mira）、抗疫佳（Cornelia）、S96-56、C-473等61个品种，这些品种与农家品种构成四川省马铃薯自主育种的优良亲本资源，为川凉薯（凉薯）等系列品种的育成奠定基础。

20世纪80年代以来，四川省分别从国际马铃薯中心（CIP）、国家克山马铃薯资源中心、中国农业科学院、中国南方马铃薯中心、云南农科院等单位集中引进了八批次的马铃薯资源材料，包括国际马铃薯中心最新多血缘多种群优势基因聚合轮回选择群体1（B3C1）和轮回选择群体2（B3C2）和专用抗病毒群体、抗青枯病群体、抗癌肿病群体、加工专用群体等，计有：80年代，引进国际马铃薯中心马铃薯资源材料杂交实生种子63个组合1万粒经培育评价的无性材料；2000年前引进材料80份经评价的材料；2003年，引进国际马铃薯中心马铃薯资源材料24个家系无性块茎1 519块，经培育评价的无性材料；2004年，引进云南农科院110个家系的无性块茎12 589块；2005年引进国际马铃薯中心马铃薯资源材料杂交实生种子31个组合3万粒种子，培育评价的无性材料。中国南方马铃薯中心亲本材料115份；2006年3月，从中国农科院蔬菜所引进国际马铃薯中心马铃薯资源材料30个家系无性块茎17 434块；2007年1月从中国农科院蔬菜所引进国际马铃薯中心高级无性系46份，计块茎1150块；2008年9月，从国家克山马铃薯资源中心引进材料235份；"十二五"期间，引进荷兰、比利时材料14份，阿根廷材料25份，苏格兰作物21份，中国农科院资源19份，国际马铃薯中心资源（CIP）107份，克山国家马铃薯资源库资源14份，云南农业大学资源5份。

2 马铃薯种质资源的创新利用

2.1 基因定向聚合与多生态鉴定选择

通过穿梭育种，采用优质多基因定向聚合的技术路线和多生态鉴定选择方法，经群体轮回选择，评价、鉴定创新育种亲本，选育适宜不同季节种植的季节性专用早中晚配套的春、秋、冬马铃薯品种。

2.2 倍性育种技术与常规育种方法结合

用倍性育种手段，将高频率2n配子突变体技术与常规育种技术相结合，进行优质多基因定向聚合重组，筛选培育出一批优质高干、多抗高产新品种。

2.3 创新马铃薯杂交实生籽设施育苗技术

针对常规杂交育种领域马铃薯实生苗培育传统方法存在育苗质量和效率不高的情况，研究创新了一种简便马铃薯实生籽设施育苗技术，该技术较传统方法育苗时间缩短10 d，其实生苗移栽成活率、成苗率均提高25%以上，从而提高工作效率，减少杂交后代优质资源的丢失率。在授粉过程中，创新"一种花粉分离器"，结构简单，部件可拆卸，清洗方便，花粉分离快捷，提高了马铃薯育种杂交授粉效率。使用这种方法，2015年"嫦娥5号"搭载的9个组合马铃薯杂种实生籽，经实生苗培育、选种圃、株系鉴定，选留了一批综合性状较优的后代材料，为下一步的资源创新奠定了基础。

2.4 应用生物技术挖掘马铃薯功能基因

2.4.1 马铃薯营养高效功能基因及分子机制

为探索马铃薯营养高效利用及耐非生物胁迫机制，提高马铃薯的产量、品质，减少化肥施用，采用分子生物学方法，克隆了 2 个马铃薯钾营养转录因子 StWRKY2 和 StWRKY6，过量表达 StWRKY6 能够耐低钾胁迫；同时利用拟南芥具有丝氨酸／苏氨酸激酶活性的蛋白（CIPK23）基因导入，获得了耐低钾马铃薯株系；针对磷高效品种大西洋，进行了转录组测序，发掘出磷高效基因及分子标记。

2.4.2 转 AtGAPC2 基因研究

胞质 3- 磷酸甘油醛脱氢酶（GAPC）是生物体中普遍存在的酶，主要参与糖酵解反应。由于 3- 磷酸甘油醛脱氢酶（GAPDH）在植物碳代谢和能量代谢中的关键性，使其对多种逆境均有响应，如低磷、盐胁迫、高温、氧胁迫等。虽然所有 GAPDH 亚型的结构、生化特性以及克隆在高等植物中已有详细研究，但关于它们在植物中所发挥的其他功能的研究还较少。利用前期研究获得拟南芥胞质 3- 磷酸甘油醛脱氢酶蛋白 AtGAPC2 与耐低磷性状相关结果，从拟南芥中克隆到该基因，构建植物表达载体并通过农杆菌侵染法转入马铃薯品种川芋 10 号中，获得的转 AtGAPC2 基因优良株系可以作为马铃薯耐低磷的种质材料而加以利用。异源表达 AtGAPC2 基因还增强了马铃薯耐盐胁迫的能力，从生长指标分析，5 个转基因株系比对照有明显耐盐胁迫能力，2 个转基因株系有较强的耐盐胁迫能力。

2.4.3 分子标记辅助无性系变异材料选择

从米拉中获得无性系变异株系，经多代繁殖，筛选到遗传稳定的优良无性系突变材料 RSY17。利用分子检测技术明确其发生了遗传变异。通过离体叶片和块茎接种鉴定及田间鉴定，RSY17 高抗晚疫病。田间产量比米拉增产 20%。RSY17 鲜薯（贮藏前期）中干物质、淀粉和粗纤维含量显著高于米拉，还原糖含量则显著低于米拉；贮藏中、后期 RSY17 的块茎 C 含量极显著高于米拉；贮藏后期还原糖含量显著低于米拉。RSY17 表现出在鲜食和加工马铃薯全粉、淀粉方面较米拉更有优势。

2.4.4 STPUB17 抗病基因的转化克隆

对抗性品种川芋 80.2 号的 gDNA 进行高保真扩增得到基因片段，约 2.1kb，加 A 后进行克隆转化，蓝白菌斑筛选，提取质粒后进行 PCR 检测，得到阳性克隆一个。

2.4.5 抑芽基因的差异表达

通过筛选 α- 萘乙酸甲酯和 CIPC 处理后的马铃薯差异表达基因，探讨马铃薯块茎发芽的分子遗传背景，对差异表达带进行分离、克隆、测序和序列的同源性分析，为研究马铃薯块茎的萌动机制提供分子水平的信息。

2.4.6 芽萌发基因的差异表达

利用费乌和川芋 117 号发芽前后不同时期薯块 RNA 逆转录得到的双链 cDNA 对 240 对 AFLP 引物组合进行筛选，筛选出 79 对 AFLP 引物组合，根据早晚熟品种不同出芽时期条带有无或信号强弱度，挑选出 376 条 DE-TDFs，回收后二次扩增得到 181 条非冗余片段，经片段对比后，其中 107 条片段两次扩增长度差异大，疑为假阳性。对二次扩增片段再进行回收纯化，将纯化产物进行克隆，筛选其阳性克隆提取质粒并送公司测序，目前 24 条序列已测序，将测序得到的 DE-TDF 序列与 NCBI 上登录的非冗余蛋白数据库（nr）进行在线 Blastx 同源检索，按照 E 值 <10-4，seore>50 为标准进行甄别，依据其同源序列注释推测出该序列功能，其中 3 个序列与萌芽相关。

2.5 选育多熟制种植下高抗晚疫病新品种

抗性品种选育应以水平抗性为主，选择具有水平抗性的亲本作为抗晚疫病育种的重点，采用优质多基因定向聚合的技术路线和多生态育种方法，利用室内和晚疫病高发期田间的抗性鉴定结合的方法，筛选对晚疫病具有水平抗性的抗源材料，通过不同季节、不同海拔和生态区的多年多点生态鉴定，选育出适宜多熟制种植条件下的高产优质抗晚疫病新品种。

3 马铃薯杂交育种研究利用

1959 ~ 2003 年，四川省农业科技人员利用引进资源和地方品种作为亲本材料进行杂交育种工作，培育了大量品种。共育成 10 个品种。这个时期主要以高产、抗晚疫病、抗癌肿病和抗退化为主要育种目标。

2004 ~ 2016 年，四川省马铃薯育种取得了较大的进展，在利用原有的种植资源的基础上，注重了国外资源引进和资源的评价及筛选工作，从中选出抗病、高产、抗旱、耐寒、早熟等优异经济性状的资源应用于育种工作中，丰富了四川省马铃薯育成品种的遗传多样性，共自主育成 32 个品种，这些品种品质优良，抗性育种成效显著，综合性状优良[2]。

4 马铃薯种植资源的保存

4.1 田间种质库保存

马铃薯种质资源一般采用田间繁殖的方法保存，但需连年制种，而且块茎在繁殖和保存过程中需要大量的人力、物力、财力，容易受到病毒、细菌和真菌等病原菌侵染以及天灾和人为因素的影响，最终可能导致资源退化、混杂和遗失。

4.2 低温库种子保存

低温库是简便、经济而且安全的保存种子方式。采集的种子经过良好的干燥处理，将种子含水量降低至7% ~ 8%，密封于铝箔袋、铝瓶或玻璃瓶中，在 –20 ℃的低温黑暗环境中可以保存 50 年以上，保存期间每间隔一定时间进行生命力监测。对于大部分的马铃薯野生种，20 株以上植株生产的种子基本可以代表物种的全部基因信息。无性繁殖的特异基因型资源材料不能生产出基因型一致的种子。

4.3 试管苗保存（或离体保存）

试管苗保存又叫离体保存。试管苗是从田间种质资源圃选择具有其品种特征特性代表性的植株的块茎，在无菌操作条件下，通过茎尖剥离，培养无毒茎尖，通过综合性状最优茎尖筛选，获得的核心苗以不断继代的方式进行保存。

试管苗保存又分为一般保存和缓慢生长法保存。一般保存是指马铃薯试管苗利用培养基，保存温度为20 ~ 24 ℃，光照为每天 16h，每 4 ~ 8 周继代培养一次。缓慢生长法保存是通过调节培养环境条件以及培养基物质组成，使试管苗缓慢生长或停止生长，以达到长期保存的目的，而在需要利用时可迅速恢复正常生长。试管苗保存过程中仍需要大量的人工操作进行继代，保存材料可以随时扩繁，利用方便，但连续继代会导致遗传变异的发生，种质资源污染，且在逆境保存环境下容易出现植株的玻璃化、白化等异常生长现象，影响到资源的利用和交流，不利于长期保存。在用试管苗保存种质资源的同时，也要利用田间圃进行种植保存，以便于更好的鉴定、保存和利用这些资源。

4.4 超低温保存

超低温保存是指在 –80 ℃以下的超低温中保存种质资源的一套生物学技术。超低温常用的冷源由液氮（–196 ℃）、液氮蒸汽相（–140 ℃）、干冰（–79 ℃）、超低温冰箱（–80 ~ –150 ℃）。在超低温条件下对植物器官、组织或细胞等离体材料进行保存，能够大幅减缓甚至终止植物的细胞分裂和生理代谢，有效保持材料的遗传稳定性，又不会丧失其形态发生的潜能，从理论上讲，这是一种不需要继代的长期保存植物种质的可行性方法。常用的超低温保存方法主要有慢冻法、快冻法、包埋/脱水法、玻璃化法和包埋/玻璃化法五种[3]。超低温保存技术依然处在研究和完善阶段，高存活率的超低温保存条件和方法、保存材料后代的遗传稳定性的保存以及超低温保存过程中低温伤害机理等还需要深入研究[4]。

5 问题与展望

5.1 存在问题

5.1.1 马铃薯种质资源匮乏

我国不是马铃薯起源国,品种资源相对匮乏,由于缺乏长期稳定的支持,资源改良和重要性状遗传研究滞后,育种缺乏优良亲本,育种规模小,难以育成突破性品种,四川省自主育成的42个品种中,有30个来源于7个亲本材料,存在着明显的共祖关系。2015年四川省农科院作物所通过马铃薯SSR标记品种鉴定平台,提取实验室DNA样本93个,从105对引物中选定条带清晰结果稳定的引物共计6对进行扩增。应用6对引物完全区分93个品种(系)中的69个品种,其中15个互为同一品种或者品系。育种目标滞后于产业发展,抗病、抗逆等评价鉴定技术缺乏,育种手段落后,长期以来,马铃薯育种以高产、抗病为主要目标,早熟和加工专用型品种选育难度大、品种少,用途单一,广适性局限,严重影响马铃薯周年生产。

5.1.2 科技成果转化滞后

由于科研成果转化利用的投入少,资金不足,规模力度不够,科研与生产利益共享等实际问题没有得到真正解决,影响了育种单位与种薯企业之间真正意义上的联合和合作,新品种推广应用没有和种薯生产体系有机地结合起来,科研无回报,育种单位没有经济能力深入研究发展和推广转化科技成果,一批新育成的专用型品种还未在生产上发挥作用。

5.1.3 地理环境因素

我国马铃薯育种主要以北方的中国农科院蔬菜花卉研究所、黑龙江省农科院、河北省农科院等为主,其选育并经审定的品种占全国马铃薯品种的90%以上,北方地区气候大体相似、品种适应性广泛。目前以四川、云南、贵州、重庆为代表的西南马铃薯主产区,种植面积已占全国的40%以上,四川省占西南地区27%以上(2010年统计数据),西南地区地形地貌复杂,气候的区域差异和垂直变化十分明显,"一山分四季,十里不同天",立体气候和气候多样形的特点,导致同一个县市常常有若干差异较大的生态区,复杂多变的地理气候状况,导致马铃薯晚疫病暴发,因此对品种的要求很高。在北方长日照条件下选育的马铃薯品种,很大一部分都不适应西南的短日照气候(年均日照时数为1 894 h)和对晚疫病的抗性。所以,适宜短日照、抗晚疫病的品种相当匮乏。为此,除生产水平、生产条件差异外,品种成为制约西南马铃薯高产稳产的主要因素之一。

5.1.4 马铃薯种质资源评价手段落后

马铃薯种质资源的鉴定评价仅限于表现型的认识,基础性深化研究不足,种质资源研究与育种研究、生产没有同步开展,评价出来的一些优异性状不能有效、准确地利用到育种当中,部分资源除了了解植物学、生物学性状外,对抗病虫性、抗逆性、品质、配合力等主要性状缺乏深入系统研究,要有效、准确地提供利用仍需对资源进一步研究。

5.2 对策

种质资源是国家发展的战略资源,新品种选育的基础。收集、保存、研究马铃薯种质资源的多样性显得尤为重要。

5.2.1 资源的引进和材料创制

通过引进、收集各种类型的马铃薯种质资源,扩大四川省马铃薯的遗传多样性,挖掘优异基因,筛选具有优质、高产、多抗等优异资源，并利用常规和生物技术方法创制育种新材料。

5.2.2 建立马铃薯种质资源数据库

马铃薯种质资源对于马铃薯育种研究和利用起着重要的基础作用，对已引进的资源材料，进行及时有效的评价鉴定，防止优良性状的遗失。对每个资源的农艺性状进行观察和记载，完善资源的背景、性状描述等数据资料，建立资源数据库，有利于提高对资源利用的有效性，加快新资源的创新，推进马铃薯育种进程[5]。

5.2.3 加强育种方法的创新

研究建立田间鉴定、室内分析和数据分析的亲本评价系统，确立骨干亲本，扩大优良组合群体；常规育种结合分子育种增加遗传变异度，提高选择几率；充分利用原生质体融合、外源基因导入、染色体倍性育种等生物技术手段，对近缘野生品种进行基因挖掘，创造马铃薯新品种选育的中间材料；建立马铃薯重要性状的分子标记，提高选择效率和准确性。

5.2.4 充分利用四川省具有的立体生态环境

四川地形地貌复杂，气候的区域差异和垂直变化十分明显，"一山分四季，十里不同天"，立体气候和气候多样形的特点，导致同一个县市常常有若干差异较大的生态区，利于选育不同熟制的优质季节性专用新品种，为四川马铃薯周年生产提供品种支撑、满足市场的多元化要求。

参考文献

[1] 腾宗璠. 中国马铃薯栽培学 [M]. 北京：中国农业科技出版社，1994.

[2] 黄钢，沈学善，王平，等。供给侧改革与现代绿色薯业技术创新 [M]. 北京：科学技术出版社，2017.

[3] 杨小琴，方玉川，张艳艳. 马铃薯种质资源超低温保存技术研究进展 [J]. 农业科技通讯.2016（1）：3–5.

[4] 卞春松，刘杰，段绍光，等. 马铃薯资源保存现状及方法的研究 [M]// 陈伊里，屈冬玉. 马铃薯创业与科技扶贫. 哈尔滨：哈尔滨地图出版社，2011.

[5] 王舰. 青海省马铃薯种质资源研究回顾及展望 [M] // 陈伊里，屈冬玉. 马铃薯产业与水资源高效利用. 哈尔滨：哈尔滨工程大学出版社，2012.

马铃薯氮高效基因型品种筛选及指标评价

程 红[1]，郑顺林[1, 2*]，肖 睿[2]，张开勤[1]，袁继超[1]

（1. 四川农业大学农学院，四川温江 611130；2. 农业部薯类作物遗传育种重点实验室，
成都久森农业科技有限公司，四川新都 610500）

摘 要： 通过营养液沙培试验，研究马铃薯氮高效利用品种的评价指标及评价方法，筛选氮高效利用品种。结果表明马铃薯苗期和块茎膨大期的含氮率、干物质积累量、氮积累量和收获时的产量存在较大的变异系数，可作为筛选的主要指标，而苗期的根冠比差异较明显，可作为筛选的辅助指标；以此为依据，在确定最适氮水平条件下，通过二次加权平均法及聚类分析法筛选出马铃薯氮高效利用品种费乌瑞它、川芋117，氮低效品种川芋56和凉薯97。

关键词： 马铃薯；氮高效；品种筛选；氮素利用效率

氮可以增加结薯率和大薯比率，从而达到增产目的[1]，但我国氮肥利用率平均只有35%[2]，造成巨大的资源浪费及环境污染。因此提高氮肥利用率，改善生态环境，提高经济效益，已成为研究者关注的一个主要问题[3, 4]。已有的研究认为，不同基因型间氮素利用效率存在显著的差异[5]，如不同小麦和水稻品种间氮素利用效率的差异分别高达71.4%和79.6%[6]。中国是世界上马铃薯生产第一大国[7]，但马铃薯氮高效品种的筛选指标和方法各异，且前人的研究大多单一的选用苗期、块茎膨大期或者成熟期来进行评价，评价的科学性存在很大的局限性，从而导致筛选结果有很大的差异，因此找出一套可靠的筛选指标体系很关键。本研究通过综合考虑24个马铃薯种苗期、块茎膨大期和成熟期的一些指标，并且通过多指标无量纲化统一评价的标准进行综合评价。筛选出相对氮高效和氮低效品种，为进一步研究氮营养高效利用的机理提供理论依据。

1 材料和方法

1.1 供试材料

供试品种为西南地区收集的有规模种植的24个马铃薯品种，试验材料均选用5 g左右的原原种，分别由云南农科院、四川农业大学、成都市农科院和四川省农科院等单位提供（表1）。

基金项目： 四川省育种攻关及配套项目（2016NYZ0051–5、2016NYZ0032）；四川薯类创新团队项目（川农业函[2014]91号）。

* 通讯作者： 郑顺林，教授，主要从事薯类作物研究。E-mail：248977311@qq.com。

表 1　24 份马铃薯品种

编号	品种名称	编号	品种名称	编号	品种名称	编号	品种名称
1	中薯 3 号	7	台湾红	13	高原 7 号	19	川芋 56
2	中薯 5 号	8	米拉	14	费乌瑞它	20	川芋 4 号
3	中薯 2 号	9	凉薯 97	15	鄂薯 5 号	21	川芋 39
4	云薯 301	10	凉薯 14	16	大西洋	22	川芋 10 号
5	云薯 201	11	会一 2 号	17	川芋早	23	坝薯 9 号
6	云薯 102	12	合作 88	18	川芋 5 号	24	川芋 117

1.2　试验设计

试验采用盆栽控制性试验，供试基质为河沙，测其养分含量，有效氮 1.8 mg/kg，速效磷 1.1 mg/kg，速效钾 14.2 mg/kg。设三个施氮水平（N0：氮浓度为 0 mg/L；N1：氮浓度为 0.42 mg/L；N2：氮浓度为 0.84 mg/L），以 MS 营养液为基础营养液，24 个品种，共 72 个处理，每个处理重复 4 次，共 288 盆，每盆钵装风干河沙 4.0 kg。营养液每隔 4 d 浇灌一次，每次浇灌 400 mL。分别于苗期、块茎膨大期和成熟期取样，每次每盆取样 2 株。

1.3　测定项目与方法

在苗期和块茎膨大期分别测定马铃薯植株的株高、地上部和地下部的干物质量和氮含量，成熟收获后测定单株产量。全氮含量的测定用凯式定氮仪。

相对干物重 = 不施氮干物重 / 施氮干物重；氮积累量 = 含氮量 × 干物质量；相对氮积累量 = 不施氮积累量 / 施氮积累量；相对氮效率 = 不施氮效率 / 施氮效率；氮利用率 = 地上部干物重 / 吸氮量。

2　结果与分析

2.1　不同施氮处理下马铃薯苗期株高及根冠比的差异

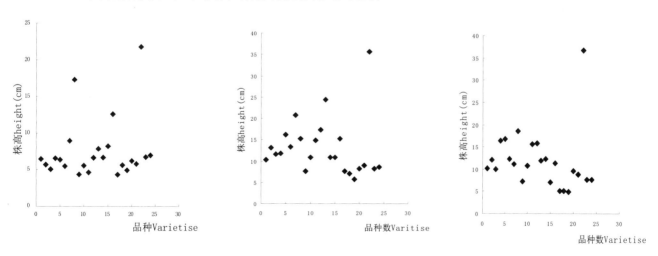

图 1　不同氮水平下马铃薯品种苗期株高分布图

不施氮水平下各马铃薯品种的株高比较分散，而施氮水平下株高的分布相对集中，且有部分马铃薯品种表现出不施氮水平下的株高超过施氮水平（图 1），说明氮胁迫下，马铃薯苗期株高对氮肥缺乏的敏感程度相对较差。

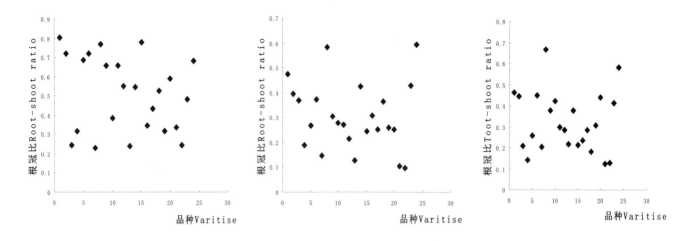

图2   不同氮水平下马铃薯品种根冠比分布图

由图2可以看出，在三种施氮水平下根冠比大小大多在0.1～0.7之间，不施氮水平的根冠比均在0.2以上，整体上有不施氮水平的根冠比大于施氮水平下的根冠比的趋势，表明缺氮条件下，增大了马铃薯植株的根冠比，使得地下部的干物质的积累增加。在较低氮浓度下，通过根系形态的调节，更加有效地吸收氮营养，满足地下和地上部的生长，因此根冠比可以作为筛选的辅助指标。

2.2   不同施氮处理下含氮率、干物质积累量和氮积累量的差异

在苗期，各氮素水平下24个马铃薯植株含氮率、干物质积累量和氮积累量均存在基因型差异（表2）。其中干物质积累量变异系数最大，含氮率最小。干物质积累量和氮积累量的变异系数在N2水平下最大；而含氮率的变异系数大小为N0＞N1＞N2。可见干物质积累量和氮积累量可作为马铃薯氮高效品种苗期的筛选指标。

块茎膨大期不同马铃薯植株含氮率、干物质积累量和氮积累量均存在基因型差异（表2），在各个氮素水平下其变异系数为干物质积累量＞氮积累量＞含氮率，干物质积累量和氮素积累量的变异系数较大，达到50%以上；在各施氮水平下，含氮率、干物质积累量和氮积累量其变异系数为N0＞N1＞N2，表明在低氮胁迫下，有利于不同基因型马铃薯间氮效率差异的表现。因此，三个指标均能作为块茎膨大期马铃薯氮高效品种筛选的指标。

表2   不同马铃薯品种苗期及块茎膨大期氮利用指标的差异

时期	指标	氮水平	平均值	标准差	最大值	最小值	极差	变异系数（%）
苗期	含氮率（%）	N0	1.728 5	0.256 7	2.268 0	1.107 8	1.160 2	14.85
		N1	2.280 9	0.293 3	2.836 6	1.676 7	1.159 9	12.86
		N2	2.380 7	0.214 1	2.705 5	1.946 0	0.759 5	8.990
	干物重（g/plant）	N0	0.636 7	0.437 0	2.041	0.106 2	1.934 7	68.64
		N1	1.200	0.664 5	2.630	0.140 1	2.737 9	55.83
		N2	1.226 9	0.977 5	4.180	0.113 0	3.933 7	79.67
	氮积累量（mg/plant）	N0	1.032 6	0.631 4	3.085 2	0.198 1	2.887 1	61.15
		N1	2.599 3	1.272 5	4.849 5	0.925 2	3.924 3	48.95
		N2	2.801 1	2.058 5	8.540 0	0.637 6	7.902 3	73.49

续表

时期	指标	氮水平	平均值	标准差	最大值	最小值	极差	变异系数(%)
膨大期	含氮率 (%)	N0	2.181 7	0.357 5	3.158 6	1.664 4	1.494 2	16.38
		N1	2.883 4	0.467 6	4.135 0	1.871 1	2.263 9	16.22
		N2	3.151 4	0.457 0	4.271 1	2.383 2	1.887 9	14.50
	干物重(g/ plant)	N0	0.639 9	0.454 0	1.868 3	0.040 9	1.827 3	70.95
		N1	2.227 3	1.290 8	5.982 6	0.529 5	5.453	57.95
		N2	2.509 1	1.321 3	4.846 2	0.552 0	4.294 2	52.66
	氮积累 量(mg/ plant)	N0	1.312 6	0.872 4	3.837 4	0.113 0	3.724 4	66.47
		N1	6.138 3	3.224 7	14.106 2	1.771 4	12.334 1	52.53
		N2	7.579 4	3.793 1	15.865 8	2.200 0	13.665 9	50.04

2.3 氮效率基因型差异的评价指标与方法

选择马铃薯单株相对干物质量、相对含氮率和相对氮积累量三项指标综合考虑，对 24 份马铃薯品种氮高效利用情况进行评价。从生产实际来看，在适宜的生长环境下筛选氮高效或者低效品种更有意义。因此实验设置 N0、N1、N2 三种氮素水平，以产量为首要指标，在中氮和高氮下选择各品种的最佳施氮水平，结合相对含氮率，相对干物质积累量和相对氮积累量等指标，采用加权平均的方法，对不同基因型马铃薯品种进行筛选。

表 3　不同氮水平下马铃薯产量的相对值

品种	N0/N1	N0/N2	品种	N0/N1	N0/N2
中薯 2 号	0.268	0.278	凉薯 14 号	0.293	0.333
鄂薯 5 号	0.165	0.208	凉薯 97	0.164	0.122
川芋 4 号	0.200	0.248	川芋 10	0.321	0.220
云薯 201	0.253	0.292	高原 7	0.588	0.575
米拉	0.273	0.271	云薯 301	0.367	0.307
大西洋	0.159	0.352	中薯 3 号	0.315	0.250
云薯 102	0.190	0.110	川芋 117	0.332	0.324
坝薯 9 号	0.189	0.177	川芋 39	0.385	0.281
费乌瑞它	0.531	0.808	川芋 5	0.143	0.248
会一 2 号	0.405	0.371	川芋 56	0.110	0.247
中薯 5 号	0.236	0.326	合作 88	0.383	0.732
川芋早	0.279	0.453	台湾红	0.268	0.476

由表 3 可以看出，中薯 2 号、鄂薯 5 号、川芋 4 号、云薯 201、大西洋、费乌瑞它、中薯 5 号、川芋早、凉薯 14、川芋 5 号、川芋 56、合作 88、台湾红在 N1 水平下的产量高于 N2 水平，因此选用 N1 水平作为最优水平；其他品种在 N2 水平下的产量高于 N1 水平，因此选择 N2 水平作为最优施氮水平。

表4　马铃薯各评价指标的相对值

品种	苗期			块茎膨大期		
	相对含氮率	相对干物重	相对氮积累量	相对含氮率	相对干物重	相对氮积累量
中薯2号	0.618 1	0.535 8	0.331 2	0.722 3	0.134 9	0.097 5
鄂薯5号	0.635 2	0.638 9	0.406 0	0.676 1	0.243 6	0.164 7
川芋4号	0.692 7	0.566 4	0.392 4	0.690 6	0.180 9	0.124 9
云薯201	0.610 4	0.434 4	0.265 2	0.762 6	0.151 3	0.115 4
大西洋	0.837 0	0.575 8	0.482 0	0.740 0	0.334 8	0.247 8
费乌瑞它	0.756 2	0.673 8	0.509 6	0.748 8	1.016 7	0.761 3
中薯5号	0.510 5	0.834 6	0.426 1	0.828 5	0.397 8	0.329 6
川芋早	0.801 1	0.130 3	0.104 4	0.853 5	0.098	0.083 6
凉薯14	0.637 4	0.423 1	0.269 7	0.771 8	0.177 7	0.137 1
川芋5号	0.888 1	0.577 5	0.512 9	0.824 7	0.122 4	0.100 9
川芋56	0.779 3	0.225 4	0.175 7	0.763 9	0.225 4	0.172 2
合作88	0.762 5	0.456 1	0.347 9	0.563 5	0.125 4	0.070 7
台湾红	0.878 1	0.369 1	0.324 1	0.710 2	0.643 5	0.435 7
米拉	0.773 7	0.584 2	0.452 0	0.689 0	0.234 9	0.161 8
云薯102	0.693 9	0.461 1	0.320 0	0.830 4	0.298 1	0.247 5
坝薯9号	0.689 4	0.584 1	0.402 7	0.760 8	0.171 1	0.130 1
会一2号	0.575 0	0.560 6	0.322 4	0.508 4	0.297 3	0.151 2
凉薯97	0.844 7	0.330 1	0.278 9	0.698 0	0.134 3	0.093 7
川芋10号	0.739 8	0.488 3	0.361 3	0.959 4	0.190 4	0.182 6
高原7	0.754 5	0.236 6	0.178 5	0.642 7	0.733 8	0.471 6
云薯301	0.829 0	0.368 2	0.305 2	0.773 6	0.287 5	0.222 4
中薯3号	0.829 6	0.991 5	0.822 6	0.602 2	0.125 8	0.075 8
川芋117	0.693 9	0.620	0.459 4	0.607 7	0.662 0	0.402 3
川芋39	0.755 6	0.440	0.332 3	0.753 9	0.068 1	0.051 4

表5　马铃薯各生育期量化后的评分值及最终评价值

品种序号	苗期评分值	块茎膨大期评分值	产量评分值	总评价值
1	94.444	15.278	45.833	51.250
2	58.333	84.722	41.667	59.583
3	38.889	33.333	54.167	43.333
4	43.056	72.222	79.167	66.250

续表

品种序号	苗期评分值	块茎膨大期评分值	产量评分值	总评价值
5	20.833	44.444	50.000	39.583
6	40.278	80.556	8.333	39.583
7	54.167	73.611	58.333	61.667
8	75.000	47.222	62.500	61.667
9	44.444	27.778	12.500	26.667
10	25.000	54.167	75.000	53.750
11	34.722	41.667	87.500	57.917
12	52.778	11.111	91.667	55.833
13	25.000	70.833	100.00	68.750
14	80.556	84.722	95.833	87.917
15	58.333	48.611 1	25.00	42.083
16	80.556	69.444	20.833	53.333
17	27.778	40.278	66.667	47.083
18	88.889	41.667	16.667	45.833
19	29.167	62.500	4.167	29.167
20	52.778	38.889	33.333	40.833
21	47.222	22.222	70.833	49.167
22	51.389	72.222	37.500	52.083
23	56.944	47.222	29.167	42.917
24	69.444	65.278	83.333	73.750

注：各时期各指标赋值 =100× 该品种在该指标由低到高的排序 /24；苗期评分值 =（相对干物质量赋值 + 相对含氮率赋值 + 相对氮积累量赋值）× 1/3；总评价值 = 苗期评分值 × 0.3+ 块茎膨大期评分值 × 0.3+ 产量评分值 × 0.4。

采用加权平均方法，对苗期的相对干物质量、相对含氮率、相对氮积累量（表4）分别进行赋值。即先将 24 个品种各指标按从低到高排序，然后用（100× 排序号）/24，如相对值最高的赋 100 分，最低的赋 4.166 7 分，以此类推；然后对相对干物重、相对含氮率、相对吸氮量这三个指标赋值分别按照 1/3 权重进行加权平均，从而获得不同基因型马铃薯植株苗期的评分值。同理获得马铃薯植株块茎膨大期及产量的评分值。最后以苗期的评分值，块茎膨大期的评分值及产量的评分值为指标进行加权。按照重要程度分别对苗期、块茎膨大期和产量赋权重 0.3、0.3 和 0.4，得到最终的总评分值（表 5）。

以最终的总评价值为指标，对参试的 24 个马铃薯品种进行聚类分析，采用类平均法，得图 3。由图可以看出，4、13、24、14 号基因型品种为氮高效型品种组，即云薯 301、高原 7 号、川芋 117、费乌瑞它为氮高效品种，其中又以川芋 117、费乌瑞它最好；9、19 号基因型品种为氮低效型品种，即凉薯 97、凉薯 56 为氮低效品种；其他品种为中间型品种。

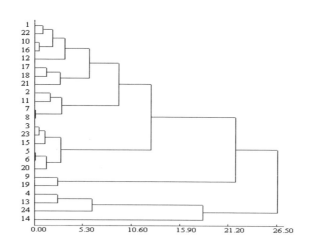

图3　不同基因型马铃薯氮效率的聚类分析图

3　结论与讨论

在氮高效和氮低效种质资源的筛选中，筛选指标的确定尤为重要。从现有的研究资料看，对于作物氮营养高效品种的筛选还没统一的方法及可靠的指标。籽粒作物通常用以成熟期的生物量及经济器官产量作为筛选氮高效利用的指标[8]，大多数用叶片黄化程度[9]、干物质重[10, 11]、相对苗高[12]、地上部分氮积累量、生物量增加值和氮吸收量等作为判断耐低氮的指标。马铃薯耐低氮受遗传因素和环境的多重影响，很多单一的筛选指标不能代表整个生育期的耐低氮性，因此，选择合适的筛选指标显得非常重要。前人对水稻[13]、玉米[14]、小麦[15]、大麦[16]、大豆[6]、棉花[9]等作物建立了苗期或全生育期的评价指标体系，并筛选出氮高效利用品种，但还未见马铃薯相关研究报道。要获得典型的氮高效马铃薯材料，就必须做大量的种质资源的筛选工作。从本实验结果看，在苗期及块茎膨大期，各氮素水平下24个马铃薯植株含氮率、干物质积累量和氮积累量均存在基因型差异，其中干物质积累量变异系数最大，氮积累量次之，含氮率最小。块茎膨大期各施氮水平下，含氮率、干物质积累量和氮积累量其变异系数为N0最大，N2最小。表明低氮胁迫下，有利于不同基因型马铃薯间氮效率差异的表现，因此三个指标可以作为马铃薯氮高效品种筛选的指标，与谷子苗期氮高效品种筛选指标较一致[17]，具有较强的可靠性。而马铃薯苗期株高对氮肥缺乏的敏感程度相对较差，与其他作物的表现不尽一致，可能是马铃薯苗期营养主要来自于母体营养，外界施氮还没有来得及反映在株高上，受环境的影响小，因此株高不宜作为马铃薯苗期氮高效品种筛选的指标。但是苗期在缺氮条件下，通过根系形态的调节，增加氮营养的有效吸收，满足地下和地上部的生长，从而增大了马铃薯植株的根冠比，因此在较低氮水平下根冠比可以作为苗期筛选的辅助指标。

在氮高效利用指标的筛选中，单一指标在不同生育期往往表现不一致，如在苗期可作为氮高效利用指标，但在其他生育期不一定能作为氮高效利用指标，因此选择用单一指标来鉴定马铃薯氮高效品种有失偏颇。而根据各个指标和耐低氮性的密切程度进行权重分配，综合考虑各指标在各时期的表现，采用综合评价，能够有效减少单纯采用某一指标鉴定时带来的误差，从而较为准确的筛选出理想的品种。本实验通过对不同氮素反应类型马铃薯品种在不同供氮条件下的产量的变化情况及含氮率、干物质积累量和氮积累量的分析，以产量为首要指标，含氮率、干物质积累量和氮积累量为相应指标，通过各指标值的排序，进行0～100分赋值，然后对各评分值进行加权平均得到苗期、块茎膨大期、收获期（产量）的评分值。再对苗期、块茎膨大期、收获期的评分值进行二次加权平均得到最后的综合评价值，然后进行聚类分析，筛选出氮高效和氮低效品种。从筛选的结果看，氮高效利用的品种在苗期、块茎膨大期和收获期的评分值均较高，全生育期对氮的利用比较均衡一致，因此综合评价值也很高，而氮低效品种表象相反，因此筛选氮高效利用品种仅从某一个生育时期来筛选，其结果不一定准确。从最后聚类分析的结果看，氮高效型、氮低效型和中间型品种呈正态分布，说明该评价方法能较好地反映不同马铃薯品种间氮效率的差异。因此产量、氮积累量、含氮率和干物质积累量可作为马铃薯氮素吸收利用的评价指标；而加权平均法和聚类分析法作为筛选马铃薯不同氮效率品种的评价方法具有可行性。本实验筛选的氮高效与氮低效品种的确定，是在控制试验条件下得出的结论，要准确判定，还需要进一步的生理生化分析及相应的大田试验验证。

参考文献

[1] 冯琰，蒙美莲，马恢，等.马铃薯不同品种氮、磷、钾与硫素吸收规律的研究 [J].中国马铃薯，2008，2：2005-2009.

[2] 陈同斌，陈世庆，徐鸿涛.中国农用化肥氮磷钾需求比例的研究 [J].地理学报，1998，53（1）：32-41.

[3] Bertrand H，Pascal B，Isabelles Q，et al. Towards a better understanding of the genetic and physiological basis for nitrogen use efficiency in maize[J].Plant Physiol，2001，125（3）：1258-1270.

[4] Presterli T，Seitz G，LandBeck M，et al. Improving nitrogen-use efficiency in European maize：estimation of uantitative genetic parameters[J].Crop Sci，2003，43：1259-1265.

[5] P. Inthapanya，Sipaseuth，P. Sihavong，et al. Genotype differences in nutrient uptake and utilization for grain yield production of rainfed lowland rice under fertilized and non-fertilized conditions[J]. Field Crops Res.，2000，65：57-68.

[6] 刘国栋，等.植物营养与作物育种 [J].作物杂志，2000，3：4-7.

[7] 张宇凤，于冬梅，郭齐雅，等.马铃薯与人类健康关系的研究进展 [J].中国食物与营养，2016，22（5）：9-13.

[8] 魏海燕，张洪程，杭杰，等.不同氮素利用效率基因型水稻氮素积累与转移的特性 [J].作物学报，2008，34（1）：119-125.

[9] 郝青南，王程，陈水莲，等.大豆苗期氮高效和氮敏感资源的筛选研究 [J].大豆科学，2011，30（6）：911-920.

[10] 阮新民，施伏芝，罗志祥，等.水稻苗期氮高效品种评价与筛选的初步研究 [J].中国稻米，2010，16（2）：22-25.

[11] 钟代斌，陆雅海，郭龙彪，等.氮高效水稻种质资源筛选的初步研究 [J].植物遗传资源学报，2001，2（4）：16-20.

[12] 韩璐，张薇.棉花苗期氮营养高效品种筛选 [J].中国农学通报，2011，27（1）：84-88.

[13] 黄农荣，钟旭华，郑海波.水稻氮高效基因型及其评价指标的筛选 [J].中国农学通报，2006，22（6）：29-34.

[14] 刁锐琦，钱晓刚.利用水培筛选玉米氮高效种质资源的研究 [J].种子，2008，27（4）：28-30.

[15] 赵化田，王瑞芳，徐云峰，等.小麦苗期耐低氮基因型的筛选与评价 [J].中国生态农业学报.2011，19（5）：1199-1204.

[16] 姚立蓉，谢蕾蕾，强欣，等.大麦不同氮利用效率品种筛选及 GS2 基因的表达分析 [J].核农学报，2017，31（7）：1255-1262.

[17] 陈二影，杨延兵，秦岭，等.谷子苗期氮高效品种筛选及相关特性分析 [J].中国农业科学，2016，49（17）：3287-3297.

达州市马铃薯系列新品种的选育研究

赵思毅 *，丁大杰，胡振兴，范香全，杨锡波，赵罗琼，黄　娟，李云峰

（达州市农业科学研究院，四川达州　635000）

摘　要：达州市生态气候独特，马铃薯种植面积大，有悠久的种植历史和食用习惯。但马铃薯单产较低，平均鲜薯产量仅 21 400 kg/hm²；马铃薯品种的更新换代慢和外引品种感病重退化快是制约马铃薯产业发展的主要因素之一，加快适宜新品种选育应用更显重要。

关键词：达州市；马铃薯；品种；选育；研究

马铃薯是四川省第四大主粮作物，粮、菜、饲、加兼用，用途十分广泛，是丘陵山区人民的主要粮食，是城乡人民的重要蔬菜，重要的工业加工原料，促进马铃薯生产发展对于调整农业产业结构，增加农民收入，满足人们生活对食物多样性需求，确保国家粮食安全均具有重要的作用。达州市近 10 年年种植面积约为 10 万 hm²，为四川省马铃薯第二大主产区[1]。马铃薯产业面临的主要问题是，马铃薯品种使用年限久、退化严重；农民自留种薯占比例高，自由串换、品种混杂，新品种更新换代慢；春旱温高湿度大，外引品种不适应，晚疫病、病毒病发生较重。这些严重影响了达州市马铃薯产业发展，制约了马铃薯种植户收入的增长、山区农民的脱贫致富和马铃薯产业的发展。加大本区域适宜马铃薯新品种选育意义重大。

1　有针对性地制定育种目标

根据达州市马铃薯生产的区域气候特点及鲜食菜用型为主的栽培特点，制定了适应本区域高温高湿生态条件的品种选育标准，即"抗病性较强，鲜食品质优良，鲜薯增产明显"的育种目标。大量引进和利用丰富的国内外遗传资源，创新马铃薯品种选育技术和多生态评价方法。为实现育种目标，研究创新了"聚合特异亲本杂交、杂交种子高效育苗、生物组培脱毒快繁、高低海拔同步鉴选"的高效育种新方法，成功选育出具有自主知识产权的高产优质突破性达薯系列品种。

1.1　聚合特异亲本杂交

采用优质多基因定向聚合的育种技术路线。通过分析达州区域马铃薯生态生产条件对品种的需求，

基金项目：　"十三五"四川省农作物及畜禽育种攻关项目"突破性薯类育种材料与方法创新"（2016NYZ0032）。

* 通信作者：赵思毅（1966—），男，推广研究员，主要从事作物育种与栽培研究。E-mail：sdzsy811@163.com。

有目的地从各地引进不同基因类型新品种和资源材料 350 份。在分析、鉴定引进育种材料的血缘、优势与特异性等情况基础上，按照"高于育种目标，血缘差异明显，遗传基础丰富，亲本优势互补"的原则，选择鲜薯产量较高、适宜于本生态环境的育种材料为骨干亲本，抗晚疫病、病毒病，鲜薯品质优良，商品性好的育种资源为重点杂交亲本，其中从国际马铃薯中心引进筛选出的含有高抗晚疫病、抗多种病毒（PVY、PLRV 等）、高干物质、品质好的优异材料 44-4、合作 23 等，与在达州表现丰产且适应性强的优异品种及材料秦芋 30、鄂薯 5 号等杂交，大量配制杂交组合，创造定向变异，通过聚合杂交亲本基因的重组，聚合抗病、优质、高产基因，人工定向选育。新选育成优良材料 400 份，其中高抗晚疫病材料 35 份，高产高淀粉材料 12 份。从杂交后代群体中，创制培育出一大批高抗晚疫病兼抗病毒病、优质、高产优良单株。

1.2 杂交种子高效育苗

马铃薯种子较小，发芽率较低。当年采收的种子发芽率仅为 50% ~ 60%[2]，很多杂交种子在发芽阶段即死亡，往往造成精心配制的杂交组合优良基因由于种子发芽率低而在此阶段大量丢失。为此，课题组针对常规杂交育种马铃薯实生苗培育传统方法存在育苗质量差和发芽率低的情况，研究创新了"一种缩短马铃薯实生种子休眠期、提高发芽率的方法"，从而提高工作效率，减少杂交后代优质资源的丢失率。经试验研究，课题组创新的马铃薯杂交种子高效育苗技术，将当年收获的马铃薯实生种子，先在 33 ~ 39 ℃的温度条件下处理 60 ~ 80 d，再在相对湿度为 85% ~ 95%、20 ~ 28 ℃的温度条件下催芽，发芽率可提高到 90% 以上。研制的实生种子发芽处理方法，将马铃薯实生种子发芽率提高30%，增大了实生薯的群体数量，扩大了育种优良基因选择群体，提高了确保配制的杂交组合遗传优势基因供选择的几率和育种成功率。

1.3 生物组培脱毒快繁

将获得的特异优良目标材料，运用现代生物组培技术进行脱毒、检测、快速无性扩繁，固定优良种性，将目标材料迅速扩繁成系，满足下一步试验种源纯正和扩繁数量的需求，从而加快了育种进程。

1.4 高低海拔同步鉴选

采用多生态育种鉴定选育方法，通过不同季节、不同海拔和生态区的多年多点生态鉴定。将组培快繁形成的特异优良株系，在高、低海拔有代表性的区域同步进行株系、品系比较试验，综合比较不同海拔区域试验结果，同一年两个点只要有一个点减产或抗逆性差即予淘汰，从而确保选出的品种适应性强、抗逆性好。

2 选育出高产优质抗病性强适应性广的达薯系列新品种 3 个，新品系 10 余个

2.1 达薯 1 号新品种的选育

2.1.1 选育经过

按照"优势互补"的原则，选择秦芋 30、44-4（国际马铃薯中心选育）、EPOKA 为亲本（选育经过详见图 1）。其中，秦芋 30 为 2003 年国审新品种，含有米拉（德国引进，四川区试对照，达州仍有种植）血缘，产量较高，综合性优良，适应性强，但品质一般；44-4 因高抗晚疫病、高抗退化、配合力强，是国内外利用较多的优质抗源；而 EPOKA（又名波友一号）因品质优良，大中薯率较高，鲜薯商品性好，但产量不高。三个杂交亲本优势的互补性较强，且来源广泛，遗传基础不同，通过杂交、基因重组后，杂交后代的变异明显，为从中选择目标材料，实现育种目标，提供了丰富的基础材料。

2004 年　　　　　　秦芋 30　×　44-4　（国际马铃薯中心）
　　　　　　　　　　　　　　↓
2005 年　　　　　　EPOKA　×　优良单株（代号：0238）
　　　　　　　　　　　　　　↓
2006 年　　　　　　秦芋 30　×　优良单株（带号：89-2）
　　　　　　　　　　　　　　↓
2007 年　　　　　　　　株系比较
　　　　　　　　　　　　　　↓
2008 年　　　　四川省马铃薯预备试验（编号：PD0803）
　　　　　　　　　　　　　　↓
2009 ～ 2010 年　　　　四川省马铃薯区域试验
　　　　　　　　　　　　　　↓
2011 年　　　四川省马铃薯生产试验；田间技术鉴定
　　　　　　　　　　　　　　↓
2012 年　　　　　　通过四川省品种审定

图 1　达薯 1 号选育系谱图

多年试验鉴定结果表明：达薯 1 号主要农艺性状优良，增产显著，品质优，抗性强，贮藏性好，适应性广。于 2011 年 5 月 25 日，通过四川省农作物品种审定委员会组织专家进行田间技术鉴定。2012 年通过四川品种审定（编号：川审薯 2012 004）。

2.1.2　主要优良特性

植株群体整齐，遗传性状稳定，品种种性纯正，生长势强，植株比较直立，株型较为紧凑。达州春播全生育期 75 d 左右，株高 60 cm 左右，主茎数 3.5 ～ 4.0 个，节间长 3.0 cm 左右，茎、叶绿色，茎基部网纹绿紫色，分枝少，复叶中等，顶叶大，叶面平展，叶缘钝心形，枝叶繁茂，花冠白色，能自交结实；结薯集中，单窝结薯 7 个左右，黄皮，黄肉，薯块扁圆形，薯大，表皮光滑，芽眼少、浅，大中薯率较高。

增产显著，生产潜力大。2009 年开始四川省马铃薯区域试验，2009 年、2010 年两年平均鲜薯产量 19 560 kg/hm²，比对照增产 14%，增产达显著水平。2011 年参加四川省马铃薯生产试验，平均鲜薯产量 26 386.5 kg/hm²，比对照增产 7.9%，增产达显著水平。达薯 1 号多年多点试验，鲜薯平均产量 28 108.95 kg/hm²，平均增产率 17.31%。

商品性好，品质优。据各级试验观察鉴定，达薯 1 号鲜薯块茎扁圆形，薯块较大，薯皮表面光滑、芽眼少而浅，薯皮薯肉均为黄色，一般大中薯率 65% 以上，鲜薯的商品外观优良。适口性好，经四川省农畜产品质量监督检验站抽样检测：达薯 1 号鲜薯，粗淀粉含量为 14.7%，还原糖为 0.13%。

抗逆性强，抗多种病害。据四川省马铃薯预备试验、区域试验与生产试验等汇总结果显示：达薯 1 号在各试验点均表现出明显抗病性，马铃薯疫病、病毒病等主要病害在达薯 1 号植株上发生的病害等级、发病植株、病情指数等指标明显低于其他参试品种与对照。经四川省马铃薯区试抗病性鉴定指定单位——四川省农科院植保所人工接种鉴定：达薯 1 号抗马铃薯晚疫病，高抗马铃薯花叶毒病和卷叶病毒。

贮藏性优。经 2009 ～ 2010 年连续两年四川省马铃薯区域试验、2011 年四川省马铃薯生产试验各点贮藏性观察鉴定结果表明：达薯 1 号种薯的耐贮性较好，优于对照品种米拉。

产量稳定，适宜区域广泛。2008 ~ 2011 年，达薯 1 号先后参加四川省马铃薯预备试验、区域试验和生产试验鉴定，试验点分布四川省的凉山、达州、阿坝、广元、绵阳、巴中、乐山 7 市（州）的 9 个马铃薯主产县，其生态区域、海拔高度各不相同，在全省马铃薯生产极具的代表性 29 个次试验点次中，连续进行了 4 年试验比较与观察鉴定，达薯 1 号表现增产试验点次达 21 个，增产点率 72.4%。其中，2 年省区试 15 个点次中，4 点减产，增产点率 73.3%。表明：达薯 1 号产量稳定，适宜区域比较广泛。

因达薯 1 号增产显著，被列成为"十二五"四川省马铃薯育种攻关突破性新品种，并先后被四川省农业厅确定为四川省 2014 年、2015 年、2016 年马铃薯主导品种[3]。

2.1.3 栽培要点

一般选用 30 ~ 50 g 的健康种薯播种。达州市种植的播种期，春季 2 月初，秋季 8 月底，冬季在 10 月底比较适宜。密度 7.5 万 ~ 9 万株 /hm²。施有机肥 37 500 kg/hm²，尿素 150 kg/hm²，过磷酸钙 750 kg/hm²，硫酸钾复合肥 750 kg/hm² 作底肥；齐苗到现蕾期视苗情追施尿素 75 ~ 150 kg/hm²。齐苗期和现蕾期及时除草松土，并理沟培土。遇干旱可适当灌水，以促进植株正常生长。当地下块茎开始有二次生长时应及时抢晴天收获。

2.2 达芋 2 号新品种的选育

2.2.1 选育经过

达芋 2 号是 2007 年以鄂薯 5 号作母本、品系 991–18 作父本，进行有性杂交获得的实生籽，进行实生苗培育获得实生薯块系，经过株选、系选、品比试验及省区域试验选育而成（见图 2）。

2006 年（安康农科所）鄂薯 5 号 ×　991–18（三峡农科院）

↓

2007 年　　　　　　　　实生苗选株系（选系号 06025）

↓

2008 年　　　　　　　　株系鉴定

↓

2009 年　　　　　　　　品系鉴定（编号 PD09925）

↓

2010 ~ 2012 年　　　　　品比试验

↓

2013 ~ 2014 年　　　　　四川省马铃薯预试、区试

↓

2015 年　　　　　　　通过四川省马铃薯生产试验

↓

2016 年　　　　　　　通过四川省品种审定

图 2　达芋 2 号选育系谱图

2014 年、2015 年省区试，2015 年省生产试验，多年多级多点试验鲜薯平均产量 28 737.45 kg/hm²，平均增产 26.55%，增产效果显著。

经四川省农科院植保所鉴定：高抗晚疫病、高抗病毒病（轻花叶病毒病、重花叶病毒病和卷叶病毒病）。贮藏性优于对照。品质优，经农业部食品质量监督检验测试中心（成都）测定：淀粉含量 15.2%，还原糖含量 0.09 g/100 g，维生素 C 含量 8.62 mg/100 g。达芋 2 号于 2016 年通过四川品种审定

（川审薯 2016001）。

2.2.2　特征特性

达芋 2 号薯块植株性状优，株型直立，植株长势较强，茎绿色、茎翼直有波纹、茎横断面三棱形、茎基部绿色；叶片绿色、有绒毛、叶缘钝心型；顶小叶宽；花、花冠白色、星形、有 10% 重瓣花，花药锥形、金黄色；柱头长、有裂、暗褐色。商品性好，薯块长扁圆形，黄皮，淡黄肉，表皮光滑，芽眼少、浅，商品薯率 60% 左右。

2.2.3　栽培要点

选择不易积水、肥力中上、前作非茄科作物的沙壤土种植。春、秋、冬均可种植。平坝、浅丘春季在 2 月初播种、秋季在 9 月初、冬季在 12 月底播种；山区春季在 2 月初播种、秋季在 8 月中旬为宜，不同年份播种时间随气候可作调整。套作密度 4.50 万 ~ 5.25 万株 /hm²，净作密度 6.75 万 ~ 9 万株 /hm²。施有机肥 30 000 kg/hm²，尿素 150 kg/hm²、过磷酸钙 750 kg/hm²、硫酸钾复合肥 900 kg/hm² 作底肥；齐苗到现蕾期视苗情追施尿素 75 ~ 150 kg/hm²。在齐苗期和现蕾期除草松土，并理沟培土。遭遇干旱，可以适当灌水，以促进植株正常生长。选择晴天挖收，薯块在晾干表面水汽后装袋销售或在通风的室内贮藏。

2.3　达芋 3 号新品种的选育

2.3.1　选育经过

达芋 3 号是 2007 年以合作 23 自交，从实生苗中选实生薯单株，进行株系鉴定，2010 ~ 2011 年进行大区对比试验，2012 年进行品比试验，2013 年参加四川省预试，2014 ~ 2015 年参加四川省区域试验，2016 年生产试验选育而成（见图 3）。平均鲜薯产量 31 485.45 kg/hm²，较对照增产 38.10%。经测定：淀粉含量 12.4%，高抗晚疫病、抗花叶毒病和卷叶病毒，贮藏性优于对照。

2016 年 6 月 16 日，通过四川省农作物品种审定委员会办公室组织有关专家进行的田间技术鉴定。已申报国家品种认定。

图 3　达芋 3 号选育系谱图

2.3.2　特征特性

达芋 3 号为中晚熟品种，生育期 89 d，植株半直立中间型，生长势强，株高 64.2 cm，主茎数 3.1 个，节间长 2.7 cm，茎、叶绿色，叶脉带紫色条纹，小叶数量中，小叶密集程度中，小叶联会频率低，分枝少，复叶中等，叶面平展，叶边缘波状极弱，基部紫网纹，基部翼波状弱，芽紫色细圆柱形，芽顶部半开展，芽侧枝中，花冠浅蓝色近五边形，花中，自交结实中。结薯集中，单窝结薯 6.7 个。薯块长卵圆形，黄皮黄肉，薯大，表皮光滑，芽眼少、浅，大中薯率 54.8%。

2.4 其他新品系选育情况

选育出高抗晚疫病、高淀粉 pd16-1，pd16-2，pd16-3，pd16-4，pd16-5 等 10 个新品系增产 15% 以上，综合性状优良，作为自主创新品系后续储备；选育出 pd17-1、pd17-2、pd17-3、pd17-4、pd17-5、pd17-6、pd17-7、pd17-8 等 8 个新品系继续进行品系比较试验鉴定。

3 配套栽培技术研制

课题组根据达薯 1 号、达芋 2 号、达芋 3 号的生长发育特性，结合达州市马铃薯主产区生态条件，还开展了达薯系列新品种配套高产栽培新技术研究，通过对系列试验示范结果的分析与比较，研究明确了达薯系列新品种的区域适应性、产量潜力、营养代谢、肥水利用特征及其调控途径，形成了达薯系列新品种在川东北种植春、秋季的适宜播种期、播种量、种植密度、肥料配比与施用方法、田间管理和病虫防治等配套栽培新技术，实现良种良法配套，为达薯 1 号、达芋 2 号、达芋 3 号示范展示与推广应用提供技术支撑。

参考文献

[1] 达州市农业技术推广站年报，2010-2017.

[2] 孙慧生 . 马铃薯育种学 [M]. 北京：中国农业出版社，2003.

[3] 四川省农业厅 . 川农业函【2015】55 号、【2016】63 号 .

凉山彝族自治州马铃薯种质资源调研报告

梅 猛[1]，徐成勇[2]，陈学才[3]，彭 洁[1]，余丽萍[1]，王西瑶[1*]

（1.四川农业大学农学院，四川成都 611130；2.凉山彝族自治州西昌农科所高山作物研究站，四川昭觉 616150；3.四川省凉山彝族自治州农牧局，四川西昌 615000）

摘 要：马铃薯种质资源对马铃薯产业发展具有重大意义。本文报告了凉山彝族自治州马铃薯种质资源现状、研究利用情况，针对目前凉山彝族自治州马铃薯种质资源所处的环境变化剧烈、地方种以农户自留种为主、种质资源利用率低等问题，指出应建立种质资源库、加强种质资源保护宣传、加大种质资源使用力度、拓宽种质资源研究深度，推动马铃薯产业循环发展。

关键词：凉山彝族自治州；马铃薯；种质资源；保护；育种研究

凉山彝族自治州位于四川省西南山区，是四川省重要的马铃薯生产地区。凉山彝族自治州马铃薯主产区海拔较高，昼夜温差大、光照充足、工农业污染程度低，生产的马铃薯产量高，商品性与食口性好。作为凉山彝族自治州传统优势农作物，马铃薯是广大农民种植业收入的主要来源，同时也是凉山人民喜爱的粮菜兼用型作物。在稳定全州粮食生产方面地位突出，为粮食增产、农业增效、农民增收做出了重要贡献[1]。

种质资源又称遗传资源，是具有某些种质或基因生物体的总称，是选育新品种最基本的原始材料[2]。马铃薯种质资源是马铃薯遗传改良和相关基础研究的物质基础，包括野生资源、品系、地方品种、选育品种、遗传材料等。马铃薯种质资源的数量和质量，直接影响到种质资源的利用和产业的快速发展[3]。

1 凉山彝族自治州马铃薯种质资源现状

1.1 选育引进品种

凉山彝族自治州目前推广使用品种主要包括杂交育成品种、实生种子后代筛选出的品种以及引种形成的品种。其中，杂交育成的代表品种有：凉薯3号、凉薯8号、凉薯17、凉薯30、凉薯97、川凉薯1号、川凉薯2号、川凉薯3号、川凉薯4号、川凉薯5号、川凉薯6号、川凉薯7号、川凉薯8号、川凉薯9号、川凉薯10号、川凉芋1号、西薯1号、西芋2号[4]。实生种子后代筛选出的代表品种有：凉薯14、水葫芦洋芋、内蒙洋芋等。引种的代表品种有：米拉、大西洋、会-2、坝薯10号、合作88、抗青9-1、青薯9号、费乌瑞它、转心乌等。

基金项目：国家现代农业产业技术体系四川薯类创新团队项目（川农业函 [2014]91 号）。

作者简介：梅猛，男，硕士，主要从事马铃薯贮藏研究。E-mail：1663480262@qq.com。

***通讯作者**：王西瑶，女，博士，教授，博导，主要从事马铃薯研究。E-mail：wxyrtl@163.com。

1.2 地方特色品种

通过长期自然选择和人工选择，早期引进的马铃薯品种已适应当地自然环境和消费习惯，并具有一定的区域种植面积[5]。由于凉山彝族自治州地理气候环境特殊，容易形成丰富多彩的地方品种，如乌洋芋、牛角洋芋、山道花、红麻皮等。值得注意的是，凉山彝族自治州乌洋芋根据种植地区不同，有布托乌洋芋、昭觉乌洋芋、喜德乌洋芋之分，且表现性状各不一致，可能存在同一名称不同品种的情况。

2 研究利用现状及问题

凉山彝族自治州马铃薯种植历史悠久，早在17世纪就已种植，并且长期积累了丰富的技术经验。20世纪50年代初，就有马铃薯研究队伍在凉山彝族自治州开展品种选育、栽培管理、病虫害防治、贮藏加工和种质资源保存与创新等研究工作[6]。此外，四川省农科院、四川农业大学、西昌学院、西昌农科所、马铃薯良繁中心等科研机构持续为马铃薯种质资源研究助力，培育和引进适合凉山彝族自治州各种生态类型种植和各种用途的高产优质品种。

2.1 环境变化影响

人类社会的不断发展导致生态环境发生剧烈变化，例如温度和降雨，导致部分地区马铃薯病虫害加重发生，部分地方种未能适应剧烈变化，因而造成地方特色品种的锐减甚至消失。因此必须及时对种质资源加以保护，否则将会给马铃薯产业的可持续发展造成不可弥补的损失。

2.2 地方种以农户自留种为主

凉山彝族自治州地方特色马铃薯基本没有脱毒种薯，农户多以自留种为主。一方面，当地农民多以往年生产的优质薯块作为种薯。在复杂多样的地理气候环境下，自留种在长期选择、驯化的过程中，形成了当地特有的马铃薯资源，与其引进品种相比，适应性更好、品质更佳；但另一方面，马铃薯连年留种导致种薯退化较为严重，种植过程中被农户淘汰，部分种质资源材料也因此消失。

2.3 马铃薯种质资源利用率低

2013年引进青薯9号，到2015年发展到0.28万hm²；2016年全州马铃薯面积15.74万hm²，青薯9号面积1.43万hm²；2017年全州马铃薯面积15.94万hm²[7]，青薯9号面积6.76万hm²，占比42.4%。凉山彝族自治州地方品种山道花、红麻皮、乌洋芋等品种食口性好，但产量较低，未形成品牌，导致经济效益较低；引进品种青薯9号产量高、商品薯率高，受到当地政府部门的大力推广。随着青薯9号的大面积推广，直接导致凉山彝族自治州自育品种以及地方特色品种种植面积减少；个别品种基本没有种植面积，进而导致马铃薯种质资源的消失。由此导致的种质资源单一使得凉山彝族自治州马铃薯遗传基础变窄，遗传脆弱性加大。

2.4 病害防范难度大

黑胫病、晚疫病、癌肿病等病害发病迅速、根治困难，防范不及时容易导致绝产绝收。实地调研发现，凉山彝族自治州部分地区存在的马铃薯连作、病虫害防治意识较差、栽培管理不规范、监测机制不完善等问题，导致病虫害发生发展加速，不仅影响马铃薯产量和品质，造成部分种质资源的丧失，而且有重大疫情出现风险，应加强防范意识。

3 保护利用对策

3.1 建立现代化种质资源库

建立完善马铃薯种质资源库是做好马铃薯种质资源收集、鉴定、评价、保存和开发利用的前提条件。马铃薯种质资源的收集、评价、保存及利用，是一项长期且艰巨的工作，只有通过建立种质资源库才能及时保护现有资源，并对其开展相关研究[8]。对此，应充分发挥农业科研院所、大专院校的优势，利用院所校完善的条件对当地马铃薯种质资源进行茎尖低温保存以及基因文库保存。

3.1.1　试管苗保存

利用组织培养技术逐渐将资源材料转化成试管苗，并在 MS 培养基中添加适量 B9、矮壮素、甘露醇等可适当延长继代培养时间[9]。试管苗保存种质资源需要定期继代培养，多次转接可能导致材料污染。此外，试管苗在保存过程中有可能发生变异，且变异的可能性将随着保存时间的延长而增大[10]。

3.1.2　超低温保存

植物种质资源超低温保存一般是在液氮（−196 ℃）及液氮蒸汽相（−150 ～ −180 ℃）的超低温条件下保存植物细胞、组织或器官。马铃薯离体茎尖、体胚超低温保存通常采用空气干燥、包埋脱水、水滴玻璃化等技术，各种调节和控制细胞生长代谢的酶的功能在超低温条件下受到极大抑制，新陈代谢活动基本停止，从而达到长期保存植物材料的目的。并且超低温环境能最大程度避免组织、细胞继代培养突变的发生，是无性繁殖植物种质资源长期安全保存的方法[10]。

3.1.3　基因文库保存

基因文库是一组含有不同基因组片段的重组颗粒，将基因组 DNA 酶切后插入到载体中，并通过体外包装并转染大肠杆菌而获得的。该文库包含了基因组内全部的基因片段，可存储基因组的所有序列信息。基因文库保存能克服传统保存利用效率低、工作量大、劳动强度大、占地面积大、不易管理等缺陷，广泛运用到植物种质资源保存中[11]。

3.2　加强种质资源保护宣传

种质资源蕴藏着丰富的遗传基因，是马铃薯新品种选育及理论研究工作的物质基础[12]。因此，应加大马铃薯种质资源重要性的宣传力度，引起政府和农业科研人员的重视。长期以来，种质资源的收集及保护由当地科研部门承担，但受经费和人员的限制造成种质资源未能得到有效的保护和利用。因此，政府部门需加强资金投入与政策引导，保证马铃薯种质资源保护和利用工作持续开展。农业科研人员是种质资源保护的主力军，深入基层开展工作中，主动收集地方特色马铃薯资源，提高马铃薯种质资源收集效率，做到及时收集，及时保护，避免优质资源的流失。

3.3　加大种质资源使用力度

充分利用资源优势，选育出农民愿接受、鲜食口感好、市场有潜力、推广潜力大的品种，是对当地农业科研成效的基本评价指标。一方面，根据对当地现有种质资源的鉴定评价，从中选择优势互补、配合力较好、无明显不良性状的材料进行组合，选育新品种；另一方面，可以对凉山彝族自治州地方特色资源材料进行品种申报，加强品种权保护，并在品种审定后进行推广[13]。李佩华[14]等研究发现，凉山彝族自治州马铃薯地方种与其他品种遗传差异大，是较好的育种材料，可为今后育种中亲本的选择提供依据。针对凉山彝族自治州马铃薯品种规划布局，应根据品种熟性、特性及发育规律，因地制宜选择品种。

此外，应加强地方特色品种品牌建设。据调查，市场上一般的马铃薯为 3 元 /kg，但凉山正宗乌洋芋可卖到 20 元 /kg。在种质资源利用上，可适当加大地方特色品种的推广，促进增收致富的同时，能有效避免种质资源的丧失。

3.4　拓宽种质资源研究深度

种质资源蕴藏着育种所需要的全部基因，如何发挥种质资源所蕴藏基因的作用，关键在于对种质资源的了解程度[15]。因此，需要对马铃薯种质资源进行全面、系统的鉴定与评价。资源评价主要包括标记辅助种质评价、离体评价、遗传多样性分析、统计已收集资源的冗余和缺失、等位基因挖掘等[16]。充分利用分子标记、遗传图谱构建、QTL 精细定位等分子生物学和基因组学技术，对马铃薯进行分子育种，提高亲本选择效率，加快育种进程[17]，显得尤其重要和迫切。

3.4.1 现代分子植物育种技术

分子标记辅助选择育种，是利用与目标基因紧密连锁的分子标记，准确鉴定杂种后代不同个体的基因型，从而进行辅助选择育种[18]。此外，分子辅助选择育种可以克服重复利用隐形基因和同时聚合多个目标基因的难度，从而提高育种效率和水平[19]。在马铃薯育种研究中，已开发一批抗虫、抗晚疫病、抗病毒病、早熟、块茎休眠等性状的标记[20]，育种家可通过分子标记辅助选择，有目的地将标记基因导入栽培种中以改良栽培种性状。

转基因育种是利用重组 DNA 技术，通过遗传转化将功能明确的基因导入受体品种的基因组，并使其表达期望的性状。由于克隆的基因可来自任何物种，所以能打破基因在不同物种间交流的障碍，克服传统育种方法难以解决的问题[18]。马胜等用草铵膦喷施转 Bar 基因马铃薯，结果表明转基因株系叶色浓绿，生长正常，未转基因植株全部死亡[21]。周壮志等将 cry3A 和 vhb 双基因转入马铃薯中表达，研究表明转双基因马铃薯株系可能具有更好的抗虫和耐涝性能[22]。马铃薯转基因育种研究应遵守相关法律法规，并做好风险评估与检测。

3.4.2 马铃薯功能基因分析

农作物的性状受相应的基因控制的，作物育种与改良实际上就是基因的转移与重组。通过结合传统的基因发掘手段，将植物基因组学、蛋白组学、代谢组学的研究成果充分运用于发掘作物基因资源中蕴藏的有重要经济价值与理论价值的基因[23]，从而开展作物遗传改良工作。目前在马铃薯中发现与产量、品质、抗晚疫病、抗青枯病、抗病毒病、抗旱、耐霜冻密切相关的基因[24]。Zhang[25]等研究发现关键结构基因 CHS，F3H，DFR，GST，F3'5'H 和 ANS 在有色马铃薯块茎花青素生物合成中发挥重要作用。此外，还鉴定了 4 个新的转录因子 MYB11207，MYB47415，MYB79714 和 bHLH31926。它们通过调节结构基因的表达，特别是 MYB47415 在马铃薯块茎中花青素合成中发挥重要作用。曹红菊[26]对马铃薯 7 个环境下的马铃薯块茎进行休眠期统计，最终将休眠期 QTLs 定位在了 2 号、3 号、5 号、6 号、9 号、10 号和 11 号染色体上，进而可通过对测序结果进行分析得到差异表达基因，进而获得调控休眠期的候选基因，探究马铃薯块茎休眠的分子机制。

3.5 防范重大病虫害

3.5.1 建立病虫害监测体系

马铃薯病虫害具有多变性和突发性，因此有必要加强马铃薯病虫害的预测预报工作，建立田间病虫害监测体系[27]。利用现代信息技术与智能终端，对田间小气候检测仪进行布置，构建农作物重大病虫害数字化监测预警系统平台，提高病虫害监测预警能力[28]。

3.5.2 加强综合防治技术的推广

马铃薯病害种类多，来源广，因此应加快抗病种质资源的评价，加强与玉米等作物的轮作。同时，结合物理防治、化学防治、生物防治及优化栽培措施等技术进行综合防治[27]。政府部门及农技推广人员应提高农民病虫害防治意识，指导农民进行科学防控。

参考文献

[1] 徐箭明，周霞. 凉山州马铃薯产业发展如何面临广阔天地 [N]. 凉山日报（汉），2016–03–04（A05）.

[2] 孙海宏. 青海引进 CIP 马铃薯种质资源评价 [D]. 青海大学，2009.

[3] 王舰. 马铃薯种质资源遗传多样性研究及块茎性状的全基因组关联分析 [D]. 中国农业大学，2017.

[4] 徐成勇，李世权，刘斌，等. 凉山彝族自治州马铃薯品种现状及合理布局建议 [J]. 四川农机，2011（02）：13–14+16.

[5] 孙慧生 . 马铃薯育种学 [M]. 北京：中国农业出版社，2003.

[6] 刘绍文 . 凉山彝族自治州马铃薯产业发展现状和做大做强的优势 [A]. 中国作物学会马铃薯专业委员会 . 马铃薯产业与科技扶贫（2011）[C]. 中国作物学会马铃薯专业委员会：2011：4.

[7] 沙玛建兵 . 探索"主粮化"发展 助推脱贫攻坚 [N]. 凉山日报（汉），2016-11-09（B05）.

[8] 肖其荣 . 浅淡我镇特色马铃薯种质资源保护 [J]. 农民致富之友，2016（16）：54.

[9] 王娟 . 马铃薯种质资源保存试验 [J]. 中国马铃薯，2010，24（5）：278-280.

[10] 陈晓玲，张金梅，辛霞，等 . 植物种质资源超低温保存现状及其研究进展 [J]. 植物遗传资源学报，2013，14（3）：414-427.

[11] 曾斌，李健权，杨水芝 . 果树种质资源保存研究进展 [J]. 科技与产业，2011.

[12] 谢婉，田发益，赵芳玉，等 . 西藏日喀则地区马铃薯地方资源评价 [J]. 贵州农业科学，2015，43（11）：17-22.

[13] 方军 . 川北山区生态型马铃薯种质资源的保护和利用初探 [A]. 中国作物学会马铃薯专业委员会 . 马铃薯产业与现代可持续农业（2015）[C]. 中国作物学会马铃薯专业委员会，2015：3.

[14] 李佩华，余水洋，蔡光泽，等 . 凉山彝族自治州马铃薯栽培品种的遗传多样性分析 [J]. 植物遗传资源学报，2013，14（6）：1089-1095.

[15] 刘忠松 . 现代植物育种学 [M]. 北京：科学出版社，2010.

[16] 徐云碧 . 分子植物育种 [M]. 北京：科学出版社，2014.

[17] 王亚琦，孙子淇，郑峥，等 . 作物分子标记辅助选择育种的现状与展望 [J]. 江苏农业科学，2018，46（5）：6-12.

[18] 黎裕，王健康，邱丽娟，等 . 中国作物分子育种现状与发展前景 [J]. 作物学报，2010，36（9）：1425-1430.

[19] 秦丹丹，董静，许甫超，等 . 分子育种时代的作物种质资源创新与利用 [J]. 大麦与谷类科学，2016，33（3）：1-4+19.

[20] 徐建飞，金黎平 . 马铃薯遗传育种研究：现状与展望 [J]. 中国农业科学，2017，50（6）：900-1015.

[21] 马胜，贾小霞，文国宏，等 . 草铵膦对转 Bar 基因马铃薯的药害及田间杂草的防治效果 [J]. 中国马铃薯，2017，31（6）：353-358.

[22] 周壮志，周永刚，何朝族，等 . cry3A 和 vhb 基因在转基因马铃薯中的表达 [J]. 生物化学与生物物理进展，2004，31（8）：741-745.

[23] 贾继增，黎裕 . 植物基因组学与种质资源新基因发掘 [J]. 中国农业科学，2004，37（11）：1585-1592.

[24] 金黎平 . 马铃薯种质资源重要性状的基因发掘及遗传多样性研究 [A]. 中国作物学会马铃薯专业委员会 . 马铃薯产业与现代可持续农业（2015）[C]. 中国作物学会马铃薯专业委员会：2015：6.

[25] Huiling Zhang，Bo Yang，Jun Liu，et al. Analysis of structural genes and key transcription factors related to anthocyanin biosynthesis in potato tubers[J]. Scientia Horticulturae，2017，225：310-316.

[26] 曹红菊 . 马铃薯块茎休眠期相关 QTLs 定位 [D]. 华中农业大学，2016.

[27] 张春辉，陈浩，王晓娥，等 . 汉中市马铃薯主要病害的发生情况及防治措施 [J]. 安徽农学通报，2016，22（23）：88-89.

[28] 黄冲，刘万才 . 近年我国马铃薯病虫害发生特点与监控对策 [J]. 中国植保导刊，2016，36（6）：48-52.

金沙江、安宁河流域冬马铃薯新品种筛选试验结果评价

徐成勇[1]，杨绍江[1]，张　荣[1]，陈学才[2]，肖克智[3]，秦开禄[3]

（1.凉山彝族自治州西昌农业科学研究所，四川昭觉　616150；2.凉山彝族自治州现代农业产业发展中心，四川西昌　615000；3.宁南县农牧局，四川宁南　615400）

摘　要： 对16个马铃薯新品种进行品种比较试验，以期筛选出适合该区域生态条件经济性状优的马铃薯新品种。结果表明：青薯9号、川凉芋13号、川凉芋14号、川芋10号、川芋56产量与对照会-2差异不显著，以上5个品种可作为金沙江、安宁河流域冬马铃薯会-2的替代品种，通过品种合理调整，增强该区域冬马铃薯的市场竞争力。

关键词： 冬马铃薯；品种；产量

马铃薯作为一种重要的菜粮兼用作物，具有生育期短、适应性强，产量高，效益好的特点，凉山彝族自治州适宜冬作马铃薯的面积可达3万~3.4万hm^2，种植区域为"三江流域"和低海拔河谷地带[1]。以宁南为代表的金沙江、安宁河流域和低海拔河谷坝区，光热资源丰富，冬季气候适合发展马铃薯，市场价格好，比较效益高，农民种植积极性高涨，发展潜力大，2013年凉山彝族自治州冬马铃薯面积1.6万hm^2，其中宁南县0.55万hm^2，占全州冬马铃薯面积的34.52%，该县依托秋冬光热资源优势，大力发展冬季马铃薯，县委、县政府把冬季马铃薯作为"五大富民工程"之一强势推进，全力打造"全国冬季马铃薯第一县"。经过不懈努力，实现了"四个转变"，即从分散零星种植向规模化种植转变、从农民种植向种植大户流转土地种植转变、从人工种植向机械化种植转变、从农户单家独户上市销售向专业合作社组团销售转变，规模、产量、效益显著增加，冬季马铃薯成为脱贫攻坚，促进农民增收新的增长点。针对冬作品种单一，生产上使用的品种会-2，虽其丰产性和适应性好，结薯早，但品质差[2]，同比市场价格低，不受消费者欢迎，为了给产业提供品种支撑，2013年9月四川薯类创新团队、凉山彝族自治州现代农业产业发展中心、宁南县农牧局，共同组织四川省近年引进和育成的16个马铃薯新品种在宁南开展筛选试验，以期筛选出适合该区域生态条件经济性状优的马铃薯新品种。

1　材料与方法

1.1　试验地的基本情况

试验安排在宁南县披砂镇下村2社农户邱国友家的承包地进行。前作是水稻，海拔780 m，土质为壤土，土壤养分含量为2级，含量分别为：有机质3.69%、全氮0.185 6%、全磷0.171 6%、全钾

基金项目： 四川薯类创新团队项目（川农业函[2014]91号）。

作者简介： 徐成勇（1965—），男，推广研究员，主要从事马铃薯遗传育种及栽培技术研究。Email: sczjxcy@163.com。

2.275 3%、有效氮 151.29 mg/kg、有效磷 32.2 mg/kg、有效钾 173.11 mg/kg、pH 值 8.04，排灌方便，交通条件便利。

1.2 试验材料

供试马铃薯品种有抗青 9-1、川芋 56、川芋彩 1 号、川芋 10 号、岷薯 4 号、川芋 16 号、川凉薯 7 号、川凉薯 3 号、青薯 9 号、川凉芋 13 号、渝昌马铃薯 1 号、川凉薯 2 号、川凉薯 8 号、川凉薯 6 号、川凉芋 14 号、蓉紫芋 5 号、会 –2，其中会 –2 为对照品种（CK）。川芋系列品种和抗青 9-1、岷薯 4 号由四川省农科院作物所提供；蓉紫芋 5 号由成都市农林科学院提供；川凉薯（芋）系列和渝昌马铃薯 1 号、青薯 9 号由凉山彝族自治州西昌农业科学研究所高山作物研究站提供；会 –2 由宁南县白鹤滩专业合作社提供。

1.3 试验方法

试验设计采用随机区组排列，三次重复，小区面积 8 m²，1 m 开厢，厢长 4.0 m，每个小区种植 2 垄，每垄 2 行 40 窝，共 80 窝，小行距 33.3 cm，大行距 66.7 cm，株距 21 cm，错窝播种。

试验于 2013 年 10 月 2 日开沟，播种，每公顷施基肥腐熟蚕沙 18 750 kg、尿素 165 kg、过磷酸钙 499.5 kg、硫酸钾 219 kg，起垄，喷施乙草胺，盖膜。出苗后适时破膜，根据田间湿度灌跑沟水，生育期间灌水 3 次，在块茎形成期后用 67.67% 银法利预防早、晚疫病 1 次，2014 年 2 月 15 日收获。

1.4 田间调查项目

马铃薯物候期调查：出苗期、成熟期；植株农艺性状；出苗率、株高、主茎数；收获时调查小区产量、单株结薯个数、单株薯块重、商品薯及淀粉含量等。

2 结果与分析

2.1 各参试品种的特征特性

2.1.1 不同马铃薯品种物候期比较

由表 1 可知，参试马铃薯品种同时播种，但出苗期、成熟期及生育期均有差异。抗青 9-1、川凉薯 3 号、青薯 9 号、川芋 10 号、川芋 16 号出苗比对照早出苗 3 天；川芋彩 1 号，川凉芋 14 号出苗较迟，比对照迟 6 d；其他品种和对照出苗期相当，所有品种出苗期相差不大；对照品种成熟期 2 月 11 日，各参试品种成熟期为 12 月 27 ~ 2 月 6 日，均比对照早 4 ~ 46 d，其中川芋 56、川芋 16 号成熟期最早，生育期比对照分别短 2 d 和 46 d。

表 1　各参试马铃薯品种物候期调查结果

品种	播种期（日 / 月）	出苗期（日 / 月）	成熟期（日 / 月）	收获期（日 / 月）	生育期(d)
抗青 9-1	2/10	20/10	22/1	15/2	95
川凉薯 7 号	2/10	23/10	11/1	15/2	81
川凉薯 3 号	2/10	20/10	6/2	15/2	110
川芋 56	2/10	23/10	27/12	15/2	66
青薯 9 号	2/10	20/10	27/1	15/2	100
川芋彩 1 号	2/10	29/10	7/1	15/2	71
川芋 10 号	2/10	20/10	11/1	15/2	81
会 -2（CK）	2/10	23/10	11/2	15/2	112
川凉芋 13 号	2/10	23/10	18/1	15/2	88

续表

品种	播种期（日／月）	出苗期（日／月）	成熟期（日／月）	收获期（日／月）	生育期(d)
蓉紫芋 5 号	2/10	23/10	29/12	15/2	68
渝昌马铃薯 1 号	2/10	23/10	19/1	15/2	89
川凉薯 2 号	2/10	23/10	18/1	15/2	88
川凉薯 8 号	2/10	23/10	7/1	15/2	77
岷薯 4 号	2/10	23/10	13/1	15/2	83
川芋 16 号	2/10	20/10	27/12	15/2	69
川凉薯 6 号	2/10	23/10	9/1	15/2	79
川凉芋 14 号	2/10	29/10	24/1	15/2	88

2.1.2　不同马铃薯品种田间性状比较

由表 2 可知，出苗率方面，在 17 个参试品种中，川芋彩 1 号出苗率最高为 97.1%，较对照高 39.2 个百分点，其次为川芋 10 号为 95.1%、川凉芋 14 号为 92.1%、岷薯 4 号为 49.6%、川芋 16 号为 53.3%、蓉紫芋 5 号为 53.3%、川凉薯 6 号为 54.6%、川凉薯 7 号为 55% 较对照出苗率低，其他品种的出苗率均比对照高。株高方面，不同品种株高差别明显，所有品种株高均高于对照，川凉薯 3 号株高最高为 75 cm。

表 2　植株形态特征调查表

品种	出苗率（%）	株高（cm）	茎色	叶色	花冠色	生长势
抗青 9-1	77.5	56	绿	深绿	紫红	强
川凉薯 7 号	55	57	绿	绿	白	弱
川凉薯 3 号	59.2	75	绿带褐	绿	浅紫	中
川芋 56	74.6	50	绿	绿	白	中
青薯 9 号	81.7	55	紫	绿	白	中
川芋彩 1 号	97.1	54	绿	深绿	浅紫	强
川芋 10 号	95.1	60.8	绿	绿	白	强
会 -2（CK）	57.9	47	绿	深绿	浅紫	强
川凉芋 13 号	95	62	绿带紫	绿	白	强
蓉紫芋 5 号	53.3	50	绿	绿	浅紫	强
渝昌马铃薯 1	71.2	59	绿	绿	浅紫	中
川凉薯 2 号	62.5	55	绿带紫	深绿	紫色	中
川凉薯 8 号	61.2	53	绿	深绿	白	强
岷薯 4 号	49.6	56	绿	绿	白	强
川芋 16 号	53.3	57	绿	绿	紫	强
川凉薯 6 号	54.6	60	绿	深绿	白	强
川凉芋 14 号	92.1	53	绿	深绿	浅紫	强

2.1.3 不同马铃薯品种植株性状和块茎性状比较

由表3可知，茎色：川凉薯3号茎色为绿带褐色，川凉芋13号、川凉薯2号茎色为绿带紫色，其他品种均为绿色。叶色：抗青9-1、川芋彩1号、川凉薯2号、川凉薯8号、川凉薯6号、川凉芋14号及对照为深绿色，其他品种均为绿色。薯形：块茎形状表现不一，渝昌马铃薯1号为长扁圆形，川芋彩1号、川凉薯2号为长圆形，岷薯4号、川芋16号为圆形，川凉薯6号、川凉芋14号、川凉芋13号为扁圆形，其他品种均为椭圆形。皮色：各参试品种的皮色只有蓉紫芋5号为紫色，川芋10号为浅红杂色，川凉薯3号为黄色带红斑，青薯9号、川芋彩1号为红色，川凉芋13号、川凉薯2号、川凉薯8号、川凉芋14号为浅黄色，其他品种均为黄色。肉色：蓉紫芋5号为深紫色，青薯9号为黄（有网纹），川芋彩1号为黄（带紫色环状花纹），渝昌马铃薯1号、岷薯4号、川凉薯6号表现为浅黄色，川芋10号、川芋56、川凉薯3号表现为黄色，其他品种表现为白色。芽眼深浅：岷薯4号芽眼深浅深，川凉芋13号芽眼深浅中等，其余品种芽眼较浅。单株块茎重量：对照最高，为825.8g/株，参试品种均低于对照，其中单株重量最少蓉紫芋5号仅有283.0g/株。大中薯率：川凉薯7号大中薯率最高为95.0%，其他参试品种的大中薯率均比对照低，最低的为川芋56，仅60.9%。淀粉含量表现较高的为川芋10号为18.8%，川芋16号、川凉薯8号淀粉含量次之，除渝昌马铃薯1号淀粉含量低于对照会-2，其他品种的淀粉含量均高于对照会-2[3]。

表3　薯块性状调查表

品系	薯形	皮色	肉色	芽眼	单株主茎数	平均单株薯块重（g）	大中薯率（%）	淀粉含量（%）
抗青9—1	椭圆	黄	乳白	浅	1.9	215	81.9	13.2
川凉薯7号	椭圆	黄	白	浅	3	277	95.0	15.5
川凉薯3号	椭圆	黄色带红斑	黄	浅	4	220	81.4	16.8
川芋56	椭圆	黄	黄	较浅	3.4	312	60.9	12.9
青薯9号	椭圆	红	黄	浅	3.5	374	85.0	13.25
川芋彩1号	长圆	红	黄	浅	3	211	61.0	13.6
川芋10号	椭圆	浅红杂色	黄	浅	4	267	80.0	18.8
会-2（CK）	长椭圆	白	白	中	4.5	451	84.0	11.9
川凉芋13号	扁圆	浅黄	白	中	2.4	307	62.2	13.8
蓉紫芋5号	椭圆	紫	深紫	浅	1.3	115	69.6	12.1
渝昌马铃薯1号	长扁圆	黄	浅黄	浅	3.1	261	77.4	11.3
川凉薯2号	长圆	浅黄	白	浅	3.4	294	77.7	15.3
川凉薯8号	椭圆	浅黄	白	浅	3	310	66.0	17.0
岷薯4号	圆	黄	浅黄	较深	3	310	79.0	14.1
川芋16号	圆	黄	黄	浅		260	66.3	17.9
川凉薯6号	扁圆	黄	浅黄	浅	3	295	68.0	15.5
川凉芋14号	扁圆	浅黄	白肉	浅	7.0	280	68.8	13.4

2.2 鲜薯产量

由表4可知，青薯9号平均产量最高，折合产量30 501.3 kg/hm²，比对照增产16.7%，其次是川凉芋13号，折合产量29 126.5 kg/hm²，比对照增产11.5%，其余品种鲜薯产量均低于对照，平均产量最少的为蓉紫芋5号，折合产量仅有6125.3 kg/hm²，比对照减产76.6%。经方差分析，区组间差异不显著，品种处理间差异极显著；经 LSD 法多重比较结果显示：青薯 9 号的产量高于川凉芋 13 号等 15 个品种，青薯 9 号、川凉芋 13 号、川凉芋 14 号、川芋 10 号、川芋 56 与对照会 –2 差异不显著，川芋彩 1 号与对照会 –2 差异显著，其余材料与对照会 –2 差异极显著。

表 4　小区产量调查表

品种	Ⅰ	Ⅱ	Ⅲ	小区平均产量	产量（kg/hm²）	较对照 ±（%）	位次
抗青 9–1	15.3	11.8	12.8	13.3	16 625.8 efgh	–36.4	11
川凉薯 7 号	13.8	13.7	9.2	12.2	15 250.8 fgh	–41.6	14
川凉薯 3 号	10.8	9.4	11.0	10.4	13 000.7 h	–50.2	16
川芋 56	19.4	16.8	19.5	18.6	23 251.2 cd	–11.0	6
青薯 9 号	21.6	23.7	27.8	24.4	30 501.5 a	+16.7	1
川芋彩 1 号	13.5	17.4	18.2	16.4	20 501.0 de	–21.5	7
川芋 10 号	19.5	17.5	24.2	20.4	25 501.3 bc	–2.4	5
会 –2（CK）	17.6	22.0	23.0	20.9	26 126.3 abc	–	3
川凉芋 13 号	24.6	21.4	23.9	23.3	29 126.5 ab	+11.5	2
蓉紫芋 5 号	8.8	4.3	5.8	4.9	6125.3 i	–76.6	17
渝昌马铃薯 1 号	17.1	15.6	11.9	14.9	18 625.9 defg	–28.7	9
川凉薯 2 号	15.4	15.5	13.2	14.7	18 375.9 efg	–29.7	10
川凉薯 8 号	15.9	16.9	12.7	15.2	19 001.0 def	–27.3	8
岷薯 4 号	13.6	11.4	11.9	12.3	15 375.8 fgh	–41.2	13
川芋 16 号	14.1	8.9	10.3	11.1	13 875.7 gh	–46.9	15
川凉薯 6 号	15.0	13.7	10.0	12.9	16 125.8 efgh	–38.3	12
川凉芋 14 号	21.0	22.2	18.5	20.6	25 751.3 abc	–1.4	4

3　讨论

本试验根据宁南县马铃薯冬作需求，结合引进新品种，对 16 个参试品种进行筛选，青薯 9 号、川凉芋 13 号、川凉芋 14 号、川芋 10 号、川芋 56 与对照会 –2（当地主栽品种）产量差异不显著，其中青薯 9 号、川凉芋 13 号产量均高于对照会 –2；这 5 个品种生育期均早于对照会 –2，并且川芋 56 是早熟品种，淀粉含量均高于对照会 –2。根据宁南县的生产实际和市场需求建议：用青薯 9 号、川凉芋 13 号、川凉芋 14 号、川芋 10 号、川芋 56 作为金沙江、安宁河流域冬马铃薯会 –2 的替代品种，通过品种合理调整，增强该区域冬马铃薯的市场竞争力。

参考文献

[1] 凉山彝族自治州农牧局 . 凉山彝族自治州加工型马铃薯基地建设规划 .2016.6：4–5.

[2] 郭华春 . 冬马铃薯优质高产栽培技术 [M]. 北京：中国农业科技出版社，2018：57–58.

[3] 黄钢，沈学善，王平，等 . 供给侧改革与现代绿色薯业技术创新 [M]. 北京：科技出版社，2017.

水杨酸对彩色马铃薯结薯效率的影响

邹　雪[1]，丁　凡[1]，余金龙[1*]，陈　莹[2]，余丽萍[2]，杨　勇[2]，王西瑶[2]

（1.绵阳市农业科学研究院，四川绵阳　621023；2.四川农业大学农学院，四川成都　611130）

摘　要：已知水杨酸具有提高植物抗逆境胁迫能力，但其对彩色马铃薯块茎形成的影响未知。本试验以 8 个彩色马铃薯株系的试管苗为材料，研究组织培养和网棚生产原原种两种模式下水杨酸对块茎形成的影响。两种模式下，水杨酸处理均能不同程度提高单株产量，不同株系对水杨酸刺激的响应不同，以偏早熟材料更为敏感。绵 16-4-1 在两种模式下的增幅均最高，分别是 160%、117%，但淀粉含量略有下降，而晚熟材料绵 16-6-12 的变化不显著。水杨酸具有促进结薯提前的作用，在试管薯诱导模式下比对照平均提前 15 ～ 25 d 形成薯块；在生长期过短的秋季生产中，水杨酸诱导结薯提前是促进产量极显著提高的关键原因，单株产量增幅 24% ～ 117%。生产 1 kg 彩色马铃薯试管薯，水杨酸处理的试剂成本只有对照的 43.11%，极显著降低成本。水杨酸能够诱导偏早熟材料的彩薯提前形成，具有成本低、结薯效率高的优点，无论是试管薯还是原原种生产，都具有较高的应用潜力。

关键词：彩色马铃薯；水杨酸；试管薯；原原种；结薯效率

　　马铃薯是重要的粮菜兼用和工业原料作物，营养全面，适应范围广，增产空间大，且和小麦、水稻等大宗粮食作物相比，水肥等资源利用率更高[1]。2015 年，我国提出马铃薯主粮化战略以来，马铃薯产业进入新的发展阶段，研究实现马铃薯的优质高产具有极其重要的意义[2]。彩色马铃薯富含花青素，抗氧化活性远高于普通马铃薯，营养丰富且口感良好，具有极高的营养保健价值和经济价值，近年来逐渐成为人们关注的热点，发展和应用前景广阔[3～4]。彩色马铃薯产量一般低于常规品种，且对逆境胁迫的耐受较弱，在生产中易受不利环境影响而大幅减产，限制了应用[5]。提高彩色马铃薯的结薯效率，将有助于促进彩色马铃薯的推广发展。

　　水杨酸是植物体内普遍存在的一种酚类化合物，属新一类植物激素，参与调节蒸腾作用、气孔关闭、种子萌发、果实成熟、植物抗病等多种生理过程[6]。前人研究表明水杨酸有很强的马铃薯块茎诱导活性，浓度超过 0.01 mM 就能诱导块茎形成，并且在不利于结薯的长日照条件下叶面喷施水杨酸也可诱导结薯[7]。水杨酸能抑制马铃薯试管苗主茎的生长，促进侧枝和匍匐茎的分化，加速试管薯的形成，显著提高结薯率；水杨酸浓度为 70 mg/L 时，其化学调控作用最理想，结薯率高，成薯快，薯块均匀整齐[8]。甘薯块根膨大初期向叶面喷施水杨酸可提高叶片叶绿素含量，并显著提高鲜薯产量[9]。同时，外源喷施水杨酸能增强马铃薯植株对低温、干旱、病害以用连作障碍等逆境胁迫的抗性[10～12]。研

───────────────
基金项目：四川薯类创新团队项目（川农业函 [2014]91 号）；四川省科技厅公益性育种攻关项目（2016NYZ0032）。
作者简介：邹雪（1984—），女，助理研究员，博士，研究方向：马铃薯良种繁育。E-mail：zou_xue_2008@aliyun.com。
* 通讯作者：余金龙，男，研究员，研究方向：薯类育种和栽培研究。E-mail：jinlongyu004@163.com。

究证实水杨酸作为信号物质参与活性氧和钙信号转导，响应生物和非生物胁迫[13]。块茎的形成和发育由自身遗传因素决定并受光周期、温度等多种外部因素影响，在组织培养模式下诱导试管薯的可控性好，是研究影响块茎形成因素的重要模式。诱薯液中的蔗糖不但为试管薯膨大提供碳源，而且对块茎发育过程中一些重要酶的基因表达及贮藏蛋白积累具有重要影响，是试管薯诱导的关键因素，当蔗糖浓度为8%～12%时，试管薯诱导效果较好[14～15]。

目前，关于彩色马铃薯试管薯诱导的研究报道很少，水杨酸处理对彩薯形成的作用几乎未见报道。本试验选用多个组合的彩色薯杂交后代为材料，比较组织培养诱导试管薯和网棚基质生产薯块两种模式下，外源水杨酸对彩色马铃薯块茎形成的作用，探索提高彩色马铃薯结薯效率的方法。

1 材料与方法

1.1 试验材料

马铃薯杂交后代株系：绵16-3-4、绵16-4-1、绵16-6-1、绵16-6-8、绵16-6-12、绵16-7-9、绵16-9-18、绵16-12-3，均为薯肉含花青素的彩色薯，由绵阳市农业科学研究院薯类研究所提供，主要性状如表1。

表1　试验材料块茎的主要性状

株系	熟期	薯形	芽眼深浅	薯皮色	薯肉色
绵16-3-4	早中熟	椭圆	浅	红	黄肉红纹
绵16-4-1	早熟	椭圆	中等	红	黄肉红纹
绵16-6-1	早熟	圆	中等	紫	紫
绵16-6-8	早中熟	圆	深	紫	紫
绵16-6-12	晚熟	圆	深	紫	紫
绵16-7-9	中晚熟	圆	深	紫	紫
绵16-9-18	中熟	长椭圆	浅	红	红
绵16-12-3	中熟	椭圆	中等	红	黄肉红纹

1.2 试验方法

1.2.1 试管苗扩繁

剪取带1～2个腋芽的茎段接入扩繁培养基MS营养成分+30 g/L蔗糖+6 g/L琼脂，pH值5.8～6.0，每瓶接入11～12个茎段，每隔15 d扩繁1次。培养条件：光照时间16 h光/8 h暗，光强60 μmol/m²·s，温度22 ℃±1 ℃[18]。

1.2.2 试管薯诱导

试管苗培养约30 d长成壮苗后，在无菌条件下，每瓶加入40 mL诱薯液。对照，加入基本诱薯液MS营养成分+2 mg/L 6-BA（6-苄基腺嘌呤）+6 mg/L B₉（丁酰肼）+8%蔗糖+0.5 g/L活性炭。阳性对照，将诱薯液中的蔗糖含量升到12%以增加碳源供应；水杨酸处理，参考韩德俊等人[8]研究，在基本诱薯液中加入水杨酸至浓度70 mg/L。3瓶为1个重复，各3次重复，全黑暗条件下诱导试管薯。

1.2.3 试管薯指标测定

试管薯诱导期间，定期观察，统计结薯数。诱导约75 d，产量保持稳定时，将试管薯取出洗净，统计株数、结薯数，称重。采用碘比色法测定试管薯淀粉含量、蒽酮比色法测定试管薯可溶性糖含量、TTC法测定试管薯活力[16]。

1.2.4 生产试管薯的试剂成本比较

按购买试剂的价格，计算试管苗扩繁培养基（用量为 30 mL/ 瓶）和基本诱薯液（用量为 40 mL/ 瓶）以及处理需要添加试剂的总成本，对比分析对照、阳性对照、水杨酸处理所需试剂成本。MS 为 0.16 元 /g，用量为 4.74 g/L。蔗糖 0.032 元 /g、琼脂 0.272 元 /g、6–BA 23 元 /g、B9 0.95 元 /g、活性炭 0.05 元 /g、水杨酸 0.064 元 /g。

1.2.5 试管苗移栽与原原种收获统计

试管苗清洗后于 10 月 30 ～ 31 日带根移栽于大棚，基质成分营养土：椰糠 =1 ：1，密度 200 株 / m²。移栽浇水后盖膜保湿保温，7 d 后揭膜。移栽后 7d 和 14 d 喷施水杨酸，参考 Koda 的研究 [7]，将浓度调至 140 mg/L，喷施于植株底部。1 行 8 株，1 个重复 3 行，水杨酸处理 3 次重复。于次年 2 月 13 日收获并统计单株原原种产量。

1.2.6 数据统计与分析

用 Excel 2013 和 DPS v7.65 软件进行数据统计与分析。

2 结果与分析

2.1 水杨酸对试管薯形成的影响

诱薯液中加入水杨酸能促进彩色马铃薯提前结薯，可比对照平均提前 15 ～ 25 d 形成直径 3 ～ 5 mm 薯块，如图 1 所示绵 16-3-4 和绵 16-6-1 在加入诱薯液 15 d 后就形成多个彩色薯块，而对照此时未见薯块形成。不同株系对水杨酸刺激的响应存在明显差异，其中早熟材料绵 16-3-4、绵 16-4-1、绵 16-6-1 反应敏感，不仅结薯提前而且薯块数量显著增多，而偏晚熟材料绵 16-6-12、绵 16-7-9 的响应较弱，到后期与对照在结薯数量上的差异不显著。水杨酸刺激试管薯提前形成，在诱导前、中期的薯块数量与对照差异极显著，但随着诱导时间的增加，对照薯块形成，两者间的差距缩小，对水杨酸不敏感的材料与对照的数量相似（图 2）。

图 1 水杨酸诱导试管薯提前形成

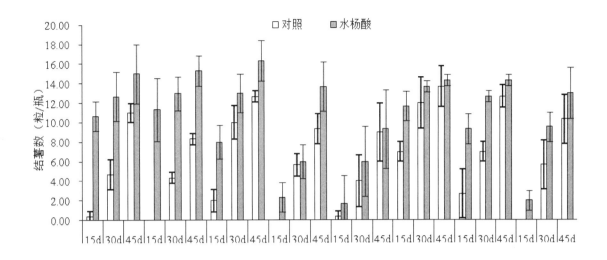

图2 结薯粒数随时间变化

2.2 水杨酸对试管薯单株产量的影响

如图3所示，阳性对照与水杨酸均能不同程度地提高试管薯单株产量，但不同株系对两者的敏感性存在明显差异。与对照相比，蔗糖含量升高到12%的阳性对照能极显著提高绵16-3-4、绵16-4-1等6个株系的单株产量，以绵16-6-8增产幅度最高，达147%。水杨酸处理极显著或显著提高了除绵16-6-12外的7个株系的单株产量，增产幅度19%～160%。水杨酸处理下有4个株系的单株产量显著或极显著高于阳性对照，其中绵16-4-1的单株产量是阳性对照的1.98倍，差异达极显著水平。蔗糖与水杨酸处理均不能促进绵16-6-12的试管薯形成。

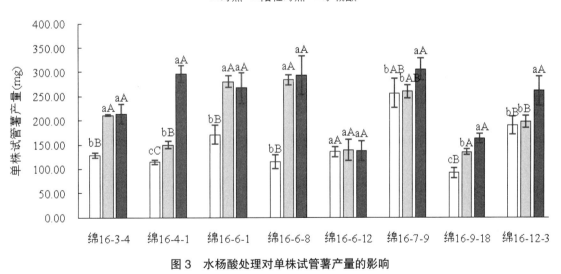

图3 水杨酸处理对单株试管薯产量的影响

注：不同大、小写字母分别表示同一株系不同处理的数值在0.01、0.05水平上的差异显著性，以下相同。

2.3 水杨酸对试管薯淀粉的影响

从图4可以看出，与对照相比，阳性对照极显著或显著提高了绵16-4-1、绵16-6-1、绵16-6-12、绵16-9-18、绵16-12-3的淀粉含量，升幅最高达28%，其他株系淀粉含量虽然也有一定程度升高但未达显著水平。水杨酸处理极显著降低绵16-3-4、绵16-4-1、绵16-9-18淀粉含量，对其他株系表现出不显著的降低淀粉含量作用。

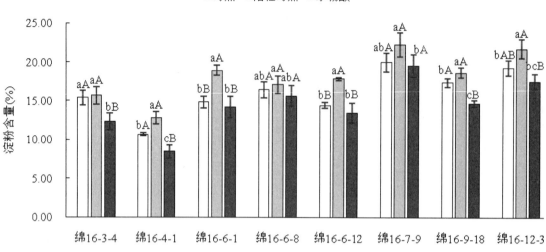

图 4　水杨酸处理对淀粉含量的影响

阳性对照既能提高多数株系的单株产量，也能提高淀粉含量，因此极显著或显著提高除绵 16-7-9 外的其他所有株系的单株淀粉产量，提高幅度 26% ~ 155%（图 5）。水杨酸处理虽会降低薯块的淀粉含量，但由于单株产量的提高，所以单株淀粉产量也得到提高，除绵 16-6-12 和绵 16-7-9 外，其他所有株系的单株淀粉产量增幅 33% ~ 165%。

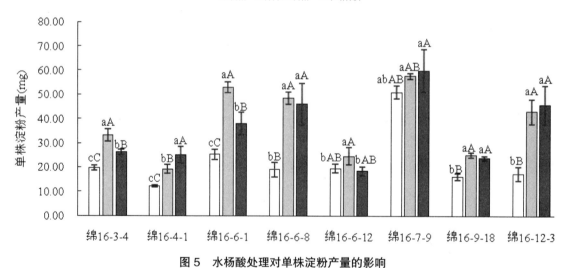

图 5　水杨酸处理对单株淀粉产量的影响

2.4　水杨酸对试管薯可溶性糖含量的影响

由图 6 可见，阳性对照中株系绵 16-6-12 和绵 16-9-18 的可溶性糖含量显著上升，绵 16-6-1 和绵 16-7-9 极显著或显著下降。水杨酸处理下，绵 16-3-4、绵 16-6-8、绵 16-7-9、绵 16-9-18、绵 16-12-3 的可溶性糖含量极显著或显著上升，而绵 16-4-1 和绵 16-6-1 极显著或显著下降。即不同株系在同一处理下的可溶性糖含量的变化趋势不同，对同一刺激的反应存在明显差异。

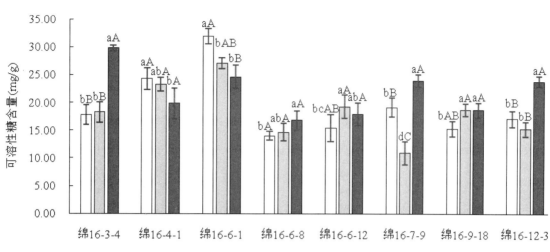

图6 水杨酸处理对可溶性糖含量的影响

2.5 水杨酸对试管薯活力影响

由图7可见，与对照相比，蔗糖和水杨酸不同程度地降低了试管薯活力。阳性对照使绵16-3-4和绵16-12-3的试管薯活力显著降低；水杨酸处理显著降低绵16-4-1、绵16-6-1、绵16-7-9和绵16-12-3的试管薯活力，极显著降低绵16-3-4、绵16-6-8，以绵16-6-8降低幅度最高，达55.78%。两种刺激降低试管薯活力，推测与它们促进了结薯提前，在后期测定时，块茎已经老化有关。

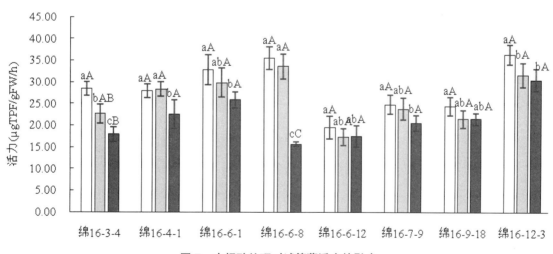

图7 水杨酸处理对试管薯活力的影响

此外，试验测定了彩色马铃薯的花青素含量，但由于试管薯本身花青素含量较低，与对照相比，阳性对照显著提高了绵16-6-12的花青素含量外，其余试管薯的花青素含量基本没有显著变化。

2.6 水杨酸提高彩色薯试管薯产量的效益分析

增加蔗糖的阳性对照和水杨酸处理均能不同程度地提高彩色薯的试管薯产量，由此统计了试剂成本。从表2可以明显看出，虽然阳性对照能增产，但由于蔗糖本身价格不低且添加量大，所以并不能降低成本。水杨酸价格和用量均较低，对降低彩薯成本极为明显，生产1 kg试管薯平均可节约试剂成本43.11%，生产1万粒试管薯最高可节约成本70.06%，有较大优势，具有实际应用价值。

表 2   成本分析

处理	平均单株产量（mg）	1 kg 试管薯试剂成本（元）	单薯重（g）	1 万粒试管薯试剂成本（元）
对照	137.64	156.1	0.07 ~ 0.19	109.3 ~ 296.6
阳性对照	206.92	126.3	0.08 ~ 0.23	101.1 ~ 290.5
水杨酸	242.09	88.8	0.10 ~ 0.25	88.8 ~ 222.0

2.8   水杨酸对秋季晚栽试管苗单株产量的影响

秋季晚栽的试管苗常常因中、后期温度下降快，生长期较短而影响产量。本试验在 10 月底栽苗，12 月中旬所搭拱棚上的积水已能结冰，材料几乎不生长，植株可利用的光热资源已低到极限。由图 8 可以看出因温度太低，植株生长缓慢，移栽后 30 d 仍矮小（左），但水杨酸处理后刺激薯块提前形成，绵 16-3-4 已形成直径约 1 cm 红色薯块（右）。

图 8   移栽 30 d 后的植株和结薯

晚栽试管苗造成光热资源的短缺，这极大地抑制块茎形成，与光热资源充足的春季相比同一株系的单株产量下降 23.29% ~ 86.68%（春季数据未单独列出）。由表 3 所示，水杨酸处理能不同程度的刺激单株产量提高，其中前 4 个株系达极显著水平，绵 16-4-1 升高 116.56%，变化最大，而绵 16-6-12、绵 16-7-9 和绵 16-12-3 的变化不显著。这一响应程度与试管薯对水杨酸的敏感度相似，推测水杨酸刺激结薯提前，相对增加了前期可利用的光热资源用于薯块形成，所以产量得到显著提高。

表 3   水杨酸对秋季晚栽试管苗单株产量的影响

株系	对照（g）	水杨酸（g）	变化率（%）
绵 16-3-4	9.97 ± 1.21 bB	13.54 ± 0.96 aA	+35.87
绵 16-4-1	7.44 ± 0.37 bB	16.11 ± 1.17 aA	+116.56
绵 16-6-1	7.17 ± 0.63 bB	11.14 ± 1.49 aA	+55.34
绵 16-6-8	6.14 ± 0.52 bB	11.50 ± 1.76 aA	+87.18
绵 16-6-12	8.38 ± 1.34 aA	9.47 ± 1.27 aA	+12.98
绵 16-7-9	10.64 ± 1.63 aA	10.01 ± 1.44 aA	-5.93
绵 16-9-18	13.26 ± 1.11 bA	16.39 ± 0.89 aA	+23.59
绵 16-12-3	13.82 ± 1.08 aA	12.55 ± 0.89 aA	-9.23

注：不同大、小写字母分别表示同一株系水杨酸和对照的数值在 0.01、0.05 水平上的差异显著性。

3 讨论与结论

提高诱薯液中的蔗糖量不仅能提高彩色马铃薯试管薯单株产量，还能促进淀粉积累，提高单株淀粉产量。已知蔗糖是光合作用的主要产物，也是植物体内碳水化合物运输的主要形式，同时还是淀粉合成的前体物质，能提供能源和物质合成基础[17]。不同于外界自然条件下的利用光合作用自养，在组织培养模式下，植株生长和薯块形成依靠外源蔗糖供应作为唯一碳源，因此，适当的增加蔗糖供应能促进结薯，并能提高块茎淀粉积累。

水杨酸处理极显著提高了彩色马铃薯试管薯单株产量，不同株系增产幅度19%～160%，这一结果与 Nistor 等的研究相似，水杨酸有很强的块茎诱导活性，能促进马铃薯试管薯的形成，进而提高产量[18～20]。已知异烟肼酸及其葡萄糖苷在短日照条件下产生于叶中，它们控制马铃薯块茎形成，异烟肼酸结构与茉莉酸相似，茉莉酸也有很强的块茎形诱导活性[21～23]，水杨酸的活性只有其1‰。但水杨酸处理植株的异烟肼酸和茉莉酸没有差异，说明水杨酸的诱导活性不是通过促进异烟肼酸和茉莉酸的合成实现，其促进薯块形成的机制有待进一步研究。水杨酸在提高产量的同时降低了淀粉含量，而蔗糖处理能同时提高产量和淀粉含量，推测蔗糖作为有机碳源的直接供应物，其提高能保证淀粉合成所需，而水杨酸虽能促进结薯，但因碳源供应不足，使产量提高的同时淀粉含量略有下降，存在稀释效应，因此试管薯诱导中，保证碳源供应有利于试管薯品质形成。

水杨酸具有促进结薯提前的作用，可比对照平均提前15～25 d形成直径3～5 mm薯块。这与韩德俊等多人报道的水杨酸可以刺激结薯和加速试管薯形成的研究结果一致[7～8]。由此可以解释水杨酸处理的薯块活力偏低问题，因部分株系属于早熟材料，而水杨酸处理进一步使结薯提前，在检测时薯块已开始老化，造成活力偏低现象。西南地区秋季因温度下降较快，适于马铃薯生长的时间偏短，用赤霉素和油菜素内酯处理种薯，促进种薯提前发芽和结薯，能增加前期对光热资源的利用，极显著提高产量（37.92%～98.41%）[24]。本试验中，通过喷施水杨酸刺激结薯提前，相对增加了前期可利用的光热资源用于薯块形成，同样使产量得到显著提高。

本试验证实水杨酸处理可促进多数彩色薯材料提前结薯并提高单株产量，为降低工厂化生产试管薯成本和降低逆境下的产量损失提供一定参考依据。水杨酸属于天然产物，容易获得且使用方便，价廉且用量低，具有很好的提高马铃薯结薯和抗逆境胁迫的应用潜力。

参考文献

[1] 黄凤玲，张琳，李先德，等.中国马铃薯产业发展现状及对策[J].农业展望，2017，13（1）：25-31.

[2] 杨雅伦，郭燕枝，孙君茂.我国马铃薯产业发展现状及未来展望[J].中国农业科技导报，2017，19（1）：29-36.

[3] 包丽仙，李山云，杨琼芬，等.引进彩色马铃薯资源的农艺性状及块茎性状评价[J].西南农业学报，2012，25（4）：1187-1192.

[4] Brown CR，Wrolstad R，Durst R，et al. Breeding studies in potatoes containing high concentrations of anthocyanins[J]. American Journal of Potato Research，2003，80（4）：241-249.

[5] 张艳萍，裴怀弟，石有太，等.大量元素的浓度改变对彩色马铃薯试管薯诱导的影响[J].江苏农业科学，2014，42（12）：38-40.

[6] 李合生.现代植物生理学（第3版）[M].北京：高等教育出版社，2012.

[7] Koda Y, Takahashi K, Kikuta Y. Potato tuber-inducing activities of salicylic acid and related compounds[J]. Journal of Plant Growth Regulation, 1992, 11（4）: 215-219.

[8] 韩德俊, 陈耀锋, 李春莲, 等. 水杨酸对马铃薯试管微薯形成的影响研究 [J]. 西北植物学报, 1999, 19（3）: 428-433.

[9] 李亚男, 陈大清. 水杨酸对甘薯的生理效应和块根产量的影响 [J]. 湖北农学院学报, 1996（3）: 190-193.

[10] 回振龙, 王蒂, 李宗国, 等. 外源水杨酸对连作马铃薯生长发育及抗性生理的影响 [J]. 干旱地区农业研究, 2014, 32（4）: 1-8.

[11] 汤晓莉, 薛红芬, 邓国宾, 等. 水杨酸诱导马铃薯疮痂病抗性的生理机制研究. 西南农业学报, 2010, 23（6）: 1851-1854.

[12] 李华伟, 林志坚, 许泳清, 等. 外源水杨酸对低温胁迫下马铃薯幼苗生理指标的影响 [J]. 分子植物育种, 2018, 16（10）: 3321-3326.

[13] Hayat S and Ahmad A. Salicylic acid-plant growth and development [M]. New York: Springer Dordrecht Heidelberg, 2013: 249-264.

[14] 李婉琳, 郭华春, 彭丽, 等. 蔗糖浓度及苗龄对马铃薯新品种'丽薯6号'试管薯诱导的效果 [J]. 中国马铃薯, 2013（2）: 72-76.

[15] 李灿辉, 王军, 龙维彪. 马铃薯块茎特异蛋白Patatin研究进展 [J]. 马铃薯杂志, 1998, 12（3）: 179-186.

[16] 熊庆娥. 植物生理学实验教程 [M]. 成都: 四川科学技术出版社, 2003: 196-194.

[17] 宁志珩, 吕国华, 贾晓鹰. 脱毒马铃薯试管薯诱导技术探索 [J]. 中国马铃薯, 2007, 21（1）: 33-38.

[18] 韩德俊, 陈耀锋, 王亚娟, 等. 水杨酸和不同糖浓度对马铃薯试管微薯形成与生长的影响研究 [J]. 西北植物学报, 1999, 19（6）: 92-96.

[19] Nistor A, Chiru N, Cioloca M, et al. Potato microtuberisation under the influence of certain organic acids [J]. Studia Universitatis Vasile Goldis Seria Stiintele Vietii, 2013, 23（3）: 373-379.

[20] 陈大清, 王雪英, 李亚男. 水杨酸和茉莉酸甲酯对试管马铃薯形成的影响 [J]. 华中农业大学学报, 2005, 24（1）: 74-78.

[21] 张小微. 茉莉酸调控的二倍体马铃薯离体块茎发育差异蛋白质组学分析 [D]. 甘肃农业大学, 2017.

[22] Bazabakana R, Wattiez R, Baucher M, et al. Effect of jasmonic acid on developmental morphology during in vitro tuberization of Dioscorea alata（L.）[J]. Plant Growth Regulation, 2003, 40（3）: 229-237.

[23] Ku A T, Huang Y S, Wang Y S, et al. IbMADS1（Ipomoea batatas MADS-box 1 gene）is Involved in Tuberous Root Initiation in Sweet Potato（Ipomoea batatas）[J]. Annals of Botany, 2008, 102（1）: 57-67.

[24] 邹雪, 邓孟胜, 李立芹, 等. 油菜素内酯合成和信号转导基因在马铃薯块茎贮藏期间的表达变化及对萌芽的影响 [J]. 作物学报, 2017, 43: 811-820.

四川低海拔地区马铃薯杂交实生种子制种技术研究

邹　雪，丁　凡*，刘丽芳，余韩开宗，陈年伟，余金龙

（绵阳市农业科学研究院，四川绵阳　621023）

摘　要： 本试验从激素、温湿度、光照和亲本选择等多方面综合研究这些因素对四川低海拔地区马铃薯开花和杂交坐果的影响，以提高杂交制种效率。光照促进开花提前，激素处理使株高和分枝均极显著增加，形成更多花序以延长花期。以组合 48 μg/L 24–eBL +5 mg/L TDZ +100 mg/L GA$_3$ 作用效果最佳，花期最高可延长 32 d。授粉前喷水处理可减缓温度过高湿度低不利于坐果的问题，平均坐果率是对照的 3.25 倍。亲本选择直接决定制种效率，自育材料 R 作父本的杂交亲和性高，与 11 个材料杂交均能坐果，结实率在 25% ~ 100%，但不能作母本；CIP 材料 A6 与 A10 不适合作父本，但作母本的杂交效率高达 85.71%（12/14）、92.86%（13/14）。多数材料在山区的开花时间晚于平坝区，并且不经激素处理就能高效开花，将平坝与山区多样化的生态优势互补利用能促进更多材料的花期相遇，可将制种时间延长 30 d 左右。结合平坝与周边山区多样性生态优势，建立了一套适于低海拔地区的高效杂交制种技术，为选育优良品种奠定坚实基础。

关键词： 马铃薯；低海拔地区；诱导开花；温湿度；赤霉素；油菜素内酯

马铃薯适应性强、产量稳定、营养全面，至 2016 年在中国的种植面积已达 581.51 万 hm^2，总产 9 912.24 万 t，均列世界第一（FAO，2016）。马铃薯既可菜用又能加工成薯条、薯片、面食等，培育符合市场多元化需求的优良专用新品种是产业长远发展的关键。

马铃薯主要依靠块茎上的芽无性繁殖，但也能开花授粉通过有性繁殖产生植物学意义上真正的种子，称为实生种子。中国现今育成的马铃薯品种有 622 个，生产上应用的有 120 个左右，其中通过杂交育种育成的有 601 个，杂交育种仍然是培育马铃薯新品种的最主要方式[1]。常规马铃薯栽培品种属同源四倍体且遗传组成高度杂合，增加了优良品种选育难度，有性杂交结合海量筛选是国内外马铃薯品种选育的主要途径[2]。配制杂交组合获得 F1 代实生种子，由于 F1 代已性状分离并且马铃薯可通过块茎无性繁殖，所以之后是进行多代无性世代的性状评价和选择。虽然从 F1 代性状就已分离固定，但由于马铃薯一些主要商品性状如块茎产量、数量、大小和比重等易受环境影响，无性世代品系通常需要进行多年多点的试验评价，所以育成一个马铃薯新品种通常需要 10 年左右的时间[3]。

基金项目： 四川省科技厅公益性育种攻关项目（2016NYZ0032）。

作者简介： 邹雪（1984—），女，助理研究员，博士，研究方向：马铃薯良种繁育。E-mail：zou_xue_2008@aliyun.com。

* **通讯作者：** 丁凡，男，高级农艺师，主要从事薯类育种与栽培技术研究。E-mail：38862234@qq.com。

马铃薯开花茂盛是制种的前提，光照充足且长日照能够促进马铃薯花蕾分化，尤其对本身开花数量少的品种[4]。早熟材料一般开花少，在日照不足的四川低海拔地区甚至不开花。由于影响马铃薯开花和坐果的环境因素较多，即使马铃薯杂交制种是一项非常传统的技术，但不同生态条件以及管理水平的差异使得各地制种效率存在明显差异，田间杂交授粉的坐果率一般只有2%，而在网棚和温室中的坐果率远高于大田[5]。国外集育种、种薯生产、鲜食薯销售于一体的大型公司，能够根据市场需求选育专用品种并推广，一般育种技术成熟且效率高，年收获25万~50万粒实生种子。四川虽可多季种植马铃薯，但仅有春季属于长日照季节满足马铃薯开花结实所必需的光周期条件。川内低海拔地区因光照不足，能开花的材料少且花期很短，即使坐果也常因5~6月的高温而掉果；川西北高原冷凉地区如甘孜、阿坝等地没有上述问题，但这些地方较为偏远，易受野生动物破坏，材料管理不便，常发生突感病未能收获果实的情况。杂交制种效率低是制约优良新品种选育的重要原因之一。

四川绵阳境内生态环境多样，除低海拔平坝区，位于西北部的北川县地处龙门山脉，海拔1 000 m以上，光照充足，在块茎膨大期的平均气温多维持在17~25 ℃，是四川省重要的马铃薯种薯生产基地，常年种植面积均在9万亩以上。本试验在绵阳低海拔地区开展马铃薯诱花和杂交制种技术研究，并充分利用山区优势作为亲本来源以延长制种时间，为在四川低海拔地区开展马铃薯杂交制种提供参考。

1　材料与方法

1.1　试验材料

从国际马铃薯中心（CIP）和国家马铃薯改良中心克山分中心引进的马铃薯材料31份，由绵阳市农业科学研究院提供。

1.2　诱导开花与杂交授粉

平坝区试验点位于绵阳市农业科学研究院网棚（游仙区松垭镇，海拔约500 m）；山区试验点位于北川兴羌生态农业科技开发有限公司网棚（北川县通口镇井泉村，海拔约1 200 m），两地相距70 km，往返耗时2~2.5h。试验于2016年1~7月进行，亲本材料的脱毒种薯用20 mg/L GA_3 浸泡20 min后盆栽，每个材料12盆，每盆2~3个薯块。基质按营养土：蛭石：椰糠=7：1：2比例，并在中间层加入50~80 g复合肥/盆，出苗20 d后补施尿素（100 g/盆）抑制结薯，促进地上部生长。

1.2.1　平坝区诱花试验

设置LED红光灯延长光照诱花处理：4：00开~8：00关、19：00开~21：00关。

设置激素诱花处理：对照CK喷施清水，处理1为100 mg/L GA_3（赤霉素），处理2为48 μg/L 24-eBL（24-表油菜素内酯），处理3为5 mg/L TDZ（噻苯隆），处理4为48 μg/L 24-eBL +5 mg/L TDZ +100 mg/L GA_3，出苗后20 d和35d喷施。统计株高、分支，从现蕾到开花所需时间，花期等指标。

设置授粉前湿度处理：处理1授粉前用水管浇灌整个育种棚，处理2先用小喷壶向柱头喷水雾，再授粉，统计坐果率。

1.2.2　杂交授粉

取花药开裂的新鲜花朵，室内摊晾4~6 h后通过拍打花药使花粉散出，收集花粉于PCR管中，冻于存于4 ℃一周内使用均有效，两地取花粉互补使用。用镊子去除花蕾（花药未裂口）的雄蕊，先用装清水的小喷壶喷施花朵至能滴水为止，再将雌蕊柱头粘取花粉完成授粉。试验随机配制约122个组合，每个组合授粉花数超过20朵。

授粉后1~2 d，配制0.1 mg/L萘乙酸并加1g/L 50% 多菌灵喷施已授粉花序，以防花梗脱落。

1.2.3 种子收集保存

果实直径达到 1.5 cm 后将果实和吊牌一起套入网袋并扎口，防混收。浆果变软时采收，挂于室内后熟 14 ~ 20 d 将种子洗出，室内晾干后于干燥低温条件下贮藏。

2 结果与分析

2.1 外源因素对平坝区开花与杂交制种的影响

2.1.1 植物生长调节剂对植株生长及开花的影响

由表 1 可以看出含有 100 mg/L GA$_3$ 的处理均能促进植株地上部生长和分枝增多，不同材料间的株高增幅 30.77% ~ 54.54% 不等，其中青薯 9 号株高达到了约 170 cm，在所有处理材料中最高。含有 24-eBL 和 TDZ 的处理则明显促进分支增多。地上部的旺盛生长为开花和结实提供营养供应，是最终获得种子的重要前提条件。

由于各材料数量有限，所以 4 种激素喷施处理是各随机选择 6 种材料进行。几种处理均能不同程度地促进开花，延长花期。激素处理 24 份材料，其中只有 3 种未开花，开花率为 87.50%；且开花繁茂（单株每天开花数超过 15 朵或花蕾数超过 30 个）的材料有 11 份。未处理材料 7 份，只有 4 份开花，开花率为 57.14%，且花数少，没有材料属于开花繁茂型。说明激素处理不仅能显著提高开花几率，而且能促进花芽分化。同时激素处理还缩短从现蕾到开花需要的时间，各激素处理从现蕾到开花所需时间由 8 d 到 13 d 不等，平均需要约 11 d，而未处理材料平均需要 16 d。激素处理促进花芽分化，形成更多花序因而延长了花期，其中以组合 48 μ g/L 24-eBL +5 mg/L TDZ +100 mg/L GA$_3$ 处理效果最佳。在该处理下材料 A10（CIP 编号 395 109.29）的花期最长可达 76 d，所有材料的平均花期 59 d，而未处理材料的花期最长只有 35 d，平均只有 27 d（表 1）。

表 1　各处理对株高、分支数和开花的影响

处理	株高（cm）	分支数	现蕾到开花所需时间（d）	花期（d）
CK	65 ~ 110	2 ~ 3	16	27
100 mg/L GA3	80 ~ 170	3 ~ 5	12	47
48 μ g/L 24-eBL	60 ~ 110	5 ~ 8	13	37
25 mg/L TDZ	75 ~ 110	5 ~ 8	9	41
48 μ g/L 24-eBL +25 mg/L TDZ +100 mg/L GA3	85 ~ 170	6 ~ 15	8	59

由于品种之间的花期差异大，最佳处理中，花期最长的材料可达 76 d，花期最短的是 M1287，但也有 36 d，而在另一地点不喷施激素该材料没有开花。所以虽然不同材料花期差异大，但总体来说该处理是明显促进开花并延长花期的。

2.1.2 温度和湿度对坐果的影响

试验在 4 月上中下旬和 5 月底分 4 个批次授粉，随机配制了 122 个组合，有 82 个组合最终收获种子。由于不同亲本的遗传差异和不同组合间的杂交效应问题，造成组合间的坐果率、单个果实所结种子数差异均较大。坐果率最高可达 100%，最低则为 0；而单个果实中的种子数最高为 208 粒 / 个，最低为 1 粒 / 个。4 个批次授粉时的温度和湿度不同，对坐果率产生明显影响，通过增加授粉时的湿度能显著提高坐果率。

网棚中的温湿度变化及授粉时间点如图 1 所示，相应的坐果率，单个果实的种子数见表 2。第 1 批授粉温度在 20 ℃ 左右，授粉前对网棚浇水使湿度增高到 90%，平均坐果率在 4 个批次中最高，为

37.5%，是非常适合马铃薯坐果的条件。第 2 批和第 3 批授粉时的温、湿度情况相似，温度均在 25 ℃左右，而湿度在 50% ~ 55%，对于授粉来说环境湿度偏小。授粉环境条件最差的是第 4 批次，湿度已低至 32%，而温度却超过了 35 ℃。但对比平均坐果率和每个果实的平均种子数，发现第 3 批和第 4 批的坐果率较为接近，而这两批次的共同点是授粉前用小喷壶向柱头喷水雾增加了局部湿度。第 2 批与第 3 批的授粉环境相似，但因第 2 批授粉前未喷水，使得其坐果率和种子数明显低于后者；第 4 批的授粉环境最差，却因增加雌蕊柱头湿度提高了坐果率，单果平均种子数与第 1 批相似。上述结果说明授粉前补充柱头湿度能够缓解环境的不利因素，保证坐果率和种子数。

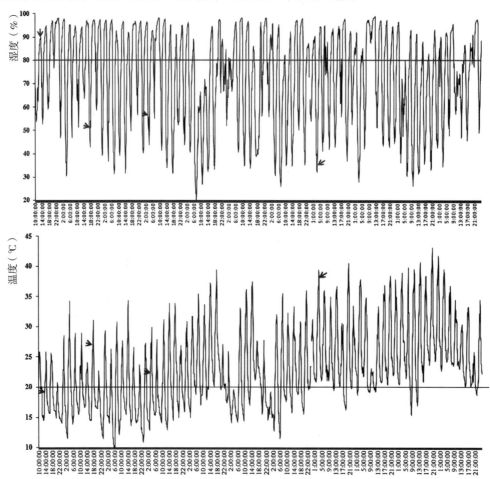

图 1　授粉期间网棚内的湿度和温度变化

注：箭头依次表示四个批次的授粉时间点；每隔 1 h 记录 1 次温度和湿度，从 4 月 5 日到 6 月 27 日分别记录 1 940 个数值。

表 2　不同时期授粉和增湿处理对坐果的影响

批次	增湿处理	坐果率	收获果数	种子数	种子数 / 个果实
1	+++	37.5%	43	2425	53.89
2	−	11.54%	13	477	36.69
3	+	29.56%	48	2026	42.21
4	+	22.48%	26	1424	54.77

注：第 1 批 4 月 6 日，第 2 批 4 月 14 日，第 3 批 4 月 24 日，第 4 批 5 月 31 日；+++ 授粉之前用水管浇灌整个网棚；+ 先用小喷壶向柱头喷水雾，再授粉；− 未处理。

2.1.3 延长光照对开花的影响

材料出苗后，每天延长光照6 h促进了花蕾分化，具有使开花提早的作用，如图2示LED灯管下的亲本B11（CIP编号800290）已现蕾，而CK才开始分化出花芽，比CK提早开花约20 d左右。

CK   LED 红光

图2 LED红光对花芽分化的影响

2.2 亲本组合对杂交效率的影响

材料间不同组合的结实能力差异较大，其中A10（CIP编号395 109.29）和A6（CIP编号396 031.108）作母本的杂交成功率都很高，分别为13/14（92.86%）和12/14（85.71%）。由图3可以看出A10与不同父本杂交的坐果率大多高于A6的，前者33.33 ~ 80%，后者6.87% ~ 50.00%，但A10平均每个果实所结种子数大多低于A6，其中A6与GZ3–D组合的种子数高达208粒/个。此外，两者所结果实差异也非常明显，如图4所示A6所结果实均为椭圆形、壁薄籽多；而A10所结果实均为圆形、壁厚，种子相对较少，果实结构的不同可能也是导致两者种子数量差异的原因之一。两者都不适合作父本，虽然醋酸洋红染色检测A10花粉的畸形率低，但可育性非常差，在8个组合中仅1个组合收获2个果实15粒种子；而A6的花粉粒形状不规则、瘪缩和不着色，畸形率高达81.71%。

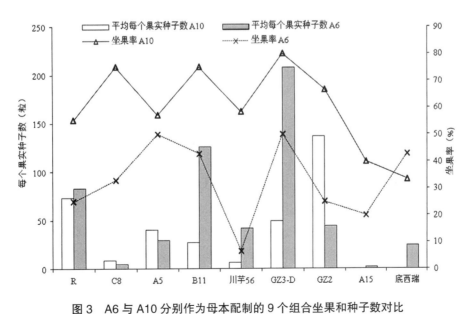

图3 A6与A10分别作为母本配制的9个组合坐果和种子数对比

注：来自于CIP的材料所对应的编号A6：395 109.29；A10：396 031.108；C8：392 780.1；A5：395 017.14；
B11：396 004.263；A15：391 004.18。

R 作父本随机与 11 个材料杂交都能坐果，坐果率在 25% ～ 100%，其中有 5 个组合的坐果率高达 100%，说明它作为父本亲和力高，可育性强。这些果实所结种子数量也多，平均 97.40 粒 / 个，处于中上水平。但 R 不适合作母本，其作母本配制的 3 个组合都没有种子（图 4）。

图 4　A6、A10、R 作母本所结果实对比

2.3　平坝和山区开花坐果差异分析

试验有 25 份材料在两地同时种植，其中 16 份在两地均开花，5 份材料仅在山区开花，2 份材料仅在院里开花，2 份材料在两地均没有开花。平坝区的材料多数是经激素处理的，但开花材料仍没有山区多，因此，海拔高、光照强的山区有适合马铃薯开花的天然优势。由于低海拔地区的升温要早于高海拔地区，多数材料在平坝区的开花时间明显早于山区，最多可以提前 21 d（图 5）。但 GZ3-D、GZ2、GZ5 这三个材料的开花时间正好相反，在山区要早于平坝区。这三个材料的共同特点是均为含花青素的彩色薯，推测它们开花需要高强光刺激，而低海拔地区只有 5 ～ 6 月的初夏才能有这样的光照强度，所以它们的开花时间晚。

同时山区无蚜虫，花朵偏大，花粉量多。利用两地的花期差异，可以增加杂交组合几率，并延长授粉时间 30 d 左右，增加制种数量。

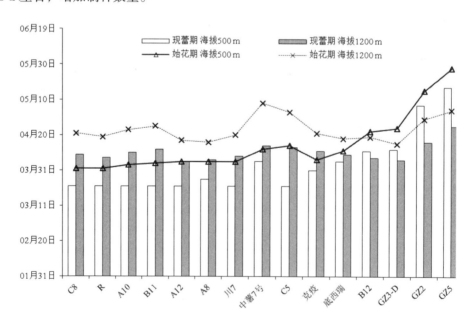

图 5　不同海拔高度对开花时间的影响

注：来自于 CIP 的材料所对应的编号 C8：392 780.1；A10：396 031.108；B11：396 004.263；A12：396 241.4；
　　A8：395 193.6；C5：381 381.2；B12：800290。

3 讨论与结论

马铃薯起源于南美洲，属短日照型作物（结薯），即短日照促进结薯，长日照型促进开花。马铃薯品种的花量、花期既与品种熟期相关，也与光周期密切相关。一般早熟品种花量少、花期短，而中晚熟品种花多且花期长 [4]。四川平坝地区春夏季的日照时间对短日照型马铃薯诱导开花足够，而对长日照型品种则由于光照时间有光照强度不足可能不会开花或花量少。延长光照时间可促进鸢尾花期提前 50 ~ 56 d，增加花数和开花时长（7 ~ 14 d）[6]。蒲草在生育前期延长日照显著促进开花，遮光处理则降低分蘖，减少草茎开花率和每花序小花数 [7]。利用 LED 灯增加光照时间能增加成都平原地区马铃薯开花数量、周期并增强开花期间对低温的抵抗能力 [8]。本试验用 LED 灯增加光照时间具有促进原本不会开花的品种正常开花，能开花的品种花期提前的作用，与前人研究相似，说明在平坝地区光照不足的情况下，通过延长光照时间可以促进马铃薯开花。

利用酶联免疫法测定马铃薯花芽分化过程中的内源激素，表明开花品种的 ABA/GA_3、ABA/IAA 的比值均高于未开花品种，认为较低水平的 IAA、GA_3 和高水平的 ABA 有利于促进马铃薯花芽分化 [9]。但研究已证实外源喷施赤霉素能促进马铃薯花芽分化，提高开花数量和花粉量 [10]。吴巧玉等 [11] 对马铃薯喷施赤素能促进开化花性弱的早熟材料开花，使开花性强的中晚熟材料提前开花并延长花期。过量表达油菜素内酯合成关键基因 AtDWF4 的转基因芥菜，其内源 BR 水平提高，生长势旺，叶和花等器官都大于野生型，结荚灵敏和结种数均增加 [12]。上述研究均表明赤霉素和油菜素内酯具有促进植株生长和花芽分化的作用，与本试验用这两种激素互配喷施马铃薯使植株增高、生长旺盛和开花增多的结果相符。

研究表明湿度和温度是影响马铃薯坐果的关键环境因子，温度高于 30 ℃时花粉母细胞减粉分裂不能正常进行，花粉育性降低，花粉粒会在柱头上死亡，降低坐果率。平坝地区入夏后气温上升快，是在这些地区杂交种种时间偏短的重要原因，但可以通过在棚中喷水降温以增加坐果率。马铃薯田间杂交的坐果率一般低于大棚，其根本原因在于大棚中的湿度较高。研究表明授粉前的环境湿度是授粉能否成功的关键，在马铃薯杂交授粉前进行灌水处理的平均坐果率提高了 61.48% [13]，这与本试验中授粉前增湿处理提高坐果率一致。因此在平坝区制种，可通过授粉前的喷水处理减缓温度过高、湿度过低造成坐果率低的问题。

马铃薯各材料的开花坐果差异大，明确各材料间的亲和性是进行亲本选配，成功获得实生种子的关键。吕文河、齐海英等对杂交亲本进行杂交效果分析，并提出以坐果率和收获种子量来综合评价亲本的杂交效应，指导后续育种工作 [14 ~ 15]。彩色马铃薯亲本杂交中同样发现不同材料间的亲和性差异明显 [16 ~ 17]。本试验发现不同材料间的杂交效应差异极显著，材料 R 作父本的杂交配合效率可以达到 100%，并且与不同材料杂交的坐果率均较高，其花粉高亲和力的原因有待进一步研究。

在四川低海拔地区制种，可以通过喷施激素诱导开花并延长花期，通过增湿设施减小温度高湿度低造成的坐果率低的问题，同时合理利用当地多样化的生态优势，将周边山区作为采集花粉来源地以延长授粉时间，能够提高杂交制种效率，为选育本地区的优良马铃薯品种奠定基础。

参考文献

[1] Bradshaw J E. Review and analysis of limitations in ways to improve conventional potato breeding[J]. Potato Research，2017，60：171-193.

[2] 盛万民 . 我国马铃薯育种方法的研究及成效 . 第三届中－欧马铃薯产业可持续发展与技术合作

研讨会 . 云南大理，2018 .

[3] 徐建飞，金黎平 . 马铃薯遗传育种研究：现状与展望 [J]. 中国农业科学，2017，50（6）：990-1015.

[4] 孙慧生 . 马铃薯育种学 [M]. 北京：中国农业出版社 . 2008.

[5] 罗磊 . 定西市马铃薯杂交坐果率的提高措施和高效杂交方法 [J]. 现代农业科技，2010，（23）：109，112.

[6] 刘慧春，朱开元，邹清成，等 . 光照对路易斯安娜鸢尾生长和开花的影响 [J]. 浙江农业科学，2015，56（1）：85-87.

[7] 沈伟其，张国平，桂文光 . 光照对蔺草生长和草茎开花率的影响 [J]. 应用生态学报，2002，13（5）：577-580.

[8] 李华鹏，彭小荷，王琳，等 . 成都平原地区增加光照时数对马铃薯开花的影响 [J]. 西南农业学报，2018，31（1）：136-140.

[9] 艾星梅，何睿宇，胡燕芳 . 马铃薯花芽分化与内源激素动态变化的关系 [J]. 西北植物学报，2018，38（1）：87-94.

[10] 孙慧生 . 马铃薯育种学 [M]. 北京：中国农业出版社 . 2008. 76.

[11] 吴巧玉，何天久，夏锦慧 . 赤霉素对马铃薯生长及开花的影响 [J]. 广东农业科学，2014，（3）：20-22.

[12] 兰彩耘 . 超量表达 AtDWF4 基因对芥菜生长发育及抗寒性的影响 [D]. 西南大学，硕士学位论文，2016.

[13] 魏明，朱维贤，刘卫民，等 . 云南高原马铃薯杂交实生种子制种技术研究 [J]. 西南农业学报，2010，23（6）：1818-1823.

[14] 吕文河 . 马铃薯杂交育种中的亲本选配 [J]. 马铃薯杂志，1997，11（2）：120-124.

[15] 齐海英，杜珍，白小东，等 . 六个马铃薯新品种（系）的杂交效果分析 [J]. 中国马铃薯，2005，19（6）：352-354.

[16] Brown C R，Wrolstad R，Durst R，et al. Breeding studies in potatoes containing high concentrations of anthocyanins[J]. American J of Potato Research，2003，80：241-250.

[17] 吴承金，瞿勇，李大春，等 . 10 份彩色马铃薯亲本材料的杂交效果分析 [J]. 安徽农业科学，2012，40（21）：10771-10773.

成都平原冬季基质苗床繁育马铃薯脱毒苗技术研究

冯　焱，桑有顺*，陈　涛，淳　俊，汤云川，李　倩

（成都市农林科学院，四川成都　611130）

摘　要：以马铃薯品种蓉紫芋 5 号脱毒试管苗为材料，设置传统基质苗床繁育（CK）、安装温度调控装置（T1）、加盖小拱棚（T2）、安装温度调控装置和小拱棚（T3）四个处理，研究不同增温措施对基质苗床繁育马铃薯脱毒苗的影响。结果表明：在成都平原气温较低的冬季，通过在传统基质栽培设施上安装温度调控装置和加盖小拱棚，可使苗床温度保持在 15 ~ 25 ℃，较传统方法提高脱毒苗存活率 57%，提早生根 21.3 d，同时有利于形成壮苗，其根长、株高和结薯数等指标均显著优于传统方法。因此，苗床加温处理有利于组培苗提前扦插，培养健壮脱毒苗，提早剪尖扦插，相同时间内增殖苗量 2 ~ 4 倍，对提高马铃薯原原种产能具有重要的生产意义。

关键词：马铃薯；基质；加温；脱毒苗

马铃薯是粮、菜、饲、加工兼用型作物，它适用性广，丰产性好，营养丰富，经济效益高，已成为全球第四大粮食作物。据国家统计数据：2013 年四川省马铃薯面积 1 152 万 hm²，总产 1 405 万 t，面积和产量均位居全国第一。2017 年，四川省马铃薯产量占全国总产的 14%，居全国第一。马铃薯已成为四川省的优势特色作物之一 [1 ~ 3]。种薯质量是影响马铃薯产量最重要的因素，是提高生产水平的关键。国内外大量研究和实践证明，马铃薯脱毒种薯较未脱毒的退化种薯能增加单产 30% 以上。近年来四川省脱毒种薯推广率一直徘徊在 30%，脱毒种薯生产能力低已成为制约四川省马铃薯产业发展最突出的问题 [4 ~ 5]。因此，开展马铃薯脱毒种薯繁育关键技术研究，对提高原原种繁殖效率有重要意义。基质栽培是用自身不含营养成分的珍珠岩、蛭石、河沙等代替土壤作为基质，高密度扦插试管苗，在部分或全部控制温、光、水、肥及生长调节剂的条件下，快速繁育原原种 [6 ~ 12]。成都平原可以一年生产两季马铃薯原原种，即春季生产（2 月下旬至 6 月上旬）和秋季生产（9 月中下旬至 12 月中下旬），以春季生产的种薯质量较好。但传统方法生产原原种时，在 2 月中旬气温回升之后开始扦插组培苗，再通过剪尖扩繁，由于成都平原春季温度上升快，春季至夏季适合脱毒苗剪尖扦插和结薯的时间有限，致使脱毒原原种的产量不高。成都平原冬季常年气温 0 ~ 10 ℃，若组培苗扦插期提早到冬季，成活率偏低，且培育时间较长，不利于脱毒苗的繁育和后期结薯。为此，本试验通过改进隔离大棚基质栽培设施，安装温度调控装置和保温棚，提高基质苗床的温度和气温，创造适宜的培养条件，提早组培苗

基金项目：国家马铃薯产业技术体系成都综合试验站项目（农科教发 [2017]10 号）；四川马铃薯创新团队项目（川农业函 [2014]91 号）。

作者简介：冯焱（1981—），女，高级农艺师，硕士，研究方向：马铃薯良种繁育。E-mail：260811999@qq.com。

*通讯作者：桑有顺（1963—），男，推广研究员，研究方向：马铃薯良种繁育和高产栽培。E-mail：cdkxgs@163.com。

扦插期，延长脱毒苗的剪尖扦插和结薯适宜期，有限时间内增殖脱毒苗苗量，为优化冬季基质苗床繁育马铃薯脱毒苗技术提供实践依据[13～15]。

1 材料与方法

1.1 试验材料与试验设计

试验于 2017 年在成都市农林科学院隔离大棚内进行。供试材料为马铃薯品种蓉紫芋 5 号脱毒试管苗。试验共设 4 个处理：CK：传统方法，既苗床不安装温度调控装置和保温棚；T1：苗床安装温度调控装置、苗床上不加盖保温棚；T2：苗床不安装温度调控装置、苗床上加盖保温棚；T3：苗床安装温度调控装置、苗床上加盖保温棚。3 次重复。苗床栽培基质采用蛭石∶珍珠岩 =2∶1，基质层厚10 cm。

试验设计的温度调控装置设有温度控制器和温度传感器件，将一层地布 A 放于地面上，加热电线以蛇形铺设于地布 A 上形成加热层，再在加热层上铺上一层地布 B，然后将栽培基质平铺在地布 B 上；将温度控制器放在地布旁，温度传感器件一端插入栽培基质中，另一端通过电线与温度控制器相连，加热电线与温度控制器相连。地布为聚乙烯地布，温度控制器的电压为 220 V+10%，输出功率为220 V×10 A，温度控制为 1525 ℃。

试验设计的苗床长 × 宽 =14.5 m×1.5 m，加盖的小拱棚架长 × 宽 × 高 =14.5 m×1.5 m×0.5 m，弧度 1.9 m，薄膜用透光率 >80%、厚度为 6 丝、幅宽大于 2 m 的聚乙烯薄膜。试验处理 T2 和 T3，苗期每天定时观察，当棚内湿度 >90%，则在 12：00—14：00 揭开拱棚薄膜两端透气，然后再盖严保温。

2017 年 12 月 15 日将试管苗从基部剪断后扦插，扦插密度为 500 株 /m^2。

1.2 测试项目与方法

1.2.1 苗床温度和气温

于扦插后 0 d、5 d、10 d、15 d、20 d、25 d 测定每处理苗床温度和苗床上方 10 cm 处气温。测定时间为每天 8：00 和 12：00。

1.2.2 存活率和生根时间

于扦插后观察其长势，如有根长出且苗未枯萎死去则为存活；扦插苗幼根长度达 3 mm 时视为生根，以小区存活的 95% 扦插苗生根时即为该处理生根日期。

1.2.3 脱毒苗素质

于扦插后 10 d、20 d、30d 测定脱毒苗根长、茎节数、株高。

1.2.4 剪尖时间

第 1 次剪尖时间为脱毒苗株高达 10 cm 以上能剪尖扦插的时间。末次剪尖时间为 4 月 10 日前，此后由于气温升高不利于脱毒苗结薯。

1.2.5 产量

于扦插 60 d 调查单株结薯数（1 g ≤薯重），5 月 30 日收获，调查单位面积产量（1 g ≤薯重，粒 /m^2）。

1.3 统计分析方法

采用 Excel 2007 和 DPS 7.55 统计软件计算与分析试验数据。

2 结果与分析

2.1 不同处理对苗床温度和气温变化的影响

由表 1 可以看出，马铃薯脱毒试管苗扦插到基质苗床后，不同加温处理间的苗床温度和气温差异明显。其中，T3 处理苗床温度和气温均高于 CK 处理、T1 处理和 T2 处理，8：00 时和 12：00 时苗床温度和气温变幅为 15 ~ 25 ℃，有利于马铃薯脱毒苗的快速生长。

表 1　不同处理的苗床温度和气温

处理	温度（℃）	0 d		5 d		10 d		15 d		20 d		25 d	
		8:00	13:00	8:00	13:00	8:00	13:00	8:00	13:00	8:00	13:00	8:00	13:00
CK	苗床温度	6	12	6	11	10	14	10	14	6	12	7	10
	气温	6	13	6	14	10	15	10	15	6	13	7	11
T1	苗床温度	10	15	11	14	12	14	11	15	10	14	9	14
	气温	7	13	7	15	10	15	10	15	6	13	7	12
T2	苗床温度	6	15	6	13	10	14	10	15	7	13	8	14
	气温	7	16	6	15	11	16	12	17	8	16	9	16
T3	苗床温度	18	20	19	23	20	25	19	21	19	21	20	23
	气温	15	18	17	25	18	23	17	22	16	24	18	22

2.2　不同处理对脱毒苗存活率和生根情况的影响

由表 2 可见，不同处理间脱毒苗的存活率和生根时间差异达显著水平。其中，T3 处理脱毒苗存活率最高，为 99%，比 CK 的 42% 提高了 57%，比 T1 处理的 62% 提高了 37%，比 T2 处理的 61% 提高了 38%；T3 处理脱毒苗生根时间最短，为 8.5 d，比 CK 处理的 29.8 d 提早了 21.3 d，比 T1 处理的 13.7 d 提早了 5.2 d，比 T2 处理的 20.2 d 提早了 11.7 d。分析原因，可能是由于 T3 处理安装了温度调控装置和小拱棚，显著提高了脱毒苗生长环境的温度，解决了低温条件下脱毒苗存活率低的问题，且加快了脱毒苗的生长。

表 2　不同处理对脱毒苗存活率和生根情况的影响

处理	存活率（%）	提高存活率（%）	生根时间（d）	提早天数（d）
CK	42 c		29.8 a	
T1	62 b	20	13.7 cd	16.1
T2	61 b	19	20.2 b	9.6
T3	99 a	57	8.5 d	21.3

同列不同小写字母表示 0.05 水平差异显著。下同。

2.3　不同处理对脱毒苗单株素质的影响

由表 3 可以看出，脱毒马铃薯试管苗扦插到苗床后 10 d、20 d 和 30 d 时，不同处理间脱毒苗单株素质差异显著。其中，T3 处理各时期的茎节数、株高和根长等指标均优于 CK、T1 和 T2 处理，差异达显著水平。分析原因，可能是由于 T3 处理的苗床温度控制在 15 ~ 25 ℃，脱毒苗提早生根，光合效率高，从而促进脱毒苗生长旺盛。

表3　不同处理对脱毒苗素质的影响

扦插后天数（d）	处理	茎节数（No.）	株高（cm）	根长（cm）
10	CK	5.2 b	4.7 c	0 c
	T1	5.9 b	5.9 b	1.2 b
	T2	5.5 b	5.1 bc	0.5 c
	T3	7.2 a	7.1 a	2 a
20	CK	5.3 c	4.9 c	0 c
	T1	7.1 b	7.9 b	3.9 b
	T2	7.2 b	7.5 b	3.1 b
	T3	8.5 a	9.3 a	5.5 a
30	CK	5.5 c	5.2 c	0.9 c
	T1	8.8 b	9.2 b	5.6 b
	T2	8.9 b	9.5 b	5.8 b
	T3	10.2 a	11.2 a	7.2 a

2.4　不用处理对脱毒苗剪尖扦插时间的影响

由表4中可以看出，在相同的扦插日期下，脱毒苗在不同温度环境中植株长势有差异，达到再次剪尖扦插的时间差异显著。其中，T3处理植株长势最强，第1次剪尖扦插时间最早，分别较T2处理提前28 d出苗，较T1处理提前31d，较CK处理提前40 d；4月10日前，T3处理植株可4次剪尖扦插，较T1和T2处理多1次，较CK处理多2次，在有限时间内增殖苗量2～4倍。分析原因，可能是由于T3处理安装了温度调控装置和小拱棚，使脱毒苗的生长温度环境达到最佳，生长势最强；T1和T2处理虽都有一定的加温作用，一定程度改善了脱毒苗的生长环境，但不是最佳，生长势次之；CK处理没有加温，植株生长环境处于低温状态，生长势最弱。

表4　不同处理脱毒苗的剪尖时间

处理	扦插期	第1次剪尖日期	第1次剪尖时间（d）	提早天数（d）	剪尖次数
CK	12月15日	2月23日	70 a		2
T1	12月15日	2月14日	61 b	9	3
T2	12月15日	2月11日	58 b	12	3
T3	12月15日	1月14日	30 c	40	4

2.5　不同处理对脱毒苗结薯的影响

不同处理间脱毒苗结薯差异明显（图1、图2）。其中，T3处理脱毒苗的单株结薯数和单位面积结薯数均显著高于T2、T1和CK处理，表明T3处理的脱毒苗结薯情况最好。扦插60d，T3处理的单株结薯数达2.8粒，比CK处理0.4粒多2.2粒，比T1处理1.7粒多1.1粒，比T2处理1.5粒多1.3粒，差异达显著水平。收获时，T3处理的单位面积产量最高，达1 386粒/m²，比CK处理84粒/m²多1 302粒/m²，比T1处理527粒/m²多859粒/m²，比T2处理457.5粒/m²多928.5粒/m²，差异达显著水平。分析原因，可能是由于T3处理的苗床温度处于脱毒苗生长适宜温度，增强了脱毒苗的生长势，提高了光合效率，从而促进结薯，同时由于 T3 处理脱毒苗存活率显著高于其他处理，使其单位面积产量远远高于其他处理。

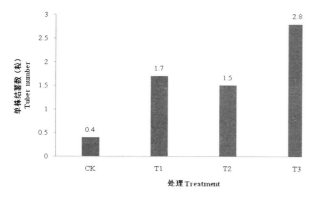

图 1　不同处理对单株结薯的影响

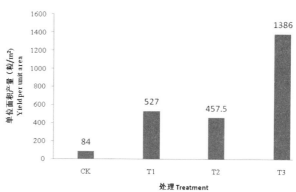

图 2　不同处理对单位面积产量的影响

3　讨论与结论

　　充足的马铃薯脱毒组培苗是提高原原种产能的根本保障，但组培实验室场地有限，人工和电费等成本高，不能在有限空间和时间内繁育出更多的组培苗。为控制成本、满足生产，需在隔离大棚内进行剪尖扦插扩繁脱毒苗。马铃薯脱毒苗株高达 10 cm 后，可多次剪苗尖扦插入基质苗床繁育脱毒苗和生产原原种。但冬季气温低，脱毒苗不能正常生长和生长缓慢，不能快速增殖，无法实现周年生产，严重影响脱毒苗供给和原原种产能。本试验改进基质苗床设施，安装温度调控装置和加盖小拱棚后，冬季苗床温度可控制在 15 ~ 25 ℃，可在气温较低的冬季提早生产马铃薯脱毒苗，存活率由传统方法的 42% 提高至 99%，生根时间提早 21.3 d，从而促进脱毒苗快速生长，脱毒苗的单株素质（根长、茎节数、株高和结薯数等）均显著优于传统方法，促进早结薯，延长结薯阶段，在有效时间内增加结薯数量，显著提高单位产量。同时，在利用脱毒苗进行基质栽培生产马铃薯脱毒原原种时，由于加热加盖小拱棚处理（T3）脱毒苗提前 40 天剪尖扦插，在适宜脱毒苗生长和结薯的时期内可 4 次剪尖扦插，而传统方法仅 2 次剪尖扦插，因此在相同时间内，本试验研究的新方法比传统方法可以增殖 2 ~ 4 倍的扦插苗量，效果显著。

参考文献

[1] 谢从华 . 马铃薯产业的现状与发展 [J]. 华中农业大学学报：社会科学版，2012（1）：1-4.

[2] 陈春燕，刘强，蔡臣，等 . 四川省马铃薯生产态势及比较优势分析 [J]. 山西农业科学，2016，44（1）：80-84.

[3] 徐勇，李华，朱春梅 . 四川马铃薯产业形势分析及展望 [J]. 农村经济，2013（2）：64-66.

[4] 谢开云，卢学兰，梁南山，等 . 四川省马铃薯种薯体系现状、问题和对策 [J]. 中国马铃薯，2010，24（4）：242-248.

[5] 韦献雅，唐娅梅，周丹，等 . 四川地区影响脱毒马铃薯原原种单株产量因素研究 [J]. 中国农学通报，2013，29（36）：147-150.

[6] 刘凌云，包丽仙，卢丽丽，等 . 马铃薯脱毒原原种基质栽培研究概况 [J]. 江苏农业科学，2013，41（11）：89-91.

[7] 李勇 . 马铃薯脱毒苗在不同时期移栽对生产原原种产量的影响 [J]. 中国马铃薯，2014，28（3）：

144–146.

[8] 林金秀，吴玥琳，凌永胜，等.马铃薯原原种生产中基质、密度和施肥因子的优化 [J]. 福建农业学报，2017，32（12）：1291–1297.

[9] 李勇.马铃薯脱毒苗在不同基质配比条件下生产原原种的产量性状和经济参数 [J]. 中国马铃薯，2014，28（3）：147–151.

[10] 陈永波，吕世安，赵清华，等.脱毒马铃薯试管苗营养液栽培试验 [J]. 中国马铃薯，2004，18（3）：139–142.

[11] 刘志文，陈阳，侯英敏.不同培养基和培养条件对脱毒马铃薯快繁生长的影响 [J]. 中国农学通报，2011，27（24）：179–182.

[12] 胡建军，何卫，王克秀，等.马铃薯脱毒种薯快繁技术及其数量经济关系研究 [J]. 西南农业学报，2008，21（3）：737–740.

[13] 刘补成，赵国良，孟哲良，等.小拱棚及不同基质对马铃薯原原种产量的影响 [J]. 中国马铃薯，2016，30（5）：273–276.

[14] 任静，陈以相，陈建斌，等.马铃薯脱毒苗移栽期差异对病害发生及产量的影响 [J]. 云南农业大学学报：自然科学版，2017，32（3）：402–409.

[15] 桑有顺，冯焱，陈涛，等.成都平原冬季繁育马铃薯脱毒苗水培技术优化研究 [J]. 西南农业学报，2014，27（3）：1014–1017.

多种植物生长调节剂对紫色马铃薯原原种产量性状的影响

冯　焱，淳　俊，桑有顺 *，陈　涛，汤云川，李　倩

（成都市农林科学院，四川成都　611130）

摘　要： 为了探讨紫色马铃薯喷施生长调节剂的作用和使用方法，以紫色马铃薯品种蓉紫芋5号为材料，选用生长调节剂赤霉素、脱落酸、多效唑和矮壮素，采用不同浓度进行叶面喷施，对产量、大小薯等指标进行分析。结果表明：植株生长前期喷施10 mg/L赤霉素，中后期喷施15 mg/L脱落酸或2 g/L多效唑或800倍矮壮素，能显著提高紫色马铃薯产量、有效薯率和大薯率。

关键词： 马铃薯；赤霉素；脱落酸；多效唑；矮壮素

　　植物生长调节剂是指人工合成的对植物的生长发育有调节作用的化学物质和从生物中提取的天然植物激素，在农业生产上使用，有效调节作物的生育过程，达到稳产增产、改善品质、增强作物抗逆性等目的。植物生长调节剂以调节作物的生育进程为目的，在较低的使用浓度下，即能对作物表现出促进或抑制的作用效果[1]。植物生长调节剂需要进入到作物体内才能起到调控效果，一般情况下，作物吸收植物生长调节剂之后，植物生长调节剂可以促使作物体内各类活性酶物质之间的催化活动互联起来，在某些特定位置表现出较高的活性，通过调节植物体内某些理化进程进而发挥调控功能，并以很小的使用剂量表现出高效调控作用[2]。

　　国内外研究表明，植物生长调节剂在调控马铃薯生长发育和形态建成、生理代谢、增强抗逆、提高产量以及改善品质等方面起着重要的作用。近年来，马铃薯栽培过程中使用外源植物生长调节剂逐年增加，可以显著提高马铃薯的产量[3]。研究表明各种不同类型的植物生长调节剂，包括促进剂、延缓剂以及抑制剂，都具有提高马铃薯产量的调控效应[4]。赤霉素（GA_3）属于植物生长促进剂，用于打破薯块休眠，促进植株营养体生长；脱落酸（ABA）属于植物生长抑制剂，用于促进块茎形成；多效唑（PP_{333}）属于植物生长延缓剂，可以控制植物营养体生长，使细胞延长减慢，节间缩短，因而能使植株变矮，促进同化物向地下部转运；矮壮素（CCC）属于植物生长延缓剂，能促进生殖生长，使节间缩短，植株长得矮、壮、粗，根系发达，降低蒸腾，提高植物的抗旱能力[5~6]。紫色马铃薯是近年来新开发的一种具有营养保健的新型马铃薯品种，紫色马铃薯皮多呈现紫黑色，薯肉深紫色，且含有

基金项目： 国家马铃薯产业技术体系成都综合试验站项目（农科教发 [2017]10 号）；四川薯类创新团队项目（川农业函 [2014]91 号）。

作者简介： 冯焱（1981—），女，高级农艺师，硕士，研究方向：马铃薯良种繁育。E-mail：260811999@qq.com。

* 通讯作者： 桑有顺（1963—），男，推广研究员，研究方向：马铃薯良种繁育和高产栽培。E-mail：cdkxgs@163.com。

丰富的花青素和强抗氧化剂多酚，其抗氧化活性比白肉和黄肉马铃薯品种增加 2 ~ 3 倍，对人体有良好的营养和保健作用，但由于其生理性状的特殊性，产量相对于普通的白肉和黄肉品种低。为此，笔者选用紫色马铃薯品种蓉紫芋 5 号脱毒试管苗，在其不同生长时期进行了喷施不同浓度赤霉素、脱落酸、多效唑和矮壮素试验研究，以求寻找紫色马铃薯品种喷施植物生长调节剂的最佳时期及最佳浓度，为紫色马铃薯原原种增产提供依据。

1 材料和方法

1.1 材料

供试材料为蓉紫芋 5 号脱毒试管苗，品种来源于成都市农林科学院作物所，在本地区栽培表现为中早熟品种；赤霉素为成都科龙化工生产的分析纯试剂；脱落酸为北京索莱宝科技有限公司生产的分析纯试剂；多效唑为江苏托球农化股份有限公司生产的 15% 可湿性粉剂；矮壮素为四川国光农化股份有限公司生产的 50% 水剂。

1.2 方法

2017 年 2 月 20 日，将脱毒试管苗取出，剪去基部，洗净培养基，在生根液（20 mg/L NAA）中浸泡 15 min 后扦插入栽培基质中，栽培基质为椰糠，每小区 1 m²，扦插密度为 660 株苗 / 小区。3 月 22 日，株高达 8 ~ 10 cm 时喷施不同浓度赤霉素（0 mg/L、5 mg/L、10 mg/L、15 mg/L、20 mg/L），设 3 次重复，6 月 10 日收获。

2017 年 9 月 5 日，将脱毒试管苗取出，剪去基部，洗净培养基，在生根液（20 mg/L NAA）中浸泡 15 min 后扦插入栽培基质中，栽培基质为椰糠，每小区 1 m²，扦插密度为 660 株苗 / 小区。9 月 25 日，株高为 8 ~ 10 cm 时喷施 10 mg/L 赤霉素，10 月 25 日喷施不同浓度的脱落酸 ABA（0 mg/L、5 mg/L、10 mg/L、15 mg/L、20 mg/L、25 mg/L）、多效唑 PP_{333}（0 g/L、0.5g/L、1 g/L、1.5 g/L、2 g/L、2.5g/L）和矮壮素 CCC（0、400 倍、600 倍、800 倍、1000 倍），设 3 次重复。12 月 20 日收获。

1.3 调查与测定

有效薯产量（粒 /m²）：指单位面积上收获的大于 1g 的原原种粒数。

大薯产量（粒 /m²）：指单位面积上收获的大于 3g 的原原种粒数。

有效薯率：指单位面积上收获的有效薯占总产量的百分比。

大薯率：指单位面积上收获的大薯占总产量的百分比。

1.4 数据分析

采用 Excel 2007 和 DPS 7.05 统计软件计算与分析试验数据。

2 结果与分析

2.1 赤霉素对紫色马铃薯原原种产量的影响

生长 30d 后喷施不同浓度的赤霉素对紫色马铃薯原原种产量的影响见表 1。各处理间差异明显，且 4 个赤霉素浓度处理均优于对照（T1）。单位面积产量和有效薯率由高到低依次为：T3、T4、T5、T2、T1，大薯率由高到低依次为：T3、T5、T4、T2、T1。其中，T3（10 mg/L）的单位面积产量最高为 1 298.55 粒 /m²，有效薯率最高为 74.85%，大薯率最高为 33.14%，与其他处理的差异达显著水平。随着赤霉素浓度进一步升高（15 mg/L、20 mg/L），其单位面积产量、有效薯率和大薯率增幅有所降低，但两个浓度处理的单位面积产量和有效薯率均显著高于对照（T1）。由此可见，不同赤霉素浓度处理的均对马铃薯原原种产量有作用，其中 T3（10 mg/L）处理效果最佳。

表 1 不同浓度赤霉素对单位面积产量的影响（粒 /m²）

处理	浓度（mg/L）	> 3g	1 ~ 3g	< 1g	总产量	有效薯率(%)	大薯率(%)
T1	0 mg/L	280.00	443.00	303.80	1 026.80 a	70.41 a	27.26 a
T2	5 mg/L	314.00	462.15	322.60	1 098.75 b	70.63 a	28.57 b
T3	10 mg/L	430.35	541.70	326.50	1 298.55 d	74.85 c	33.14 d
T4	15 mg/L	391.30	487.57	325.88	1 204.75 c	72.95 b	32.48 d
T5	20 mg/L	338.61	439.39	334.38	1 112.38 b	69.94 a	30.44 c

同列不同小写字母表示 0.05 水平差异显著。下同

2.2 赤霉素和脱落酸配合使用对紫色马铃薯原原种产量的影响

生长前期喷施 10 mg/L 赤霉素，中后期喷施不同浓度的脱落酸，两种植物生长调节剂配合使用对紫色马铃薯原原种产量的影响见表 2。各处理间差异明显，且喷施赤霉素和脱落酸的处理均优于对照（T6，仅喷施赤霉素）。单位面积产量、有效薯率和大薯率由高到低依次为 T9、T8、T10、T11、T7、T6。其中 T9（10 mg/LGA₃+15 mg/LABA）的单位面积产量最高为 1 575.46 粒 /m²，有效薯率最高为 89.32%，大薯率最高为 46.14%，与其他处理间差异达显著水平。分析原因，可能是生长前期喷施 10 mg/L 赤霉素，促进植株营养生长，增强光合作用，中后期喷施脱落酸，能促进结薯，提高有效薯率和大薯率。但脱落酸使用浓度过低（5 mg/L、10 mg/L），调控效果未达最佳；浓度过高（20 mg/L、25 mg/L）则会出现抑制作用，促使植株叶片提前脱落，光合作用降低，同化产物减少，导致原原种产量、有效薯率和大薯率降低。赤霉素和脱落酸配合使用能显著提高紫色马铃薯原原种产量，本试验以"生长前期喷施 10 mg/L 赤霉素 + 中后期喷施 15 mg/L 脱落酸"效果最好。

表 2 赤霉素和脱落酸配合使用对单位面积产量的影响（粒 /m²）

处理	配方	> 3g	1 ~ 3g	< 1g	总产量	有效薯率(%)	大薯率(%)
T6	10 mg/L GA₃	415.35	514.50	276.50	1 206.35 a	77.08 a	34.43 a
T7	10 mg/LGA₃+5 mg/LABA	483.15	600.04	295.26	1 378.45 b	78.58 a	35.05 a
T8	10 mg/LGA₃+10 mg/LABA	609.60	623.49	214.20	1 447.29 c	85.20 d	42.12 cd
T9	10 mg/LGA₃+15 mg/LABA	726.92	680.28	168.26	1 575.46 d	89.32 e	46.14 d
T10	10 mg/LGA₃+20 mg/LABA	588.68	607.74	236.25	1 432.67 c	83.51 c	41.09 b
T11	10 mg/LGA₃+25 mg/LABA	554.72	580.55	260.96	1 396.23 b	81.31 b	39.73 b

2.3 赤霉素和多效唑配合使用对紫色马铃薯原原种产量的影响

生长前期喷施 10 mg/L 赤霉素，后期喷施不同浓度的多效唑，两种植物生长调节剂配合使用对紫色马铃薯原原种产量的影响见表 3。各处理间差异明显，且喷施赤霉素和多效唑的处理均优于对照（T6，仅喷施赤霉素）。单位面积产量、有效薯率和大薯率由高到低依次为 T15、T14、T16、T13、T12、T6。其中，T15（10 mg/LGA3+2g/L PP333）的单位面积产量最高为 1 595.66 粒 /m²，有效薯率最高为 90.11%，大薯率最高为 45.14%，与其他处理间差异达显著水平。分析原因，生长前期喷施 10 mg/L 赤霉素，促进植株营养生长，增强光合作用，中后期喷施多效唑，控制地上部分生长，促进同化产物向地下部分快速运输，提高产量、有效薯率和大薯率。但多效唑使用浓度过低（0.5 g/L、1 g/L、1.5 g/L），调控效果未达最佳；多效唑浓度过高（2.5 g/L）则会出现抑制作用，植株矮化皱缩明显，叶片产生药害，出现黄斑，光合作用降低，导致调控效果不佳。赤霉素和多效唑配合使用能显著提高紫色马铃薯

原原种产量，本试验以"生长前期喷施 10 mg/L 赤霉素 + 中后期喷施 2g/L 多效唑"效果最好。

表 3　赤霉素和多效唑配合使用对产量的影响（粒 /m²）

处理	配方	> 3g	1 ~ 3g	< 1g	总产量	有效薯率（%）	大薯率（%）
T6	10 mg/L GA₃	415.35	514.50	276.50	1 206.35 a	77.08 a	34.43 a
T12	10 mg/LGA₃+0.5 g/L PP₃₃₃	498.62	541.40	256.44	1 296.46 b	80.22 ab	38.46 b
T13	10 mg/LGA₃+1 g/L PP₃₃₃	558.49	591.47	265.72	1 415.68 c	81.23 ab	39.45 bc
T14	10 mg/LGA₃+1.5 g/L PP₃₃₃	672.56	689.97	191.80	1 554.33 e	87.66 cd	43.27 d
T15	10 mg/LGA₃+2 g/L PP₃₃₃	720.28	717.57	157.81	1 595.66 f	90.11 d	45.14 d
T16	10 mg/LGA₃+2.5 g/L PP₃₃₃	601.49	667.19	211.00	1 479.68 d	85.74 bc	40.65 c

2.4　赤霉素和矮壮素配合使用对紫色马铃薯原原种产量的影响

生长前期喷施 10 mg/L 赤霉素，后期喷施不同浓度的多效唑，两种植物生长调节剂配合使用对紫色马铃薯原原种产量的影响见表 4。各处理间差异明显，且喷施赤霉素和矮壮素的处理均优于对照（T6，仅喷施赤霉素）。单位面积产量由高到低依次为 T19、T18、T17、T20、T6，有效薯率和大薯率由高到低依次为 T19、T20、T18、T17、T6。其中，T19（10 mg/LGA₃+800 倍 CCC）的单位面积产量最高为 1597.13 粒 /m²，有效薯率最高为 90.78%，大薯率最高为 47.63%，与其他处理间差异达显著水平。分析原因，生长前期喷施 10 mg/L 赤霉素，促进植株生长，提高光合作用效率，为后期结薯打下良好基础；中后期喷施矮壮素，控制植株徒长，促进薯块膨大，提高有效薯率和大薯率。但矮壮素使用浓度过低（1000 倍），调控效果未达最佳；浓度过高（400 倍、600 倍）则会出现抑制作用，植株矮化皱缩明显，叶片发黄，影响光合效率，同化产物减少，导致产量、有效薯率和大薯率降低，调控效果差。赤霉素和矮壮素配合使用能显著提高紫色马铃薯原原种产量，本试验以"生长前期喷施 10 mg/L 赤霉素 + 中后期喷施 800 倍矮壮素"效果最好。

表 4　赤霉素和矮壮素配合使用对产量的影响（粒 /m²）

处理	配方	> 3g	1 ~ 3g	< 1g	总产量	有效薯率（%）	大薯率（%）
T6	10 mg/L GA₃	415.35	514.50	276.50	1 206.35 a	77.08 a	34.43 a
T17	10 mg/LGA₃+400 倍 CCC	586.51	620.85	278.99	1 386.35 c	81.23 b	39.46 b
T18	10 mg/LGA₃+600 倍 CCC	605.50	624.70	224.62	1 454.82 d	84.56 c	41.62 bc
T19	10 mg/LGA₃+800 倍 CCC	752.14	681.39	145.6	1 579.13 e	90.78 d	47.63 d
T20	10 mg/LGA₃+1000 倍 CCC	581.59	593.94	180.80	1 356.33 b	86.67 c	42.88 c

3　讨论与结论

赤霉素能加速细胞的伸长生长、促进细胞分裂、维持顶端优势、促进营养生长、防止器官脱落等。前人研究表明，外源赤霉素不仅能打破薯块休眠，还能显著提高植株株高、叶面积系数和植株鲜重，增加单株结薯数及产量[7 ~ 8]。但也有报道认为，在块茎形成过程中，外源施加赤霉素，能促进马铃薯茎、叶和匍匐茎而抑制结薯[9]。本试验研究结果表明，在早期使用不同浓度赤霉素处理均对紫色马铃薯扦插苗的生长发育有促进作用，也对结薯产生影响，以 10 mg/L 赤霉素喷施叶面能更好地促进结薯。而赤霉素浓度进一步加大，其增产幅度有所降低。

脱落酸的生理作用主要是导致休眠及促进脱落，对马铃薯结薯有一定促进作用；多效唑可使植株冠部生长受抑制，促进同化产物向地下块茎大量快速运输，促进块茎膨大，形成大薯、提高产量；矮壮素可使地上部分生长健壮，控制徒长，并使块茎提早形成，增加大块茎比例，提高产量[10～12]。使用浓度需注意，生长中后期喷施一定浓度范围上述三种植物生长调节剂，可以明显提高产量。超出范围，反而表现出对结薯的抑制作用。本试验中，赤霉素配合脱落酸、多效唑或矮壮素使用对紫色马铃薯原原种产量有良好的调控效果。其中，植株生长前期喷施 10 mg/L 赤霉素，促进植株生长，提高光合作用效率，为中后期结薯奠定了良好基础；植株生长中后期，喷施 15 mg/L 脱落酸或 2g/L 多效唑或 800 倍矮壮素，促进结薯，提高产量和大薯率。

除使用浓度、单剂或复配使用等因素可以影响植物生长调节剂对紫色马铃薯原原种产量的调控效果，其施用时期对产量的调控也至关重要。为达最佳调控效果，仍需进一步研究。

参考文献

[1] 段留生，田晓莉. 作物化学控制原理与技术 [M]. 北京：中国农业大学出版社，2005：1-3.

[2] 毛景英，闫振领. 植物生长调节剂调控原理与实用技术 [M]. 北京：中国农业出版社，2005：1-118.

[3] 马崇坚，谢从华，柳俊，等. 内源生长物质在马铃薯试管块茎形成中的作用 [J]. 华中农业大学学报，2003，22（4）：389-394.

[4] 项洪涛. 三种植物生长调节剂对马铃薯碳代谢生理及产量品质的影响 [D]. 大庆：黑龙江八一农垦大学，2013.

[5] 项洪涛，冯延江，郑殿峰，等. 植物生长调节剂对马铃薯产量和品质的调控研究进展 [J]. 中国农学通报，2018，34（15）：15-19.

[6] 项洪涛，冯乃杰，王立志，等. 3 种植物生长调节剂对马铃薯产量和营养品质的调控 [J]. 中国马铃薯，2015，29（2）：97-102.

[7] 李海珀，陈富，袁安明，等. 赤霉素对马铃薯扦插苗生长发育及产量的效果 [J]. 中国马铃薯，2018，32（2）：70-73.

[8] 吴巧玉，何天久，夏锦慧. 赤霉素对马铃薯生长及开花的影响 [J]. 广东农业科学，2014，41（3）：20-22.

[9] 周芸伊，张静，王亚伦，等. 赤霉素调控植物块茎形态建成的研究进展 [J]. 作物杂志，2016（4）：20-25.

[10] 余凯凯，宋喜娥，高虹，等. 不同施肥水平下多效唑对马铃薯光合及叶绿素荧光参数的影响 [J]. 核农学报，2016，30（1）：154-163.

[11] 王迪轩，吴艳梅. 植物生长调节物质在马铃薯生产上的应用 [J]. 西北园艺（蔬菜专刊），2008（1）：39.

[12] 陈亚兰. 影响马铃薯原原种生产的几个因素分析 [J]. 甘肃农业科技，2012（10）：20-22.

雾培法生产脱毒马铃薯原原种研究进展

杨小丽，胡振兴*，高龙梅，李 益

（达州市农业科学研究院，四川达州 635000）

摘 要：雾培法生产原原种是目前最先进的原原种生产模式，可以大大提高马铃薯原原种产量，促进马铃薯产业向现代化、规模化发展，近年来被广泛运用在马铃薯种薯繁育中。本文总结了雾培法生产原原种的原理、优势以及雾培法生产脱毒原原种研究现状，提出了原原种生产中存在的问题及以后研究方向，以期为以后雾培法生产原原种提供参考。

关键词：雾培法；原原种；优势；营养液；产量

马铃薯是仅次于小麦、水稻和玉米的第四大主要粮食作物[1]。食用是我国马铃薯消费的主要方式，近些年维持在 60% ~ 70%[2]。马铃薯营养丰富，富含蛋白质、碳水化合物、膳食纤维等多种人体必需的营养成分，深受老百姓喜爱，种植区域逐年扩大。据统计，2014 年，我国马铃薯种植面积为 557.33 万 hm²，总产量为 9 551.5 万 t，占世界马铃薯种植面积和产量的比重分别为 29.7% 和 24.2%[2~3]。

马铃薯的繁殖方式是无性繁殖，生产过程中极易感染各类病毒而使品种退化，造成产量降低与品质下降，目前解决品种退化的最好途径是利用马铃薯茎尖组织培养结合病毒检测生产脱毒种薯。据研究比较：使用脱毒种薯可使马铃薯增产 30% ~ 50%[4]。2014 年，我国优质种薯的推广利用率约为 35%，四川省脱毒种薯推广利用率在 30% 左右[5]，距离发达国家 90% 以上的利用率仍有较大差距[2]，因此加快脱毒种薯繁育任务艰巨。生产脱毒种薯的基础在于原原种的生产，目前生产马铃薯原原种有三种方式，一是基质栽培法，二是试管法，三是雾培法。基质栽培采用蛭石、泥炭和珍珠岩混合作为基质，每次试管苗栽培前，必须对基质进行消毒，且在繁育过程中病虫害严重，田间杂草多，耗工耗时，结薯率低；试管法是利用试管生产原原种，通过改变培养基配方，诱导试管苗结出气生块茎，但此法用到了琼脂和 MS 培养基，生产成本高，并且只能在组培室当中进行，无法规模化生产，只能用于科学研究；雾培法是将马铃薯根系置于气雾环境当中生产原原种，此方法生产成本低、产量高，有很大的运用前景。

1 雾培法原理及设施

雾培法是一种直接利用喷雾装置将营养液雾化，直接喷射到植物根部的栽培方法，可以为植物生

基金项目："十三五"四川省农作物及畜禽育种攻关项目"突破性薯类育种材料与方法创新"（2016NYZ0032）；达州市科技攻关项目"脱毒马铃薯种薯繁育及推广应用"。

作者简介：杨小丽（1983—），女，农艺师，学士，研究方向：马铃薯脱毒及脱毒薯繁育。E-mail：303854754@qq.com。

*** 通信作者**：胡振兴（1973—），男，高级农艺师，研究方向：生物技术研究与应用。E-mail：2683077145@qq.com。

长提供水、气、肥的一种无土栽培模式，具有节水、节肥等特点，被认为是未来温室重要栽培技术之一[6]。雾培法生产马铃薯原原种的基本原理是马铃薯的根系悬挂生长在封闭、不透光的环境内，营养液通过特殊设备形成喷雾，在自动控制系统的调控下间歇性喷到植株根系上，以提供植株生长所需的水分和养分。雾培生产原原种通常在温室大棚内进行，棚内建设的雾培设施由雾培床、营养池和控制系统三部分组成。雾培床主体由钢架构成、底板及四周用铝塑板等镶嵌、苗床上部是泡沫板，苗床内铺设营养液喷雾管道和回流管道，植株定植在泡沫板上，根系裸露在空气中，营养液通过雾化喷头直接供给根系，多余的营养液通过回流过滤系统重新进入营养池进行循环利用，马铃薯原原种生产要求密闭不透光，其高度主要考虑植物根系的长度，避免植物根系生长受阻，影响结薯量。

2 雾培法生产马铃薯原原种优势

雾培法生产原原种优势明显：一是增加原原种产量，雾化栽培条件下，马铃薯植株所需营养可以根据生长阶段配制不同配方的营养液，以满足植株对水肥的需求，再加上雾培条件下马铃薯根系非常庞大，提高了其对养分的吸收率，马铃薯试管苗生长加快，结薯率增加。四川农业大学白金达用费乌瑞它为材料，对马铃薯脱毒苗基质栽培和雾化栽培做了比较研究，结果显示雾化栽培不但比基质栽培节省 90% 的试管苗，秋季结薯数量还是基质栽培的 2.17 ~ 2.24 倍，春季结薯数量是基质栽培的 1.33 ~ 2.03 倍[7]。二是提高原原种品质，雾化栽培中，马铃薯根系完全悬挂在空中，结薯时间和结薯大小一目了然，特别是结薯晚期，可以根据需要采摘大小相同的原原种。王素梅等对马铃薯分次采收进行了研究，结果表明，分次采收大小适宜的块茎，不仅可以保证微型薯大小均匀一致，而且有利于增加单株结薯数量[8]。三是有效避免马铃薯连作造成各种病虫害发生。四是雾培法生产原原种在温室大棚内进行，不受气候条件的限制，可以人为调控马铃薯生长发育过程中所需的条件，有效缩短了原原种生长周期，提高了生产效益[9]。

3 雾培法生产脱毒原原种研究现状

3.1 营养液配方研究

营养液在马铃薯生长发育过程中至关重要，关于雾培营养液配方科研人员做了大量的试验，基本都是以 MS 配方为基础，再调整氮磷钾的比例[10 ~ 11]。绵阳农科院丁凡等的研究表明 0.8 mX 浓度梯度与叶面营养结合根系营养处理最有利于植株的形态建成与产量的提高[12 ~ 13]。何庆学等用不同营养液配方对不同品种马铃薯进行处理，结果表明，不同营养液对不同品种生理指标、生长发育状况的影响均有所不同，生理指标多数达到显著效果，甚至极显著，最佳营养液配方为 MX[14]。吉林省蔬菜花卉研究院的韩忠才等研究出的最佳营养液为硝酸铵 296 mg/L、硝酸钾 455 mg/L、磷酸二氢钾 254 mg/L、硫酸钾 257 mg/L、硫酸镁 554 mg/L、硝酸钙 718 mg/L，但此配方生产的原原种烂薯率比对照高[15]。

雾培马铃薯试管苗生长分为五个阶段，分别是缓苗期、生根期、促苗期、生长期、结薯期，每个时期所需的营养成分都可能存在差异，因此对马铃薯各个生长期所需营养液进行细化研究非常重要。吉林大学李继嫚在前人研究的基础之上，对生长前期和后期马铃薯营养液配方进行研究，生长初期营养液中氮、磷、钾比例为 1 : 0.26 : 1.49 最优，马铃薯生长发育指标、可溶性糖含量、可溶性蛋白、根系活力与对照相比差异显著，生长后期配方氮、磷、钾比为 1 : 0.32 : 1.29 结薯性能最优[16]。目前的营养液配方研究最多就是分两个阶段，但马铃薯试管苗生长是 5 个阶段，因此在今后的工作中可以侧重于对雾培系统中马铃薯各个生长期进行细化研究。

3.2 光照条件研究

适宜环境条件是原原种高产、优质的必要条件，马铃薯是长日照、喜凉作物，对温度、光照要求严格。周全卢等的研究认为雾化栽培在弱光和低二氧化碳浓度条件下仍具有较强的光合能力，在较高光合有效辐射和较高二氧化碳浓度条件下也能继续进行光合同化[17]。唐道彬等认为通过光调控，能够促进马铃薯试管苗匍匐茎、块茎提早和多发生。光照时间在 12 h/d、光照强度 600 μmol/m²·s 是最佳组合[18]。柳巧霞等研究了不同温度、营养液供给时间和遮阳网等环境条件对雾培马铃薯生长发育及原原种产量的影响，苗期喷雾 24 s/3 min，白天温度超过 28 ℃遮阳处理；匍匐茎形成期喷雾 24 s/5 min，温度超过 28 ℃遮阳处理；结薯期喷雾 24 s/15 min，超过 28 ℃遮阳处理，在株高、茎粗、根长、叶面积、叶绿素、匍匐茎数量、各微型薯产量等方面表现最佳[19]。

3.3 定植及后期管理技术研究

徐华超等研究了试管苗在基质中假植 8 周后上雾培和剪尖苗直接上雾培 2 种不同的栽培方式，两种方式植株在形态指标上无明显差异，但假植可提前生根 4～5 d，结薯量也高出 27.17%，产量相对高[20]。方贯娜等认为槽内打顶整根也能够明显提高雾培马铃薯原原种产量和质量[21]。刘伟等研究表明马铃薯匍匐茎、块茎的发生与茎叶、根系的生长发育密切相关，实时修剪匍匐茎尖端和打顶均能有效抑制植株株高、延缓根系衰老并促进匍匐茎生成[22]。张光海等认为雾培法生产原原种 50 d 时调控一级匍匐茎，移栽后 40 d 后调控营养液中氮磷钾比例，可以抑制株高、匍匐茎的徒长和促进块茎的快速膨大[23]。汪翠存等研究了带根苗与顶端扦插对不同品种马铃薯农艺性状与产量的影响，带根苗比顶端扦插苗具有更强的匍匐茎形成能力提前进入块茎膨大期[24]。邹曾硕等的研究表明叶面喷施 1～5 g/L 的 KH_2PO_4 可极显著增加匍匐茎和 1 g 以上种薯数量，提高大薯率和单株产量，其中以喷施 4 g/L KH_2PO_4 效果最好[25]。高龙梅等研究了雾培床上铺不同颜色的薄膜对原原种形态指标和结薯数的影响，铺黑薄膜 +2% KH_2PO_4 株高、茎粗、叶片数、根长、根数都低于铺白色薄膜，但是原原种产量反而是最高的[26]。

3.4 激素调控研究

雾培法生产原原种改变了马铃薯根系环境，刺激了马铃薯植株的旺盛生长，尤其在春季生产中，气温不断升高，植株容易徒长，地上茎叶生长旺盛，光合产物向块茎的运转推迟，影响了薯块产量的提高。为促进植株的地上与地下部分协调生长，许淑娟等研究了烯效唑对雾培马铃薯光合作用与光合产物的影响，叶面喷施 20 mg/L 烯效唑光合作用最强[27]。杨伟力等分别用 10、15、20 mg/L 烯效唑喷施雾培马铃薯叶片，发现 10 mg/L 烯效唑可增加植株叶片中叶绿素 a 和叶绿素 b 的含量，净光合速率最大[28]。

4 原原种生产存在的问题及后期研究方向

原原种贮藏困难，原原种在雾培箱内进行生产，一直处在雾状营养液的高湿环境中，水分含量很高，容易染病各种病菌而腐烂，长期贮藏困难。万婷丽等研究了雾培马铃薯不同品种微型薯在低温贮藏期间的生理变化，结果表明早熟品种微型薯含水量高于晚熟品种，质量损失较大，同早熟品种相比，晚熟品种微型薯耐贮藏[29]。杨芳等的研究认为马铃薯原原种采收后 24 d 块茎木栓化基本完成，可以进行安全储存[30]，但这两个研究还不够深入，有待继续研究。

目前的营养液研究大都集中在马铃薯生长所需大量元素，而对于马铃薯生长所需微量元素种类和浓度尚未见报道，必须深入研究，以健全马铃薯所需养分，进一步提高产量。

马铃薯在生长过程中不断地吸收各种养分，营养液中各种元素慢慢被消耗，需要及时添加或更换营养液，但是这个时间目前没办法精确，所以营养液中各种元素的简易测定方法必须研究。

参考文献

[1] 曾诗淇. 农业部举办马铃薯主食产品及产业开发国际研讨会 [J]. 农产品市场周刊，2015，（31）：19.

[2] 杨雅伦，燕枝，孙君茂. 我国马铃薯产业发展现状及未来展望 [J]. 中国农业科技导报，2017，19（1）：29-36.

[3] 国家统计局. 中国统计年鉴 2015[M]. 北京：中国统计出版社，2015.

[4] 金黎平，罗其友. 中国马铃薯产业发展现状和展望 [C]. 马铃薯产业与农村区域发展. 北京：中国作物学会，2013.

[5] 崔阔澍，王斌，卢学兰. 四川马铃薯产业优势及发展思路 [J]. 中国农技推广，2018（4）：9-11.

[6] 徐伟忠，王利炳，詹喜法，等. 一种新型栽培模式——气雾培的研究 [J]. 广东农业科学，2006（7）：30-32.

[7] 白金达. 脱毒苗基质栽培与雾化栽培繁育技术研究 [D]. 雅安：四川农业大学，2010.

[8] 王素梅，王培伦，王秀峰，等. 营养液成分对雾培脱毒微型马铃薯产量的影响 [J]. 山东农业科学，2003（4）：32-34.

[9] 郝智勇. 马铃薯微型薯生产技术 [J]. 黑龙江农业科学，2017（8）：142-144.

[10] 尹作全，沈德茹. 马铃薯脱毒小薯无基质喷雾技术研究 I 马铃薯脱毒小薯喷雾栽培营养液配方筛选研究 [J]. 马铃薯杂志，1999，13（1）：13-14.

[11] 孔令强，张霞，刘娟. 马铃薯叶面施肥增产增效试验研究 [J]. 中国马铃薯，2001，15（3）：166-167.

[12] 丁凡，王季春，唐道彬，等. 不同营养条件对雾化栽培脱毒马铃薯生长发育的影响 [J]. 耕作与栽培，2007（5）：8-10.

[13] 丁凡，唐道彬，吕长文，等. 不同营养方式对雾培法生产脱毒种薯的影响 [J]. 中国马铃薯，2008（4）.

[14] 何庆学，王季春，唐道彬，等. 营养液对雾化栽培不同品种马铃薯生长的影响 [J]. 西南农业大学学报，2003，25（3）：251-253.

[15] 韩忠才，张胜利，孙静，等. 气雾栽培法生产脱毒马铃薯营养液配方的筛选 [J]. 中国马铃薯，2014，28（6）：328-330.

[16] 李继嫚. 气雾培马铃薯种薯生长不同阶段营养液的配制研究 [D]. 长春：吉林大学，2013.

[17] 周全卢，张玉娟，李育明. 雾培与基质栽培马铃薯的光合特性 [J]. 中国马铃薯，2012，25（12）：16-20.

[18] 唐道彬，高旭，吕长文. 雾培马铃薯结薯的光响应机理研究 [J]. 西南大学学报：自然科学版，2014，34（2）：23-28.

[19] 柳巧霞，贺晓霞. 不同环境条件对雾培马铃薯生长及微型薯产量的影响 [J]. 农艺农技，2018（4）：32-33.

[20] 徐华超，邹曾硕，严欣，等. 马铃薯脱毒原原种雾培生产栽培法探索 [J]. 中国马铃薯，2012，26（2）：89-91.

[21] 方贯娜，庞淑敏，李建欣，等. 马铃薯雾培管理新技术 - 槽内打顶整根 [J]. 中国蔬菜，2009，

（15）：39-40.

[22] 刘伟，王季春，高旭. 匍匐茎调控对雾培马铃薯生长的影响 [J]. 中国马铃薯，2010，24（6）：341-344.

[23] 张光海，张贵合，郭华春. 雾培马铃薯块茎建成相关性状的观察 [J]. 中国农学通报，2016，32（9）：100-105.

[24] 汪翠存. 带根苗与顶端扦插苗对马铃薯雾培原原种生产的影响. 马铃薯产业与精准扶贫会，2017.

[25] 邹曾硕，刘国凤，成长英，等. 磷酸二氢钾对雾培马铃薯脱毒种薯增产的研究 [J]. 土壤肥料，2010，2（24）：89-90.

[26] 高龙梅，胡振兴，杨小丽，等. 铺设不同颜色薄膜对雾培脱毒种薯的影响 [J]. 南方农业，2015，9（34）：21-22.

[27] 许淑娟，孙周平，王志鑫. 烯效唑对雾培马铃薯光合特性及荧光的影响 [J]. 西北农业学报，2009，18（3）：127-130.

[28] 杨伟力，刘涛，胡涛，等. 烯效唑对雾培马铃薯光合作用的影响 [J]. 辽宁农业科学，2006，（3）：12-14.

[29] 万婷丽，贺晓霞. 雾培马铃薯不同品种微型薯贮藏期生理特性变化 [J]. 农业科技与信息，2017，（23）：37-41.

[30] 杨芳，鲁骄阳，郭华春. 雾培马铃薯微型种薯采后块茎木栓化解剖学研究 [J]. 江苏农业科学，2015，43（10）：126-128.

脱毒马铃薯试管薯研究进展

高龙梅，胡振兴*，杨小丽，李　益

（达州市农业科学研究院，四川达州　635000）

摘　要：脱毒马铃薯试管薯作为脱毒薯的一种生产方式在生产中应用较为广泛，本文叙述了白糖浓度、大量元素、外源激素、钙水平、光照、培养条件等对试管薯形成的影响，总结了近年来脱毒马铃薯试管薯研究进展。

关键词：脱毒；马铃薯；试管薯；诱导；培养方式

马铃薯试管薯是一种经培养瓶内诱导形成直径为 2 ~ 10 mm 的小薯，是脱毒薯生产的一种重要方法。试管薯属于超级原原种，不仅具有试管苗的所有优点，而且其体积小、重量轻，贮藏和运输都十分便利，不受季节限制，可以周年生产。离体条件诱导马铃薯试管薯分试管苗培养和试管薯诱导 2 个阶段。因此在繁殖试管薯的过程中，试管苗的健壮程度直接影响试管薯是否优质高产。在培育健壮的试管苗基础上，如何诱导结薯又是其中一个重要环节。马铃薯试管薯的诱导与生产，对于马铃薯种质保存、脱毒苗繁殖等方面都有重要意义。本文主要从培养方式、营养液的成分、碳源、激素、钙水平、苗龄和光照等方面对试管薯的影响进行了总结，以期对马铃薯脱毒原原种薯的生产形成参考。

1　不同的培养方式对试管薯的影响

目前试管薯的培养方式主要有三种，固体培养，液体培养，固液双层培养等。固体培养为直接将试管苗接入培养基后进行诱导生产试管薯。液体培养为将马铃薯试管苗壮苗以海绵作为固定体进行诱导试管薯。固液培养为先培养试管苗，等试管苗长到一定的高度后直接加入液体营养液进行试管薯的诱导。三种培养方式各有优点，但也存在一定的缺陷。固体培养虽然接种过程较为简单，但是在试管薯诱导的后期会出现营养不充足无法继续诱导的现象。液体培养与其他的培养相比代谢速度较快，有害代谢物会在培养基中增多，对后期的诱导也存在一定影响。固液双层培养与前两种相比存在操作过程烦琐，而且污染率高的问题，但是在结薯率方面明显优于前两种培养方式。吴秋云[1]等的研究表明，液体培养基比固体培养基更有利于试管薯的诱导产生，产生的试管薯各项指标均优于固体培养基。帅正彬[2]等的研究表明，液体培养基的试管薯诱导率显著高于"固体 + 液体"培养基。

基金项目："十三五"四川省农作物及畜禽育种攻关项目"突破性薯类育种材料与方法创新"（2016NYZ0032）；达州市科技攻关项目"脱毒马铃薯种薯繁育及推广应用"。

作者简介：高龙梅（1988—），女，助理研究员，硕士，研究方向：马铃薯脱毒种薯的繁育推广。E-mail：1005514936@qq.com。

*通信作者：胡振兴（1973—），男，高级农艺师，研究方向：生物技术研究与应用。E-mail：2683077145@qq.com。

2 不同的营养液成分对试管薯诱导的影响

N、P、K 作为植物生长需要的大量元素在生产中起着比足轻重的作用，如果在培养的过程中减少某种大量元素用量能得到与未减少时数量、大小相似的试管薯，或者适量增加大量元素用量而得到更多符合生产要求的试管薯，这在一定程度上节约了生产成本，对工厂化生产试管薯有一定的作用。王谧等[3]的研究表明，N、P、K 整体加倍至 2 倍，大量元素其他成分不改变为经济效益的最优组合；不加 P 素，大量元素其他成分浓度不改变为试管薯数量的最优组合；不加 N 素，P、K 加至 2 倍，大量元素其他成分不改变为试管薯直径的最优组合。胡云海[4]等的研究表明，硝态氮浓度与成薯指数呈直线负相关关系，铵态氮浓度成薯指数成二次物线形式，硝态氮和铵态氮的比值对微型薯形成的影响呈双曲线形式。降低硝态氮和铵态氮的比值或者降低总氮含量有利于试管薯的形成。

3 不同碳源种类及浓度对试管薯诱导的影响

白糖和蔗糖都可以作为试管薯诱导的碳源，但是用白糖作为碳源价格较低，在一般的生产中均以白糖作为碳源。不同的碳源浓度对试管薯的诱导也存在一定的影响。欧建龙[5]等的研究表明适当高浓度的糖分有利于结薯数、薯块直径、薯块重量、结薯率等指标达到最好，但是达到了一定的高浓度后，试管薯的结薯数、薯块直径、薯块重量、结薯率等指标减小，说明只有在适量的糖浓度条件下才有利于试管薯的诱导。颉瑞霞[6]等对白糖对试管薯诱导影响的研究表明，白糖浓度为 50 ~ 110 g/L 时有利于脱毒苗壮苗、促进试管薯结薯、提高试管薯诱导率，同时用食用白糖替代蔗糖，能提高试管薯诱导率和大中薯率，缩短试管薯结薯周期，降低规模化生产试管薯成本。邱彩玲等[7]认为白糖的用量为 5 ~ 6%，一方面提供了充足的碳水化合物，有利试管苗的生长，另一方面提高了培养基的水势，降低了试管苗组织内部的水势，增加了细胞干物质的含量，更有利于试管薯的诱导。

4 不同的激素水平对试管薯的影响

不同种类和浓度的生长调节物质对茎尖生长和发育，以及试管薯的诱导具有重要的影响。因此，可以在培养基中加入适当浓度的生长调节物质，促进茎尖的生长发育和试管薯的诱导。张昌伟[8]等研究表明在暗培养条件下，添加适当浓度的 BA 和 IBA 对于促进试管薯的形成和产量的提高有一定的作用。金建钧[9]等研究表明，以 MS 为基本培养基，添加 0.1 mg/L NAA、0.05 mg/L 6–BA 和 0.1 mg/L GA$_3$，并在 24 h 全天强光照条件下诱导结薯时间可缩短到 14 ~ 28 d。叶峰等[10]研究表明，MS+2.0 mg/L IBA+l.0 mg/L NAA+0.5 mg/L PP$_{333}$+1.0 mg/L KT 有利于山薯试管薯的形成和生长发育。曾述容[11]等的研究表明低浓度的多效唑可以缩短试管薯的诱导周期短，提高试管薯单薯质量和大薯率，当多效唑浓度为 0.1 mg/L 可提高试管薯的诱导率。张志军等[12]也获得了类似的研究结果，多效唑浓度为 0.1 mg/L 时促进了夏波蒂提早结薯，使单瓶试管薯鲜质量、平均直径和单薯鲜质量都显著增加，同时降低了畸形薯率。郑敏[13]等的研究也较为类似，不同的是郑敏的研究结果为 0.2 mg/L 的多效唑。金顺福等[14]指出，6–BA 可增加试管薯诱导数量并提高单薯质量，是诱导试管薯的重要激素之一，白淑霞等[15]得出了同样的结论。马铃薯试管薯形成与膨大过程中，所含的内源激素种类与含量会不断发生变化。李功义等[16]认为，过高浓度的 6–BA 对试管块茎有抑制作用，以 2 mg/L 为宜，这与 Hussey 等[17]的研究结果一致。鄢铮等[18]证明在诱导结薯的培养基中，一定浓度的香豆素、6–BA、活性炭，可提高试管薯的块茎和大薯率。B9 在提高大薯率方面具有显著作用[19]，万林[20]经研究发现，B9 浓度为 80 mg/L 时对米拉诱导结薯的效果比较理想，结薯数达到了 24.67 粒 / 瓶，大薯数也达到 23 粒 / 瓶，全部薯质量达到 4.97 g/ 瓶。

5 钙水平对试管薯的影响

钙是植物必需的营养元素，在植物生长发育和应对环境胁迫中处于中心调控地位[21]，主要作用于细胞膜和细胞壁结构的稳定过程中。如果植物体内缺钙会造成顶芽和根系顶端不发育、幼叶失绿等症状，严重时生长点坏死呈果胶状，同时还会造成生理病害，如马铃薯块茎褐心病、内部褐斑病和空心病，严重影响产品外观、内在品质和耐贮性[22~24]。但细胞质中浓度过高的游离钙，又可与磷酸盐形成沉淀，干扰与磷代谢有关的生理过程，妨碍正常信号转导，对植物的生长发育也十分不利[25]。杜强[26]等研究表明，MS培养液中不添加钙时，马铃薯试管薯的结薯数量、薯重和质量均较正常供钙水平（3 mmol/L）大幅下降，无大于100 mg的试管薯，并伴有生理病害（薯皮现黄褐色粗糙斑块及薯块水浸状腐烂）发生。同时对马铃薯的储藏也有较大的影响，表现为在储藏过程中薯皮失水皱缩严重，病害加重，发芽低且芽生长缓慢等。然后在MS培养液中添加不同浓度氯化钙后，试管薯的结薯数、薯重及质量均随钙浓度的增加呈先增加后降低的变化趋势，薯内钙含量大幅度上升，薯皮光滑无水浸状腐烂。4 ℃下贮藏6个月，薯皮正常，生理病害率随薯内钙含量升高呈下降趋势，且试管薯芽的萌发和生长正常。

6 不同的苗龄对试管薯的影响

在马铃薯试管薯诱导中，块茎的形成和发育与试管苗的生理年龄有关，一般情况下生理年龄越大试管薯越容易被诱导，但并不是生理年龄大的切段就比幼苗切段易于结薯。党玉丽[27]等研究表明，60 d苗龄的试管苗比40 d苗龄的试管苗易于结薯，但110 d苗龄的试管苗与60 d龄的试管苗在结薯数量上并无显著差异。刘尚前[28]等的研究表明在马铃薯试管薯诱导中，块茎的形成和发育与试管苗的生理年龄和健壮程度有关，生理年龄老的切段比幼的切段易于结薯，但年龄老的切段也要有一定的界限。

7 培养条件光照长度、强度，温度对试管薯形成的影响

培养温度，光照长度对试管薯的形成有一定的影响。多数研究表明，15~18 ℃利于试管薯的诱导与形成[29~30]，温度过高或者过低都不利于试管薯的诱导。罗玉[31]等的研究表明高温（30 ℃±2 ℃）使金冠、大西洋、会顺88等3个品种的试管苗切段结薯受到不同程度的抑制，其中对大西洋的抑制程度最强。冉毅东等[32]的研究表明，在相同光照条件下，常温（20~27 ℃）和低温（15 ℃）相比较，低温（15 ℃）显著有利于试管薯的诱导。冯伟清等[33]试验结果表明，变温处理下（黑暗18 ℃，光照24 ℃）试管薯形成快、总量多、质量大，其次为18 ℃和20 ℃处理，不同品种有轻微的差异，而24 ℃培养不利于试管薯的诱导。刘志云[34]认为，克山予64试管薯形成的条件为无光，最适温度是18~22 ℃，所需激素（主要是6-BA）的最适浓度为5~10 mg/L，也就是说马铃薯试管薯形成是同时受多种因素共同调控的。常宏等[35]的研究表明，红光比蓝光和白光更利于马铃薯试管苗叶片的光合作用，提高了可溶性糖含量和生物量；但是蓝光对试管苗干物质含量和试管苗发育后期的结薯数量以及结薯期提前有明显促进，所以壮苗培养阶段采用红光，试管薯诱导阶段采用蓝光有利于提高试管薯产量。王肖云等[36]也认为黑暗条件更有利于试管薯的诱导。金明石等[37]认为，全黑暗使试管薯发生提前，结薯集中，但不利于试管薯的增重，而8 h/d散射光照（500~1 000 Lx）比全黑暗试管薯质量和大薯率都有所提高。

8 展望

影响马铃薯试管薯诱导的因素较多。目前众多学者已经取得了较大的进步，诱导体系也在不断地

优化，为工厂化生产提供了有力的支持。但是目前还存在一定的问题，主要是由于马铃薯品种丰富，生长特性存在较大的差异，因此广泛适用于试管薯诱导的标准体系还没有建立起来，还需要进一步的完善优化。

参考文献

[1] 吴秋云，汤浩，蔡南通，等．不同培养条件对马铃薯试管薯形成的影响 [J]. 中国马铃薯，2006，4（20）：228-230.

[2] 帅正彬，郭江洪，杨斌，等．不同培养条件对马铃薯试管薯诱导的影响 [J]. 西南农业学报，2004，17（2）：212-214.

[3] 王谧，王西瑶，刘帆，等．大量元素不同浓度组合对试管马铃薯结薯的影响 [J]. 中国农学通报，2007，2（23）：65-69.

[4] 胡云海，蒋先明．氮源对马铃薯微型薯的影响 [J]. 马铃薯杂志，1991，5（4）：199-203.

[5] 欧建龙，黄振霖，赵雨佳，等．几种因素对马铃薯试管薯诱导的影响 [J]. 中国马铃薯，2009，23（2）：94-95.

[6] 颉瑞霞，张小川，王效瑜，等．白糖对马铃薯试管薯诱导的影响 [J]. 分子植物育种，2015，13（8）：1766-1770.

[7] 邱彩玲，宿飞飞，王绍鹏．白糖浓度与马铃薯试管苗长势及试管薯产量的相关性 [J]. 中国马铃薯，2008，22（5）：266-269.

[8] 张昌伟，侯喜林，袁建玉，等．不同外源激素对马铃薯试管薯形成的影响 [J]. 江西农业学报，2005，1（27）：72-76.

[9] 金建钧，刘志．文植物激素对马铃薯试管苗的影响及微型薯高效形成条件分析 [J]. 作物杂志，2011，2：20-24.

[10] 丰锋，叶春海，李映志．生长调节物质碳源和光周期对山薯试管薯形成和生长发育的影响 [J]. 植物生理学通讯，2007，6（43）：1045-1049.

[11] 曾述容，付文进，对三汗，等．多效唑浓度及光照条件对马铃薯试管薯诱导影响的初步研究 [J]. 农村科技，2009（8）：35-36.

[12] 张志军，李会珍，姚宏亮，等．多效唑对马铃薯试管苗生长和块茎形成的影响 [J]. 浙江大学学报，2004，30（3）：318-322.

[13] 郑敏．多效唑对马铃薯试管薯形成的影响 [J]. 陕西农业科学，2012，3：56-58.

[14] 金顺福，姜成模，玄春吉，等．马铃薯脱毒试管薯工厂化生产技术及应用研究 [J]. 中国马铃薯，2004，18（6）：180-184.

[15] 白淑霞，安忠民，冯学赞，等．马铃薯试管薯诱导因子研究 [J]. 中国马铃薯，2001，15（5）：271-273.

[16] 李功义，张雅奎，梁杰，等．马铃薯试管薯诱导培养基 6- 苄基腺嘌呤与蔗糖浓度的筛选 [J]. 中国马铃薯，2012，26（3）：144-146.

[17] Hussey G，Stacey N J. Factors affecting the formation of invitro tubers of potato [J]. Annals of Botany，1984，53（4）：565-578.

[18] 鄢铮，郭德章．植物激素对马铃薯试管薯形成的影响 [J]. 中国马铃薯，2004，18（5）：84-86.

[19] 李凤云．不同外源激素对克新 8 号马铃薯型薯诱导效果的影响 [J]. 马铃薯杂志，2001，15

（5）：296–298.

[20] 万林.马铃薯试管薯壮苗与诱导结薯培养组合筛选 [D].四川农业大学，2012.

[21] Hepler P K. Calcium，a central regulator of plant growth and Development [J]. Plant Cell，2005，17：2142 — 2155.

[22] 曹恭，梁鸣早.钙 – 平衡栽培体系中植物必需的中量元素 [J]. 土壤肥料，2003，（2）：48–49.

[23] White P J，Broadley M R. Calcium in plants [J]. Ann. Bot. ，2003，92：487–511.

[24] 周卫，林葆.植物钙素营养机理研究进展 [J]. 土壤学进展，1995，23（2）：12–17.

[25] 周卫，汪洪.植物钙吸收、转运及代谢的生理和分子机制 [J]. 植物学通报，2007，24（6）：762–778.

[26] 杜强，李朝周，秦舒浩，等.钙水平对马铃薯试管薯产量、质量和生理病害的影响 [J]. 植物营养与肥料学报，2013，19（6）：1502–1509.

[27] 党玉丽，刘忠玲，宁爱民河，等.不同苗龄及碳源对马铃薯试管薯诱导的影响 [J]. 河南农业大学学报，2004，03（12）：292–295.

[28] 刘尚前，王晓春，栗占芳，等.马铃薯试管薯形成的影响因素研究 [J]. 西北农业学报.2007，16（5）：109–112.

[29] Leclerc Y，Donnelly D，Seabrook J. Microtuberization of layered shoots and nodal cuttings of potato：The influence of growth regulators and incubation periods [J].Plant Cell，Tissue and Organ Culture，1994，37（2）：l13–120.

[30] Akita M，Takayama S. Induction and development of potato tubers in a jar fermentor [J]. Plant Cell，Tissue and Organ Culture，1994，36（2）：177–182.

[31] 罗玉，田洪，张铁.高温下马铃薯试管薯的诱导 [J]. 马铃薯杂志，2000，14（4）：4–8.

[32] 冉毅东，王蒂，王清，等.光温及培养基类型对马铃薯试管微型薯诱导的影响 [C]. 哈尔滨：黑龙江科学技术出版社，1996：244–249.

[33] 冯伟清，董道峰，陈广侠，等.光照长度、强度及温度对试管薯诱导的影响 [J]. 中国马铃薯，2010，24（5）：257–262.

[34] 刘志云.马铃薯试管苗结薯与光、温度、激素关系的研究 [J]. 高师理科学刊，2002，22（3）：70–71.

[35] 常宏，王玉萍，王蒂.光质对马铃薯试管薯形成的影响 [J]. 应用生态学报，2009，8（20）：1891–1895.

[36] 王肖云.马铃薯组织培养及试管薯诱导体系优化 [D]. 重庆大学，2008.

[37] 金明石，严英哲，张健，等.马铃薯试管薯诱导影响因素分析 [J]. 中国马铃薯，2012，6（26）：332–335.

脱毒马铃薯试管苗高效接种方法研究

胡振兴[*]，高龙梅，杨小丽，李　益，张　玲，李　薇

（达州市农业科学研究院，四川达州　635000）

摘　要： 为降低马铃薯试管苗快繁成本，提高试管苗繁育效率，选用 3 种接种茎节数、3 种接种栽插方式，对试管苗进行了扩繁试验比较。结果表明，试管苗快繁以 1 ~ 2 个茎节为宜，为提高接种效率，可以"抛秧"接种。

关键词： 脱毒；马铃薯；试管苗；高效；接种

病毒侵染是马铃薯品种退化的重要原因[1]，一般造成减产 20% ~ 30%，严重者减产 80% 以上[2]。脱毒种薯的生产与推广应用是防治马铃薯病毒性退化，提高产量和品质的重要措施。脱毒马铃薯试管苗快繁是脱毒马铃薯原原种大规模产业化生产的前提和第一个环节[3]，继代扩繁以使试管苗达到一定的基数是提高脱毒种薯产量的关键[4]。接种工作需要经过训练的专业技术人员操作[5]，脱毒试管苗快繁成本高，以至脱毒微型种薯价格偏高，影响了脱毒种薯的生产与推广[6]。目前不少学者通过对水质、糖源、无机盐含量、培养基组成成分、固液方式、支持物、光照条件等方面进行了研究[7 ~ 12]，以降低马铃薯试管苗快繁成本，取得了一定的成效。试管苗质量的好坏关系试管苗的移栽成活率及原原种产量，接种的快慢效率影响原原种的生产成本。本文从接种茎节数、茎节栽插方式入手，比较了不同接种方式对试管苗生长、接种效率和繁育成本的影响，提出了简单有效的快速接种方法。

1　材料与方法

1.1　试验材料

选用达州市农科院选育的达薯 1 号脱毒苗为试验接种材料。脱毒苗为本院脱毒并经过 DAS-ELISA 检测，不带八种检测病毒。

1.2　试验方法

繁殖基础苗：取 1 株带有 5 ~ 7 个茎节的经过检测的脱毒试管苗，在无菌条件下切成单节茎段，转到经过高压灭菌不加任何激素的 MS 培养基进行繁殖，培养温度 20 ~ 22 ℃，光照时间 16 h/d，每瓶接 10 个茎段，待试管苗长至单株 5 ~ 7 个茎节时，进行同样扩繁，直到为试验提供足够的、来源一致的基础苗。

试验共设置九个处理（表 1）。选用 MS 基本培养基经高温蒸汽灭菌后接种。在无菌条件下，将脱毒基础苗取出，分别切成单节、2 节、3 节茎段，再分别采用正插（芽向上）、反插（芽向下）、平放

基金项目： "十三五"四川省农作物及畜禽育种攻关项目"突破性薯类育种材料与方法创新"（2016NYZ0032）；达州市科技攻关项目"脱毒马铃薯种薯繁育及推广应用"。

* 通信作者： 胡振兴（1973-），男，高级农艺师，研究方向：生物技术研究与应用。E-mail：2683077145@qq.com。

三种方式进行转接到快繁培养基上，每瓶接种 10 苗，每个处理 12 瓶，计 120 株。将接好种的瓶苗移入培养室。培养温度 20 ~ 25 ℃，光照强度 2 000 ~ 3 000 Lx，光照时间 16 h/d。

1.3　调查记载

4 月 28 日接种，2 次重复，自接种之日起，15 d 后，每隔 5 d，取每处理取 3 瓶共 30 株试管苗进行调查，调查对象为试管苗株高（cm）、叶片数（片）、茎粗（mm）、生根数（条）、总根长（cm）。

表 1　脱毒马铃薯试管苗不同接种方式

处理编号	接种方式
1	单节正插
2	单节反插
3	单节平放
4	2 节正插
5	2 节反插
6	2 节平放
7	3 节正插
8	3 节反插
9	3 节平放

2　结果与分析

2.1　不同处理对试管苗株高的影响

株高反映了试管苗向上生长的快慢程度。从表 2 看，前期 15 d 时接 1 个茎节的试管苗平均高度最低，为 2.8 cm；接 2 节的株高最高，为 4.2 cm；接 3 节的居中 3.3 cm。到 20 d 时，接 1 节的平均高度 4.0 cm ＞接 3 节 3.8 cm；到 25 d 时接 1 节的 6.7 cm 已接近接 2 节的 6.8 cm；到 30 d 时则超过接 3 节。这说明从株高生长差异来看，接单节的生长最快，接 2 节的居中，接 3 节的反而最慢。在接 1 节中，正接、反接之间的差异不同时期表现不一样，但都有平放＞正插、反插。这可能是因为平放接触面较大，吸收营养更充足，因而生长较快。在接 2 节中均为正插＞反插＞平放。可能是 2 个茎节的生长素含量比较适合试管苗的生长，有利于发挥其生长促进作用，而在接 3 个茎节中均为反插＞平放＞正插，这可能是 3 个茎节的生长素含量偏高，对试管苗生长有抑制作用，而反插有利于降低生长素作用效应，因而反插生长更快。

表 2　不同处理对试管苗株高的影响

处理	15 d（cm）	平均（cm）	20 d（cm）	平均（cm）	25 d（cm）	平均（cm）	30 d（cm）	平均（cm）
单节正插	2.9		3.9		6.3		7.7	
单节反插	2.4	2.8	4.1	4.0	6.7	6.7	7.0	7.9
单节平放	3.1		4.0		7.2		8.8	
2 节正插	4.7		5.2		7.3		8.3	
2 节反插	4.1	4.2	5.1	4.9	6.6	6.8	7.9	7.8
2 节平放	3.9		4.4		6.5		7.3	
3 节正插	2.2		3.0		3.2		4.4	
3 节反插	3.5	3.3	3.9	3.8	5.6	4.7	6.6	5.5
3 节平放	4.4		4.5		5.5		5.6	

2.2 不同处理对试管苗叶片数的影响

叶片数反映了试管苗的生长繁茂程度，从表3可以看出，15 d时接单节的叶片数最低为4片，20 d时5.6片即超过接3节的5.1片，25 d时7.7超过接2节的7.5片。从叶片数来看，接单节的生长最好，接2节的居中，接3节的反而最差，同株高反映的基本一致。在接1个茎节处理中，正插、平放之间基本无差异，反插相对较差。接2节中，正插>反插>平接。接3个茎节的，正插差于反插和平放，反插前期差于平放，后期好于平放。表明接的茎节较少，以正插为宜，茎节较多以反插为宜。其原因与株高方面一样，可能是因为茎节较短，生长激素含量适中，生长较优；茎节较长时，生长素含量偏高，反插对生长素作用有降低效应，因而反插优于平放和正插。因试管苗一般20～25 d高5～8 cm时移栽，故从叶片生长情况看，马铃薯试管苗接种以接1～2节为宜，单节栽插方式间无明显差异，2节以正插或反插为佳。

表3 不同处理对试管苗叶片数的影响

处理	15 d（片）	平均（片）	20 d（片）	平均（片）	25 d（片）	平均（片）	30 d（片）	平均（片）
单节正插	4.1		5.9		7.6		9.2	
单节反插	3.9	4.0	5.1	5.6	7.7	7.7	8.7	9.0
单节平放	4.2		5.8		7.8		9.1	
2节正插	5.5		6.1		8.0		8.9	
2节反插	4.9	5.3	5.9	5.9	7.4	7.5	8.8	8.6
2节平放	5.5		5.8		7.0		8.2	
3节正插	3.6		4.5		4.7		5.7	
3节反插	4.5	4.6	5.1	5.1	6.7	5.8	7.9	6.8
3节平放	5.7		5.8		6.1		6.8	

2.3 不同处理对试管苗茎粗的影响

茎粗反映了试管苗的健壮程度。从表4可以看出各个时期试管苗的茎粗均为2节>1节>3节。与株高、叶片数反映不完全一样。在接单节中，平放较好，正插反插差异较小，再次说明可能平放能够较好的吸取营养；在接2～3节中，均为反插效果最好，平放次之，最差为正插，其原因可能是反插对向上生长有抑制作用，从而对增粗有促进作用。

表4 不同处理对试管苗茎粗的影响

处理	15 d（mm）	平均（mm）	20 d（mm）	平均（mm）	25 d（mm）	平均（mm）	30 d（mm）	平均（mm）
单节正插	0.51		0.56		0.61		0.61	
单节反插	0.53	0.54	0.55	0.58	0.62	0.66	0.67	0.68
单节平放	0.58		0.63		0.75		0.77	
2节正插	0.59		0.68		0.73		0.74	
2节反插	0.68	0.62	0.70	0.66	0.74	0.71	1.25	0.90
2节平放	0.59		0.61		0.65		0.72	
3节正插	0.31		0.32		0.41		0.46	
3节反插	0.42	0.36	0.50	0.42	0.59	0.49	0.65	0.55
3节平放	0.36		0.43		0.47		0.54	

2.4 不同处理对试管苗生根数量的影响

从表5可以看出，生根数量方面，接2节的优于接3节的，接3节的优于接单节的。在接2节的不同处理中，正插＞反插＞平放；而在接单节的处理中，却是刚好相反，平放＞反插＞正插；在接3节的不同处理中也是平放＞反插＞正插。因此我们认为就生根方面而言，快繁以2节较为适宜，如果接单节，可以平放或者反插。

表5　不同处理对试管苗生根数量的影响

处理	15 d（条）	平均（条）	20 d（条）	平均(条)	25 d（条）	平均（条）	30 d（条）	平均（条）
单节正插	3.3		3.4		3.5		3.9	
单节反插	3.1	3.4	3.9	3.8	4.5	4.2	6.0	5.4
单节平放	3.9		4.3		4.8		6.3	
2节正插	4.6		6.1		6.6		7.2	
2节反插	4.7	3.7	5.2	5.4	5.8	5.8	6.7	6.7
2节平放	2.0		4.8		5.1		6.2	
3节正插	3.3		4.3		4.4		6.1	
3节反插	3.4	3.5	4.5	4.6	5.3	5.2	6.6	6.5
3节平放	3.8		5.2		6.0		7.0	

2.5 不同处理对试管苗根长的影响

从表6看，根的总长度方面，接2个茎节的最长，其次为接单节的，接3节的根总长反而最少。在接单节的处理中，在正插、平放、反插方面，基本同根数一样，仍然是平放＞反插＞正插；在接2个茎节中同株高、叶片数、根数一样，正插＞反插＞平放；在接3个茎节的不同处理中，反插、平放＞正插。因此我们认为快繁生根，以2节较为适宜，正插反插均可；接单节，可以平放或者反插；接3节，则应当反插。

表6　不同处理对试管苗根长的影响

处理	15 d（cm）	平均（cm）	20 d（cm）	平均（cm）	25 d（cm）	平均（cm）	30 d（cm）	平均（cm）
单节正插	11.6		13.2		16.3		17.8	
单节反插	13.4	13.7	17.4	16.8	19.8	19.3	27.8	26.6
单节平放	16.2		19.8		21.8		34.4	
2节正插	20.0		27.5		30.4		31.5	
2节反插	19.9	16.0	25.8	24.4	30.0	27.0	30.0	29.4
2节平放	8.2		19.9		20.5		26.8	
3节正插	3.6		9.2		14.8		18.3	
3节反插	13.1	8.4	14.4	14.6	23.3	19.6	31.2	24.6
3节平放	8.5		20.1		20.6		24.3	

3 结论与讨论

综合单节、2节、3节在试管苗株高、叶片数、茎粗、根数、根长方面的效果来看，在试管苗快繁中以接单节或2个茎节为好，3个茎节太长会造成快繁系数较低，而且试管苗生长质量较差，不适宜在快繁中采用；单节以平放为好，便于更充分地吸收营养；接2个茎节正插反差均可。经过方差分析，在单节、2节的6个处理中，除单节正插在生根方面明显较差外，其他各个处理间差异不明显。因此，为加快接种速度，提高脱毒马铃薯试管苗快繁及原原种生产能力，可以不去刻意追求正插、反插、平放的栽插方式，而采用类似水稻田抛秧的方式，将试管苗剪成单节或2个茎节后，只需将其转接到快繁培养基中，让其分散均匀、与培养基充分接触即可（为此可将培养基中琼脂用量降低，以降低培养基硬度）。在生产中采用此方法后，接种速度比单节剪切并扦插整齐平均提高效率50%以上，在生产上应用也取得了较好的效果，可在较短时间内繁育出数量更多试管苗，以满足日益增长的市场需要，同时在现今人力成本不断上涨的情况下，对降低脱毒马铃薯试管苗快繁及原原种生产成本，促进脱毒种薯推广应用也具有十分重要的意义。

参考文献

[1] 张鹤龄. 我国马铃薯抗病毒基因工程研究进展 [J]. 中国马铃薯，2000，14（1）：25-30.

[2] 颜谦，黄萍，童安毕，等. 马铃薯脱毒试管苗高效生产技术 [J]. 种子，2004，23（9）：82-83.

[3] 辛国斌. 脱毒马铃薯实验室扩繁技术的改进与应用 [J]. 中国马铃薯，2002，16（4）：239-240.

[4] 赵佐敏，艾勇. 马铃薯组培脱毒试管苗繁育技术 [J]. 中国马铃薯，2003，17（5）：301-304.

[5] 陈永波，吕世安，赵清华，等. 脱毒马铃薯试管苗营养液栽培试验 [J]. 中国马铃薯，2004，18（3）：139-142.

[6] 董淑英，李梅，孙静，等. 马铃薯试管苗低成本快繁方式研究 [J]. 中国马铃薯，2002，16（1）：7-9.

[7] 谷爱仙，杨茂才，杨进容，等. 不同固相支持物对马铃薯茎节切段苗生长发育的影响 [J]. 陕西农业科学，1998（1）：10-12.

[8] 王付欣，铁双贵，谢德意，等. 马铃薯试管苗快繁技术研究 [J]. 河南农业科学，2003（7）：44-47.

[9] 庞淑敏，方贯娜. 马铃薯脱毒苗快繁低成本培养基改良试验 [J]. 河南农业科学，2004（12）：95-96.

[10] 郝云凤，李可伟，张培红，等. 脱毒马铃薯快繁培养基的不同支持体 [J]. 中国马铃薯，2005，19（1）：42-43.

[11] 陈凯，刘颖，卢月霞. 培养基与光照强度对马铃薯脱毒试管苗组培快繁的影响 [J]. 安徽农业科学，2005，33（9）：16-28.

[12] 韩仰海，赵海红，陈德祥. 不同支持物对马铃薯脱毒试管苗快繁的影响 [J]. 黑龙江农业科学，2008（5）：22-24.

脱毒马铃薯试管薯高效生产技术研究

胡振兴 *，赵思毅，杨小丽，高龙梅，李　益，张　玲，贾荟芹

（达州市农业科学研究院，四川达州　635000）

摘　要： 为提高脱毒马铃薯试管薯生产效率，简化试管薯生产流程，开展不同试管苗处理方法试验，筛选出了新的试管薯生产工艺方法；并试验研究了新的试管薯生产工艺方法条件下的培养基激素浓度、蔗糖浓度，以及诱导培养温度和光照条件等，为脱毒马铃薯试管薯生产提供了新的思路和方法。

关键词： 脱毒；马铃薯；试管薯；生产

马铃薯试管薯是利用组织培养的方法，将脱毒试管苗置于容器中通过一定的培养方式形成直径为 2 ~ 10 mm 的小薯[1]。试管薯与试管苗一样是马铃薯脱毒原原种薯生产的基础[2 ~ 3]。且试管薯具有种性高，实用价值高；繁殖速度快，效益高；体积小，重量轻，便于贮藏和运输以及可以周年生产等优点[4]。利用马铃薯组培生产微型薯在脱毒种薯生产及种质资源保存上发挥着越来越重要的作用[5]。自 20 世纪 80 年代初 Kim[6] 等报道诱导马铃薯试管薯获得成功以来，有关这方面的研究国内外均取得了较大的进展[7 ~ 11]，但目前试管薯生产仍然存在生产流程复杂、生产周期长、结薯量小、生产成本高、不能往复循环生产等问题。本试验在前人研究基础上，对试管薯生产处理方法、适宜配方、适宜环境条件进行了研究，以期找到脱毒马铃薯试管薯更加高效的生产方式方法。

1　材料与方法

1.1　材料

供试材料为达州市农科院脱毒并经检测合格的马铃薯品种秦芋 30 的试管苗。

1.2　试验方法

1.2.1　材料的扩繁培养

将秦宇 30 脱毒试管苗，在无菌条件下切成带一叶的单茎切段，接种于固体壮苗培养基（MS+5 mg/L　B9+3.5 g/L 琼脂粉 +30 g/L 白糖）上，300 mL 广口瓶每瓶接种 10 个茎段。放置在光照时间 16 h/d、光照强度 2 500 ~ 3 000 Lx 的培养室内培养，培养出足够的、基本一致的高 7 ~ 8 cm 的健壮试管苗。

1.2.2　试管苗处理方法

将来源、长势基本一致的脱毒试管苗，按照以下 5 种接种处理方法（表 1），加入诱导培养基，

基金项目： "十三五"四川省农作物及畜禽育种攻关项目"突破性薯类育种材料与方法创新"（2016NYZ0032）；达州市科技攻关项目"脱毒马铃薯种薯繁育及推广应用"。

* 通信作者： 胡振兴（1973—），男，高级农艺师，研究方向：生物技术研究与应用。E-mail：2683077145@qq.com。

配方为 MS+5.0 mg/L BA+8% 蔗糖 +0.2% 活性炭。加入诱导培养基后，先经 5 d 光照培养（光照时间 16 h/d、光照强度 2 500 ~ 3 000 Lx），然后转入暗室培养诱导试管薯；培养温度 15 ~ 20 ℃。每处理 10 瓶，每瓶 10 株，3 次重复。处理 50 d 后，调查试管薯结薯平均总粒数（薯块直径大于 2 mm 确认为结薯[12]）、总粒重、大薯粒数（直径 >5 mm[13]）、大薯粒重等。

1.2.3　培养基激素浓度

将来源、长势基本一致的脱毒试管苗，切去顶芽（用作快繁）后，分别添加以下 9 种配方培养基（表 2），先经 5 d 光照培养（光照时间 16 h/d、光照强度 2 500 ~ 3 000 Lx），然后转入暗室培养诱导试管薯；培养温度 15 ~ 20 ℃。每个处理 10 瓶，每瓶 20 株，3 次重复。处理 50 d 后，调查试管薯结薯平均总粒数、总粒重等。

1.2.4　培养基碳源浓度

将来源、长势基本一致的脱毒试管苗，切去顶芽（用作快繁），分别添加以下 4 种配方培养基后（表 3），按 1.2.3 同样的光照和温度条件培养诱导试管薯和调查试管薯结薯情况。

1.2.5　诱导培养温度

将来源、长势基本一致的脱毒试管苗，切去顶芽（用作快繁），添加"MS+10.0 mg/L BA+200 mg/L CCC+10% 蔗糖 +0.2% 活性炭"配方诱导培养基后，先经 5 d 光照培养（光照时间 16 h/d、光照强度 2 500 ~ 3 000 Lx），然后分别按以下 3 种温度条件（表 4）转入暗室（人工气候箱）培养诱导试管薯，并按 1.2.3 同样方法调查试管薯结薯情况。

1.2.6　诱导培养光照

将来源、长势基本一致的脱毒试管苗，切去顶芽（用作快繁），添加"MS+10.0 mg/L BA+200 mg/L CCC+10% 蔗糖 +0.2% 活性炭"配方诱导培养基后，光照条件分别按照以下 3 种方式（表 5）处理，温度条件 18±1 ℃，然后按 1.2.3 同样方法调查试管薯结薯情况。

表 1　试管苗处理方法

处理编号	处理方法
1	固体培养的基础苗中直接添加液体诱导培养基进行整株诱导
2	固体培养的基础苗切去顶芽（用作快繁）后，添加液体诱导培养基进行诱导
3	固体培养的基础苗切去顶芽（用作快繁），剪取试管苗中段，转入固体诱导培养基进行诱导
4	固体培养的基础苗切去顶芽及中段（用作快繁），留下的下部加入液体诱导培养基进行诱导
5（CK）	用固体培养的基础苗切取 2 叶 1 节转入浅层液体培养基，静止培养 3 ~ 4 周（7 ~ 8 cm 高）后，倒出原培养基，倒入诱导培养基进行诱导

表 2　不同激素浓度培养基配方

处理编号	培养基配方
1	MS+5.0 mg/L BA+200 mg/L CCC+8% 蔗糖 +0.2% 活性炭
2	MS+5.0 mg/L BA+250 mg/L CCC+8% 蔗糖 +0.2% 活性炭
3（CK）	MS+5.0 mg/L BA+300 mg/L CCC+8% 蔗糖 +0.2% 活性炭
4	MS+8.0 mg/L BA+200 mg/L CCC+8% 蔗糖 +0.25% 活性炭
5	MS+8.0 mg/L BA+250 mg/L CCC+8% 蔗糖 +0.2% 活性炭
6	MS+8.0 mg/L BA+300 mg/L CCC+8% 蔗糖 +0.2% 活性炭
7	MS+10.0 mg/L BA+200 mg/L CCC+8% 蔗糖 +0.2% 活性炭
8	MS+10.0 mg/L BA+250 mg/L CCC+8% 蔗糖 +0.2% 活性炭
9	MS+10.0 mg/L BA+300 mg/L CCC+8% 蔗糖 +0.2% 活性炭

表 3　不同碳源浓度培养基配方

处理编号	培养基配方
1	MS+10.0 mg/L BA+200 mg/L CCC+6% 蔗糖 +0.2% 活性炭
2（CK）	MS+10.0 mg/L BA+200 mg/L CCC+8% 蔗糖 +0.2% 活性炭
3	MS+10.0 mg/L BA+200 mg/L CCC+10% 蔗糖 +0.2% 活性炭
4	MS+10.0 mg/L BA+200 mg/L CCC+12% 蔗糖 +0.2% 活性炭

表 4　不同诱导培养温度

处理编号	温度条件（℃）
1	15 ℃ ±1
2	18 ℃ ±1
3（CK）	22 ℃ ±1

表 5　不同诱导培养光照

处理编号	光照条件（h/d）
1（CK）	全黑暗
2	8 h 光照
3	14 h 光照

2　结果与分析

2.1　不同试管苗处理方法对试管薯结薯的影响

从表 6 可以看出，不论是总粒数、大粒数，还是总粒重、大粒重，各处理中处理 2 均是最高的，这是因为处理 2 营养体较大，诱导结薯时还有部分壮苗培养基，在结薯的同时可继续进行营养的积累，且剪去顶芽后还有利于试管薯块茎的形成；处理 5、处理 1，均为整株诱导，两者结薯较为接近，而处理 3、处理 4 结薯较少，结薯粒数减产幅度为 23.81%～33.33%，这是因为处理 3、处理 4 诱导时营养积累不足，植株营养体较小，因而库源不足。

处理 2 与对照处理 5 相比，在简化生产流程、缩短生产周期、降低生产消耗的情况下，实现了其数量（增产 18.6%）、产量（增产 26.0%）均较大幅度的提高，且种薯大小也有一定幅度提高（平均单粒重增重 14.05%）。分析认为：处理 2 将切去顶芽后的试管苗加入诱导培养基诱导结薯，诱导时采用的是底部仍在壮苗培养基中的试管苗，底部在壮苗培养基中有利于试管苗的继续生长；剪去顶芽有利于匍匐茎的发生；配套适宜的诱导培养基有利于试管薯的形成和膨大。另将固体培养的健壮脱毒马铃薯试管苗顶芽切取出来可以用作试管苗的下一代基础苗快繁；顶芽具有生长速度快，生长质量优的特点；基础苗培养中采用的接种体全部为顶芽，易于整体保持生长一致，避免生长参差不齐；试管薯诱导所用基础苗均是顶芽生长起来的，质量好，这样就提高了试管薯诱导基础苗的质量。这样就可形成试管苗苗壮生长，试管薯诱导结薯多结薯大，并相互支撑，良性互动循环，从而解决试管苗培养与试管薯生产之间的矛盾。

表6 不同试管苗处理方法诱导试管薯结薯情况

处理	总粒数 （粒/瓶）	较CK （±%）	大粒数 （粒/瓶）	较CK （±%）	总粒重 （mg/瓶）	较CK （±%）	大粒重 （mg/瓶）	较CK （±%）	平均粒重 （mg/粒）	较CK （±%）
1	16.16 b	−3.81	11.36 b	−11.25	1 533.44 b	−5.98	1 362.32 b	−4.85	94.89 b	−2.26
2	18.56 a	10.48	14.88 a	16.25	2 055.04 a	26	1 671.36 a	16.73	110.72 a	14.05
3	11.2 d	−33.33	9.04 d	−29.38	946.64 d	−41.96	855.2 d	−40.27	84.52 c	−12.94
4	12.8 c	−23.81	10.4 c	−18.75	1 058.40 c	−35.11	1 058.4 c	−26.08	82.69 c	−14.83
5（CK）	16.8 b	−	12.8 b	−	1 631.04 b	−	1 431.84 b	−	97.09 ab	−

注：多重比较采用新复极差法。不同小写字母表示差异达0.05显著水平。下同。

2.2 不同激素浓度培养基配方对试管薯的影响

从表7结果看，在新的试管苗处理方法条件下，试管薯的诱导需要较高浓度的BA和CCC，随着BA和CCC浓度的提高，每瓶诱导生产的粒数、粒重、大粒数、大粒重等都均有增加，但并不是越高越好，达到一定浓度后则开始下降，其中以处理7即BA10 mg/L+CCC 200 mg/L诱导试管薯效果为最好，其结薯数量达21.84粒/瓶、单瓶薯重达3.07 g，大粒数达17.68粒/瓶，均高于其他处理。这种激素浓度与配方比当前普遍采用的BA5.0 mg/L+CCC 500 mg/L略有不同，分析认为，主要是在新的试管苗处理方法条件下，诱导结薯的试管苗基部还在壮苗培养基内，需要更高浓度的BA去刺激和诱导试管薯的发生和膨大，而CCC属植物生长延缓剂，它能阻止植物体内BA的合成，在促进块茎形成的同时，会加速植株的衰老，影响块茎的进一步发育，当有BA存在时，这种促衰老速度更快，因而在较低浓度即CCC 200 mg/L的条件下试管薯诱导效果较好。

表7 不同激素浓度培养基配方诱导试管薯结薯情况

处理编号	总粒数（粒/瓶）	总粒重（g/瓶）	大粒数（粒/瓶）	大粒重（g/瓶）	平均粒重（g/粒）
1	17.92 de	2.79 d	14.95 de	1.74 cd	0.16 a
2	18.90 cd	2.86 cd	15.99 bc	1.79 cd	0.15 ab
3（ck）	19.32 cd	2.90 c	16.12 bc	1.85 bc	0.15 ab
4	19.60 c	2.92 c	16.77 b	1.90 b	0.15 ab
5	20.44 bc	3.04 b	17.03 ab	1.91 b	0.15 ab
6	20.86 b	3.15 a	17.42 a	2.00 a	0.15 ab
7	21.84 a	3.07 ab	17.68 a	2.03 a	0.14 bc
8	19.60 c	2.80 d	15.47 cd	1.74 cd	0.14 bc
9	18.34 de	2.54 e	15.20 cd	1.57 e	0.14 bc

2.3 不同碳源浓度培养基配方对试管薯的影响

表8结果表明，随蔗糖浓度的升高，薯粒数、薯重、薯块大小均有增加，当蔗糖浓度为10%时，诱导效果最显著，结薯数为23.6 g/瓶，结薯重达3.66 g/瓶，薯块平均大小0.16 g/粒，分别比对照提高8.26%、60.31%、18.06%、10.77%。但是超过10%时，随着蔗糖浓度的继续升高，对试管薯的诱导效果下降，说明蔗糖对薯块的诱导有很大的影响，但蔗糖的浓度一定要适中，在新的试管苗处理方法条件下，蔗糖浓度以10%为最优。这与目前大多数试验结果推荐的8%有差异，可能是在新的试管苗处理方法条件下，诱导结薯的试管苗下部还是固体壮苗培养基，其初始蔗糖浓度较低，因而，后期诱导

时需加大浓度来进行弥补提高。后面生产试验还表明，使用白糖代替蔗糖，对试管薯诱导效果无明显差异，为了降低生产成本，工厂化生产中以采用10%的白糖为宜。

表8　不同碳源浓度培养基配方对试管薯诱导的影响

处理编号	总粒数（粒/瓶）	较 ck±%	总粒重（g/瓶）	较 ck±%	平均粒重（g/粒）	较 ck±%
1	18.2 d	−16.51	2.48 c	−20.00	0.14 b	0.00
2（ck）	21.8 b	−	3.10 b	−	0.14 b	−
3	23.6 a	8.26	3.66 a	18.06	0.16 a	10.77
4	20.2 c	−7.34	3.26 b	5.16	0.16 a	15.28

2.4 不同诱导培养温度对试管薯的影响

温度对马铃薯块茎的形成有重要影响（表9），处理2结薯粒数、结薯重量及单粒重均比处理1、处理3高，其中比对照处理3分别高44.05%、77.59%和21.61%，在新的试管苗处理方法条件下，试管薯块茎诱导培育适宜温度为18℃±1℃。分析认为，马铃薯是典型的喜冷凉环境的植物，高温对于块茎发育有不利影响，22℃±1℃条件下比18℃±1℃结薯产量显著降低，这主要是由于在较高温度下呼吸作用增强，加大了营养的消耗；在实验室进行试管薯生产，创造较低的温度环境有利于试管薯块茎形成和干物质积累，可显著增加结薯数量和产量，但温度太低，低于15℃条件也不利于试管块茎的形成和生长。

表9　不同诱导培养温度对试管薯诱导的影响

处理编号	总粒数（粒/瓶）	较 CK±%	总粒重（g/瓶）	较 CK±%	平均粒重（g/粒）	较 CK±%
1	23.2 b	38.1	3.64 b	56.9	0.16 ab	12.07
2	24.2 a	44.05	4.12 a	77.59	0.17 a	21.61
3（CK）	16.8 c	−	2.32 c	−	0.14 bc	−

2.5 不同诱导培养光照条件对试管薯的影响

从表10结果看，在新的试管苗处理方法条件下，处理2比处理1结薯粒数多193.02%，结薯总重高288.41%，平均单粒重高28.31%，比处理3即14 h/d下处理结薯数量多，结薯总重也都高，且相差较大，说明光照处理对试管薯的诱导生长影响较大。分析认为黑暗虽然能诱导结薯，有利于匍匐茎的发生，但黑暗处理时间过长，没有光合作用，容易导致试管苗的叶片黄化、茎叶枯死、植株枯萎，不利于试管薯的生长发育、提高试管薯的产量。在新的试管苗处理方法条件下，诱导期间进行适当的光照处理8 h/d 光照，有利于微型薯的形成和生长，可使植株保持一定强度的光合作用，生长环境更接近正常生长状态，有利于植物体制造营养物质向试管薯输送，增加薯块的淀粉含量，并能持续产生相应的激素促进微型薯的发生和结薯数量的增加；但光照时间也不宜过长，长光照条件下14 h/d，试管苗易产生大的枝叶，块茎的发生受到抑制，结薯时间延长、结薯率低；在新的试管苗处理方法条件下，8 h/d 光照较适宜试管薯的诱导和生长。

表10　不同诱导培养光照条件对试管薯诱导的影响

处理编号	总粒数（粒/瓶）	较 CK±%	总粒重（g/瓶）	较 CK±%	平均粒重（g/粒）	较 CK±%
1（CK）	8.6 c	−	1.25 c	−	0.15 bc	−
2	25.2 a	193.02	4.85 a	288.00	0.19 ab	28.31
3	18.5 b	115.12	3.82 b	205.60	0.21 a	37.66

3　讨论

在马铃薯脱毒试管薯生产中，要求生产的试管薯产量高、质量好、成本低[14]。马铃薯试管薯的诱导受很多因素的影响，如马铃薯品种的基因型、矿物质营养、碳源、外源激素、植物生长延缓剂以及环境因素（温度、光照）等[15~17]。为提高脱毒马铃薯试管薯生产效率，简化试管薯生产流程，本试验开展了不同试管苗处理方法试验，从5种不同试管苗处理方法中，筛选出了新的试管薯生产工艺方法，即：将脱毒马铃薯试管苗壮苗培养的试管苗剪去顶芽后，直接加入试管薯诱导培养基，进行试管薯诱导生产；而剪取的顶芽则作为接种体用作下一代试管苗快繁。待顶芽经固体壮苗培养长至7~8 cm时，再剪去顶芽，加入试管薯诱导培养基进行试管薯诱导生产；剪取的顶芽再作为接种体用作下一代试管苗快繁，如此往复循环。

本试验研究了新工艺条件下的培养基激素浓度、蔗糖浓度，以及诱导培养温度和光照条件等对试管薯诱导的影响。在新工艺条件下，6-BA浓度、蔗糖浓度、诱导温度、光照等的变化对诱导试管薯影响都很大，在设置的2组培养基配方中，当6-BA浓度为10 mg/L、CCC浓度为200 mg/L、蔗糖浓度为100 g/L时，试管薯结薯总粒数、总粒重、大粒数、大粒重等指标最好；在设置的3个温度条件中，以18±1℃诱导结薯最好；在设置的3个光照处理中以8 h/d短光照处理最佳。

本试验研制的新工艺具有生产流程少、生产周期短、成苗率高、试管块茎形成多、产量高、可周年往复循环生产等优点，为试管薯生产提供了新的思路和方法，试验了新工艺条件下培养基配方及环境条件，进一步提高了试管薯产量，在生产应用中取得了很好效果。但不同的马铃薯品种在诱导结薯时对温度和激素浓度有不同的适应性，针对不同的品种要用不同的温度和不同的激素浓度，才能得到适宜的试管薯[18]，因此在将本试验结果用其他品种进行工厂化大量生产前，宜进行品种适应性试验。

参考文献

[1] 吴秋云，汤浩，蔡南通，等.不同培养条件对马铃薯试管薯形成的影响[J].中国马铃薯，2006，20（4）：228-230.

[2] 孙慧生.马铃薯育种学[M].北京：中国农业出版社，370-372.

[3] 沈清景，叶贻勋，凌永胜.马铃薯试管薯诱导因素研究[J].福建农业学报，2001，16（1）：54-56.

[4] 张占军，李会珍，姚宏亮，等.多效唑对马铃薯试管生长和块茎形成的影响[J].浙江大学学报（农业生命科学版），2004，30（3）：49-52.

[5] 郭华春.微型种薯大小对马铃薯生长及产量的影响[J].种子，2004，23（7）：69-70.

[6] Kin Y. In vitrotuber formation from potato [M]. seoul Univ Pub，1982.

[7] Estrada R，Tovar P，Dodds H J. Induction of in vitrotubers in a broad range of potato genotypes[J]. Plant cell Tiss Org Cult，1986，（7）：3-10.

[8] 白淑霞，安忠民，冯学赞，等.马铃薯试管薯诱导因子研究[J].中国马铃薯，2001，15（5）：271-273.

[9] 沈清景，叶贻勋，凌永胜.马铃薯试管薯诱导因素研究[J].福建农业学报，2001，16（1）：54-56.

[10] Dodds J H. Improved methods for in vitro tuber induction and use of in tuber in seed programs[C].

Proceeding：Symposium on improved potato planting material held at Kunming，1988：49-64.

[11] Garner N. The development and dormancy of microtubers of potato（Solanum tuberosum L.）produced invitro]D]. London：University of London，1987.

[12] 白淑霞，安东民，王静，等 . 不同培养方式件对马铃薯试管苗生长与试管薯诱导的影响 [J]. 中国生态农业学报，2002，10（2）：40-41.

[13] 吴秋云，汤浩，蔡南通，等 . 不同培养条件对马铃薯试管薯形成的影响 [J]. 中国马铃薯，2006，20（4）：228-230.

[14] 金顺福，江成模，玄春吉，等 . 马铃薯脱毒试管薯工厂化生产技术及应用研究 [J]. 中国马铃薯，2004，18（6）：340-342.

[15] 王春林，程天庆 . 利用试管薯快速繁殖马铃薯 [J]. 马铃薯杂志，1992，6（2）：82-85.

[16] 胡云海，蔡先明 . 不同糖类和 BA 对马铃薯试管薯的影响 [J]. 马铃薯杂志，1989，3（4）：203-206.

[17] 刘梦芸，蒙美莲，门福义，等 . 光周期对马铃薯块茎形成的影响及对激素的调节 [J]. 马铃薯杂志，1994，8（4）：193-197.

[18] 蒋从莲，郭华春 . 不同外源激素和培养温度对马铃薯试管薯形成的影响 [J]. 云南农业大学学报，2001，22（6）：824-828.

脱毒马铃薯原原种高效栽培方法研究

胡振兴*，杨小丽，高龙梅，李 益，张 玲

（达州市农业科学研究院，四川达州 635000）

摘 要： 为提高脱毒马铃薯原原种生产效率，针对脱毒马铃薯原原种生产中基质栽培成本高产量低等缺点，开展试管苗栽培不同基质及处理方法的试验，结果表明：立体混合立体基质栽培，试管苗生长快，长势好，原原种产量高，成本低。

关键词： 脱毒；马铃薯；原原种；高效；栽培

马铃薯是仅次于小麦、水稻和玉米的我国第四大主要粮食作物[1]。中国马铃薯单产低于世界平均水平，仅为世界发达国家的1/3左右。影响我国马铃薯产量水平低的一个重要原因是马铃薯种薯的病毒性退化。据研究，使用脱毒种薯可使马铃薯增产30% ~ 50%[2]。建立脱毒种薯繁育体系，为生产提供优质脱毒种薯是提高我国马铃薯生产水平的重要措施。而四川省脱毒种薯推广利用率在30%左右[3]，距离发达国家90%以上的利用率仍有较大差距[4]。

脱毒种薯的推广应用，原原种生产是基础。脱毒原原种生产中，主要采用蛭石作为栽培基质进行脱毒马铃薯原原种生产[5 ~ 10]，由于蛭石价格昂贵，生产成本高，营养供应不足，制约了脱毒马铃薯原原种的大面积繁殖[11 ~ 14]。为此，本课题组开展了试管苗栽培不同基质及处理方法的试验。

1 材料与方法

1.1 试验材料

选用脱毒并经过检测无毒的品种费乌瑞它为试验材料。

1.2 试验方法

试验共设5个处理（表1），每个处理设长1 m、宽1 m、深0.25 m池子，栽插密度为5 cm×7 cm，每处理定植280株，3次重复。其中，处理4立体混合基质处理方法为：苗畦底层先铺一层10 ~ 15 cm厚营养土（在普通菜园土中，根据马铃薯需肥特点，配施适量含有氮、磷、钾、钙、镁、硫等营养元素的有机肥和化肥）锄细，中层铺5 ~ 7 cm河沙，上层铺3 ~ 5 cm蛭石，河沙与蛭石稍混合。

移栽前把基质浸湿浇透，晾干收汗后按株行距将清洗处理好的试管苗栽入，然后用细喷雾器喷水，清洗掉叶面上的基质，滴水浇苗基部，使基质和根系密切接触，然后盖膜保温保湿。移栽后10 d之内

基金项目： "十三五"四川省农作物及畜禽育种攻关项目"突破性薯类育种材料与方法创新"（2016NYZ0032）；达州市科技攻关项目"脱毒马铃薯种薯繁育及推广应用"。

*通信作者： 胡振兴（1973–），男，高级农艺师，研究方向：生物技术研究与应用。E-mail：2683077145@qq.com。

保持空气湿度在 90% 左右，一早一晚适当通风。移栽 10 d 以后，塑料薄膜逐渐打开至全部打开。每 2 周喷施营养液一次。以后根据干湿情况适当浇水。每隔一定时间喷药防治病虫。移栽 30 d 后调查试管苗成活率及长势，50 d 时调查株高、叶片数，80 d 时收获、晾干，滤去泥沙，数粒数及称重（>1 g 的为合格薯）。

表 1　试验处理

处理	栽培基质
1	珍珠岩
2	蛭石 + 珍珠岩（1∶1）
3	河沙
4	立体混合基质
5	蛭石（CK）

2　结果与分析

2.1　试管苗成活率及长势比较

从表 2 可看出，几种处理中：处理 1 成活率居中，但株高及叶片数比对照分别低 55.26%、50.31%，居所有处理末位，说明珍珠岩栽培试管苗，植株生长缓慢，植株长势差。处理 2 试管苗成活率最高，说明蛭石 + 珍珠岩，疏松性、孔隙度等物理结构条件好，适于马铃薯试管苗的栽插虽其株高比对照低 29.82%，但叶片数比对照多 17.61%，说明该处理的试管苗生长具有矮壮的特性。处理 3 成活率最低，说明单纯河沙其孔隙度、保水性较差，不太适合试管苗移栽，其株高、叶片数也分别比对照低 41.67%、22.01%。处理 4 试管苗成活率居中为 90% 以上，说明立体混合基质还是比较适合脱毒马铃薯试管苗的移栽，其株高、叶片数为所有处理中最高，株高比对照高 1.75%，叶片数比对照多 28.30%，说明立体混合基质较适合栽培试管苗，其试管苗生长速度快，叶片多而壮，营养条件较好，长势优。

表 2　不同处理间试管苗成活率及长势

处理	成活率（%）	长势	株高（cm）	±CK（%）	叶片数（片）	±CK（%）
1	90.6 b	差	10.2 d	−55.26	7.9 e	−50.31
2	96.5 a	良	16.0 b	−29.82	18.7 b	17.61
3	80.8 c	中	13.3 c	−41.67	12.4 d	−22.01
4	90.5 b	优	23.2 a	1.75	20.4 a	28.30
5（CK）	92.4 ab	良	22.8 a	−	15.9 c	−

注：多重比较采用新复极差法。不同小写字母表示差异达 0.05 显著水平。下同。

2.2　原原种薯产量比较

从表 3、表 4 可看出：处理 1 每平方米原原种薯结薯粒数比对照减少 50%，结薯重量比对照减产 61.86%，单株结薯粒数平均仅为 0.77 粒、1.26 g，平均粒重 1.64 g，均为所有处理中最低，说明单纯珍珠岩不太适宜作为试管苗栽培基质生产原原种，其结薯少、结薯小、产量低，分析其主要原因是珍珠岩自身所含营养极少，栽培上应与其他基质混合搭配使用，并应该注意多补充营养。

处理 2 原原种薯结薯粒数达 452 粒 /m²，产量达 1 111.92 g/m²，平均单株结薯 1.61 粒、3.97 g，平均单粒重 2.46 g，均居所有处理第 2 位，且结薯产量及平均粒重也明显高于对照，说明蛭石 + 珍珠岩组合比单一蛭石更适于脱毒试管苗生产马铃薯原原种。

处理 3 每平方米原原种薯结薯粒数 360 粒，产量 554.4 g，比对照减产 16.28%、40.03%，平均单株结薯 1.29 粒、1.98 g，平均单粒重 2.46 g，比对照分别减产 16.28%、40%、28.37%，均达极显著，说明用单纯河沙栽培试管苗生产原原种不如蛭石，分析其主要原因是其保水保肥能力较差。

表 3　不同处理的原原种种薯产量

处理	结薯粒数（粒 /m²）	±CK（粒 /m²）	±CK（%）	结薯重量（g/m²）	±CK（g/m²）	±CK（%）
1	215 d	−215	−50.00	352.60 e	−571.90	−61.86
2	452 b	22	5.12	1111.92 b	187.42	20.27
3	360 c	−70	−16.28	554.40 d	−370.10	−40.03
4	658 a	228	53.02	1658.16 a	733.66	79.36
5（ck）	430 b	–	–	924.50 c	–	–

处理 4 每平方米原原种薯结薯粒数达 658 粒，产量达 1658.16 g，比对照增产 53.02%、79.36%，平均单株结薯 2.35 粒、5.92 g，平均单粒重 2.52 g，比对照分别增产 52.60%、79.39%、17.21%，均达极显著，列所有处理第一，说明立体混合基质比蛭石及蛭石 + 珍珠岩等更适合栽培试管苗生产原原种，分析其原因：立体混合基质中，最上层的蛭石，为试管苗根系初期生长提供了良好的疏松、透气的良好环境，有利于试管苗栽插成活；下层的营养土有利于为试管苗中后期生长提供充足营养，为提高原原种产量创造条件；中层的河沙与蛭石混合，有利于克服蛭石吸水性太强、透水性不足的缺点，与土壤混合，能够改善土壤的理化性状，使土壤不硬化、不板结，有利于原原种薯块的膨大。

表 4　不同处理的单株原原种种薯产量

处理	单株结薯（粒 / 株）	±CK（%）	单株结薯（g/ 株）	±CK（%）	单粒重（g/ 粒）	±CK（%）
1	0.77 d	−50.00	1.26 d	−61.82	1.64 c	−23.72
2	1.61 b	4.55	3.97 b	20.30	2.46 a	14.42
3	1.29 c	−16.23	1.98 c	−40.00	1.54 c	−28.37
4	2.35 a	52.60	5.92 a	79.39	2.52 a	17.21
5（CK）	1.54 b	–	3.30 b	–	2.15 b	–

3　讨论

原原种生产是脱毒马铃薯推广应用的基础。脱毒试管苗是在培养室恒温、高湿、弱光照（灯光）、密闭培养瓶内、通气较差条件下生产的，因而试管苗比较脆嫩、纤弱。直接利用土壤栽插试管苗，试管苗一般均难以成活或成活率极低。目前一般均采用在防虫网室内利用蛭石、泥炭、珍珠岩等无土栽培基质进行试管苗栽插生产脱毒原原种。无土栽培基质克服了土壤疏松透气不足的缺点，有效提高了试管苗栽插成活率，但无土栽培基质自身基本不具有营养或肥效较低，主要靠营养液喷施，营养供给不足，使之结薯较少、单粒较小。全部用无土栽培基质如蛭石、泥炭、珍珠岩等及用营养液喷施成本很高，同时原原种个体小，使下季原种繁殖生产条件要求高，产量低，这又进一步提高了种薯繁育成本，这些都制约了脱毒马铃薯的种薯繁育及大面积推广应用。

本研究结果表明，立体混合基质通过分层设计，立体上为试管苗提供了一个疏松、透气及保水保肥的良好结构和充足的肥水营养，既克服了纯基质栽培营养不足的特点，又克服了纯土壤易硬化、板结，结构较差，试管苗栽插成活率低的缺点，使脱毒苗根系深入肥土中吸取充足营养，在疏松的蛭石河沙中轻松结薯，从而实现结薯多、结薯大的目的，在生产上有较大推广利用价值。但基质栽培中，一般基质使用1～2季即要消毒更换，可以较大程度上避免土传病害；使用立体混合基质栽培，一般是每季在原有基础上添加蛭石，因此其病毒病害传播几率相比要大一些，在生产管理上，要求更为严格，栽培中在严密隔离外界情况下，还要加强病虫害预防，严防病虫害发生，收获后、栽培前都要对栽培基质进行清理，清除残枝落叶，彻底消毒，杜绝病虫害传播。

参考文献

[1] 曾诗淇. 农业部举办马铃薯主食产品及产业开发国际研讨会 [J]. 农产品市场周刊. 2015，（31）：19.

[2] 金黎平，罗其友. 国马铃薯产业发展现状和展望 [A]. 马铃薯产业与农村区域发展 [C]. 中国作物学会，2013.

[3] 崔阔澍，王斌，卢学兰. 四川马铃薯产业优势及发展思路 [J]. 中国农技推广，2018，（4）：9-11.

[4] 杨雅伦，燕枝，孙君茂. 我国马铃薯产业发展现状及未来展望 [J]. 中国农业科技导报，2017，19（1）：29-36.

[5] 陈瑶春. 不同基质对脱毒马铃薯试管苗炼苗成活率的影响 [J]. 中国马铃薯，2002，16（3）：164-165.

[6] 吕典秋，李学湛，何云霞，等. 马铃薯脱毒原原种栽培基质筛选和栽培技术的研究 [J]. 杂粮作物，2002，22（1）：46-47.

[7] 祝红艺，柴岩，刘小凤，等. 几种脱毒小薯培养基质的比较研究 [J]. 吉林农业科学，2000，25（5）：51-53.

[8] 董淑英，崔潇，李谨，等. 基质类型对脱毒马铃薯微型薯生产的影响 [J]. 山东农业科学，2008，（9）：35-36.

[9] 扬万林. 马铃薯脱毒原原种生产技术 [J]. 中国马铃薯，2001，15（4）：231-233.

[10] 王芳. 无土基质栽培生产脱毒马铃薯微型薯的关键技术 [J]. 作物杂志，2008，（5）：97-99.

[11] 林丛发，魏泽平，罗仰奋，等. 马铃薯脱毒试管苗繁育及脱毒种薯生产技术 [J]. 中国马铃薯，2000，（4）：225-226.

[12] 肖旭峰，刘明月，不同基质配比对马铃薯微型薯生长发育的影响 [J]. 江西农业大学学报，2008，30（3）：460-463.

[13] 卞春松，金黎平，谢开云，等. 不同基质对马铃薯微型高效生产的影响 [J]. 种子，2003，（5）：103-105.

[14] 孔德贵，杨列文，孙强，等. 不同栽培方式对微型马铃薯产量影响的试验研究 [J]. 中国种业，2004，（10）：123-124.

转 AtCIPK23 基因马铃薯低钾胁迫蛋白质差异表达研究

黄雪丽[1]，杨　巍[1]，邹　雪[1]，阮松林[2]，王西瑶[1*]

（1. 四川农业大学农学院，四川成都　611130；2. 杭州市农业科学研究院生物技术所，浙江杭州　310024）

摘　要： 探究转 AtCIPK23 基因马铃薯耐低钾作用机制。以鄂薯 3 号及其转 AtCIPK23 基因型马铃薯组培苗为研究对象，进行 48 h 低钾胁迫处理，利用双向电泳和 MALDI-TOF-TOF MS 质谱鉴定技术筛选并鉴定差别蛋白点。试验共鉴定出 35 个差异显著蛋白，低钾胁迫引起普通组培苗能量代谢受阻，抗氧化及抗逆相关蛋白表达上调，而转基因株系则上调谷胱甘肽－抗坏血酸循环系统相关蛋白及甲硫氨酸合成酶表达量，这表明低钾胁迫首先引起马铃薯氧代谢，而 AtCIPK23 基因的过量表达能启动一系列保护机制，降低氧胁迫对功能蛋白的伤害。本试验为 AtCIPK23 基因提高植株的耐低钾作用机制提供了新的依据。此外，本试验改良的 TCA－丙酮沉淀法更适用于马铃薯组培苗蛋白提取及双向电泳。

关键字： 马铃薯；总蛋白提取；AtCIPK23；低钾胁迫；双向电泳；MALDI-TOF-TOF MS

K^+ 作为植物生长发育所必需的主要矿质元素之一，是植物细胞质中最丰富的阳离子，可达 100 ~ 200 mM，在植物干重中亦占 10%[1~2]。K^+ 在植物细胞阴离子电性中和、调控膜极化、渗透调节、酶激活等发挥着中重要作用。植物主要通过根系从外界环境吸收 K^+ 营养，但是土壤溶液中 K^+ 浓度通一般在 0.025 ~ 5 mM[3]，而在根际，K^+ 浓度通常低于 0.3 mM[4]。因此，许多植物在其生命周期的某些时候面临低钾胁迫。植物在 K^+ 缺时，根细胞感应外界 K^+，启动一系列生理反应，特别是根细胞存在高亲和与低亲和转运系统 [5~6]，使得大多数植物低 K^+ 条件下幸存。Xu 等 [7] 报道了拟南芥存在 CBL1/9-AtCIPK23 - AKT1 介导 K^+ 吸收的信号通路，蛋白激酶 CIPK23 结合感受器蛋白 CBL1、CBL9 形成 CBL-CIPK23 复合物锚定于细胞膜，磷酸化钾离子通道 AKT1 使之激活，这一成果推动了植物钾营养的分子机制研究。

马铃薯作为喜钾作物，钾不仅能提高马铃薯叶片的光合效率，而且能促进有机物的合成和运转，增强抗逆性，改善产品质量。然而面临土壤可溶性 K^+ 普遍偏低问题，使其产量与品质均受到严重影响。最近，Wang 等 [8] 将拟南芥 AtCIPK23 基因转入马铃薯，获得耐低钾株系，从而为提高马铃薯低钾耐受性找到突破口。然而，低钾胁迫引起马铃薯代谢变化与 AtCIPK23 基因转入提高马铃薯低钾耐受性作用机制以及基因转入所引起的未知效应还不清楚，本试验利用蛋白质组学分析法探究这些问题。目

基金项目： 国家现代农业产业技术体系四川薯类创新团队项目（川农业函 [2014]91 号）。

作者简介： 黄雪丽（1983—），女，讲师，硕士，主要从事植物组织培养、植物营养生理等研究。E-mail: hxueli1983@163.com

* 通讯作者： 王西瑶，女，博士，教授，博导，主要从事马铃薯研究。E-mail: wxyrtl@163.com

前，马铃薯蛋白质组学主要研究涉及块茎形成与生长发育[9~11]、品种变异[12~13]、褐变反应[14~16]、干旱胁迫[17]、盐胁迫[18]、冷藏甜化[19]等领域，随着马铃薯基因组计划的完成[20]，推动了马铃薯蛋白质组学研究，特别是在马铃薯病虫害研究领域迅速展开[21~23]。然而，利用蛋白质组学研究马铃薯钾营养还未见报道，因此，从蛋白质水平研究马铃薯低钾胁迫代谢变化以及转基因型株系具有耐低钾特性具有一定实际意义。

1 材料与方法

1.1 供试材料

马铃薯品种鄂薯 3 号（E3）脱毒组培苗及其转 AtCIPK23 基因型 L34 脱毒组培苗株系，由四川农业大学马铃薯研究开发中心提供。

固体 MS 培养：E3 及转基因脱毒组培苗组织培养，选取健壮带有腋芽的外植体，扦插于 MS 固体培养基，于 22 ℃ ±1 ℃，光照强度约 4 000 mol/（m^2·s），光周期 16 h/d 条件下培养 18 d。

水培：用超纯水将组培苗根部琼脂洗净，再反复以 1/2 mS 营养液（含正常 MS 营养液大量元素、微量元素、铁盐，浓度均减半，加入 10 mM 的 KCl，最终 K^+ 含量约为 0.5 mM）清洗 3 次，然后将其移栽至盛有 30 mL 1/2 mS 营养液的培养瓶中，于 22 ℃ ±1 ℃，光照强度约 4 000 mol（m^2·s），光周期 16 h/d 条件下培养 3 d，期间每 24 h 更换一次营养液。

低钾处理：将水培 3 d 后的 E3 及转基因株系进行低钾营养液（以正常 1/2 mS 培养基为基础，去掉 KNO_3、KH_2PO_4，以 NH_4NO_3、$NH_4H_2PO_4$ 替换，微量元素、铁盐为 1/2 mS 营养液浓度保持不变，另加 10 mM 的 KCl 50 mL，即 K^+ 含量为 0.5 mM）水培处理，以 1/2 mS 培养液（K^+ 含量约为 10 mM）作对照水培，均培养 48 h，期间分别更换一次营养液，其他条件不变。

1.2 蛋白样品制备

1.2.1 TCA- 丙酮沉淀法

参照 ruan 等[24]文献记载方法并作部分修改，蛋白提取液 II 反复悬浮清洗 6~7 次，植物组织呈白色。

1.2.2 酚提取法

参照 Urbany 等[15]文献记载方法并作部分修改，将提取缓冲液中加入 2% CHAPS，裂解液与 TCA- 丙酮沉淀法一致。

1.3 蛋白浓度测定

参照 Bradford 定量蛋白，在紫外分光光度计 595 nm 波长下测定标准牛血清蛋白光密度 OD 值，制作标准曲线，根据标准曲线计算出样品蛋白浓度。

1.4 双向电泳

1.4.1 第一向等电聚焦（IEF）

全株总蛋白上样量 650 μg，地上部分与地下部分蛋白上样量分别为 700 μg、600 μg，蛋白样品与胶条水合缓冲液（8 mol/L 尿素，2% CHAPS，50 mmol DTT，0.5% 40% Ampholine）混合总体积 350 μL，选取非线性 17 cm pH 值 3~10 胶条，于 20 ℃、50 V 主动水合 12 h，等电聚焦（S1 250 V 线性 30 min，S2 1 000V 快速 1 h，S3 10 000 V 线性 5h，S4 10 000 V 快速 60 000 Vh，S5 500 V 快速任意时间），直至 60 000V·H 即可完成（3 个重复）。

1.4.2 第二向 SDS-PAGE 凝胶电泳

将胶条于胶条平衡缓冲液 I（6.0 mol/L Urea，2% SDS，0.375 mol/L Tris-HCl pH8.8，20% Glycerol，130 mmol/L DTT）、II（以 135 m mol/L IAA 替换 DTT）中分别浸泡 15 min（5 ml/ 胶条），采用 12% 分

离胶电泳（起始地电流 5 mA/gel，30 min；执行电流 24 mA/gel，5 h）。

1.5 考马斯亮蓝染色

考马斯亮蓝染色液（0.12% 考马斯亮蓝 G-250，10% NH$_4$SO$_4$，10% H$_3$PO4，20% C$_2$H$_5$OH）过夜染色，超纯水脱色直至背景清晰。

1.6 凝胶图像采集与分析

使用 GS-800 Calibrated Densitometer 凝胶成像系统（Bio-Rad）及 Quantity One 1-D Analysis Software 进行凝胶扫描并保存图像，使用 PDQuet™2-D Analysis Software8.01 依次进行图像过滤与裁剪，点检测，自动匹配与手动匹配，重复组和组内一致性分析，标准化消减背景［Local Regression Model，PPM（×1 000 000）］，分析管理器报告（1.5 或 2 倍差异表达量以及 98% 水平的 T- 检验），人工筛选差异蛋白点进行质谱分析。

1.7 质谱鉴定与生物信息学分析

MALDI-TOF/TOF MS 质谱鉴定由上海中科新生命生物科技有限公司完成。

利用分析软件 Mascot 将上述一级质谱（PMF）与二级质谱（MS/MS）质谱图检索马铃薯基因组数据库（PGSC http：//www.potatogenome.net，PGSC_DM_ v 3.4_pep.fasta.zi 记录 56218 条序列信息）。

利用全球蛋白质知识库 UniProt 数据库（http：//www.uniprot.org）检索蛋白质，确认其分子功能，依据其生物学过程，细胞组分，分子功能对蛋白进行注释与归类。

2 结果与分析

2.1 不同总蛋白提取方法 2-DE 图谱结果

从 2-DE 图谱可以观察到马铃薯 E3 组培苗蛋白点在整个凝胶均有分布，而在 25.0 ~ 117 KD 以及等电点 PI 为 3 ~ 8 的区域蛋白点较为集中。在分子量低于 25 KD 区域，仅有少量蛋白点可以检测出，这可能是由于考马斯亮蓝染色灵敏度较低，或是提取过程中蛋白质丢失，抑或是马铃薯组培苗材料自身在该区域存在蛋白质种类及丰度偏少等原因所致。

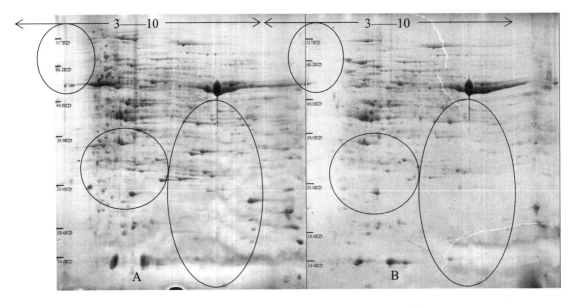

图 1 不同方法提取马铃薯组培苗总蛋白 2-DE 图谱

A：TCA- 丙酮沉淀法 2-DE 图谱；B：酚提取法 2-DE 图谱，上样量 650 µg，椭圆所示两种提取方法 2-DE 差异明显区域

通过 PDQuest8.01 分析两种提取方法 2-DE 图谱，结果发现 TCA-丙酮沉淀法检测到 916 个蛋白点，而酚提取则检测到 880 个蛋白点，仅从数量上来看，TCA-丙酮沉淀法占优势。特别是在碱性区域（图 1 大椭圆所示），前者在整个区域均有蛋白点分布，而后者仅有少量蛋白点可以检测出，这部分蛋白主要集中于分子量小于 35KD 区域，与单向检测结果一致，可见酚提取丢失部分蛋白点。另一方面，从整体来看酚提取所得成像较为清晰，而 TCA-丙酮沉淀法所得成像则有横纹与纵纹干扰（图 1 小椭圆所示区域），因此酚提取能够去除较多杂质，所制备蛋白样质量较高。综合各因素，利用 TCA-丙酮沉淀法提取马铃薯组培苗蛋白，更加适用于 2-DE 凝胶成像。

2.2 马铃薯不同处理 2-DE 图谱结果

通过 PDQuet 软件分析 2-DE 图谱，检测出野生型马铃薯正常条件地上部分 888±37 个（重复 847、898、920，图 2- Ⅰ）蛋白点，低钾条件地上部分 903±9（914、895、901，图 2- Ⅱ）蛋白点，正常条件地下部分 838±39 个（重复 824、808、883，图 2- Ⅲ）蛋白点，低钾条件地下部分 865±10 个（重复 874、854、869，图 2- Ⅳ）蛋白点。转基因型马铃薯正常条件地上部分 885±10 个（重复 883、896、876，图 3- Ⅱ）蛋白点，地下部分 865±5 个蛋白点（重复依次 863、871、863，图 3- Ⅳ）。低钾条件地上部分 898±13 个（重复 883、908、904，图 4- Ⅱ）蛋白点，正常条件地下部分 865±5 个（重复 863、871、863，图 3- Ⅳ）蛋白点，低钾条件地下部分 845±11 重复依次 857、835、844，图 4- Ⅳ）个蛋白点。筛选 35 个显著差异表达蛋白点进行质谱鉴定，其中 32 个蛋白鉴定成功（见表 1）。

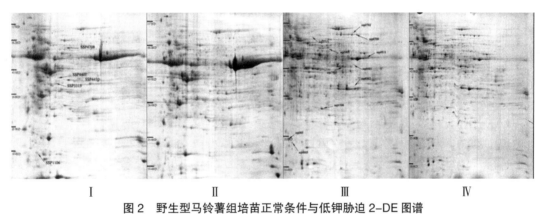

图 2 野生型马铃薯组培苗正常条件与低钾胁迫 2-DE 图谱

Ⅰ野生型正常条件地上部分；Ⅱ野生型低钾胁迫地上部分；Ⅲ野生型正常条件地下部分；Ⅳ野生型低钾胁迫地下部分；2-DE 图谱分析差异蛋白点如图中箭头所示

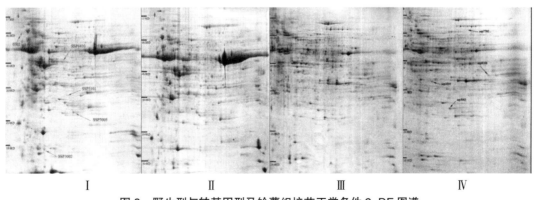

图 3 野生型与转基因型马铃薯组培苗正常条件 2-DE 图谱

Ⅰ野生型正常条件地上部分；Ⅱ转基因型正常条件地上部分；Ⅲ野生型正常条件地下部分；Ⅳ转基因型正常条件地下部分，图中箭头所示为差异蛋白点

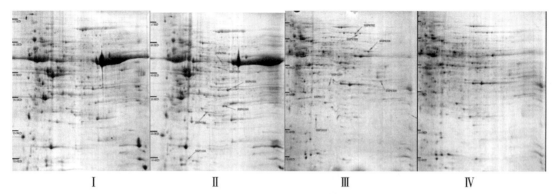

图4　野生型与转基因型马铃薯低钾胁迫 2-DE 图谱

Ⅰ 野生型低钾胁迫地上部分；Ⅱ 转基因型低钾胁迫地上部分；Ⅲ 野生型低钾胁迫地下部分；Ⅳ 转基因型低钾胁迫地下部分，图中箭头所示为差异蛋白点

3　讨论

3.1　不同提取方法 2-DE 结果

本试验采用改良 TCA- 丙酮沉淀法与酚提取法来进行对比实验，由分析结果得出 TCA- 丙酮沉淀法获取蛋白点要显著多于酚提取，但相较酚提取所得凝胶成像明显具有横条纹与竖条纹干扰，因马铃薯组培苗组织中富含色素、多糖、多酚类物质及氧化产物醌类物质，所产生次生代谢产物影响了提取蛋白的纯度，干扰等电聚焦，进而影响 2-DE 图谱的质量。本试验在原来 TCA- 丙酮沉淀法基础之上，通过增加蛋白提取液 Ⅱ（含 10% 三氯乙酸和 0.07% β- 巯基乙醇的丙酮溶液）洗涤次数，进一步去除干扰物质，2-DE 图谱达到良好效果。

此外，以上两种蛋白提取方法存在其他问题，TCA- 丙酮沉淀法虽能够提取较多马铃薯植株蛋白，但在干粉裂解、加入裂解液相对过多时，蛋白液浓度较低且一些不溶性物质如纤维组织悬浮于蛋白液中，通过多次离心能够去除部分杂质，导致蛋白液回收率下降的问题。在马铃薯块茎进行蛋白裂解时，由于块茎组织富含淀粉，加入裂解液易产生糊化，不利于蛋白液的回收。酚提取能够较好地避免不溶性物质干扰，在干燥的蛋白质沉淀中加入裂解液回收蛋白样品，相对于 TCA- 丙酮沉淀法可以能够在较大范围内控制最终蛋白液浓度，同时，可以避免淀粉以及其他此生代谢物质的干扰，该法可以获得高纯度高浓度蛋白液。然而，酚提取也面临实验步骤烦琐，洗涤时需要更换离心管的问题，费时且实验材料消耗大以及容易损失高丰度蛋白的问题。结合前人研究基础，通过改良 TCA- 丙酮沉淀法能够避免过多横纹与竖纹的出现，在马铃薯组培苗蛋白提取蛋白的浓度也能够较好满足双向电泳的需要，因此，通过其与酚提取对比实验，TCA- 丙酮沉淀法获得更为满意 2-DE 图谱，有利于马铃薯组培苗后续蛋白质组学研究分析。

3.2　野生型低钾胁迫差异表达蛋白

低钾胁迫引起细胞色素 b6-f 复合物铁硫亚基，苹果酸脱氢酶下调表达，前者参与光合电子链电子传递，后者是糖代谢的关键酶，催化 L- 苹果酸脱氢与草酰乙酸可逆反应，说明低钾抑制马铃薯光合作用与能量代谢。

表 1 马铃薯组培苗差异蛋白点鉴定结果

SSP	蛋白名称	PGSC登录号	NW(KD)/I	得分置信度	匹配肽段	代谢功能	方法	植物材料	定量
1106	细胞色素 b6f 复合	PGSC0003DMN400000024	24.6/8.2	119/100	7	电子传递	T检验(下调)	WT(NK VS LK)Shoot	
3315	丙酮酸脱氢酶β亚基	PGSC0003DMP400046770	41.98/5.86	302/100	9	氧化还原	2倍(上调)T-检验	WT(NK VS LK)Shoot	
4401	2-酮戊二酸二脱氢性	PGSC0003DMP400020835	38.14/5.54	316/100	9	氧化还原	2倍(下调)	WT(NK VS LK)Shoot	
4410	醌醇还原酶	PGSC0003DMP400011423	39.48/5.55	414/100	11	氧化还原	T检验(上调)	WT(NK VS LK)Shoot	
4708	亚甲基四氢叶酸还原酶	PGSC0003DMP400028247	67.82/5.6	231/100	15	甲基化修饰 DNA修复	T检验(下调)	WT(NK VS LK)Shoot	
0005	铁氧还蛋白过氧化物酶 1	PGSC0003DMP400049086	29.69/6.34	566/100	11	氧化还原	1.5倍(上调)	WT(NK VS LK)Root	
2713	ATSCO1/ATSCO1J	PGSC0003DMP400008398	86.71/5.4	359/100	25	核酸结合 翻译延伸因子	T检验(下调)	WT(NK VS LK)Root	
4106	脱氢型抗坏血酸过氧化物酶	PGSC0003DMP400052341	27.69/5.78	704/100	12	氧化还原	T检验(上调)	WT(NK VS LK)Root	
5605	D-3-磷酸甘油酸脱氢酶	PGSC0003DMP400031593	63.65/6.75	315/100	7	NAD,氨基酸络合磷 酰甘油酸	2倍(上调)	WT(NK VS LK)Root	
7403	乙醇脱氢酶3	PGSC0003DMP400053597	41.81/5.92	808/100	19	乙醇代谢,结合 Zn2+	1.5倍(上调)	WT(NK VS LK)Root	
8302	苹果酸脱氢酶	PGSC0003DMP400021915 PGSC0003DMT400032	36.3/39	35/100	5	三羧酸循环	1.5倍(下调)	WT(NK VS LK)Root	
8403	半胱氨酸脱硫酶	PGSC0003DMP400053	50.99/8.36	53/69.12	4	半胱氨酸脱硫	2倍(上调)	WT(NK VS LK)Root	

续表

编号	蛋白名称	登录号	数值1	数值2	数量	功能	倍数/检验	比较组
851.1	丝氨酸羟甲基转移酶	PGSC0003DMP400027608 / PGSC0003DMT400040717	52.41/6.84	416/100	7	氨基酸降代谢	2倍（下调）	WT(NK VS LK)Root
8702J	甲硫氨酸合成酶	PGSC0003DMP400048869 / PGSC0003DMT400072279	84.83/6.19	923/100	32	甲硫氨酸合成	1.5倍（上调）／ T-检验（下调）	WT(NK VS LK)Root / WT VS GM(LK)Root
7808								GM(NK VS LK)
8709JJ	甲硫氨酸合成酶	PGSC0003DMP400048869 / PGSC0003DMT400072279	84.83/6.19	616/100	22	甲硫氨酸合成	1.5倍（上调）／ T-检验（下调）	WT(NK VS LK)Root / WT VS GM(LK)Root
8801							T-检验（下调）	GM(NK VS LK)Root
0702	热激蛋白70	PGSC0003DMP400015694 / PGSC0003DMT400023039	71.59/5.14	104/100	8	应激响应	T-检验（下调）／ 2倍	WT VS GM(NK)Shoot
3002	TSI-1蛋白	PGSC0003DMP400002693	17.46/5.31	136/100	1	应激响应	T-检验（下调）	WT VS GM(NK)Shoot
3104		PGSC0003DMT400003774					2倍数（下调）	
4410	S-腺苷甲硫氨酸合成酶	PGSC0003DMP400039354 / PGSC0003DMT400087679	43.15/5.57	369/100	17	S-腺苷甲硫氨酸合成	2倍（下调）	WT VS GM(NK)Shoot
5005	超氧化物歧化酶	PGSC0003DMP400047965 / PGSC0003DMT400070925	24.77/7.93	140/100	1	氧化还原酶	2倍（下调）	WT VS GM(NK)Shoot
5101	依赖NAD苹果酸酶	PGSC0003DMP400015506 / PGSC0003DMT400022763	32.62/8.91	175/100	10	防御反应	T-检验（下调）	WT VS GM(NK)Shoot
3209	膜联蛋白P34	PGSC0003DMP400030948 / PGSC0003DMT400045665	35.94/5.39	456/100	8	Ca2+磷脂结合	2倍（上调）	WT VS GM(NK)Root
5003J / J5005	磷酸丙糖异构酶	PGSC0003DMP400048247 / PGSC0003DMT400071330	27.24/5.23	1130/100	19	糖酵解	T-检验（上调）／ T-检验（下调）	WT VS GM(NK)Root / GM(NK VS LK)Root
7705	甘氨酰-tRNA合成	PGSC0003DMP400027873 / PGSC0003DMT400041104	77.71/6.15	577/100	20	甘氨酰-tRNA的合	T-检验（下调）	WT VS GM(NK)Root
8308	果糖二磷酸醛缩酶	PGSC0003DMP400004786 / PGSC0003DMT400006894	39.05/7.51	1050/100	20	糖酵解	T-检验（下调）	WT VS GM(NK)Root

续表

编号	名称	基因ID			类别	催化类型	变化倍数	对比
4104	碳酸酐酶	PGSC0003DMP400000965	3492/6.4	940/100	19	催化碳酸分解	2倍（上调）	WT VS GM(LK)Shoot
5508	二氢硫辛酸脱氢酶1	PGSC0003DMP400001433	53.45/692	786/100	20	氨基酸代谢	T-检验（下调）	WT VS GM(LK)Shoot
6204	核酮糖1,5-二磷酸羧化酶加氧酶	PGSC0003DMP40005787	40.70/7.23	701/100	18	卡尔文循环碳固定	2倍（下调）	WT VS GM(LK)Shoot
I6102							1.5倍（上调）	GM(LK)Shoot
6306	3-磷酸甘油醛脱氢酶 C亚基	PGSC0003DMP400007386	36.63/8.23	159/100	5	糖代谢	T-检验（下调）	WT VS GM(LK)Shoot
I6205							T-检验（上调）	
6504	单脱氢抗坏血酸还原酶	PGSC0003DMP400021804	53.42/8.08	577/100	18	氧化还原	T-检验（上调）	WT VS GM(LK)Shoot
0111	2-脱氧葡萄糖-6-磷酸磷酸酶	PGSC0003DMP400026606	34.52/5.9	243/100	10	水解酶	T-检验（上调）	WT VS GM(LK)Root
0107							2倍（上调）	
5202	谷胱甘肽转移酶	PGSC0003DMP400018247	37.48/5.69	655/100	16	还原谷胱甘肽	T-检验（上调）	WT VS GM(LK)Root
8308	果糖二磷酸醛缩酶	PGSC0003DMP400004786	39.05/7.51	875/100	17	糖酵解	2倍（下调）	WT VS GM(LK)Root
8508	过氧化氢酶	PGSC0003DMP400051216	56.99/6.56	871/100	24	氧化还原	2倍（下调）	WT VS GM(LK)Root
8604							2倍（下调）	GM(LK)Root

注：WT 野生型，GM 转基因型，Shoot 地上部分，Root 地下部分，NK 正常条件，LK 低钾条件。WT 与 GM 对比实验时，定量图中：红色表示 WT 量，绿色表示 GM 量，同一类型材料时，红色表示正常条件，绿色表示低钾条件，定量图中同一颜色表示3个重复。

硫氧还蛋白过氧化物酶、乙醇脱氢酶3以及其他氧化还原蛋白上调表达，前者可以清除广泛的过氧化物，具有抗氧化胁迫功能，后者可以清除细胞内乙醇，减少毒害作用。这说明低钾引起氧化胁迫，机体细胞通过上调抗氧化蛋白响应氧化压力。另外，甲硫氨酸合成酶上调表达，其催化生成甲硫氨酸，该氨基酸是S-腺苷甲硫氨酸（SAM）的前体，SAM提高植物抗逆力，说明甲硫氨酸合成酶在低钾胁迫下起到逆境响应作用。

3.3 野生型与转基因型正常水培差异表达蛋白

热激蛋白70下调表达，其作为分子伴侣，主要参与参与新生肽的折叠、运输和组装以及逆境损伤蛋白的修复和降解代谢过程。TSI-1蛋白下调表达，该蛋白第一次在番茄描述为应力诱导蛋白，在真菌感染，水杨酸，创伤等胁迫条件下，该蛋白均在番茄中超量表达[25]。超化物歧化酶下调表达，其催化超氧化物歧化反应生成 H_2O_2 与 O_2。SOD清除机体细胞中的超氧化物，与POD、CAT协同作用使氧化自由基维持在低水平，保护细胞免受氧化损伤。能量代谢与糖代谢相关蛋白表达量也发生变化。膜联蛋白p34表达上调，Caroline首次在番茄中报道Annexins p34及p35蛋白依赖 Ca^{2+} 和pH特异结合G肌动蛋白，具有核苷酸磷酸二酯酶活力[26]，其具体作用机制还不清楚。正常水培条件下，引起功能蛋白差异性表达，在一定程度上说明野生型植株受到逆境胁迫（如抗氧化抗逆蛋白上调表达，能量代谢紊乱等），从而表现出敏感性。

3.4 野生型与转基因型低钾胁迫差异表达蛋白

在低钾条件下，转基因植株碳酸酐酶下调表达，其催化 CO_2 可逆水和反应，而单脱氢抗坏血酸还原酶与谷胱甘肽转移酶均上调表达，这两种酶作为谷胱甘肽-抗坏血酸循环系统的参与酶（图6），该系统作为植物细胞的主要抗氧化系统，清除活性氧而保护细胞免受损伤。而野生型TSI-1蛋白上调表达。转基因型能量代谢与糖代谢相关蛋白（如核酮糖-1，5-二磷酸羧化酶/加氧酶大亚基、3-磷酸甘油醛脱氢酶C亚基、2-脱氧葡萄糖-6-磷酸酶），氨基酸合成蛋白（二氨基庚二酸脱羧酶、甲硫氨酸合成酶）均上调表达。这说明野生型植株的能量代谢与有机物合成代谢受阻，低钾胁迫抑制野生型正常代谢，而转基因型存在保护机制在一定程度上缓解了低钾胁迫压力。

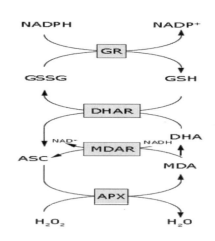

图6　植物谷胱甘肽-抗坏血酸循环系统

3.4 转基因型低钾胁迫差异表达蛋白

转基因型在低钾条件下，糖代谢与能量代谢相关蛋白表达发生变化，核酮糖-1，5-二磷酸羧化酶/加氧酶大亚基，3-磷酸甘油醛脱氢酶C亚基二者上调表达，而2-脱氧葡萄糖-6-磷酸酶、磷酸丙糖异构酶下调表达，这说明低钾引起植株代谢紊乱，其他氨基酸合成与抗氧化蛋白也发生表达变化。本课题组前期已证明转 AtCIPK23 基因马铃薯具有耐低钾特性，而本研究则利用蛋白组学法从蛋白质水平来揭示耐低钾作用机制。通过比较野生型与转基因型在正常与低钾条件下的蛋白差异表达，野生型在低钾胁迫条件下，抗氧化与抗逆相关蛋白上调表达，说明低钾引起氧化压力，这一结果与在番茄 [27]、大豆 [28] 等相一致。

4 结论

通过利用改良的 TCA- 丙酮沉淀法与酚提取法进行马铃薯组培苗的总蛋白提取，经过双向电泳实验发现 TCA- 丙酮沉淀法可获取的理想的 2-DE 图谱，并建立了适于马铃薯组培苗的双向电泳体系。此外，本试验从蛋白水平观察到低钾影响马铃薯植株代谢以及转基因马铃薯具有耐低钾特性。

参考文献

[1] Walker D J, Leigh R A, Miller A J. Potassium homeostasis in vacuolate plant cells[J]. Proc Natl Acad Sci USA, 1996, 93: 10510-10 514.

[2] Very A A, Sentenac H. Molecular mechanisms and regulation of K$^+$ transport in higher plants[J]. Annu Rev Plant Biol, 2003, 54: 575-603.

[3] Barber S A. Potassium, In Soil Nutrient Bioavailability: A Mechanistic Approach[B]. NewYork: Wiley, 1995: 231–232.

[4] Schroeder J I, Ward J M, Gassmann W. Perspectives on the physiology and structure of inward-rectifying K$^+$ channels in higher plants: biophysical implications for K$^+$ uptake[J]. Annu Rev Biophys Biomol Struct, 1994, 23: 441–471.

[5] Ashley M, Grant M, Grabov A. Plant responses to potassium deficiencies: a role for potassium transport proteins[J]. Journal of Experimental Botany, 2005, 57（2）: 425–436.

[6] Ward J M, Mäser P, Schroeder J I. Plantion channels: gene families, physiology, and functional genomics analyses[J]. Annu Rev Physiol, 2009, 71: 59-82.

[7] Xu J, Li H D, Chen L Q, et al. A protein kinase, interacting with two calcineurin B-like proteins, regualates K$^+$ transporter AKT1 in Arabidopsis[J]. Cell, 2006, 125: 1347-1360.

[8] Wang X Y, Li J, Zou X, et al. Ectopic Expression of AtCIPK23 Enhances Tolerance Against Low- K$^+$ Stress in Transgenic Potato[J]. American Journal of Potato Research, 2011, 6（11）: 153–159.

[9] Satu J. Lehesranta, Howard V, et al. Proteomic analysis of the potato tuber life cycle[J]. Proteomics, 2006 Nov, 6（22）: 6042-52.

[10] Agrawal L, Chakraborty S, Jaiswal D K, et al. Comparative proteomics of tuber induction, development and maturation reveal the complexity of tuberization process in potato（Solanum tuberosum L.）[J]. J Proteome Res, 2008 , 7（9）: 3803-3817.

[11] Yu J W, Choi J S, Upadhyaya C P, et al. Dynamic proteomic profile of potato tuber during its in vitro development[J]. Plant Sci, 2012, 195: 1-9.

[12] Lehesranta S J, Davies H V. Comparison of Tuber Proteomes of Potato Varieties, Landraces, and Genetically Modified Lines[J]. Plant Physiol, 2005, 138（3）: 1690-1699.

[13] Hoehenwarter W, Larhlimi A, Hummel J, et al. MAPA distinguishes genotype-specific variability of highly similar regulatory protein isoforms in potato tuber[J]. J Proteome Res, 2011, 10（7）: 2979-2991.

[14] Chaves I，Pinheiro C，Paiva JA，et al. Proteomic evaluation of wound-healing processes in potato（Solanum tuberosum L.）tuber tissue[J]. Proteomics，2009，9（17）：4154-4175.

[15] Urbany C，Colby T，Stich B，et al. Analysis of natural variation of the potato tuber proteome reveals novel candidate genes for tuber bruising[J]. J Proteome Res，2012，11（2）：703-716.

[16] Murphy J P，Kong F，Pinto D M，et al. Relative quantitative proteomic analysis reveals wound response proteins correlated with after-cooking darkening[J]. Proteomics，2010，10（23）：4258-4269.

[17] 章玉婷，周德群，苏源，等. 干旱胁迫条件下马铃薯耐旱品种宁蒗 182 叶片蛋白质组学分析 [J]. 遗传，2013，35（5）：666-672.

[18] Aghaei K，Ehsanpour A A，Komatsu S. Proteome analysis of potato under salt stress[J]. J Proteome Res，2008，7（11）：4858-4868.

[19] Yang Y，Qiang X，Owsiany K，et al. Evaluation of different multidimensional LC-MS/MS pipelines for isobaric tags for relative and absolute quantitation（iTRAQ）-based proteomic analysis of potato tubers in response to cold storage[J]. J Proteome Res，2011，10（10）：4647-4660.

[20] Xu X，Pan S. Genome sequence and analysis of the tuber crop potato[J]. Nature，2011，475（7355）：189-195.

[21] Fern á ndez M B，Pagano M R，Daleo G R. Hydrophobic proteins secreted into the apoplast may contribute to resistance against Phytophthora infestans in potato[J]. Plant Physiol Biochem，2012，60：59-66.

[22] Arasimowicz-Jelonek M，Kosmala A，Janus Ł，et al. The proteome response of potato leaves to priming agents and S-nitrosoglutathione[J]. Plant Sci，2013，198：83-90.

[23] Duceppe M O，Cloutier C，Michaud D. Wounding，insect chewing and phloem sap feeding differen-tially alter the leaf proteome of potato，Solanum tuberosum L[J]. Proteome Sci，2012，10（1）：73-79.

[24] Ruan S L，Ma H S，Wang S H，et al. Proteomic identification of OsCYP2, a rice cyclophilin that confers salt tolerance in rice（Oryza sativa L.）seedlings when overexpressed[J]. BMC Plant Biol，2011，11（2）：34-39.

[25] Xu Y，Chang P，Liu D，et al. Plant Defense Genes Are Synergistically Induced by Ethylene and Methyl Jasmonate[J]. Plant Cell，1994，6（8）：1077-1085.

[26] Calvert C M，Gant S J，Bowles D J. Tomato annexins p34 and p35 bind to F-actin and display nucleo-tide phosphodiesterase activity inhibited by phospholipid binding[J]. Plant Cell，1996，8（2）：333-342.

[27] Hernandez M，Fernandez-Garcia N，Garcia-Garma J，et al. Potassium starvation induces oxidative stress in Solanum lycopersicum L. roots[J]. J Plant Physiol，2012，169（14）：1366-1374.

[28] Wang C，Chen H，Hao Q，et al. Transcript profile of the response of two soybean genotypes to potas-sium deficiency[J]. PLoS One，2012，7（7）：39856-39872.

马铃薯芽眼组织离体培养方法优化

余丽萍，王西瑶*，邱玉洁，詹小旭，黄　涛

（四川农业大学农学院，成都温江　611130）

摘　要：为探究马铃薯芽眼组织离体培养的最佳灭菌组合和培养条件，采用芽眼组织培养技术，以费乌瑞它为试验材料，从芽外植体消毒灭菌以及不同的培养基类型等条件探讨对马铃薯芽眼组织离体培养的影响。结果表明，用 75% C_2H_5OH 10 s+0.1% $HgCl_2$ 8 min+ 液体培养基和用 75% C_2H_5OH 10 s+5% NaClO 12 min+ 液体培养基时的芽眼组织培养效果最好。

关键词：马铃薯；芽眼；灭菌剂；培养基

马铃薯是无性繁殖的作物，连续栽培易引起病理性和生理性退化，表现为产量和品质的明显降低 [1]。在马铃薯试验研究中，通常都是使用的整薯进行研究，存在休眠与发芽的研究周期长、容易受季节限制且条件难控等缺点 [2]。植物组织培养技术主要通过将植物中的细胞、器官、组织等在人工培养的无菌环境下发展并长成新的植物体 [3]。Anja Hartmann 等 [4] 使用切下的块茎芽眼部位研究 GA（赤霉素）和 CK（细胞分裂素）解除休眠的能力，并由此观察到 GA 和 CK 在释放马铃薯块茎休眠、促进发芽方面有明显作用。但在用芽眼组织离体培养方法进行研究时发现，培养过程中易出现组织污染 [5]、组织褐化 [6]、发芽率不高等问题。本试验使用优化芽眼离体培养技术是为建立马铃薯芽眼离体培养有效观察体系，可快速便捷地研究外源试剂对马铃薯休眠和发芽的作用，为建立马铃薯发芽的操作体系提供研究基础。

1　材料与方法

1.1　材料

马铃薯品种为费乌瑞它原种。试剂为 MS 培养基（不含蔗糖和琼脂）、琼脂粉、蔗糖、75% C_2H_5OH、0.1 % $HgCl_2$、5% NaClO。

1.2　方法

1.2.1　培养基的配制

试验设置固体和液体两种培养基类型，固体培养基中添加琼脂粉做凝固剂，液体培养基中采用折

基金项目：国家现代农业产业技术体系四川薯类创新团队项目（川农业函 [2014]91 号）。

作者简介：余丽萍，女，本科，主要从事薯类贮藏技术研究及推广工作，E-mail：757336519@qq.com。

* 通讯作者：王西瑶，女，博士，教授，博导，主要从事马铃薯研究，E-mail：wxyrtl@163.com。

叠滤纸桥做固定支撑。

除使用不含琼脂和蔗糖的 MS 培养基外，在固体培养基制作中加入 6 g/L 的琼脂粉和 30 g/L 的蔗糖，在液体培养基（无琼脂滤纸桥培养基）制作中加入 30 g/L 的蔗糖，制作完成后灭菌冷却，待用。

1.2.2 芽眼组织的获取

将薯形完好，无损伤的薯块刷洗干净后，以芽眼为中心，用硬质塑料管打孔，取出直径 3 mm 长 8 mm 的芽眼组织。纱布包裹置于流水下冲洗 30 min，取出备用。

1.2.3 芽眼组织的消毒灭菌处理

芽眼组织吸干水分后，装入消毒瓶中，用 C_2H_5OH、$HgCl_2$、$NaClO$ 按试验方案对其进行消毒灭菌处理。消毒灭菌后的芽眼组织用无菌水冲洗 3 次，再用无菌吸水纸吸干水分，待用。具体方案见表 1、表 2。

1.2.4 芽眼组织的接种

将处理好的芽眼组织按不同消毒灭菌试剂和不同处理时间消毒灭菌试验设计外，其他试验设计均以 MS 为基本培养基，采用固体和液体培养基培养。每个处理 10 瓶，每瓶接种 4 个芽段，3 次重复。

1.2.5 芽眼组织的培养条件

先采取黑暗培养，每隔 2 d 观察生长情况，待出芽后采取黑暗—光照交替培养，光照强度 1 500 ~ 1 800 Lx，光照时间 12 h/d，培养温度 25 ℃。

表 1　$HgCl_2$ 不同处理时间及不同培养基配比表

处理代号	灭菌剂种类、浓度（%）			培养基类型（C）
	C_2H_5OH	$HgCl_2$（A1）	灭菌时间（B）	
A1B1C1	75	0.1	10 s+0 min	固体
A1B2C1	75	0.1	10 s+2 min	固体
A1B3C1	75	0.1	10 s+4 min	固体
A1B4C1	75	0.1	10 s+6 min	固体
A1B5C1	75	0.1	10 s+8 min	固体
A1B6C1	75	0.1	10 s+10 min	固体
A1B1C2	75	0.1	10 s+0 min	液体
A1B2C2	75	0.1	10 s+2 min	液体
A1B3C2	75	0.1	10 s+4 min	液体
A1B4C2	75	0.1	10 s+6 min	液体
A1B5C2	75	0.1	10 s+8 min	液体
A1B6C2	75	0.1	10 s+10 min	液体

表 2　$NaClO$ 不同处理时间及不同培养基配比表

处理代号	灭菌剂种类、浓度（%）			培养基类型（C）
	C_2H_5OH	$NaClO$（A2）	灭菌时间（D）	
A2D1C1	75	5	10 s+0 min	固体
A2D2C1	75	5	10 s+3 min	固体
A2D3C1	75	5	10 s+6 min	固体
A2D4C1	75	5	10 s+9 min	固体

续表

处理代号	灭菌剂种类、浓度（%）			培养基类型（C）
	C₂H₅OH	NaClO（A2）	灭菌时间（D）	
A2D5C1	75	5	10 s+12 min	固体
A2D6C1	75	5	10 s+15 min	固体
A2D1C2	75	5	10 s+0 min	液体
A2D2C2	75	5	10 s+3 min	液体
A2D3C2	75	5	10 s+6 min	液体
A2D4C2	75	5	10 s+9 min	液体
A2D5C2	75	5	10 s+12 min	液体
A2D6C2	75	5	10 s+15 min	液体

1.3　试验指标测定及数据采集分析

接种 3 d 后，开始统计其污染率、褐化率、发芽率，以后每隔 3 d 统计一次数据，并及时转接受污染瓶中未被污染的芽眼外植体 [7]。用 SPSS 等软件对试验结果数据进行分析，相关公式如下：

污染率 =（污染的芽眼外植体数 / 接种的芽眼外植体总数）×100%

褐化率 =（褐化的芽眼外植体数 / 接种的芽眼外植体总数）×100%

发芽率 =（发芽的芽眼外植体数 / 接种的芽眼外植体总数）×100%

2　结果与分析

2.1　HgCl₂ 不同处理时间、不同培养基芽眼污染率

如图 1 所示，在同一 HgCl₂ 浓度的条件下，随着灭菌时间的增加，芽眼组织的污染率降低，且固体培养基的污染率要稍低于液体培养基。当灭菌剂处理为 A1B6C1，即 75% C₂H₅OH 10 s+0.1% HgCl₂ 10 min+ 液体培养基时，芽眼组织污染率最低，为 4.36%。同一培养基类型中 HgCl₂ 的不同处理时间的污染率均达到了极显著的差异，同一处理时间中培养基的不同类型间的污染率不显著。

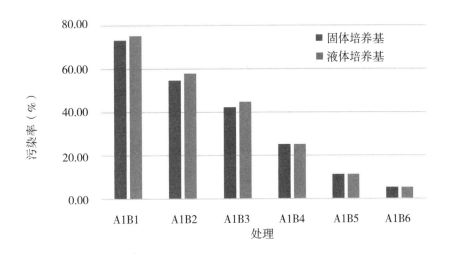

图 1　HgCl₂ 不同处理时间、不同培养基芽眼污染率

2.2 $HgCl_2$ 不同处理时间、不同培养基芽眼褐化率

如图 2 所示，在同一 $HgCl_2$ 浓度的条件下，随着灭菌时间的增加，芽眼组织的褐化率变化不大，固体培养基的褐化率要远低于液体培养基，但固体培养基的褐化程度要远高于液体培养基，对芽眼组织的毒害作用也更高。因此当灭菌剂处理为 A1B4C1，即 75% C_2H_5OH 10 s+0.1% $HgCl_2$ 6 min+ 固体培养基时，芽眼组织褐化率最低，为 13.25%。同一培养基类型中 $HgCl_2$ 的不同处理时间的褐化率不显著，同一处理时间中培养基的不同类型间的褐化率极显著。

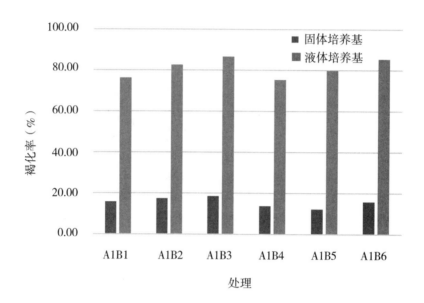

图 2 $HgCl_2$ 不同处理时间、不同培养基芽眼褐化率

图 3 $HgCl_2$ 不同处理时间、不同培养基芽眼发芽率

2.3 $HgCl_2$ 不同处理时间、不同培养基芽眼组织发芽率的影响

如图 4 所示，在同一 $HgCl_2$ 浓度的条件下，随着灭菌时间的增加，芽眼组织的发芽率先升高后降低，固体培养基的发芽率要远低于液体培养基。当灭菌剂处理为 A1B5C2，即 75% C_2H_5OH 10 s+0.1% $HgCl_2$ 8 min+ 液体培养基时，芽眼组织发芽率最高，为 83.87。同一培养基类型中 $HgCl_2$ 的不同处理时间的发芽率极显著，同一处理时间中培养基的不同类型间的发芽率极显著。

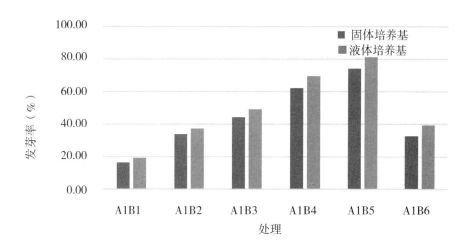

图 4 HgCl₂ 不同处理时间、不同培养基芽眼发芽率

2.4 NaClO 不同处理时间、不同培养基芽眼污染率

如图 5 所示，在同一 NaClO 浓度的条件下，随着灭菌时间的增加，芽眼组织的污染率降低，固体培养基的污染率要稍低于液体培养基。当灭菌剂处理为 A2D6C1，即 75% C_2H_5OH 10 s+5% NaClO 15 min+ 固体培养基时，芽眼组织污染率最低，为 7%。同一培养基类型中 NaClO 的不同处理时间的污染率极显著，同一处理时间中培养基的不同类型间的污染率极显著。

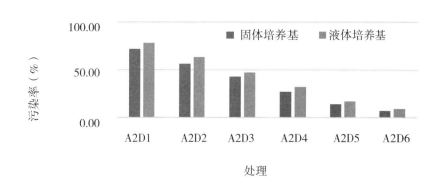

图 5 NaClO 不同处理时间、不同培养基芽眼污染率

2.5 NaClO 不同处理时间、不同培养基芽眼褐化率

如图 6 所示，在同一 NaClO 浓度的条件下，随着灭菌时间的增加，芽眼组织的褐化率变化不大，但固体培养基的褐化率要远低于液体培养基，但固体培养基的褐化程度要远高于液体培养基，对芽眼组织的毒害作用也更高。当灭菌剂处理为 A2D5C1，即 75% C_2H_5OH 10 s+5% NaClO 12 min+ 固体培养基时，芽眼组织褐化率最低，为 15.21%。同一培养基类型中 NaClO 的不同处理时间的褐化率不显著，同一处理时间中培养基的不同类型间的褐化率极显著。

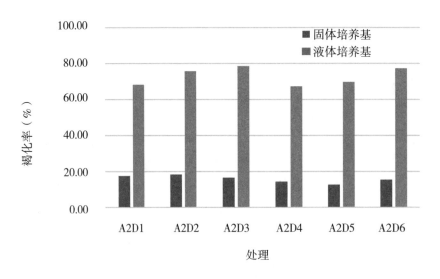

图 6　NaClO 不同处理时间、不同培养基芽眼褐化率

2.6　NaClO 不同处理时间、不同培养基芽眼发芽率

图 7 所示，在同一 NaClO 浓度的条件下，随着灭菌时间的增加，芽眼组织的发芽率先升高后降低，固体培养基的发芽率要稍低于液体培养基。当灭菌剂处理为 A2D5C2，即 75% C_2H_5OH 10 s+5% NaClO 12 min+ 液体培养基时，芽眼组织发芽率最高，为 87%。同一培养基类型中 NaClO 的不同处理时间的发芽率极显著，同一处理时间中培养基的不同类型间的发芽率极显著。

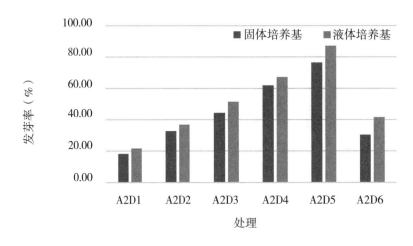

图 7　NaClO 不同处理时间、不同培养基芽眼发芽率

3　讨论

通过试验综合分析发现，试验处理用 75% C_2H_5OH 10 s+0.1% $HgCl_2$ 8 min+ 液体培养基和用 75% C_2H_5OH 10 s+5% NaClO 12 min+ 液体培养基时的芽眼组织培养效果最好，两个处理结果相近。

本试验中，在处理试剂和培养基相同的情况下，随着消毒灭菌时间的增加，芽眼组织的污染率降低，这是因为消毒时间越长，对芽眼组织的灭菌就越彻底，因此污染率下降。而随着消毒灭菌时间的增加，芽眼组织的发芽率先升高后降低，这是因为随着灭菌时间的增加，灭菌效果虽更明显，但过长的灭菌又会毒害芽眼组织，因此呈现先升高后降低的趋势。而随着消毒灭菌时间的增加，芽眼组织的褐化率有所变化，但变化不大，这是因为组织块内的酚类化合物在合适的 pH 值、温度等条件下，发生了氧化反应，而不受灭菌时间的调控。可以通过加入抗氧化剂、改善培养条件等方式来降低组培过程中的褐化率。例如在试验开始时，可将马铃薯置于黑暗低温保存，使其多酚氧化酶活性降到最低，使一些受光诱导的多酚氧化酶处于失活状态 [8]。

本试验中，在处理试剂和处理时间相同的情况下，在液体培养基的芽眼组织污染率和褐化率要高于固体培养基，这是因为液体培养基内物质传播能力大于固体培养基，更利于醌类物质的扩散，虽增加了芽眼组织的污染率和褐化率，但由于液体的稀释，却大大降低了液体培养基内醌类物质的浓度，降低了对芽眼组织的毒害作用。而固体培养基隔绝了空气，虽减少了醌类物质的合成，但由于固体培养基的不流动性，反而造成了已形成的醌类物质在芽眼组织附近聚集，加深了对芽眼组织的毒害作用，故试验中出现固体培养基的褐化率低于液体培养基，而固体培养基的褐化程度高于液体培养基的试验结论。而液体培养基中的芽眼组织发芽率高于固体培养基，这是因为液体培养基更利于芽眼组织通过渗透作用吸收培养基中的营养物质。在试验中，可以通过及时转接更换新鲜的培养基来减少酚类物质的含量，降低褐化现象的发生概率，达到最佳的培养效果。

参考文献

[1] 杜连彩 . 马铃薯芽外植体消毒灭菌试验研究 [A]. 种子，2014，33（10）：78-80.

[2] 闫钊 . 植物组织培养技术应用研究进展 [M]. 中国园艺文摘，2015（11）：83.

[3] 连勇，金黎平，丁明亚，等 . 马铃薯块茎发育及休眠调控研究进展 [J]. 中国马铃薯，2002，16（4）：195-198.

[4] Anja Hartmann，Melanie Senning，Peter Hedden，et al. Reactivation of Meristem Activity and Sprout Growth in Potato Tubers Require Both Cytokinin and Gibberellin[J]. Physiologia Plantarum，2011，155：776-796.

[5] 周俊辉，周厚高，刘花全 . 植物组织培养中内生菌污染问题 [J]. 广西植物，2003，23（1）：41-47.

[6] 郭勇，崔堂兵，谢秀祯 . 植物细胞培养技术与应用 [M]. 北京：北京工业出版社，2004：21-24.

[8] 龚晓洁 . 几种防褐剂对马铃薯愈伤组织培养褐化现象的抑制效应 [J]. 安徽农业科学，2009，37（22）：10-12.

通过体细胞无性系变异获得优良马铃薯 RSY17 材料

张　杰[1]，邓孟胜[1]，王晨曦[3]，余丽萍[1]，倪　甦[1]，王西瑶[1, 2*]

（1. 四川农业大学马铃薯研究与开发中心，四川成都　611130；2. 作物科学国家级实验教学示范中心，四川成都　611130；
3. 成都普思生物科技股份有限公司，四川成都　610041）

摘　要： 马铃薯品种无性系突变体 RSY17 与其母本米拉在存在较大的遗传差异，这源于体细胞无性系变异，利用 SSR 分子标记技术对其遗传多样性进行分析，从分子水平上揭示品种间的遗传差异。试验表明：马铃薯品种 RSY17 与米拉表型最明显差异为薯块皮色不同，RSY17 皮色为红皮，米拉皮色为黄皮；测定 RSY17 与米拉的块茎在不同贮藏时期营养成分含量，结果表明：RSYl7 鲜薯（贮藏前期）块茎中干物质、淀粉和粗纤维含量显著高于米拉，还原糖含量则显著低于米拉，维生素 C 及粗蛋白含量未见显著性差异；贮藏中、后期 RSYl7 的块茎维生素 C 含量极显著高于米拉，还原糖含量在贮藏后期显著低于米拉，干物质和淀粉含量在贮藏中、后期未见显著性差异；124 对 SSR 引物中，35 对引物未获得 RSYl7 与米拉有差异的多态性条带，89 对引物获得 RSYl7 与米拉有差异的多态性条带，124 对引物共获得 963 条条带，每对引物平均获得 7.76 条条带，RSYl7 与米拉的遗传相似系数为 0.77，遗传距离为 0.23。该结果从分子水平揭示了无性系变异材料 RSYl7 与其母本米拉之间具有遗传差异性。

关键字： 马铃薯；体细胞无性系变异；新材料；营养成分；SSR

由于培养环境中激素、光照等的刺激，在无性扩繁中发现的遗传或表观遗传变异都称为体细胞无性系变异[1]。研究表明体细胞无性系变异具有普遍性，变异所涉及的性状又十分的广泛，包括数量性状的变异和质量性状的变异，染色体数目的变异和结构的变异，基因突变，DNA 扩增与丢失，甲基化、转座子的激活等[2]。在诸多的遗传改良新技术中，体细胞无性系变异被认为是一种潜在的改良植物性状的技术手段，通过体细胞无性变异已选育出了具有优良性状的番茄、大豆、玉米、水稻、烟草等新品种[3~7]，以及对再生株系在形态学、细胞学、生物化学、分子和遗传水平的分析研究已经揭示了体细胞变异的程度和原因[8~9]，在马铃薯再生株系中观察到形态学改变的范围是很大的，并且已经采用现代的分子技术，如 RFLP 及 SSR 等在分子水平上检测马铃薯诱导的再生株系的变异[10~11]。

分子标记技术可以对各类品种资源进行遗传多样性研究，更好地了解品种间的亲缘关系[12]，其中 SSR 分子标记在马铃薯遗传群体的遗传变异具有可靠的稳定性。段艳凤[13] 利用 SSR 分子标记对中国 88 个马铃薯审定品种进行遗传多样性分析和指纹图谱构建。郜刚[14] 利用 SSR 并结合 BSA 分析方法，筛选出一个定位在染色体 XII 上的一个 SSR 标记 STM0032。冯丽华[15] 利用 SSR 标记对 24 份马铃薯材料

基金项目： 国家现代农业产业技术体系四川薯类创新团队项目（川农业函 [2014]91 号）。

作者简介： 张杰，女，硕士，主要从事马铃薯贮藏及块茎萌芽机理研究。E-mail：913073392@qq.com。

* 通讯作者： 王西瑶，女，博士，教授，博导，主要从事马铃薯研究。E-mail：wxyrtl@163.com。

进行遗传多样性和亲缘关系检测，认为 SSR 标记较适合于品种鉴定、种间遗传关系与系统关系研究。Vega[16] 利用 SSR 分子标记技术在马铃薯的回交群体中建立起一条全长 479.4 CM 的部分遗传连锁图谱。Luo[17] 利用 SSR 标记对两个同源四倍体亲本及其全同胞后代建立起一个连锁图谱，提供了分析四倍体马铃薯数量性状的一个方法。Ghislaill[18] 等利用 1 000 份马铃薯栽培种质资源构建了一个包含 156 个 SSR 标记的高信息量微卫星标记遗传连锁图谱。Joseph J Coombs[19] 研究发现在 5% 聚丙烯酰胺凝胶上用 2 对 SSR 引物，在 3% 琼脂糖凝胶上用 4 对 SSR 引物就可以很好的区分 17 个北美马铃薯无性系。SSR 分子标记具有重复性好、多态性高、操作简便、对 DNA 要求低等特点。

本试验筛选出体细胞无性系变异材料 RSY17 以及比较与母本米拉在生长期间的形态差异、不同贮藏时期营养成分的差异。并结合 SSR 分子标记技术进一步分析马铃薯 RSY17 和米拉之间的遗传多样性，确定两品种间的亲缘关系。

1 材料与方法

1.1 实验材料

马铃薯品种米拉脱毒试管苗及脱毒种薯，四川农业大学农学院马铃薯研究开发中心提供。

SYBR Green Master mix 购自宝生物，CTAB 等其他常规耗材三氯甲烷、异戊醇等购自成都科龙化工试剂，引物合成由成都六合华大基因科技有限公司完成。

1.2 实验方法

1.2.1 皮色突变体 RSY17 的获得

马铃薯品种米拉试管苗种植于大棚，获得薯块中有小部分薯块薯皮由黄色突变为红色，将发生此突变的薯块命为 RSY17。将变异后的薯块种植于大田中，红色薯皮作为一个筛选条件，多年多地挑选出红色薯皮薯块；另一方面通过植物组织培养技术扩繁试管苗，诱导试管薯，筛选 PSY17 试管薯。

1.2.2 皮色突变体 RSY17 生物学特征

在汉源试验基地种植马铃薯 RSY17 和米拉，生长期间测定马铃薯 RSY17 和米拉株型，分枝数，茸毛量，花柄节颜色，花冠颜色，块茎大小、形状、颜色、芽眼情况、生育期。

1.2.3 产量测定及营养分析

将块茎收获后贮藏于温度 3 ℃、相对湿度 56% 的冷库中，测定不同贮藏时期块茎营养成分，不同贮藏时期分为贮藏 0 d（前期）、55 d（中期）、108 d（后期）。测定指标有干物质含量、（鲜样）淀粉含量、维生素 C 含量、还原糖（鲜样）含量、粗蛋白（干样）含量、粗纤维（干样）含量，分别采用烘干法、碘比色法、2，6- 二氯靛酚滴定法、3，5- 二硝基水杨酸比色法、凯氏定氮法、酸碱消煮法进行指标测定。

1.2.4 马铃薯材料基因组 DNA 提取

利用 CTAB 法提取试管苗 RSY 和米拉叶片基因组 DNA，利用 1% 琼脂糖凝胶电泳检测 DNA，将所提基因组 DNA 稀释至约 100 ng/μL，以供后续实验。

1.2.5 SSR 引物筛选

根据国际马铃薯中心 SSR 分子标记遗传连锁图谱（http://research.cip.cgiar.org/confluence/display/TPD/SSR+Marker）合成 124 对引物，以马铃薯品种 RSY17 和米拉对引物进行多态性筛选，筛选条带清晰、稳定性好的引物，筛选引物时采用 4% 琼脂糖凝胶电泳检测 PCR 扩增产物。SSR–PCR 反应体系：Mix 10 ul，引物（F+R）1.6 ul，模板 0.6 ul，Taq DNA 聚合酶 0.75 ul，ddH$_2$O 补足 20 ul，反应条件：预变性 94 ℃ 5 min，变性 94 ℃ 1 min，退火 48 ~ 60 ℃ 1 min，延伸 72 ℃ 1 min，延伸 72 ℃ 8 min，4 ℃ 保存。部分 SSR 引物序列见表 1。

1.2.6 SSR 多态性位点统计及数据分析

将每对 SSR 引物扩增马铃薯品种 RSY17 和米拉基因组 DNA 时获得的条代数分别统计为 N_R 和 N_M，N_{RM} 是 RSY17 和米拉共有的条带数。遗传相似系数（GS）GS =$2N_{RM}/(N_R+N_M)$[20]，遗传距离（GD）GD=1−GS。

表 1　16 对 SSR 引物的 DNA 序列

引物	正向序列（F）	反向序列（R）	退火温度（℃）	染色体	产物大小（bp）
STM2028	TCTCACCAGCCGGAACAT	AAGCTGCGGAAGTGATTTTG	55	12	500 ~ 650
STM1052	CAATTTCGTTTTTTCATGTGACAC	ATGGCGTAATTTGATTTAATACGTAA	52	4	212 ~ 268
STM5136	GGGAAAAGGAAAAGCTCAA	TATATGAACCACCTCAGGCAC	50	1	219 ~ 256
STM1106	TCCAGCTGATTGGTTAGGTTG	ATGCGAATCTACTCGTCATGG	55	9	145 ~ 211
StI015	GCATGTCTTCGAAGGTACGTTTA	TTCTTCACAGCAGCAAGGTG	60	6	600 ~ 700
StI007	TATGTTCCACGCCATTTCAG	ACGGAAACTCATCGTGCATT	57.2	12	400 ~ 500
StI033	TGAGGGTTTTCAGAAAGGGA	CATCCTTGCAACAACCTCCT	60	7	120 ~ 195
StI027	CGCAAATCTTCATCCGATTC	TCCGGCGGATAATACTTGTT	56	8	115 ~ 205
StI034	CAAGAAACCAAGAGCAAATTTCA	TGGCGAATGTGAGAAACAAA	57.2	8	130 ~ 200
StI028	ATACCCTCCAATGGGTCCTT	CTTGGAGATTTGCAAGAAGAA	59.6	11	135 ~ 160
StI020	GACGCAGAACTCATCTTGTTCA	GCAAAATTTGAAAAACTATGGATG	57.6	4	183 ~ 234
S200	TCAGGCTGAGAGACATGAGAA	GTGGGCAAGTTTTGTTGGTT	48	3	135
S032	GGAGAATCATAACAACCAG	AATTGTAACTCTGTGTGTGTG	57	12	141
SSR111	TTCTTCCCTTCCATCAGTTCT	TTTGCTGCTATACTGCTGACA	55	3	188 ~ 200
STGBSS2	TTATGAATCGTGTTATGG	GAAAAAGGGGAATCTACC	50	6	192 ~ 220
STGBSS	AATCGGTGATAAATGTGAATGC	ATGCTTGCCATGTGATGTGT	53	8	130 ~ 142

2　结果与分析

2.1　皮色突变体 RSY17 选育

将无性系突变体马铃薯 RSY17 经过不断的田间栽培实验及植物组织培养，现已能获得稳定遗传的 RSY17 块茎（图 1）。

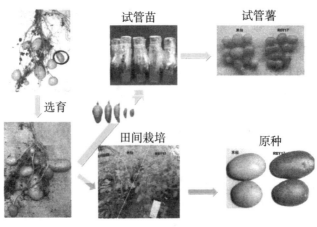

图 1　马铃薯品种 RSY17 的选育

2.2 马铃薯 RSY17 与米拉形态比较

从表2可以看出，RSY17 较米拉而言，不同之处除了薯皮颜色由米拉的黄皮变为红皮，另外，较明显的变化为花冠颜色由白色变为浅紫色，整个薯块的薯皮均是光滑，芽眼深度变浅，生育期发生不明显差异，而其他表型几乎没有发生变化。

表2 马铃薯品种 RSY17 和米拉形态比较

品种	生育期（d）	株型	分支数	株高（cm）	茸毛	花柄节颜色	花冠	块茎形态	芽眼
RSY17	90	半开展	中等	60	多、较长	无色	浅紫色	大小中等、长椭圆形、红皮黄肉、薯皮光滑	芽眼浅
米拉	105	开展	中等	60	中等	无色	白色	大小中等、长筒圆形、黄皮黄肉、表皮光滑顶部粗糙	芽眼较多、深度中等

2.3 马铃薯 RSY17 和米拉品质比较

由表3可知，在同一环境种植，马铃薯 RSY17 和米拉的产量分别为 48 750 kg/hm²、34 125 kg/hm²，RSY17 与米拉存在极显著差异，因此 RSY17 的产量优于米拉。RSY17 鲜薯的干物质含量及淀粉含量在各个时期均高于米拉，在前期，RSY17 与米拉的干物质具有显著性差异，中期及后期未表现出显著性差异，随着贮藏时间的变化，RSY17 的干物质含量由前期的 21.97% 降至 19.02%，降低 13.43%；米拉的干物质含量由前期的 19.45% 降至后期的 17.38%，降低 10.64%，低于 RSY17 的降幅。RSY17 的淀粉含量由前期的 16.69% 降至后期的 14.45%，降低了 13.42%；米拉的淀粉含量由前期的 14.05% 降至后期的 13.21%，降低了 5.98%，也低于 RSY17 的降幅。还原糖含量及粗纤维与米拉有显著性差异，其中干物质含量、淀粉含量、粗纤维高于米拉，分别为 21.97%、16.69%、1.41%，还原糖抵于米拉为 0.39%。维生素C方面，RSY17 在各个贮藏时期均高于米拉，在前期不存在显著性差异，在中期和后期与米拉存在显著性差异，贮藏后 RSY17 和米拉的维生素含量分别降低 24.42%、49.08%，RSY17 低于米拉的降幅。在各个贮藏时期，RSY17 的还原糖含量均低于米拉，且表现出显著性差异，贮藏后 RSY17 的还原糖含量升高 66.67%，米拉的还原糖升高 67.27%，RSY17 略低于米拉。贮藏前期测定 RSY17 和米拉的粗蛋白完全一致均为 11.31%、粗纤维存在显著性差异（表3）。从营养对比结果说明 RSY17 与米拉存在明显差异。

表3 RSY17 和米拉块茎营养分析

	产量（kg/hm²）	维生素 C（mg/100g）	干物质（%）	淀粉(%)	还原糖（%）	粗蛋白（%）	粗纤维（%）
RSY（前期）	48 750aA	16.38aA	21.97aA	16.69aA	0.39bA	11.31aA	1.41aA
RSY（中期）		14.05aA	19.81aA	15.06aA	0.48bA		
RSY（后期）		12.38aA	19.02aA	14.45aA	0.65bB		
ML（前期）	34 125bB	14.18aA	19.45bA	14.05bA	0.55aA	11.31aA	0.99bB
ML（中期）		7.69bB	17.77aA	13.45aA	0.66aA		
ML（后期）		7.22bB	17.38aA	13.21aA	0.92aA		

2.4 基因组 DNA 的提取与检测

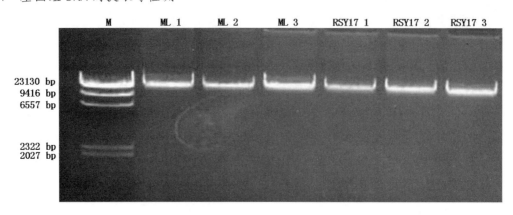

图 2 稀释 DNA 样品电泳图

M：Maker；ML1 ~ 3：米拉重复 3 次；RSY17 1 ~ 3：RSY17 重复 3 次

利用 CTAB 法提取 RSY17 和米拉叶片基因组 DNA，1% 琼脂糖凝胶电泳检测稀释后的基因组 DNA 样品，浓度约为 100ng/μL，电泳结果表明（图 2），所提基因组 DNA 条带清晰、无拖带，样品质量好、纯度高，可用于 SSR-PCR 分析。

2.5 SSR 引物筛选

以马铃薯品种 RSY17 和米拉为材料，对 124 对引物进行筛选，其中 35 对引物没有明显多态性（图 3 为部分 SSR 引物电泳图），有 12 对引物具有明显多态性，能扩增出条带清晰、稳定的产物（图 4）。

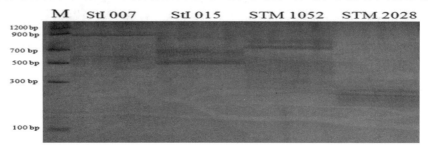

图 3 4 对 SSR 引物对 RSY17 和米拉的扩增结果

M：为分子量标准（100 ~ 1 200bp）；左为米拉，右为 RSY17

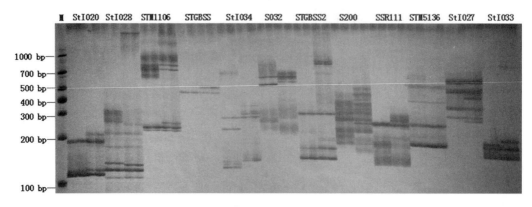

图 4 12 对 SSR 引物对 RSY17 和米拉的扩增结果

M：为分子量标准；其他泳道分别为有差异的 12 对 SSR 引物，两次重复；左为米拉，右为 RSY17

2.6 SSR 差异性分析

合成的 124 对 SSR 引物中扩增差异性条带的引物为 89 对，占合成总引物数的 71.78%，仅选取其中 12 对扩增出明显多态性条带的引物作图（图 4）。124 对 SSR 引物共扩增出 936 条条带，每对引物平均 7.76 条条带，RSY17 和米拉共有的条带数（N_{RM}）为 370 条，RSY17 扩增出的条带数（N_R）467 条，米拉扩增出的条带数（N_M）496 条，经计算得出米拉和 RSY17 的遗传相似系数（GS）为 0.77，遗传距离（GD）为 0.23。结果表明，RSY17 与米拉在分子水平上发生了变化，具有差异性。

3 讨论

研究表明马铃薯品种皮色突变体 RSY17 与米拉试管苗、花、结薯情况、茎秆、薯皮存在明显差异。进一步测定 RSY17 与米拉在不同贮藏时期的维生素 C、干物质、淀粉、还原糖、粗蛋白及粗纤维等 6 种营养物质含量。发现鲜薯中维生素 C 含量及粗蛋白含量没有显著性差异，但李文博[21]等研究发现米拉和 RSY17 水溶蛋白、醇溶蛋白、盐溶蛋向存在遗传差异，结合营养分析表明米拉和 RSY17 虽蛋白质总量未发生变化，但蛋白质种类发生了变化；RSY17 的干物质含量和淀粉含量高于米拉，表现出显著性差异，此结果与冯利波[22]等研究结果一致；前人研究结果表明，在冷库低温下贮藏，块茎会发生低温糖化现象[23~24]，淀粉分解转化为糖，使得淀粉含量降低，而还原糖含量升高，本试验中，贮藏期间淀粉和还原糖的含量变化也表现出这一趋势，即随着低温贮藏的时间增加，淀粉含量均逐渐降低，还原糖含量逐渐升高。在贮藏期间 RSY17 的还原糖含量低于米拉，表现出显著性差异；RSY17 的粗纤维含量高于米拉，表现出极显著差异。表明 RSY17 鲜薯的营养品质要好于米拉。分析贮藏后的 RSY17 及米拉的营养品质数据，也可以得出 RSY17 的营养品质要好于米拉。

在 RSY17 和米拉的 SSR 分析中，124 对引物有 35 对未扩增出多态性位点，89 对能扩增出多态性位点，而 89 对引物中有 2 对连锁淀粉合成、转运相关基因，6 对连锁晚疫病相关基因，表明米拉和 RSY17 在淀粉合成、转运及晚疫病抗性这两个方面可能会表现出差异性，这种差异性与 RSY17 和米拉不同贮藏时期所测定营养物质含量的差异性一致。124 对 SSR 引物共扩增出 963 条条带，平均每个引物扩增出 7.76 条条带，米拉和 RSY17 共有的条带数为 370 条，米拉扩增出的条带数是 496 条，RSY17 扩增出的条带数是 467 条，故而米拉和 RSY17 的遗传相似系数为 0.77，遗传距离为 0.23。冯丽华[25]等对四川省部分马铃薯良繁品种进行 SSR 分析时发现，部分品种相同但来源不同的马铃薯品种具有较大的遗传距离，出现较大遗传距离可能是由于同一品种在各地种植、繁种过程中产生变异并经自然人工选择产生一定的遗传差异，于卓[26]等利用 SSR 分析马铃薯新品系之间的多态性，建立了能区分出该新品系与亲本之间的指纹图谱，RSY17 与米拉的遗传距离为 0.23 与其研究结果较为相似。综上，从分子水平进一步证实 RSY17 与米拉之间具有遗传差异，皮色突变体 RSY17 的品质高于米拉。

参考文献

[1] Larkin P J, Scowcroft W R. Somaclonal variation-a novel source of Variability from cell cultures for plant improvement[J]. Theoretical and Applied Genetics, 1981, 60: 197-214.

[2] Phillips R L, Kaeppler S M, Olhoft P. Genetic instability of plant tissue cultures: Breakdown of

normal control[J]. Proceedings of the National Academy of Science of the United States of America，1994，91：5222.

[3] 张硕，张明方，杨景华. 体细胞无性系变异技术在园艺植物育种中的应用 [J]. 北方园艺，2006，5：48-50.

[4] 母秋华，原亚萍，王金余，等. 大豆体细胞无性系的变异与优良品系筛选 [J]. 大豆科学，1998，3：1000-9841.

[5] 陈举林. 玉米体细胞无性系变异及在品种改良中的应用研究概述 [J]. 玉米科学，1994，2（1）：18-20+24.

[6] 郑瑞丰，曾德洪，彭美媛，等. 水稻体细胞无性系的变异研究 [J]. 湖南农业科学，1997，1：21-23.

[7] 林国平，杨其光. 烟草体细胞无性系变异及体细胞杂交后代的筛选盒鉴定 [J]. 安徽农业大学学报，1995，A1：66-69.

[8] Sree R. Flow cytometric analysis of polysomaty and in vitro genetic instability in potato[J]. Plant Cell Reports，1986，3：234-237.

[9] Pehu E, Gibson R W, Jones M G K, et al. Studies on the genetic basis of resistance to potato leaf roll virus，potato virus Y and potato virus X in Solanum brevidem using somatic hybrids of Solarium brevidens and Solanum tuberosum[J]. Plant Science，1990，69（1）：95-101.

[10] Tanksley S D, Ganal M W, Prince J P, et a1. High Density Molecular Linkage Maps of the Tomato and Potato Genome[J]. The Genetics Society of America，1992，132：1141-1160.

[11] Rajapakse S, Belthoff L E, He G, et a1. Genetic linkage mapping in peach using morphological，RFLP and RAPD markers[J].Theoretical and Applied Genetics，1995，90：503-510.

[12] 李林章. 二倍体马铃薯青枯病抗性的分离及分子标记鉴定 [D]. 华中农业大学，17-23.

[13] 段艳凤，刘杰，卞青松，等. 中国 88 个马铃薯审定品种 SSR 指纹图谱构建与遗传多样性分析 [J]. 作物学报，2009，35（8）：1451-1457.

[14] 郜刚，屈冬玉. 马铃薯青枯病抗性的分子标记 [J]. 园艺学报，2000，27（1）：37-41.

[15] 冯丽华. 马铃薯种质资源与遗传群体的分子标记评价 [D]. 四川农业大学，2011.

[16] Vega S E, Rio A H, Jung G, et a1. Maker-assisted genetic anaysis of non-acclimated freezing tolerance and cold acclimation capacity in a backcross solarium population[J]. American Journal of Potato Research，2003，80：359-369.

[17] Luo Z W, Hacker C A, Bradshaw J E, et a1. Construction of a genetic linkagemap in tetraploid species using molecular markers[J]. Genetics，2001，157：1369-1385.

[18] Ghislain M, Spooner D M, Rodriguez F, et al. Selection of highly informative and user-friengdly microsatellites（SSRs）for genotyping of cultivated potato[J]. Theoretical and Applied Genetics，2004，108（5）：881-890.

[19] Joseph J C, Lynn M, Frank, et a1. An applied fingerprinting system for cultivated potato using simple sequence repeats[J]. American Journal of Potato Research，2004，81：243-250.

[20] Nei M, Li M H. Mathematical model for studying genetic variation in terms of restriction endonucleases. Proceedings of the National Academy of Science of the United States of America，1979，76（10）：5269-5273.

[21] 李文博，倪苏，苟琳，等. 马铃薯品种米拉无性变异系 "Rsyl7" 的生化标记鉴定叨 [J]. 基因

组学与应用生物学，2010，29（7）：1-6.

[22] 冯利波，吴林科，买买提·托合提苏莱曼.贮藏期间马铃薯几个主要加工品质指标的变化 [J].中国马铃薯，2006，20（2）：88-90.

[23] 张立平，杨静华，李天然.表达葡萄糖氧化酶基因抗晚疫病马铃薯的培育 [J].面向 21 世纪的中国马铃薯产业，2001，6：108-116.

[24] 舒锐，谭峰军，刘少军，等.马铃薯低温糖化机制及影响因素研究 [J].中国果菜，2017，37（3）：6-9.

[25] 冯丽华.马铃薯种质资源与遗传群体的分子标记评价 [D].四川农业大学，2011.

[26] 于卓，苏娜，于肖夏等.四个马铃薯新品系的 SSR 分析 [J].种子，2011，36（5）：36-39.

中早熟马铃薯新品种川芋 18

李华鹏[1]，沈学善[2*]，王 平[3]，王 玲[1]，彭小荷[1]，梁 晓[1]，屈会娟[3]

（1.四川省农业科学院作物研究所，四川成都 610066；2.四川省农业科学院土壤肥料研究所，四川成都 610066；3.四川省农业科学院，四川成都 610066）

摘 要： 川芋18是以国际马铃薯中心实生种子（C92.140×C93.154）经多年选育而成的优质高产马铃薯新品种。中早熟，生育期70 d。薯块椭圆形，薯皮光滑，皮色淡黄，薯肉白色，芽眼少而浅。块茎干物质含量24.3%，淀粉含量14.2%，还原糖含量0.14%，粗蛋白含量2.43%，维生素C含量26.42 mg/100 g。平均产量25.54 t/hm^2。适宜在成都平原及周边低山区、平坝丘陵区秋播、冬播，也适宜于阿坝、甘孜等高山高原地区春播。

关键词： 马铃薯；中早熟；优质；高产；品种

四川省立体气候明显，一年四季均有马铃薯种植，以春、秋、冬三季为主，周年生产格局明显[1~2]。随着人民生活水平的提高，贮藏马铃薯受欢迎程度降低，市场对新鲜马铃薯的需求越来越大。因此，选育适合四川省不同生态区域种植的季节性专用新品种，既是发展四川省马铃薯周年生产，周年供给的迫切需要，也对甘孜、阿坝、凉山、巴中等贫困地区和革命老区扶贫增收具有重要意义[3]。

川芋18（图1）是以四川省农业科学院作物研究所2003年引进国际马铃薯中心（CIP）实生种子（C92.140×C93.154），同年秋季进行实生苗培育并选择单株，经多年选育，其中系谱号L03-11-5无性系表现优异，植株生长茂盛。2009~2010年参加品系鉴定试验；2011年通过四川省马铃薯品种区域预备试验；2012~2013年参加四川省马铃薯品种区域试验，并由四川省农业科学院植物保护研究所进行室内外抗性鉴定；2014年通过四川省马铃薯品种大区生产试验和新品种田间技术鉴定，并在农业部食品质量监督检验测试中心（成都）进行品质分析；2015年9月通过四川省农作物品审会第八届第三次会议审定，定名为川芋18（川审薯2015003）。

1 品种特征特性

中早熟品种，生育期70 d左右。株型直立，株高56.0 cm，生长势较强。茎绿紫色，叶深绿色，花白色，块茎椭圆形，浅黄皮白肉，表皮光滑，芽眼浅。平均单株薯块重407.0 g，大中薯率达61.0%。

基金项目： 四川薯类创新团队项目（川农业函[2014]91号）。

作者简介： 李华鹏（1979—），男，四川德阳人，助理研究员，博士，主要从事马铃薯育种研究。lhuapeng99@163.com。

*通讯作者：沈学善（1981—），男，河南新乡人，副研究员，博士后，主要从事作物高产栽培生理生态研究。shenxueshan@126.com。

干物质含量 24.3%，淀粉含量 14.2%，还原糖含量 0.14%，粗蛋白含量 2.43%，维生素 C 含量 26.42 mg/100 g。抗晚疫病，抗病毒病。2012 ~ 2013 年区域试验平均鲜薯产量 22.50 t/hm²，比对照川芋 56 增产 13.2%。2014 年生产试验，平均鲜薯产量 25.54 t/hm²，比对照川芋 56 增产 46.8%。

2 栽培技术要点

适宜在成都平原及周边低山区、平坝丘陵区排透水性好的壤土进行秋薯、冬薯种植，也适宜于阿坝、甘孜等高山高原地区春播种植。（1）适期适密播种：高山区春播以 2 月下旬至 4 月上旬播种为宜，平原区秋播以 8 月下旬至 9 月中旬为宜，冬播以 11 月下旬至 1 月上旬为宜。一般净作密度 6 万 ~ 9 万穴 /hm²。（2）加强水肥管理：重施底肥，氮磷钾配合，早施追肥，早除草松土，早中耕培土。播种时基肥使用农家肥 15 000 kg/hm²，45% 的复合肥 750 ~ 1 125 kg/hm²。在苗期和现蕾期可进行 2 次中耕培土，并根据当时植株生长情况追加尿素 150 ~ 750 kg/hm² 各一次。（3）生育期特别注意晚疫病防治：可在温度与湿度合适时进行预防性药物防治，以周为间隔施用药物 2 ~ 3 次。（4）提高收获质量：冬播马铃薯应注意旱情，根据田间墒情及时浇灌，4 ~ 5 月份收获时应注意避开雨季，提前收获。秋播马铃薯应注意秋季雨情，注意排水和病害发生可能性。

图 1 马铃薯新品种川芋 18

参考文献

[1] 沈学善，屈会娟，黄钢，等 . 四川省春马铃薯超高产栽培的技术途径与措施 . 中国马铃薯，2012，26（05）：277–280.

[2] 王平，刘丽芳，沈学善，等 . 四川省冬马铃薯不同生态区品种引进与筛选 . 中国马铃薯，2017，31（01）：1–6.

[3] 屈冬玉，谢开云，金黎平，等 . 中国马铃薯产业发展与食物安全 . 中国农业科学，2005，38（2）：358‐362.

马铃薯新品种川芋 19 的选育

李华鹏[1]，沈学善[2*]，王 平[3]，梁 晓[1]，王 玲[1]，彭小荷[1]，屈会娟[3]

（1. 四川省农业科学院作物研究所，四川成都 610066；2. 四川省农业科学院土壤肥料研究所，四川成都 610066；3. 四川省农业科学院，四川成都 610066）

摘 要：川芋 19 是四川省农业科学院作物研究所育成的早熟、高产、优质、多抗马铃薯新品种，2015 年通过四川省审定。为了促进推广，介绍了特征特性和高产栽培技术。

关键词：马铃薯；新品种；川芋 19

1 选育过程

川芋 19 是四川省农业科学院作物研究所于 2005 年引进国际马铃薯中心实生种子（393 074.86 × Murca），2005 年秋季进行实生苗培育。2010 ~ 2011 年进行品系比较试验；2012 年通过四川省马铃薯品种区域预备试验；2013 ~ 2014 年参加四川省马铃薯品种区域试验，并进行抗性鉴定；2015 年通过四川省马铃薯品种大区生产试验和新品种田间技术鉴定；2016 年 7 月通过四川省农作物品审会第八届第五次会议审定（川审薯 2016002）。

2 特征特性

川芋 19 生育期 71 d 左右，属早熟品种。株型直立，生长势较强，株高 50 cm 左右；单株主茎数 2.8 个，茎绿色、叶浅绿色，花浅粉色，花繁茂；薯块椭圆形、黄皮、淡黄肉，芽眼浅，商品薯率 64.6%，单株薯块重 421.7 g。淀粉含量 11.1%。

3 产量表现

2010 年品比试验，卧龙小区面积 7 m²，鲜薯产量 33 517.5 kg/hm²，较对照川芋 56 增产 80.2%，居第一位。2011 年品比试验，卧龙小区面积 14 m²，鲜薯产量 30 150.0 kg/hm²，较对照川芋 56 增产 63.9%，居第三位。

2013 年区域试验 7 点平均鲜薯产量 31 188.0 kg/hm²，比对照川芋 56 增产 32.0%，2014 年区域试验

基金项目：四川薯类创新团队项目（川农业函 [2014]91 号）。

作者简介：李华鹏（1979—），男，四川德阳人，助理研究员，博士，主要从事马铃薯育种研究。lhuapeng99@163.com。

* **通讯作者**：沈学善（1981—），男，河南新乡人，副研究员，博士后，主要从事作物高产栽培生理生态研究。shenxueshan@126.com。

6 点平均鲜薯产量 22 710.0 kg/hm²，比对照川芋 56 增产 47.2%，两年区试平均鲜薯产量 26 949.0 kg/hm²，比对照川芋 56 增产 39.6%。

2015 年生产试验平均鲜薯产量 21 603.0 kg/hm²，比对照川芋 56 增产 3.5%。

4 抗病性鉴定

经 2013 ~ 2014 年四川省区试和四川省农业科学院植物保护研究所室内外接种鉴定，川芋 19 抗晚疫病，高抗病毒病，综合性状较好，达到品种选育标准。

5 品质分析

经农业部食品质量监督检验测试中心（成都）检测，川芋 19 干物质含量 16.8%，淀粉含量 10.7%，还原糖含量 0.16%，粗蛋白含量 2.00%，维生素 C 含量 6.4 mg/100 g。

6 栽培要点

要求地势平坦，排透水性好，土壤疏松的沙壤土。尽量采用 30 ~ 50 g 健康小整薯作种，若需切块，需保证每块切块带有 2 个以上芽眼，切块过程中及时对刀具进行消毒处理。播种前应催芽，以带 1 cm 左右壮芽为佳。一般净作密度可为 6 万 ~ 9 万株 /hm²。高山区春播以 2 月下旬至 4 月上旬播种为佳，平原区秋播以 8 月下旬至 9 月中旬为佳，冬播以 11 月下旬至 1 月上旬为佳。播种时基肥使用农家肥 1.5 万 kg/hm²，45% 的复合肥 750 ~ 1125 kg/hm²。在苗期和现蕾期可进行 2 次中耕培土，并根据当时植株生长情况追加尿素 150 ~ 750 kg/hm² 各一次。生育期特别注意晚疫病防治，可在温度与湿度合适时进行预防性药物防治，以周为间隔施用药物 2 ~ 3 次。冬播马铃薯应注意旱情，根据田间墒情及时浇灌，4、5 月份收获时应注意避开雨季，提前收获。秋播马铃薯应注意秋季雨情，注意排水和病害发生可能性。

7 建议推广区域

四川平原及盆周丘陵区排透水性好的壤土种植。可用于四川平原及盆周丘区秋薯、冬薯种植推广。

图 1　马铃薯新品种川芋 19

紫色甘薯新品种川紫薯 6 号的选育与栽培技术

杨松涛，乔　帅，廖安忠，宋　伟，刘可心，谭文芳 *

（四川省农业科学院作物研究所，四川成都　610066）

摘　要： 川紫薯 6 号是四川省农业科学院作物研究所以 5-7-33 为母本材料，在其放任授粉后代中选育出的一个高产鲜食及加工用紫色甘薯新品种，参加了四川省甘薯区域试验及生产试验和国家甘薯体系新品系试验（西南区），并通过田间技术鉴定和新品种预登记。在四川省区域试验中，该品种鲜薯产量 34 187.6 kg/hm²，较对照南紫薯 008 极显著增产 46.4%；薯干产量 8 466.6 kg/hm²，极显著增产 49.5%；淀粉产量 5 207.6 kg/hm²，极显著增产 55.4%；综合性状良好，具有薯形美观薯皮光滑且商品薯率高，结薯集中适宜机械化；萌芽性好，田间生长势强；熟食面甜，品质优良；抗黑斑病，耐贮藏等特点。适宜在四川及周边地区种植。

关键词： 紫肉甘薯；川紫薯 6 号；品种；引进；筛选

甘薯又名番薯、红薯或山芋等，是旋花科甘薯属块根作物，具有生物产量高、种植区域广、淀粉产量高、耐旱、耐盐、适应性强等特点，其用途广泛，为加工业的发展提供了充足的原料；保健功能也是其他作物所难以比拟的[1]。富含花青苷的紫肉甘薯除了含有丰富的食用纤维、糖、维生素、矿物质等人体必需的重要营养成分外，还具有预防癌症、护肝、降糖、延缓大脑衰老等功效[2~4]。利用紫肉甘薯可加工成全粉、薯片、薯条、薯泥等多种加工产品，也可作为原料提取花青素作为食品添加剂或制成饮料等，在食品和医药等方面具有很好的应用前景[5]。

相较于日本，我国紫肉甘薯育种起步较晚，从 20 世纪 90 年代起国内育种单位相继开展了一系列紫肉甘薯品种的选育工作，育成了宁紫薯系列[6]、徐紫薯系列[7]、渝紫薯系列[8]、绵紫薯系列[9]、福薯系列[10]、南薯系列[11]等紫肉甘薯品种。四川省农业科学院作物研究所甘薯育种团队自 2011 年起，先后有川紫薯 1 ~ 4 号共 4 个紫肉甘薯品种通过四川省审定或国家鉴定。随着人民生活水平提高和农业供给侧改革推进，对农产品品质提出新的要求[12]，团队及时调整育种目标，自 2011 年起以 5-7-33 为母本材料，在其放任授粉后代中选育出川紫薯 6 号。该品种薯皮及薯肉均呈紫色，薯形长纺锤形，商品薯及大中薯率高，鲜薯、薯干产量高，花青苷含量较高，适合食用或淀粉加工用。

基金项目： 现代农业产业技术体系建设专项基金资助项目（CARS-10-B5）；四川省科技厅"十三五"农作物育种攻关（2016NYZ0032）。

作者简介： 杨松涛（1984—），男，助理研究员，硕士，研究方向为甘薯遗传育种。E-mail：yost60@126.com。

* 通讯作者： 谭文芳，女，研究员，硕士，研究方向：甘薯遗传育种。E-mail：zwstwf414@163.com。

1 材料与方法

1.1 试验材料

川紫薯 6 号的母本是四川省农业科学院作物研究所培育的高淀粉材料 5-7-33，具有诱导开花习性好、亲和性强、配合力、高薯块淀粉率高、抗病性强、耐储藏等优点，父本花粉采取放任授粉的方式获得。

1.2 选育过程

川紫薯 6 号是以自有高产品系 5-7-33 为母本材料进行放任授粉，通过嫁接诱导开花、加速繁殖、多点综合鉴定选育而成。2010 年以甘薯近缘野生种为嫁接砧木，在成都诱导开花，通过放任授粉获得实生 F1 代种子。2012 年从实生系选种圃中筛选出产量、结薯性、薯形等综合表现较好的原系号 12-1-126，并于 2013 年进行二代圃复选鉴定。2013 ~ 2014 年通过品比多点高鉴圃筛选试验，将综合性状表现较好的 12-1-126 推荐参加 2015 ~ 2016 年四川省甘薯审定区域试验和生产试验，达到了四川甘薯品种试验实施方案的要求。2016 年 11 月通过四川省农作物品种审定委员会组织的田间技术鉴定，定名为川紫薯 6 号。2017 年参加国家甘薯体系新品系试验（西南区），并进行了非主要农作物新品种预登记。

1.3 品系筛选及鉴定

品系鉴定试验在四川省农业科学院新都试验基地进行。2013 年将从实生系选种圃中筛选出的原系号川 12-1-126 种植于二代复选鉴定圃，测定其鲜薯产量、薯干产量和薯块干物质含量，以南薯 88 为对照品种。2014 年川紫薯 6 号种植于高代品比鉴定圃，测定其产量表现，以南薯 88 为 CK。

1.4 产量表现

2015 ~ 2016 年四川省甘薯品种区域试验在成都、南充、绵阳、内江、达州、泸州和青神等地进行。区域试验密度 60 000 株 /hm²，以南紫薯 008 为对照。2016 年生产试验在成都、南充、绵阳 3 点进行，净作密度 60 000 株 /hm²，以南紫薯 008 为 CK。2017 年国家甘薯体系新品系试验（西南区）在成都、南充、绵阳、万州、重庆、贵阳 6 点进行，栽插密度按当地习惯。以上试验均采用常规田间管理，测定鲜薯产量、薯干产量、淀粉产量、薯块干物质含量及其淀粉率。

1.5 特征特性鉴定

参照《甘薯种质资源描述规范和数据标准》进行甘薯性状调查和记载标准[13]。

1.6 黑斑病抗病性鉴定

黑斑病是四川甘薯生产中的主要病害，试验采用室内人工接种法，由南充市农业科学院进行鉴定。采用室内人工接种法鉴定，抗病表现百分率按以下公式计算：

$$抗病表现百分率（\%）= \frac{供试品种病斑平均直径2\times供试品种病斑平均深度}{对照品种病斑平均直径2\times对照品种病斑平均深度}\times100$$

根据抗病表现百分率将甘薯黑斑病抗性分为五级：高抗（抗病表现百分率 ≤ 40），抗病（40 < 抗病表现百分率 ≤ 80）；中抗（80 < 抗病表现百分率 ≤ 120），感病（120 < 抗病表现百分率 ≤ 160），高感（160 < 抗病表现百分率）。抗性至少为两年一致的鉴定结果，若不一致以抗性差的为准。

1.7 统计分析方法

使用 Excel 2016 和 DPS V9.5 软件进行数据统计分析[14]。

2 结果与分析

2.1 品系鉴定结果

2012 年从实生苗选种圃中筛选出薯形美观、结薯集中、产量表现突出的单株，品系号为 12-1-126。2013～2014 年将其种植于二代复选圃和品比高鉴圃，鲜薯产量 51 422.5 kg/hm²，较南薯 88 增产 24.5%；薯干产量 11 312.96 kg/hm²，较南薯 88 增产 6.8%；淀粉产量 6573.9 kg/hm²，较南薯 88 增产 0.1%。

2.2 区域试验中的产量表现及薯块特性

2015～2016 年川紫薯 6 号在四川省区域试验中的产量表现如表 1 所示。2015 年川紫薯 6 号在 7 个试点平均鲜薯产量 34 171.7 kg/hm²，比对照南紫薯 008 增产 50.2%；其差异达极显著水平，7 个试点均表现为增产；平均薯干产量 8 541.9 kg/hm²，较 CK 极显著增产 57.6%，7 个试点均表现为增产；平均淀粉产量 5 282.1 kg/hm²，较 CK 极显著增产 61.5%，7 个试点均表现为增产。

2016 年川紫薯 6 号在 7 个试点的平均鲜薯产量 34 203.6 kg/hm²，较 CK 极显著增产 42.8%，7 个试点均表现为增产；平均薯干产量 8 391.4 kg/hm²，较 CK 极显著增产 42.2%，7 个试点均表现为增产；淀粉产量 5 133.2.0 kg/hm²，较 CK 极显著增产 49.7%%，7 个试点均表现为增产。2015～2016 年两年川紫薯 6 号在 7 个试验点的两年平均鲜薯产量 34 187.6 kg/hm²，较 CK 极显著增产 46.4%；平均薯干产量 8 466.6 kg/hm²，较 CK 极显著增产 49.5%；平均淀粉产量 5 207.6 kg/hm²，比 CK 极显著增产 55.4%。综上所述，川紫薯 6 号的鲜薯产量、薯干产量、淀粉产量均显著优于 CK，适宜在四川地区作为鲜食和淀粉加工用紫肉甘薯种植。

表 1 2015-2016 年川紫薯 6 号在四川省区域试验中产量表现

年份	试点	鲜薯产量（kg/hm²）			薯干产量（kg/hm²）			淀粉产量（kg/hm²）		
		川紫薯6号	南紫薯008	比CK±%	川紫薯6号	南紫薯008	比CK±%	川紫薯6号	南紫薯008	比CK±%
2015	成都	36 084.0	18 981.6	90.1	9 309.0	5 056.5	84.1	5 805.0	3 191.3	81.9
	南充	39 216.0	28 835.3	36.0	9 433.5	6 610.7	42.7	5 733.0	3 916.0	46.4
	绵阳	34 135.5	19 962.3	71.0	8 637.0	4 482.1	92.7	5 341.5	2 621.0	103.8
	达州	35 817.0	17 353.2	106.4	9 129.0	3 730.7	144.7	5 829.0	2 161.3	169.7
	简阳	19 666.5	14 251.1	38.0	4 440.0	3 936.2	12.8	2 616.0	2 525.1	3.6
	泸州	30 666.0	17 746.5	72.8	8200.5	4 550.8	80.2	5 164.5	2 831.4	82.4
	青神	43 617.0	42 182.8	3.4	10 644.0	9 580.6	11.1	6 486.0	5 654.8	14.7
	平均	34 171.7aA	22 759.0bB	50.2	8 541.9 aA	5 421.1 bB	57.6	5 282.1 aA	3 271.5 bB	61.5
2016	成都	44 040.0	29 069.3	51.5	10 971.0	6 112.0	79.5	6 742.5	3 466.6	94.5
	南充	39 250.5	30 008.0	30.8	8 896.5	7 943.3	12	5 256.0	3 437.5	52.9
	绵阳	28 789.5	17 926.2	60.6	7 272.0	4 407.3	65	4 497.0	2 966.4	51.6
	达州	28 120.5	13 921.0	102	6 660.0	3 645.3	82.7	4 006.5	2 285.5	75.3
	泸州	31 765.5	19 158.9	65.8	8 154.0	4 552.8	79.1	5 103.0	2 701.4	88.9
	内江	16 809.0	7270.3	131.2	4 137.0	1 799.5	129.9	2 527.5	1 143.7	121
	青神	50 650.5	50 298.4	0.7	12 649.5	12 855.2	-1.6	7 800.0	8 000.0	-2.5
	平均	34 203.6aA	23 950.3bB	42.8	8 391.4 aA	5 902.2 bB	42.2	5 133.2 aA	3 428.7 bB	49.7
两年平均		34 187.6 aA	23 354.6bB	46.4	8 466.6aA	5 661.65 bB	49.5	5 207.6aA	3 350.1 bB	55.4

2015～2016年川紫薯6号在四川省区域试验中的薯块干物质含量和淀粉率表现如表2所示。2015年的平均薯块干物质含量为24.9%，比CK高2.9%，平均薯块淀粉率为15.3%，比CK高4.1%；2016年的平均薯块干物质含量为23.4%，比CK高0.5%，平均薯块淀粉率为15.0%，比CK低0.8%。2015～2016年川紫薯6号在7个试点的平均薯块干物质含量为24.2%，比CK高2.1%，平均薯块淀粉率为15.2%，比CK高2.0%。

表2 2015-2016年川紫薯6号在四川省区域试验中薯块特性

年份	试点	薯块干物质含量（%）			薯块淀粉率（%）		
		川紫薯6号	南紫薯008	比CK±%	川紫薯6号	南紫薯008	比CK±%
2015	成都	25.8	26.6	−3.1	16.1	16.8	−4.3
	南充	24.1	22.9	5.0	14.6	13.6	7.7
	绵阳	25.3	22.5	12.7	15.7	13.1	19.2
	达州	25.5	21.5	18.6	15.8	12.4	28.1
	简阳	22.6	27.6	−18.3	13.3	17.7	−25.0
	泸州	26.7	25.6	4.3	16.9	16.0	5.6
	青神	24.4	22.7	7.3	14.9	13.4	10.8
	平均	24.9	24.2	2.9	15.3	14.7	4.1
2016	成都	24.9	21.0	18.6	15.3	11.9	28.6
	南充	14.6	16.7	−12.6	13.4	16.7	−19.8
	绵阳	25.3	24.6	2.7	15.6	15.0	3.9
	达州	23.7	26.2	−9.5	14.3	16.4	−13.2
	泸州	24.6	25.4	−3.1	15.1	15.7	−4.4
	内江	25.7	23.6	9.0	16.0	14.1	12.9
	青神	25.0	25.6	−2.2	15.4	15.9	−3.1
	平均	23.4	23.3	0.5	15.0	15.1	−0.8
两年平均		24.2	23.7	2.1	15.2	14.9	2.0

2.3 生产试验中的产量表现

川紫薯6号在2016年四川甘薯多点生产力大区试验中的产量表现如表3。在成都、南充和绵阳3个试点的平均鲜薯产量33 532.5 kg/hm²，比CK增产49.1%；平均薯干产量8521.5 kg/hm²，比CK增产55.2%；平均淀粉产量5278.5 kg/hm²，比CK增产57.5%；平均薯块干物质含量25.3%，比CK高5.3%；平均薯块淀粉率15.7%，比CK高7.5%。

表3 川紫薯6号在2016年多点生产力大区试验中的产量表现

试点	鲜薯产量（kg/hm²）			薯干产量（kg/hm²）			淀粉产量（kg/hm²）		
	川紫薯6号	南紫薯008	比CK±%	川紫薯6号	南紫薯008	比CK±%	川紫薯6号	南紫薯008	比CK±%
成都	36 541.5	19 272.9	89.6	9199.5	4274.9	115.2	5683.5	2495.0	127.8
南充	36 327.0	29 248.8	24.2	9565.5	7745.3	23.5	6001.5	4887.2	22.8
绵阳	27 727.5	18 965.5	46.2	6798.0	4457.7	52.5	4152.0	2673.5	55.3
平均	33 532.5	22 489.9	49.1	8521.5	5490.7	55.2	5278.5	3351.4	57.5

2.4 2017 年国家甘薯产业体系新品系试验（西南区）中的产量表现

川紫薯 6 号在 2017 年国家甘薯产业体系新品系试验（西南区）中的表现亦较为突出。在成都、南充、绵阳、重庆、万州、贵阳 6 个试点的平均鲜薯产量 42 758.7 kg/hm²，比徐薯 22（CK1）增产 36.3%，比宁紫薯 1 号（CK2）增产 39.4%；平均商品薯率 77.6%，平均商品薯产量 33 191.9 kg/hm²，比 CK1 增产 37.0%，比 CK2 增产 48.0%；平均薯干产量 11 854.14 kg/hm²，比 CK1 增产 18.6%，比 CK2 增产 43.2%。

2.5 特征特性鉴定

成熟叶心齿形，顶叶绿带褐色，叶脉紫色，叶片大小中等；蔓色浅紫色，藤蔓粗细中等，蔓长中等，蔓长 200 cm，单株分枝数 5.3 个；植株株型匍匐；薯块长纺锤形，单株结薯 5 ~ 8 个，大中薯率 79.6%，结薯集中，薯皮紫色，肉色紫色；萌芽性好，田间生长势强，贮藏性优于对照，抗黑斑病，熟食品质优良，商品性好。粗蛋白含量 1.94%，还原性糖含量 40.0 g/kg，可溶性糖含量 61.0 g/kg，花青素（矢车菊素）116.9 mg/kg，花青素（芍药素）63.8 mg/kg。

2.6 黑斑病抗病性鉴定

经 45 份次的病斑重复鉴定，川紫薯 6 号病斑平均直径 0.91 cm，病斑平均深度 0.42 cm，抗病表现百分率为 70.85%，其抗病表现百分率在 40% ~ 80% 之间，属于抗病品种，抗性优于对照南紫薯 008。

3 栽培技术要点

3.1 适时育苗，早栽早收

3 月上中旬采用薄膜覆盖育苗，有条件的地方宜采用小拱棚或大棚育苗，可将排种育苗时间提前 1 个月左右。选择土壤肥力好、地势向阳、管理方便的地块土做苗床地，做好苗床管理，培育壮苗。

3.2 合理密植和施肥

适宜扦插期为 5 月中旬至 6 月上旬。适时早插有利于甘薯高产，提早上市，提高经济效益，扦插密度 52 500 ~ 60 000 株 /hm²，肥地宜稀，瘦地宜密；早插的稍稀，迟插的稍密。肥料以有机质肥为主，重施底肥，重底早追。在中等肥力以上田块种植，施肥宜高钾低氮，配合施用硫酸钾 240 kg/hm²。

3.3 注意田间管理和病虫草害防治

栽插成活后应及时中耕培土，清除田间杂草，保持土壤松软，促进植株迅速生长和块根形成。育苗阶段：防治黑斑病，可用 50% 多菌灵 500 ~ 800 倍液浸种。大田阶段：栽前使用除草剂（如乙草胺、异丙草胺等），封垄后注意拔除杂草。地下害虫：可在栽插时穴施 15% 毒死蜱颗粒剂 30 kg/hm²，以防治蛴螬、蝼蛄等地下害虫。

3.4 适当早收

栽插后 100 d 以后即可收挖上市，早收薯形更好，且价格高，可提高种植效益，收挖注意轻挖、轻放，减少薯皮碰伤。

4 讨论

4.1 利用现代分子技术进一步对甘薯花青素性状进行改良

花青素是一类黄酮类化合物，广泛存在高等植物着色和大多数花中主要水溶性色素，是甘薯营养品质改良的主要目标[15~16]。迄今为止，紫肉甘薯品种的选育全部采用的是传统杂交育种，具有周期长、过程烦琐等缺点，特别是当选育的品种仅在某个单一性状存在短板时，难以再通过杂交方式予以补齐。现代生物技术育种技术的发展，特别是甘薯单倍型基因组测序的完成[17~18]和基因编辑技术日新月异，为甘薯花青素性状分子育种提供了可能。

目前，已有不少研究现代分子技术运用于花青素品质改良中。Park 等研究表明：R2R3 型蛋白 IbMYB1 是甘薯块根中花青素生物合成的关键调控因子，在红心甘薯中过表达 IbMYB1 基因可获得富含花青素的紫橙肉甘薯[19~20]。Wang 等人研究表明 IbDFR 基因的表达与甘薯叶、茎和根中的花青素积累密切相关。利用 RNAi 的方法抑制转基因甘薯中 IbDFR 的表达，大大减少了幼叶，茎和贮藏根中的花青素积累。糖基化有助于植物中花青素的多样性和稳定性，这个过程是由几种葡萄糖基转移酶利用不同的花青素苷元和糖基供体催化反应的。其中甘薯中花色苷 3-O- 葡萄糖苷 -2-O- 葡萄糖基转移酶（Ib3GGT）的表达与甘薯发育过程中不同组织中花青素的积累有关，并受转录因子 IbMYB1 的调控[21]。

目前现代分子育种技术对农作物的单一目标性状进行改良较为成熟，由于甘薯倍性高，遗传复杂，新兴的模块化设计育种在甘薯中极难实现。川紫薯 6 号具有产量高，薯形外观好，结薯集中适宜机械化等突出特点，是开展单一性状基因改良并具有良好应用价值的材料。作为鲜食使用时，花青素含量过高会影响紫肉甘薯的食味品质，但作为花青素色素提取用途，则对花青素含量有更高的需求。川紫薯 6 号花青素含量在已有紫肉甘薯品种中处于中等水平。在今后的研究中，可利用基于 DNA-Free 的基因编辑技术对川紫薯 6 号的花青素品质进行局部强化改良，进一步提高其花青素含量，以增加其作为花青素提取用途时的效益，满足加工企业对于专用型品种的不同需求。

4.2 市场开发利用前景

川紫薯 6 号花青素含量适中，没有紫肉甘薯常见的苦涩味，纤维含量少，适合作为鲜食甘薯进行开发利用，市场销售价格往往是普通甘薯的 3 倍以上。互联网成为紫肉甘薯主要的销售渠道之一，主要客户是中青年消费人群。川紫薯 6 号所具有的外观内在品质、高商品薯率和耐贮藏性使其在网络销售中具有强大竞争力，而产量高的特性使其亩产值可达万元以上。在偏远贫困地区，利用川紫薯 6 号进行特色农产品开发，可帮助贫困农户实现增收脱贫。

与其他天然色素相比，甘薯花青素具有原料来源方便、廉价、低成本、无污染等特点，且稳定性好，抗光氧化性较强。目前该品种已作为加工原料，进行紫薯全粉加工和花青素提取，加入到面粉中制成紫色蛋糕、面包、面条等各种加工产品，亦可制成紫色薯片、薯条、薯泥等加工产品，提升其产品附加值。

5 结论

通过四川省甘薯区域试验、生产试验和国家甘薯产业体系新品系试验（西南区）表明：川紫薯 6 号是丰产稳产性好、商品薯率高、综合性状突出的紫肉甘薯新品种，适合在四川及周边地区推广种植。

参考文献

[1] 马代夫，李强，曹清河，等 . 中国甘薯产业及产业技术的发展与展望 [J]. 江苏农业学报，2012，28（5）：969-973.

[2] Hwang Y P，Choi J H，Yun H J，et al. Anthocyanins from purple sweet potato attenuate dimethylni-trosamine-induced liver injury in rats by inducing Nrf2-mediated antioxidant enzymes and reducing COX-2 and iNOS expression[J]. Food & Chemical Toxicology，2011，49（1）：93-99.

[3] Zhang Z F，Lu J，Zheng Y L，et al. Purple sweet potato color attenuates hepatic insulin resistance via blocking oxidative stress and endoplasmic reticulum stress in high-fat-diet-treated mice[J]. Journal of Nutritional Biochemistry，2013，24（6）：1008-1018.

[4] Lu J，Wu D M，Zheng Y L，et al. Purple sweet potato color alleviates D-galactose-induced brain aging in old mice by promoting survival of neurons via PI3K pathway and inhibiting cytochrome C-mediated apoptosis[J]. Brain Pathology，2010，20（3）：598.

[5] 谢一芝，郭小丁，贾赵东，等. 紫心甘薯育种现状及展望[J]. 植物遗传资源学报，2012，13（5）：709-713.

[6] 谢一芝，郭小丁，尹睛红. 紫心甘薯新品种宁紫薯1号的选育及栽培技术[J]. 江苏农业科学，2006（2）：43-44.

[7] 马代夫，李秀英，李洪民，等. 甘薯新品种徐紫薯1号的特征特性及栽培要点[J]. 江苏农业科学，2004（6）：53-54.

[8] 张启堂，付玉凡，杨春贤，等. 紫肉甘薯新品种——渝紫263[J]. 农业科技通讯，2004（6）：34-34.

[9] 丁凡，余金龙，傅玉凡，等. 甘薯新品种绵紫薯9号的选育与栽培技术[J]. 江苏农业科学，2013，41（3）：83-84.

[10] 邱永祥，胡蓉，林武，等. 紫肉色甘薯新品种福薯9号的选育和栽培要点[J]. 福建农业学报，2009，24（6）：500-503.

[11] 唐明双，何素兰，周全卢，等. 食用紫肉甘薯新品种南紫薯014的选育与栽培[J]. 江苏师范大学学报（自然科学版），2018（2）.

[12] 罗必良. 农业供给侧改革的关键、难点与方向[J]. 农村经济，2017（1）：1-10.

[13] 张允刚，房伯平. 2006. 甘薯种质资源描述规范和数据标准［M］. 北京：中国农业出版社.

[14] 唐启义. DPS数据处理系统：实验设计、统计分析及数据挖掘[M]. 北京：科学出版社，2010.

[15] Clifford M N，Lindsay D，Clifford M. Anthocyanins - nature，occurrence and dietary burden.[J]. Journal of the Science of Food & Agriculture，2000，80（7）：1118–1125.

[16] Gould K. Anthocyanins：biosynthesis，functions and applications[J]. Natural Products，2012（1）.

[17] Yang J，Moeinzadeh M，Kuhl H，et al. Haplotype-resolved sweet potato genome traces back its hexaploidization history[J]. Nature Plants，2017，3（9）.

[18] Zhen L，Chen K，Yi Z，et al. Genome editing of bread wheat using biolistic delivery of CRISPR/Cas9 in vitro transcripts or ribonucleoproteins[J]. Nature Protocols，2018，13（3）：413-430.

[19] Kim C Y，Ahn Y O，Kim S H，et al. The sweet potato IbMYB1 gene as a potential visible marker for sweet potato intragenic vector system[J]. Physiologia Plantarum，2010，139（3）：229-240.

[20] Park S C，Kim Y H，Kim S H，et al. Overexpression of the IbMYB1 gene in an orange-fleshed sweet potato cultivar produces a dual-pigmented transgenic sweet potato with improved antioxidant activity.[J]. Physiologia Plantarum，2015，153（4）：525-537

[21] Wang H，Fan W，Li H，et al. Functional Characterization of Dihydroflavonol-4-Reductase in Anthocyanin Biosynthesis of Purple Sweet Potato Underlies the Direct Evidence of Anthocyanins Function against Abiotic Stresses[J]. Plos One，2013，8（11）：44..

紫色甘薯新品种绵紫薯 9 号的选育与应用

丁　凡，余金龙[*]，余韩开宗，陈年伟，邹　雪，刘丽芳

（四川省绵阳市农业科学研究院，四川绵阳　621023）

摘　要： 绵紫薯 9 号是绵阳市农业科学研究院与西南大学通过集团杂交的方法选育出来的一个高花青素紫色甘薯新品种。该品种干物质含量为 30.2%，蛋白质含量为 1.47%，维生素 C 含量为 25.1 mg/100 g 鲜薯，β 胡萝卜素含量为 0.02 mg/100 g 鲜薯，花青素含量为 55.97 ~ 76.53 mg/100 g 鲜薯。该品种具有鲜薯产量高、薯块商品性好、熟食品质优、耐贮藏、抗病性好等特点。2012 年通过四川省审定，2014 年通过国家鉴定。该品种由于具有干率高，花青素含量高等突出特点，受到加工企业青睐，市场应用前景非常广阔。

关键词： 高花青素；绵紫薯 9 号；选育；应用前景

甘薯是我国继水稻、玉米、小麦之后的第四大粮食作物，同时也是一种能源、保健与经济作物。随着人们生活水平的提高，人们由吃饱向吃好转变，对膳食结构搭配与保健要求也越来越高。因此，人们对食物安全与营养也有了更高的要求，紫薯正是顺应了这一社会发展的需求。紫薯因薯肉呈紫色至深紫色而得名，与普通甘薯相比，紫薯除了含有蛋白质、胡萝卜素、维生素、多种微量元素与矿物质等营养成分以外，还富含花青素。甘薯中的花青素具有较好的稳定性[1~4]，能够改善血脂代谢，增强抗氧化活性，减少脂质过氧化物的形成，具有降血脂和抗氧化作用[5]。还能抑制结肠癌细胞的生长，并能诱导其凋亡，在肿瘤的预防及治疗方面有一定的效果[6]，此外，紫薯花青素还能预防心脑血管疾病[7]。

紫色甘薯因具有独特的保健功能和广泛的利用途径，深受人们喜爱，目前市场需求量非常巨大[8~10]。我国也及时制定了食用型紫薯和高花青素型紫薯审（鉴）定标准，其中高花青素型紫薯要求花青素含量 > 40 mg/100 g 鲜薯。我院根据市场需求，及时调整育种目标，加强了高花青素专用甘薯品种的选育，通过多年的选育，以 4-4-259 为母本，通过集团杂交育种技术，筛选到了高花青素、高产稳产紫色甘薯新品种绵紫薯 9 号。此后，与国家产业化龙头企业光友薯业有限公司合作，开发了紫薯全粉、紫薯月饼、紫薯全薯粉丝、紫薯奶茶等系列紫薯产品，取得了显著的社会、经济与生态效益。

1　选育经过

绵紫薯 9 号是绵阳市农业科学研究院与西南大学以 4-4-259 为母本，经集团杂交获得杂交种

基金项目： 国家甘薯产业技术体系（CARS-10-C-22）；四川薯类创新团队项目（川农业函 [2014]91 号）。
作者简介： 丁凡，男，高级农艺师，主要从事薯类育种与栽培技术研究。E-mail：38862234@qq.com。
* 通讯作者： 余金龙，男，研究员，主要从事甘薯育种和栽培研究。E-mail：jinlongyu004@163.com。

子，后经单株选择、复选鉴定、品比等逐级试验选育出来的一个高花青素紫薯甘薯新品种。该品种于 2010 ~ 2011 年参加四川省区试，由于表现突出，2011 年提前进行生产试验，2012 年通过四川省审定；2012 ~ 2013 年参加国家甘薯区域试验，由于表现突出，2013 年提前进行生产试验，2014 年通过国家甘薯品种鉴定。

2 产量表现

绵紫薯 9 号在各级区域试验与生产试验中均表现出了突出的高产稳产潜力。

2.1 四川省区试产量表现

成都、绵阳、南充是四川省的 3 个传统的甘薯育种基地，其种植水平较高，产量也较高。图 1 结果也表明，这 3 个试点区的鲜薯产量均高于 30 000.00 kg/hm²，显著高于其他试点产量，达州、武胜点产量与平均产量相当，承试点鲜薯产量均超过了 30 000.00 kg/hm²，而简阳多年省区试均为四川省区试鲜薯产量最低的试点，内江是 2010 年新加入的承试点，鲜薯产量也较低。7 个试点省区试两年平均鲜薯产量为 27 298.50 kg/hm²，表明绵紫薯 9 号具有很好的丰产、稳产的产量能力。

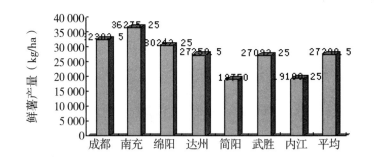

图 1 绵紫薯 9 号 2010 ~ 2011 年四川省区试产量

2.2 四川省生产试验产量表现

2011 年，共有成都、南充、绵阳等 6 个试点承担了生产试验，其中 4 个试点的鲜薯产量超过了 3 万 kg/hm²，且平均亩产也达到了 28 519.90 kg/hm²，生产试验结果与区试结果一致，并在 2011 年进行了田间技术鉴定。

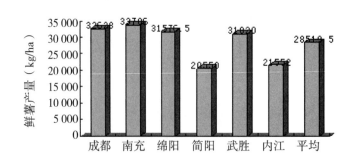

图 2 绵紫薯 9 号 2011 年省生产试验产量

2.3 国家特用组区试产量表现

2012年绵紫薯9号参加了国家甘薯特用组区域试验。结果表明，2012—2013年两年平均，绵紫薯9号在9个试点中的6个试点鲜薯产量均超过了30 000.00 kg/hm²，其中2012年南京点和2013年三峡点中，其鲜薯产量均超过了42 000.00 kg/hm²，平均鲜薯产量也达到了30 619.50 kg/hm²，比对照宁紫薯1号增产20.08%，绵紫薯9号是区试中高花青素类型中鲜薯产量最高的品种。

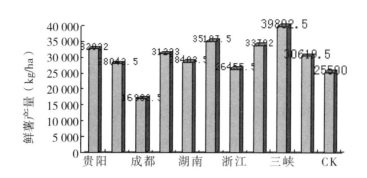

图3　绵紫薯9号2012—2013年国家区试产量

2.4 国家特用组生产试验产量表现

从图4中可以看出，2013年，绵紫薯9号在杭州、重庆和南充3个试点进行了生产试验，绵紫薯9号在4个试点中的南充、重庆和南充3个试点鲜薯产量超过了34 500.00 kg/hm²，平均鲜薯亩产34 956.00 kg/hm²，对照宁紫薯1号增产30.19%，产量性状非常突出。

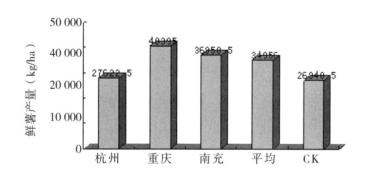

图4　绵紫薯9号2013年生产试验产量

3 品质特性

四川省农畜产品质量监督监测站检验结果以及国家区试品质性状测定报告表明：绵紫薯9号薯块烘干率高，多年多点测试结果均在30.00%左右，基本达到了淀粉型品种审定对干率的指标要求。绵紫薯9号蛋白质含量在1.47%，众多文献中均介绍甘薯蛋白质含量高[10]，表1测定结果也表明绵紫薯9号蛋白质含量高，此外，绵紫薯9号的维生素C含量达到了25.10 mg/100 g鲜薯。绵紫薯9号氨基酸含量为1.25%，粗蛋白含量为4.36%。表2测试结果还表明，绵紫薯9号的花青素含量高，达到了55.97 mg/100 g鲜薯，且以矢车菊和芍药素为主。

根据多年试验与检测结果，绵紫薯 9 号的薯块平均干物率 28.43% ~ 30.20%，比对照南薯 88 高 1.6 个百分点；食味品质评分 3.82，比对照南薯 88 高 0.22 分。2011 年，绵紫薯 9 号干物质含量 30.2%，淀粉含量 17.6%，蛋白质含量为 1.47%，β 胡萝卜素含量为 0.206 mg/kg，可溶性固形物含量为 11.4%，矢车菊含量为 180.9 mg/kg，芍药素含量为 411.5 mg/kg，矢车菊和芍药素为花青素的两种主要组分，表明绵紫薯 9 号花青素含量大于 592.4 mg/kg，属于高花青素类型甘薯品种。

表 1　四川省农畜产品质量监督监测站绵紫薯 9 号品质测定结果

烘干率（%）	淀粉含量（%）	蛋白质（%）	维生素 C（mg/100 g）	β 胡萝卜素（mg/100 g）	氨基酸总量（%）	矢车菊（mg/100 g）	芍药素（mg/100 g）
30.20	17.60	1.47	25.10	0.02	1.25	18.09	41.15

表 2　国家区试绵紫薯 9 号品质测试结果

品种	烘干率（%）	淀粉含量（%，干基）	食味评分（分）	粗蛋白（%）	还原糖（%）	可溶性糖（%）	花青素含量（mg/100 g 鲜薯）
绵紫薯 9 号	28.43	68.88	72.1	4.36	7.25	13.79	55.97
宁紫薯 1 号 CK	26.86	63.65	70.0	4.61	10.11	20.13	14.70

4　应用

紫薯除了鲜食外，还可进行各类加工，比如加工紫薯薯片、薯条、薯脯外，可以做成紫薯酒、紫薯饮料，可以直接提取花青素，做成花青素口服液，也可以做成紫薯全粉，用作食品添加剂，做成各种紫色的蛋糕、面包、面条等，其中又以紫薯全粉的用途最为广泛。绵紫薯 9 号薯块烘干率在 30.00%，且薯块为纺锤形，薯皮非常光滑，加工全粉得率高，由于绵紫薯 9 号花青素含量高，加工出来的全粉颜色深，作为食品天然着色剂时，用量比花青素含量低的紫薯品种用量少，可以降低生产成本。

绵阳市农业科学研究院通过与四川光友薯业有限公司合作，以绵紫薯 9 号为原料，研制和开发了紫薯丁、紫薯全粉、紫薯全薯粉丝、紫薯面皮、紫薯尖下饭菜、紫薯月饼、紫薯奶茶、紫薯酒和紫薯花青素口服液等系列产品，此外，以紫薯全粉为基础原料，还可以广泛应用于加工其他食品的主料或辅料，开发更多的产品。

参考文献

[1] 方忠祥，倪元颖，李红民．紫肉甘薯花青素在不同条件下稳定性的研究 [J]．食品与发酵工业，2002，28（10）：31-34.

[2] 尹晴红，刘邮洲，谢一芝，等．紫甘薯花色苷的稳定性分析 [J]．江苏农业学报，2004，20（2）：111-115.

[3] 叶小利，李学刚，李坤培，等．紫色甘薯花色素苷色泽稳定性研究 [J]．西南师范大学学报（自然科学版），2003，28（5）：725-729.

[4] 陆国权，李秀玲．紫甘薯红色素与其他同类色素的稳定性比较 [J]．浙江大学学报：农学与生命科学版，2001，27（6）：635-638.

[5] 张慢，潘丽军，姜绍通，等 . 紫薯花青素降血脂及抗氧化效果的研究 [J]. 食品科学，2014（4）：1-7.

[6] 陈伟莉，张晨，张旭浩，等 . 紫薯花青素抗结肠癌作用及其诱导细胞凋亡机制 [J]. 吉林大学学报（医学版），2015，41（4）：785-789.

[7] Yoshinaga M. Physiological function of purple colored flesh sweet-potato[J]. Food Processing，1998，33（8）：15-17.

[8] 石青青，杨新笋，黄钺 . 紫心甘薯开发利用现状、前景与对策 [J]. 湖北农业科学，2004，（2）：30-34.

[9] Saigusa N.and R. ohba.Healty alcoholic "Pa-Puru" from purple-fleshed sweetpotato[J].Sweetpotato Research Front，2006，20：2.

[10] 李彦青，卢森权，黄咏梅，等 . 紫色甘薯花青素的应用前景 [J]. 安徽农业科学 .200 8，36（29）：12641-12642，12 646.

[11] 陆漱韵，刘庆昌，李惟基 . 甘薯育种学 [M]. 中国农业出版社 .199 8：1-4.

紫色甘薯新品种南紫薯014的选育与栽培技术

周全卢，唐明双，何素兰，李育明 *

（南充市农业科学院甘薯研究所/国家甘薯改良中心南充分中心，四川南充 637000）

摘 要：南紫薯014系南充市农业科学院于2005年用优质食用品系2-565和优质食用紫薯品种渝紫263杂交获得种子，2006～2012年进行鉴定、比较选育成功的一个紫肉食用型甘薯新品种，含有丰富的花青素，对于丰富西南地区甘薯新品种具有重要意义。在2010～2011年的四川省甘薯品种区域试验中，平均鲜薯产为17 040 kg/hm²，平均干物率30.89%，平均薯干产量6 208.5 kg/hm²；鲜薯总糖含量7.55%，蛋白质含量0.83%，维生素C含量24.9 mg/100g，花青素含量37.52 mg/100g，硒含量0.039 mg/100g。该品种于2013年8月通过四川省农作物品种审定委员会鉴定，鲜薯产量高，熟食味甜，富含花青素，商品性好，中抗黑斑病，耐贮藏，是一个适于食用及食品加工用的紫肉甘薯新品种，适宜在中等肥力以上的田块种植，应合理密植早栽早收。

关键词：甘薯；南紫薯014；花青素；栽培技术

甘薯在四川省的种植面积约为100万 hm²，是四川省重要的经济作物之一。

紫肉甘薯的紫色薯块除了含有普通甘薯的营养成分外，还富含花色苷。花色苷具有抗氧化功能，能有效清除体内产生的过量氧自由基，具有抗癌，改善肝功能，降血压等多种生理功能。紫肉甘薯除了直接鲜食以外，还可深加工以延伸甘薯产业链条，是甘薯产业化的重要对象之一。

近年来，开发富含花青素的保健型紫薯新品种成为甘薯育种的重要目标之一，全国各地育种单位先后开展了一系列关于高花青素甘薯新品种的选育，先后育成了宁紫薯1号、渝紫263、徐紫薯1号、浙紫薯1号、徐紫薯3号等品种，并分别通过了国家或地方审（鉴）定。

南紫薯014系南充市农业科学院于2005年用食用品系2-565与优质食用品种渝紫263杂交获得种子，2006～2012年进行鉴定、比较选育成功的一个紫肉食用型甘薯新品种，该品种薯块紫皮、紫红肉，鲜薯产量高，薯形美观，抗黑斑病，适应性较广，是一个较理想的有特色的食用及食品加工用甘薯新品种。该品种于2013年8月通过四川省农作物品种审定委员会鉴定，审定编号为：川审薯2013 005。为了完善品种权益，南紫薯014在2016年1月1日获得了品种权保护，公告号为：CNA006818G。

基金项目：现代农业产业技术体系建设专项（CARS-10-B12、CARS-10-C23）；四川薯类创新团队项目（川农业函[2014]91号）；四川省育种攻关项目（2016NYZ0049）。

作者简介：周全卢，男，副研究员，从事薯类遗传育种及栽培技术研究。E-mail：zhouquanlu@163.com。

* 为通讯作者：李育明（1965—）男，四川省西充人，博士，研究员，主要从事甘薯栽培、育种研究。E-mail：li_sweetpotato@aliyun.com。

根据不同品种特性，采用合理的栽培方式，可以获得较高的商品薯产量。合理的栽植密度与品种结薯特性、土壤肥水条件、栽植时期和方式有很大关系，因此，还需做进一步的精细栽培试验，在提高商品薯产量方面下功夫，确保生产效益的最大化。付文娥等对鲜食甘薯采用黑色膜、透明膜和露地3种甘薯栽培方式，研究覆膜栽培对甘薯生长动态及产量的影响，结果表明覆膜可明显促进甘薯前期生长发育，获得较高的经济产量。屈会娟等研究川中丘陵区旱地套作条件下种植密度对紫色甘薯南紫薯008干物质生产的影响，结果表明每亩种植密度在3 500 ~ 4 000株时，群体干物质积累量、鲜薯产量、淀粉产量和商品薯率均较高。在甘薯生长过程中，个体与群体之间存在着争夺光、肥、水、气的矛盾。因此，我们在高产栽培要不断分析这些矛盾，并根据品种特性和气候条件，对栽插时期、栽插密度、肥水运筹等方面进行合理的安排，创造一个个体和群体都能协调发展的生态环境，以发挥它的最大增产潜力。

1　选育过程

南紫薯014的选育注重利用国内的优异资源，亲本2-565是南充市农业科学院2002年从980447×浙薯13杂交后代中选育而成，渝紫263由西南大学重庆甘薯中心2000从徐薯18集团杂交后代中选育而成。南紫薯014是南充市农业科学院2005年利用优异自育品系2-565与渝紫263杂交，经过培育、加速繁殖、多点综合鉴定选育而成，原系谱号为6-24。2005年选用优异自育品系2-565与优异食用型紫薯渝紫263进行杂交，收获实生种子；2006年进行实生苗筛选，表现薯形美观，紫皮紫红肉；2007 ~ 2009年参加品种鉴定、比较试验，综合表现较好；2010 ~ 2011年参加四川省甘薯新品种区域试验；2012年参加四川省甘薯品种生产试验。经多年、多点试验证明，南紫薯014鲜薯产量高，薯形美观，富含花青素，熟食味较好，加工薯脯、薯条色泽鲜艳，是一个适于食用及食品加工用的甘薯新品种。南紫薯014育种年限长，选育过程繁杂，具体步骤见图1。

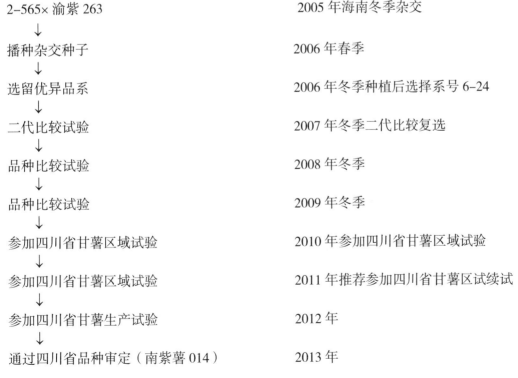

图1　南紫薯014选育图谱

2 特征特性

2.1 形态特征

南紫薯 014 萌芽性好，出苗早、整齐，单薯萌芽数 15 个左右；顶叶色绿带褐边，成熟叶心齿形，叶色绿色，叶片大小中等，叶脉紫色，柄基紫色；株型半直立，蔓色绿紫，蔓粗中等，蔓长中等，分枝 5 ~ 8 个，蔓茸毛多；薯块长纺锤形，皮色紫色，肉色紫红色，单株结薯数 4 ~ 6 个；商品薯率高。

2.2 抗逆性鉴定

经过南充市农业科学院 2 年采用室内人工接种鉴定黑斑病，结果表明：南紫薯 014 中抗黑斑病；根据南充、成都、绵阳三个点窖藏试验结果表明南紫薯 014 耐贮藏。

表 1　抗逆性鉴定

鉴定地点	年份	调查数（个）	调查重（kg）	烂薯数（个）	烂薯重（kg）	烂薯率 %	鉴定结论
绵阳市农科院	2010	100	20.8	0	0	0	极耐贮藏
	2011	100	21.6	0	0	0	极耐贮藏
四川省农科院作物所	2011	100	20.8	6	2	9.62	耐贮藏
南充市农科院	2010	106	19.6	21	2.3	14.8	耐贮藏
	2011	142	24.6	11	2.8	12.6	耐贮藏

2.3 品质鉴定

由多点取样品质分析结果可知，南紫薯 014 的薯块烘干率 30.89% 左右，淀粉率 20.52%，鲜薯花青素含量为 37.52 mg/100g，鲜薯总糖含量 7.55%，蛋白质含量 0.828%，维生素 C 含量 24.9 mg/100g，硒含量 0.039 mg/100g。甜味中等，纤维含量少，熟食品质优。

3 薯块产量表现

3.1 品种鉴定、品种比较试验

2008 ~ 2009 年在南充市进行多点鉴定试验，结果显示，南紫薯 014 鲜薯平均产量 33 762 kg/hm²，比对照品种南薯 88 减产 20.83%；薯干平均产量 7 153.5 kg/hm²，比对照品种南薯 88 减产 10.22%。

3.2 四川省甘薯品种区域试验

南紫薯 014 于 2010 年参加四川省甘薯品种区域试验，7 点平均鲜薯产量 19 815 kg/hm²，比对照品种南薯 88 减产 30%；平均薯干产量 6 208.5 kg/hm²，比对照南薯 88 减产 19.5%，薯块干率 31.2%，较对照品种南薯 88 高 4.2 个百分点；淀粉率 20.8%，较对照高 3.6 个百分点。2011 年继续试验结果表明，南紫薯 014 平均鲜薯产量 14 269.5 kg/hm²，平均薯干产量 4 408.5 kg/hm²。由试验结果可知，两年间南紫薯 014 的平均鲜薯产量 19 740 kg/hm²，平均薯干产量 5 308.5 kg/hm²，平均干物率 30.89%，较对照高 4.25 个百分点，淀粉率 20.52%，较对照 3.05 个百分点，大中薯率 60%。

3.3 四川省甘薯品种生产试验

南紫薯 014 于 2012 年参加四川省甘薯品种生产试验结果表明，5 点平均鲜薯产量 22 243.5 kg/hm²，比对照南薯 88 减产 34.2%；平均薯干产量 7 378.5 kg/hm²，比对照南薯 88 减产 24.5%；平均淀粉产量 4 833 kg/hm²，比对照南薯 88 减产 22.1%。

4 配套栽培技术

4.1 深耕土壤

深耕深翻能加厚活土层，疏松熟化土壤，改善土壤通气性，增加土壤蓄水能力，加速土壤养分释放。甘薯生长在经过适当深耕的土壤上，不但茎叶生长健旺，根系向下层发展，根量多，薯形较长，且能提高薯块产量。深耕深翻必须做到适当，否则达不到预期效果。过度深翻，打乱了土层，而施肥又跟不上，不利于甘薯生长。

4.2 培育壮苗

南紫薯 014 萌芽性好，出苗快而多，薯苗生长快，苗床排种量应控制在 15 ~ 20 kg/m²；一般育苗期多在 2、3 月份，采用的方法是温床育苗、冷床覆盖塑料薄膜育苗以及露地育苗。苗床应背风向阳，地势高且地块干燥，排水良好，管理方便，周围覆在排种前应施足基肥，床底施 8 kg/m² 腐熟土杂肥，并覆土 2 ~ 3 cm 应及时将足龄薯苗栽入采苗圃，剪苗后苗床应及时施肥、浇水。

4.3 起垄培肥

垄作加厚了土层，增加了土壤孔隙度，容气率有所增加，不仅改善了通气性，且吸热散热加快，日夜温差增大，同时有利于排水灌溉。起垄宜在晴天，尽量达到垄形、垄高、垄深一致，垄高 20 ~ 25 cm，垄距 80 ~ 90 cm。施肥以有机肥料为主，磷钾肥为辅，重施底肥，包厢或全层施用，追肥宜早。

4.4 适时栽插

南紫薯 014 一般在 5 月中下旬栽插，最好选择阴雨天土壤不干不湿进行，用剪刀将粗壮老成薯藤剪成 12 ~ 16 cm 的条，采用斜插，薯苗入土 3 ~ 5cm，2 ~ 3 节，压土紧实，让薯藤与土壤紧密接触，栽完施水定根。合理密植，南紫薯 014 茎蔓较细长，前中期生长势旺，结薯早，后期落黄早，因此种植密度控制在 52 500 ~ 67 500 株 /hm²。

4.5 适时早收

当薯藤叶开始逐渐变黄，气温在 20 ℃左右时即可收挖，在十月底尽量采收完，做到轻刨、轻装、轻放。

食用甘薯新品种南薯016的选育与栽培技术

刘莉莎，唐明双，何素兰，黄迎冬，李育明*，周全卢，李东波，李　胜，朱洪庆

（南充市农业科学院甘薯研究所 / 国家甘薯改良中心南充分中心，四川南充　637000）

摘　要： 南薯016系南充市农业科学院于2009年用优质食用品种浙薯13作为母本进行集团杂交获得种子，2010 ~ 2015年进行鉴定、比较选育成功的一个食用型甘薯新品种，对于丰富西南地区甘薯新品种具有重要意义。在2013 ~ 2014年的四川省甘薯品种区域试验中，平均鲜薯产为34 132.5 kg/hm^2，平均干物率26.71%，平均薯干产量9 144.0 kg/hm^2；生产试验中，平均鲜薯产量为36 235.5 kg/hm^2，平均薯干产量9 552.45 kg/hm^2；区域试验多点取样分析可知鲜薯可溶性糖含量7.1 g/100 g，蛋白质含量0.731 g/100 g，维生素C含量27.2 mg/100 g。该品种于2016年7月通过四川省农作物品种审定委员会审定，鲜薯产量高，熟食味甜，商品性好，中抗黑斑病，耐贮藏，是一个适于食用及食品加工用的甘薯新品种，适宜在中等肥力以上的田块种植，应合理密植早栽早收。

关键词： 甘薯；南薯016；选育；栽培技术

甘薯是世界卫生组织推荐的最佳蔬菜之一（新华日报，2006.11.17，D2版），美国公共利益科学中心推荐十佳健康食品[1]，甘薯以其营养全面而列首位。在日本公布的抗癌蔬菜排行榜中，生甘薯排名第一，熟甘薯排名第二，甘薯的保健功能越来越得到重视。甘薯在四川省的种植面积约为100万hm^2，是四川省重要的经济作物之一。南薯016系南充市农业科学院选育成功的一个食用型甘薯新品种，它以优质食用品种浙薯13作为母本进行集团杂交获得实生苗种子，经多年选拔、鉴定、比较选育而成，于2016年7月通过四川省农作物品种审定委员会审定命名。对于丰富西南地区甘薯新品种具有重要意义。

1　选育方法及经过

1.1　运用集团杂交育种

甘薯是高度异花授粉作物，又是六倍体，杂合性高，品种遗传基础复杂，F1分离严重，需要有庞

基金项目： 现代农业产业技术体系建设专项（CARS-10-B12、CARS-10-C23）；四川薯类创新团队项目（川农业函[2014]91号）；四川省育种攻关项目（2016NYZ0049）。

作者简介： 刘莉莎（1983—），女，黑龙江哈尔滨人，博士，副研究员，主要从事甘薯遗传育种及栽培技术研究。E-mail: cauliulisha@163.com

*通讯作者： 李育明（1965—）男，四川省西充人，博士，研究员，主要从事甘薯栽培、育种研究。E-mail: li_sweetpotato@aliyun.com。

大的群体才能包括其分离范围，有利选择。甘薯品质的多种目标性状属于多基因控制的数量性状，干率、淀粉、类胡萝卜素含量、纤维含量、粗蛋白含量、花青素含量、茎叶鲜重、对黑斑病、根腐病、根结线虫病、茎线虫病的抗性等，在遗传上都具有加性效应[2]。集团杂交育种法，通过一次授粉能完成多品种杂交，一次杂交具有几次杂交的作用，花粉来源广泛，有利于母本选择受精和提高结实率，在一个母本品种上可以同时得到多个单交组合，后代为多组合群体，遗传基础丰富，分离类型多，群体大，有利于选择，有更多机会将优良品质、抗性组合在一起，有利于积累有利基因和实现优良基因的重组。

以往采用传统的单交法曾育成了不少优良品种，但也造成了甘薯种质资源遗传基础狭窄，并且在甘薯品质育种中，产量与品质性状之间存在着负相关，仅靠单交很难获得既高产又优质的品种。我们改常规杂交为集团杂交，集团杂交使优质基因聚合，增加遗传变异度，提高优良变异的选择几率，成功选育出优质甘薯品种南薯016。

1.2 选育经过

南薯016是南充市农业科学院2009年利用15份优质食用型亲本材料，优质食用及食品加工用品种集团杂交而育成，亲本材料包括5份国外甘薯品种（澳洲红、坦桑尼亚、红东、金千贯、波嘎）和10份国内甘薯品种（岩薯5号、浙薯13、徐薯18、潮薯1号、南薯88、广88-10、湘薯15、龙薯1号、香薯、徐22-5），综合利用了国内国外的优异资源。南薯016是从浙薯13（浙3481×浙薯255）作为母本集团杂交后代材料经过培育、多点综合鉴定、选择及比较试验选育而成，原系谱号为D0922-5。2009年选用优异利用优异品种浙薯13作为母本集团杂交，收获实生种子；2010年进行实生苗筛选，表现薯形美观，红皮淡橘红肉；2011~2012年参加品种鉴定、比较试验，综合表现较好；2013~2014年参加四川省甘薯新品种区域试验；2015年参加四川省甘薯品种生产试验，2016年7月通过四川省农作物品种审定委员会审定命名。经多年、多点试验证明，南薯016鲜薯产量高，薯形美观，熟食味较好，加工薯脯、薯条色泽鲜艳，是一个适于食用及食品加工用的甘薯新品种。南薯016育种年限长，选育过程繁杂，具体步骤见图1。

图1　南紫薯016选育图谱

2 主要特征特性

2.1 形态特征

南薯016萌芽性较好，出苗整齐，幼苗长势较好，单薯萌芽数13个左右；顶叶色绿带褐边，成熟叶浅复缺，叶色绿色，叶片大小中等，叶脉绿色，柄基褐色；株型半直立，蔓色绿色，蔓粗中等，蔓长中等，分枝4～6个，蔓茸毛少；薯块纺锤形，皮色红色，肉色浅橘红色，单株结薯数3～5个；商品薯率高。

2.2 黑斑病抗性鉴定

南充市农业科学院2013～2014年用薯块人工接种鉴定方法对黑斑病抗性进行鉴定，经统计分析[3]，结果（表1）表明：南薯016两年的病斑直径分别为9.7 mm、12.0 mm，病斑深度分别为6.2 mm、4.7 mm，表现为中抗—抗黑斑病。

表1　黑斑病鉴定结果

年份	品种名称	病斑平均直径(mm)	病斑平均深度(mm)	抗病表现百分率（ % ）	抗病类型
2013	南薯016	9.7	6.2	83.35	中抗
	胜利百号	11.0	6.0		
2014	南薯016	12.0	4.7	58.89	抗病
	胜利百号	13.3	4.8		

2.3 贮藏性鉴定

贮藏性试验2013～2014年在四川省农业科学院作物所、南充市农业科学院、绵阳市农业科学院进行。收获时在田间选大小均匀、无病无伤薯块，分别记数、记重装筐，并于当天入窖，入窖前用800倍甲基托布津溶液浸种处理。贮藏条件为窖温11～14℃、相对湿度90%左右，贮藏期120 d左右。试验结果，南薯016出窖时的健薯率为92.0%～96.5%，明显高于对照南薯88（为76.4%～79.8%），说明南薯016贮藏性极好[2]。

2.4 品质鉴定

由多点取样品质分析结果可知，南薯016的薯块烘干率26.71%左右，淀粉率17.06%，鲜薯可溶性糖含量7.1 g/100 g，蛋白质含量0.731 g/100 g，维生素C含量27.2 mg/100g。甜味适中，纤维含量少，熟食品质优。

3 生产力鉴定

2011～2015年对南薯016进行了品比试验、四川省区域试验、生产试验及生产示范。品比试验在南充市农科院基地进行，四川省区域试验在省内成都、绵阳、南充、达州、泸州、青神、简阳、内江等8个试点进行，生产试验在省内成都、绵阳、南充、内江等4个试点进行。品比试验和区域试验均采用随机区组设计，重复3次，另设挖根调查区，小区面积20 m²，每区栽插120株，密度60 000株/hm²。生产试验的栽插措施按当地的生产条件进行，全部试验的栽插期为5月下旬至6月上中旬，收获期为10月下旬至11月上中旬，生育期为130～150 d。

3.1 品种鉴定、品种比较试验

2011～2012年在南充市进行多点鉴定试验，南薯016在2011年品比试验结果：鲜薯平均产量43 425.0 kg/hm²，比对照南薯88增产5.66%；薯干平均产量10 769.4 kg/hm²，比对照增产9.48%。2012

年品比试验结果：鲜薯平均产量40 125.0 kg/hm²，比对照南薯88减产7.23%；薯干平均产量10 219.8 kg/hm²，比对照南薯88减产0.01%。两年鲜薯平均产量41 775.0 kg/hm²，比对照品种南薯88减产0.95 %；薯干平均产量10 494.6 kg/hm²，比对照品种南薯88增产4.64%。

3.2　四川省甘薯品种区域试验

南薯016于2013～2014年参加四川省甘薯品种区域试验，2013年6点平均鲜薯产量36 756.0 kg/hm²，比对照南薯88增产12.0%，增产极显著；藤叶产量37 881.0 kg/hm²，比对照南薯88增产13.7%，增产极显著；薯干产量9 871.5 kg/hm²，较对照南薯88增产8.8%，增产极显著；淀粉产量6 546.0 kg/hm²，较对照南薯88增产8.1%；增产极显著。2014年继续试验结果表明，南薯016的8点平均鲜薯产量30 024.0 kg/hm²，比对照南薯88增产7.5%；藤叶产量32 217.0 kg/hm²，比对照南薯88减产5.9%；薯干产量8 416.5 kg/hm²，较对照南薯88增产0.9%；淀粉产量5 314.5 kg/hm²，比对照南薯88减产1.5%。两年平均鲜薯产量34 132.5 kg/hm²，比对照南薯88增产10.3%；藤叶产量32 217.0 kg/hm²，与对照相当；薯干产量9 144.0 kg/hm²，较对照南薯88增产3.9%；淀粉产量5 931.0 kg/hm²，比对照南薯88增产3.8%。两年平均薯块干率26.71%，较对照南薯88低1.77个百分点；淀粉率17.06%，较对照南薯88低1.43个百分点；大中薯率80%。

3.3　四川省甘薯品种生产试验

南薯016于2015年参加四川省甘薯品种生产试验结果表明，4点平均鲜薯产量36 235.5 kg/hm²，比对照南薯88增产9.0%，藤叶产量21 589.5 kg/hm²，比对照南薯88减产3.2%，薯干产量9 552.45 kg/hm²，较对照南薯88增产9.5%；淀粉产量6 012.0 kg/hm²，比对照南薯88增产10.2%。

4　栽培技术

4.1　培育壮苗

南薯016萌芽性较好，出苗较早，薯苗数量较多，苗床排种量应控制在17 kg/m²左右，这样有利于培育壮苗，同时也节省种薯；在四川地区育苗期多在3月份，前期温度低可采用地膜覆盖。苗床应背风向阳，选择地势平坦稍高且干燥的地块，注意排灌方便。应选无病斑、虫眼、表面光滑的种薯，排种前应施足基肥，床底可施8 kg/m²腐熟土杂肥并覆土2～3 cm，待苗长到25～35 cm，叶片有7～8片叶时即可进行剪苗扦插，注意筛选茎秆粗、叶片肥厚、节间短、无病虫害的健康壮苗，剪苗后苗床应及时施肥、浇水。

4.2　土壤深耕

选择土层深厚，土质疏松的土壤进行种植。由于甘薯属于块根植物，故土壤的理化性质对甘薯的生长有较大影响。适当深耕，可避免土壤板结造成甘薯块根发育不良或生长缓慢，也避免过深的翻耕导致生熟土混杂，破坏土层肥力。翻耕可选择在晴天进行，耕深宜为25～30 cm。

4.3　起垄培肥

起垄栽培加厚了土层，扩大了根系活动的范围，增加了土壤孔隙度，增强了土壤通透性，有利于块根的膨大。且吸热散热加快，加大了日夜温差，同时有利于排水灌溉。起垄宜在晴天，尽量达到垄形、垄高、垄深一致，垄高25～30 cm，垄距80～90 cm。

4.4　适时栽插

日平均气温稳定在18 ℃以上即可进行移栽，在四川地区一般在5月中下旬栽插，最好选择阴天土壤不干不湿进行，采用斜插法或船法，薯苗入土2～3节，有利于增加结薯数，压土紧实，让薯藤与土壤紧密接触，栽后施定根水。合理密植，前中期生长势旺，结薯早，后期落黄早，因此种植密度控制在 52 500～67 500 株/hm²。栽后 4～5 d 进行查苗，发现缺苗立即补栽。对由于栽插时未施肥，而出现叶黄脱肥的地块，可叶面喷施 2% 尿素溶液 750 kg/hm²，连喷 2～3 次，每次时间间隔 7d 左右。生长正常的地块，在中、后期喷 0.2% 的磷酸二氢钾水溶液 900 kg/hm²，连喷 2～3 次[4]。

4.5　适时早收

当薯藤叶开始逐渐变黄，气温在 18 ℃左右时即可收挖[5]，一般选在立冬前收获，收获前 20 d 不宜浇水，以免降低薯块的耐储性。采收做到轻刨、轻装、轻放。

参考文献

[1] 唐明双，何素兰，周全卢，等，食用紫肉甘薯新品种南紫薯 014 的选育与栽培 [J]. 江苏师范大学学报，2018，36（2）：42-44

[2] 陆漱韵，刘庆昌，李惟基. 甘薯育种学 [M]. 北京：中国农业出版社，1998，194-198

[3] 四川农业大学，西南农业大学，云南农业大学. 农业试验与统计分析 [M]. 成都：四川科学技术出版社，1993.244-270

[4] 江苏省农业科学院，山东省农业科学院. 中国甘薯栽培学 [M]. 上海：上海科学技术出版社，1984.106-121，203

[5] 杨新笋，雷剑，刘乐承，等. 甘薯新品种鄂薯 6 号的选育与高产潜力分析 [J]. 湖北农业科学，2009，48（1）：55-58.

紫色甘薯新品种绵渝紫 11 的选育与栽培技术

丁　凡[1]，余金龙[*]，刘丽芳[1]，余韩开宗[1]，邹　雪[1]，陈年伟[1]，傅玉凡[2]

（1.绵阳市农业科学研究院，四川绵阳　621023；

2.西南大学生命科学学院重庆甘薯研究中心，重庆北碚　400715）

摘　要： 绵渝紫 11 系绵阳市农业科学研究院于 2006 年从西南大学生命科学学院重庆甘薯研究中心引进的 3-14-384×4-4-259（浙薯 13×浙薯 78）杂交组合实生种子中，经实生苗鉴定、复选、品比等逐级试验选育而成的一个优质食用紫色甘薯新品种。该品种具有萌芽性好、薯型好、皮色美观、食味品质优、耐贮藏、抗黑斑病等特点，2014 年通过四川省品种审定委员会审定（川审薯 2014 004）。本文主要介绍了绵渝紫 11 的选育经过、特征特性和栽培技术。

关键词： 甘薯；绵渝紫 11；选育；栽培技术

紫薯别名黑薯，因薯肉呈紫色而得名。紫薯除了具有普通甘薯的营养成分外，还富含花青素和硒。与其他作物花青素包括葡萄皮色素、紫玉米色素等色素相比，紫薯花青素耐热性与耐光性最好[1, 2]。研究表明，紫薯具有清除自由基抗氧化、抗肿瘤、预防和治疗心血管疾病、抗辐射、抗衰老等多种药用和保健功能[3~6]。此外，紫薯还可以用来加工薯脯、薯片、饮料、口服液等，也可以加工成全粉后作为天然的食品添加剂来制作各种糕点、冰淇淋、月饼等食品。紫薯因其独特的保健功能和广泛的利用途径而深受人们追捧，市场前景十分可观。为适应市场需求，本课题组积极调整育种目标，经过多年选育，育成了绵渝紫 11。该品种具有产量高、薯型好、皮色美观、食味品质优、耐贮藏、中抗黑斑病等特点，2014 年通过四川省品种审定委员会审定。

1　选育经过

绵渝紫 11 是由 3-14-384（母本）和 4-4-259（浙薯 13×浙薯 78）（父本），通过定向杂交、复选、品比等逐级选育而成，原系号绵 6-3-16。2008 年进行复选鉴定；2009～2010 年进行品比鉴定试验；2011～2012 年参加四川省甘薯新品种区域试验，2013 年参加生产试验，同年进行田间鉴定；2014 年通过四川省甘薯新品种审定。

基金项目： 国家甘薯产业技术体系（CARS-10-C-22）；四川薯类创新团队项目（川农业函 [2014]91 号）。

作者简介： 丁凡，男，高级农艺师，主要从事薯类育种与栽培技术研究。E-mail：38862234@qq.com。

* 通讯作者： 余金龙，男，研究员，主要从事甘薯育种和栽培研究。E-mail：jinlongyu004@163.com。

2 特征特性

2.1 形态特征

顶叶绿色,成熟叶心脏型,叶色绿色,叶脉绿色,叶片大小中等,蔓绿带紫色,单株分枝 4 ~ 6 个,藤粗细中等,株型匍匐。薯块纺锤形,薯皮浅紫红,薯肉紫色,薯块烘干率 30.19%,淀粉率 19.91%,花青素含量为 23.05 mg/100 g 鲜薯。萌芽性好,单块萌芽个,长势中等。结薯集中,单株结薯 4 ~ 6 个,大中薯率 67.7%。

2.2 抗病性

四川省甘薯区域试验黑斑病的鉴定单位南充市农业科学院于 2011 年和 2012 年均进行了室内人工接种黑斑病抗性鉴定。2011 年结果表现为抗病,2012 年结果表现为中抗,综合两年结果表现为中抗黑斑病。

3 产量表现

3.1 区试产量

2011 年绵渝紫 11 在 5 个试点的平均鲜薯产量 19 723.5 kg/hm²;薯干产量 5 827.5 kg/ hm²;淀粉产量 3 829.5 kg/ hm²;薯块干率 29.88%,较对照高 2.13 个百分点;淀粉率 19.64%,较对照高 1.86 个百分点;大中薯率 66.0%。

2012 年绵渝紫 11 在 7 个试点的平均鲜薯产量 21 708.0 kg/hm²;薯干产量 6 552.0 kg/ hm²;淀粉产量 4 312.5 kg/hm²;薯块干率为 30.19%,较对照高 2.78 个百分点;淀粉率 19.91%,较对照高 2.14 个百分点;大中薯率 67.7%。

2011 ~ 2012 年绵渝紫 11 在 12 点次平均鲜薯产量 20 716.5 kg/hm²;薯干产量 6 190.5 kg/hm²;淀粉产量 4 074.0 kg/hm²。薯块干率 30.19%;淀粉率 19.91%;大中薯率 67.7%。

3.2 生产试验

2013 年绵渝紫 11 在成都、南充、绵阳 3 点平均鲜薯产量 25 210.5 kg/hm²;薯干产量 7 033.5 kg/ hm²;淀粉产量 4 512 kg/hm²。平均薯块干率 28.05%;淀粉率 18.03%,生产试验结果与区试一致。

4 栽培技术要点

4.1 稀播种薯、培育壮苗

在长江流域薯区,以 2 月下旬至 3 月上旬播种为宜,应选择较为肥沃和向阳的田块作为苗床,并施用适量的有机肥。绵渝紫 11 号萌芽性好、出苗量较多,应稀播种薯以培育壮苗。

4.2 适时早栽、合理密植

一般以 5 月中旬至 6 月上旬栽插为宜。栽前用 90% 乙草胺乳油 1 500 ~ 2 100 mL/hm² 进行垄面萌芽除草,喷雾后 5 ~ 7 d 栽插,一般净作密度为 52 500 ~ 60 000 株/hm²,套作密度 45 000 ~ 52 500 株/hm²。

4.3 合理肥水、施足基肥

绵渝紫 11 属于中短蔓类型品种,适宜在中等肥力以上的田块种植。在丘陵薄地上种植应施足基肥,肥料以氮磷钾复合肥最佳,施用量一般为 750 kg/hm²,同时还应做好排水工作,确保田间干燥。

4.4 适时收获

绵渝紫 11 正常收获期为 11 月初,也可以根据市场需求及鲜薯生长情况选择收获期。具体收获应选择气候干燥的晴天，有利于剥离薯块及损伤薯块的伤口愈合。

参考文献

[1] 陆国权，李秀玲 . 紫甘薯红色素与其他同类色素的稳定性比较 [J]. 浙江大学学报（农学与生命科学），2001，27（6）：635-638.

[2] 叶小利，李学刚，李坤培，等 . 紫色甘薯花色素苷色泽稳定性研究 [J]. 西南师范大学学报自然科学版，2003，28（5）：725-729.

[3] 王杉，邓泽元，曹树，等 . 紫薯色素对老龄小鼠抗氧化功能的改善作用 [J]. 营养学报，2005，27（3）：245-248.

[4] KANO M，TAKAYANAGI T，HARADA K，et al. Ant-oxidative activity of anthocyanins from purple sweet potato，Ipomeoa batatas cultivar Ayamurasaki[J].Biosci Biotechnology Biochem，2005，69（5）：979-988.

[5] 须田郁夫 . 甘薯的生活习惯病预防效果 [J].Food & Food Ingredients J. of Japan，1991，181：59-69.

[6] 吕晓玲，孙晓侠，姚秀玲 . 采取荧光化学发光法分析紫甘薯花色苷产品的抗氧化作用 [J]. 食品与发酵工程，2005，34（9）：53-55.

紫色甘薯新品种绵渝紫 12 的选育与栽培技术

丁　凡[1]，余金龙[*]，余韩开宗[1]，陈年伟[1]，邹　雪[1]，刘丽芳[1]，傅玉凡[2]

（1.四川省绵阳市农业科学研究院，四川绵阳　621023；2.西南大学，重庆北碚　400715）

摘　要： 绵渝紫 12 是绵阳市农业科学研究院于 2007 年从西南大学引进的徐薯 18 集团杂交后代的实生种子中，经过初选、复选鉴定、品比试验等逐级试验，筛选出来的一个优良紫肉食用型甘薯新品种。该品种萌芽性好，薯皮光滑，薯型美观，商品薯率高，食味品质优，抗黑斑病，耐贮藏。2013 ~ 2014 年参加四川省甘薯普通组新品种区域试验，2014 年进行生产试验，同年进行田间技术鉴定，2015 年通过四川省品种审定委员会审定（川审薯 2015004）。

关键词： 紫色甘薯；绵渝紫 12；选育；栽培技术

甘薯的块根中富含胡萝卜素、维生素、钾、铁、硒等 10 余种微量元素，赖氨酸含量和维生素 B_1、维生素 B_2 的含量分别比大米高 6 倍和 3 倍，同时脂肪和热量为大米的 1/3，是很好的低热量食品[1]。有研究表明，紫肉甘薯具有抗氧化、抗肿瘤、预防和治疗心血管疾病、抗辐射等多种药用和保健功能[2~4]。此外，紫薯可以加工薯片、薯条等多种产品，也可以加工成天然的食品添加剂，此外，还可加工成饮料等，市场前景十分可观[5]。因此，选育高产、优质、抗病、耐贮藏的紫肉甘薯品种，对甘薯生产和产业发展具有重要意义。

1　选育经过

绵渝紫 12 是从徐薯 18 的集团杂交后代中，经过实生苗培育、复选鉴定、品比试验等逐级试验选育而成的，2013 ~ 2014 年参加四川省甘薯普通组新品种区域试验，2014 年进行生产试验，同年进行了田间技术鉴定。2015 年通过四川省甘薯新品种审定（川审薯 2015004）。

2　特征特性

2.1　形态特征

顶叶绿色，成熟叶心脏型，叶片绿色，叶脉绿色，叶片大小中等；株型匍匐，蔓长中等，蔓绿带紫色，单株分枝 4 ~ 6 个。薯块纺锤形，薯皮紫色、薯肉紫色，烘干率 30.22%，淀粉率 19.92%，大中薯率

基金项目： 国家甘薯产业技术体系（CARS-10-C-22）；四川薯类创新团队项目（川农业函 [2014]91 号）。

作者简介： 丁凡，男，高级农艺师，主要从事薯类育种与栽培技术研究。E-mail：38862234@qq.com。

*通讯作者： 余金龙，男，研究员，主要从事甘薯育种和栽培研究。E-mail：jinlongyu004@163.com。

74.2%，薯块光滑美观，商品薯率高。萌芽性好，单块萌芽 15 ～ 20 个，长势中等。结薯集中整齐，单株结薯 4 ～ 6 个。

2.2 抗病性

经国家甘薯区域试验鉴定单位徐州甘薯研究中心、江苏省农科院、南充市农科院等鉴定：绵渝紫 12 抗茎线虫病，中抗黑斑病。

3 品质性状

据国家区试对绵渝紫 12 进行综合评分，绵渝紫 12 薯干洁白度为 72.1 分，平整度为 75.6 分，黏度 75.1 分，甜度 72 分，香味 72.8 分，纤维含量 68.2 分，综合评分为 72.4 分，品质优良。此外，绵渝紫 12 干基蛋白质含量为 3.95%、淀粉含量为 66.08%，还原糖含量为 6.14%、可溶性糖含量为 12.04%。花青素含量为 15.25 mg/100 g 鲜薯。

4 产量表现

4.1 区试产量

2013 年，绵渝紫 12 在 6 个试点平均鲜薯产量为 21 619.5 kg/hm²；薯干产量为 6 385.5 kg/hm²；淀粉产量为 4 305.0 kg/hm²；薯块干率 30.06%，淀粉率 19.79%；大中薯率 77%。

2014 年，绵渝紫 12 在 7 个试点平均鲜薯产量为 23 233.5 kg/hm²；薯干产量为 6 891.0 kg/hm²；淀粉产量为 4 518.0 kg/hm²；薯块干率 29.40%，淀粉率 19.22%；大中薯率 74.2%。

2013 ～ 2014 年，绵渝紫 12 在 13 个试点平均鲜薯产量为 22 426.5 kg/hm²；薯干产量为 6 667.4 kg/hm²；淀粉产量为 4 411.5 kg/hm²；薯块干率 29.73%，淀粉率 19.51%；大中薯率 76.0%。

4.2 生产试验

2014 年在成都、南充、绵阳、内江进行生产试验，4 点平均鲜薯产量为 24 888.0 kg/hm²；薯干产量为 7 560.0 kg/hm²；淀粉亩产 4 957.7 kg/hm²。平均薯块干率 30.22%；淀粉率 19.92%。

5 栽培技术要点

5.1 稀播种薯、培育壮苗

以 2 月下旬至 3 月上旬播种为宜，应选择较为肥沃和向阳的田块作为苗床，并施用适量的有机肥。绵渝紫 12 萌芽性好、出苗量较多，应稀播种薯以培育壮苗。

5.2 适时早栽、合理密植

一般以 5 月中旬至 6 月上旬栽插为宜。栽前用 90% 乙草胺乳油 1 500 ～ 2 100 mL/hm² 进行垄面萌芽除草，喷雾后 5 ～ 7 d 栽插，一般净作密度为 52 500 ～ 60 000 株 /hm²，套作密度 45 000 ～ 52 500 株 /hm²。

5.3 合理肥水、施足基肥

绵渝紫 12 属于中蔓类型品种，适宜在中等肥力田块种植。在丘陵薄地上种植应施足基肥，肥料以氮磷钾复合肥最佳，施用量一般为 750 kg/hm²，同时还应做好排水工作，确保田间干燥。

5.4 适时收获

绵渝紫 12 正常收获期为 11 月初，也可以根据市场需求及鲜薯生长情况选择收获期。具体收获应选择气候干燥的晴天，有利于剥离薯块及损伤薯块的伤口愈合。

参考文献

[1] 陆漱韵，刘庆昌，李惟基. 甘薯育种学 [M]. 北京：中国农业出版社. 1998：1-4.

[2] 王杉，邓泽元，曹树，等. 紫薯色素对老龄小鼠抗氧化功能的改善作用 [J]. 营养学报，2005，27（3）：245-248.

[3] KANO M，TAKAYANAGI T，HARADA K，et al. Ant-oxidative activity of anthocyanins from purple sweet potato, Ipomeoa batatas cultivar Ayamurasaki[J]. Biosci Biotechnology Biochem，2005，69（5）：979-988.

[4] 吕晓玲，孙晓侠，姚秀玲. 采取荧光化学发光法分析紫甘薯花色苷产品的抗氧化作用 [J]. 食品与发酵工程，2005，34（9）：53-55.

[5] 石青青，杨新笋，黄钺. 紫心甘薯开发利用前景、现状与对策 [J]. 湖北农业科学，2004（2）：30-33.

三、耕作栽培

川东北旱地马铃薯多熟高效种植新模式效益分析

屈会娟[1]，刘莉莎[2]，沈学善[3*]，黄　涛[3]，王　平[3]，周全卢[2]

（1. 四川省农业科学院生物技术核技术研究所，四川成都　610066；2. 南充市农业科学院，四川南充
637000；　3. 四川省农业科学院，四川成都　610066）

摘　要：为丰富川东北旱地马铃薯多熟高效种植模式及提高旱地种植效益，以传统"小麦／玉米／甘薯"模式为对照，在川东北丘陵区旱地设置"春马铃薯／玉米／甘薯"和"小麦＋冬马铃薯／玉米／甘薯"两种新模式，观测其周年原粮产量和经济效益。结果表明，在两年平均值上，"春马铃薯／玉米／甘薯"模式的原粮产量与对照差异不显著，但其总产值和纯收益均显著高于对照，分别较对照高52.16% 和53.25%，且其劳动净产率比对照高 14.85%；而"小麦＋冬马铃薯／玉米／甘薯"模式的原粮产量和总产值均显著高于对照，但其纯收益和劳动净产率分别较对照低 20.32% 和 17.07%。两个新模式的物质费用收益率和成本收益率均低于对照。综合比较，"春马铃薯／玉米／甘薯"模式可作为传统"小麦／玉米／甘薯"模式的替代方案进行推广应用。

关键词：马铃薯；多熟高效；种植模式；效益

　　川东北地区包括资阳市、遂宁市、内江市、自贡市，德阳市、成都市、绵阳市、乐山市、眉山市、南充市、达州市、广安市、泸州市、宜宾市的丘陵县。该区土多田少，自然生态条件较好，年平均气温 16 ~ 18℃，无霜期 290 ~ 330 d，年降雨量 900 ~ 1 300 mm，年日照 1 200 ~ 1 400 h。该区旱地传统种植模式有"小麦／玉米／甘薯"（"麦／玉／苕"）"油菜－玉米／甘薯""小麦／玉米／大豆"等[1]。传统的旱地套作模式以粮食作物产量为重点，周年产值不高，在农业供给侧改革背景下，亟待探索适应市场需求且经济效益较高的周年生产新模式[2]。马铃薯是重要的粮经作物[3]，且农业部于 2015 年初启动了马铃薯主粮化战略[4]。四川省是马铃薯主产区，马铃薯种植面积和总产量位居全国前列，马铃薯产业是四川省的特色优势农业产业[5]。

　　汤永禄等[6]研究表明，四川盆地平原丘陵区光热资源"三熟不足，两熟有余"，盆周高原山区

基金项目：国家现代农业产业技术体系四川薯类创新团队项目（川农业函 [2014]91 号）；"十三五"四川省农作物及畜禽育种攻关项目"突破性粮油作物新品种提质增效关键栽培技术研究与示范"（2016NYZ0051）；公益性行业（农业）科研专项"旱地两熟区耕地培肥与合理农作制"（201503121）、"西南丘陵旱地粮油作物节水节肥节药综合技术集成与示范"（201503127）。

作者简介：屈会娟，女，1982 年出生，副研究员，博士，研究方向：薯类作物高产栽培生理生态研究。E-mail：qhjuan120@126.com。

* 通讯作者：沈学善，男，1981 年出生，副研究员，博士后，研究方向：作物高产栽培生理生态研究。E-mail：shenxueshan@126.com。

"两熟不足，一熟有余"，光热资源尚有 0.5 熟可以利用，在深入研究春马铃薯和水稻超高产栽培技术基础上，系统集成了"春马铃薯 – 水稻 – 秋马铃薯"超高产 3 熟新模式，年产原粮 1 500 kg/667 m² 以上，纯收益 2 000 元 /667 m² 以上。黄钢等 [7] 为充分利用剩余的 0.5 熟光热资源，开展马铃薯多季高效种植模式系统研究，分区构建了 7 套马铃薯与主要作物协调共生、多季种植、周年高产高效新模式，成为四川农作物增产增收的主体种植新模式。其中，新模式复种指数 200% ~ 300%，积温利用率 68.9% ~ 93.4%，光能利用率 0.98% ~ 1.59%，秸秆利用率 50% ~ 100%，全年产量较对照提高 2.6% ~ 93.0%，效益增加 15.8% ~ 284.3%。

近年来，四川省围绕马铃薯多熟种植模式开展了大量研究 [6 ~ 7]，并探索出了能实现"一吨粮，万元钱"农业发展目标的峨边县旱地"薯 / 玉 / 蔬 / 蔬"和宁南县稻田"稻 – 葱 – 薯"粮经复合高效种植新模式 [8 ~ 9]。川东北地区属于亚热带立体气候类型区，适宜马铃薯多熟种植 [10]，本研究在"小麦 / 玉米 / 甘薯"模式的基础上，构建了"春马铃薯 / 玉米 / 甘薯"和"小麦 + 冬马铃薯 / 玉米 / 甘薯"2 种多熟种植新模式，研究其周年产量产值、物质投入和经济效益，以期为丰富川东北旱地多熟种植模式及提高旱地种植效益提供参考依据。

1 材料与方法

1.1 试验地概况
试验于 2014 年 11 月至 2016 年 11 月在南充市顺庆区潆溪镇试验基地进行。试验地为壤土，土层深厚、有灌溉条件，肥力中等均匀一致。

1.2 供试品种
小麦、玉米、甘薯、马铃薯品种分别为内麦 836、登海 605、南薯 88、费乌瑞它。

1.3 试验设计
设置 3 个种植模式，采用随机区组设计，小区面积 8 m × 10 m，3 次重复。
模式 1："春马铃薯 / 玉米 / 甘薯"；模式 2："小麦 + 冬马铃薯 / 玉米 / 甘薯"；CK："小麦 / 玉米 / 甘薯"。

1.4 试验过程
1.4.1 模式 1
采用"双六尺"模式，即 4 m 开厢，马铃薯和玉米各占 2 m。春马铃薯 1 月上中旬播种，5 月中下旬收获，地膜覆盖，每厢种 2 垄，垄距 0.6 m，双行垄作错窝播种，窝距 0.2 m，种植密度 49 500 窝 /hm²。春玉米 3 月下旬播种，7 月下旬收获，每厢播种 4 行，行距 0.6 m，窝距 0.4 m，每窝种 2 株，种植密度 48 000 株 /hm²。马铃薯收获后，每厢起 2 垄种甘薯，垄距 0.90 m，每垄种 1 行，株距 0.17 m，种植密度 30 000 株 /hm²，6 月上旬移栽，10 月下旬至 11 月上旬收获。

1.4.2 模式 2
采用"双六尺"模式，即 4 m 开厢，小麦和冬马铃薯各占 2 m。小麦在 11 月中下旬播种，5 月中旬收获，每厢种 8 行，播种量 105 kg/hm²。冬马铃薯在 12 月上中旬播种，翌年 4 月中旬收获，地膜覆盖 + 薄膜拱棚栽培，每厢种 2 垄，垄距 0.6 m，双行垄作错窝播种，窝距 0.2 m，种植密度 49 500 窝 /hm²。冬马铃薯收获后播种春玉米，方法同模式 1。小麦收获后移栽甘薯，方法同模式 1。

1.4.3 CK
采用"双六尺"模式，即 4 m 开厢，小麦和玉米各占 2 m，小麦播种方法同模式 2。玉米播种方法同模式 1。小麦收获后移栽甘薯，方法同模式 1。

小麦铲沟前基施尿素 225 kg/hm²，过磷酸钙 750 kg/hm²。玉米基施尿素 150 kg/hm²，过磷酸钙 600 kg/hm²。甘薯基施复合肥（N：P_2O_5：K_2O = 15：15：15）300 kg/hm²。马铃薯基施复合肥（N：P_2O_5：K_2O = 15：15：15）450 kg/hm²，过磷酸钙 150 kg/hm²，渣肥 22 500 kg/hm²。其他管理措施同当地高产田。

1.5 测试项目与方法

1.5.1 茬口衔接

记录不同种植模式中各作物的育苗、播种和收获时间。

1.5.2 产量调查

收获期，各作物全田实收测产，并折算成原粮产量。

1.5.3 物质投入

调查不同种植模式中各作物的种子、肥料、农药和地膜投入数量和成本[11]。

1.5.4 机械作业成本

调查不同种植模式中各作物翻耕、旋耕、播种、收获等机械作业成本。

1.5.5 劳动力投入成本

记录不同种植模式中各作物耕作过程中的劳动力投入数量和成本[9]。

2 结果与分析

2.1 不同种植模式茬口衔接、产量和产值变化

不同种植模式的原粮产量差异达到显著水平（见表 1）。2 年间，均表现为模式 2 原粮产量显著高于模式 1 和对照，2 年平均值中，模式 2 原粮产量分别较模式 1 和对照高 25.06% 和 16.71%。模式 1 的原粮产量在 2015 年显著低于对照，但在 2016 年和 2 年平均值均与对照差异不显著。

马铃薯多熟种植新模式的总产值年际间变化较大（见表 1）。2015 年，模式 2 的总产值显著高于模式 1，2016 年则相反。在 2 年平均值上，模式 1 和模式 2 的总产值差异不显著，但均显著高于对照，2 个模式的总产值分别较对照提高了 52.16% 和 52.15%。

表 1　不同种植模式中各作物的茬口衔接、产量及产值

年份	模式	作物	播种期（年/月/日）	收获期（年/月/日）	产量（kg/hm²）	折原粮（kg/hm²）	产值（元/hm²）	原粮产量（kg/hm²）	总产值（元/hm²）
2015	模式1	春马铃薯	2015/01/02	2015/05/25	13 671.00	2 734.20	30 076.20	16 857c	77 586b
		玉米	2015/03/27	2015/07/28	6 976.50	6 976.50	15 348.30		
		甘薯	2015/06/09	2015/11/02	35 736.00	7 147.20	32 162.40		
	模式2	小麦	2014/11/26	2015/05/13	3 397.50	4 518.68	8 493.75	22 422a	92 274a
		冬马铃薯	2014/12/04	2015/03/25	14 941.50	2 988.30	32 871.30		
		玉米	2015/03/27	2015/07/28	7 048.50	7 048.50	15 506.70		
		甘薯	2015/06/09	2015/11/02	39 336.00	7 867.20	35 402.40		
	CK	小麦	2014/11/26	2015/05/13	3 739.50	4 973.54	9 348.75	18 817b	55 764c
		玉米	2015/03/27	2015/07/28	6 906.00	6 906.00	15 193.20		
		甘薯	2015/06/09	2015/11/02	34 692.00	6 938.40	31 222.80		
2016	模式1	春马铃薯	2016/01/01	2016/05/25	25 816.50	5 163.30	56 796.30	17 580b	111 828a
		玉米	2016/03/22	2016/07/25	6 252.00	6 252.00	11 878.80		
		甘薯	2016/06/02	2016/10/24	30 823.50	6 164.70	43 152.90		
	模式2	小麦	2015/11/15	2016/05/12	3 502.50	4 658.33	9 106.50	20 647a	97 122b
		冬马铃薯	2015/12/18	2016/03/21	13 893.00	2 778.60	30 564.60		
		玉米	2016/03/22	2016/07/25	6 867.00	6 867.00	13 047.30		
		甘薯	2016/06/02	2016/10/24	31 717.50	6 343.50	44 404.50		
	CK	小麦	2015/11/15	2016/05/12	3 591.00	4 776.03	9 336.60	18 084b	68 714c
		玉米	2016/03/22	2016/07/25	6 624.00	6 624.00	12 585.60		
		甘薯	2016/06/02	2016/10/24	33 423.00	6 684.60	46 792.20		

续表

年份	模式	作物	播种期 （年 / 月 / 日）	收获期 （年 / 月 / 日）	产量 （kg/hm²）	折原粮 （kg/hm²）	产值 （元 /hm²）	原粮产量 （kg/hm²）	总产值 （元 /hm²）
平均	模式 1	春马铃薯			19 743.75	3 948.75	43 436.25		
		玉米			6 614.25	6 614.25	13 613.55	17 218b	94 707a
		甘薯			33 279.75	6 655.95	37 657.65		
	模式 2	小麦			3 450.00	4 588.50	8 800.13		
		冬马铃薯			14 417.25	2 883.45	31 717.95	21 535a	94 698a
		玉米			6 957.75	6 957.75	14 277.00		
		甘薯			35 526.75	7 105.35	39 903.45		
	CK	小麦			3 665.25	4 874.78	9 342.68		
		玉米			6 765.00	6 765.00	13 889.40	18 451b	62 239b
		甘薯			34 057.50	6 811.50	39 007.50		

注：各作物当季均价：2015 年，小麦 2.5 元 /kg，玉米 2.2 元 /kg，甘薯 0.9 元 /kg，马铃薯 2.2 元 /kg；2016 年，小麦 2.6 元 /kg，玉米 1.9 元 /kg，甘薯 1.4 元 /kg，马铃薯 2.2 元 /kg。小麦、甘薯、马铃薯的折粮系数分别为 1.33、0.20、0.20。

2.2 不同种植模式的周年物质投入变化

由表 2 可以看出，模式 1 和模式 2 的周年物质投入远高于对照模式，分别是对照周年物质投入的 4.38 倍和 5.21 倍。分析原因，主要是由于马铃薯季的用种量较大，农家肥投入较多，且春马铃薯需地膜覆盖，冬马铃薯需地膜 + 小拱棚覆盖。其中，春马铃薯季和冬马铃薯季物质投入分别占模式 1 和模式 2 周年物质投入的 84.33% 和 80.79%。

表 2 不同种植模式中各作物的物质投入

模式	作物	种子（种薯）		肥料		农药		地膜		物质投入 （元 /hm²）
		数量 （kg/hm²）	成本 （元 /hm²）	数量 （kg/hm²）	成本 （元 /hm²）	喷药次数 （次）	成本 （元 /hm²）	数量 （kg/hm²）	成本 （元 /hm²）	
模式 1	春马铃薯	1 500	4 800	22 950	12 180	3	600	150	1 800	
	玉米	30	600	750	735	2	300	–	–	22 980
	甘薯	562.5	1 125	300	840	–	–	–	–	
模式 2	小麦	67.5	337.5	975	1 012.5	4	300	–	–	
	冬马铃薯	1 500	4 800	22 950	12 180	3	600	375	4 500	27 330
	玉米	30	600	750	735	2	300	–	–	
	甘薯	562.5	1 125	300	840	–	–	–	–	
CK	小麦	67.5	337.5	975	1 012.5	4	300	–	–	
	玉米	30	600	750	735	2	300	–	–	5 250
	甘薯	562.5	1 125	300	840	–	–	–	–	

注：小麦种子 5 元 /kg，玉米种子 20 元 /kg，甘薯种薯 2 元 /kg，马铃薯种薯 3.2 元 /kg。肥料施用总量包括尿素、过磷酸钙、复合肥和渣肥。尿素 2.5 元 /kg，过磷酸钙 0.6 元 /kg，复合肥 2.8 元 /kg，渣肥 0.5 元 /kg。农药投入不计数量，计算喷药次数和农药物质投入成本。地膜 12 元 /kg。2 年间各作物物质成本基本相同。

2.3 不同种植模式的周年机械作业成本

由表 3 可以看出，不同种植模式的周年机械作业成本差别主要体现在播种和收获环节上。由于马铃薯播种机成本较高，且需一次性完成播种、覆土、喷药、覆膜等工序，造成其播种成本较小麦和玉米高 1 倍，但其机械化收获仅是将薯块挖出，后续还需人工捡拾，故其收获成本较小麦和玉米低 33.33%。在各作物播前整地作业成本相同的条件下，模式 1 和模式 2 的周年机械作业成本较对照分别增加 6.25% 和 50.00%。

表 3　不同种植模式中各作物的机械作业成本（元 /hm²）

模式	作物	整地	播种	收获	机械作业成本
模式 1	春马铃薯	1 200	2 400	1 200	
	玉米	1 200	1 200	1 800	10 200
	甘薯	1 200	–	–	
模式 2	小麦	1 200	1 200	1 800	
	冬马铃薯	1 200	2 400	1 200	14 400
	玉米	1 200	1 200	1 800	
	甘薯	1 200	–	–	
CK	小麦	1 200	1 200	1 800	
	玉米	1 200	1 200	1 800	9 600
	甘薯	1 200	–	–	

注：整地费为翻耕、旋耕（起垄）费用。甘薯为人工移栽和收获。2 年间各作物机械作业成本基本相同。

2.4　不同种植模式的周年劳动力投入成本

由表 4 可以看出，模式 1 和模式 2 的周年劳动力投入成本较对照分别高 13.14% 和 34.71%。其中，由于甘薯育苗、移栽和收获环节都难以机械化，甘薯的人工成本投入分别占模式 1、模式 2 和对照周年人工成本投入的 57.61%、48.32% 和 65.22%。而马铃薯由于基本实现了机械化播种和半机械化收获，其人工成本投入分别占模式 1 和模式 2 周年人工成本投入的 26.91% 和 25.82%。

表 4　不同种植模式中各作物的劳动力投入成本

模式	作物	育苗（工 /hm²）	起垄（工 /hm²）	移栽（工 /hm²）	田间管理（工 /hm²）	收获（工 /hm²）	用工量（工 /hm²）	劳动力成本（元 /hm²）
模式 1	春马铃薯	–	–	–	75	30	105	
	玉米	–	–	–	60	–	60	31 200
	甘薯	30	45	30	30	90	225	
模式 2	小麦	–	–	–	60	–	60	
	冬马铃薯	–	–	–	90	30	120	37 200
	玉米	–	–	–	60	–	60	
	甘薯	30	45	30	30	90	225	
CK	小麦	–	–	–	60	–	60	
	玉米	–	–	–	60	–	60	27 600
	甘薯	30	45	30	30	90	225	

注：1 个劳动力工作 8 h 为 1 个工。田间管理用工包括追肥、喷药、除草、灌水、破膜、搭拱棚等，机械作业不计人工。劳动力价格 80 元 / 工。2 年间各作物劳动力投入成本基本相同。

2.5　不同种植模式的经济效益分析

从表 5 可以看出，在 2 年平均值上，模式 1 和模式 2 的总产值基本一致，分别较 CK 高 52.17% 和 52.15%；在净产值上，模式 1 和模式 2 分别较 CK 高 29.83% 和 11.77%。扣除劳动力成本后，模式 1 的纯收益较 CK 提高 53.25%，而模式 2 的纯收益较 CK 降低了 20.32%。

劳动净产率反映了劳动耗费与劳动力资源利用的经济效益。模式 1 的劳动净产率比 CK 高 14.85%，而模式 2 则较 CK 降低了 17.07%。

从资金利用的经济效益分析，模式 1 和模式 2 的物质费用收益率和成本收益率均低于 CK，且其新增纯收益率仅为 –0.31 ~ 0.81，表明其推广应用前景有待进一步观察。

表 5   不同种植模式的经济效益分析

指标	模式 1			模式 2			CK		
	2015 年	2016 年	平均	2015 年	2016 年	平均	2015 年	2016 年	平均
劳动力成本（元 /hm²）	31 200	31 200	31 200	37 200	37 200	37 200	27 600	27 600	27 600
物质成本（元 /hm²）	33 180	33 180	33 180	41 730	41 730	41 730	14 850	14 850	14 850
总产值（元 /hm²）	77 587	111 828	94 707	92 274	97 123	94 699	55 765	68 714	62 240
净产值（元 /hm²）	44 407	78 648	61 527	50 544	55 393	52 969	40 915	53 864	47 390
纯收益（元 /hm²）	13 207	47448	30 327	13 344	18 193	15 769	13 315	26 264	19 790
劳动净产率（元 / 工）	113.86	201.66	157.76	108.70	119.12	113.91	118.59	156.13	137.36
物质费用收益率	1.40	2.43	1.91	1.32	1.44	1.38	1.90	2.77	2.33
成本收益率	1.21	1.74	1.47	1.17	1.23	1.20	1.31	1.62	1.47
新增纯收益率	−0.01	0.81	0.53	0.00	−0.31	−0.20	—	—	—
边际成本收益率	1.00	1.97	1.48	1.00	0.78	0.89	—	—	—

注：物质成本 = 物质投入 + 机械作业成本；净产值 = 总产值 - 物质成本；纯收益 = 总产值 - 物质成本 - 劳动力成本；劳动净产率 = （总产值 - 物质成本）/用工；物质费用收益率 = （总产值 - 劳动力成本）/物质成本；成本收益率 = 总产值 / 总成本；模式 1 新增纯收益率 = （模式 1 纯收益 -CK 纯收益）/CK 纯收益；模式 2 新增纯收益率 = （模式 2 纯收益 -CK 纯收益）/CK 纯收益；模式 1 边际成本收益率 = （模式 1 产值 -CK 产值）/（模式 1 成本 -CK 成本）；模式 2 边际成本收益率 = （模式 2 产值 -CK 产值）/（模式 2 成本 -CK 成本）；本次计算不计税金。

3   结论与讨论

"小麦 / 玉米 / 甘薯" 是四川丘陵区旱地的基础种植模式。但近几年来，小麦季由于地形条件限制，缺乏播种机具，播种质量差，且中高台位土壤干旱、贫瘠、基础生产能力低，常造成小麦大幅减产，导致小麦种植效益低，风险大，种植面积逐年下降[12]。而马铃薯耐旱耐瘠，且四川冬、春季马铃薯错季上市，价格较高，效益好[13]，在马铃薯主粮化和科技产业扶贫背景下，种植面积逐年扩大[14]。针对上述问题，本研究在 "小麦 / 玉米 / 甘薯" 的基础上，在川东北地区构建 "春马铃薯 / 玉米 / 甘薯"和 "小麦 + 冬马铃薯 / 玉米 / 甘薯" 2 种多熟种植新模式，观测其周年原粮产量和经济效益。研究结果表明，在 2 年平均值上，"春马铃薯 / 玉米 / 甘薯" 模式的原粮产量与 "小麦 / 玉米 / 甘薯" 模式差异不显著，但其总产值和纯收益则显著高于 "小麦 / 玉米 / 甘薯" 模式；而 "小麦 + 冬马铃薯 / 玉米 / 甘薯" 模式的原粮产量和总产值显著高于 "小麦 / 玉米 / 甘薯" 模式，但其纯收益则较 "小麦 / 玉米 / 甘薯" 模式低 20.32%。

在本研究中存在 "两高一低" 的问题。一是适应四川丘陵区旱地田块小、生产规模小、种植分散等特点的中小型马铃薯播种、收获机械较少，农机保有量小，造成试验区马铃薯单位面积播种、收获的机械作业成本居高不下[15～16]。二是由于丘陵区旱地机械作业困难，农机手对套作条件下所有作物的机械作业价格，均按净作条件收费，这无形中推高了套作模式的总体机械作业成本。三是随着农村劳动力输出转移，农业从业人员数量快速减少，人员年龄偏高，导致劳动效率偏低[17]。上述问题造成新模式机械作业成本和劳动力投入成本偏高，降低了新模式单位面积的纯收益，不利于新模式的推广。

本研究构建的 "春马铃薯 / 玉米 / 甘薯" 新模式纯收益为 30 327 元 /hm²，较对照高 50% 以上，未来随着农业机械化水平的提升[18～21]，其机械作业成本和劳动力投入成本还有降低的空间，劳动净产率和资金利用效率会进一步提升，该模式可作为传统 "小麦 / 玉米 / 甘薯" 模式的替代方案进行推广应用。

参考文献

[1] 雍太文，杨文钰，向达兵，等．小麦/玉米/大豆套作的产量、氮营养表现及其种间竞争力的评定[J]．草业学报，2012，21（1）：50-58.

[2] 韩长赋．加快转变农业发展方式提高农业质量效益和竞争力[J]．农民科技培训，2016（01）：4-6.

[3] 屈冬玉，谢开云，金黎平，等．中国马铃薯产业发展与食物安全[J]．中国农业科学，2005，38（2）：358-362.

[4] 卢肖平．马铃薯主粮化战略的意义、瓶颈与政策建议[J]．华中农业大学学报：社会科学版，2015（3）：1-7.

[5] 沈学善，屈会娟，黄钢，等．四川马铃薯创新团队的合作机制与技术推广模式[J]．农业科技管理，2014，33（02）：69-72.

[6] 汤永禄，黄钢，吴飞，等．"马铃薯-水稻-马铃薯"超高产种植新模式[J]．耕作与栽培，2007（2）：9-10，29.

[7] Huang G，Shen X S，Qu H J，et al. Construction of Efficient Multiple Planting Patterns of Potato for Tridimensional Climate in Subtropical Region of China[J].Agricultural Science & Technology，2013，14（9）：1344-1346.

[8] 沈学善，李春荣，刘晓波，等．旱地"薯/玉/蔬/蔬"吨粮万元新模式[J]．四川农业科技，2012（5）：13.

[9] 余显荣，李艳，沈学善，等．安宁河谷一年三熟"稻-葱-薯"粮经复合高效种植新模式效益分析[J]．中国农学通报，2015（24）：132-136.

[10] 梁南山，郑顺林，卢学兰．四川省马铃薯种植模式的创新与应用[J]．农业科技通讯，2011（03）：120-121.

[11] 汤永禄，黄钢，郑家国，等．川西平原种植制度研究回顾与展望[J]．西南农业学报，2007，20（2）：203-208.

[12] 农业部小麦专家指导组．小麦高产创建示范技术[M]．北京：中国农业出版社，2008.

[13] 唐江云，雷波，曹艳，等．四川省主要农产品比较优势分析[J]．南方农业学报，2014，45（8）：1507-1513.

[14] 为何要让马铃薯成为第四大主粮[J]．中国蔬菜，2015（1）：18.

[15] 任丹华，刘小谭，杨玖芳．浅谈四川省马铃薯机械化生产现状与发展前景[J]．四川农业与农机，2015（2）：45-46.

[16] 施智浩，胡良龙，吴努，等．马铃薯和甘薯种植及其收获机械[J]．农机化研究，2015（4）：265-268.

[17] 宋全安，等．四川丘区旱作农业发展研究[M]．北京：中国农业出版社，2016.

[18] 邵世禄，万芳新，魏宏安，等．我国马铃薯收获机械研制与发展的研究[J]．中国农机化，2010（3）：34-38.

[19] 吕小荣，刘丽娜，吕小莲．套作模式下小型农业机械化技术的运用前景[J]．农机化研究，2011，33（12）：245-248.

[20] 王小春，杨文钰．玉米-大豆带状间套作全程机械化迈上新台阶[J]．大豆科技，2012（6）：48-50.

[21] 吕小荣，丁为民．西南丘陵山区套作小型多功能底盘通过性的研究[J]．华南农业大学学报，2014，35（5）：108-111.

喜德县花椒间作马铃薯周年管理技术

李洪浩[1]，胡正发[2]，陈弟诗[2]，彭期华[2]，叶美琼[3]，刘波微[1]

（1.四川省农业科学院植物保护研究所，四川成都　610066；2.凉山彝族自治州喜德县农牧局，四川喜德
616750；　3.凉山彝族自治州喜德县林业局，四川喜德　616750）

摘　要： 本文参考喜德县花椒生育特点与马铃薯生产情况，介绍了喜德县花椒间作马铃薯周年管理技术，包括花椒间作马铃薯期间的栽植管理、施肥修剪、病虫害防治、果园清洁等内容，为喜德县花椒与马铃薯优质高产栽培提供技术参考。

关键词： 花椒；马铃薯；周年管理

花椒果皮富含川椒素、植物甾醇等而具有浓郁的麻香味，是食客们喜好的上等调味香料和副食品加工的主要佐料，在国内外调味品市场中占有重要地位。同时，花椒嫩叶可做佳肴，果皮、种子可入药，具有良好的医药效果，使之具有食用、药用双重价值，市场前景非常好。喜德县地处四川盆地西南部山区，凉山彝族自治州中北部，光热资源丰富，属川西红花椒集中区，2017年花椒种植面积0.87万 hm² 左右，主栽品种大红袍市场收购价每千克平均20元，种植花椒是当地农户脱贫致富的主要经济来源。而马铃薯作为喜德县优质特产，常年种植面积在1.2万 hm² 左右，总产量近30万 t。

当地农民对花椒生产管理水平粗放，主要采取花椒间作马铃薯的生产模式。笔者对喜德县花椒和马铃薯生产情况调查，花椒主要病害有炭疽病、干腐病、膏药病等，主要虫害为蚜虫、红蜘蛛、天牛、蚱蝉和凤蝶等，而马铃薯主要病害为晚疫病和病毒病，结合喜德县花椒物候情况有针对性提出花椒间作马铃薯周年管理技术，以供参考。

1　二月：萌芽前期，为优质生产奠定基础

播种植树　解冻后及时种植花椒树，浇好定根水后在树苗基部覆膜覆草；选择无病脱毒抗病马铃薯品种，如米拉、凉薯14、凉薯97和青薯9号等，高厢栽培。

增温保墒　与马铃薯间作需浅锄松土，避免损伤花椒根系。

病虫防治　刮除树干基部翘皮、枯裂病斑并烧毁病虫枝和枯死枝，用铁丝钩深入虫孔中勾杀天牛幼虫，涂抹3°～5°石硫合剂，防治花椒膏药病、木腐病和干腐病。

2　三月：萌芽期、花蕾期，促进花蕾发育和开花

追施花前肥　1～3年生幼树追施尿素0.2 kg，4～5年生追施尿素0.3～0.5 kg，盛果树追施尿素0.5～1.0 kg，增施有机肥，施肥后适当浇水，促花壮芽。

修整树形　剪除徒长枝，采取"别、坠、拉"等方法压枝和修整树形，提高树体透光度，增加光

233

合作用。

保花保果　开花前期或谢花后使用0.1%速乐硼和0.2%磷酸二氢钾进行叶面喷施。

病虫防治　使用黑光灯诱杀地老虎、金龟子等害虫成虫。

3　四月：展芽期、开花期，保花保果，减少生理落果

疏花保果　疏除过密花序，根据树势控制载果量；剪除扰乱树形的徒长枝，对30～40 cm新稍摘心，培育为结果枝，促进花芽分化。

中耕除草　对马铃薯进行中耕除草，清理排水沟，降低田间湿度。

病虫防治　锤击树干流胶部位，杀死树皮下天牛幼虫，每株挂1～2张黄板诱杀蚜虫；食叶害虫凤蝶危害严重时可用苏云金杆菌进行防控，红蜘蛛危害严重时可使用阿维·哒螨灵叶片正反面均匀喷雾。

4　五月：果实膨大期，促进果实生长，防治马铃薯晚疫病

中耕除草　雨后或灌水后中耕锄草保墒，翻压绿肥。

防止落果　土壤干旱时及时灌水，减少生理落果。

病虫防治　喷施0.3%磷酸二氢钾和甲基托布津800倍液防治炭疽病，监测红蜘蛛、蚜虫危害情况，人工捕杀蚱蝉；喷施福帅得1 500倍或增威赢绿4 500倍等药剂防治马铃薯晚疫病。

5　六月：果实着色期，提高品质

增施微肥　整株喷洒氮肥和多元素微肥，提高树势，防止落果和提高品质。

修整树形　疏除过密枝条和徒长枝，增加光照，促进果实着色。

病虫防治　密切监测炭疽病、叶锈病、煤污病等病害，采用人工防除天牛类、凤蝶类和刺蛾类虫害。

6　七月至八月：成熟采摘期，适时采摘提高效益

适时采收　根据花椒果实着色度和市场行情，选择晴天适时采摘出售新鲜花椒；干花椒应在晴朗日当天采收，当天晒干；及时收获马铃薯，剔除病薯，留种无病毒病种薯。

种子收集　育苗用花椒种子需充分成熟后采收，并置于阴凉通风处晾干，避免暴晒和霉变。

7　九月：秋梢生长期，恢复树势增强越冬能力

深翻施肥　采收后施肥提高花椒树势，防治早衰，以环状施肥法在树冠周围滴水处挖一环状沟，沟宽20～50 cm，沟深20～30 cm，将农家肥与肥料混匀施入，覆土填平。

病虫防治　人工捕杀蛀入树干内的初孵天牛幼虫，剪除病残枝和虫枝并烧毁。

8　十月至翌年一月：落叶休眠期，做好安全越冬

整形修剪　根据花椒树龄、树势修剪树形，创建合理树体结构。

清洁果园　清除园内枯枝落叶、杂草，刮除老皮和病斑，剪除病虫弱枝，在园外烧毁以减少越冬

病虫基数。

浇水防冻　继续深翻施肥，主要以农家肥为主，灌封冻水，培土防寒，提高树势，降低土壤中害虫和病原菌基数。

病虫防治　使用树干涂白剂加水混匀后对主干主枝涂白防病虫。

9　结语

花椒高产优质生产技术是一项系统工程，需要各个生产环节有机结合，优良的生长环境、适宜的品种、健壮的树势和精细的管理等方面对花椒品质的提升与产业发展均有重要的推动作用。因地制宜发展花椒产业，科学合理使用配套栽培管理技术，合理间作马铃薯或玉米等农作物，提高农民对花椒、马铃薯等作物的管理水平，助农增收，进一步促进喜德县经济发展。

参考文献

[1] 魏安智，杨途熙，周雷 . 花椒安全生产技术指南 [M]，北京：中国农业出版社，2012.

[2] 冯玉增，胡清坡 . 花椒丰产栽培实用技术 [M]，北京：中国林业出版社，2011.

[3] 王成宝，崔云玲，郭天文 . 高寒阴湿区花椒高产栽培技术研究 [J]. 甘肃科技，2008，24（10）：162–164.

[4] 李洪浩，张鸿，徐成勇，等 . 川西南山地区马铃薯晚疫病防治存在的问题及对策 [J]. 四川农业科技，2017（5）：26–27.

四川凉山马铃薯堆栽技术初探

黄　涛[1]，郑顺林[1]，徐成勇[2]，沙马拉哈[3]，余显荣[4]，沈学善[5]，王西瑶[1*]

（1.四川农业大学农学院，四川温江　611130；2.凉山彝族自治州西昌农业科学研究所高山作物站，四川昭觉616150；3.喜德县农业畜牧和科学技术局，四川喜德　616750；4.凉山彝族自治州西昌农业科学研究所，四川西昌　615000；5.四川省农业科学院土壤肥料研究所，四川成都　610066）

摘　要： 马铃薯堆栽技术具有抗旱省工、利水透气等优点，适于凉山地区春季干旱、夏季多雨区域的马铃薯种植，具有较大推广潜力。本文对马铃薯堆栽技术的应用现状、技术优势原理进行分析，从种薯选择处理、播种起堆、合理施肥、田间管理、病虫草害防治及适时收获等环节总结提出了该技术的优化方案，为促进该技术推广应用提供参考。

关键词： 马铃薯；堆栽；堆堆洋芋

马铃薯堆栽又称为"堆堆洋芋""抱窝栽培"，是辽宁省河镇韩风山在马铃薯生产实践中应用多种措施的综合高产栽培技术，自1969年开始原旅大市农科所调研总结出这种高产栽培技术经验，1971年在全国农展会后在各地开始推广。马铃薯堆栽技术从20世纪80年代开始在甘肃地区出现，因其增产效果显著得到快速推广，至今仍是该区域部分地区马铃薯种植的主要方式[1, 2]。该技术主要推广地区集中在西北的甘肃、宁夏等降雨少海拔高的黄土高原，在四川凉山、乐山也有零星分布[3, 4]。四川凉山高海拔地区，春旱现象明显，又缺乏灌溉条件，同时该地区劳动力缺失日益严重，机械化率低，而马铃薯堆栽具有抗旱、省工特点，适宜在该地区推广。但凉山属于亚热带高原季风气候，气候条件不同于西北地区，堆栽技术细节应该有所差异。虽然该技术在凉山当地已有少量种植实践，也有一些报道，但并不详尽。因此，根据当地气候条件对马铃薯堆栽技术进行总结分析并做适应性改进，对促进该技术在凉山的推广应用具有重要意义。

1　堆栽的功能

1.1　抗旱

堆栽马铃薯在西北地区多采用深坑播种，坑深30～45 cm，坑内土壤墒情好，在干旱地区仍能满足马铃薯出苗需求[3, 5]。凉山降雨相对西北更多，土壤墒情更好，但仍存在季节性干旱问题，挖坑播种有利于解决春旱影响马铃薯出苗的问题，而且雨季到来后，培土垒堆可逐渐降低堆底水平线，防止堆内积水，为块茎膨大提供通气透水的适宜环境（见图1）。

基金项目： 四川薯类创新团队项目（川农业函[2014]91号）。

作者简介： 黄涛（1987—），男，硕士研究生，研究方向：马铃薯高产栽培。

* 通讯作者： 王西瑶，女，教授，博导，主要从事马铃薯研究。E-mail：wxyrtl@163.com。

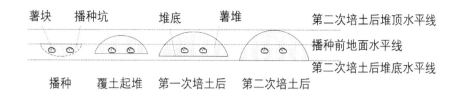

图 1　不同阶段堆内马铃薯相对位置剖面示意图

1.2　土壤疏松透气

阴雨过后，堆栽土壤初始含水量较低，而随时间下降较慢，排水能力强，保水能力好[1]，堆内土壤容重低，三相比例合适，疏松透气，有利于马铃薯植株的生长，也有利于块茎膨大。

1.3　堆内昼夜温差大

堆栽马铃薯相较于垄作和平作，土堆比表面积更大，升温和降温速度快[6]，昼夜温差大，有利于马铃薯块茎干物质积累。

1.4　群体结构优化

堆内各穴之间呈等边三角形排列，相较垄作，个体间竞争降低，可获得更多光照和养分，充分发挥个体产量潜力。

1.5　省工省力

可免耕或少耕，减少操作步骤；齐苗垒堆时结合中耕除草，一举两得；收获时，一堆三穴一锄采挖，降低收获用工，节省人力。

1.6　多层结薯，繁殖倍数高

根据马铃薯的腋芽，在合适的条件下，有可能转化成匍匐茎结薯习性，利用顶端优势，整薯育苗移栽或短壮芽直播、深栽浅播、适期晚收，多发匍匐茎，多结薯，结大薯，达到多层结薯。

1.7　育芽早，结薯早，避免高温影响

由于培育短壮芽，定植后匍匐茎顶端开始膨大，出苗早、结薯早，减少了高温对薯块膨大期的不良影响，有效发挥增产潜力。

2　适应区域

四川省凉山彝族自治州干旱或季节性干旱，劳动力缺乏，机械化难度高的地区及类似生态区。

3　技术规程

3.1　选育脱毒、精选种薯

选择脱毒种薯，品种可选择在凉山当地表现稳产、优质、抗病的中晚熟主推品种，如青薯 9 号、川凉薯 1 号、凉薯 17、米拉等。

3.2　散射光处理，培育壮芽

薯块大小在 50 g 左右可整薯播种，大薯切块播种，切刀应浸泡在 75% 的酒精或 0.1% 的高锰酸钾溶液里，切到病薯时要马上换刀并及时淘汰病薯。切薯时要先竖切，切块大于 50 g，带芽 2 个以上。切块后使用草木灰或每 100 kg 种薯用甲霜·锰锌 50 g 加滑石粉 5 kg 拌种。未过休眠的种薯需要提前 20 d 左右切块，拌种后平摊于通风透光室内，覆盖干草进行催芽，萌芽后揭开干草见光壮芽。已发芽种薯提前 3 d 切块拌种，晾干。

3.3 适时早播、合理密植、深栽、起浅堆

适时早播，可以增加适宜的生长日数，有利于薯块早期形成及膨大。堆与堆之间呈等边三角形分布，堆心距相等，规格 70 cm × 70 cm（米拉）或 80 cm × 80 cm（青薯9号），每亩 1 203～1 571 堆。先挖播种坑，直径 40 cm，深 10 cm 左右（根据土壤墒情，可调整播种坑深度），种薯按 20 cm 等边三角形放入坑中，堆与堆之间薯块排列摆放一致，每亩 3 609～4 713 穴（图2）。等边三角形中心放置化肥，化肥上覆盖农家肥，沿四周覆土垒堆，形成一个堆高为 15 cm 小山堆，堆顶轻轻拍平，以便于齐苗后追施苗肥。

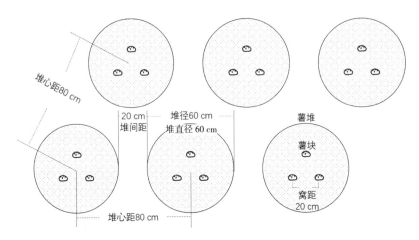

图2 堆栽马铃薯技术细节平面示意图（以青薯9号为例）

3.4 合理施肥

按照重施底肥，增施磷钾肥，巧施追肥原则。马铃薯氮、磷、钾需肥比例约为 1：0.5：2，氮肥施用基肥为主适当追施苗肥，磷钾肥基施。底肥，亩施腐熟农家肥 1 500 kg 以上，尿素 15 kg、过磷酸钙 25 kg、硫酸钾 25 kg（或等量三元复合肥）。齐苗后结合第一次中耕除草，亩追施尿素 5 kg 于堆顶中心，培土覆盖。花期使用 0.3% 磷酸二氢钾 +0.2% 尿素叶面追肥，延长叶片功能期。

3.5 多次培土，多层结薯

结合齐苗后第一次追肥，培土垒堆，培土后，堆高 20 cm。初花期，结合第二次中耕除草追肥，培土垒堆，堆高 25 cm，堆直径 60 cm。植株生长旺盛时，可在封行后，叶面喷施 20 mg/L 烯效唑或 100 mg/L 多效唑控制茎叶生长。

图3 堆栽马铃薯覆土起堆（左）和齐苗（右）田间效果

3.6 病虫草害防治

病害：重点防治晚疫病，齐苗后20 d第一次防治，后每15 d防治一次，全生育期3～4次，可选用药剂有金雷、银法利、增威赢绿等；部分青枯病和黑胫病高发地区，可使用枯草芽孢杆菌（不可与其他杀菌剂混用）拌种预防。

虫害：高海拔地区蚜虫发生较少，地下害虫可使用辛硫磷颗粒，播种时施于坑内。

草害：芽前除草可在播种覆土后，使用芽前封闭除草剂施田补均匀喷施土壤表面；出苗后除草，可在杂草2～3片叶时，喷施选择性除草剂杜邦宝成灭除。

3.7 适时收获

当茎叶变黄后，且地上部易与块茎分离时，为成熟标志。收获前1周割秧促进薯皮老化，减少收获损伤。选择晴天收获，分级贮藏。

参考文献

[1] 徐福祥，王和平，张学成.马铃薯整薯坑种堆栽技术 [J].甘肃农业科技，1992（01）：13-14.

[2] 吴永斌.庄浪县马铃薯整薯坑种栽培技术研究 [J].中国马铃薯，2007（05）：290-291.

[3] 甄继军，田振荣，蒙蕊学，等.宁南山区马铃薯坑种高产栽培技术 [J].中国马铃薯，2007（02）：120.

[4] 拉马五加，拉马甲甲，范诗明.喜德县堆堆洋芋栽培技术简介 [J].新农民（上半月），2012（12）：189.

[5] 孙梅菊.临潭县坑种马铃薯丰产栽培技术 [J].甘肃农业科技，2001（10）：41-42.

[6] 罗玉龙.起垄方式对玉 / 苕套作中甘薯生长、光合生理及产量的影响 [D].西南大学，2017.

马铃薯 "稀大窝" 原原种生产技术

刘丽芳，余金龙，丁　凡*，余韩开宗，陈年伟，邹　雪

（四川省绵阳市农业科学研究院，四川绵阳　621023）

摘　要： 目前马铃薯原原种生产，平均单株结薯1～2粒，常规做法是通过加大种植密度来提高产量。但高密度种植会带来病害严重、植株长势弱及种薯较小等问题，且对脱毒苗需求量大，从而导致生产成本较高。本文通过降低栽培密度及对脱毒苗快速繁殖、生长期管理技术的改进，在降低生产成本同时，提高了种薯的平均重量及单位面积结薯数。

关键词： 马铃薯；原原种；稀大窝栽培；生产技术

马铃薯原原种生产是马铃薯脱毒种薯的一个重要环节[1～2]。目前马铃薯组培苗平均单株结薯1～2粒，生产上的常规做法是通过加大移栽密度来提高产量[3～4]。高密度移栽会带来组培苗需求量大、植株间通风透气差、植株不能充分生长、原原种个头小等一系列问题。为了提高存活率，一般在移栽前多进行一次壮苗培养[5]。壮苗培养相对常规扩繁，成本有所增加。壮苗移栽因顶端优势强，植株分枝少，导致单株结薯较少。此外，目前的通用做法还有扩繁培养基利用不充分、生长期营养液配置复杂等问题。

近几年，本研究团队通过多年的实践经验及研究，对马铃薯原原种生产过程的脱毒苗快速繁殖等关键技术进行改进，形成了一套马铃薯原原种 "稀大窝" 栽培技术，该技术大大简化了操作工序、降低了生产成本，提高原原种产量及单粒种。

1　马铃薯原原种生产 "稀大窝" 栽培技术特点

1.1　组培苗扩繁技术优化

增加接种密度，改传统的15～20株/瓶为30～40株/瓶，且移栽前省略掉壮苗培养环节。接种操作采用 "留茬接种" 技术，且剪下茎段平摆瓶内即可。一瓶母苗可反复剪苗2～3次，大大提高了培养基利用率及扩繁效率。通过这些途径，提高扩繁效率、提高培养基利用率、降低用电成本及培养空间，从而节省马铃薯组培快速繁殖环节的成本。

1.2　移栽 "中弱苗"

因移栽前省略掉壮苗培养环节，且接种密度高，故移栽苗多为 "中弱苗"。只要做好炼苗工作及

基金项目： 四川薯类创新团队项目（川农业函[2014]91号）。

作者简介： 刘丽芳，女，高级农艺师，主要从事薯类育种与栽培技术研究。E-mail：llf-716@126.com。

*通讯作者： 丁凡，男，高级农艺师，主要从事薯类育种与栽培技术研究。E-mail：38862234@qq.com。

苗期管理,中弱苗存活率和壮苗相当。且"中弱苗"移栽存活后,苗顶端一般枯萎,侧芽萌发,增加单株分枝数,单株分枝从 1 ~ 2 个增加到 2 ~ 4 个,从而提高单株结薯个数。

1.3 增大株行距、多株扦插

改传统株行距 5 ~ 10 cm × 5 ~ 10 cm 为 10 cm × 30 cm,大大增加了株行距,且改单株扦插为 3 ~ 4 株。通过改进,有利于中期培土、为植株生长提供了充分空间,保证了苗床通风透气,有利于病害防控。植株结薯数及薯块大小大幅提高,单窝产量从 1 ~ 2 个提高到 15 ~ 25 个,平均重量从 1.5 ~ 3 g/个,提高到 4 ~ 6 g/个;在单位面积原原种个数不减产的同时,极大地提高原原种质量,有利于后继原种生产。

1.4 优化施肥技术

施肥采用浇灌及撒施方式。肥料种类从自配营养液改为全营养水溶性肥、有机生物肥及硫酸型复合肥。节省了配置营养液的烦琐步骤,便于一般工人操作,且增施了有机生物肥,防止土壤板结,提高原原种产量。

2 "稀大窝"栽培技术要点

2.1 脱毒苗快繁

马铃薯脱毒苗快繁,培养基采用 MS+3 × 10^{-3} mg/kg 多效唑,接种密度为 35 ~ 40 株/瓶,在 25 ℃,2 000 Lx,16 h/8 h 光周期下培养,20 d 左右继代一次。扩繁时采用"留茬接种"的方法,即接种时母苗基部留一个茎节不剪,继续回放培养室培养。接种时,剪下的茎段无须插到培养基上,均匀摆在培养基面上即可。扩繁培养基要求硬度偏软,以利于茎段生根及腋芽萌发。移栽前无须壮苗培养。

2.2 炼苗及移栽

2 月上中旬,组培苗转移到有散射光的室内,在常温下揭盖炼苗 2 ~ 3 d。炼苗结束,在流水下洗掉组培苗上的培养基,并轻轻扯去老根。洗净的组培苗在生根消毒液(生根剂)里浸泡 30 min,生根剂配方 15 mg/kg IBA+10 mg/kg NAA+500 倍多菌灵。马铃薯原原种生产"稀大窝"栽培技术采用"中弱苗"、多株移栽。栽培基质为蛭石、珍珠岩及椰糠,配比为 4∶1∶5。移栽密度为株行距 10 cm × 30 cm,每窝 3 ~ 4 株,移栽完后浇足定根水。

2.3 生长期期管理

2.3.1 浇水

浇水要求前期稍勤,保持厢面湿润,以利于组培苗生根,提高存活率。后期植株根系发达,浇水间断时间可适当延长。一般移栽后 1 ~ 2 周浇水 1 次,封垄后,保墒能力增强,1 月左右浇水 1 次。

2.3.2 补苗

为保证齐苗,移栽后 3 周左右,剪大棚里长势较好的组培苗补死苗漏苗。剪下的茎段长 4 ~ 7 cm,带有 5 个以上的叶片。剪好的茎段在生根剂(配方同上)中浸泡 5 ~ 10 min,即可栽插,栽完后浇足水。

2.3.3 施肥

因组培苗较弱,故栽培基质底肥含量少,生长期养分主要靠后期追肥。组培苗移栽后 2 周后浇灌 1‰全营养水溶性肥＋1‰有机生物肥;4 周后浇灌 2‰全营养水溶性肥料＋2‰有机生物菌肥,6 周后按 20 kg/666.7 m² 撒施常规复合肥,并浇水。

2.3.4 培土

组培苗移栽后 4 ~ 5 周,株高 15 cm 左右,封厢前,结合除草,将苗两边的基质往中间培。培土可提高结薯节位,利于匍匐茎的萌发生长。且有利于增加植株间的通风透气性,降低环境湿度,减少病害发生。

2.3.5 控苗

当营养生长过旺，光层覆盖率达 95 % 以上时，需及时控苗。一般在培土后 1 ～ 2 周，株高 20 ～ 25 cm，喷施 2 000 倍 15% 多效唑控制株高，以利于营养物质往下输送，种薯膨大。

2.3.6 病虫害防治

马铃薯原原种"稀大窝"栽培技术，因植株间通风透气效果好，病害较轻，一般做好预防即可，主要防治晚疫病。组培苗移栽后 2 ～ 3 周，喷施保护剂，间隔 7 ～ 10 d 后喷施防治剂，整个生育期用药 3 ～ 4 次，两种药剂交替使用。虫害有蚜虫、斑潜蝇、蝼蛄、地老虎等。地上害虫防治可结合晚疫病防治同步进行，地下害虫防治可结合撒施肥料进行。

2.4 收获贮藏

一般叶片、茎秆 2/3 变黄，即可开始收获原原种。在收获前 2 周停止浇水施肥，以促进原原种表皮老化。收获时防止损伤薯皮，及时剔除破薯、烂薯，挂好标签。原原种晾晒 3 ～ 5 d 后，即可进行大小分级，入冷库贮藏。贮藏期温度 2 ～ 4℃，湿度85% ～ 90%，注意通风换气。

参考文献

[1] 肖旭峰，刘明月.试管苗不同种植密度对马铃薯微型薯的影响 [J].中国马铃薯，2010，24（05）：275-277.

[2] 屈冬玉.大力推进三代种薯繁育体系建设，提高中国马铃薯种薯质量和生产水平 [A].中国作物学会马铃薯专业委员会；全国农技中心.2007 年中国马铃薯大会（中国马铃薯专业委员会年会暨学术研讨会）、全国马铃薯免耕栽培现场观摩暨产业发展研讨会论文集 [C].中国作物学会马铃薯专业委员会；全国农技中心：中国作物学会马铃薯专业委员会，2007：7.

[3] 杨万林.马铃薯脱毒原原种生产技术 [J].中国马铃薯，2001（04）：231-233.

[4] 祝红艺，柴岩，刘小凤，等.马铃薯试管苗扦插密度试验研究 [J].陕西农业科学（自然科学版），2000（11）：6-7.

[5] 谢庆华，吴毅歆，张勇飞，等.脱毒马铃薯试管苗剪尖扦插无土繁殖研究 [J].中国马铃薯，2000（03）：135-137.

成都平原冬马铃薯全程机械化技术研究现状及存在问题

淳　俊[1]，汤云川[*]，陈　涛[1]，桑有顺[1]，冯　焱[1]，任丹华[2]，李倩[1]

（1. 成都市农林科学院，四川成都　611130；2. 四川省农机化技术推广总站，四川成都　610017）

摘　要： 成都市是全国马铃薯优势产区和首批马铃薯主食化重点推进城市，发展马铃薯机械化生产对现代农业发展、农业供给侧结构性改革和精准扶贫等意义重大。本文调研并总结了成都平原冬马铃薯全程机械化技术要点及生产现状，并重点结合生产中存在的实际问题，给出合理化生产建议。

关键词： 冬马铃薯；全程机械化；生产建议

马铃薯营养丰富、适应性广，一直是全球重要主粮。2015 年，中国提出马铃薯主粮化战略并且取得了积极进展，战略要求也随之全面升级。首先，马铃薯全粉添加比例由 30% 左右提高到 50% 及以上。再者，预计到 2020 年，超过 50% 的马铃薯将作为主粮消费。这也对新农业背景下的马铃薯生产提出了标准化、批量化、成本控制和周年供应的新要求。而土地细碎不连片、劳动力成本上升、人工种植效率低下和化肥、农药投入不得当等均成为关键制约因素，发展马铃薯机械化种植并在有条件的地区开展马铃薯全程机械化生产势在必行。

成都平原历来是我国重要的商品粮油作物、蔬菜的主要产区和供应基地，种植马铃薯的历史悠久。成都市是全国马铃薯优势产区和首批马铃薯主食化重点推进城市，位处成都平原腹心地区，介于东经 102° 54′ ～ 104° 53′、北纬 30° 05′ ～ 31° 26′，区域热量足、春回暖早[1]，可进行马铃薯周年生产和周年供应，特别是冬马铃薯的上市时间领先于北方一作区，经济效益显著[2]。同时，当地地势平坦，其平原、丘陵、山区面积分别占全市土地面积的 40.1%、27.6%、32.3%，城乡规划力度较强，利于土地整理和集中，有利于马铃薯全程机械化生产。

近年来，成都市以"100 万亩粮油生产全程机械化"为工作重点，并围绕农业供给侧结构性改革推进全面全程机械化。国家现代农业产业技术体系成都综合试验站、四川省马铃薯创新团队、四川省农机化技术推广总站、四川省农业机械研究设计院、成都市农林科学院等多个机构及单位，针对成都平原马铃薯机械化生产中出现的问题，经过技术攻关，提出了针对性的解决方案，包括调整农艺措施、机械改造、品种选择、培训田间操作手等工作，建立了成都平原本地特色马铃薯规模化机械化生产体系，在成都平原多个点位进行了集成技术的试验和示范，对推进成都平原马铃薯机械化生产水平起到

基金项目： 国家马铃薯产业技术体系项目"成都综合试验站"（农科教发 [2017]10 号）；四川薯类创新团队（川农业函 [2014]91 号）；2017 年成都市农林科学院科研专项（510100-201700290-2017-00363）。

作者简介： 淳俊（1983—），女，副研究员，博士，主要从事生物技术与薯类研究工作。E-mail：jamiechun123@163.com。

*通讯作者： 汤云川（1984—），男，农艺师，硕士，主要从事马铃薯栽培与育种技术研发推广工作。E-mail：tindric@163.com。

了非常巨大的推动作用。其中马铃薯已实现整地、播种、植保、中耕、杀秧、收获等主要生产环节的全程机械化，截至 2017 年 9 月，全市马铃薯生产机械化率达到 37.22%。本文总结了成都平原冬马铃薯全程机械化技术要点、成都市农林科学院多个示范基地的示范情况，并重点结合生产中存在的实际问题给出合理化生产建议，以期为马铃薯产业发展提供助力。

1 成都平原马铃薯全程机械化技术要点

1.1 选地与整地

选择排灌方便、能灌能排的地块。成都平原土壤质地普遍黏重，虽然保水保肥力强，但透气性差，在进行机播、机收时土壤容易形成大块土团，当土壤墒情较高时，土壤黏力系数增大，这些大块土团还会黏附在犁铧、轮胎表面，增大作业难度。因此，特别是在播种、收获前应对田块土壤含水量进行适当控制，以利于机器作业。

选择坡度小于 10° 的田块进行机械化作业。成都平原地势平坦，相邻地块坡度变化较小，有许多土壤质地良好，适宜机械化栽培的区域：金堂县清江镇；青白江城厢镇、祥福镇；大邑县苏家镇；双流县黄龙溪镇、黄水镇、彭镇；彭州濛阳镇；眉山市彭山区、东坡区；什邡市等。

采取深翻、精细整地相结合的整地方式。深翻一般在大春生产结束后，秋季进行，作业深度要求达到 35 ~ 40cm，起到消除杂草和病虫害的作用，打破犁底层，增加耕作层厚度，增加土壤保墒能力。耕地过浅，土壤保墒能力差，马铃薯生长缓慢，块茎膨大受阻，影响产量和品质。在深耕过后，利用圆盘耙或旋耕机，对深耕的土层进行精细整地，耙平、耙碎土坷垃，使田块平整，土壤疏松。在精细整地过程中，可配合施入有机肥，增加土壤有机质，提高地力水平。

1.2 种薯处理

为达到理想产量，马铃薯机械化栽培选择种薯应首先淘汰病薯、烂薯、畸形薯，以 30 ~ 50 g 的小整薯播种最好，整薯播种能充分发挥种薯的顶芽优势，出苗整齐且苗壮，同时可避免因切薯带来的细菌性病害。

一般播种前 1 个月将种薯从储藏库中取出催芽。常见的方法有春化处理、湿沙催芽、晾晒催芽、化学催芽等。

对于不能整薯播种的种薯要进行切块处理。机械化播种要求种薯切块大小均一，与播种勺相匹配，一般 50g 左右为宜，切面及个体差异越小越好。切块时要纵切，将顶芽一分为二，切块应为菱形状或立方块，不要切成条或片状，每个切块上应含有 2 ~ 3 个芽眼。切块时注意切刀消毒，切块后的薯种用石膏粉或滑石粉加农用链霉素和甲基托布津均匀拌种（药薯比例为 1.5 : 100），并进行摊晾，使伤口愈合，勿堆积过厚，以防止烂种。切块应在播种前两天进行，并随切随用，长时间堆放易引起霉烂。

1.3 机播

成都平原冬春作马铃薯一般集中在 11 月下旬至次年 1 月上旬为宜。在机械化播种过程中，要求开沟一致、施肥均匀和不伤种薯，起垄高度、施肥深度和播种密度等都要符合马铃薯生产的农艺要求。播种过深或过浅都不适宜机械化生产，播种过深，出苗慢，且不利于机械化收获，增大收获机负载；播种过浅虽出苗快，但块茎在膨大过程中易裸露土层外出现青皮，且匍匐茎易长出地面成为地上分枝，减少结薯数量。就成都平原而言，较为适宜的播种深度一般在 12 ~ 20 cm 为宜（包括垄高）。对于保温、保湿好的土壤宜浅播，保温、保湿差的沙性土壤宜深播。

机械播种的行距一般为 90 ~ 110 cm，株距的确定根据土壤肥力、品种熟期、气候条件等确定。成都平原早熟品种一般 97 500 株 /hm²，中熟品种 82 500 ~ 90 000 株 /hm²，晚熟品种 75 000 ~ 82 500 株 /hm²，所有品种不论熟期一般不宜超过 112 500 株 /hm²。

在成都平原根据农艺要求，常用的马铃薯播种机一般有单垄双行、双垄双行、双垄四行三种作业方式。

就市场占有度而言，国内厂家如青岛洪珠、中机美诺、德沃科技、希森天成等企业都有不错的市场份额，成都平原适用马铃薯播种机有青岛洪珠 2CM-2C、青岛洪珠 2CM-4、希森天成 2CM-1/2 和中机美诺 1220A 等。

1.4 中耕

中耕是马铃薯种植的又一重要环节。良好的中耕除草、施用追肥、培土上厢能够有效增加马铃薯的产量，提高马铃薯种植的经济效益。在中耕过程中必须做到不伤垄、不伤苗，中耕机械必须符合马铃薯生产的农艺要求。

苗齐后及时除草、松土，促进根系发育。一般播种后 30 d 左右开始出苗，当植株长到 20 cm 时进行第一次中耕培土，以铲除田间杂草。苗期看长势情况可施尿素，现蕾时视情况而定，必要时进行第二次中耕培土。长势差的地块可叶面喷施磷酸二氢钾并加少量尿素[3]。

成都平原常用马铃薯中耕机有青岛洪珠 2TD-S2、中机美诺 1302 和希森天成 3ZMP-110。

1.5 机械化植保

一般苗后喷施除草剂在马铃薯 3 ~ 5 叶期进行，要求在行间近地面喷施，并在喷头处加防护罩以减少药剂漂移。马铃薯生育中后期病虫害防治，应采用高地隙喷药机械进行作业，要提高喷施药剂的对靶性和利用率，严防人畜中毒、生态污染和农产品农药残留超标。

在成都平原马铃薯规模化生产主要进行苗前、苗后后杂草防治及晚疫病、早疫病的药剂防治。播后苗前化学除草：70% 嗪草酮 600 ~ 800 g/hm^2+90% 乙草胺 1 500 ~ 2 000 mL/hm^2。苗后化学除草：砜嘧磺隆 75 g/hm^2，用水量 300 ~ 450 L/hm^2；喷药时期：马铃薯拱土期到株高 12 cm 前施药。

晚疫病一般要提前预防，一般选用 70% 丙森锌可湿性粉剂 600 ~ 800 倍液或 75% 百菌清可湿性粉剂 600 倍液或代森锰锌 80% 可湿性粉剂 400 ~ 500 倍液，喷雾施药；晚疫病治疗性药剂一般选用 68.75% 氟菌·霜霉威悬浮剂 900 ~ 1 125 mL/hm^2 或 50% 氟啶胺悬浮剂 400 ~ 495 g/hm^2 或 60% 锰锌·氟吗啉可湿性粉剂 1 005 ~ 1 335 g/hm^2 或 10% 氟噻唑吡乙酮可分散油悬浮剂 225 mL/hm^2，喷雾施用。

早疫病一般可选择的药剂有丙森锌 70% 可湿性粉剂 1 350 ~ 1 725 g/hm^2 或 70% 代森锰锌可湿性粉剂 400 ~ 500 倍液或 25% 嘧菌酯悬浮剂 1 000 倍液或甲基硫菌灵 1 000 倍液，每隔 7 ~ 10 d 喷施一次，共喷 2 ~ 3 次。

成都平原常用的马铃薯植保机械有亿丰丸山 3WP-500CN 自走式喷杆喷雾机、洋马 3WP-600（HV19V）自走式喷杆喷雾机、极飞 P30 2018RTK 植保无人机等。

1.6 杀秧

马铃薯机械化收获对于块茎薯皮的成熟度有较高的要求，若收获时薯皮木栓程度高，就可减少机械损伤，避免因机械损伤引发的细菌入侵而致霉烂，也可保持良好外观，提高鲜薯商品质量。因此，收获前要进行杀秧处理，地上部茎叶被消灭后，地下块茎停止生长，块茎成熟比较快，外皮变硬、水分减少，促进薯皮木栓化。同时，杀秧后也可减少收获机作业过程中易出现的缠绕、壅土和分离不清等现象，以利于机械化收获。由杀秧到块茎薯皮木栓化形成取决于块茎成熟度及品种特性，一般成熟的块茎需要 7 d 时间，未成熟的幼嫩块茎需要 10 ~ 15 d。杀秧时间的把握，还要根据市场价格、产量、市场需求等因素做综合考虑。

使用杀秧机进行杀秧时田间土壤不能太湿，下雨后不要使用机械杀秧，杀秧前一周内不能浇水。

成都平原常用的马铃薯杀秧机介绍：青岛洪珠 1JH-360 大型杀秧机、青岛洪珠 1JH-100 小型杀秧机和中机美诺 1802 杀秧机等。

1.7 收获

马铃薯机械化收获是马铃薯机械化生产的重点环节，收获作业量占到马铃薯生产总作业量的

30%~35%。马铃薯机械化收获包含挖掘、升运、分离和铺薯等作业工序，联合收获机还能够进一步完成马铃薯薯块的收集和装运等作业[4]。要根据马铃薯成熟度适时进行收获，作业质量要求：马铃薯挖掘收获明薯率≥97%，埋薯率≤3%，轻度损伤率≤5%，严重损伤率≤2%。目前，运用较广的是分段式收获机械，在马铃薯收获前要对土壤水分进行控制，成都平原土壤质地大多偏黏重，若在收获前雨水集中或浇水，则田间持水量较高，土块容易起团，黏附在收获器械表面，不利于土壤分离，影响作业效率和薯块外观。另外，挖掘深度也要通过田间调试才能确定，最适宜的挖掘深度是挖掘起的土壤量最少而伤薯、漏挖现象较少，这样可以减少作业阻力。挖掘铺放到土层表面的薯块要及时进行人工捡拾，避免太阳长时间直接照射而引发日烧病和黑心病，对于无法及时捡拾装车的薯块可利用杀秧后留下的秧蔓进行遮盖。

成都平原常用马铃薯收获机有青岛洪珠4U-90收获机、中机美诺1120A大垄双行收获机和希森天成4UX-100收获机等。

2 成都平原冬马铃薯机械化生产现状

2.1 地块情况

现阶段，成都市马铃薯生产用地多为小地块及不规则地，机械使用主要在整地环节，而播种、中期田间管理和收获等环节仍以人工为主。

2.2 产量水平

对成都市主要冬马铃薯种植区双流、大邑、金堂、彭州等地的机械化生产示范田进行调查，平均产量为30 270 kg/hm²，产量水平差异较大，为20 250～34 620 kg/hm²。

2.3 田间保苗数

多数播种机最大播种量偏低，导致田间保苗数不足，对产量影响明显，从田间收获株数对应产量水平看：42 000株/hm²，产量为20 250 kg/hm²；63 000株/hm²，产量为24 480 kg/hm²；72 000株/hm²，产量为33 225kg/hm²。

2.4 播种均匀度

土地平整度及土壤细碎程度影响播种均匀度。整地质量好的田，缺窝率为3%，断条（50cm以上）3.5个/100 m；整地质量差的田（地不平整、直径大于5 cm土块偏多），缺窝率为5.4%，断条（50 cm以上）13.2个/100 m。田间土块石块多还影响收获质量，导致拾净率降低。

2.5 施肥水平

现有的播种机最大施肥量不够，如果施肥采用种肥一次性施肥，其施入量一般在750～1 125 kg/hm²。当目标产量为37 500～45 000 kg/hm²，需肥（氮磷钾含量45%以上）商品量应为1 500 kg/hm²，施肥只有通过分次施入才能达到设计需肥量。

3 成都平原马铃薯机械化生产存在问题与建议

3.1 田间地块较小

成都市马铃薯产区有些地块小且不规则，机械化占比低，生产成本高。

建议：针对不规则小地块选择小型马铃薯机械。将起垄、播种、喷药一次完成，与覆膜分步进行，以免悬挂机具太多转弯半径大不便于作业。从长远来看，仍需加强土地集约力度，整合田块，发展新型农业经营主体，实现规模化和标准化生产。

3.2 缺窝断条

成都市马铃薯机械化生产虽然产量达到人工种植的平均水平，但田间缺窝及断条问题直接导致田间保苗数不足、出苗不匀，制约产量提高，造成生产资源的浪费。

建议：整地环节至关重要，深耕细作，把地整平整细，尽量除清石块，以利于播种机起垄和播种，避免出现播种断条。另外，机械化播种对种薯切分要求较高，切块大小以 30～50g 为宜，并且尽量联结有顶端部位，形状以菱形四面体为好，避免切成薄片，切块用草木灰或滑石粉拌种。种薯合理切块和拌种有利于机械化播种，减少缺窝现象。

3.3　种植密度偏低

市售马铃薯播种机型主要针对北方生产。北方多为一作区，生育期长，其播种密度为 60 000～67 500 株 /hm²；而成都市多为二作区，生育期短，其马铃薯生产的合理种植密度为 75 000～105 000 株 /hm²。故直接引进北方机具在本地使用达不到农艺要求，造成实际播种密度偏低且差异较大，产量和效益反而不如人工种植。

建议：根据生产实际情况选择西南区域适用机型，或通过机具改进以满足播种要求。

3.4　基肥投入不足

马铃薯是喜肥作物，且各生长时期要求不同，苗期需氮，块茎膨大期则高需钾肥。成都市马铃薯机械化生产中，由于机械问题，种肥一次性施入量不足，仅为 750～1 125 kg/hm²，不能充分满足马铃薯的生长需要，这也是目前影响马铃薯机械化生产产量提高的原因之一。

建议：于整地、播种和苗期分期施肥。1/4～1/3 肥料于整地环节施入，以有机肥搭配化肥，播种时按机具施肥能力施入种肥，视情况于齐苗后追施氮肥、花期喷施叶面肥补钾，也可引入功能性肥料。同时，加大机械筛选和改进的力度。

3.5　中耕培土缺位

成都市马铃薯多为秋、冬二季生产，生育期较短，而中耕培土、除草的人工成本高，故当地人工种植基本不进行中耕培土。本应膨大结薯的匍匐茎见光后发芽成苗致使产量下降，或地下薯块见光导致青头，影响经济效益。成都市马铃薯机械化生产也部分承袭了该种植习惯，是因为生产者们不了解进行机械化中耕有利于提升马铃薯产量和商品性，增加收益。

建议：加强中期田间管理，进行 1～2 次机械化中耕培土、灭草。

3.6　机械化普及率待提高

成都市农林科学院作物所于 2012 年开展马铃薯机械化生产试验，2013 年成都市开展粮油生产全程机械化示范建设，截至 2017 年，成都市马铃薯生产机械化率增幅明显，达到 37.22%，但与全市主要农作物耕种收综合机械化率 71% 相比，还有很大的提升空间。

建议：通过示范与培训，引导种植者们对机械化生产的热情和需求，定期举办技术宣讲和农机手的实操训练，进一步加大马铃薯全程机械化生产的示范和推广力度。

参考文献

[1] 李朝苏，汤永禄，黄钢，等 . 成都平原多熟制现状调查与分析 [J]. 作物杂志，2010（06）：105-108.

[2] 王平，屈会娟，沈学善，等 .2017 年四川冬春马铃薯示范情况及冬马铃薯生产建议 [J]. 四川农业科技，2017（09）：13-15.

[3] 周素萍，周成，柳春柱 . 我国马铃薯机械化生产技术研究 [J]. 农业科技与装备，2008，177（3）：94-96.

[4] 周训谦 . 贵州马铃薯机械化生产技术选择 [J]. 贵州农业科学，2015，43（3）：67-70.

成都平原稻田冬作马铃薯费乌瑞它标准化生产技术

杨兰淅，杨　勇，李昕昀，余丽萍，黄　涛，王西瑶*

（四川农业大学农学院，成都温江　611130）

摘　要：本技术规定了绿色马铃薯生产要求的环境质量、生产基地建设、栽培技术、肥水管理、采收要求及贮藏要求。本技术适用于成都平原地区冬季稻田马铃薯标准化生产需要。

关键词：稻田；冬作；马铃薯；费乌瑞它；标准化；生产技术

1　引言

马铃薯是世界第四大粮食作物，在我国也是粮菜兼用作物，种植面积仅次于水稻、玉米、小麦[1]。我国马铃薯种植面积逐年递增，1995 年至 2014 年，种植面积增加了 1.6 倍，且占薯类作物种植面积比例也在逐年增加，近 20 年增加了 23%[2]。

自然灾害天气造成马铃薯产量和品质不稳定，一直是制约我国马铃薯产业发展的突出问题。例如位于四川的马铃薯生产基地，农业生产基础建设薄弱，农业生产基本"靠天吃饭"[3]。马铃薯在采收后容易受到物理、生理、病理等因素的影响而损失惨重，因此马铃薯收获后贮藏技术也一直受到广泛关注[4]。提高马铃薯的生产能力，是我国粮食安全的重要保证，因此，提高马铃薯产量和品质，减少马铃薯贮藏期损耗，具有重要意义。

由于种植面积不断扩大，生产要求不断升高，实现马铃薯精细化生产势在必行，与机械化栽培配套的农艺措施也需要尽快跟上。马铃薯在我国种植区域分布较广，实现机械化生产的区域主要有辽宁、吉林、黑龙江等马铃薯生产大省，云南、贵州、四川等单双季混作区，以及中原二季间作区、南方冬季作区等 20 多个省份。国内机型以小型、配套动力小、结构简单为主，且马铃薯收获机械的研制大都根据经验设计，没有精确的理论和先进的研究手段，农机和农艺常出现脱节的情况。为了更好地适应马铃薯种植业的发展，需进一步关注马铃薯播种机械化关键技术，探究农机农艺配套措施[5~6]。

2　技术要点

2.1　气候环境质量要求

本规程适用于年平均气温在 16 ℃左右，≥ 10 ℃的年平均活动积温为 4 700 ~ 5 300 ℃，全年无霜期为 278 d 的马铃薯产区，初霜期一般出现在 11 月底，终霜期一般在 2 月下旬，冬季最冷月（1 月）

基金项目：国家现代农业产业技术体系四川薯类创新团队项目（川农业函 [2014]91 号）。

作者简介：王西瑶，女，教授，博导，主要从事马铃薯研究。E-mail：wxyrtl@163.com。

平均气温为 5 ℃左右，最低气温在 0 ℃以下的天气集中出现在 12 月中下旬和 1 月上旬，少部分出现在 1 月中下旬。冬春雨少，夏秋多雨，雨量充沛，年平均降水量为 900 ~ 1 300 mm，而且降水的年际变化不大，最大年降水量与最小年降水量的比值为 2 ∶ 1 左右。

2.2 地理环境要求

土壤类型必须符合水稻土、潮土、紫色土、黄壤、黄棕壤。地形条件符合冲积平原，地势平坦，海拔一般在 750 m 上下。

2.3 选种及种薯处理

2.3.1 品种选择

种薯应选用脱毒种薯，不可选用老龄薯、龟裂薯、畸形薯、病薯。

2.3.2 种薯处理

薄摊散射光处理催芽。若种薯播种前在常温条件下贮藏，则播种前 15 d，将种薯在室内自然光或室外避雨、散射光条件下薄摊放置。在自然光条件下的室内或室外摊摆 1 ~ 2 层，每 3 ~ 5 d 翻动一次，使之均匀受光。在薄摊散射光处理过程中淘汰病薯、伤薯。

若种薯播种前在低温条件下贮藏，则播种前 20 ~ 30 d 将种薯在自然光、避雨条件下薄摊散射光处理。其余操作与常温贮藏的种薯相同。

切块：机械化播种的薯块应在 35 ~ 45 g，每个薯块上至少有一个芽眼；人工播种的薯块应在 30 ~ 35 g，每个薯块上至少有一个芽眼。切块用刀应用 50% 多菌灵消毒。

拌种：薯块切块风干后，以 1 000 kg 种薯为标准，用 58% 甲霜灵锰锌 0.5 kg+50% 多菌灵 1 kg+ 农用链霉素 10 g+ 滑石粉 50 kg 拌种薯。

2.4 选地、整地

选择前茬作物为水稻的田块，但需排水良好的非低洼地块，土质以碱性、沙质土壤最佳。水稻收获时留茬 10 cm，收获后，晒土 4 ~ 5 d，桔梗打碎还田。用带强压的旋耕机旋耕 20 ~ 25 cm，再将土块打碎。

2.5 播种、施肥、覆膜、喷药

11 月中旬至 12 月中旬均为适宜的播种期。采用机械化栽培，起垄、施肥、播种、覆膜一次性完成。每垄种两行，垄高 20 cm，播深 10 ~ 20 cm，膜宽 90 cm，12 万株 /hm²。基施复合肥（N ∶ P_2O_5 ∶ K_2O = 15 ∶ 15 ∶ 15）1 500 kg/hm²，用 50% 甲霜铜、甲霜灵锰锌等杀菌剂防治。商品薯生产选用白膜（1.2 μm），种薯生产选用银黑膜（1.2 μm）或黑膜（0.8 μm）。

2.6 田间管理

全生育期一般灌水总量 3 600 ~ 5 250 m³/hm²，收获前 10 ~ 15 d 停止灌水，灌水菜用细流沟灌。一般全生育期灌水 2 ~ 3 次，若当年降水较多，应适当减少灌水量。

2 月底采用人工掏苗，不揭膜，掏苗时以主茎能恰好伸出为宜，膜洞不可过大。

3 月使用覆土机培土一次。3 月时块茎形成关键时期，增加土壤厚度有利于块茎膨大，减少后期青薯的形成。

高温多雨季节，提前预防晚疫病。4 月初用 50% 甲霜灵锰锌的进行预防，喷洒时喷于叶片背面，以药剂成滴滴下为准。15 ~ 20 d 后用 70% ~ 80% 银法利或凯特再次进行喷洒。两次用药不可使用同一种药剂。

2.8 收获

费乌瑞它为早熟品种，且为了不影响水稻插秧，应在 4 月底以前收获。采用机械化收获，在田间临时堆放时不可见光，或堆放于阴凉处避免阳光直射。

2.9 贮藏条件

田间收获后应将薯块堆放于通风、干燥、阴凉处愈伤处理 3 ~ 5 d，随后转移至大型贮藏设施中。收获后的商品薯应贮藏于 2 ~ 5 ℃、黑暗、湿度 90% 以上的环境中。种薯应贮藏于 2 ~ 10 ℃、湿度 90% 以上的环境中，可以有适当的散射光。可以使用植物源提取物控芽，防治病虫害，参考药剂有香芹酮、茉莉精油、薄荷醇、绿原酸等。

参考文献

[1] 庞昭进，郭安强，杨建忠，等 . 关于马铃薯主粮化的思考 [J]. 河北农业科学，2017，21（5）：91–93.

[2] 王丽，罗红霞，李淑荣，等 . 马铃薯基本概况及其利用加工研究进展 [J]. 食品工业，2017，38（12）：253–257.

[3] 周向阳，张晶，彭华，等 . 2017 年马铃薯市场形势分析及 2018 年前景展望 [J]. 中国蔬菜，2018（12）：6–9.

[4] 王婧，谢玥，苏文涛 . 紫茎泽兰提取物抑制食源性致病菌的研究 [J]. 四川大学学报（自然科学版），2009，46（1）：233–237.

[5] 裴进灵 . 马铃薯机械化生产技术概况与发展 [J]，当代农机，2008，25（7）：11–12.

[6] 杜宏伟，尚书旗，杨然兵，等 . 我国马铃薯机械化播种排种技术研究与分析 [J]，农机化研究，2011，2（2）：214–221.

油菜素内酯和赤霉素复配处理对马铃薯产量与品质的影响

王　宇，唐　晓，黄　涛，邓孟胜，王西瑶*

（四川农业大学农学院马铃薯研究与开发中心，四川成都　611130）

摘　要： 研究播种前不同时间节点使用油菜素内酯（BR）和赤霉素（GA）处理，对马铃薯产量和品质的影响。以马铃薯川芋117品种为材料，采用浓度为50 nmol/L 的 BR、30 mg/L 的 GA 在播种前和播种前10 d 分别单独处理和互配处理川芋117，对产量指标和品质指标进行检测。与对照相比，播种当天 BR 和 GA 复配处理（BG0）的株高和播种前10 d BR 和 GA 复配（BG10）的株高增加极显著；播种当天 BR 处理（BR0）和播种前10 d BR 处理（BR10）均极显著增加了茎粗，播种前10 d GA 处理茎粗极显著减少；BR10 处理马铃薯的产量极显著增加，GA10 处理极显著降低了马铃薯的产量，GA10 和 BG10 均极显著降低了商品薯率；GA10 和 BG10 处理极显著增加了块茎淀粉含量，所有处理均极显著减少了块茎可溶性糖含量，BG0 处理显著提高了块茎可溶性蛋白的含量，但 BR0 显著降低了块茎可溶性蛋白的含量，GA0、GA10 和 BG10 处理极均极显著提高了块茎还原糖含量，BR0 和 BR10 处理均极显著降低了块茎还原糖含量。播前10 d 采用 BR 浸种能有效促进马铃薯地上部生长，并且增加了产量及商品薯率，部分提高了块茎的加工品质，对鲜食产品造成影响；播种当天采用 BR 和 GA 浸种能有效地促进马铃薯地上部生长，显著提高了块茎加工品质及营养品质。

关键词： 油菜素内酯；赤霉素；产量；品质

马铃薯是我国重要的粮菜兼用作物，随着国家马铃薯主粮化战略的推行，马铃薯已成为我国第四大主粮，对于保障粮食安全、促进区域经济发展和推动现代化农业建设具有重要的现实意义[1]。

油菜素内酯（Brassinolide，简称 BR）是一种生理功能十分广泛的植物固醇类激素，可促进细胞伸长和分裂、果实膨大等，还可以提种子活力，促进植株早期发育，增强植株的抗逆性等，Bishop[2] 通过试验发现，BR 合成缺失突变体变现出典型的矮化、生长延缓等现象，而外源施加 BR 处理后可缓解此现象。王庆燕[3] 在玉米灌浆期喷施 BR，显著提升产量，增加籽粒蔗糖和淀粉积累，提高玉米籽粒干物质积累；谢云灿[4] 证实外源 EBR 处理提高了大豆干物质积累量，提高了大豆籽粒中的蛋白质含量，改善了大豆籽粒的品质；唐鑫华[5] 等在马铃薯块茎形成期喷施 EBR 能够提高单株块茎干物质含量，提高单株产量。

基金项目： 国家现代农业产业技术体系四川薯类创新团队项目（川农业函 [2014]91 号）。

作者简介： 王宇，男，硕士，主要从事马铃薯块茎萌芽研究。E-mail：1356486813@qq.com。

* 通讯作者： 王西瑶，女，教授，博导，主要从事马铃薯研究。E-mail：wxyrtl@163.com。

赤霉素（Gibberellin，简称 GA）广泛存在于植物生长旺盛部位，能促进细胞分裂和伸长、种子萌发、下胚轴和茎秆伸长、根的生长及开花等 [6, 7]，王寒阳 [8] 使用 GA 浸蘸葡萄果穗后，其果穗质量、果粒质量都明显提高，含糖量降低；邓惠惠 [9] 以赤霉素溶液喷施黄瓜叶片，促进了黄瓜生长，提高了黄瓜坐果率，从而使单株结果数和产量增加，且改善了黄瓜品质。温玥 [10] 在油茶花芽生理分化前期，用赤霉素对油茶进行叶面喷施，200 mg/L 赤霉素处理下，油茶花芽分化率和果实品质也有了显著的提高。

目前关于 BR 和 GA 关系的研究表明，它们在诱导细胞伸长、促进植株生长、种子萌发以及开花的生理过程发挥相似作用，BR 和 GA 合成受阻的拟南芥、水稻突变体都表现出矮化现象 [11]。而 BR、GA 播种前处理对马铃薯的影响未见报道，鉴于此，本试验通过在播前 10 d 和播种当天分别采用两种植物激素单独处理和混合处理马铃薯块茎，对马铃薯产量指标和品质指标进行检测，旨在为马铃薯高产优质栽培提供理论依据。

1 材料与方法

1.1 试验材料
马铃薯品种川芋 117 由四川农业大学马铃薯研究与开发中心提供，BR 和 GA 固体购于万科公司，试验地点位于四川农业大学现代农业研发基地（崇州），2017 年 12 月 23 日播种，2018 年 5 月 13 日收获。

1.2 试验设计
试验采用的 BR 浓度为 50 nM，GA 浓度为 30 mg/L，试验共设置 7 个处理，分别为：对照（CK）、播种当天 BR 处理（BR0）、播种当天 GA 处理（GA0）、播种当天 BR 和 GA 互配处理（BG0）、播种前 10 d BR 处理（BR10）、播种前 10 d GA 处理（GA10）、播种前 10 d BR 和 GA 互配处理（BG10），采用单因素随机区组设计，每个小区 30 株，每个处理重复 3 次。

1.3 测定指标
每个处理取样 30 株（每个重复取样 10 株），用直尺法测定株高，游标卡尺法测定茎粗，对主茎数进行统计。分小区进行收获，折算公顷产量。收获薯块后按照薯块大小进行分级：50 g 以下为小薯，50～100 g 为中薯，100 g 以上为大薯，商品薯包括大薯和中薯，分别测定每个处理大薯率、中薯率、小薯率和商品薯率。每个处理 3 个选取大小相对一致的薯块，测量烘干之前薯块质量，将薯块切成小块后放置于 105 ℃杀青，80 ℃烘至恒重，测量每个薯块的质量。测定薯块可溶性蛋白、淀粉、可溶性糖、还原糖含量。

2 结果与分析

2.1 对马铃薯生长的影响
不同播期采用 BR 和 GA 单独及复配处理均对马铃薯的生长产生影响。由表 1 可知，与对照相比，不同时期不同激素处理均显著增加了株高，且 BR10 处理的株高和 BG10 处理的株高分别增加了 11.07% 和 12.29%，GA0 处理与 GA10 处理之间差异显著；播种当天 BR 处理（BR0）和播种前 10 d BR 处理（BR10）均极显著增加了茎粗，分别增加了 11.89% 和 23.39%，播种前 10 d GA 处理茎粗减少了 16.28%，达到极显著水平，播种当天 GA 处理（GA0）茎粗减少了 3.88%，降低效果不显著；所有处理相对于 CK 主茎数增加了 4.05%～13.87%，均未达到显著水平。

表1 不同激素单独和复配处理对马铃薯生长的影响

处理	株高（cm）	茎粗（mm）	主茎数（个）
CK	35.01 ± 1.34d	7.74 ± 0.86d	1.73 ± 0.78a
BR0	38.77 ± 1.86ab	8.66 ± 1.02b	1.80 ± 0.66a
BR10	39.13 ± 2.62ab	9.55 ± 0.83a	1.87 ± 0.78a
GA0	38.30 ± 1.87b	7.44 ± 0.97d	1.87 ± 0.73a
GA10	36.97 ± 2.09c	6.48 ± 0.70e	1.97 ± 0.72a
BG0	38.70 ± 1.98ab	7.89 ± 0.73cd	1.90 ± 0.71a
BG10	39.56 ± 1.67a	7.40 ± 0.83d	1.97 ± 0.72a

注：数据后不同字母表示在5%水平上差异显著，下同。

2.2 对马铃薯产量的影响

不同播期采用 BR 和 GA 单独及复配处理均对马铃薯的产量产生影响。与对照相比，BR10 处理马铃薯的产量增加了 17.32%，达到极显著水平，但 BR0 处理仅增产 2.61% 未达到显著水平，GA10 处理极显著降低了马铃薯的产量，产量降低达 20.67%，GA0、BG0、BG10 处理产量均下降，但未达到显著水平；BR0 和 BR10 处理均提高了商品薯率，GA0 和 BG0 均降低了商品薯率，但均未达到显著水平，GA10 和 BG10 均极显著降低了商品薯率，分别达 28.08% 和 22.05%；所有处理的干物质含量相比于 CK 均增加，且 BG10> BG0> GA10> GA0> BR10> BR0，但均未达到显著水平。

表2 不同激素单独和复配处理对马铃薯产量的影响

处理	产量（×10^{4}kg/hm^2）	商品薯率（%）	干物质含量（%）
CK	2.277 3 ± 0.15bc	42.43 ± 1.32ab	22.37 ± 0.61a
BR0	2.336 7 ± 0.15b	46.81 ± 3.06a	22.44 ± 0.44a
BR10	2.671 7 ± 0.08a	47.62 ± 3.83a	22.64 ± 1.42a
GA0	2.171 3 ± 0.12bc	38.62 ± 1.30b	22.87 ± 0.95a
GA10	1.806 6 ± 0.09d	14.35 ± 1.04d	22.89 ± 0.42a
BG0	2.256 1 ± 0.25b	40.81 ± 5.79b	22.93 ± 0.28a
BG10	2.078 0 ± 0.06c	20.38 ± 2.50c	23.25 ± 0.20a

2.3 对马铃薯品质的影响

不同播期采用 BR 和 GA 单独及复配处理均对马铃薯的产量产生影响。与对照相比，BR0、BR10、GA0 和 BG0 处理均增加了马铃薯块茎淀粉含量，但效果不显著，GA10 和 BG10 处理极显著增加了块茎淀粉含量，分别达 35.37% 和 58.17%；所有处理均极显著减少了块茎可溶性糖含量，且 BG0>GA0>BG10>GA10>BR10>BR0；BG0 处理显著提高了块茎可溶性蛋白的含量，BG10 同样提高了可溶性蛋白含量，但效果不显著，BR0 显著降低了块茎可溶性蛋白的含量，BR10 降低效果不显著；GA0、GA10 和 BG10 处理均极显著提高了块茎还原糖含量，BR0 和 BR10 处理均极显著降低了块茎还原糖含量，但 BG0 降低效果不显著。

表 3　不同激素单独和复配处理对马铃薯品质的影响

处理	淀粉（mg/g）	可溶性糖（mg/g）	可溶性蛋白（mg/g）	还原糖（mg/g）
CK	129.80 ± 33.06c	3.71 ± 0.18a	9.74 ± 0.35bc	0.77 ± 0.18d
BR0	143.87 ± 5.97bc	3.05 ± 0.06b	6.63 ± 0.77d	0.59 ± 0.18d
BR10	150.13 ± 9.91bc	3.05 ± 0.19b	7.66 ± 0.61cd	0.23 ± 0.00e
GA0	157.65 ± 6.00bc	2.40 ± 0.19c	9.37 ± 1.71bc	1.00 ± 0.10c
GA10	176.65 ± 27.09ab	2.96 ± 0.11b	9.52 ± 2.01bc	1.77 ± 0.10a
BG0	136.53 ± 17.52bc	2.38 ± 0.13c	12.63 ± 1.87a	0.71 ± 0.10d
BG10	202.42 ± 17.19a	2.85 ± 0.09b	10.73 ± 2.09ab	1.36 ± 0.10b

3　讨论

油菜素内酯和赤霉素作为重要的植物激素参与植物生长发育的过程，通过调控植物生长发育及其与环境的关系，从而改善植物的产量与品质。

3.1　激素与生长

BR 可通过促进细胞的膨大和分裂促进作物生长，而 GA 最显著的生物学效应就是促进细胞的伸长，从而促进植物的生长[12]，研究表明，BR 能改变玉米根系细胞的可塑性，使细胞壁松弛，促进生长[13]；BR 通过影响根横向不同层细胞的细胞直径及数目来促进小麦根的生长[14]；李海珀[15]等用不同赤霉素浓度处理均对马铃薯扦插苗的株高有促进作用，本试验结果表明，播种当天和播种前 10 d 对马铃薯块茎单独或复配施用 BR，株高、茎粗、主茎数均提高；GA 处理也能够提高株高和主茎数，但显著降低了茎粗，与吴巧玉[16]等试验结果一致，但与施园[17]结果相反，这可能与 GA 处理的浓度、时间和方式有关，当马铃薯开始萌芽时，内源 GA 在块茎中积累，此时施加外源 GA 易造成马铃薯萌芽提前，芽徒长且细弱，茎粗减小；BR 与 GA 复配产生相互作用可产生加性效应[18]，使植株株高和主茎数进一步增加，但缓解了植株茎粗减小的问题。

3.2　激素与产量

严江波[18]用 0.1 mg/L 的 EBR 处理番茄，结果单果重和总产量分别比对照显著提高了 17.5%、33.6%，且光合作用指标均显著提升，表明 BR 可以提高叶片的光合作用能力，提高番茄的产量；本研究中，BR 处理均使马铃薯产量增加并提高了商品薯率，且播前 10 d BR 处理比播种当天处理效果更好，可能原因是 BR 促进马铃薯提前萌芽，且芽健壮，成熟后地上部分发达，有利于营养物质的转运；而 GA 处理尽管也促进块茎提前萌芽，但是造成芽徒长且芽细弱，影响了营养物质从叶片向块茎的运输，从而导致产量降低；管仲新[19]等研究葡萄果实品质试验时发现 GA 能够延缓葡萄浆果成熟期，Ozga, J.A[20]证实，GA 处理能延缓块茎的形成，张志军等[21]认为，外源添加赤霉素能促进马铃薯茎、叶和匍匐茎的生长，而抑制块茎的形成；本研究中，GA 处理均导致商品薯率降低，播前 10 d 处理效果极显著，此时马铃薯植株茎粗最小，光合产物转运受阻，块茎形成缓慢，单个块茎重量减少，商品率降低；邹雪[22]证实单独施用 24-eBL 和 GA 都能解除芽眼的休眠状态，促进萌芽，但 24-eBL 不支持芽的伸长生长，且 24-eBL+GA 处理的芽长介于单独处理之间，BR 和 GA 虽在萌芽过程中存在加性效应，但在芽后期生长上存在拮抗作用，一定程度上缓解了产量和商品薯率的降低；各个处理均能增加马铃薯干物质含量，但商品率低的处理产量也较低，表明要提高马铃薯产量应重点关注单个块茎重量和单株块茎数。

3.3 激素与品质

马铃薯的价值与品质密切相关，马铃薯中淀粉含量成为衡量块茎品质的重要指标[23]，同时，可溶性糖含量作为鲜食品种品质的判定依据。宋冠华等[24]采用三种不同浓度的EBR处理甘薯，结果表明0.03 mg/L的EBR显著增加了甘薯块茎淀粉含量，并且显著降低了可溶性糖含量；赤霉素处理后块茎内可溶性糖显著增加，促进种子内贮藏营养物质分解[25]，代谢水平加快，在块茎膨大期时，充足的可溶性糖转化为淀粉；BR和GA混合施用的加性效应，使得BG0和BG10处理大量淀粉积累，其中BR0和BR10均显著降低了可溶性糖含量，且降低程度接近，GA0降低程度与GA10相比达到显著水平；本研究中，各处理均提高了块茎淀粉含量，具有一定的改善品质的作用，但是各处理均不利于可溶性糖的积累，对鲜食产品造成一定影响。还原糖含量是马铃薯加工厂主要检测指标之一，还原糖含量高时，易导致炸薯条、炸薯片颜色变黑[26]，本研究中，不同播期BR处理使马铃薯块茎中还原糖含量极显著降低，不同播期GA处理使马铃薯块茎中还原糖含量极显著升高，BR和GA复配处理效果介于两者之间，均低于0.4%的标准[26]。

参考文献

[1] 杨帅，闵凡祥，高云飞，等.新世纪中国马铃薯产业发展现状及存在问题[J].中国马铃薯，2014，28（05）：311-316.

[2] Bishop G J. Brassinosteroid mutants of crops. Journal of Plant Growth Regulation，2003，22，325-335.

[3] 王庆燕，管大海，潘海波，等.油菜素内酯对春玉米灌浆期叶片光合功能与产量的调控效应[J].作物学报，2015，41（10）：1557-1563.

[4] 谢云灿，何孝磊，杜鹏，等.外源油菜素内酯对高温胁迫下大豆光合特性及产量品质的影响[J].大豆科学，2017，36（02）：237-243.

[5] 唐鑫华，曲自成，张浩，等.块茎形成期外施表油菜素内酯对马铃薯生理和产量的影响[J].核农学报，2018，32（9）：1855-1863.

[6] Sun TP. The molecular mechanism and evolution of the GA-GID1-DELLA signaling module in plants[J]. Curr Biol，2011，21：R338-345.

[7] Vera-Sirera F，Gomez MD，Perez-Amador MA. Chapter 20-DELLA proteins，a group of GRAS transcription regulators that mediate gibberellin signaling[J]. Plant Transcription Factors，2016：313-328.

[8] 王寒阳.GA3处理对两个鲜食葡萄品种品质的影响[D].杨凌，西北农林科技大学，2017.

[9] 邓惠惠，白龙强，于贤昌，等.日光温室早春黄瓜叶片喷施赤霉素对生长和生理及产量的影响[J].园艺学报，2016，43（5）：983-990.

[10] 温玥，苏淑钗，马履一，等.赤霉素处理对油茶花芽形成和果实品质的影响[J].浙江农林大学学报，2015，32（06）：861-867.

[11] Tong H N，Xiao Y H，Liu D P，et al. Brassinosteroid regulates cell elongation by modulating gibberellins metabolism in rice[J]. The Plant Cell，2014，26：4376-4393.

[12] 李琦.赤霉素对植物生长影响的研究进展[J].农家参谋，2018（05）：86.

[13] Romani G，Marrie M T，Bonetti A，et al. Effect-sofa brassinosteroid on growth and electrogenic proton extrusion in maize root segments [J]. Physiologia Plantarum，1983，59（1）：828-532.

[14] 张爱华.油菜素内酯在小麦初生根发育中的作用分析[D].杨凌，西北农林科技大学，2018.

[15] 李海珀，陈富，袁安明，等.赤霉素对马铃薯扦插苗生长发育及产量的效果[J].中国马铃薯，

2018，32（02）：70-73.

[16] 吴巧玉，何天久，夏锦慧.赤霉素对马铃薯生长及开花的影响 [J].广东农业科学，2014，41（03）：20-22.

[17] 施园.外源赤霉素对甜瓜幼苗建成与产量形成的影响 [D].黑龙江八一农垦大学，2017.

[18] 严江波.限根栽培及油菜素内酯对樱桃番茄生长和果实品质的影响 [D].浙江农林大学，2016.

[19] 管仲新.红地球葡萄浆果生长发育和品质形成规律的研究 [D].乌鲁木齐，新疆农业大学，2005.

[20] Ozga，J.A，Yu，J.Reinecke，D.M. Pollination-，development-，and auxin-specific regulation of gibberellin 3β-hydroxylase gene expression in pea fruit and seeds[J]. Plant Physiol. 2004：1137-1146.

[21] 张志军，贾明进，李会珍，等.赤霉素对马铃薯块茎形成的影响 [J].中国马铃薯，2003，17（5）：294-297.

[22] 邹雪，邓孟胜，李立芹，等.油菜素内酯合成和信号转导基因在马铃薯块茎贮藏期间的表达变化及对萌芽的影响 [J].作物学报，2017，43（6）：811-820.

[23] 项洪涛.三种植物生长调节剂对马铃薯碳代谢生理及产量品质的影响 [D].黑龙江八一农垦大学，2013.

[24] 宋冠华，冉梦莲，冷二露.24-表油菜素内酯对紫甘薯产量及品质的影响 [J].现代农业，2014（09）：99-101.

[25] 田璐.三种外源要素对大叶藻种子萌发的影响 [D].中国海洋大学，2014.

[26] 杨文钰，屠乃美.作物栽培学各论南方本 [M].北京：中国农业出版社，2011：154.

覆盖不同地膜栽培对马铃薯良种费乌瑞它商品性的影响

杨　勇[1]，杨兰淅[1]，王伟莉[2]，黄　涛[1]，余丽萍[1]，王西瑶[1, 2*]

（1. 四川农业大学马铃薯研究与开发中心，四川成都　611130；
2. 作物科学国家级实验教学示范中心，四川成都　611130）

摘　要： 以费乌瑞它原种为材料，采用不同颜色、不同厚度的地膜进行覆盖，分别在机播和人工的栽培下，研究其对于费乌瑞它生长性状以及商品性的影响。结果表明：覆盖不同的地膜显著影响了马铃薯的生育期、农艺性状、产量、商品薯率、青薯率。白膜、蓝膜产量高商品薯商品薯率高，适合生产商品薯，黑色、银黑色膜产量高，种薯商品薯率较高，适合生产种薯。本研究为费乌瑞它品种的大田栽培提供指导，以获得更高的经济效益。

关键词： 马铃薯；费乌瑞它；栽培技术；商品性；地膜覆盖

费乌瑞它的商品性通常是指马铃薯的产量、商品薯率、外观品质等。因商品薯与种薯生产要求不一样，前人研究中没有针对种薯生产与商品薯生产做相应探究。用作种薯来说，整薯栽培种薯一般选择重量在 50 g 左右的嫩薯作为种薯。剔除病薯、伤薯、畸形薯和"小老薯"；常规栽培种薯所选块茎的个体重量较大，一般单薯重量在 150 g 以上，但也不可过大，所选的种薯要经过切块处理[1]。而用作商品薯来说，要求薯块大，产量高，青薯率低。费乌瑞它在辽宁、河北、山东、甘肃、安徽等地一般产量 37 500 kg/hm²，高产可达 52 500 kg/hm² 以上[2~3]。费乌瑞它对光照敏感，块茎见光后极易出现发青现象，马铃薯块茎上的青色部分会极大影响其食用品质和商品性，并造成商品薯生产上的经济损失[4]。因此，通过改进农艺措施提高费乌瑞它田间产量和商品性，有重要的经济价值。研究发现选用有色地膜能够显著提高费乌瑞它商品性，改善马铃薯种植效益。例如种植品种荷兰 3 号，分别覆盖白色、黑色、绿色地膜后，地上部分黑膜、绿膜处理长势最旺盛，且增产明显，增产 11.8%[5]；李小波等的研究发现，覆盖黑色地膜的马铃薯商品薯率比覆盖透明地膜的马铃薯商品率高 24%[6]；王艳君等发现，覆盖有色膜出苗期比覆盖普通白膜出苗期提前 2~3 d，且商品薯率比覆盖普通白色地膜高 3.1%[7]。本研究选用不同类型的地膜，分别通过机械化与人工栽培的方法，通过研究影响马铃薯产量的关键因素探究覆盖不同地膜对马铃薯良种费乌瑞它产量及商品性的影响，计算选用不同地膜处理的商品薯率，作为选用不同地膜可获经济效益的参考，为建立成都盆地马铃薯良种费乌瑞它高产栽培体系提供理论依据。

1　材料与方法

1.1　试验材料　费乌瑞它一级原种，由四川农业大学马铃薯研究与开发中心提供。

基金项目： 国家现代农业产业技术体系四川薯类创新团队项目（川农业函 [2014]91 号）。

作者简介： 杨勇，男，硕士，主要从事马铃薯贮藏技术研究及推广工作。E-mail：1144076428@qq.com。

* 通讯作者： 王西瑶，女，教授，博导，主要从事马铃薯研究。E-mail：wxyrtl@163.com。

1.2 试验设计

机械化栽培于 2016 年 12 月在四川省崇州市桤泉基地进行。选用 6 种地膜：白膜（1.2S）、蓝膜、黑膜、银黑膜、白膜（0.4S）、白膜（0.7S），以未盖膜处理为对照。播种密度根据播种机实际情况设置为 120 000 株 /hm²。试验采用完全随机区组，重复 3 次。每种颜色地膜覆盖一个小区，采用机械化栽培，起垄、施肥、播种、覆膜一次性完成。小区面积 30 m²，每小区种两垄，每垄种两行，垄宽 80 cm，垄高 20 cm，播深 10 ~ 20 cm，膜宽 90 cm。基施复合肥（N：P_2O_5：K_2O = 15：15：15）1 500 kg/hm²。2016 年 12 月 20 日播种，2017 年 2 月 25 日人工掏苗，不揭膜，2017 年 3 月 5 日使用覆土机培土 1 次，2017 年 4 月 30 日收获所有处理。人工栽培于 2017 年 12 月在四川农业大学崇州市现代农业研发基地进行人工播种，选用 5 种地膜：白膜（1.2S）、蓝膜、黑膜、银黑膜、黑白膜，以未盖膜处理为对照。人工播种密度为 102 000 株 /hm²，小区面积 7.86 ㎡，施肥以及后期处理除覆土机培土外同上。

1.3 测定指标及方法

土壤温度及湿度：使用温湿度记录仪（杭州美控自动化技术有限公司，型号 TH6）测定费乌瑞它出苗期（2016 年 12 月 15 日至 2017 年 2 月 10 日）和结薯期（2017 年 3 月 5 日 ~ 2017 年 4 月 30 日）土壤温度及湿度。每个小区检测 3 个点，将温湿度记录仪置于距离土表 5 cm 处，24 h 连续测量。

农艺性状：块茎收获前使用游标卡尺测量地上部分茎粗，使用皮尺测量株高，目测匍匐茎数量、单株结薯数、主茎数。

商品性：种薯商品薯率、商品薯商品薯率、青薯率、产量。商品薯指单重 50 g 以上的块茎；种薯商品薯指单颗薯重 40 ~ 200 g 的块茎。

2 结果与分析

2.1 机械栽培下不同覆膜对于费乌瑞它各项指标的影响

2.1.1 覆盖不同地膜对费乌瑞它出苗期和结薯期土壤温度的影响

由图 1 可知，在出苗期，覆膜处理对于土壤最低温度影响较大，保温效果明显，且对照相比差异显著，说明覆膜处理对于土壤有很好的保温作用，不同颜色覆膜处理对马铃薯出苗期土壤最低温度影响差异性较大，其中蓝膜、白膜（0.4S）覆盖最低温度高于其他处理且差异显著，黑膜覆盖最低温度在各处理中最低，为 4.5℃。各个处理最高温度和温差高于对照且差异显著，表明覆膜处理对于土壤有很好的增温作用，其中以黑膜效果最好，蓝膜次之，白膜（0.4S）保温效果最差。

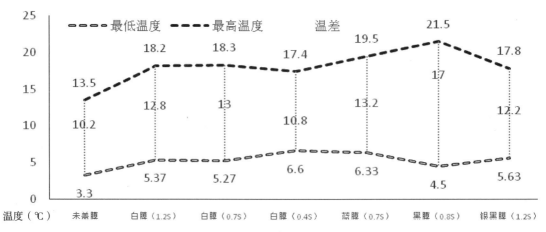

图 1 不同地膜对出苗期温度的影响

在结薯期，最低温度银黑膜高于对照但差异不显著，其他各处理均高于对照且差异显著，其中最高为白膜（1.2S），达到34.5 ℃；最高温度所有处理都在31 ~ 34.5 ℃，温差银黑膜高于对照且差异显著，其他各处理均低于对照且除蓝膜外差异显著。

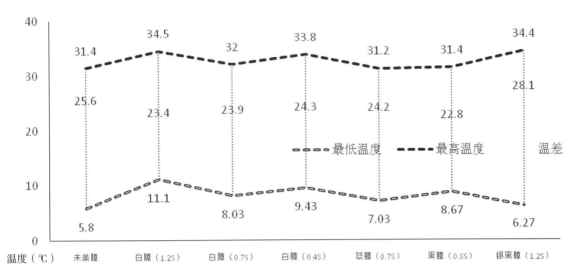

图2　不同地膜对结薯期温度的影响

2.1.2　覆盖不同地膜对费乌瑞它出苗期和结薯期土壤湿度的影响

由图3可知，在出苗期，覆盖地膜土壤对于马铃薯土壤湿度影响较大，最低湿度均高于未盖膜且差异显著，说明在出苗期天气较冷时，覆膜处理对于具有很好的保水作用，各处理之间白膜效果最好，但蓝膜、黑膜相对于其他处理效果较差。

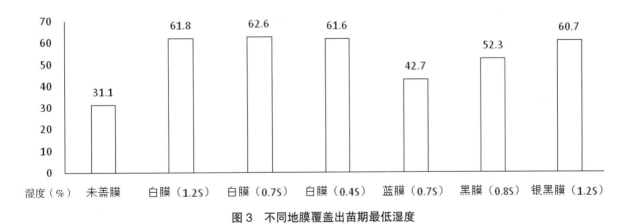

图3　不同地膜覆盖出苗期最低湿度

结薯期各处理之间最低湿度均高于对照且差异显著，其中白膜（1.2S）、蓝膜最低湿度最高，银黑膜最低湿度最低。由此可以得出，覆膜处理可以有效地保持土壤的水分，但不同颜色覆盖，以及不同生长时期对于土壤中水分的影响也不同。

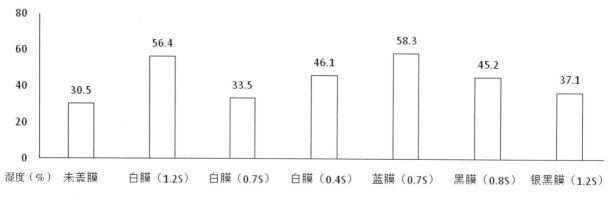

图4 不同地膜覆盖结薯期最低湿度

2.1.3 覆盖不同地膜对费乌瑞它农艺性状的影响

由图5可知，不同覆膜颜色对马铃薯农艺性状影响不同，各处理之间株高与对照相比，白膜（0.7S）、黑膜、银黑膜覆盖高于其他处理以及对照且差异显著；茎粗各处理之间高于对照且差异显著，但各处理间差异不显著；单珠结薯数黑膜、银黑膜覆盖高于其他处理以及对照且差异显著；主茎数黑膜、银黑膜覆盖高于其他处理以及对照且差异显著，且其他处理主茎数要少于对照，但差异不显著；匍匐茎蓝膜、黑膜、银黑膜覆盖高于其他各组处理以及对照且差异显著，其中三种厚度的白膜处理都要低于对照其中白膜（0.4S）覆盖处理与对照相比差异显著。

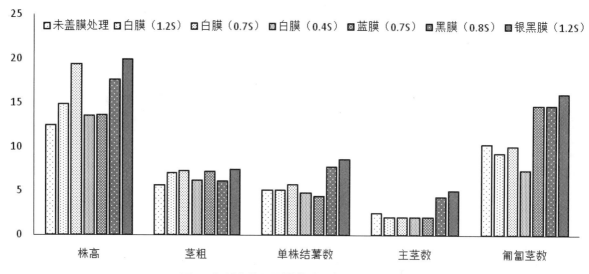

图5 机械栽培不同覆膜对于农艺性状的影响

2.1.4 覆盖不同地膜对费乌瑞它生育期的影响

由表1可知，出苗期时间最长的是对照组，显著高于其他处理。白膜（1.2S）覆盖处理出苗时间最短，比对照提前了16 d；黑色膜和银黑色膜覆盖处理出苗时间在所有处理中最长，分别比对照提前了8 d、9 d。生育期最短为白膜（1.2S），122 d，比对照组少2 d，没有显著差异。生育期最长为银黑膜，比对照组多6 d，天数显著多于对照组，比白膜（1.2 S）多6 d，天数显著多于白膜（1.2S）。蓝膜、黑膜、银黑膜之间没有显著差异，白膜（1.2S）、白膜（0.4S）和对照组之间没有显著差异，生育期天数均少于其他处理。

表 1 覆盖不同地膜对费乌瑞它生育期的影响

处理	出苗期（d）	生育期天数（d）
未盖膜	49 ± 2.46a	124 ± 2.94b
白膜（1.2S）	33 ± 1.25e	122 ± 2.05b
蓝膜	36 ± 0.82de	125 ± 0.47ab
黑膜	41 ± 1.25b	127 ± 1.41ab
银黑膜	40 ± 1.25bc	130 ± 0.82a
白膜（0.7S）	37 ± 2.49cd	126 ± 2.62ab
白膜（0.4S）	37 ± 0.82cde	123 ± 3.27b

2.1.5 覆盖不同地膜对费乌瑞它商品性的影响

表 2 不同地膜对商品薯性的影响

处理	种薯商品薯率（%）	商品薯商品薯率（%）	青薯率（%）
未盖膜	67.20 ± 1.36a	66.75 ± 0.74bc	39.10 ± 4.78b
白膜（1.2S）	59.97 ± 1.29b	89.85 ± 6.86a	22.44 ± 0.86cd
蓝膜（0.7S）	60.30 ± 1.24b	86.09 ± 1.85a	23.97 ± 2.12c
黑膜（0.8S）	68.85 ± 2.12a	52.70 ± 5.27de	18.98 ± 1.47d
银黑膜（1.2S）	66.23 ± 2.95ab	61.21 ± 6.37cd	14.19 ± 0.73e
白膜（0.7S）	60.00 ± 3.55b	74.50 ± 8.21b	27.44 ± 3.27c
白膜（0.4S）	69.68 ± 1.22a	45.54 ± 3.62e	52.67 ± 2.49a

由表 2 可以看出，种薯商品薯率，黑膜、银黑膜、白膜（0.4S）、对照组处理高于其他三种处理且差异显著，由于种薯要求中小薯多，而且青薯率并不影响，但是由表 3 可以看出，白膜（0.4S）和对照组产量显著低于黑膜、银黑膜处理，所以其并不适合应用到种薯生产。

2.1.6 覆盖不同地膜对费乌瑞它产量的影响

由表 3 可以看出，所有覆膜处理产量都要高于对照且差异显著，其中白膜（0.7S）和白膜（0.4S）覆盖处理效果低于其他四种处理。由上可得出，覆膜能明显提高冬作马铃薯的产量，在地膜厚度相等的情况下，有色地膜处理的产量高于无色地膜，在地膜颜色相同的情况下，地膜厚度越大，产量越高。

表 3 不同地膜对马铃薯产量的影响

处理	未盖膜	白膜（1.2S）	蓝膜（0.7S）	黑膜（0.8S）	银黑膜（1.2S）	白膜（0.7S）	白膜（0.4S）
产量（kg/hm²）	34 556.5d	54 278.6ab	55 284.4ab	53 889.6ab	59 295.3a	49 362.1bc	44 923.1c

2.2 人工栽培下不同覆膜对于费乌瑞它各项指标的影响

2.2.1 覆盖不同地膜对费乌瑞它农艺性状的影响

由图 6 可知，各处理之间株高与对照相比，黑膜、银黑膜覆盖高于其他处理以及对照且差异显著；茎粗各处理之间低于对照但差异显不著，且各处理之间差异不显著；单珠结薯数各处理都高于对照且差异显著，其中黑色膜覆盖结薯数最少；主茎数银黑色膜覆盖最少，白色膜覆盖最多，其他处理与对照相比差异不显著。

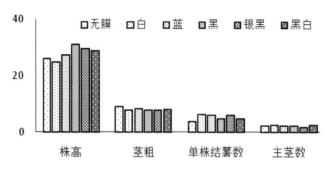

图6 人工栽培不同覆膜对于农艺性状的影响

2.1.2 覆盖不同地膜对费乌瑞它商品性的影响

由表4可以看出，种薯商品薯率，各处理都高于对照且差异显著，其中白膜最低，其他各处理之间差异不显著但黑膜最高。商品薯率，所有处理都低于对照组且差异显著，各处理之间差异不显著。青薯率规律与此相同。

表4 不同地膜对商品薯性的影响

处理	种薯商品薯率（%）	商品薯商品薯率（%）	青薯率（%）
未盖膜	0.49 ± 0.01c	71 ± 0.08a	9 ± 0.01b
白	0.56 ± 0.03b	51 ± 0.07b	15 ± 0.03a
蓝	0.61 ± 0.01ab	52 ± 0.11ab	12 ± 0.05ab
黑	0.66 ± 0.06a	55 ± 0.05ab	11 ± 0.01ab
银黑	0.62 ± 0.02ab	61 ± 0.08ab	12 ± 0.03ab
黑白膜	0.61 ± 0.01ab	53 ± 0.16ab	17 ± 0.04a

2.1.3 覆盖不同地膜对费乌瑞它产量的影响

由表5可以看出，所有覆膜处理产量都要高于对照且差异显著，各处理之间银黑膜覆盖产量最低但与其他处理差异不显著。

表5 不同地膜对马铃薯产量的影响

处理	未盖膜	白膜	蓝膜	黑膜	银黑膜	黑白膜
产量（kg/hm²）	20 613.6 ± 1 624b	34 673.1 ± 1 129.9a	35 003.6 ± 1 314.5a	34 496.9 ± 5 366.9a	31 302.908 3 ± 3030.9a	34 898.7 ± 3 245.9a

3 讨论与结论

经过试验可以看出，覆膜处理有效地提高了费乌瑞它的商品性，但是不同的覆膜处理对其影响不同。在有效地全机械栽培条件下，结合温湿度数据来看，覆盖地膜可以有效地改变土壤的最高温度和最低温度，从而改变温度差；覆盖地膜也可以改变土壤的最低湿度覆膜处理能有效保水，各处理均最低湿度高于对照且差异显著，其中白膜覆盖在出苗期和结薯期都表现出良好的保水能力，各处理在结薯期温度较高时保水能力体现出差异且各个处理间均差异显著；黑色膜有很好的增温作用的同时，也具有良好的保水作用；银黑膜在出苗期具有很好的保水作用，但在结薯期土壤湿度仅高于对照21.4%，低于其他处理，但是结薯期温差最大，分析可能是由于结薯消耗大量水分导致。结合出苗期和生育期可以看出，对照组虽出苗晚，但生育期短。黑膜、银黑膜处理出苗期天数显著多于其他处理，但生育期天数与其他处理没有显著差异，说明黑膜、银黑膜的出苗期不会影响生育期。白膜（1.2S）出苗期天数最短，同时生育期天数也最短。覆膜处理并没有有效提高商品薯率和青薯率，由于对照组在总结薯数少，并且小薯少导致的商品薯率高和低青薯率并不能作为评判覆膜效果差的依据。具体结论还需结合其他指标来判断。覆膜处理能够提高马铃薯的单株结薯数，但是对于其他农艺性状方面的影响并没有明显的规律。

在机械栽培筛选出表现较好地处理，在第二年有增加了黑白膜处理，进行小范围的人工栽培试验，但是在人工栽培的条件下可以看出，各种指标之间差异性并不大，分析是由于两年栽培方式有所不同，全程机械化栽培，土壤粒级较小，与此同时种植深度施肥量都有着严格地把控，且种植密度较大；人工种植，土块较大且种植密度较小，且这年生长早期温度较高，虽然中间进行了几次人工浇水，但是效果还是较差，株高显著高于机械栽培，可能植株徒长导致的产量较低，这些可能是导致结果产生差异的原因。具体还待以后研究进一步探索。

前人的结论表明，不同种类的地膜对植物生长均有着调节作用。张淑敏等[10]人的研究中发现，黑白配色地膜能显著提高马铃薯产量，降低青薯率影响土壤温度和保水量，且产量与土温和土壤含水量密切相关。黑色地膜的提温效果慢，因此处理出苗期晚于白色地膜，生育期也会延长。徐康乐等[11]研究表明，黑色底膜前期提温较慢，透光率低，因此，黑色地膜处理的马铃薯出苗晚、长势弱，延长了生育期，但减少了青薯出现的概率。瞿晓苍[12]的研究也有相似结论，即不同颜色的地膜能影响田间土壤温度和水分含量，全黑地膜的产量高于普通白色地膜产量，他认为是黑色地膜覆盖在盛花期稳定地温的作用对马铃薯薯块膨大创造了适宜的条件，对马铃薯产量提高奠定了基础。在他的研究中也发现，马铃薯进入产量形成期后，土壤保水量会显著下降，但黑色地膜覆盖抑蒸保墒、协调马铃薯耗水与土壤水分分配，在高效用水的同时最大限度保蓄了土壤水分。另有研究[13]表明透明膜覆盖能显著提高作物产量，但在地膜覆盖营造高产田的同时，易导致土壤水分过耗，土壤保水量下降。周东亮等[14]研究表明，有色地膜和无色地膜不会显著影响土壤保水量，但黑色地膜能够提高马铃薯植株的水分利用效率，从而提高产量。王红丽等[15]人发现，有色地膜在马铃薯全生育期都有增温效果，但出现前期增幅大，后期增温小的趋势。她认为前期增温明显有利于植株生长，地上冠层大，是较为合理的地上群体构成，后期稳定的地温对块茎的膨大创造了有利条件。王连喜等[16]也发现，地膜覆盖粉用马铃薯，能使地表温度提高 0.4 ~ 7.3℃，满足种薯萌发和根系生长对温度的要求，并促进植株营养器官快速生长，有利于结薯。综上，覆盖地膜的田间效果表现为：保温保水，提高马铃薯水分利用率，提高产量，增加经济效益，有色地膜会延后出苗时间，但会降低青薯率。

综合栽培试验的各项数据来看，在费乌瑞它的机械化栽培体系下，根据生产需求的不同，选择合适的地膜十分重要。不同的地膜有着不同的保温、保水效果，通过影响土壤温度和湿度及光照，影响费乌瑞它的生长发育，从而影响产量、产量构成因素等。白膜（1.2S）和蓝色地膜有着较高的产量和商品薯率，适宜生产商品薯。黑膜和银黑膜产量高，虽商品薯率不及白膜（1.2S）和蓝色地膜，但单株结薯数高，中薯率和小薯率高，适宜用作种薯生产。总的来说，有色地膜可以显著降低青薯率，提高了薯块的商品性。

参考文献

[1] 王金富 . 马铃薯种薯的选择与贮藏 [J]. 农民致富之友，2011（18）：107.

[2] 刘亚贤，王先慧．马铃薯品种费乌瑞它的特征特性及优质高产栽培技术 [J]，中国马铃薯，2014，3（28）：152–153.

[3] 胡玉霞．费乌瑞它马铃薯综合农艺性状及高产栽培技术 [J]，现代农业科技，2016，（13）：100-101.

[4] 岳红，卢其能，赵昶灵．贮藏条件对马铃薯龙葵素和叶绿素含量的影响 [J]，浙江农业科学，2011，5（55）：1082-1084.

[5] 周丽娜，等．不同颜色地膜覆盖对马铃薯生长发育的影响 [J]，河北农业科学，2012，16（9）：18–21.

[6] 李小波．不同颜色地膜覆盖对广东省冬种马铃薯的影响 [J]，园艺学报，12（3）：321–323.

[7] 王艳君，等．覆盖不同颜色地膜对马铃薯生育期及产量的影响 [J]，现代农业科学，2016（6）：63-64.

[8] 石凤旭，刀家雄，黑二，等．勐海县冬马铃薯品种筛选试验 [J]，云南农业科技，2014，4：15-17.

[9] 秦红军，李文娟，谢开云．种植密度对马铃薯种薯生产的影响 [J]，植物生理学报，2017，53（5）：831–838.

[10] 张淑敏，宁堂，刘振，等．不同类型地膜覆盖的抑草与水热效应及其对马铃薯产量和品质的影响 [J].作物学报，2017，43（4）：571–580.

[11] 徐康乐，米庆华，徐坤范，等．不同地膜覆盖对春季马铃薯生长及产量的影响 [J].中国蔬菜，2004，（4）：17–19.

[12] 瞿晓苍．不同颜色地膜覆盖对马铃薯生长发育及产量的影响 [J].中国马铃薯，2015，29（6）：346–350.

[13] 黄明斌，党廷辉，李玉山．黄土区旱塬农田生产力提高对土壤水分循环的影响 [J].农业工程学报，2002，18（6）：50-54.

[14] 周东亮，叶丙鑫，王姣敏，等．黑色地膜双垄覆盖对马铃薯干物质和水分利用效率的影响 [J].中国蔬菜，2018（2）：47–52.

[15] 王红丽，张绪成，于显枫，等．黑色地膜覆盖的土壤水热效应及其对马铃薯产量的影响 [J].生态学报，2016，36（16）：5215-5226.

[16] 王连喜，钱蕊，曹宁，等．地膜覆盖对粉用马铃薯生长发育及产量的影响 [J].作物杂志，2011，5：68-72.

重金属铅、镉胁迫对马铃薯光合生理影响

李佩华 *，彭正松，徐贵芝，曲继鹏，汪翠存

（西昌学院，四川西昌　615013）

摘　要： 以马铃薯西薯1号为供试材料，研究不同浓度重金属铅、镉胁迫对马铃薯光合生理特性影响。结果表明：随浓度和时间的增加，马铃薯的光合速率（Pn）、气孔导度（Gs）、蒸腾速率（Tr）、胞间 CO_2 浓度（Ci）和 SPAD 值均呈下降趋势。随着 Pb、Cd 浓度继续增大，大部分光合生理指标趋于稳定，而在高浓度 Cd 处理下，SPAD 值急剧下降。马铃薯光合系统对 Pb、Cd 有一定的耐性，Cd 对马铃薯光合作用的影响大于 Pb。

关键词： 铅；镉；马铃薯；胁迫；光合生理

随着人类社会的进步和工业化进程不断加快，土壤重金属污染已成为人们广为关注的环境问题[1]。对重金属污染的研究一直是生态学和环境生物学研究的热点之一，重金属对生物形态、生理生化效应及植物对重金属污染抗性机制等方面已有不少研究[2~4]。目前的研究主要集中在重金属对植物毒害效应、毒作用机理及植物的抗性机制方面，对重金属胁迫下植物光合生理特性的相关研究甚少。

目前，我国受 Pb、Cd 等重金属污染的土壤面积 2 000 万 hm²，约占总耕地面积的 1/5[5]，每年因重金属污染导致的粮食经济损失高达 200 亿元[6]。我国重金属污染的土地面积占总污染面积 4.8%，其中轻度污染占 46.7%，中度污染占 9.7%，严重污染占 8.4%[7]。据农业部调查分析，我国 24 个省（市）城郊、污水灌溉区、工矿等 320 个重点污染区中，60.6 万 hm² 大田作物种植面积污染超标，占监测总面积的 20%，其中重金属含量超标的农产品产量与面积约占污染物超标农产品总量与总面积的超过 80%，尤其是 Pb、Cd、Hg、Cu 及其复合污染最为严重[8]。Pb、Cd 是植物的生长有毒元素，Pb 能影响植物的抗氧化酶系统[9~10]，受 Cd 污染的蚕豆苗根尖呈深褐色坏死[11]，Cd 能抑制玉米、小麦[12]、黄瓜[13]、番茄[14] 等的生长，且均出现叶片失绿、发黄等症状而影响作物的产量。近年来，王林等研究了随着 Pb、Cd 混合处理液浓度的升高，萝卜叶片的叶绿素含量、光合速率、蒸腾速率等指标均显著下降[15]；王丽艳等研究得出，低浓度 Pb、Cd 混合处理液对小麦各项生理指标有一定的促进作用，随着浓度提高，叶绿素合成受阻[16]。

马铃薯是重要的粮食、蔬菜兼用作物[17]，营养丰富，食用价值高[18]。随着城市工业化、都市化的发展，大量的 Pb、Cd 连续不断地进入土壤，导致 Pb、Cd 污染日益严重，给人类、环境、农业带来极

基金项目： 四川省教育厅重点项目"重金属离子胁迫马铃薯的生理效应及安全性评价"（12ZA149）。

作者简介： 李佩华（1975—），男，副研究员，硕士，主要从事马铃薯等育种、栽培生理、良繁研究。E-mail: Lipeihua_2004@sina.com。

大危害。重金属元素在土壤中已有不同程度的积累[19~21]。土壤中 Pb、Cd 的含量已大大地超过世界土壤背景值[22]。Pb、Cd 是植物生长的非必需元素，两者均可对植物的光合叶绿素合成和抗氧化酶产生不利影响，当超过一定剂量则严重影响植物的生理代谢活动，阻碍植物生长发育甚至导致植物死亡[23]。而有关重金属 Pb、Cd 胁迫下对马铃薯光合生理特性的影响未见报道。本试验探讨了马铃薯光合生理特性与土壤重金属污染的关系，以揭示马铃薯光合系统对重金属胁迫的响应，为指导马铃薯生产提供理论依据。

1 材料与方法

1.1 试验材料

供试马铃薯品种为西薯 1 号，由西昌学院高原及亚热带作物实验室提供。

1.2 试验设计

试验于在西昌学院人工气候室里进行，试验期间室内的 CO_2 浓度为（450±50）μmol/mol，光强为（420±50）μmol/m²·s，相对湿度为（55±8）%，白天温度为（25±2）℃，夜间温度为（15±2）℃，每天 12 h 光照。试验用土壤采自西昌学院校内试验地表层土壤，理化性质：pH 值 6.30（水）/7.71（$CaCl_2$），总 P 为 441 mg/kg，总 N 为 853 mg/kg，总 K 为 2 313 mg/kg，有机质含量 25.1 mg/kg，重金属 Pb、Cd 含量分别为 20、0.2 mg/kg。Pb 胁迫处理水平为：0（CK）、200、500、1 000 mg/kg，Pb 以 Pb（CH_3COO）$_2$ 的形式加入；Cd 胁迫处理水平为：0（CK）、20、50、100 mg/kg，Cd 以 $CdCl_2$·$2.5H_2O$ 形式加入；土壤处理后，拌匀，稳定两周后移植马铃薯幼苗。选取重量和高度 8~10 cm 一致的植株，随机分配到每个浓度处理中，每个处理栽种 16 盆，每盆 1 株。移植后，用称重法补充水分，保持土壤含水量为田间持水量的 60% 左右，重金属胁迫处理 30 d 后，测定有关光合生理指标。

1.3 光合生理指标测定

取马铃薯叶（主茎从上向下数第 3、4 对叶子）在 10：00~11：30 时间段，利用便携式光合测定系统 CI-340（美国恩爱迪生态科学仪器有限公司）测定其光合净速率（Pn）、蒸腾速率（Tr）、气孔导度（Gs）和胞间 CO_2 浓度（Ci）。同时用 SPAD-502（Minota，Japan）叶绿素仪测定叶片的 SPAD 值，同一叶片各项指标测定均重复 3 次。

2 结果与分析

2.1 Pb、Cd 对马铃薯光合生理特性的影响

2.1.1 Pb 对马铃薯光合生理特性的影响

由图 1 知，不同浓度 Pb 处理下，马铃薯光合生理特性呈现不同规律的变化。Pb 作用下，马铃薯光合作用速率随 Pb 浓度的增加而下降，各处理均与对照组差异显著。当 Pb 浓度为 200 mg/kg 时，净光合速率下降幅度最大，为 22.97%，随后下降幅度逐渐变缓，Pb 浓度为 1 000 mg/kg 时为对照的 52.55%；Pb 处理后，马铃薯叶片 Tr 随 Pb 浓度的增加呈下降趋势，各处理均与对照组差异显著，当 Pb 浓度超过 200 mg/kg 时，Tr 下降幅度变缓，Pb 浓度为 1 000 mg/kg 时 Tr 为对照的 74.66%；200 mg/kg Pb 处理下，Gs 与对照组无明显差异，随着 Pb 处理浓度的增加，Gs 下降幅度增大，Pb 浓度为 1 000 mg/kg 时，Gs 为对照的 74.67%；随着 Pb 处理浓度的增加，Ci 下降幅度逐渐变缓，含量趋于稳定。500 和 1 000 mg/kg Pb 处理下 Ci 分别为对照的 84.21% 和 83.32%。

2.1.2 Cd 对马铃薯光合生理特性的影响

由图 2 知，不同浓度 Cd 处理下，马铃薯光合生理特性呈现不同规律变化。随着 Cd 浓度增加，马铃薯光合作用速率下降，而 Cd 浓度为 20 mg/kg 时，马铃薯光合速率与对照无明显差异，当 Cd 浓度达

到 50 mg/kg 时，净光合速率下降幅度最大，为 26.75%，此后下降幅度变慢，Cd 浓度为 100 mg/kg 时净光合速率为对照的 50.28%；Cd 处理下，Gs 下降幅度变化与 Pb 处理下相反，Gs 下降幅度随 Cd 浓度增加逐渐变缓，当 Cd 浓度超过 50 mg/kg 后，Gs 趋于稳定，1 000 mg/kg Cd 处理下 Gs 为对照的 68.04%；Cd 处理下，Gs 下降幅度变化与 Pb 处理下相反，Gs 下降幅度随 Cd 浓度增加逐渐变缓，当 Cd 浓度超过 50 mg/kg 后，Gs 趋于稳定，1 000 mg/kg Cd 处理下 Gs 为对照的 68.04%；Ci 随 Cd 浓度的增加呈现先下降后上升的趋势，当 Cd 浓度达到 50 mg/kg 后，Ci 下降幅度最大，为对照组的 89.39%，Cd 浓度超过 50 mg/kg 后，Ci 含量开始上升，100 mg/kg Cd 处理时，Ci 上升至对照组的 98.47%。

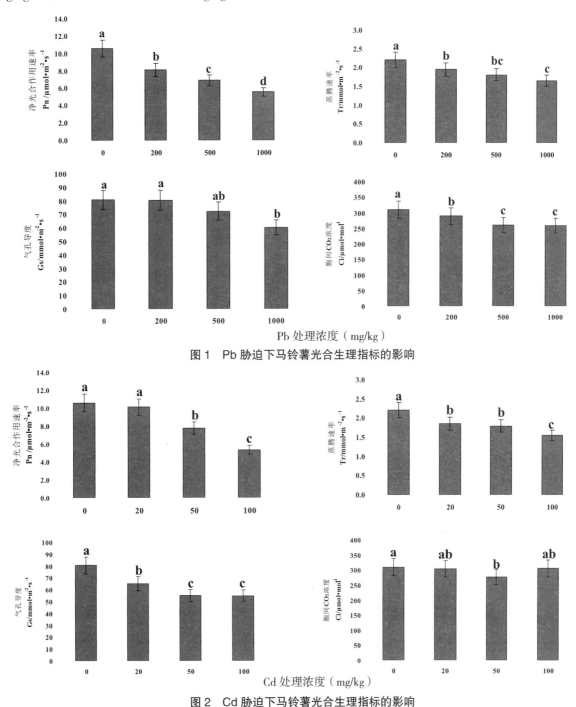

图 1 Pb 胁迫下马铃薯光合生理指标的影响

图 2 Cd 胁迫下马铃薯光合生理指标的影响

2.2　Pb、Cd 对马铃薯叶绿素含量的影响

由图 3 知，马铃薯 SPAD 值随 Pb、Cd 浓度的增加而下降，而变化规律不尽相同。Pb 胁迫下，SPAD 值随 Pb 浓度增加总体呈现下降趋势，下降幅度变缓，当 Pb 浓度超过 500 mg/kg 后，SPAD 值趋于稳定；Cd 胁迫下，SPAD 值随 Cd 浓度增加不断下降，当 Cd 浓度超过 50 mg/kg 后，SPAD 值下降幅度显著增大。

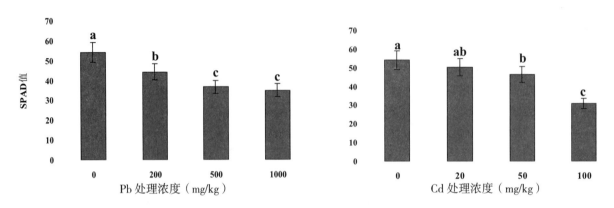

图 3　Pb、Cd 胁迫下马铃薯叶绿素的影响

3　讨论

叶片部分具有较强的 CO_2 传导能力，较高的光反应和暗反应是植物叶片取得较高光合速率的重要基础[25]。一般认为导致光合速率降低的因子包括气孔限制和非气孔限制[26]。植物叶片的净光合速率 Pn 的大小是衡量植物光合作用强弱的重要指标，其变化亦可直接反映出光合作用的程度及光合作用的变化情况。影响 Pn 大小的因素主要有 Ci、Gs 和 Tr。他们在植物光合作用过程中协同发挥作用，促进光合反应进行。Tr 的大小可以衡量植物叶片蒸腾强度和气孔开放程度，气孔开放的大小可直接影响 CO_2 进入叶片的速率，影响细胞间 CO_2 浓度，进而影响碳同化的进行[27]。

近年来，重金属抑制植物的光合作用已被许多研究证实，一般认为其抑制机理包括[28~29]：重金属可破坏叶片内的光合酶并引起光合色素降低；重金属使叶绿素含量降低，同时引起叶绿体结构损伤和破坏叶绿体膜；叶绿素是光合作用的启动者，一定范围内，叶绿素含量越高，净光合速率越高。Pb 处理后，植株光合作用色素遭到破坏，其中反映最为明显的是叶绿素 a，Pb 浓度提高后其含量快速下降，高浓度 Pb 胁迫下抑制效果更为明显[30]。叶绿素含量降低与合成叶绿素的酶受重金属破坏程度有关，有研究认为重金属离子被植物吸收后，重金属离子作用于叶绿素合成酶的肽链中 SH 部分，通过改变其正常构型抑制了酶的活性和阻碍了叶绿素的合成[31]。另外有研究表明：重金属离子能使叶绿体被膜消失，造成叶绿体的不可逆损伤[32~33]；Pb 胁迫下，植物叶绿体结构会发生明显变化[34]；在高浓度 Pb 胁迫下，叶绿体膜系统崩溃，叶绿体皱缩，出现大而多的脂粒小球[35]。说明重金属破坏叶绿体功能的作用较强，可大幅度降低植物叶片叶绿素含量。

重金属通过影响叶片气孔开放度抑制植物的光合作用，其中镉和铅抑制植物光合作用效果较为显著[36~37]。本试验中高浓度 Pb、Cd 处理下，Pn 降低的幅度显著增大，Gs 显著降低，而 Pn 和 Gs 的降低的同时伴随着 Ci 的升高。据 Farquhar[36] 等关于判断气孔限制和非气孔限制的研究可知，本试验 Pb、Cd 对马铃薯光合作用的抑制是非气孔因素引起的，并非气孔导度的下降使 CO_2 供应不足所致，而是光合结构遭到了破坏抑制了暗反应酶的活力，进而降低了植物光合速率[37]。

本试验研究了 Pb、Cd 对马铃薯光合作用影响，经 Pb、Cd 处理后，一定浓度范围内，马铃薯的光合速率（Pn）、气孔导度（Gs）、蒸腾速率（Tr）、胞间 CO_2 浓度（Ci）及叶绿素含量（SPAD）呈下降趋势。随着 Pb、Cd 浓度继续增大，大部分光合生理指标趋于稳定，说明了马铃薯光合系统对 Pb、Cd 有一定的耐性。而在高浓度 Cd 处理下，SPAD 值急剧下降，这说明 Cd 对马铃薯光合作用的影响大于 Pb。

参考文献

[1] 万永吉，郑文教，方煜. 重金属铬（Ⅲ）胁迫对红树植物秋茄幼苗 SOD、POD 活性及其同工酶的影响 [J]. 厦门大学学报，2008，47（4）：571–574.

[2] 李庆亭，杨锋杰，张兵，等. 重金属污染胁迫下盐肤木的生化效应及波谱特征 [J]. 遥感学报，2008，12（2）：284–290.

[3] 孔祥瑞，曲东，周莉娜，等. 硫营养对重金属胁迫下玉米和小麦根系导水率的影响 [J]. 西北植物学报，2007，27（11）：2257–2262.

[4] 周守标，王春景，杨海军，等. 菰和菖蒲对重金属的胁迫反应及其富集能力 [J]. 生态学报，2007，27（1）：281–287.

[5] 吴双桃. 镉污染土壤治理的研究进展 [J]. 广东化工，2005，32（4）：40–41.

[6] 顾继光，周启星，王新，等. 土壤重金属污染的治理途径及其研究进展 [J]. 应用基础与工程科学学报，2003，11（2）：143–151.

[7] 陈志良，仇荣亮. 重金属污染土壤的修复技术 [J]. 环境保护，2002，（6）：21–23.

[8] 孙波，周生路，赵其国，等. 基于空间变异分析的土壤重金属复合污染研究 [J]. 农业环境科学学报，2003，22（2）：248–251.

[9] 孙守琴，何明，曹同，等. Pb，Ni 胁迫对大羽藓抗氧化酶系统的影响 [J]. 应用生态学报 . 2009，20（4）：937–942.

[10] 蔡卓，卢登峰，梁信源，等. 铅污染对芦荟抗氧化活性影响的研究 [J]. 广西大学学报：自然科学版 . 2012，37（3）：515–520.

[11] 莫文红，李懋学. 镉离子对蚕豆根尖细胞分裂的影响 [J]. 植物学通报，1992，9（3）：30–34.

[12] 洪仁远，蒲长光. 镉对小麦幼苗的生长和生理生化反应的影响 [J]. 华北农学报，1991，6（3）：70–75.

[13] 陈桂珠. 重金属对黄瓜籽苗发育影响的研究 [J]. 植物学通报，1990，7（1）：34–39.

[14] Moral R，Gomez I，Navarro P J，et al. Effects of cadmium on nutrient distribution，yield，and growth of tomato grown in soilless culture[J]. Journal of plant nutrition，1994，17（6）：953–962.

[15] 王林，史衍玺. 铅、镉及其复合污染对萝卜生理生化特性的影响 [J]. 中国生态农业学报，2008，16（2）：411 – 414.

[16] 王丽燕，郑世英. 铅、镉及其复合污染对小麦种子萌发的影响 [J]. 麦类作物学报，2009，29（1）：146 – 148.

[17] 陈志成. 薯类精深加工利用技术 [M]. 北京：化学工业出版社，2003.

[18] 孔凤真. 马铃薯产品开发大有可为 [J]. 粮油食品科技，1990，12（2）：8.

[19] Markus JA，Mcbrathy AB. An urban soil study heavy metals in glebe[J]. Australian Joumal of soil researeh，1996，34：453–465.

[20] Pouyat RV，Medonnel LLMJ. Heavy metal accumulations in forest soils along an urban-rural gradient in southeastern New-York，USA[J]. Water Air and soil pollution，1991，57（8）：77-87.

[21] Lotter moser Bot. Natural enrichment of topsoils with chromium and other heavy metal. Port Macquaria New south wales，Austrilia [J]. Australian Journal of soil Researeh，1997，35：1165-1176.

[22] 国家环境保护局. 中国土壤背景 [M]. 北京：中国环境科学出版社，1990.

[23] 白瑞琴，孟海波，周爽. 重金属 Cd 对两个马铃薯品种生长发育的影响 [J]. 华北农学报，2012，27（1）：168-172.

[24] 杨敏文. 快速测定植物叶片叶绿素含量方法的探讨 [J]. 光谱实验室，2002，19（4）：478-481.

[25] 刘慧英，朱祝军，史庆华. 低温胁迫下嫁接对西瓜光合特性及叶绿素荧光参数影响的研究 [J]. 石河子大学学报（自然科学版），2007，25（2）：163-167.

[26] 寇伟锋，刘兆普，陈铭达，等. 不同浓度海水对油葵幼苗光合作用和叶绿素荧光特性的影响 [J]. 西北植物学报，2006，26（1）：73-77.

[27] 刘全吉，孙学成，胡承孝，等. 砷对小麦生长和光合作用特性的影响 [J]. 生态学报，2009，29（2）：854-859.

[28] Quartacci MF，Pinzino C，Cristina LM. Growth in excess copper induces changes in the lipid composition and fluidity pf PS Ⅱ -enriched membranes in wheat[J]. Physiologia Plantarum，2000，108：87-93.

[29] Basak M，Shama M，Chakraborty U. Biochemical responses of Camellia sinensis（L.）O.Kuntze to heavymetal stress[J]. Journal Environment Biology，2001，22（1）：37-41.

[30] 徐学华. 北方地区 7 种主要绿化树种对铅镉胁迫的生理生态响应 [D]. 河北农业大学，2010.

[31] 邱永祥，蔡南通，吴秋云，等. 铅对叶菜用甘薯根系生长及植株光合作用的影响 [J]. 浙江农业学报，2006，18（6）：429-432.

[32] 张志良，瞿伟菁. 植物生理学实验指导 [M]. 北京：高等教育出版社，2003.

[33] 袁祖丽，李春明，熊淑萍，等. Cd、Pb 污染对烟草叶片叶绿素含量、保护酶活性及膜脂过氧化的影响 [J]. 河南农业大学学报，2005，39（1）：15-19.

[34] 彭鸣，王焕校，吴玉树. 镉、铅诱导的玉米幼苗细胞超微结构的改变 [J]. 中国环境科学，1991，11（6）：426-431.

[35] 周朝彬，胡庭兴，胥晓刚，等. 铅胁迫对草木挥叶中叶绿素含量和几种光合特性的影响 [J]. 四川农业大学学报，2005，23（4）：432-435.

[36] Farquar GD，Sharkey TD. Stomatal conductance and photosynthesis[J]. Annual. Review of Plant Physiol，1982，33：317-345.

[37] Mobin M，Khan NA. Photosynthetic activity，pigment composition and antioxidatvie response of two mustard（Brassica juncea）cultivars differing in photosynthetic capacity subjected to cadmium stress[J]. Plant Physiol，2007，164：601-610.

HPLC 法测定不同种植方式下马铃薯土壤中的 3 种酚酸

熊　湖，郑顺林*，黄　强，龚　静，袁继超，张开勤

（四川农业大学农学院 / 农业部西南作物生理生态与耕作重点实验室，四川成都　611130）

摘　要： 利用高效液相色谱法（HPLC）研究不同连作方式（马铃薯连作、玉薯轮作、马铃薯春秋强化连作）下马铃薯土壤中的 3 种酚酸类化合物（香草酸、对羟基苯甲酸、阿魏酸）含量，并优化了同时测定这 3 种酚酸的液相色谱条件。在用安捷伦 XDB-C$_{18}$ 柱（250 mm×4.6 mm，5 μm），检测波长为 λ=280 nm，柱温为 35℃，进样量为 20 μL，采用等度洗脱，流动相为 75%A 液（以冰醋酸调节 pH 值至 2.60）：25%B 液（乙腈），双泵体积流量 SI=0.8 mL/min 的色谱条件下可以有效对土壤提取液中的酚酸进行定量测定，且稳定性与回收率好，重现性高。含量测定结果表明：马铃薯不同种植方式均检测到这 3 种酚酸，在整个生育期内 3 种酚酸含量呈动态变化且不同方式存在显著差异，其中在前期强化连作土壤中这 3 种酚酸含量高于其他连作方式，轮作土壤中酚酸含量在成熟期低于其他连作方式，表明薯玉轮作可以缓解马铃薯的连作障碍。

关键词： 马铃薯；连作障碍；酚酸；高效液相色谱法

随着我国人口不断增长，同时在 15 年马铃薯主食化战略的提出，致使马铃薯在我国的种植面积呈不断增长趋势[1]，与其他粮食作物相比，马铃薯更加耐寒、耐旱、耐瘠薄，适应性广[2]。然而受限于现代农业具有复种指数高、作物种类单一的特点，马铃薯连作现象普遍，长期连作导致马铃薯即使在正常的栽培管理下也会出来品性退化、品质下降、产量降低的现象，即连作障碍[3]。

连作障碍的形成是由植物 – 土壤系统多种因素综合作用的结果[4]，而其中由于化感物质引起的化感现象是引起连作障碍重要原因，酚酸类物质是已经被证实的众多的化感物质其中之一[5]。香草酸、对羟基苯甲酸、阿魏酸是与马铃薯以及其他作物连作障碍的相关的酚酸类化合物[6]。目前轮作换茬法是当前防治连作障碍最经济、最有效、应用最广的方法，而在不同的栽培方法下土壤理化性质会发生相应的改变，酚酸类物质的含量与种类也会有所不同，在测定酚酸含量的方法中高效液相色谱法（HPLC）是有效且便捷的方法之一，虽然国内外已有关于利用高效液相色谱法测定土壤酚酸含量的文献报道，但是测定不同种类的酚酸以及在不同设备条件下色谱条件会有所不同，而色谱条件很大程度上决定了使用高效液相色谱法的测定效果。因此为探究不同连作方式下马铃薯根际土壤中的这 3 种酚酸进行分离、测定来初步探究酚酸与连作障碍间的机理，本文也对用高效液相色谱法测定土壤酚酸含量的色谱条件进行了进一步优化。

基金项目： 四川省育种攻关及配套项目（2016NYZ0051–5、2016NYZ0032）；四川薯类创新团队项目（川农业函[2014]91 号）。

* 通讯作者： 郑顺林，教授，主要从事薯类作物研究。E-mail：248977311@qq.com。

1 材料与方法

1.1 酚酸测定方法的建立

标准溶液的配制：准确称取香草酸、对羟基苯甲酸、阿魏酸各 20.0 mg 分别置于 3 个 100 mL 容量瓶中，并准确称取香草酸、对羟基苯甲酸、阿魏酸各 20.0 mg 置于同一容量瓶中，滴加几滴甲醇溶解后用超纯水定容至刻度线，作为单一标样以及混合标样的母液，于 4 ℃中保存，使用时稀释 100 倍作为工作液。所有样品进样前经 0.22 μm 滤膜过滤。

色谱条件：分离柱采用安捷伦 XDB-C$_{18}$ 柱（250 mm×4.6 mm，5 μm），检测波长为 λ=280nm，柱温为 35℃，进样量为 20 μL，采用 A、B 双泵系统，其中流动相组分 A 为乙腈，B 为用色谱纯的冰醋酸调节 pH 值至 2.60 的高纯水，体积比为 A：B=25：75，双泵体积流量 SI 为 0.8 mL/min，调整两泵的流速来分离 3 种酚酸。

1.2 样品制备

土壤采集：试验地为自四川农业大学试验田，分别为马铃薯连作、马铃薯/玉米轮作、马铃薯强化连作土壤、CK（保持土壤未栽培状态）。品种为川芋 117。于连续种植第四年（2017 年）春季的前期、花期、块茎膨大期、成熟期共四个时期取土壤样品，采用抖土法收集各处理马铃薯根际土壤，室内风干后过 40 目筛，并用塑封袋装后于 4℃保存待用。

表 1　实验处理

年份	对照 CK	普通连作	玉薯轮作	强化连作
2014	闲置	马铃薯	玉米	春薯 – 秋薯
2015	闲置	马铃薯	马铃薯	春薯 – 秋薯
2016	闲置	马铃薯	玉米	春薯 – 秋薯
2017	闲置	马铃薯	马铃薯	春薯 – 秋薯

土壤酚酸的提取：土壤酚酸的提取参考 Dalton et al.[7] 的方法并有所改动。分别称取各处理 10 g 土壤置于离心管中，加入 1 mol/L NaOH 溶液各 20 mL，超声震 30 min 后静置 24 h，在 210 r/min 摇床上震荡 30 min 在 8 000 g 离心力下离心 20 min，分离上清液后用 12 mol/L 盐酸调整溶液 pH 值至 2.5 沉淀出胡敏酸，超声震荡 10 min 后静置 2h，在 8000g 离心力下离心 10 min，分离上清液 4℃保存待分析。

2 结果与分析

2.1 色谱条件的选择

测定波长：关于测定酚酸最佳波长 260 nm、280 nm、320 nm 均有报道[8]，结合测定目标，将 280 nm 设为本次紫外检测波长。

流动相：使用乙腈 – 醋酸水溶液作为流动相，因为本次测定目标为酸性物质，因此醋酸水溶液 pH 对峰型与保留时间影响较大，经过测试当醋酸水溶液 pH 值为 2.60 时峰型较好，无拖尾现象；而随着乙腈在流动相中所占的体积比增大，各酚酸的保留时间缩短，分离度随之下降，本文在乙腈：醋酸水溶液 =20：80、25：75、30：70、35：75、40：60 之间经过测试，同时综合分离效果与分离时间，选择乙腈：醋酸水溶液 =25：75。

柱温：为 35℃时测定时间短且保证了分离度。

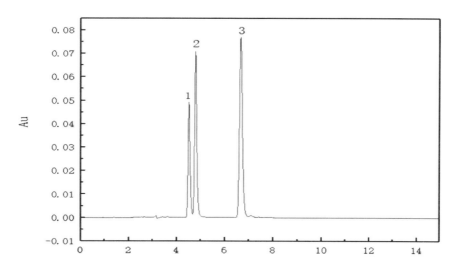

图 1　3 种酚酸混合标准样品的色谱图（1. 对羟基苯甲酸；2. 香草酸；3. 阿魏酸）

线性关系：将制备的不同浓浓度标准样品照上述条件依次进样，计算回归方程与相关系数，并以 3 倍信噪比确定检出限，结果见表 2，表明在该条件下，各酚酸的紫外吸收值与浓度间的线性关系良好。

表 2　3 种酚酸组分的回归方程、相关系数、线性范围和检出限

酚酸	回归方程	相关系数	线性范围（mg/L）	检出限（mg/L）
对羟基苯甲酸	$y = 17.65x + 0.62$	0.998 3	0.4 ～ 10	0.001 8
香草酸	$y = 29.7x - 0.16$	0.999 1	0.8 ～ 5	0.001 1
阿魏酸	$y = 19.1x - 1.78$	0.997 7	0.4 ～ 5	0.002 3

重现性实验：将 3 种酚酸的混合样品按照上述建立的液相色谱条件进行重复进样 6 次，通过比较色谱峰相对保留时间，结果如表 3，表明在该条件下 5 次的平行实验中各酚酸保留时间变化较小，具有良好的稳定性，其 RSD 值在 0.05% ～ 0.18%。

表 3　3 种酚酸的保留时间和相对标准偏差

酚酸	保留时间（min）（$x \pm s$；n =6）	相对标准偏差（%，n=6）
对羟基苯甲酸	4.461 ± 0.081	0.18
香草酸	4.714 ± 0.029	0.06
阿魏酸	6.525 ± 0.030	0.05

回收率实验：将混合标准样品稀释 10 倍后，和待测土壤提取液等体积混合，按照上述条件进样，重复 6 次，进行回收率的测定，结果见表 4，在本实验的条件下各酚酸回收率较高，相对标准偏差均低于 2%，能达到定量分析要求。

表 4　3 种酚酸的回收率和相对标准偏差

酚酸	回收率（%）（$x \pm s$；n =6）	相对标准偏差（%，n=6）
对羟基苯甲酸	100.46 ± 8.29	1.86
香草酸	95.03 ± 7.48	1.04
阿魏酸	94.37 ± 5.22	0.59

2.2 不同连作方式土壤酚酸含量

测定不同连作方式条件下马铃薯不同生育期土壤酚酸含量的色谱图如图2，检测结果如表5。结果表明，3种酚酸均能在不同连作方式和对照土壤中检测出，但是含量与动态变化都有所差异。在前期时：对羟基苯甲酸含量为强化连作 > CK > 玉薯轮作 > 连作；香草酸为强化连作 > 连作 > CK > 玉薯轮作；阿魏酸为强化连作 > 玉薯轮作 > 连作 > CK，强化连作土壤中三种酚酸含量均明显大于其他各个连作模式，并且均达到显著差异。到了花期时不同连作方式和对照土壤中的三种酚酸含量差异减小，部分没有显著差异。至成熟期时，玉薯轮作中的三种酚酸含量均为最低，CK 的三种酚酸含量均为最高，且三种酚酸含量均出现玉薯轮作与强化连作无显著差异，CK 与连作无显著差异的特征。

在马铃薯整个生育期中，香草酸含量在玉薯轮作与连作及 CK 变化规律为先增长后降低，强化连作为一直降低；对羟基苯甲酸含量在玉薯轮作与连作及 CK 变化规律为先增长后降低，强化连作持续降低趋势，变化大致相同但时期与幅度有所差异；阿魏酸在玉薯轮作与连作及强化连作中变化规律为一直降低，而 CK 均为先增长后降低。

在马铃薯整个生育期中，虽然三种连作方式与对照土壤中各个酚酸含量变化不同，但到成熟期后基本都低于前期，整体大致呈降低趋势。CK 土壤中三种酚酸含量前期与成熟均无显著差异，说明在无外界干扰时土壤中这三种酚酸的含量是保持在一定水平范围内的；而三种连作方式中各个酚酸含量除了连作中的对羟基苯甲酸与玉薯轮作中的香草酸外，前期与成熟期均达到显著差异。

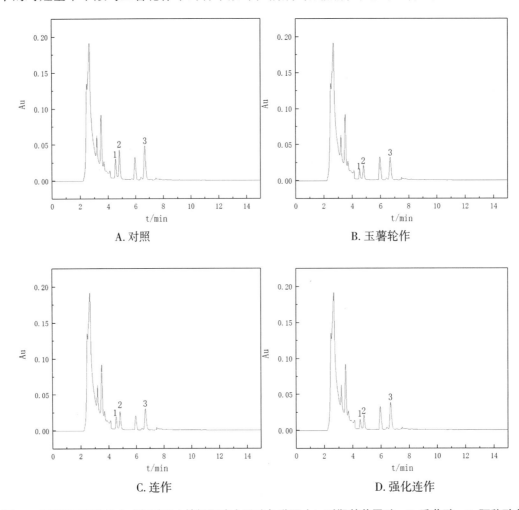

图 2　成熟期不同连作方式与对照土壤提取液中酚酸色谱图（1. 对羟基苯甲酸；2. 香草酸；3. 阿魏酸）

表5　不同连作方式下各生育期土壤酚酸含量（μg/g）

酚酸	连作方式	生育时期			
		前期	花期	块茎膨大期	成熟期
对羟基苯甲酸	CK	10.67 ± 0.40ef	13.15 ± 0.52bc	13.81 ± 0.35b	11.02 ± 0.87def
	玉薯轮作	10.33 ± 0.27fg.	12.74 ± 0.14bcd	11.57 ± 0.32def	8.34 ± 0.08h
	连作	10.13 ± 0.51ef	12.68 ± 0.33bcd	11.62 ± 0.52def	10.25 ± 0.22ef
	强化连作	15.82 ± 0.43a	13.96 ± 0.58bc	12.29 ± 0.31cde	8.68 ± 0.09gh
香草酸	CK	16.72 ± 0.12f	24.95 ± 0.75b	25.28 ± 0.21b	15.41 ± 0.57fg
	玉薯轮作	12.07 ± 0.58i	26.17 ± 0.21b	19.05 ± 0.11de	11.92 ± 0.23i
	连作	17.57 ± 0.48ef	21.65 ± 0.38c	20.41 ± 0.29cd	14.61 ± 0.25gh
	强化连作	30.09 ± 0.78a	24.64 ± 0.34b	13.61 ± 0.41h	12.18 ± 0.21i
阿魏酸	CK	10.68 ± 0.16fg	16.15 ± 0.33b	16.51 ± 0.21ab	10.01 ± 0.32gh
	玉薯轮作	13.09 ± 0.22c	11.63 ± 0.28ef	9.92 ± 0.49h	7.87 ± 0.22i
	连作	11.71 ± 0.11de	12.76 ± 0.22cd	11.33 ± 0.25ef	9.80 ± 0.40h
	强化连作	16.97 ± 0.13a	13.09 ± 0.21c	10.41 ± 0.50ef	8.63 ± 0.28i

注：同列数据后标不同小写字母表示差异显著水平（$P<0.05$）。

3　讨论

目前利用高效液相色谱法测定酚酸类自毒化感物质是运用最广泛、最便捷的方法之一，江和源等[9]建立了利用高效液相色谱法同时测定茶叶中 5 种酚酸类化合物的测定方法，并认为使用不同的提取液制备样品，测得的含量结果差异较大；骆成尧[10] 等运用反相高效液相色谱法同时测定马铃薯块茎中的 4 种酚酸，得出了不同的地域条件可能对马铃薯块茎中的酚酸含量有一定影响的结论；吴丹[11] 等利用高效液相色谱法测定了太子参根际土壤中的酚酸，发现种植太子参后土壤中的酚酸类自毒物质含量升高。本文在前人基础上优化了色谱条件，分离和测定了不同连作方式下马铃薯土壤中的 3 种酚酸，并且该方法重现性好，各酚酸的线性关系均达到显著，回收率较高。

目前，抑制根系自毒物质的分泌和活性是当前克服连作障碍一个主要研究方向。具有连作障碍作物的根系分泌物中，某些化感物质具有自毒作用，这些物质会抑制根系活性，导致根系抗病力下降，根部病害加重[4]，其中酚酸是植物中的第二大次生代谢物[12 ~ 13]，且酚酸类物质已是公认的化感物质，对植物的生长有严重的抑制作用，沈宝云[14] 等用气相色谱 – 质谱联用仪（GC–MS）对马铃薯连作根际土壤分离检测出了苯甲酸、苯乙酸、肉桂酸等 16 种酚类化合物，酚酸类物质被认为是主要的化感因子[15]，其中多是已有报道的化感物质。李自龙[16] 认为对羟基苯甲酸、香草酸和阿魏酸这 3 种酚酸类化合物是连作马铃薯土壤中重要的化感物质，他们分别浇灌这 3 种酚酸的溶液及其混合液，对马铃薯植株的株高、茎粗、地上分茎数、匍匐茎数、根长和生物量皆有显著抑制作用。

改变种植制度，合理更换栽培方式被认为是能有效克服连作障碍的方法之一，其原因有很多，符建国[17] 等通过分离与鉴定烟田根际土壤酸性有机组分的，发现轮作与连作土壤中的酸性成分发生了种类与数量的变化，说明了更改种植制度可以有效地影响土壤中的酚酸组成。由表 5 可以看出在马铃薯土壤中的对羟基苯甲酸、香草酸、阿魏酸各个不同生育期的含量都发生了变化，这与田给林[4] 的结论相似，证明马铃薯和其他作物相同，在不同的生长的发育时期分泌的酚酸的量有所不同，本次实验中，在马铃薯整个生育期中这三种酚酸含量都是前期高于成熟期，这可能与酚酸类物质的合成途径与土壤矿物对酚酸类物质的吸持以及根际微生态环境相关[18]，植株的残体会产生自毒物质[19]，作物残体的腐解与酚酸降解[20]也可能是产生这种现象的原因之一；同时也可以从表5发现，在前期时强化连作三种酚酸含量均为最高，而到了成熟期则是玉薯轮作三种酚酸含量最低，并且达到显著差异。

4 结论

在用安捷伦 XDB-C$_{18}$ 柱（250 mm × 4.6 mm，5 μm），检测波长为 λ=280 nm，柱温为35℃，进样量为20μL，采用等度洗脱，流动相为75%A液（以冰醋酸调节 pH 值至2.60）：25%B液（乙腈），双泵体积流量SI为 0.8 mL/min 的色谱条件下能够快速分离测定马铃薯土壤中三种酚酸（对羟基苯甲酸、香草酸、阿魏酸）的含量，并且重复性高，精确度较好，检出限低。不同连作方式下的马铃薯土壤中的这三种酚酸含量有显著差异，在整个生育期内三种酚酸含量呈整体下降趋势，但动态变化且各不相同，以强化连作酚酸含量最高，玉薯轮作含量最低，表明马铃薯连续种植会加重连作障碍，而玉薯轮作可以减缓连作障碍。

参考文献

[1] 谷悦. 马铃薯主粮化为国家粮食安全战略重要一步—农业部公开解答关于马铃薯主粮化的问题 [J]. 中国食品，2015，No.667（3）：36-39.

[2] 冯华. 为何要让马铃薯成第四大主粮 [J]. 湖南农业，2015（3）：14-14.

[3] 郑良永，胡剑飞，林昌华，等. 作物连作障碍的产生及防治 [J]. 热带农业科学，2005，25（2）：58-62.

[4] 田给林，毕艳孟，孙振钧，等. 酚酸类物质在作物连作障碍中的化感效应及其调控研究进展 [J]. 中国科技论文，2016，11（6）：699-705.

[5] 沈宝云. 甘肃黄河灌区马铃薯不同品种对连作逆境的响应机理研究 [D]. 甘肃农业大学，2013.

[6] 李孝刚，张桃林，王兴祥. 花生连作土壤障碍机制研究进展 [J]. 土壤，2015，47（2）：266-271.

[7] Dalton B R，Weed S B，Blum U. Plant Phenolic Acids in Soils：A Comparison of Extraction Procedures 1[J]. Soil Science Society of America Journal，1987，51（6）.

[8] 夏民州，朱林. HPLC 法测定土壤肥料中的酚酸类化合物 [C]. 第十三次全国色谱学术报告会. 2001.

[9] 江和源，蒋迎. 茶叶中 5 种酚酸类化合物的 HPLC 测定方法 [J]. 食品工业科技，2004（12）：50-50.

[10] 骆成尧，印遇龙，阮征，等. 反相高效液相色谱法同时测定马铃薯块茎中酚酸类物质 [J]. 食品科学，2011，32（18）：300-303.

[11] 吴丹，赵立，庞文生，等. 太子参根际土壤酚酸类自毒物质的分析测定 [J]. 中国民族民间医药，2017，26（24）：32-34.

[12] Laranuñez A，Romeroromero T，Ventura J L，et al. Allelochemical stress causes inhibition of growth and oxidative damage in Lycopersicon esculentum Mill.[J]. Plant Cell & Environment，2010，29（11）：2009-2016.

[13] 谢越，俞浩，汪建飞，等. 高效液相色谱法同时测定滁菊样品中的 9 种酚酸 [J]. 分析化学，

2013，41（3）：383-388.

[14] 沈宝云，李朝周，余斌，等 . 甘肃沿黄灌区连作马铃薯根区土壤有机物 GC-MS 分析 [J]. 干旱地区农业研究，2016，34（3）：1-7.

[15] Awad F，Römheld V，Marschner H. Effect of root exudates on mobilization in the rhizosphere and uptake of iron by wheat plants[J]. Plant & Soil，1994，165（2）：213-218.

[16] 李自龙，回振龙，张俊莲，等 . 外源酚酸类物质对马铃薯植株生长发育的影响及机制研究 [J]. 华北农学报，2013，28（6）：147-152.

[17] 符建国，易建华，贾志红，等 . 轮作与连作烟田根际土壤酸性有机组分的初步分离与鉴定 [J]. 中国烟草科学，2011，32（6）：67-71.

[18] 张淑香，高子勤 . 连作障碍与根际微生态研究Ⅱ . 根系分泌物与酚酸物质 [J]. 应用生态学报，2000，11（1）：153-157.

[19] 万年鑫，袁继超，何卫，等 . 马铃薯不同器官浸提液的自毒作用 [J]. 浙江大学学报（农业与生命科学版），2016，42（4）：411-418.

[20] 张璐，杨瑞秀，王莹，等 . 甜瓜连作土壤中酚酸类物质测定及降解研究 [J]. 北方园艺，2017（9）：18-23.

不同活力健有机肥施用量对冬马铃薯产量的影响

周全卢[1]，屈会娟[2*]，李　胜[1]，沈学善[3]，李育明[1]

（1.南充市农业科学院甘薯研究所，四川南充　637000；2.四川省农业科学院生物技术核技术研究所，四川 成都 610061；3.四川省农业科学院土壤肥料研究所，四川成都　610066）

摘　要：活力健是一种新型水溶性有机肥，为探索其在川中平坝丘陵区旱地冬马铃薯生产中的适宜施用量，设置不同的施肥处理，测定马铃薯的植株性状、鲜薯产量和商品薯率。结果表明：只施活力健有机肥不能替代传统复合肥的生产效果。复合肥配施活力健有机肥后，可显著提高冬马铃薯的株高、茎粗，进而提高鲜薯产量，增产幅度为9.19% ~ 16.60%，但对商品薯率的影响不显著。生产上适宜的施肥量为在基施复合肥1 200 kg/hm² 的基础上配施600 kg/hm² 活力健有机肥。

关键词：马铃薯；活力健；产量

活力健是一类新型水溶性有机肥，已在多种作物上进行应用，取得了良好的效果，其能促进作物迅速生长，健壮植株，提高其抗病性、抗逆性等。本研究以冬马铃薯为基础，用活力健有机肥作基肥，旨在筛选出川中平坝丘陵区旱地冬马铃薯适宜的活力健有机肥施用量，提高该区马铃薯产量。

1　材料与方法

1.1　试验材料

以川芋10号原种为供试材料。

1.2　试验设计

试验在南充市西充县双凤镇12村试验基地进行，海拔高度300 m 左右，地貌为浅丘。土壤类型为壤土带沙，肥力中等。采用随机区组试验设计，重复3次。每小区6垄，垄长4 m，垄距0.83 m。设8个处理：CK1：空白；CK2：只施基础肥1 200 kg/hm²（西洋牌硫酸钾复合肥，N、P₂O₅、K₂O 含量均为15%）；CK3：活力健600 kg/hm²；T1：基础肥 + 活力健300 kg/hm²；T2：基础肥 + 活力健450 kg/hm²；T3：基础肥 + 活力健600 kg/hm²；T4：基础肥 + 活力健750 kg/hm²。其中，CK3 和 T1 ~ T5 处理，分别于结薯期用活力健15 kg/hm² 兑水225 kg 叶面喷施。

12月28日播种，密度90 000株 /hm²，沟播，深度7 ~ 9 cm，同时采用地膜覆盖以保温。活力健

基金项目：四川薯类创新团队项目（川农业函 [2014]91 号）；公益性行业（农业）科研专项（201503127）。

作者简介：周全卢，男，副研究员，从事薯类遗传育种及栽培技术研究。E-mail：zhouquanlu@163.com。

* 通讯作者：屈会娟，女，博士，副研究员，主要从事薯类高产栽培技术研究，E-mail：qhjuan120@126.com。

固体肥作为基础肥施入。马铃薯生长前期（发棵期）和封行期进行中耕培土。对病虫害进行预防和及时处理，重点进行晚疫病和蚜虫的预防及综合防治。

2 结果与分析

2.1 不同施肥处理对冬马铃薯植株性状的影响

从表1可以看出，施肥处理的株高、茎粗和单窝主茎数均显著高于不施肥处理（CK1）。只施基础肥处理（CK2）的株高和单窝主茎数虽然显著低于只施活力健有机肥处理（CK3），但其茎粗却显著高于CK3处理，表明其植株较健壮。在基础肥配施活力健有机肥处理（T1～T4）中，T2处理的株高显著高于其他处理，且其茎粗和单窝主茎数与其他处理差异不显著，表明T2处理群体长势最优。

表1 不同施肥处理对冬马铃薯植株性状的影响

处理	株高（cm）	茎粗（cm）	单窝主茎数（茎／窝）
CK1	26.1 f	0.67 d	1.5 c
CK2	51.5 e	0.95 a	2.0 b
CK3	67.1 d	0.75 c	2.3 a
T1	74.8 c	0.86 b	2.0 b
T2	95.9 a	0.98 a	1.8 b
T3	85.3 b	0.94 a	1.9 b
T4	81.5 b	0.92 a	1.8 b

2.2 不同施肥处理对冬马铃薯产量的影响

由表2可以看出，不施肥处理（CK1）和只施活力健有机肥处理（CK3）的鲜薯产量差异不显著，均显著低于其他施肥处理。只施复合肥处理（CK2）与复合肥配施300 kg/hm² 活力健有机肥处理（T1）的鲜薯产量差异不显著，但均显著低于其他复合肥配施活力健有机肥处理（T2～T4）。在基础肥配施活力健有机肥处理（T1～T4）中，鲜薯产量随活力健有机肥施用量的增加而显著增高，其中，T3和T4处理较CK2处理分别增产15.64%和16.60%，但处理间差异不显著。

表2 不同施肥处理对冬马铃薯产量的影响

处理	鲜薯产量（kg/hm²）	比CK1±（%）	比CK2±（%）	比CK3±（%）
CK1	713.87 d	–	−58.98	1.71
CK2	1 740.37 c	143.79	–	148.14
CK3	701.42 d	−1.74	−59.70	–
T1	1 785.46 c	150.11	2.59	154.58
T2	1 900.25 b	166.19	9.19	170.95
T3	2 012.60 a	181.93	15.64	186.98
T4	2 029.27 a	184.26	16.60	189.36

2.3 不同施肥处理对冬马铃薯商品薯率的影响

由图1可以看出，只施复合肥处理（CK2）和复合肥配施600～750 kg/hm² 活力健有机肥处理（T4、T5）的商品薯率差异不显著，均显著高于其他处理，表明影响冬马铃薯商品薯率的主要是复合肥，活力健有机肥仅起到增加中、小薯结薯数的作用。

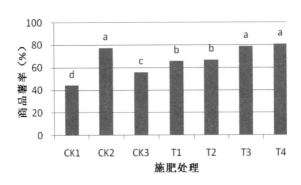

图 1　不同施肥处理对马铃薯商品薯率的影响

3　结论

冬马铃薯的产量对肥料的依赖性较大，不施用复合肥时产量明显较低，而单独施用活力健不能替代复合肥的增产效果。复合肥配施活力健有机肥后，可显著提高冬马铃薯的株高、茎粗，进而提高鲜薯产量，但对商品薯率的影响不显著。冬马铃薯生产上适宜的施肥量为在基施复合肥 1 200 kg/hm^2 的基础上配施 600 kg/hm^2 活力健有机肥。

参考文献

[1] 艳，姚佳 . 冬马铃薯化肥减量增效试验 [J]. 云南农业，2018（10）：71-73.

[2] 章田，陈际才，黄廷祥，等 .2016 ~ 2017 年德宏州冬马铃薯高产创建技术模式及实施成效 [J]. 农业科技通讯，2018（09）：26-27.

[3] 永宏 . 冬马铃薯高产栽培技术 [J]. 农业开发与装备，2017（02）：167.

[4] 王平，刘丽芳，沈学善，等 . 四川省冬马铃薯不同生态区品种引进与筛选 [J]. 中国马铃薯，2017，31（01）：1-6.

凉山彝族自治州分期施用复合肥对马铃薯产量的影响

余显荣[1]，夏江文[1]，沈学善[2*]，白晓琦[1]，潘俊锋[1]，王玲波[1]

（1.凉山彝族自治州西昌农业科学研究所，四川西昌　615000；2.四川省农业科学院土壤肥料研究所，成都　610066）

摘　要： 凉山彝族自治州农户种植马铃薯习惯以基施复合肥为主，不施或少施追肥。为提高肥料利用效率，增加马铃薯产量，在相同复合肥用量条件下，设置3个复合肥基追比例（3：0，2：1，1：2）处理，调查分期施用复合肥对马铃薯产量的影响。结果表明：复合肥分期施用对马铃薯出苗率、主要物候期、总生育期和商品薯率影响不显著，但可显著提高马铃薯株高、单株分枝数、单株结薯数和产量，且基追比2：1处理和基追比1：2处理较不追肥对照分别增产12.59%和13.99%，处理间差异达显著水平。因此，建议在凉山彝族自治州马铃薯生产中将2/3的复合肥用作追肥施用。

关键词： 凉山彝族自治州；马铃薯；分期施肥；产量

马铃薯是世界第四大粮食作物[1]，也是四川省凉山彝族自治州高寒山区主要的粮经作物，凉山彝族自治州2018年马铃薯播种面积15.33万hm²，是贫困县的支柱产业[2]。马铃薯是喜肥作物，凉山彝族自治州老乡常规种植马铃薯施肥以底肥为主，不施或少施尿素做追肥为辅。凉山彝族自治州为春马铃薯区，一般1月底至3月初播种，4～5月出苗，肥料在土壤中长时间处于挥发释放状态浪费（从播种到出苗有30～60 d）。凉山彝族自治州的气候特点是冬春少雨或无雨，5月底至6月开始进入雨季，雨水集中在夏秋6～9月。因此，4月份马铃薯虽已出苗，但由于天气干旱，苗期生长缓慢，对肥料的吸收利用较少。

分期施肥是提高肥料利用率的有效手段[3]，氮肥的分期施用能够增加马铃薯干物质积累和调节干物质分配[4～5]，而氮磷肥的同时分期施用较单纯的氮肥分期施用效果更好，合理的氮磷钾分期施用同样能提高马铃薯产量[6]。含氮磷钾三元复合肥使用简便，农户接受度高，其使用比例越来越高[7]。本试验通过减少底肥中复合肥用量，在相同施肥量下将部分底肥改作追肥施用，探索在凉山彝族自治州特定气候条件下的基肥追肥比例，为生产应用提供参考依据。

1　材料与方法

1.1　试验材料及地点

以中晚熟品种镇薯1号为供试材料。试验地点位于凉山彝族自治州普格县五道菁乡采洛博村，海

基金项目： 四川薯类创新团队项目（川农业函[2014]91号）。

作者简介： 余显荣（1964—），女，高级农艺师，研究方向为马铃薯高产栽培。E-mail：yy3242094@163.com。

* 通讯作者： 沈学善，男，副研究员，博士后，研究方向：作物高产栽培生理生态研究。E-mail：shenxueshan@126.com。

拔 2 200 m，黄壤土，地势平坦，肥力中等一致，前作玉米。

1.2 试验设计

采用随机区组试验设计，在各处理都使用撒可富牌复合肥（N：P_2O_5：K_2O=16：6：18）1 125 kg/hm² 的基础上，设 3 个复合肥基追比处理：处理 1，基追比 3：0，处理 2，基追比 2：1，处理 3，基追比 1：2。

2018 年 2 月 23 日，1 m 开厢，双行垄作，整薯播种，种植密度 60 000 窝/hm²。小区面积 7 m×2 m，3 次重复。所有处理都基施金宝利特生物有机肥 7 500 kg/hm²，基肥施于垄沟内两排种薯中央，同时施入杀虫剂地虫克 45 kg/hm²，播种后覆土起垄。3 月 10 日喷芽前除草剂乙草胺 675 mL/hm²。4 月 5 日出苗，5 月 10 日进行中耕除草培土，并按试验设计施用追肥。5 月 22 日进行第二次中耕除草培土。6 月 3 日、6 月 18 日、6 月 30 日分别喷施甲霜灵锰锌、德劲、增威赢绿防治马铃薯晚疫病。

1.3 指标测定

齐苗期调查出苗率。观测马铃薯主要生育时期。开花期每小区选取具有代表性植株 10 株调查田间性状（株高、分支数）。收获薯块按大薯（≥150 g）、中薯（50 g≥且＜150 g）、小薯（＜50 g）进行分级，称重计算大中小薯率，商品薯率为大薯率加上中薯率。

1.4 数据分析

采用 Excel 2007 和 DPS14.5 统计软件计算与分析试验数据。

2 试验结果

2.1 分期施肥马铃薯出苗率的影响

4 月 22 日，进行出苗率调查，见表 1，各处理出苗率均在 90% 以上，各处理差异不显著，表明分期施肥对出苗率影响不大。

表 1 不同处理马铃薯田间出苗率

基追比处理	出苗率（%）			
	重复 I	重复 II	重复 III	平均值
3：0	94.05	83.33	95.24	90.87 a
2：1	85.71	96.43	96.43	92.86 a
1：2	94.05	89.29	92.86	92.06 a

注：表中同列数据后不同小写字母表示差异显著（$P<0.05$），下表同。

2.2 分期施肥对马铃薯生育期的影响

各处理马铃薯 4 月 5 日出苗，4 月 30 日齐苗，5 月 10 现蕾，5 月 22 开花，8 月 6 日成熟，9 月 3 日收获，生育期 122 d。各处理生育时期并未发生明显变化，表明相同施肥量的情况下，分期施肥未对马铃薯发育进程造成显著影响。

表 2 不同处理马铃薯主要物候期

基追比处理	生育时期（月/日）						生育期（d）
	播种期	出苗期	现蕾期	开花期	成熟期	收获期	
3：0	2/23	4/5	5/10	5/22	8/6	9/3	122
2：1	2/23	4/5	5/10	5/22	8/6	9/3	122
1：2	2/23	4/5	5/10	5/22	8/6	9/3	122

2.3 分期施肥对马铃薯植株田间性状的影响

从表 3 可知，处理 2、处理 3 的株高、分枝数、单株结薯数均高于处理 1，表明在相同复合肥施用量下分期施肥，追肥的施用促进植株地上部分的营养生长，也促进了地下部贮藏器官的发育，起到了强源扩库的作用。随追肥比例的增加，单株结薯数呈现上升的趋势，追肥比例 2∶1 和 1∶2 分别较对照上升 27.45% 和 37.25%，表明追肥在促进匍匐茎的发育上有明显的作用。

表 3　不同处理马铃薯植株田间性状

基追比处理	株高（cm）	分枝数（个 / 株）	单株结薯数（个 / 株）
3∶0	65.2 b	3.2 b	5.1 c
2∶1	69.3 a	3.4 a	6.5 b
1∶2	68.2 a	3.5 a	7.0 a

2.4 分期施肥对商品薯率和产量的影响

从商品薯率来看（表 4），随着追肥比例的增加，商品率呈下降趋势，但处理间差异不显著，处理 3 仅较对照下降 2.89 个百分点。处理 2 的大薯率较高，处理 3 的中薯率较高。

不同施肥处理间鲜薯产量差异均达到显著水平，随追肥比例增加，产量增加显著，处理 2 和处理 3 较对照分别增产 12.59% 和 13.99%。说明追肥比例增加能提高产量，但并不会引起商品薯率的显著变化。

表 4　不同处理马铃薯的商品薯率和产量

基追比处理	大薯率（%）	中薯率（%）	商品薯率（%）	产量（kg/hm²）
3∶0	44.14	36.91	81.05 a	28 571.43 c
2∶1	47.38	32.97	80.35 a	32 166.67 b
1∶2	37.91	40.80	78.71 a	33 976.19 a

3　结论与讨论

分期施肥能促进作物增产，是因为施肥方式与作物自身的需肥规律更契合，提高了肥料的利用率[8]。分期施氮可以减少氮肥在土壤中存在的时间，从而减少挥发、反硝化作用和随水流失的损耗，提高氮肥利用率，增加产量[9]。钾肥利用率较高，但也会淋溶损失，而磷肥在土壤中移动性小，常做基肥施用。复合肥施用方便，与单质化肥相比，营养元素协同吸收作用明显。马铃薯氮磷钾的合理分期施用在满足马铃薯客观需求时，具有提质增效的作用，反之也会导致产量的降低[10]。肥料的分期施用并不会对马铃薯的生育期产生显著影响[11]，但会影响个体的发育，增加分枝数量[10]，本试验结果与之相同。前人研究认为，氮磷钾肥分期施用主要是通过增加平均单薯重来提高产量的，对单株结薯数并不会造成显著影响[10]，本试验中，分期施肥能显著提高单株结薯薯，进而提高鲜薯产量，但不同施肥处理商品薯率差异不显著。

综上，本试验中，在凉山彝族自治州生态环境下，复合肥分期施用对马铃薯产量有显著影响，基追比 2∶1 和 1∶2 处理都能显著提高产量，以基追比 1∶2 处理效果最佳。

参考文献

[1] 刘洋，高明杰，何威明，等 . 世界马铃薯生产发展基本态势及特点 [J]. 中国农学通报，2014，30

（20）：76-78.

[2] 梁南山，郑顺林，卢雪兰.四川省马铃薯种植模式的创新与应用[J].农业科技通讯，2011（3）：120-121.

[3] 严莲英，秦松，杨桂兰，等.氮、钾肥后移施用对超高产水稻产量及其构成因素和养分含量的影响[J].西南农业学报，2016（01）：103-108.

[4] 郑顺林，李国培，杨世民，等.施氮量及追肥比例对冬马铃薯生育期及干物质积累的影响[J].四川农业大学学报，2009（03）：270-274.

[5] 王弘，孙磊，梁杰，等.氮肥基追比例及追施时期对马铃薯干物质积累分配及产量的影响[J].中国农学通报，2014（24）：224-230.

[6] 吕慧峰，王小晶，陈怡，等.氮磷钾分期施用对马铃薯产量和品质的影响[J].中国农学通报，2010（24）：197-200.

[7] 张卫峰，李亮科，陈新平，等.我国复合肥发展现状及存在的问题[J].磷肥与复肥，2009（02）：14-16.

[8] 焦婉如，张富仓，高月，等.滴灌施肥生育期比例分配对榆林市马铃薯生长和水分利用的影响[J].排灌机械工程学报，2018（03）：257-266.

[9] 李世娟，李建民.氮肥损失研究进展[J].农业环境保护，2001（05）：377-379.

[10] 李燕山，姚春光，普红梅，等.不同施肥模式对马铃薯云薯401生长及产量的影响[J].南方农业学报，2014（09）：1608-1611.

[11] 王娟，谭伟军，何小谦，等.半干旱区氮肥施用时期及比例对马铃薯产量的影响[J].中国马铃薯，2016（05）：289-295.

凉山彝族自治州施用不同复合肥对马铃薯产量和产值的影响

夏江文 [1]，沈学善 [2]，余显荣 [1*]，潘俊锋 [1]，王岭波 [1]，谢三作 [1]

（1.凉山彝族自治州西昌农业科学研究所，四川西昌　615000；

2.四川省农业科学院土壤肥料研究所，四川成都　610066）

摘　要：凉山彝族自治州市售复合肥品牌多乱杂，近年来凉山彝族自治州引进马铃薯新品种青薯9号进行大面积推广种植，为筛选出该品种适宜的复合肥种类，以青薯9号原种为供试品种，施用市面上常见的5种复合肥，研究其对青薯9号农艺性状和产量、产值的影响。结果表明：在施用相同数量的5种复合肥后，偷着乐复合肥处理马铃薯单株块茎重、商品薯率、产量和扣除肥料投入后的产值最高，其中，产量和产值较第2位的嘉施利复合肥处理分别高5.98%和9.25%。从增产增收的角度分析，在种植青薯9号时推荐使用偷着乐复合肥。

关键词：凉山彝族自治州；马铃薯；复合肥；产量；产值

四川是全国马铃薯第一生产大省 [1]，而凉山彝族自治州不仅是四川省马铃薯的主产区，还是全国深度贫困区，发展马铃薯对贫困山区和民族地区口粮保障、扶贫增收具有特殊意义 [2~3]。不同类型的马铃薯品种对氮磷钾肥料的需求略有不同，但凉山彝族自治州马铃薯生产中所用的复合肥品牌多，肥料价格、氮磷钾比例和总有效成分含量差异较大，给农民选用肥料带来一定困难。同时，近年来凉山彝族自治州大面积引进种植马铃薯新品种青薯9号，据统计2017年已经达到6.67万 hm^2，如何在增产的同时提高种植户种植效益成为当前需要解决的问题。凉山彝族自治州西昌农业科学研究所2013年在安宁河谷地区引进青薯9号开展冬马铃薯品比试验 [4]，2016年在高海拔地区开展青薯9号种植密度试验 [5]，为达到增产和节本增效的目的，本试验以青薯9号原种为供试品种，施用市面上常见的5种复合肥，在施用量一致的情况下，研究其对青薯9号农艺性状和产量、产值的影响，以期为农户推荐一种最适合青薯9号增产增收的复合肥。

1　材料与方法

1.1　供试材料

以青薯9号脱毒原种为供试品种。五种不同品牌复合肥分别为：牛膜王（N：P：K=20：7：13，

基金项目：四川薯类创新团队项目（川农业函 [2014]91号）；国家现代农业产业技术体系专项资金（CARS-10）。

作者简介：夏江文（1974—），男，高级农艺师，主要从事马铃薯育种及栽培技术研究。E-mail：925170818@qq.com。

*通讯作者：余显荣（1964—），女，高级农艺师，研究方向为马铃薯高产栽培。E-mail：yy3242094@163.com、

云南威鑫农业科技股份有限公司生产）、偷着乐（N∶P∶K=16∶8∶20，中国农业生产资料成都公司经销）、洋丰（N∶P∶K=14∶16∶15，湖北新洋丰肥业有限公司生产）、天脊硝酸磷钾肥（N∶P∶K=22∶9∶9，天脊煤化工集团有限公司生产）、嘉施利（N∶P∶K=15∶5∶20，嘉施利眉山化肥有限公司生产）。

1.2 试验设计

试验于 2017 年 3～8 月在四川省凉山彝族自治州普格县五道箐乡采洛洛博村进行，海拔 2 000 m，土质为黄棕壤，试验地肥力中等，前茬为玉米，播种前拖拉机旋耕整地耙平。

采用随机区组试验设计，设 5 种不同复合肥施用处理：牛膜王（A）、偷着乐（B）、洋丰（C）、天脊硝酸磷钾肥（D）、嘉施利（E）。

高厢双行垄作，1 m 开厢作垄，厢面宽 67 cm，垄沟宽 33 cm，垄面上种植 2 行，行距 33 cm，株距 33 cm，每小区种植 5 垄，小区面积 3 m×5 m，3 次重复。

3 月 28 日开厢整薯播种，复合肥和有机肥均为基肥，5 种复合肥用量均为 1 200 kg/hm²，有机肥用量为 7 500 kg/hm²，地下害虫杀虫剂地虫克用量为 45 kg/hm²，播种后覆土起垄，4 月 10 日喷芽前除草剂乙草胺 675 ml/hm²，4 月 25 日出苗，5 月 5 日进行第一次中耕小培土并追施尿素 105 kg/hm²，5 月 20 日进行第二次中耕除草大培土。6 月 2 日及 6 月 12 日喷马铃薯晚疫病保护剂甲霜灵锰锌，6 月 27 日及 7 月 5 日分别喷马铃薯晚疫病治疗剂德劲、霜霉威 – 盐酸盐。主要物候期为：4 月 23 日出苗，4 月 30 日齐苗，5 月 15 现蕾，5 月 23 开花，8 月 2 日成熟，8 月 9 日收获，全生育期 132 d。

1.3 测试项目与方法

齐苗期测定出苗率，开花期测定株高，收获期每小区取 10 株测定单株块茎重和商品薯率，小区全田收获测定鲜薯产量。

1.4 数据处理与分析

采用 Excel 2007 和 DPS 14.5 统计软件计算与分析试验数据。

2 结果与分析

2.1 不同复合肥对马铃薯农艺性状的影响

从表 1 可以看出，施用不同复合肥处理，青薯 9 号出苗率在 92.59%～94.44%，株高在 70.45～72.43 cm，处理间差异不显著，表明在本试验条件下施用不同复合肥对出苗率和株高的影响较小。单株块茎重以 B 处理最高，A 处理最低，两处理间差异达显著水平。商品薯率以 B 处理最高，D 处理最低，两处理间差异达显著水平。

表 1 不同复合肥对青薯 9 号主要农艺性状的影响

处理	出苗率（%）	株高（cm）	单株块茎重（kg）	商品薯率（%）
A	92.59 a	70.81 a	0.68 c	84.54 ab
B	94.44 a	70.45 a	0.85 a	87.35 a
C	92.59 a	71.22 a	0.73 ab	84.23 ab
D	94.44 a	71.56 a	0.71 bc	80.23 b
E	92.59 a	72.43 a	0.78 ab	84.89 ab

注：同列数据后不同小写字母表示差异达显著水平（$P<0.05$），下同。

2.2 不同复合肥对马铃薯产量和产值的影响

从表 2 可以看出，施用不同复合肥处理，以 B 处理马铃薯产量最高，C 处理最低，B 处理较 C 处理增产 11.76%，达显著水平。B 处理较产量排名第 2～4 位的 E、A、D 处理分别高 5.98%、8.19%、8.67%，但处理间差异不显著。扣除复合肥投入后的产值，以 B 处理最高，为 41 769 元 / hm²，比产值排名第 2～5 位的 E、D、C、A 处理分别高 9.25%、11.65%、12.98%、13.63%。从增产和节本增效的目的出发应选择 B 处理所用的"偷着乐"复合肥。

表 2　不同复合肥对青薯 9 号产量和产值的影响

处理	小区产量（kg/15 m²）				鲜薯产量（kg/hm²）	复合肥投入（元 /hm²）	扣除复合肥投入后的产值（元 /hm²）
	I	II	III	平均			
A	50.48	45.73	49.65	48.62	32 429.54 ab	5400	36758
B	51.78	50.54	55.48	52.60	35 084.20 a	3840	41769
C	49.85	45.50	45.85	47.07	31 393.47 b	3840	36971
D	49.85	50.46	44.90	48.40	32 285.02 ab	4560	37410
E	47.50	50.73	50.66	49.63	33 103.21 ab	4800	38234

注：2017 年 8 月凉山彝族自治州马铃薯鲜薯价格按 1.30 元 /kg 计算，偷着乐复合肥及洋丰复合肥均为 3.2 元 /kg，牛膜王复合肥 4.5 元 /kg，天脊硝酸磷钾肥 3.8 元 /kg，嘉施利复合肥 4.0 元 /kg。

3　结论

在施用相同数量的 5 种复合肥后，偷着乐复合肥处理马铃薯单株块茎重、商品薯率、产量和产值最高，在种植青薯 9 号时推荐使用该肥料。

参考文献

[1] 中国种植业信息网—农作物数据库 [DB/OL].http：//202.127.42.157/moazzys/nongqing.aspx.

[2] 陈明伟，郭华春，李超，等 . 中国马铃薯主产区植地土壤养分初步评价 [J]. 中国马铃薯，2014，28（1）：30-34.

[3] 屈冬玉，谢开云，金黎平，等 . 中国马铃薯产业发展与食物安全 [J]. 中国农业科学，2005，38（2）：358-362.

[4] 夏江文，刘绍文，董红平，等 . 攀西地区冬季马铃薯品比试验研究 [J]. 农业科技与信息，2014（19）：46-48.

[5] 余显荣，沈学善，吴伯生，等 . 四川高海拔地区种植密度对青薯 9 号产量的影响 [J]. 农业科技通讯，2017（9）：116-118.

凉山彝族自治州大春马铃薯无机肥施肥量筛选试验

夏江文 [1]，余显荣 [1*]，赵汝斌 [2]，潘俊锋 [1]，王岭波 [1]，谢三作 [1]

（1.凉山彝族自治州西昌农科所，四川西昌　615000；2.凉山彝族自治州布拖县农牧局，四川布拖　615350）

摘　要： 对镇薯1号进行5种不同施肥量的试验。结果表明：在凉山彝族自治州马铃薯主产区普格县五道箐乡类似生态区域，在同一密度下，随着施肥量的增加，产量在逐步增加，当施肥量达到1 050 kg/hm² 时产量达到最高；商品薯率随着施肥量的增加有所增加，但是不显著；经济效益最高的是施肥量为1 050 kg/hm² 处理。综合分析本区域及相似生态区域进行马铃薯生产，复合肥施用量控制在1 050 kg/hm² 左右，能获得较好收益。

关键词： 马铃薯；施肥量；产量；收益

四川是全国马铃薯第一生产大省[1]，凉山彝族自治州不仅是四川省马铃薯的主要生产区域，还是全国深度贫困区，发展马铃薯对贫困山区和民族地区口粮保障、扶贫增收具有特殊意义[2, 3]。近年凉山彝族自治州大面积种植马铃薯，据统计2017年凉山彝族自治州马铃薯种植面积已经达到15.33万hm²，如何在增产的同时提高种植户种植效益成为当前需要解决的问题。为达到节本增效的目的，本试验以镇薯1号生产种为供试材料，设置同一种类复合肥不同施肥量的5种处理，研究不同施肥量对镇薯1号大中薯率、产量、产值等的影响，以期为农户进行马铃薯生产选择最佳复合肥用量提供参考依据。

1　材料与方法

1.1　供试材料

供试品种为镇薯1号生产种。供试肥料为撒可富复合肥，总养分含量 ≥ 40%（N：P_2O_5：K_2O= 16：6：18）。

1.2　试验方法

试验设在凉山彝族自治州普格县五道箐乡采洛洛博村进行，海拔2 000 m，土质为黄棕壤，试验地肥力中等，前茬为玉米，播种前拖拉机旋耕整地耙平。采用随机区组设计，共设5个处理，分别为在马铃薯播种时一次性施入硫酸钾型复合肥750、900、1 050、1 200、1 350 kg/hm² 作底肥，用①②③④⑤表示。采用高厢双行垄作，1 m 开厢作垄，厢面宽67 cm，垄沟宽33 cm，垄面上种植2行，行距33 cm，株距33 cm，密度60 000穴 /hm²，小区面积14 m²，3次重复。

基金项目： 四川薯类创新团队项目（川农业函 [2014]91 号）；现代农业产业技术体系专项资金（CARS-10）。

作者简介： 夏江文（1974—），男，高级农艺师，主要从事马铃薯育种及栽培技术研究。E-mail：925170818@qq.com。

* 通讯作者： 余显荣（1964—），女，高级农艺师，研究方向为马铃薯高产栽培。E-mail：yy3242094@163.com。

2018 年 2 月 23 日开厢整薯播种，复合肥施用量按试验设计作底肥一次施入，金宝力特生物有机肥（总养分含量≥ 4%）用量为 7 500 kg/hm² 作底肥一次施入，地下害虫杀虫剂地虫克用量为 45 kg/hm²，播种后覆土起垄，3 月 10 日喷芽前除草剂乙草胺用量为 675 mL/hm²，4 月 5 日出苗，5 月 10 日进行第一次中耕小培土并追施尿素 105 kg/hm²，5 月 22 日进行第二次中耕除草大培土。6 月 3 日喷马铃薯晚疫病保护剂甲霜灵锰锌，6 月 18 日喷马铃薯晚疫病治疗剂德劲，6 月 30 日喷马铃薯治疗剂增威赢绿。生育期观测：2 月 23 日播种，4 月 5 日出苗，4 月 30 日齐苗，5 月 10 现蕾，5 月 22 开花，8 月 6 日成熟，9 月 3 日收获，生育期 122 d。

2 结果与分析

2.1 不同处理对镇薯 1 号主要农艺、经济性状的影响

从表 1 可以看出，镇薯 1 号出苗率均在 91% 以上，株高在 65 ～ 69 cm，表明在本试验条件下对出苗率和株高影响不显著。单株块茎重③处理最高，①处理最低。商品薯率③处理最高，⑤处理最低，而在产量相同的情况下商品薯率越高收益越高。

表 1 不同处理对镇薯 1 号主要农艺、经济性状的影响

处理	出苗率（%）	株高（cm）	主茎粗（cm）	单株块茎重（kg）	商品薯率（%）	大薯率（%）	中薯率（%）	小薯率（%）
1	92.86	65.81	0.86	0.62	85.68	63.23	22.45	14.32
2	92.46	66.45	0.88	0.65	87.69	65.64	22.05	12.31
3	92.06	67.22	0.91	0.71	89.36	67.66	21.70	10.64
4	91.26	67.56	0.91	0.69	83.23	62.37	20.86	16.77
5	91.67	68.43	0.92	0.66	82.14	60.88	21.26	17.74

注：商品薯为单薯重≥ 75 g，单薯重 <75 g 的为小薯，≥ 150 g 为大薯，75 g ≤单薯重量 < 150 g 为中薯。

2.2 不同复合肥处理对镇薯 1 号产量和产值的影响

从表 2 可以看出，五种不同施肥量处理对镇薯 1 号产量有影响，产量排名③处理产量最高，⑤处理产量第二，④处理产量第三，②处理产量第四，①处理产量最低。

扣除投入的复合肥后的产值③处理最高为 28 858.35 元 /hm²，产值排名第二的为②处理 25 842.08 元 / hm²，产值排名第三的为①处理 25 485.71 元 / hm²，产值排名第四的为⑤处理 24 991.97 元 /hm²，产值最低的为④处理 2 477.03 元 /hm²。从节本增效经济效益最大化的目的出发应该选择③处理所用的马铃薯播种时一次性施入硫酸钾型复合肥 1 050 kg/hm² 作底肥，能获得较好的收益。

表 2 不同复合肥处理产量分析

处理	产量（kg/hm²）	产值（元 / hm²）	各处理复合肥投入的费用（元 / hm²）	扣除投入复合肥后的产值（元 / hm²）
1	29 214.29	28 785.71	3 300.0	25 485.71
2	29 500.00	29 802.08	3 960.0	25 842.08
3	32 428.57	33 478.35	4 620.0	28 858.35
4	30 692.86	29 757.03	5 280.0	24 477.03
5	32 407.14	30 931.97	5 940.0	24 991.97

注：2018 年 9 月凉山彝族自治州马铃薯鲜薯价格（单薯重量≥ 150 g）以 1.30 元 /kg 计算，75 g ≤单薯重量 < 150 g 的薯块按 0.6 元 /kg 计算，小薯按 0.2 元 /kg 计算，撒可富复合肥按 4.4 元 /kg 计算，各处理投入的种薯、有机肥、农药、人工均相同，只有复合肥投入费用不同。

3 结论

经分析本试验对采用的撒可富硫酸钾型复合肥，从增产的角度应选择施用量为 1 050 kg/hm² 作底肥的③处理；从投入产出综合考虑也应该选择施用量为 1 050 kg/hm² 作底肥的③处理进行镇薯 1 号鲜薯生产，能获得较好的经济效益。

参考文献

[1] 中国种植业信息网—农作物数据库 [DB/OL]. http：//202.127.42.157/moazzys/nongqing.aspx.

[2] 陈明伟，郭华春，李超，等 . 中国马铃薯主产区植地土壤养分初步评价 [J]. 中国马铃薯，2014，28（1）：30-34.

[3] 屈冬玉，谢开云，金黎平，等 . 中国马铃薯产业发展与食物安全 [J]. 中国农业科学，2005，38（2）：358-362.

[4] 夏江文，刘绍文，董红平，等 . 攀西地区冬季马铃薯品比试验研究 [J]. 农业科技与信息，2014（19）：46-48.

[5] 余显荣，沈学善，吴伯生，等 . 四川高海拔地区种植密度对青薯 9 号产量的影响 [J]. 农业科技通讯，2017（9）：116-118.

凉山彝族自治州马铃薯青薯 9 号冬作密度试验研究

董红平，刘　言，夏江文，万　幸，刘绍文 *，王玲波

（凉山彝族自治州西昌农业科学研究所，四川西昌　615000）

摘　要： 通过马铃薯新品种青薯 9 号冬（早春）作密度试验，结果表明：在 45 000 ～ 75 000 穴 /hm^2 范围内，以 52 500 穴 /hm^2 密度处理产量最高，达 43 621.5 kg/hm^2；商品薯率最高的是 45 000 穴 /hm^2 密度处理，为 80%。在本试验条件下，该品种种植密度以 52 500 穴 /hm^2 最佳。

关键词： 马铃薯；冬作；密度

凉山彝族自治州冬（早春）作马铃薯面积 13 333.3 hm^2 左右，近年来，本课题组筛选了适合作冬（早春）作的马铃薯高产优质新品种青薯 9 号在生产上示范推广应用，深受种植户的欢迎，为研究其配套的标准化栽培技术[1～3]，进行了本项密度试验研究。

1　材料与方法

供试品种为青薯 9 号脱毒种薯。试验设在会理县外北乡云岩村，海拔 1 800 m，土质为壤土，前作水稻，肥力中等，播前犁地，人工开厢平地。

试验共设 5 个处理，分别是：① 45 000 穴 /hm^2、② 52 500 穴 /hm^2、③ 60 000 穴 /hm^2、④ 67 500 穴 /hm^2、⑤ 75 000 穴 /hm^2。随机区组排列，高厢双行垄作，1 m 开厢，厢沟宽 40 cm，行距 33.3 cm，每小区种 3 垄，小区面积 3 m×5 m，3 次重复。

试验于 12 月 28 日播种，每公顷施腐熟农家肥 15 000 kg、复合肥 1 200 kg 作基肥，整薯播种，播后起垄，1 月 1 日用乙草胺除草剂后盖膜。整个生育期进行 3 次灌水；3 月 5 日、4 月 11 日用代森锰锌进行晚疫病防治 2 次。5 月 16 日收获，收挖时分别计称小区产量，同时每小区选择 10 穴考种分析。

2　结果与分析

2.1　不同种植密度产量

产量结果见表 1。各处理中处理②产量最高，第二是处理⑤，处理①、处理④并列第三，产量最低的是处理③。经方差分析，处理②较处理⑤增产未达显著水平、较处理①、处理④增产达显著水平、较处理③增产达极显著水平；处理⑤较处理①、处理④增产达显著水平、较处理③增产达极显著水平；

基金项目： 国家现代农业产业技术体系建设专项资金（CARS-10-ES18）。

作者简介： 董红平，高级农艺师，主要从事马铃薯育种栽培研究和示范推广工作。

* 通信作者： 刘绍文，推广研究员，主要从事马铃薯育种栽培研究和示范推广工作。E-mail：liushw2009@163.com。

处理①、处理④较处理③增产未达显著水平。从产量结果可以看出，当密度为 52 500 穴 /hm² 时可获得较高的产量。

处理①单株产量最高为 0.89 kg，处理②单株产量第二为 0.85 kg，处理③单株产量第三为 0.66 kg，处理④单株产量第四为 0.65 kg，处理⑤单株产量最低为 0.60 kg，可见随着密度的增加单株产量下降。

表 1 各处理产量

处理	小区产量（kg/15 m²）			产量（kg/hm²）	单株产量（kg/ 株）
	I	II	III		
①	60.6	58.8	66.8	41 421.0 ab	0.89
②	62.9	63.7	69.7	43 621.5 a	0.85
③	57.0	56.3	66.7	40 020.0 b	0.66
④	62.7	57.5	66.0	41 421.0 ab	0.65
⑤	63.4	63.4	68.0	43 288.5 a	0.60

2.2 不同种植密度商品薯率

商品薯率最高的是处理①，为 83.0%，排名第二的是处理②，为 77.2%，居 3 ~ 5 位的是处理③、处理④、处理⑤，分别为 76.6%、71.1%、63.4%。由此可见，各处理的商品薯率随着密度增加而逐渐降低。

表 2 各处理经济性状

处理	商品薯率（%）	小区产值（元）	小区种薯成本（元）	扣除种薯成本后小区产值（元）
①	80.0	84.48	3.4	81.08
②	77.2	86.76	4.0	82.76
③	76.6	80.76	4.5	76.26
④	71.1	77.86	5.1	72.76
⑤	63.4	75.32	5.7	69.62

注：商品薯以 1.6 元 /kg 计，小薯以 0.40 元 /kg 计，种薯以 2.00 元 /kg 计，商品薯标准为 > 100 g。

2.3 不同种植密度经济效益分析

产值最高的处理是②，小区产值为 86.76 元，扣除种薯成本后为 82.76 元，其余处理扣除种薯成本后产值居第二位的是处理①，为 81.08 元，居第三位的是处理③，为 76.26 元，居第四位的是处理④，为 72.76 元，产值最低的是处理⑤，为 69.62 元。

3 结论

本试验结果表明：青薯 9 号品种冬（早春）作不同种植密度下的产量、商品率及效益有明显的差异，密度为 52 500 穴 /hm² 可获得最理想的产量和产值，综合商品薯率和劳动成本等因素考虑，建议该品种在类似生态条件下最适宜种植密度为 52 500 穴 / hm²。

参考文献

[1] 赵增跃 . 马铃薯青薯 9 号高产栽培策略 [J]. 农业与技术，2018，38（11）：93–94.

[2] 方唯 . 关于不同种植密度对青薯 9 号的作用分析 [J]. 农业与技术，2018，38（11）：46–47.

[3] 曲莫金枝 . 大力推广青薯 9 号，提升马铃薯产业发展效益 [J]. 农业开发与装备，2017，（9）：11.

马铃薯引进品种比较试验初报

董红平，刘　言，夏江文，王玲波，刘绍文*，陈　超

（凉山彝族自治州西昌农业科学研究所，四川西昌　615000）

摘　要：对5个马铃薯品种生育期、产量、抗病性及商品薯率进行比较，结果表明：各品种生育期虽然存在差异，但均属于中晚熟类型的品种，全生育期在120～136 d之间；G-12、陇薯10号、88原种均比对照青薯9号增产，折合每公顷产量分别为28 347.0 kg、28 014.0 kg、27 880.5 kg，比对照增产分别为3.66%、2.44%、1.95%，2191品种比对照青薯9号减产。各品种产量间差异没有达到显著水平；各品种抗病性与对照相当，88原种、G-12、陇薯10号晚疫病级别均为3级，与对照相当，2191品种虽然晚疫病为5级，但它开花早，结薯早，晚疫病对其影响不大；G-12、陇薯10号单株结薯少，但薯块大，商品率高，商品率分别为91.5%和95.0%，较对照青薯9号高10和13.5个百分点，2 191品种和88原种单株结薯个数与对照青薯9号相当，商品率分别为82.5%和77.8%。

关键词：马铃薯；品种；比较

马铃薯是凉山彝族自治州重要的粮食和经济作物，2015年种植面积15.18万 hm²，为不断地向生产推荐高产优质品种，本课题组将2015年引进的马铃薯新品种进行了品比试验，对其丰产性、适应性、外观品质等综合性状进行鉴定和评价[1～2]，拟从中筛选出适宜凉山生态区的高产优质马铃薯品种。

1　材料与方法

试验设在普格县五道箐乡采洛洛博村，海拔2 560 m，土质系壤土，肥力中上，前作玉米，玉米收后种植圆根萝卜，播前旋耕碎土，人工开厢平地。

试验设5个处理，A：2191、B：G-12、C：陇薯10号、D：88原种、E：青薯9号（CK）。种薯为普通生产种。随机区组排列，高厢双行垄作，1 m开厢作垄，厢面宽66.7 cm，行、穴距40 cm×30 cm，每垄种植30穴，每小区种3垄，小区面积3 m×5 m，3次重复。

3月4日播种，播种时每 hm² 施嘉施利复合肥（N∶P∶K=10∶12∶18）900 kg，金宝力特生物有机肥7 500 kg作基肥，整薯播种，播后起垄。整个生育期中耕、除草、培土2次，7～8月雨天不时理沟排涝，基本做到田间无积水，5月11日结合第一次中耕每 hm² 追施尿素112.5 kg。8月18日收获，收获时分别计称小区产量，并每小区取10株进行田间考种分析。

基金项目：国家现代农业产业技术体系（CARS-10-ES18）。

作者简介：董红平，女，高级农艺师，主要从事马铃薯育种栽培研究和示范推广工作。

* 通信作者：刘绍文，男，推广研究员，主要从事马铃薯育种栽培研究和示范推广工作。E-mail：liushw2009@163.com。

2 结果与分析

2.1 生育期与产量

从表 1 可见参试的各品种生育天数不同但均属中晚熟类型品种，全生育期在 120 ~ 136 d。有 3 个品种生育期小于对照青薯 9 号，其中 2191 生育期最短为 120 d，G-12 第二为 126 d，陇薯 10 号第三为 130 d，88 原种生育期最长为 136 d。

G-12、陇薯 10 号、88 原种均比对照青薯 9 号增产，产量分别为 28 347.0 kg/hm²、28 014.0 kg/hm²、27 880.5 kg/hm²，比对照增产分别为 3.66%、2.44%、1.95%；2191 品种比对照青薯 9 号减产，折和每 hm² 产量为 24 000.0 kg/hm²，减产 12.2%。经方差分析，品种间差异没有达到显著水平。

表 1 马铃薯物候期调查表

处理	播种期（日／月）	出苗期（日／月）	现薯期（日／月）	开花期（日／月）	成熟期（日／月）	收获期（日／月）	全生育期（d）	产量（kg/hm²）	较对照 ±（%）
A	4/3	13/4	8/5	15/5	2/7	17/8	120	24 000.0	-12.2
B	4/3	13/4	28/5	2/6	8/7	17/8	126	28 347.0	3.66
C	4/3	18/4	25/5	26/5	18/7	17/8	136	28 014.0	2.44
D	4/3	15/4	18/5	23/5	12/7	17/8	130	27 880.5	1.95
E	4/3	16/4	22/5	28/5	16/7	17/8	134	27 346.5	–

2.2 单株性状

G-12、陇薯 10 号单株结薯少，单株结薯分别为 3.2 个和 3.6 个，但薯块大，商品率高，商品率分别为 91.5% 和 95.0%，较对照青薯 9 号高 10 和 13.5 个百分点；2191 品种和 88 原种结薯个数比对照青薯 9 号多，分别为 6.2 个和 6.4 个，但相差不明显；商品率也与对照相当，分别为 82.5% 和 77.8%。

由于 7 月份雨水较多，晚疫病发生较往年重，各品种抗涝性好，从表 2 看出，88 原种、G-12、陇薯 10 号较抗晚疫病，与对照青薯 9 号相当，均为 3 级；2 191 品种虽然晚疫病为 5 级，但它开花早，结薯早，晚疫病对其影响也不大。

表 2 不同处理单株性状调查

处理	单株结薯数（个）	商品率（%）	晚疫病级别
A	6.2	82.5	5
B	3.2	91.5	3
C	3.6	95.0	3
D	6.4	77.8	3
E	5.8	81.5	3

3 讨论

通过对 5 个品种从生育期、产量、抗病性、外观品质及商品率的分析，参试的 5 个品种均属中晚熟类型品种，产量、抗性及商品薯率与对照相当，在多雨的年份也能获得高产，可继续在不同区域进行适应性试验。

参考文献

[1] 五贵芳 . 黔南州马铃薯品种引种对比试验 [J]. 中国马铃薯，2001（6）：147-149.

[2] 陈少珍，郑龙川，洪跃通 . 马铃薯新品种引进试验初报 [J]. 福建农业科技，2007（4）：39-41.

甘薯"壮苗、增密、高垄、增钾"四改关键栽培技术

黄静玮[1]，王 平[2]，屈会娟[2]，沈学善[2*]，杨 勤[2]，秦鱼生[2]

（1.成都大学，四川成都 610106；2.四川省农业科学院，四川成都 610066）

摘 要：针对甘薯生产上的育苗弱、移栽稀、起垄低和偏施氮等共性栽培技术问题，研究了壮苗培育、增加密度、高厢垄作和控氮增钾等四项优质专用甘薯提质增效共性关键栽培技术，集成创新了"壮苗、增密、高垄、增钾四改关键栽培技术"。主要技术参数：壮苗，单膜育苗或双膜覆盖，早出苗 3 ~ 11 d；增密，在净作条件下，紫色甘薯以 67 500 株 /hm² 为宜，高淀粉甘薯以 52 500 株 /hm² 为宜，在套作条件下，甘薯以 3.5 万 ~ 4 万株 /hm² 为宜；增钾，N 45 kg/hm²、P_2O_5 45 kg/hm²、K_2O 90 kg/hm²。

关键词：壮苗培育；种植密度；高厢垄作；控氮肥；增钾肥

四川省甘薯主要种植在丘陵山区，10 余年前全省许多地方仍然以种植粮食和饲料兼用型甘薯品种为主，种植经济效益差，农户普遍采用了粗放种植的方式，多种植在贫瘠的土地上，在间套作种植中又处于不利的弱光条件下低密度稀植，栽培技术落后，产量低而不稳[1~2]。从技术层面分析，四川省甘薯栽培技术存在的主要问题是：苗弱、移栽迟，大田苗稀，群体质量差，平作或低垄作，施钾肥少。虽然本世纪初省内科研机构已经发放了一批优质专用甘薯新品种，但是由于良种良法不配套，新品种的增产增收效果未能有效发挥出来。针对上述四川甘薯生产中存在的栽培技术问题，本研究以优质专用甘薯新品种为供试品种，系统开展了甘薯提质增效共性关键栽培技术攻关，研究形成以"壮苗培育、群体密植、高厢垄作、增施钾肥"为核心内容的优质专用甘薯提质增效共性关键栽培技术，简称"壮苗、增密、高垄、增钾四改关键栽培技术"。

1 改弱苗晚栽为壮苗早栽，培育田间早发优势

通过壮苗早栽等措施，培育群体的田间早发优势，这是在多种作物上被反复证明的行之有效的共性关键栽培技术[3~4]。针对生产上存在的育苗晚、出苗质量低、育苗弱、等雨栽插、移栽晚等问题，以优质专用甘薯新品种为供试材料，重点研究不同育苗方式、殡种技术、育苗期、苗段、茬期、移栽期等技术对甘薯壮苗培育的影响，集成创新了甘薯壮苗早栽新技术。

基金项目：国家现代产业技术体系四川薯类创新团队项目（川农业函 [2014]91 号）；"十三五"四川省农作物及畜禽育种攻关项目"突破性粮油作物新品种提质增效关键栽培技术研究与示范"（2016NYZ0051）。

作者简介：黄静玮（1985—），女，讲师，博士，研究方向：薯类作物营养与人类健康研究。E-mail: huangjingwei1003@qq.com。

*通讯作者：屈会娟，女，副研究员，博士，研究方向：作物高产栽培生理生态研究。E-mail: qhjuan120@126.com。

1.1 覆膜育苗对甘薯出苗齐苗的影响

选用高淀粉甘薯品种川薯34和紫色甘薯品种南紫薯008、宁紫1号为供试品种，研究单层地膜覆盖、双膜地膜覆盖等不同育苗方式对甘薯出苗情况的影响。与传统露地育苗方式相比，覆膜育苗可以显著提早甘薯出苗时间，单层地膜覆盖育苗可提早出苗4～7 d，早齐苗2～6 d；采用双膜覆盖育苗可以提早出苗8～11 d、早齐苗5～8 d（表1）。

表1　覆膜育苗对甘薯出苗齐苗的影响

品种	传统露地育苗		单层地膜覆盖育苗		双层地膜覆盖育苗	
	出苗天数（d）	齐苗天数（d）	出苗天数（d）	齐苗天数（d）	出苗天数（d）	齐苗天数（d）
川　薯34	33	36	26	30	22	28
南紫薯008	30	34	26	32	19	29
宁紫1号	32	36	27	33	24	31

1.2 不同殡种方式对甘薯育苗质量影响

以高淀粉型品种川薯34为供试材料，针对甘薯覆膜殡种育苗中存在的问题，以种薯掩埋方式和覆膜方式为处理因素，分别设置不同殡种育苗掩埋方式：全掩埋、掩埋1/2、掩埋2/3；覆膜方式：不覆膜（CK）、覆平膜、拱膜、平膜+拱膜。研究不同殡种方式对甘薯育苗质量的影响。不同育苗覆膜方式小区鲜藤重表现为：双膜>平膜>拱膜>露地；不同育苗覆膜方式单薯芽数表现为：拱膜>双膜>平膜>露地；不同殡种育苗方式中，露地和平膜育苗条件下小区鲜藤重和单薯芽数均表现为：全埋>掩埋1/2>掩埋2/3；在拱膜和双膜育苗条件下小区鲜藤重表现为：全埋>掩埋2/3>掩埋1/2。综上，不同殡种方式对甘薯育苗质量有显著的影响，采用双膜和全掩埋的殡种育苗方式，能提高薯苗鲜藤产量52.90%，单薯芽数提高54.91%（表2）。

表2　不同殡种方式对甘薯育苗质量的影响

处理	掩埋方式	小区藤重（kg）				单薯芽数（个）			
		2009	2010	2011	平均	2009	2010	2011	平均
露地	掩埋1/2	1.69	1.72	1.06	1.49	6.43	7.46	1.69	5.19
	掩埋2/3	1.07	1.09	1.00	1.05	4.13	5.17	1.07	3.46
	全掩埋	1.85	1.78	1.02	1.55	7.17	6.88	1.85	5.30
	平均	1.54	1.53	1.17	1.41	5.91	6.50	2.60	5.00
平膜	掩埋1/2	2.60	2.65	1.14	2.13	6.77	7.29	2.55	5.54
	掩埋2/3	2.55	2.60	1.11	2.09	7.90	8.31	2.92	6.38
	全掩埋	2.92	2.80	1.03	2.25	11.97	11.93	2.29	8.73
	平均	2.69	2.68	1.03	2.13	8.88	9.18	2.41	6.82
拱膜	掩埋1/2	2.29	2.34	1.07	1.90	9.03	9.21	2.83	7.02
	掩埋2/3	2.41	2.46	1.00	1.96	7.87	8.29	2.36	6.17
	全掩埋	2.83	2.72	1.00	2.18	10.57	10.52	2.71	7.93
	平均	2.51	2.51	1.18	2.07	9.16	9.34	3.10	7.20
平膜+拱膜	掩埋1/2	2.36	2.41	1.06	1.94	7.57	7.97	1.69	5.74
	掩埋2/3	2.71	2.76	1.00	2.16	8.27	9.07	1.07	6.14
	全掩埋	3.10	2.98	1.02	2.37	11.13	11.66	1.85	8.21
	平均	2.72	2.72	1.17	2.20	8.99	9.57	2.60	7.05

1.3 不同苗段移栽对甘薯产量及大中薯率影响

以南紫薯008为供试品种,于3月10日殡种育苗,移栽时分别剪取顶段苗、中段苗、基段苗(以7节为一苗段)进行移栽,研究不同苗段移栽对甘薯产量及大中薯率的影响。顶段苗和中段苗移栽的甘薯产量明显高于基段苗移栽的甘薯产量,顶段苗移栽的产量比基段苗增产14.63% ~ 46.57%,大中薯率高出16 ~ 18个百分点;中段苗移栽的产量比基段苗显著增产4.87% ~ 28.57%,大中薯率高出18 ~ 22个百分点(表3)。据此,生产中甘薯移栽时应多育苗、早育苗,尽量采用顶段苗和中段苗移栽。

表3 不同苗段移栽对甘薯产量及大中薯率的影响

年份	移栽苗段	产量 (kg/hm²)	大、中、小薯率(%)		
			大薯率	中薯率	小薯率
2009年	顶段苗	16 323	47	33	20
	中段苗	14 319	30	54	26
	基段苗	11 137	16	46	38
2010年	顶段苗	14 688	42	30	28
	中段苗	13 437	37	47	16
	基段苗	12 813	24	32	44

1.4 不同茬期移栽苗对甘薯产量及大中薯率影响

以南紫薯008为供试品种,于3月10日殡种育苗,7个节为一茬苗移栽,达到7节苗时移栽一次,共分5期移栽完成,研究不同茬期薯苗移栽对甘薯产量及大中薯率的影响。早茬苗对甘薯增产增效和推广商品薯率非常显著,随移栽茬期的推后鲜薯产量逐步下降,其中第一、二茬薯苗产量显著高于后三期甘薯产量,差异达极显著水平。同时大薯率也明显随移栽茬期的推后而大幅度降低,后三期大薯率为零,后两期100%为小薯。据此,在生产中应尽量增加早期育苗量,应尽量多移栽第一、二茬早茬苗(表4)。

表4 不同茬期移栽苗对甘薯产量及大中薯率的影响

移栽茬期	鲜薯产量 (kg/hm²)	大、中、小薯率(%)		
		大薯率	中薯率	小薯率
1	17 190 a	52	31	17
2	13 072 a	34	44	22
3	6 127 b	0	28	72
4	7 003 b	0	0	100
5	3 120 b	0	0	100

1.5 移栽期对甘薯产量及大中薯率影响

以南紫薯008、新品种徐薯22为供试品种,以移栽期为处理因素,研究不同移栽期对甘薯产量及大中薯率的影响。各类型甘薯品种的鲜薯产量都随移栽期的推后而降低;南紫薯008移栽期每推迟10 d鲜薯产量平均减少1 218 kg/hm²,7月份移栽产量大幅度显著降低。徐薯22移栽期为每推迟10 d其鲜薯产量平均减少2 392 kg/hm²;移栽期推迟还造成大薯率大幅度降低,特别是南紫薯008迟移栽大薯率出现极低。据此,适期早栽不仅能大幅度提高甘薯产量,而且能显著改善甘薯块根商品性(表5)。

表 5　不同移栽期对甘薯产量及大中薯率影响

供试品种	移栽期	鲜薯产量（kg/hm²）	大、中、小薯率（%）		
			大薯率	中薯率	小薯率
南紫薯 008	6 月 17 日	15 938 a	47	34	19
	6 月 27 日	16 302 a	46	32	22
	7 月 7 日	14 942 a	34	45	21
	7 月 17 日	13 098 b	19	57	24
	7 月 27 日	11 066 c	17	47	36
徐　薯 22	6 月 17 日	28 014 a	61	27	12
	6 月 27 日	22 449 b	41	40	19
	7 月 7 日	20 761 b	33	44	23
	7 月 17 日	18 883 b	40	38	22
	7 月 27 日	18 447 b	32	51	17

2　改稀植栽培为合理密植，构建高光效能群体

为了进一步明确优质专用甘薯新品种合理密植的最佳种植密度，研究了种植模式和移栽密度对紫色甘薯及高淀粉甘薯产量和品质的影响[5~9]。

2.1　净作条件下移栽密度对甘薯产量的影响

以南紫薯 008、川薯 217 为供试材料，分别设置 5 个移栽密度。南紫薯 008 密度分别为：45 000、52 500、60 000、67 500、75 000 株 /hm²；川薯 217 密度分别为：37 500、45 000、52 500、60 000、67 500 株 /hm²。

2011 年，随着密度的增加，南紫薯 008 和川薯 217 的鲜薯产量总体趋势均呈现出先升后降的变化，其中南紫薯 008 在密度 67 500 株 /hm² 时其鲜薯产量最高，而川薯 217 在密度 52 500 株 /hm² 时鲜薯产量最高。现阶段，四川省生产上甘薯移栽密度多数情况下没有达到甘薯优质高产高效的要求，一般仅为 37 500 ~ 45 000 株 /hm²，因此，生产上应适当增加移栽密度。紫色甘薯移栽密度以 67 500 株 /hm² 为宜，高淀粉甘薯以移栽密度以 52 500 株 /hm² 为宜（表 6）。

表 6　移栽种植密度对甘薯产量及产量构成的影响（2011 年，金堂）

供试品种	移栽密度（株 /hm²）	单株结薯数（个 / 株）	单株薯块重（g/ 株）	藤叶产量（kg/hm²）	鲜薯产量（kg/hm²）
南紫薯 008	45 000	2.87	1 410.42	16 979.25	29 750.10
	52 500	2.63	1 325.00	17 083.35	28 724.10
	60 000	2.20	1 127.08	18 854.25	32 354.40
	67 500	2.37	1 230.42	19 896.00	36 458.55
	75 000	2.47	1 200.42	19 479.30	31 541.85
川薯 217	37 500	3.03	1 258.33	5 416.65	24 890.70
	45 000	3.20	1 321.25	7 395.90	28 052.25
	52 500	3.03	1 218.33	7 083.30	31 562.70
	60 000	4.00	1 039.08	6 250.05	26 796.00
	67 500	2.97	845.00	6 875.10	26 786.55

2.2 净作条件下移栽密度对甘薯品质的影响

密度对紫色甘薯和高淀粉甘薯的影响效果有所不同。随着移栽密度的增加，南紫薯 008 块根中可溶性总糖和直链淀粉含量呈现出降低的趋势，蛋白质、总淀粉和支链淀粉表现出先升后降的趋势。移栽密度在 52 500 株 /hm² 时，甘薯块根中总淀粉和直链淀粉含量最高。随着移栽密度的增加，川薯 217 块根中蛋白质含量呈下降趋势，可溶性总糖、总淀粉和直链淀粉表现出先升后降趋势，而直链淀粉则表现出升高趋势，移栽密度在 52 500 ~ 60 000 株 /hm² 时，单位面积总淀粉、直链淀粉和支链淀粉含量达最高水平（表 7）。

表 7 移栽密度对专用甘薯品质的影响（2011 年，金堂）

品种	移栽密度（株 /hm²）	可溶性总糖(%)	蛋白质（%）	总淀粉（g/100 g）	直链淀粉（g/100 g）	支链淀粉（g/100 g）
南紫薯 008	45 000	31.47	3.67	47.06	11.83	35.23
	52 500	29.85	3.78	56.12	11.40	44.72
	60 000	29.30	3.73	53.36	11.10	42.26
	67 500	28.79	3.70	53.95	11.07	42.88
	75 000	30.28	3.68	49.18	11.00	38.18
川薯 217	37 500	29.39	4.65	56.36	12.85	43.51
	45 000	32.30	4.22	58.07	13.10	44.97
	52 500	31.32	4.28	58.49	13.47	45.02
	60 000	31.25	4.29	58.48	13.20	45.28
	67 500	31.08	4.09	58.11	12.70	45.41

2.3 套作条件下移栽密度对甘薯产量的影响

以南紫薯 008 为供试品种，在玉米 / 甘薯套作条件下，设 30 000、35 000、40 000、45 000、50 000 株 /hm² 共 5 个移栽密度，分别以 D1、D2、D3、D4、D5 表示。随着移栽密度的增加，紫色甘薯的单株结薯数、单株薯鲜重表现为下降的趋势，其商品薯率、干物质率、鲜薯产量、淀粉产量则表现为随密度的增加而先升后降趋势（表 8）。其中，D3 处理的鲜薯产量和淀粉产量最高，分别达 11 816.9 kg/hm² 和 1 750.6 kg/hm²，D2、D3 和 D4 处理分别较 D5 处理的鲜薯产量提高 11.8%、15.9% 和 7.7%。低移栽密度 D1 处理单株结薯数显著高于其他处理单株结薯数。当种植密度在 35 000 ~ 45 000 株 /hm² 时，商品薯率较高。

表 8 套作条件下移栽密度对紫色甘薯产量及构成因素的影响

密度	单株结薯数（个 / 株）	单株薯鲜重（g/ 株）	商品薯率（%）	干物质率（%）	鲜薯产量（kg/hm²）	淀粉产量（kg/hm²）
D1	2.87 a	279.64 a	88.30 b	24.73 b	10 193.2 c	1 544.6 c
D2	2.40 ab	285.52 a	91.28 ab	24.96 b	11 390.8 ab	1 742.3 ab
D3	2.30 bc	241.91 ab	90.56 ab	25.01 b	11 816.8 a	1 750.6 a
D4	2.20 bc	204.06 bc	92.61 a	26.05 a	10 969.7 b	1 686.9 b
D5	2.10 c	166.49 c	87.45 b	25.37 ab	10 190.2 c	1 586.7 c

3 改低厢垄作为高厢垄作，改善结薯土壤环境

四川坡耕地土层厚度差异较大，生育期内季节性干旱严重，传统甘薯栽培垄作高度普遍偏低，水土流失严重，因此开展了甘薯高厢垄作保墒试验研究。

试验设置翻耕平作、翻耕垄作两种耕作方式。供试品种为川薯 34，与玉米套作，"双 30"开厢，甘薯密度 48 000 株 /hm²。由表 9 可以看出，传统翻耕平作的藤蔓产量、鲜薯产量、单薯重最低，与翻耕平作相比，高厢垄作藤蔓产量增加 20.2%，鲜薯产量提高 29.8%，单薯重提高 23.6%，单位面积结薯数增加 5.0%，其薯块产量与藤蔓产量比值提高 7.9%。

表 9　不同耕作措施下甘薯产量与结薯特性（2012 年，简阳）

处理	藤蔓产量（kg/hm²）	薯块产量（kg/hm²）	单位面积薯数（个 /hm²）	平均单薯重（g）	薯块藤蔓质量比
翻耕平作	19 240.1	15 253.4	133 440	114.3	79.3%
高厢垄作	23 120.0	19 800.0	140 160	141.3	85.6%

2013 年，在简阳市玉成乡径流场，进一步研究了不同耕作模式对甘薯产量的影响。设置 4 个处理：翻耕平作秸秆不还田（CK）、翻耕平作秸秆还田、高厢垄播沟覆栽培、免耕平作秸秆还田。川薯 164 为供试品种，采用"小麦 / 玉米 / 甘薯"套作模式。甘薯移栽密度 48 000 株 /hm²，甘薯底肥施尿素 150 kg/hm²、过磷酸钙 225 kg/hm²，5 月 27 日移栽，收获时间为 11 月 5 日。表 10 可见，与对照翻耕秸秆不还田方式相比，高厢垄播沟覆栽培方式的增产幅度最大，单位面积鲜薯提高 74.18%，其次为翻耕秸秆还田方式，其增产幅度为 31.29%，免耕平作秸秆还田增产幅度最小，仅提高 29.10%。上述结果表明，甘薯垄作栽培明显优于平作栽培，秸秆还田明显优于秸秆不还田方式。在套作条件下，高厢垄播沟覆栽培方式更有利于大幅度提高套作甘薯的产量。

表 10　不同耕作模式下甘薯产量和大中小薯调查表（2013 年，简阳）

处理	鲜薯产量（kg/hm²）	比对照增减（%）	大、中、小薯数（个 / 小区）			
			小薯	中薯	大薯	合计
翻耕平作秸秆不还田（CK）	13 717.5	–	264.0	112.2	126.0	502.2
翻耕平作秸秆还田	18 009.0	31.29	216.0	136.2	229.8	582.0
高厢垄播沟覆栽培	23 892.0	74.18	397.8	145.8	268.2	811.8
免耕平作秸秆还田	17 709.0	29.10	274.2	118.2	214.2	606.0

4 改偏施氮肥为控氮增钾肥，保障结薯营养供给

围绕高产、优质、高效、安全、环保目标，系统开展了优质专用甘薯需肥特性与施肥技术研究，重点研究施钾量、氮素、磷素等肥料施用技术对优质专用甘薯产量和品质的影响[10～14]。

4.1 高淀粉甘薯新品种控氮增钾关键技术

以川薯 34 和徐薯 22 为高淀粉甘薯新品种供试材料，研究不同氮磷钾配施处理对高淀粉甘薯新品

种产量与品质的影响（表 11）。在氮磷钾配施处理下，徐薯 22 块根鲜薯增产幅度达 33.2% ~ 56.0%，川薯 34 块根鲜薯增产幅度达 38.7% ~ 52.7%，两品种均以 $N_{45}P_{45}K_{90}$ 处理产量最高，二者都增产约 11 t/hm^2。不同的钾肥用量显著改变了甘薯鲜薯产量，施用 90 kg/hm^2 K_2O 比施用 60 kg/hm^2 K_2O 可以显著增加甘薯鲜薯产量，2 个品种都增产达 10% 以上。与不施肥处理相比，施用商品有机肥的处理甘薯鲜薯产量显著增加。与其等量养分的 N45P45K90 处理相比，施用商品有机肥的处理的甘薯鲜薯产量略减，但差异不显著，这说明商品有机肥在增加甘薯鲜薯产量上有重要作用，可以在甘薯生产上实行以有机肥为主的施肥方案。一次性施肥与分次施肥处理相比，2 个甘薯品种的产量都没有显著差异，这说明在甘薯施肥技术上实行底肥一次清施肥是可行的。

表 11　不同施肥处理对甘薯新品种的产量效应（2008 ~ 2010 年，金堂）

供试品种	施肥配方	产量（kg/hm^2）	相对产量（%）	增产量（kg/hm^2）
徐薯 22	CK	20 444 d	100.00	–
	$N_0P_{45}K_{90}$	26 889 c	131.52	6 444
	$N_0P_0K_{90}$	20 111 d	98.37	−333
	$N_{45}P_{45}K_{60}$	28 667 bc	140.22	8 222
	$N_{45}P_{45}K_{90}$	31 889a	155.98	11 444
	$N_{45}P_{45}K_{120}$	28 667 bc	140.22	8 222
	商品有机肥	27 222 c	133.15	6 778
	$N_{45}P_{45}K_{90}$	30 667 ab	150.00	10 222
川薯 34	CK	20 667 d	100.00	–
	$N_0P_{45}K_{90}$	26 000 c	125.81	5 333
	$N_0P_0K_{90}$	20 111 d	97.31	−556
	$N_{45}P_{45}K_{60}$	28 667 b	138.71	8 000
	$N_{45}P_{45}K_{90}$	31 556 a	152.69	10 889
	$N_{45}P_{45}K_{120}$	30 000 ab	145.16	9 333
	商品有机肥	29 111 ab	140.86	8 444
	$N_{45}P_{45}K_{90}$	31 222 ab	151.08	10 556

不同氮磷钾配施条件下高淀粉甘薯的品质效应（表 12）：在三种钾肥处理中，以施用 90 kg/hm^2 K_2O 处理的甘薯品质效应最好，特别是其干物质含量、蛋白质含量、直链淀粉、支链淀粉和总淀粉含量均达到最高值水平，与 CK 处理相比，徐薯 22 直链淀粉和支链淀粉含量分别增加 0.63 和 2.7 个百分点；钾肥对川薯 34 淀粉含量的增加作用更突出，分别增加 1.9 和 4.7 个百分点，总淀粉含量增加 6.6 个百分点，这表明通过施肥措施来提高川薯 34 的品质潜力更大。施用商品有机肥的处理与施用化肥的处理相比，徐薯 22 和川薯 34 块根的蛋白质、维生素 C、总糖量、直链淀粉和支链淀粉含量都表现为明显降低，这恰恰与通常认为的施用有机肥可以明显提高甘薯鲜薯的品质的提法相反，其相关的机理有待进一步研究。与分次施肥方式相比，氮磷钾肥一次清施肥处理的甘薯鲜薯品质指标明显降低，特别是其蛋白质和淀粉含量。

表 12　不同施肥处理对甘薯新品种的品质效应（2008 ~ 2010 年，金堂，%）

供试品种	施肥配方	干物质含量	蛋白质含量	维生素 C	总糖	直链淀粉	支链淀粉	总淀粉
徐薯 22	CK	37.3	1.17	25.3	9.16	7.30	18.7	26.0
	$N_0P_{45}K_{90}$	36.0	1.19	27.5	9.07	7.46	19.4	26.9
	$N_0P_0K_{90}$	36.8	1.51	26.0	8.67	7.13	19.9	27.0
	$N_{45}P_{45}K_{60}$	37.4	1.44	29.2	8.59	7.75	19.8	27.5
	$N_{45}P_{45}K_{90}$	38.9	1.42	22.7	8.65	7.93	21.4	29.3
	$N_{45}P_{45}K_{120}$	37.0	1.16	26.7	8.99	7.77	20.4	28.2
	商品有机肥	30.9	0.90	22.0	8.17	6.04	16.0	22.0
	$N_{45}P_{45}K_{90}$	34.9	1.19	33.3	8.86	7.16	18.0	25.2
川薯 34	CK	31.1	1.60	34.1	11.3	6.29	16.4	22.7
	$N_0P_{45}K_{90}$	39.8	1.02	34.6	11.5	7.51	19.9	27.4
	$N_0P_0K_{90}$	36.8	1.34	28.8	11.1	7.63	19.9	27.5
	$N_{45}P_{45}K_{60}$	36.8	1.44	27.9	11.4	7.89	20.0	27.9
	$N_{45}P_{45}K_{90}$	39.4	1.96	25.4	12.8	8.26	21.1	29.4
	$N_{45}P_{45}K_{120}$	32.5	1.07	23.1	10.7	6.22	16.7	22.9
	商品有机肥	34.7	1.26	27.2	10.5	6.99	18.1	25.1
	$N_{45}P_{45}K_{90}$	31.3	0.99	25.9	9.43	6.51	16.0	22.5

4.2　紫色甘薯新品种控氮增钾关键技术

以南紫薯 008 为鲜食型紫色甘薯新品种供试材料，研究施用钾肥技术对其产量与品质的影响。

钾肥用量及种类对紫色薯新品种鲜薯产量和品质的影响：试验结果表明，施磷钾肥不施氮肥处理的产量比不施钾肥只施氮磷肥处理高，这说明钾肥是紫色薯实现高产的首要营养障碍因子。在 4 种氯化钾施用处理水平下，南紫 008 的鲜薯产量随钾肥用量的增加而提高，施用 120 kg/hm² K_2O 处理的产量达到最高值，较 CK 增产 43.7%。与分次施肥处理相比，南紫 008 氮磷钾肥底追一次清施肥处理增产 10.4%（表 13）。

表 13　钾肥用量及肥料类型对紫色薯的产量效应（2009 ~ 2010 年，金堂）

处理	产量（kg/hm²）	相对产量（%）	增产量（%）
CK	14 055	100.00	–
$N_0P_{45}K_{90}$	14 580	103.74	525
$N_{45}P_{45}K_0$	13 856	98.58	–199
$N_{45}P_{45}K_{60}$	15 301	108.87	1 246
$N_{45}P_{45}K_{90}$	17 299	123.08	3 244
$N_{45}P_{45}K_{120}$	20 205	143.76	6 150
$N_{45}P_{45}K_{120}$（硫酸钾）	18 946	134.80	4 891
$N_{45}P_{45}K_{90}$（底追一次清）	19 094	135.85	5 039

由表 14 可见，紫色薯的品质受到肥料种类的显著影响。施用磷钾肥无氮肥处理的品质较施用氮磷肥无钾肥处理的鲜薯品质好，这表明钾肥对甘薯品质的重要性要明显高于氮肥。随着钾肥用量的增加，紫色薯的品质指标明显提高，从淀粉含量看，施用 120 kg/hm² K₂O 处理的紫色薯鲜薯品质最好，特别是直链淀粉含量和总淀粉含量均达到最高值，与 CK 处理相比，南紫薯 008 分别增加 1.5 和 0.9 个百分点。但从投入产出比较，以施用 90 kg/hm² K₂O 处理更为经济有效。

表 14   钾肥用量及肥料类型对紫色薯的品质效应（2009 ~ 2010 年，金堂，%）

处理	干物质含量	维生素 C	总糖	直链淀粉	支链淀粉	总淀粉
CK	34.50	25.70	11.74	13.40	3.40	16.80
$N_0P_{45}K_{90}$	29.50	26.40	12.55	13.90	3.20	17.10
$N_{45}P_{45}K_0$	28.20	23.30	11.44	11.50	3.10	14.60
$N_{45}P_{45}K_{60}$	27.20	26.80	13.58	12.20	3.00	15.20
$N_{45}P_{45}K_{90}$	28.90	24.50	12.05	13.90	2.70	16.60
$N_{45}P_{45}K_{120}$	30.80	23.60	11.31	14.90	2.80	17.70
$N_{45}P_{45}K_{120}$（硫酸钾）	30.30	25.20	12.58	14.30	2.80	17.10
$N_{45}P_{45}K_{90}$（底追一次清）	28.80	23.40	12.03	12.40	3.20	15.60

施钾量对紫色薯产量和品质的影响：以南紫薯 008 为供试品种，设置 5 个 K₂O 施用水平：0、60、90、120、150 kg/hm²，分别用 K0、K60、K90、K120、K150 来表示。

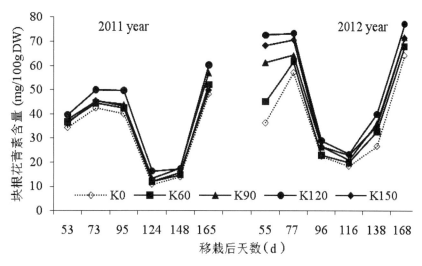

图 1   不同施钾量对紫色薯块根花青素含量的影响

块根花青素含量变化动态：移栽 53 d 后，紫色薯块根花青素含量随生育期推进表现出先升高后降低再升高的动态变化趋势（图 1）。施钾肥处理（K60、K90、K120、K150）的紫薯块根花青素含量均高于不施钾肥处理（K0），且以 K120 处理紫薯块根花青素含量最高，显著高于 K0 处理（P<0.05）。

施钾量对紫色薯产量的影响：施钾肥处理的鲜薯产量和商品薯率均显著高于不施钾肥的 K0 处理，且以 K120 处理增产幅度最大，2011 年和 2012 年产量分别较对照 K0 提高了 23.28 % 和 19.66%，商品薯率分别较对照 K0 提高 9.75 % 和 10.75 %。

表 15　施钾量对紫色薯产量构成因素的影响

年份	处理	产量（kg/hm²）	单株薯数（个）	商品薯率（%）
	K0	29 177.25 c	2.20 b	86.34 d
	K60	30 552.30 b	2.27 b	88.64 c
2011	K90	31 192.80 b	2.73 a	91.78 b
	K120	35 968.95 a	2.50 ab	94.76 a
	K150	35 505.45 a	2.33 b	93.70 a
	K0	20 648.55 d	3.56 ab	81.58 d
	K60	22 902.90 c	3.58 ab	87.63 b
2012	K90	23 785.71 b	3.91 a	89.19 a
	K120	24 708.60 a	3.64 ab	90.35 a
	K150	23 711.40 b	3.49 b	85.73 c

施钾量对收获期紫色薯块根中氮磷钾含量的影响：从表 16 可以看出，施钾肥处理（K60、K90、K120、K150）收获期紫色薯块根中氮、磷、钾含量高于不施钾肥处理（K0）。不同施钾量之间比较，以 K90 处理的紫色甘薯块根中磷含量和钾含量最高。

表 16　不同施钾量对收获期紫色甘薯块根氮磷钾含量的影响（%）

处理	2011 年			2012 年		
	N	P	K	N	P	K
K0	0.535	0.113	0.478	0.406	0.158	0.505
K60	0.630	0.119	0.510	0.450	0.168	0.537
K90	0.540	0.126	0.592	0.431	0.179	0.638
K120	0.620	0.122	0.536	0.452	0.173	0.623
K150	0.665	0.120	0.538	0.464	0.178	0.620

施钾量对紫色薯块根主要品质指标的影响：紫色薯淀粉率、蛋白质含量随施钾量的增加而表现出提高的趋势，硒含量则表现出下降的趋势（表 17）。与对照 K0 相比，2011 年 K60、K120、K150 处理的鲜薯淀粉率分别提高 0.1 %、2.4 %、1.6 %，2012 年各处理的淀粉率随施钾量的增加表现出先升高后降低的变化趋势，以 K120 处理最高。

表 17　不同施钾量对紫色薯块根主要品质指标的影响

年份	处理	淀粉（%）	蛋白质（%）	硒（μg/kg）
	K0	19.10	2.47	14.55
	K60	19.12	2.94	14.87
2011	K90	19.03	2.96	10.10
	K120	19.56	3.38	12.75
	K150	19.41	3.69	11.10
	K0	18.30	2.50	16.71
	K60	18.41	2.69	15.14
2012	K90	18.57	2.81	14.79
	K120	19.29	2.81	14.87
	K150	18.18	2.88	16.55

5 结论

针对甘薯生产上的育苗弱、移栽稀、起垄低和偏施氮等共性栽培技术问题，以优质专用甘薯新品种为供试材料，系统开展了甘薯提质增效关键栽培技术研究，研究形成以"壮苗培育、群体密植、高厢垄作、增施钾肥"为核心内容的 "壮苗、增密、高垄、增钾四改关键栽培技术"：即改弱苗晚栽为壮苗早栽，培育田间早发优势；改稀植栽培为合理密植，构建高光效能群体；改低厢垄作为高厢垄作，改善结薯土壤环境；改偏施氮肥为控氮增钾肥，保障结薯营养供给。主要技术参数：壮苗，单膜育苗或双膜覆盖，早出苗 3 ~ 11 d；增密，在净作条件下，紫色甘薯移栽密度以 67 500 株 /hm² 为宜，高淀粉甘薯移栽密度以 52 500 株 /hm² 为宜；在套作条件下，甘薯移栽密度以 35 000 ~ 40 000 株 /hm² 为宜；垄作，垄作高度 30 ~ 40 cm，加秸秆覆盖；增钾，N 45 kg/hm²、P_2O_5 45 kg/hm²、K_2O 90 kg/hm²。

参考文献

[1] 屈会娟，沈学善，等 . 套作条件下种植密度对紫色甘薯干物质生产的影响 [J]. 中国农学通报，2015，31（12）：127–132.

[2] 沈学善，黄钢，等 . 施钾量对南紫薯 008 干物质生产和硝酸盐积累的影响 [J]. 南方农业学报，2014，45（2）：235–239.

[3] Kivuva B M，Githiri S M，Yencho G C，et al. Genotype × environment interaction for storage root yield in sweetpotato under managed drought stress conditions[J]. Journal of Agricultural Science，2014，6（10）：1‑16.

[4] Niyireeba R T，Ebong C，Lukuyu B，et al. Effects of location，genotype and ratooning on chemical composition of sweetpotato [*Ipomea batatas*（L.）Lam] vines and quality attributes of the roots[J]. Agricultural Journal，2013，8（6）：315–321.

[5] 钱秋平，赵文静，陆国权 . 紫心甘薯高产优质栽培调控优化技术研究 [J]. 浙江农业学报，2006，18（6）：433–436.

[6] 卢会翔，唐道彬，吴正丹，等 . 甘薯产量、品质及农艺性状的基因型与环境效应研究 [J]. 中国生态农业学报，2015，23（09）：1158–1168.

[7] 林子龙 . 种植密度与钾肥对甘薯新品种龙薯 14 号产量的影响 [J]. 南方农业学报，2015，46（6）：1002–1006.

[8] 杨林森，唐道彬，等 . 高淀粉甘薯 0409–17 高产栽培模式研究 [J]. 西南大学学报：自然科学版，2011，33（2）：12–16.

[9] 闫会，李强，等 . 基因型和栽插密度对甘薯农艺性状及结薯习性的影响 [J]. 西南农业学报，2017，30（8）：1739–1745.

[10] 丛日环，李小坤，鲁剑巍 . 土壤钾素转化的影响因素及其研究进展 [J]. 华中农业大学学报，2007，26（6）：907–913.

[11] 闫会，李强，等 . 不同土壤类型和生态环境对紫色甘薯块根品质特性的影响 [J]. 江西农业学报，2016，28（12）：8–12.

[12] 赵庆鑫，等 . 氮钾互作对甘薯氮钾元素吸收、分配和利用影响及与块根产量关系 [J]. 植物生理学报，2017，53（5）：889–895.

[13] 屈会娟，等 . 基于正交试验的高淀粉甘薯新品种川薯 217 优化栽培技术研究 [J]. 西南农业学报，2012，25（6）：1995–1999.

[14] 秦鱼生，涂仕华，等 . 平衡施肥对高淀粉甘薯产量和品质的影响 [J]. 干旱地区农业研究，2011，29（5）：169–173.

绵南薯 10 号地膜覆盖栽培技术研究

丁　凡[1]，余韩开宗[1]，刘丽芳[1]，唐琼英[2]，邓先志[2]，余金龙[*]

（1.绵阳市农业科学研究院，四川绵阳　621023；2.绵阳市三台县农业局，四川三台　621100）

摘　要：为探索甘薯高产栽培技术，以不覆膜作为对照，调查和分析了可降解膜、不降解膜和黑膜对甘薯地上部生长发育、地下部产量形成以及干率的影响，结果表明，覆膜能使甘薯地上部充分形成，延缓甘薯生长点过早的向地下部转移；覆膜后，甘薯单株结薯数增加了 1 ~ 1.8 个，鲜薯增产 9.52% ~ 13.19%，覆盖不降解膜比对照显著增产，覆盖不降解膜和黑膜比对照极显著增产，3 种覆膜处理间鲜薯差异不显著。其中以覆盖不降解膜产量最高，达到 52 494.30 kg/hm²。地膜覆盖是甘薯增产增效有效的栽培措施，其增产效应主要是通过促进甘薯中前期地上部生长、提高薯块个数，增加薯块后期干物质积累速率来实现的。

关键词：绵南薯 10 号；地膜覆盖；产量

甘薯不仅是一种重要的粮食作物，也是重要的工业原料作物和能源作物，在国民生产中具有重要的地位[1]。四川是全国甘薯种植大省，种植区域大多是交通不便，在经济欠发达的丘陵山区乡镇，且甘薯大多种植在土层比较瘠薄的坡地，灌溉困难，农户习惯采取雨后栽插的模式，这样严重缩短甘薯生育期，导致产量大多较低，优良甘薯品种的产量潜力无法得到发挥[2]。

地膜覆盖栽培能改善田间小气候[3]，减少土壤水分的蒸发，稳定土壤水分，保水保墒，干旱季节效果更佳[4]，覆膜后由于土壤表层不受雨水直接冲击，可使耕作层保持松软，土壤容重减少，这种疏松的土壤理化环境，既有利于前期秧苗根系生长，又有利于后期薯块膨大[5]。甘薯地膜覆盖，土壤能够更好地吸收和贮藏太阳辐射能，地面受热增温快，散热慢，增加土壤积温[6]，地膜的增温增湿作用，使得土壤微生物异常活跃，促进了有机质和潜在腐殖质的分解，加速了营养物质的积累和转化，有利于甘薯对土壤水肥的吸收[7]。在甘薯栽培上，前人对黑膜和降解膜研究的较多[8~9]，但是对不降解膜研究的较少，本研究通过对可降解膜、不降解膜和黑膜以及不覆膜栽培甘薯生长动态进行分析，进一步探求地膜甘薯高产栽培的机理，以指导四川甘薯生产。

1　材料与方法

1.1　试验设计

田间试验设计了可降解膜、不降解膜、黑膜和不覆膜 4 个处理，4 次重复，随机区组排列。其中第

基金项目：国家甘薯产业技术体系（CARS-10-C-22）；四川薯类创新团队项目（川农业函 [2014]91 号）。

作者简介：丁凡，男，高级农艺师，主要从事薯类育种与栽培技术研究。E-mail：38862234@qq.com。

*通讯作者：余金龙，男，研究员，主要从事甘薯育种和栽培研究。E-mail：jinlongyu004@163.com。

三、耕作栽培

1 个重复用于甘薯生长动态调查，其余 3 个重复用来进行产量测定和品质统计分析。小区为 6 行区，每行种植 20 株，面积 20 m²，行距 0.83 m，株距 0.20 m。种植密度为 60 000 株 /hm²。试验于 5 月 27 日栽插，11 月 1 日收获，大田生育期 156 d，覆膜处理采取先扦插，后覆膜。

1.2 供试材料

供试材料为绵阳市农科院与南充市农科院甘薯研究中心联合选育的淀粉型品种绵南薯 10 号。该品种于 2013 年通过四川省甘薯新品种审定。

1.3 取样与分析

自薯苗栽插后 40 d 开始取样，分别在栽后 40 d（7 月 6 日）、栽后 61 d（7 月 27 日）、栽后 83 d（8 月 19 日）、栽后 104 d（9 月 9 日），栽后 122 d（9 月 26 日）和栽后 143 d（10 月 17 日）分别取样进行了地上部和地下部调查。每次选取 5 株，对植株的分枝数、鲜叶重、叶柄重、茎重、薯块数、薯块重分别进行测定。收获后，对各小区薯块干率进行测定，并计算薯干产量。干率测定按照张允刚等的方法测定[10]。

2 结果与分析

2.1 地膜覆盖对绵南薯 10 号地上部主要特征特性的影响

绵南薯 10 号在栽后 83 d 之内，随着地上部的生长，分枝数呈现逐渐增加的趋势，在栽后 83 d 达到最大值，随着生长点的转移，分枝数缓慢下降，表现出一定的自我调节作用，最后稳定在 8 ~ 8.8 个 / 株范围内（图 1）。栽后 143 d 最后一次取样，各个处理间甘薯的分枝数没有明显的差异，这表明分枝数是绵南薯 10 号的一个固有性状，遗传力较高，这与崔翠等人对 21 个甘薯品的研究结果相似[11]。但覆盖地膜后，在甘薯生长中期（茎叶生长盛期和块根膨大期）覆盖地膜，可以促进分枝生长，增加甘薯地上部干物质积累，为后期薯块膨大打下坚实的基础。

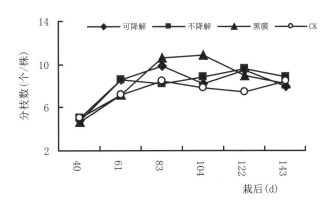

图 1 地膜覆盖对绵南薯 10 号的分枝数的影响

如图 2 所示，绵南薯 10 号在栽后 40 d 以前，不覆盖地膜的处理的地上部优于覆盖地膜的 3 个处理，但是栽后 40 d 以后覆盖地膜的 3 个处理，地上部的生长势均好于不覆膜的处理。在栽后 83 d，覆盖黑膜的处理地上部鲜重在所有处理中最大，为 0.841 kg/ 株。覆盖黑膜、可降解膜和不覆膜的 3 个处理，地上部的生长表现为"快—慢—快—慢"的变化规律，表现在甘薯的生产上为：从甘薯移栽后开始，甘薯地上部不断增加，在栽后 83 d，达到茎叶生长的最高峰；随着甘薯生长向地下部转移，地上部开始出现缓慢的衰退或消亡；当衰退出现到一定的程度的时候，甘薯主茎的叶腋部开始生出一些小的分枝或二次分枝，并长出短的叶柄和叶片，表现为甘薯块根中养分积累与茎叶生长齐头并进，地上部鲜重不断增加，块根迅速膨大；随后茎叶生长逐渐变慢，直至停滞，叶片转淡发黄，出现枯死，地上部重量逐渐下降（图3）。

覆盖不降解膜的地上部生长则表现为"快—慢"的变化规律，在栽后83 d至栽后122 d地上部缓慢增长，没有出现其他3个处理中表现出来的V形变化趋势。与不覆膜相比，覆盖不降解膜的甘薯在栽后61 d以后，各个时期的地上部生长均明显占优，非常稳定，增加幅度在20% ~ 50%（图3）。这可能与膜的特性有关，不降解膜较厚，而且整个生育期中无法降解，形成非常稳定的田间小气候，利于甘薯生长。但是在生长速率上，从栽后61 d至栽后104 d，不降解膜处理的地上部增长速率呈现缓慢下降的趋势，表明这段时期，该处理的地上部生长受到抑制，转化成地下部的迅速膨大。

覆盖地膜的处理，后期能够使地上部保持合理生长，不早衰，为地下部块根持续的膨大提供了充足的光合源。其中又以覆盖不降解膜为最优。

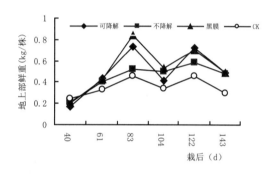

图2 不同处理下绵南薯10号地上部鲜重变化

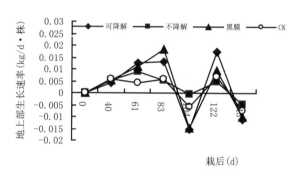

图3 不同处理下绵南薯10号地上部生长速率变化

2.2 地膜覆盖对绵南薯10号地下部生长发育的影响

构成甘薯产量结构性状的三个指标为密度、单株结薯数和单薯重，其中三个性状指标对产量的影响为密度＞单株结薯数＞单薯重[12]。在密度保持一致时，单株结薯数对产量的影响更大，覆盖地膜可以提高单株结薯数，从而提高产量（图4、图5）。绵南薯10号从栽后40 d开始，直至栽后143 d最后一次取样，不覆盖地膜的薯块数几乎表现为一条直线，即不覆盖地膜甘薯薯块数在栽后40 d已稳定在5个左右。而覆盖地膜的3个处理，薯块在栽后40 d才刚刚开始出现，从栽后40 d到栽后61 d迅速增加，至栽后104 d逐渐稳定在6个左右，薯块平均比不覆膜增加1 ~ 1.8个，其中不降解膜平均单株薯块数最多，为6.4个/株（图4）。

不覆盖地膜的处理甘薯形成早，前期生长速度也较快，从栽后61 d开始，就已表现为地下部生长速率放缓，在栽后83 d至栽后104 d生长速率下降非常明显。不覆盖地膜的处理尽管前期薯块形成、稳定快。表现为甘薯的生长点向地下转移的较快，但地上部生长不充分，导致"源库"关系不协调，影响了后期甘薯的膨大（图5、图6），由此可见甘薯生长是需要地上部可地下部协调生长的[13]。

覆膜处理后薯块前期形成慢，鲜重增加速率也较不覆膜低，后期薯块稳定后，鲜重增加迅速（图5、图6），至栽后143 d以不降解膜的薯块鲜重最重。覆盖地膜以后，尽管前期薯块稳定慢，在中后期由于有地上部光合源的保障，地下部生长迅速。不覆盖地膜处理中，在栽后83 d至栽后104 d间，由于地上部稳定，薯块增加速率最快，后期产量也最高。

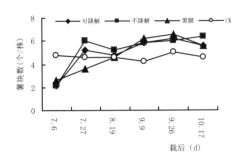

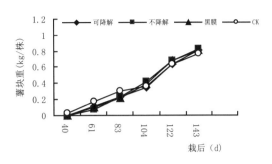

图 4　不同处理下绵南薯 10 号薯块数变化　　图 5 不同处理下绵南薯 10 号薯块重变化

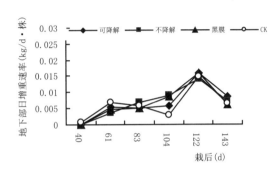

图 6　不同处理下绵南薯 10 号地下部生长速率变化

2.3　不同生育时期绵南薯 10 号 T/R 值变化趋势

T/R 值也称蔓薯比，是甘薯茎叶与薯块鲜重的比值，它不仅是反映甘薯在生长过程中地上部和地下部光合物质分配状况的重要指标，也是表明地上部和地下部生长是否协调的指标。在甘薯地上部茎叶重量较大、光合面积合理的情况下，中前期 T/R 值下降的越快，说明光合产物向块根分配运转的速度也越快[14、15]。从表 1 中可以看出，在不同取样时期，覆盖地膜以后的处理 T/R 值下降速率均快于不覆膜处理，这表明覆盖地膜后，光合产物在块根中积累迅速，块根膨大越快其中尤以不降解膜处理 T/R 值下降最为迅速。而不覆膜的处理从栽后 40 d 至栽后 143 d，整个生育期 T/R 值不仅较低，而且下降缓慢，从而导致最终产量低于覆盖地膜的三个处理。

在甘薯生产上，前期应促进茎叶充分生长，到前期末使 T/R 值维持在 4 ~ 5；进入生长中期，光合产物分配转向以块根为主，T/R 值逐渐下降，到中期末（栽后 104 ~ 122 d），出现地上部与地下部的平衡点，T/R 值接近或等于 1；在栽后 143 d，不覆膜的 T/R 值仅为 0.39，后期生长动能已不足，也限制了绵南薯 10 号产量的提高。该结果与党学斌等人对高产地膜甘薯中对 T/R 值研究的结果一致[12]。

表 1　不同处理下绵南薯 10 号在不同时期的 T/R 变化趋势

处理	栽后天数（d）					
	40	61	83	104	122	143
可降解	38.14	3.72	3.25	1.19	1.15	0.60
不降解	43.24	5.08	2.21	1.20	0.87	0.58
黑膜	30.88	4.04	3.91	1.33	1.03	0.61
CK	7.38	1.82	1.48	0.92	0.73	0.39

2.4 不同处理对绵南薯 10 号产量的影响

从表 2 中可以看出，覆盖地膜对绵南薯 10 号的产量有明显的增加效应，增产幅度在 9.52% ~ 13.19% 之间，其中以覆盖不降解膜的产量最高，达到 52 494.30 kg//hm²，分别比不降解膜增产 13.19%，比黑膜增产 2.27%，比降解膜增产 3.35%。方差分析表明：与对照相比，覆盖不降解膜和黑膜可以极显著的增加鲜薯产量，覆盖降解膜可以显著增加鲜薯产量。这表明，覆盖不降解膜是增加甘薯鲜薯产量最有效的覆膜方式，优于黑膜和降解膜。

覆膜后甘薯的干率均比不覆膜出现了一定程度的下降，这与前人的研究结果一致[16、17]，这可能与覆膜后中后期甘薯膨大速率过快，光合产物没有完全转化为淀粉有关。

表 2 不同处理下绵南薯 10 号产量结果分析表

处理	小区产量（折 kg/hm²）			平均产量（kg/hm²）	增产比例（%）	干率（%）	薯干产量（kg/hm²）
	重复 I	重复 II	重复 III				
可降解	49 952.55	52 652.70	49 777.50	50 794.20aAB	9.52	30.95	15 720.80
不降解	51 202.50	54 527.70	51 752.55	52 494.30aA	13.19	30.79	16 162.99
黑膜	50 202.45	52 377.6	51 402.60	51 327.60aA	10.67	31.60	16 219.52
CK	46 402.50	44 727.30	48 002.55	46 377.45bB	0	32.18	14 924.26

3 结论

本试验结果表明，通过地膜覆盖，可以延缓绵南薯 10 号前期结薯数的稳定，避免生长点过早向地下转移，促进地上部的充分生长，使之形成合理的 T/R 值，为中后期块根的迅速膨大奠定良好的光合源基础。当后期薯块数稳定后，覆盖地膜形成的强大的地上部可加快光合产物向块根积累的速率，促进块根的迅速膨大。中后期甘薯膨大速率过快，光合产物没有完全转化为淀粉，这可能是覆盖地膜后，薯块干率低于不覆膜处理的重要原因。

与不覆膜、覆盖黑膜和降解膜相比，覆盖不降解膜后，绵南薯 10 号在整个生育期中地上部、地下部的动态变化以及生长速率均保持比较稳定的增长，这可能与膜的特性有关，不降解膜较厚，而且整个生育期中无法降解，有利于地上部和地下部之间形成非常协调的田间小气候，利于甘薯生长。

仅仅从增加鲜薯产量的角度来讲，覆盖不降解膜的增产效果最好，更利于甘薯高产。但结合到生态效益和经济效益，覆盖不降解膜会造成较为严重环境污染，而且不降解膜用量大，经济投入更大，不利于增加甘薯的经济效益。因此，如果为了追求甘薯高产，可以采用不降解膜进行覆盖，如果要兼顾产量、经济效益和社会效益，推荐采用黑膜覆盖。

参考文献

[1] 刘庆昌 . 甘薯在我国粮食和能源安全中的重要作用 [J]. 科技导报，2004（9）：21-22.

[2] 阎文昭，赵海 . 能源专用甘薯与燃料乙醇转化 [M]. 成都：四川科学技术出版社，2010.

[3] Wang X F. High-yielding culture techniques for planting sweetpotato covered with plastic film[J]. Guangxi Agriculture cultural Science.200 5，36（2）：179-180.

[4] 吕周林，吕德伟，邓建平，等 . 旱地间套种夏甘薯的各种覆盖物增产效果 [J]. 作物杂志，2000

（1）：29-30.

[5] 褚田芬，朱金庆．地膜覆盖栽培对求甘薯的影响 [J]. 浙江农业科学，1999（4）：157-159.

[6] 王茂勇，王旭芳，李金荣．脱毒甘薯覆膜高产栽培技术 [J]. 作物杂志，2005（3）：48-49.

[7] 姜成选，张学芝，于文东．甘薯覆膜栽培的生物效应及增产机理初探 [J]. 作物杂志，1998（1）：25-26.

[8] 李云，宋吉轩，石乔龙．覆膜对甘薯生长发育和产量的影响 [J]. 南方农业学报，2012，43（8）：1124-1128.

[9] 李雪英，朱海波，刘刚，等．地膜覆盖对甘薯垄内温度和产量的影响 [J]. 作物杂志，2012（1）：121-123.

[10] 张允刚，房伯平，等．甘薯种植资源描述规范和数据标准 [J]. 北京：中国农业出版社，2006：83.

[11] 崔翠，周清元，蒲海斌，等．甘薯部分数量性状的遗传力及其相关分析 [J]. 西南农业大学学报（自然科学版），2004，26（5）：560-562.

[12] 党学斌，许强，杨淑琴．高产地膜甘薯生长动态指标和栽培技术初探 [J]. 宁夏农学院学报，1997，18（3）：9-10.

[13] 辛国胜，林祖军，韩俊杰，等．黑色地膜对甘薯生理特性及产量的影响 [J]. 中国农学通报，2010，26（15）：233-237.

[14] 江苏省农科院，山东省农科院．中国甘薯栽培学 [M]. 上海：上海科学技术出版社，1984：42-44.

[15] 宗学凤，张建奎，周清元，等．甘薯品种光合生理指标与薯干产量之间关系的初步研究 [J]，西南农业大学学报．2001，22（3）：216-218.

[16] 韦威旭，韦民政，覃维志，等．地膜覆盖对木薯生长发育和产量及淀粉含量的影响 [J]. 安徽农业科学，2009，37（19）：8939-8940，8943.

[17] 井水华，杨淑娟，范建芝，等．鲁南丘陵地区甘薯地膜覆盖效果试验 [J]. 山东农业科学，2012，44（8）：61-62.

四川甘薯轻简化栽培技术研究

丁　凡，余金龙[*]，余韩开宗，陈年伟，刘丽芳，邹　雪

（绵阳市农业科学研究院，四川绵阳　621023）

摘　要： 在四川甘薯绝大部分都种植在丘陵坡地上，栽后浇水费时、费工、费力，本研究旨在寻求一种解决该问题的甘薯轻简化栽培技术措施。采取随机区组设计，设计了半量、常量和倍量3种生根剂的处理浓度和浇水、不浇水2个对照。结果表明：3种生根剂处理后，甘薯产量均比不浇水栽插的甘薯增产，在总结多年甘薯栽培实践经验的基础上，设计了一套甘薯"蘸根免浇"轻简化栽培技术，通过两年的生产应用，并于2011年进行了控制性试验验证。结果表明，在本区域采用该技术进行甘薯栽插，栽后不用浇水，完全可以保证薯苗成活，并不会降低薯块收获产量，从而达到减轻甘薯种植劳动强度，减少生产成本，增加种植效益的目的。

关键词： 甘薯；蘸根免浇；轻简化栽培

甘薯是一种重要的粮食、饲料、工业原料及新型能源用块根作物，广泛种植于世界上100多个国家[1]。我国是世界上最大的甘薯生产国，常年种植面积在600万 hm² 左右，约占世界甘薯种植面积的65%；年产量约1.2亿 t，占世界甘薯总产量的85%以上[2]。甘薯种植劳动强度大，费时、费力、费工，随着我国机械化种植水平的提高，陆续研发出了一些适宜甘薯种植的机械，如甘薯起垄机、切蔓机、收获机等[3]，但是甘薯栽插机械没有突破性进展[5]。在四川甘薯主要种植在丘陵山区，栽后浇水不仅困难，而且劳动强度最大，长期以来农户的习惯就是雨后栽插，这样就严重制约着甘薯栽插期，缩短了甘薯大田生长期，从而造成减产。为解决这个甘薯生产中的瓶颈问题，在总结多年甘薯生产实践经验的基础上，开展了甘薯"蘸根免浇"轻简化栽培技术研究，通过两年的栽培技术研究，初步集成了一套甘薯轻简化栽培技术，并在生产实践上应用，效果良好。

1　材料和方法

1.1　材料

供试品种为徐薯22。所用生根剂为寿光市沃野化工生产的"强力牌"生根壮秧移栽旺，每袋35 g。

1.2　方法

试验在绵阳农科院院内试验地进行，土质为沙壤土，肥力中等偏下，前作为甘薯。栽插前，施用

基金项目： 国家甘薯产业技术体系（CARS-10-C-22）；四川薯类创新团队项目（川农业函 [2014]91 号）。

作者简介： 丁凡，男，高级农艺师，主要从事薯类育种与栽培技术研究。E-mail：38862234@qq.com。

*通讯作者： 余金龙，男，研究员，主要从事甘薯育种和栽培研究。E-mail：jinlongyu004@163.com。

住商肥料（青岛）有限公司生产的复合肥（N ： P ： K=16 ： 6 ： 21） 750 kg/hm² 作为基肥。参照生根剂说明书上的使用方法，设置了 3 种蘸根处理：A₁（半量）每袋 35 g 兑水 8 kg；A₂（常量）每袋 35 g 兑水 4 kg；A₃（倍量）每袋 35 g 兑水 2 kg，并设置了 CK₁（浇水）和 CK₂（不浇水）两种对照，共计 5 个处理。试验采用随机区组设计，3 次重复，小区面积 20 m²，栽插密度为 60 000 株 / hm²。具体操作步骤是：将剪好的薯苗在 3 种处理水剂中蘸根后 4 h 直接栽插，栽后不浇定根水，CK₁ 是不蘸根但按照常规在薯苗栽后进行浇水灌溉，CK₂ 是不蘸根且栽后不浇水。

甘薯收获后，随机抽取 5 株，选取有代表性的薯块 4 ~ 5 个，取薯块中部，切丝混匀，取样称鲜重。将鲜样装入能够使薯丝摊开的铝盒中，铝盒置于烘箱内，40 ℃鼓风烘 6 h 后，60 ~ 80℃鼓风烘 6 h，待样品变脆后，再升温至 100 ~ 150 ℃烘 12 h 至恒重，然后取出称样。计算方法如下 [4]：

烘干率（%）= 干样重 ÷ 鲜样重 ×100%

鲜薯产量：每小区薯快全部收获称重计产，并根据面积折算成每公顷产量。

薯干产量：鲜薯每公顷产量 × 烘干率 = 薯干每公顷产量。

2 结果与分析

2.1 不同剂量处理对鲜薯产量的影响

从表 1 可以看出，本试验中 A₂ 处理鲜薯产量最高，比 CK₁ 增产 0.30%，比 CK₂ 增产 8.47%；A₁ 处理比 CK₁ 减产 3.05%，比 CK₂ 增产 4.85%；A₃ 处理对 CK₁ 减产 1.40%，比 CK₂ 增产 6.62%。进一步方差分析表明：与 CK₁ 相比较，A₁ 处理减产显著，A₂ 处理增产不显著，A₃ 处理减产不显著；与 CK₂ 相比较，所有处理均极显著增产。说明在本试验中，与栽后不浇水相比较，蘸根处理均可以极显著的增加甘薯产量；与栽后浇水相比较，采取常量蘸根处理增产不显著，倍量蘸根处理减产不显著，半量蘸根处理减产显著。这表明：常量蘸根处理和倍量蘸根处理均可以替代栽后浇水，而且确保甘薯鲜薯产量不减产。

表 1 徐薯 22 蘸根免浇鲜薯产量结果

| 处理 | 鲜薯产量（kg/hm²） | | | 平均产量（kg/hm²） | 较 CK₁（±%） | 较 CK₂（±%） | 方差分析 | |
	重复 I	重复 II	重复 III				5%	1%
A₁	30 001.50	29 526.40	30 176.45	29 901.45	−3.05	4.85	b	A
A₂	31 026.50	31 226.60	30 551.45	30 934.85	0.30	8.47	a	A
A₃	30 326.50	30 676.50	30 226.55	30 409.85	−1.40	6.62	ab	A
CK₁	30 951.65	30 801.25	30 776.55	30 843.15		8.14	a	A
CK₂	28 127.70	28 576.35	28 851.45	28 518.50			c	B

2.2 不同剂量处理对薯干产量的影响

从表 2 可以看出，整个试验中 CK₁ 薯干产量最高，A₂ 处理比 CK₁ 减产 1.87%，A₁、A₃ 处理分别比 CK₁ 减产 8.12%、7.62%；与 CK₂ 相比，3 个处理薯干产量均有所增加，其中 A₂ 处理增加最多，为 12.09%。进一步方差分析表明，与 CK₁ 相比较，A₂ 处理减产不显著，A₁、A₃ 处理均减产极显著，与 CK₂ 相比较，所有处理薯干产量均增产极显著。即通过常量蘸根处理可获得与栽后浇水相近的薯干产量，倍量和半量处理与栽后浇水相比薯干产量略有减产，但各种处理均比栽后不浇水的薯干产量增产。

表 2 徐薯 22 蘸根免浇薯干产量结果

处理	薯干产量（kg/hm²）			平均产量（kg/hm²）	干率（%）	较 CK₁（±%）	较 CK₂（±%）	方差分析	
	重复Ⅰ	重复Ⅱ	重复Ⅲ					5%	1%
A₁	8 928.45	8 787.06	8 980.51	8 898.67	29.76	−8.12	4.96	b	B
A₂	9 531.34	9 592.81	9 385.41	9 503.19	30.72	−1.87	12.09	a	A
A₃	8 922.06	9 025.03	8 892.65	8 946.58	29.42	−7.62	5.52	b	B
CK₁	9 718.82	9 671.59	9 663.84	9 684.75	31.40		14.23	a	A
CK₂	8 362.37	8 495.75	8 577.54	8 478.55	29.73			c	C

3 结论

从本试验初步结果看，常量的蘸根处理与传统的栽后浇水相比，能够不显著的增加鲜薯产量，薯干产量减少不显著，与栽后不浇水相比，更是能够极显著的增加鲜薯和薯干产量。因此，在甘薯生产上，采用蘸根免浇栽插，能够起到减轻劳动强度、减少劳动用工，从而变相地增加了甘薯种植效益。蘸根免浇栽培技术还能不受气候限制，能够随时栽插，这能改变农户等雨栽插的习惯。此外，提早栽插还延长甘薯生产期，增产甘薯产量。

4 讨论

本试验是在前两年示范实践的基础上进行的第一年控制性试验，在栽后第 10 d 本地有一次降雨过程，薯苗成活率达到 100%。试验还没有在"严重"干旱条件下得到检验，有待下一步研究完善。但从前两年生产示范的情况看，栽后 15 d 不降雨仍然能保证极高的成活率。

由于"蘸根免浇"避免了等雨栽苗，生产上可提早甘薯栽插期，本研究和示范均是在 6 月上旬之前完成栽插，而此时本地气温和土壤温度都还没有达到最高值，土壤墒情也还较好，这可能是薯苗成活率较高的原因。因此，我们推荐的本区域"蘸根免浇"栽插的最适宜时间是 4 月中旬至 6 月上旬。各地因根据当地的气候特点，最好在高温天气来临之前进行栽插。

正是由于"蘸根免浇"提早了甘薯栽插期，所以大面积示范片上的产量远远高于生产上的产量。据调查，在大面积示范片上，最高单产可达到 52 500 kg/hm² 以上，平均单产达到 30 000 kg/hm²。因此，该项技术目前深受种植大户的欢迎，可有效地促进甘薯生产水平的提高。

该方法有效地降低劳动强度，节约生产成本。据测算平均每公顷节约浇水成本 1 500 元以上，仅此一项增加甘薯种植的经济效益 10% 以上。

参考文献

[1] 陆漱韵，刘庆昌，李惟基 . 甘薯育种学 [M]. 北京：中国农业出版社 .1998.

[2] 刘庆昌 . 甘薯在我国粮食和能源安全中的重要作用 [J]. 科技导报 .2004，（9）：21–22.

[3] 胡良龙，胡志超，谢一芝，等 . 我国甘薯生产机械化技术路线研究 [J]. 中国农机化 .2011，（6）：20–25.

[4] 张允刚，房伯平，等 . 甘薯种质资源描述规范和数据标准 [M]. 北京：中国农业出版社 .2006.

[5] 严伟，张文毅，胡敏娟，等 . 国内外甘薯种植机械化研究现状及展望 [J]. 中国农机化学报，2018，（2）：12–16.

绵渝紫 11 地膜覆盖栽培技术研究

丁　凡，余韩开宗，刘丽芳，陈年伟，邹　雪，余金龙 *

（绵阳市农业科学研究院，四川绵阳　621023）

摘　要： 为了探索紫色甘薯高产栽培技术，以不覆膜为对照，研究黑膜和白膜对绵渝紫 11 鲜薯产量、大中薯率和经济效益的影响。结果表明：覆膜能显著提高紫色甘薯的鲜薯产量，覆黑膜和白膜比不覆膜分别增产 14.64% 和 7.81%，其中覆黑膜增产极显著；覆膜后紫色甘薯的大中薯率分别提高 15.54% 和 14.72%；覆膜还能提高紫色甘薯种植的经济效益，增加投入产出比，覆盖黑膜后甘薯净收益增加 11 643.90 元 /hm²，增收率为 52.73%，覆盖白膜后甘薯净收益增加 8 799.80 元 /hm²，增收率为 39.85%。

关键词： 绵渝紫 11；地膜覆盖；产量；经济效益

甘薯是四川省重要的粮食作物，常年种植面积在 67 万 hm² 以上[1]。四川省主要以淀粉型甘薯为主，紫色甘薯种植极少。近年来，随着人们对紫色甘薯研究的不断深入，其保健作用也被人们所认识和接受，种植面积也不断扩大，开展紫色甘薯高产栽培技术研究也正是顺应了这一产业发展需求。

地膜覆盖能改善土壤理化性质，减少土壤水分蒸发，增加土壤积温，加强土壤微生物的活动，促进土壤有机质和潜在腐殖质的分解[2~4]，覆膜还能提高甘薯的光合效率，加强甘薯光合生产能力和能量的转运速率[5]。此外，地膜覆盖还能协调甘薯茎叶生长，提高净同化率，加速营养物质的积累和转化，有利于甘薯高产[6]。北方地区对甘薯地膜覆盖栽培研究很多，而在四川省，对甘薯地膜覆盖研究较少[7~9]，对紫色甘薯地膜覆盖栽培技术研究至今未见报道。因此，开展紫色甘薯地膜覆盖栽培技术研究，对于指导四川省紫色甘薯高产栽培技术研究有着重要的现实意义。

1　材料与方法

1.1　供试材料

试验所用的紫色甘薯材料为绵渝紫 11，该品种于 2014 年通过四川省甘薯新品种审定，突出特点是薯型好，食味优。

1.2　试验设计

试验于 2016 年 3 ~ 11 月在绵阳农业科学研究院院内试验基地进行，共设计了黑膜、白膜和不覆

基金项目： 国家甘薯产业技术体系（CARS-10-C-22）；四川薯类创新团队项目（川农业函 [2014]91 号）。

作者简介： 丁凡，男，高级农艺师，主要从事薯类育种与栽培技术研究。E-mail：38862234@qq.com。

* 通讯作者： 余金龙，男，研究员，主要从事甘薯育种和栽培研究。E-mail：jinlongyu004@163.com。

膜 3 个处理，试验采取随机区组排列，设 3 次重复。小区面积为 20.0 m²，种植密度为 60 000 株 /hm²，小区为 6 行区，行距 0.83 m，行长 4.0 m，株距 0.20 m，每行种植 20 株。试验于 6 月 2 日种植，11 月 1 日收获，生育期 150 d，覆膜处理统一采取先扦插，后覆膜方式进行，地膜宽度为 1.00 m，厚度为 0.04 mm。

2 结果与分析

2.1 地膜覆盖对绵渝紫 11 鲜薯产量的影响

从表 1 中可以看出，地膜覆盖对绵渝紫 11 鲜薯产量都有一定的增产效果，其中以覆盖黑膜效果更好，鲜薯产量达 35 626.50 kg/hm²，比不覆膜增产 14.64%，比覆盖白膜增产 6.83%，覆盖白膜比不覆膜增产 7.81%。方差分析表明，与不覆膜相比，覆盖黑膜有极显著的增产效果，覆盖白膜有显著的增产效果，但覆盖黑膜和白膜相比，增产效果不显著。

表 1 不同覆膜处理对绵渝紫 11 鲜薯产量的影响

处 理	小区产量（kg）				鲜薯产量（kg/hm²）	增产比例（%）
	重复 I	重复 II	重复 III	平均		
黑 膜	71.12	74.67	67.87	71.22	35 626.50 Aa	14.64
白 膜	67.07	68.07	65.77	66.97	33 501.50 ABa	7.81
不覆膜（CK）	61.27	62.92	62.17	62.12	31 076.00 Bb	

注：同列数据后不同小写和大写字母分别表示差异显著（P<0.05）和极显著（P<0.01）。

2.2 地膜覆盖对绵渝紫 11 大中薯率的影响

从表 2 中可以看出，覆膜后，绵渝紫 11 的大中薯率接近 90%，覆盖黑膜和白膜都能提高绵渝紫 11 的大中薯率。这与刘丽莎等 2015 年对四川丘陵山区地膜覆盖对西成薯 007 的研究结果略有不同 [9]，其研究结果表明，覆盖地膜对收获期甘薯大中薯率没有明显差异。推测这可能和甘薯品种类型与品种自身特性有关，其研究不覆膜处理的西成薯 007 为淀粉型甘薯，大中薯率非常高，已接近 90.00%，提升的潜力不高，而绵渝紫 11 为鲜食型紫色甘薯，品种自身大中薯率较低 [10]，该品种在四川省区试中平均大中薯率仅 66.00%，具有较大的提升空间与潜力。本研究中，覆盖黑膜和白膜后大中薯率的增加幅度分别为 15.54% 和 14.72%，这与刘丽莎研究结果一致，黑膜与白膜处理，大中薯率比例相当，黑膜处理大中薯率为 89.89%，白膜处理大中薯率为 89.07%。

表 2 不同覆膜处理对绵渝紫 11 大中薯率的影响

处 理	小区大中薯产（kg）				鲜薯产量（kg/hm²）	大中薯率（%）	增加比例（%）
	重复 I	重复 II	重复 III	平均			
黑 膜	63.77	65.57	62.72	64.02	32 024.70	89.89	15.54
白 膜	59.37	61.52	58.07	59.65	29 841.34	89.07	14.72
不覆膜（CK）	45.12	52.42	41.02	46.19	23 105.35	74.35	

注：大中薯分级标准是按照张永刚、房佰平 [11] 编著的《甘薯种质资源描述规范和数据标准》，鲜薯中 ≥ 100.00 g 的为大中薯，< 100.00 g 的为小薯。

2.3 紫色甘薯地膜覆盖经济效益分析

从生产成本投入来看，各种处理的种薯、肥料、机械使用是一致的，成本也一致。而人工的一致是因为本区域农户种植甘薯不用农药，农户除草都是手工作业，因此，此处在计算人工成本时，覆膜与除草用工数是相同的，而育苗、栽插、收获的用工也相同，因此成本也相同。覆膜主要是增加了地膜的投入，生产上，黑膜略贵于白膜，投入也相应都略有增加（表3）。

表 3   不同覆膜处理紫色甘薯生产成本投入（元/hm²）

处理	种薯	地膜	肥料	人工	机械	合计
黑 膜	1 800.00	1 200.00	840.00	5 400.00	3 150.00	12 390.00
白 膜	1 800.00	900.00	840.00	5 400.00	3 150.00	12 090.00
不覆膜（CK）	1 800.00	0.00	840.00	5 400.00	3 150.00	11 190.00

注：种薯按照 4.00 元/kg、黑膜 12.00 元/kg、白膜 10.00 元/kg、复合肥 1.40 元/kg、人工 60.00 元/个计算。

从表4中可以看出，尽管覆膜的总投入略高于不覆膜，但是由于鲜薯产量增加，覆膜的产值也高于不覆膜。通过覆盖黑膜，绵渝紫 11 的纯收入比不覆膜增加了 11 643.90 元/hm²，收益率增加了 52.73%，纯收益增加效果极显著；覆盖白膜，绵渝紫 11 的纯收入比不覆膜增加了 8 799.80 元/hm²，收益率增加了 39.85%。通过覆膜，可以提高紫色甘薯的投入产出比，其中，黑膜的投入产出比最高，为 1.00 ∶ 3.72，覆膜栽培紫色甘薯能产生更好的经济效益。

表 4   不同覆膜处理紫色甘薯投入产出比

处理	总投入（元/hm²）	产量（kg/hm²）	产值（元/hm²）	纯收入（元/hm²）	收益增加率（%）	投入产出比
黑 膜	12 390.00	28 822.23	46 115.60	33 725.60	52.73	1.00 ∶ 3.72
白 膜	12 090.00	26 857.21	42 971.50	30 881.50	39.85	1.00 ∶ 3.55
不覆膜（CK）	11 190.00	20 794.82	33 271.70	22 081.70	—	1.00 ∶ 2.97

注：扣除病薯、烂薯，鲜薯产量按照大中薯鲜薯产量的 90% 计算，紫色甘薯产值按照批发价 1.6 元/kg 计算。

3 结论与讨论

甘薯封垄前，通过地膜覆盖，土壤能更好地吸收和贮藏太阳辐射能，土壤受热增温快，散热快，提高甘薯生长过程中积温[12, 13]。由于地膜覆盖，减少了土壤表面雨水的冲刷，能保持根层松软，更有利于根系发育和后期薯块膨大。此外，覆膜处理前期可以显著促进甘薯营养生长，使甘薯在生长前期维持较高的 T/R，为中后期甘薯块根的迅速膨大奠定良好的丰产基础[7]。

结果表明，覆盖地膜能提高紫色甘薯的鲜薯产量，覆膜比不覆膜增产 14.64%、7.81%，其中覆盖黑膜增产效果更好。覆盖地膜对提高紫色甘薯的大中薯率有非常好的效果，覆盖地膜，紫色甘薯的大中薯率分别提高了 15.54%、14.72%，覆盖黑膜与白膜对紫色甘薯大中薯率提高的效果基本相同。由于覆盖地膜能提高紫色甘薯产量和大中薯率，从而提高了紫色甘薯种植的经济效益，覆盖黑膜，紫色甘薯净收益增加了 11 643.90 元/hm²，增加率为 52.73%，覆盖白膜，紫色甘薯净收益增加了 8 799.80 元/hm²，增加率为 39.85%，投入产出比更高，增产增收效果非常显著。此外，由于黑膜遮光性好，能防止田间杂草生长，减少了人工除草作业用工。因此，在紫色甘薯种植中，为了追求高产和较高的经济效益，可以采取黑色地膜覆盖。

参考文献

[1] 阎文昭，赵海.能源专用甘薯与燃料乙醇转化 [M].成都：四川科学技术出版社，2010.1-12

[2] WANG X F. High-yielding culture techniques for planting sweetpotato covered with plastic film[J]. Guangxi Agriculture cultural Science，2005，36（2）：179-180.

[3] 吕周林，吕德伟，邓建平，等.旱地间套种夏甘薯的各种覆盖物增产效果 [J].作物杂志，2000（1）：29-30.

[4] 姜成选，张学芝，于文东.甘薯覆膜栽培的生物效应及增产机理初探 [J].作物杂志，1998（1）：25-26.

[5] 张磊，林祖军，刘维正，等.黑色地膜对甘薯光合作用几叶绿素荧光特性的影响 [J].中国农学通报，2015，31（18）：80-86.

[6] 宋吉轩，毛堂芳，李云.地膜覆盖对食用型甘薯生理特性及产量的影响 [J].农技服务，2012，29（8）：920-921.

[7] 丁凡，余金龙，余韩开宗，等.高淀粉甘薯品种绵南薯 10 号地膜覆盖高产栽培技术研究 [J].作物杂志，2013（6）：110-113.

[8] 刘丽莎，唐明双，黄迎冬，等.地膜覆盖对甘薯土壤含水量及土层温度的影响 [J].江苏农业科学，2017，45（9）：76-78.

[9] 刘丽莎，何素兰，李育明，等.四川丘陵地区地膜覆盖对甘薯营养生长和产量的影响 [J].江苏农业科学，2015，43（5）：82-84.

[10] 丁凡，余金龙，刘丽芳，等.甘薯新品种绵渝紫 11 的选育及栽培技术 [J].安徽农业科学，2015，43（10）：63，66.

[11] 张允刚，房伯平.甘薯种质资源描述规范和数据标准 [M].北京：中国农业出版社，2006.79.

[12] 陈发炜，赵建国.山区覆盖地膜甘薯增产原理与高产开发技术 [J].农业科技通讯，2001（6）：5-6.

[13] 苏文谨，雷剑，王连军，等.不同地膜覆盖对淀粉型和紫色甘薯生长发育的影响 [J].湖北农业科学，2013，52（22）：5417-5420.

高花青素甘薯新品种绵紫薯9号优化施肥技术研究

朱　玲[1]，沈学善[2]，屈会娟[1*]，王　平[2]，蒲志刚[1]，王晓黎[2]，黄静玮[3]

（1. 四川省农业科学院生物技术核技术研究所，四川成都　610066；2. 四川省农业科学院，四川成都 610066；3. 成都大学，成都　610106）

摘　要： 筛选出川中丘陵区高花青素甘薯新品种绵紫薯9号适宜的施肥量。采用三元二次通用组合正交设计方法，研究氮素水平、磷素水平和钾素水平对高花青素甘薯新品种绵紫薯9号鲜薯产量和花青素含量的影响。鲜薯产量和花青素含量三元二次回归方程的回归项均达到了极显著水平，说明这两个回归方程均是有效的。3种施肥因素对鲜薯产量的影响依次为氮素施用量>磷素施用量>钾素施用量，对块根花青素含量的影响依次为钾素施用量>氮素施用量>磷素施用量。在本试验条件下，绵紫薯9号鲜薯产量大于 37 500 kg/hm^2 优化施肥措施：氮素施用量 207.27 ~ 218.22 kg/hm^2，磷素施用量 97.18 ~ 147.11 kg/hm^2，钾素施用量 207.27 ~ 218.22 kg/hm^2；绵紫薯9号块根花青素含量大于 102 mg/100 g 以上优化施肥措施：氮素施用量 126.16 ~ 158.43 kg/hm^2，磷素施用量 110.13 ~ 136.74 kg/hm^2，钾素施用量 119.62 ~ 151.69 kg/hm^2。川中丘陵区绵紫薯9号施纯 N 207.27 ~ 218.22 kg/hm^2、P$_2$O$_5$ 97.18 ~ 147.11 kg/hm^2，K$_2$O 207.27 ~ 218.22 kg/hm^2，可获得 37 500 kg/ hm^2 以上的鲜薯产量；施纯 N 126.16 ~ 158.43 kg/hm^2、P$_2$O$_5$ 110.13 ~ 136.74 kg/hm^2，K$_2$O 119.62 ~ 151.69 kg/hm^2，可获得 102 mg/100 g 以上的花青素含量。

关键词： 高花青素；甘薯；绵紫薯9号；优化施肥技术

　　紫色甘薯块根富含花青素[1]。花青素是一种极具开发价值的天然色素，具抗氧化、清除体内自由基等多种生理保健功能，已广泛应用于食品、药品、化妆品和保健品等领域[2 ~ 6]。四川已育成川紫薯、南紫薯、绵紫薯等系列品种[7 ~ 9]，其中绵紫薯9号产量和花青素含量较高[9]。绵紫薯9号是绵阳市农业科学院选育的高花青素甘薯新品种，2014年通过国家甘薯品种鉴定委员会鉴定。该品种参加国家区试品质测试花青素含量为 55.97 mg/100 g 鲜薯，比对照高 41.27 mg/100 g 鲜薯；2012 ~ 2013年参加国家区域试验，2年18点次平均鲜薯产量 30 619.50 kg/hm^2，比对照增产 20.08%[10]。氮磷钾配比是影响甘薯产量的主要栽培因素。在生产中重氮、轻磷、少钾是施肥中存在的突出问题，直接影响甘薯的产量

基金项目： 四川省财政创新能力提升专项 "生产环境对紫甘薯花青素合成的影响研究"（2018GYSH-001），"紫色薯专用新品种提质增效生产技术研究"（2016GYSH-027）；四川省科技厅应用基础项目：钾肥形态对紫甘薯花青素合成的影响及其机理研究（2017JY0078）；"十三五" 四川省农作物及畜禽育种攻关 "突破性粮油作物新品种提质增效关键栽培技术研究与示范"（2016NYZ0051）。

作者简介： 朱玲（1992—），女，实习研究员，主要从事薯类作物高产栽培。E-mail：1522837986@qq.com。

* 通讯作者： 屈会娟（1982—），女，副研究员，博士。E-mail：qhjuan120@ 126.com。

和品质[11]，研究表明氮磷钾配比与常规施肥相比，有明显的增产作用[12]。前人用多元二次正交旋转回归设计对不同地区审定的甘薯新品种从栽插密度、施氮量、施磷量、施钾量等因素进行了高产栽培技术优化研究[13~15]，而对绵紫薯9号多元优化设计研究报道较少。本试验设置不同氮肥、磷肥和钾肥施用量因素，通过计算机模拟寻优获得农艺措施组合优化方案[16]，为川中丘陵区绵紫薯9号的高产栽培和推广提供理论依据和技术支撑。

1 材料与方法

1.1 试验材料
高花青素甘薯新品种绵紫薯9号为试验材料。

1.2 试验设计
试验于2013年在四川省农业科学院金堂县竹篙试验基地进行。试验地黄红紫泥土。试验采用三元二次通用组合正交设计，设置3个因素：氮素、磷素、钾素水平，共14个处理。起垄净作，垄距80 cm、垄高30 cm、垄面宽30 cm。3月下旬殡种育苗，6月8日移栽，11月12日收获。氮、磷、钾肥分别为尿素（含N 46%）、过磷酸钙（含P_2O_5 12.5%）和硫酸钾（含K_2O 50%），其他栽培措施同当地高产田。

表1 因素设计水平编码表

变量	因素	变化区间	变量设计水平及编码				
			−1.414 2	−1	0	1	1.414 2
$X1$	氮素施用量（N kg/hm²）	50	79.289 3	100	150	200	220.710 7
$X2$	磷素施用量（P_2O_5 kg/hm²）	50	79.289 3	100	150	200	220.710 7
$X3$	钾素施用量（K_2O kg/hm²）	50	79.289 3	100	150	200	220.710 7

1.3 统计分析方法
采用Microsoft Excel 2007和DPS14.5统计软件计算与分析试验数据。

2 结果与分析

2.1 数学模型的建立及检验
2.1.1 鲜薯产量模型的建立及检验
根据试验产量数据（表2），使用回归旋转组合设计方法，可获得描述甘薯产量结果的多维反应数学模型，即回归方程。

$$Y=41\,862.951\,7 - 198.107\,1X_1 + 49.608\,9X_2 - 39.243\,2X_3 + 0.454\,7X_1^2 - 0.202\,0X_2^2 - 0.207\,5X_3^2 - 0.205\,4X_1X_2 + 0.811\,2X_1X_3 + 0.111\,7X_2X_3 \tag{1}$$

对方程进行检验，回归项达极显著水平（P值为0.008 5）。说明所建立的回归方程是有效的，具有实际意义。为了进一步明确各因素的影响速度，对方程各偏回归系数显著性测验结果表明，一次项X_1、二次项X_1和互作项X_{13}均达到显著水平（P值分别为0.017 0，0.010 0，0.012 8）。剔除不显著回归项，可获得简化回归方程：

$$Y = 41\,862.951\,7 - 198.107\,1X_1 + 0.454\,7X_1^2 + 0.811\,2X_1X_3 \tag{2}$$

表2 试验设计及产量、花青素含量和干物率结果

试验号	编码值			实际因素水平			鲜薯产量	花青素含量	干物率
	c1	c2	c3	X_1	X_2	X_3	（kg/hm²）	（mg/100 g）	（%）
1	1	1	1	200	200	200	34 510.25	72.4	30.95
2	1	−1	−1	200	100	100	30 291.64	83.26	33.16
3	−1	1	−1	100	200	100	28 366.68	94.99	32.56
4	−1	−1	1	100	100	200	29 483.73	101.69	33.21
5	−1.414 2	0	0	79.289 3	150	150	31 385.69	102.53	33.10
6	1.414 2	0	0	220.710 7	150	150	35 511.00	92.9	32.27
7	0	−1.414 2	0	150	79.289 3	150	31 936.21	103.99	32.83
8	0	1.414 2	0	150	220.710 7	150	28 393.19	86.99	33.59
9	0	0	−1.414 2	150	150	79.289 3	27 524.51	103.78	33.01
10	0	0	1.414 2	150	150	220.710 7	32 750.12	88.51	31.12
11	0	0	0	150	150	150	31 293.39	96.66	31.44
12	0	0	0	150	150	150	30 701.59	94.78	31.57
13	0	0	0	150	150	150	30 733.11	95.25	31.65
14	0	0	0	150	150	150	30 097.00	97.86	31.54

2.1.2 块根花青素含量数学模型的建立及检验

根据花青素含量数据（表2），使用回归旋转组合设计方法，可获得描述甘薯花青素含量结果的多维反应数学模型，即回归方程。

$$Y=59.219\ 1 + 0.372\ 2X_1 - 0.002\ 8X_2 + 0.422\ 3X_3 + 0.000\ 3X_1^2 - 0.000\ 2X_2^2 + 0.000\ 001X_3^2 - 0.000\ 2X_1X_2 - 0.003\ 4X_1X_3 - 0.000\ 2X_2X_3 \tag{3}$$

对方程进行检验，回归项达极显著水平（P值为0.002 3）。说明所建立的回归方程是有效的，具有实际意义。为了进一步明确各因素的影响速度，对方程各偏回归系数显著性测验结果表明，互作项X_{13}达到极显著水平（P值为0.005 3）。剔除不显著回归项，可获得简化回归方程：

$$Y=59.219\ 1-0.003\ 4X_1X_3 \tag{4}$$

2.2.3 块根干物率数学模型的建立及检验

根据干物率数据（表2），使用回归旋转组合设计方法，可获得描述甘薯干物率结果的多维反应数学模型，即回归方程。

$$Y=38.781\ 1 + 0.174\ 7X_1 - 0.080\ 7X_2 - 0.174\ 0X_3 + 0.000\ 2X_1^2 + 0.000\ 3X_2^2 + 0.000\ 1\ X_3^2 - 0.001\ 3X_1X_2 - 0.000\ 02X_1X_3 + 0.001\ 2X_2X_3 \tag{5}$$

对方程进行检验，回归项达未达到显著水平（P值为0.374 1）。说明所建立的回归方程是在本研究中不能模拟干物率的变化趋势。

2.2 鲜薯产量模型分析

2.2.1 主因素效应

由于回归设计对各试验因素的取值进行了水平编码，经过无量纲处理，回归系数绝对值的大小可以反映该因素作用的大小。从方程的线性看，3种施肥因素的线性效应对鲜薯产量的影响程度为：氮素施用量>磷素施用量>钾素施用量。

2.2.2 单因素效应

采用"降维法"将任意2个变量固定在零水平上，建立一元回归子模型。磷素施用量和钾素施用量对鲜薯产量的效应方程的二次项系数为负值，表明这两个因素对鲜薯产量的效应曲线是一条

开口向下的抛物线，Y_i 有极大值；而氮素施用量对鲜薯产量的效应方程的二次项系数为正值，表明在 $-1.414\,2 \leqslant X_1 \leqslant 1.414\,2$ 范围内提高氮素施用量，鲜薯产量有增加的趋势。

$$Y_1=41\,862.951\,7-198.107\,1X_1+0.454\,7X_1^2 \tag{6}$$

$$Y_2=41\,862.951\,7+49.608\,9X_2-0.202\,0X_2^2 \tag{7}$$

$$Y_3=41\,862.951\,7-39.243\,2X_3-0.207\,5X_3^2 \tag{8}$$

2.2.3 双因素交互效应

方差分析表明，在 3 个双因素组合中，氮素施用量（X_1）与钾素施用量（X_3）互作（P 值为 0.012 8）达显著水平。其交互作用数学模型如下：

$$Y=41\,862.951\,7 - 198.107\,1X_1 - 39.243\,2X_3 + 0.454\,7X_1^2 - 0.207\,5X_3^2 + 0.811\,2X_1X_3 \tag{9}$$

表 3   氮素施用量（X_1）与钾素施用量（X_3）互作分析表

X_1	X_3				
	$-1.414\,2$	-1	0	1	$1.414\,2$
$1.414\,2$	30 069.05	32 193.95	36 590.22	39 949.08	41 036.43
1	28 877.87	30 654.82	34 211.08	36 729.84	37 469.29
0	27 609.83	28 546.72	30 074.94	30 565.68	30 465.07
-1	28 615.31	28 712.16	28 212.35	26 675.05	25 734.39
$-1.414\,2$	29 697.70	29 446.60	28 106.74	25 729.39	24 440.80

氮素施用量和钾素施用量的交互作用子模型的分析结果（表 3）表明，水平取值在 $-1.414\,2 \sim 1.414\,2$ 范围内，提高氮素和钾素水平在整体上可以提高产量。当氮素水平 $\geqslant 0$ 时，随钾素水平的提高，产量不断地提高，最高产量为 41 036.43 kg/hm²；当氮素水平小于 0 时，钾素水平的不断提高，产量不断降低。

2.2.4 模型的频数分析

在生产上由于受各种因素的影响，应用回归方程求得的最优解在生产上不一定最优，而应用计算机寻优的频数分析法较多考虑出现的频数，求得的目标值可供生产上直接利用。

对回归方程（1），令各变量取值为 $-1.414\,2$、-1、0、1、$1.414\,2$，在约束范围 $-1.414\,2<X_i<1.414\,2$ 内，将鲜薯公顷产量预测值大于 37 500 kg 的结果列出，共有 13 套方案，X_i 取值频率分布见表 4。紫色甘薯新品种绵紫薯 9 号在丘陵区种植时满足氮素施用量 207.27 ~ 218.22 kg/hm²，磷素施用量 97.18 ~ 147.11 kg/hm²，钾素施用量 207.27 ~ 218.22 kg/hm²，可获得 37 500 kg/hm² 以上的鲜薯产量。

表 4   每公顷 37500 kg 以上鲜薯产量模拟方案

项目	氮素施用量 X_1		磷素施用量 X_2		钾素施用量 X_3	
	次数	频率（%）	次数	频率（%）	次数	频率（%）
$-1.414\,2$	0	0	4	31.0	0	0
-1	0	0	4	31.0	0	0
0	0	0	3	23.0	0	0
1	5	38	1	7.7	5	38
$1.414\,2$	8	62	1	7.7	8	62
合计	13	100	13	100.4	13	100
平均数		1.255		-0.557		1.255
标准差		0.056		0.255		0.056
95% 置信区间	1.145 ~ 1.364		-1.056 ~ 0.058		1.145 ~ 1.364	
农艺措施	207.27 ~ 218.22		97.18 ~ 147.11		207.27 ~ 218.22	

2.3 块根花青素含量模型分析

2.3.1 主因素效应

由于回归设计对各试验因素的取值进行了水平编码，经过无量纲处理，回归系数绝对值的大小可以反映该因素作用的大小。从方程的线性看，3 种施肥因素的线性效应对花青素含量的影响程度为：钾素施用量 > 氮素施用量 > 磷素施用量。

2.3.2 单因素效应

采用"降维法"将任意 2 个变量固定在零水平上，建立一元回归子模型。氮素施用量对花青素含量的效应方程的二次项系数为正值，表明在 $-1.414\,2 \leqslant X_1 \leqslant 1.414\,2$ 范围内提高氮素施用量，花青素含量有增加的趋势；磷素施用量对花青素含量的效应方程的二次项系数为负值，表明这两个因素对花青素含量的效应曲线是一条开口向下的抛物线，Y_i 有极大值；而钾素施用量对鲜薯产量的效应方程的二次项系数接近 0，一次项系数最大，表明在 $-1.414\,2 \leqslant X_1 \leqslant 1.414\,2$ 范围内提高钾素施用量，花青素含量增幅最大，且如果在 $X_1 > 1.414\,2$ 时，花青素含量仍有增加的趋势。

$$Y_1 = 59.219\,1 + 0.372\,2X_1 + 0.000\,3X_1^2 \tag{10}$$

$$Y_2 = 59.219\,1 - 0.002\,8X_2 - 0.000\,2X_2^2 \tag{11}$$

$$Y_3 = 59.219\,1 + 0.422\,3X_3 + 0.000\,001X_3^2 \tag{12}$$

2.3.3 双因素交互效应

方差分析表明，在 3 个双因素组合中，氮素施用量（X_1）与钾素施用量（X_3）互作（P 值为 0.005\,3）达显著水平。其交互作用数学模型如下：

$$Y = 59.219\,1 + 0.372\,2X_1 + 0.422\,3X_3 + 0.000\,3X_1^2 + 0.000\,001X_3^2 - 0.003\,4X_1X_3 \tag{13}$$

表 5 氮素施用量（X_1）与钾素施用量（X_3）互作分析表

X_1	X_3				
	$-1.414\,2$	-1	0	1	$1.414\,2$
$1.414\,2$	130.57	123.74	107.26	90.78	83.96
1	125.71	120.34	107.39	94.44	89.08
0	115.09	113.26	108.82	104.40	102.57
-1	106.06	107.75	111.84	115.93	117.63
$-1.414\,2$	102.77	105.93	113.54	121.17	124.33

氮素施用量和钾素施用量的交互作用子模型的分析结果（表5）表明，水平取值在 $-1.414\,2 \sim 1.414\,2$ 范围内，提高氮素和提高钾素水平在整体上可以提高花青素含量。当氮素水平 $\geqslant 0$ 时，随钾素水平的提高，花青素含量不断的降低；当氮素水平小于 1 时，随钾素水平的提高，花青素含量不断升高。

2.3.4 模型的频数分析

在生产上由于受各种因素的影响，应用回归方程求得的最优解在生产上不一定最优，而应用计算机寻优的频数分析法较多考虑出现的频数，求得的目标值可供生产上直接利用。

对回归方程（1），令各变量取值为 $-1.414\,2$、-1、0、1、$1.414\,2$，在约束范围 $-1.414\,2 < X_i < 1.414\,2$ 内，将薯块花青素含量预测值大于 102 mg/100g 的结果列出，共有 47 套方案，X_i 取值频率分布见表 6。紫色甘薯新品种绵紫薯 9 号在丘陵区种植时满足氮素施用量 126.16 ~ 158.43 kg/hm², 磷素施用量 110.13 ~ 136.74 kg/hm²，钾素施用量 119.62 ~ 151.69 kg/hm²，可获得 102 mg/100 g 以上的薯块花青素含量。

表 6　花青素含量在 102 mg/100 g 以上的模拟方案

项目	氮素施用量 X_1		磷素施用量 X_2		钾素施用量 X_3	
	次数	频率（%）	次数	频率（%）	次数	频率（%）
−1.414 2	12	26	15	32	14	30
−1	11	23	13	28	12	26
0	7	15	11	23	6	13
1	8	17	5	10	7	15
1.414 2	9	19	3	6	8	17
合计	47	100	47	100	47	100
平均数	−0.154		−0.531		−0.287	
标准差	0.165		0.136		0.164	
95% 置信区间	−0.477 ～ 0.169		−0.797 ～ −0.265		1.145 ～ 1.364	
农艺措施	126.16 ～ 158.43		110.13 ～ 136.74		119.62 ～ 151.69	

3　讨论

绵紫薯 9 号是绵阳市农业科学院选育的兼顾产量和花青素含量的紫色甘薯新品种[9]，氮、磷、钾肥是甘薯生长发育和提高产量不可缺少的三大营养元素[16]。本试验采用三元二次通用组合正交设计，选取氮素、磷素、钾素为试验因素，通过田间试验，建立了针对绵紫薯 9 号的氮素、磷素、钾素与鲜薯产量和块根花青素含量关系的回归数学模型。前人对鲁薯 7 号、泉薯 9 号等甘薯品种的研究结果表明，氮肥作用最大，钾肥次之，磷肥作用最小[16～19]。而本试验中 3 种施肥因素对鲜薯产量的影响依次为氮素施用量＞磷素施用量＞钾素施用量，对块根花青素含量的影响依次为钾素施用量＞氮素施用量＞磷素施用量，这可能是由于不同类型品种和产量水平对肥料的需求有所差异，此外，由于生产条件和自然条件的影响，从数学模型中获得的农艺措施优化方案，可作为高产栽培的技术指导，但数学上的最优不一定是实际生产中的最优。因此，还需结合实际情况，在生产实践中进一步筛选最优[20]。

川中丘陵区冬、春季节性干旱严重[21]，影响甘薯育苗和移栽。移栽时期也是影响甘薯生长发育与产量的主要因素[22]，移栽过迟可使甘薯生长期缩短，茎叶光合作用合成的营养物质减少，薯块产量下降[23]。四川省常规移栽是 5 月下旬至 6 月上旬等雨移栽，本试验于 6 月 8 日移栽，所有处理的产量范围在 27 524.51 ～ 35 511.00 kg/hm²，平均产量为 30 927.01 kg/hm²，低于绵紫薯 9 号在四川省的高产纪录 57 748.5 kg/hm²[24]，这可能是由于本试验采用的种植模式为"油菜 – 甘薯"，一年种植两季作物，移栽期偏晚，全生育期相对较短，而高产创建中一般采取一年一季甘薯的净作种植模式，实现了早育早栽，生育期延长。目前在生产上推广的甘薯早育早栽[25]、蘸根免浇[26]、地膜覆盖[27～28]等技术，增产、增收效果明显，而将这些技术与施肥技术进行优化组合，有待于进一步研究。

4　结论

3 种施肥因素对鲜薯产量的影响依次为氮素施用量＞磷素施用量＞钾素施用量，对块根花青素含量的影响依次为钾素施用量＞氮素施用量＞磷素施用量。川中丘陵区绵紫薯 9 号鲜薯产量大于 37 500 kg/hm² 优化施肥措施：氮素施用量 207.27 ～ 218.22 kg/hm²，磷素施用量 97.18 ～ 147.11 kg/hm²，钾素施用量 207.27 ～ 218.22 kg/hm^2；绵紫薯 9 号块根花青素含量大于 102 mg/100g 以上优化施肥措施：氮素施用量 126.16 ～ 158.43 kg/hm^2，磷素施用量 110.13 ～ 136.74 kg/hm^2，钾素施用量 119.62 ～ 151.69 kg/hm^2。

参考文献

[1] 张毅，钮福祥，孙健，等 . 不同地区紫薯的花青素含量与体外抗氧化活性比较 [J]. 江苏农业科学，2017，45（21）：205-207.

[2] 王洪云，张毅，钮福祥，等 . 紫甘薯花青素研究进展 [J]. 中国食物与营养，2015，21（5）：24-27.

[3] Ye X L, Li X G, Li K P, et al. Studies on the hue stability of anthocyanin in purple sweet potato. Journal of Southwest China Normal University（Natural science），2003，28：725-729.

[4] Sakatani M, Suda I, Oki T, et al. Purple sweet potato anthocyanin reduces the intracellula hydrogen-peroxide（H$_2$O$_2$）level in bovine embryos caused by heat stress. Sweet potato Research Front，2004，18：2.

[5] 王关林，岳静，李洪艳，等 . 甘薯花青素的提取及其抑菌效果分析 [J]. 中国农业科学，2005，38（11）：2321-2326.

[6] 李莉蓉，张名位，刘邻渭，等 . 三种黑色粮油作物种皮花色苷提取物抗氧化能力的稳定性比较 [J]. 中国农业科学，2007，40（9）：2045-2052.

[7] 唐明双，何素兰，周全卢，等 . 食用紫肉甘薯新品种南紫薯 014 的选育与栽培 [J]. 江苏师范大学学报（自然科学版），2018，36（2）：42-44.

[8] 丁凡，余金龙，傅玉凡，等 . 甘薯新品种绵紫薯 9 号的选育与栽培技术 [J]. 江苏农业科学，2013，41（3）：83-84.

[9] 王平，沈学善，屈会娟，等 . 不同基因型紫色甘薯品种主要品质性状在川中丘陵区的变化分析 [J]. 西南农业学报，2018，31（2）：230-237.

[10] 丁凡，余金龙，余韩开宗，等 . 高花青素甘薯绵紫薯 9 号的选育与产业化开发 [J]. 湖北农业科学，2017，56（14）：2613-2615.

[11] 金继运 . 我国肥料资源利用中存在的问题及对策建议 [J]. 中国农技推广，2005，（11）：4-6.

[12] 盛锦寿 . 氮磷钾肥配合施用对甘薯的增产效果 [J]. 土壤肥料，2005，（5）：29-31.

[13] 张勇跃，刘志坚，秦素研，等 . 甘薯新品种漯徐薯 9 号优化栽培技术研究 [J]. 山东农业科学，2014，46（5）：45-48.

[14] 吴文明 . 高产优质甘薯新品种岩薯 5 号优化栽培研究 [J]. 福建农业学报，2010，25（4）：438-443.

[15] 何素兰，李育明，杨洪康，等 . 高淀粉甘薯新品种西成薯 007 优化栽培技术研究 [J]. 西南农业学报，2011，24（2）：481-485.

[17] 徐冰，桂巨德，张从慧，等 . 甘薯氮磷钾平衡施肥试验初报 [J]. 杂粮作物，2009，29（1）：49-50.

[18] 姚宝全 . 甘薯氮磷钾肥效与适宜用景研究 [J]. 福建农业学报，2007，22（2）：136-140.

[16] 秦文婧，王芳东，张杰，等 . 氮、磷、钾肥料用量对泉薯 9 号生长和产量的影响 [J]. 江西农业学报，2016，28（09）：60-63.

[19] 章明清，李娟，孔庆波，等 . 福建甘薯氮磷钾施肥指标研究 [J]. 土壤通报，2012，43（4）：861-866.

[20] 罗小敏，王季春．回归设计在甘薯优化栽培研究中的应用 [J]. 耕作与栽培，2008，（6）：7-8.

[21] 詹存，梁川，赵璐．川中丘陵区季节性干旱时空分布特征及成因分析 [J]. 农业工程学报，2013，29（21）：52-90.

[22] 张真，徐进，张光进，等．扦插时期对迷你型甘薯生长和商品率的影响 [J]. 江西农业学报，2007，19（3）：21-22.

[23] 刘倩，侯松，刘庆，等．移栽时期对食用型甘薯品种烟薯 25 号产量和品质的影响 [J]. 作物杂志，2017，（5）：136-141.

[24] http：//my.newssc.org/system/20141108/001530 524.html.

[25] 刘莉莎，周全卢，沈学善，等．关于四川省甘薯早栽早收技术的生产建议 [J]. 四川农业科技，2015，（7）：16.

[26] 丁凡，余金龙，刘丽芳，等．甘薯"蘸根免浇"栽培技术研究初报 [J]. 云南农业科技，2012，（6）：12-14.

[27] 刘莉莎，何素兰，李育明，等．四川丘陵地区地膜覆盖对甘薯营养生长和产量的影响 [J]. 江苏农业科学，2015，45（5）：82-84.

[28] 丁凡，余韩开宗，刘丽芳，等．紫色甘薯地膜覆盖栽培技术研究 [J]. 湖北农业科学，2018，57（8）：14-16.

GA₃ 与 6-BA 调控甘薯薯块萌芽与薯苗农艺性状的研究

付国召，邓代辉，张志伟，杨翠芹*，唐　蒙，雍琴琴，屈国莉，蒲仕明

（四川农业大学农学院，四川成都　611130）

摘　要： 以甘薯品种临安天目山小香薯（简称天目香薯）为材料，研究了 GA₃ 与 6-BA 处理对其薯块萌芽及后期薯苗性状的影响。结果表明：GA₃ 处理组中，$1 \sim 5$ mg/L 的浓度最有利于天目香薯催芽育苗，但是超过此范围，会使得薯苗变得细弱；在 GA₃ 与 6-BA 搭配处理组中，使得薯苗变矮，苗粗增大，并且单苗重和干物质率随着 GA₃ 浓度的上升而上升，GA₃ 浓度越高效果越显著，其中 10 mg/L GA₃ 与 5 mg/L 的 6-BA 搭配处理效果最好，有效缓解了高浓度 GA₃ 浸种催芽的弊端。

关键词： 甘薯；GA₃；6-BA；浸种

甘薯富含营养成分和生物活性成分，具有独特的生理保健作用和药用价值[1]，同时也是加工业的重要原料之一[2]。因此，甘薯生产在中国国民经济中占有重要的地位。

赤霉素广泛分布于各种植物、真菌和细菌中，是五大植物激素之一，在植物生长发育中起着重要作用。对种子萌发、茎叶生长、抽薹坐果和块茎形成等有明显的调节作用[3]。王欣等[4]报道不同浓度赤霉素处理徐薯 23 薯块，可使株高增加；史文卿[5]等对甘薯萌芽性的研究结果表明，赤霉素处理的鲜食品种烟薯 25 和红香蕉秧苗较高，但茎粗较细，薯苗鲜重也明显降低。由此可见，赤霉素浓度过高会造成甘薯苗的细弱，其原因可能是高浓度的外源赤霉素促进了内源生长素含量的增加，生长素促进顶端优势产生的同时，又与赤霉素在节间伸长上相互增效[6]。6-苄基腺嘌呤（6-BA）是属于人工合成的 CTKs。细胞分裂素主要存在于植物的细胞分裂较为旺盛的部位。能够促进细胞分裂和增大、芽分生组织的生长、形成次生代谢组织、延缓叶片衰老、诱导花芽分化、抑制根的生长和分枝，在种子萌发和逆境应答中起重要的作用。故以一年两熟型甘薯品种临安天目山小香薯为研究对象，在探索最佳 GA₃ 浓度的同时，将 6-BA 与 GA₃ 结合使用，期望能够解决 GA₃ 催芽的缺陷，为甘薯栽培提供更好的育苗技术参数，达到多供苗、供壮苗的目的。

1　材料与方法

1.1　试验材料

以甘薯栽培品种临安天目山小香薯（简称天目香薯）为试验材料（杭州市临安区孵化基地园区提供）。

基金项目： 四川省教育厅项目"两种鲜食甘薯的采后生理与脱毒快繁的研究"（16ZB0042）；四川省科技计划项目"平昌县紫薯产业提升关键技术应用示范"（2017NFP0057）。

作者简介： 付国召，男，硕士，主要从事甘薯栽培及水培技术研究，E-mail：1505567009@qq.com。

* 通讯作者： 杨翠芹，女，副教授，主要从事薯类发育与贮藏生理研究，E-mail：651639684@qq.com。

1.2 试验地点与培养条件

四川农业大学农学院第三教学楼植物生长室，室温 24 ℃ ±2 ℃、光周期 14/10 h、光强为 80 ～ 100 μmol/ m² · s。

1.3 试验设计

选取大小一致、无病虫害的薯块做试验材料，共 8 个处理，每处理 12 个，设 3 次重复。8 个处理分两组，分别为 G 组和 GB 组。G 组分别为 0、1、5、10 mg/L 的 GA_3 单独处理，记为 G0（CK）、G1、G5、G10；GB 组为以上各浓度 GA_3 分别和 5 mg/L 的 6-BA 混合处理，记为 GB0、GB1、GB5、GB10。浸种 6 小时之后，于植物生长室苗床排种，苗床设于 50 cm×20 cm×10 cm 的育苗槽内，排好种后，覆上营养土，各处理统一进行苗床的常规管理。20 d 后将薯块取出进行根眼萌动数、总发芽数、平均单根眼发芽数、苗高、节间数、苗基部粗等相关指标统计，然后重新埋回，待 40 d 后进行剪苗，测定单苗鲜重和干物质率，剪苗时的标准为薯苗高于床土 20 cm。干重测量方法为：将采集的薯苗 105 ℃杀青 20 min 后，70 ℃烘干至恒重，称各重复的总重量，计算平均单苗干重，其与单苗鲜重的百分比即为薯苗干物质率。

2 结果与分析

2.1 GA_3 与 6-BA 对天目香薯萌芽特性的影响

首先从根眼萌动数与总发芽数来看，在所有的处理组中，G1 最高，G5 次之（如表 1）；在 GA_3 与 6-BA 搭配使用处理组中，GB5 效果较好，但各处理与无任何生长物质处理的 CK 相比，差异不显著。总体来看，GA_3 与 6-BA 搭配使用的效果在根眼萌动数与总发芽数上不如单独使用 GA_3 的处理。对于单根眼发芽数而言，GB 组整体效果要优于 G 组，但各处理间无显著性差异。

表 1　GA_3 与 6-BA 对天目香薯萌芽特性的影响

处理浓度	根眼萌动数	总发芽数	平均单根眼发芽数
G0（CK）	7.00b	9.67c	1.46a
G1	11.00a	16.33a	1.47a
G5	9.67ab	15.00ab	1.53a
G10	7.33b	9.67c	1.32a
GB0	7.00b	10.33bc	1.51a
GB1	6.33b	10.00bc	1.63a
GB5	7.33b	10.67bc	1.52a
GB10	6.67b	10.00bc	1.49a

注：同一列不同小写字母表示差异达 0.05 显著水平，下同。

2.2 GA_3 与 6-BA 对薯苗农艺性状的影响

由表 2 可以看出，对于展叶苗数、平均分枝数、平均苗高与平均节间数而言，GA_3 单独的均高于或者显著高于 CK 与搭配处理组的，其中 GA_3 5 mg/L 处理的最高；但该处理下苗基部粗相对偏低，且随着 GA_3 浓度升高而降低。以上四个指标中，GA_3 与 6-BA 搭配使用的效果虽然不如 GA_3 单独使用，但与对照相比，平均分枝数较高，苗基部粗方面除 GB1 外，使用了 6-BA 的都较 CK 的高，尤其是 GB10。

表2 GA₃ 与 6-BA 对天目香薯薯苗农艺性状的影响

处理组	展叶苗数	平均分枝数	平均苗高	平均节间数	苗基部粗
G0（CK）	4.33b	0.67c	8.43bcd	4.00a	3.24ab
G1	5.67ab	2.33bc	8.8bc	4.20a	3.01bc
G5	8.67a	4.67a	15a	4.40a	2.92c
G10	5.00ab	3.67ab	11.27b	4.40a	2.90c
GB0	4.00b	1.33c	7.93cd	4.40a	3.37a
GB1	4.33b	1.67c	7.23cd	3.80a	3.15abc
GB5	4.33b	1.33c	5.73d	3.80a	3.37a
GB10	4.00b	1.00c	6.93cd	4.00a	3.40a

2.3 GA₃ 与 6-BA 对天目香薯单苗重、干物质率的影响

从单苗重方面来看，所有处理中无任何生长物质处理的对照最高；GA₃ 处理组中，随着 GA₃ 浓度的升高而降低；GA₃ 与 6-BA 混合处理组中，GA₃ 浓度为 1 mg/L 最低，除此之外，也是随着 GA₃ 浓度的升高而降低（如图1），总体来看，当 GA₃ 浓度过低时 GA₃ 与 6-BA 搭配处理对于增加单苗重效果不明显甚至起到抑制作用，但会随着 GA₃ 浓度的升高而呈现出一定的效果。

从干物质率方面来看，除了 GA₃ 为 0 mg/L 的两个对照外，GA₃ 处理组中，随着 GA₃ 浓度的升高，薯苗干物质率下降；GA₃ 与 6-BA 混合处理组中，干物质率随着 GA₃ 浓度的升高而升高；总体来看，当 GA₃ 浓度过低时，GA₃ 与 6-BA 搭配处理对于增加干物质率效果不明显，单独使用 6-BA 对于薯苗干物质率起到抑制作用，但会随着 GA₃ 浓度的升高而呈现出显著的效果。

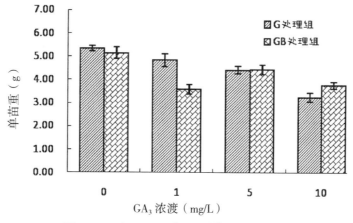

图1 GA₃ 与 6-BA 对天目香薯单苗重的影响

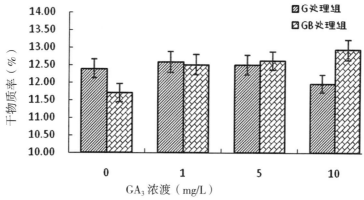

图2 GA₃ 与 6-BA 对天目香薯干物质率的影响

3 讨论

前人[4~5]研究表明，GA₃浸种能够促使甘薯采苗量上升，本研究显示GA₃浸种能够提高薯块根眼的萌发量，促进总芽数增多，展叶苗数与平均分枝数都明显增加，尤其当赤霉素浓度为 1 ~ 5 mg/L 时效果最好。郭建军等[7]对禾谷类种子发芽的研究表明，赤霉素可诱导 α－淀粉酶、蛋白酶和其他水解酶的合成，加快种子内贮藏物质的降解，来打破种子的休眠，促进胚的生长。由此可推断无论是禾谷类种子还是甘薯种薯，其内贮藏的主要物质都为淀粉，所以 GA₃ 促进其萌芽的作用的机制是相关联的。加入 5 mg/L 6-BA 之后的处理对于根眼的萌动虽然起到了抑制作用，但是对于单根眼发芽数有一定的促进作用。通常情况下，在薯类作物育苗过程中，GA₃ 是最常使用的生长调节物质，GA₃ 浓度在适宜的浓度范围之内会使株高、单重、干物质率等这些指标增加，但是如果超过一定的浓度会使薯苗变得细弱，质量降低[8]。这与该研究当中 GA₃ 浓度超过 10 mg/L 时会使薯苗质量下降相类似。然而，在所有处理当中，平均节间数无明显变化，这与前人[9]所研究的赤霉素促进植株节间伸长，但对节间数无影响的报道一致。刘杨[10]等通过对于水稻分蘖芽发育的研究证明了 6-BA 能够促进水稻分蘖芽的萌发，但是无法维持分蘖芽的生长。该研究表明加有 6-BA 的处理相对于单独加有 GA₃ 的处理而言，根眼萌动数虽然有所下降，但是平均单芽眼发芽数有所增加，所以最终发芽数相对于 G0 而言仍是有所增加的；但展叶苗数和平均分枝数上相对于单独 GA₃ 处理有所下降，可能因为 6-BA 刺激芽的发生但是无法维持植株生长所需的物质条件所致。6-BA 具有促进细胞分裂、解除顶端优势、促进植物新陈代谢的作用[11~12]。该研究结果表明，加有 6-BA 的处理相对于单独加有 GA₃ 的处理而言，苗高降低，苗粗增加，再次验证了以上的理论的正确性。当 GA₃ 浓度过低时，GA₃ 与 6-BA 搭配处理对于增加单苗重和干物质率效果不明显，尤其当 GA₃ 浓度为 0、1 mg/L 时，6-BA 对于薯苗单重和干物质率甚至起到抑制作用。这可能是由于不同种类的植物激素的生理效应有着相互促进或相互拮抗的效果，其效果与激素本身的浓度、配比和平衡有着密切关系[13]。但会随着 GA₃ 浓度的升高而呈现出显著的效果，尤其当 GA₃ 浓度为 10 mg/L 时有效缓解了高浓度 GA₃ 所导致的薯苗细弱的现象。可能原因为，添加细胞分裂素后，细胞分裂素受体分子能够积极调节细胞分裂素的信号传导途径，使原生质体快速表达，细胞分裂素（CTKs）与生长素相互拮抗，可以解除顶端优势促进腋芽的发生，调节营养成分从其他器官向叶片运输[14~15]。

4 结论

对于天目香薯的适宜赤霉素处理浓度为 1 ~ 5 mg/L，超过适宜范围会使薯苗变得细弱，加入 5 mg/L 的 6-BA 使得苗高降低、苗粗增大、单苗重和干物质率增高，尤其与 10 mg/L GA₃ 搭配处理效果最好。6-BA 对于缓解高浓度 GA₃ 浸种催芽所带来的弊端具有一定的弥补效果。

参考文献

[1] 江阳，孙成均. 甘薯的营养成分及其保健功效研究进展[J]. 中国农业科技报，2010，12（4）：56-61.

[2] 马代夫，李强，曹清河，等. 中国甘薯产业及产业技术的发展与展望[J]. 江苏农业学报，2012，28（5）：969-973.

[3] 钟希琼，王惠珍. 高等植物赤霉素生物合成及其调节研究进展[J]. 植物学通报，2001，18（3）：303-307.

[4] 王欣，李秀英 . 赤霉素在甘薯徐薯 23 育苗上的应用研究 [J]. 江苏农业科学，2011，39（5）：117-118.

[5] 史文卿，司成成，史春余，等 . 赤霉素浸种对甘薯块根萌芽性的调控效应 [J]. 山东农业科学，2017，49（6）：71-73.

[6] 文涛 . 植物生理学 [M]. 北京：中国农业出版社，2018，1：227.

[7] 郭建军，叶庆生，李玲 . GA 调节禾谷类 α – 淀粉酶基因表达的信号转导及分子机制 [J]. 植物学通报，2002，19（1）：63-69.

[8] 吴巧玉，何天久，夏锦慧，等 . 赤霉素对马铃薯生长及开花的影响 [J]. 广东农业科学，2014，3：20-22.

[9] 王忠 . 植物生理学 [M]. 北京：中国农业出版社，2000，5：275-279.

[10] 刘杨，王强盛，丁艳锋，等 . 氮素和 6-BA 对水稻分蘖芽发育的影响及其生理机制 [J]. 作物学报，2009，35（10）：1893-1899.

[11] 宋晓燕，郁松林 . GA3 与 6-BA 混合处理对全球红葡萄果穗生长发育的影响 [J]. 新疆农业科学，2009.46（6）：1225-1228.

[12] 何生根，刘伟，许恩光，等 . 植物生长调节剂在观赏植物和林木上的应用 [M]. 化学工业出版社，2002.

[13] Rood S B. Endogenous gibberellins and shoot groeth and development in Brassica napus[J]. Plant Physiol，1989，89：530-534.

[14] Hwang I， Sakakibara H. Cytokinin biosynthesis and perception [J]. Physiologia Plantarum， 2006，126（4）： 528- 538.

[15] Inoue T，Higuchi M，Hashimoto Y，et al. Identification of CRE1 as a cytokinin receptor from Arabidopsis[J]. Nature， 2001，409（6823）：1060-3.

紫色甘薯花青素研究进展

黄静玮[1]，宋　霞[2]，屈会娟[3*]

（1. 成都大学，四川成都　610106；2. 四川旅游学院，四川成都　610100；3. 四川省农业科学院，四川成都　610066）

摘　要： 紫色甘薯花青素具有极强的耐热耐光性和稳定性而广泛应用于食品、药品、化妆品和保健品等领域，是一种极具开发价值的天然色素资源。本文对近年国内外对花青素的主要研究进展进行了综述和分析，包括紫色甘薯花青素的来源与性质，紫色甘薯花青素的成分与结构，紫色甘薯花青素的提取与提纯，紫色甘薯花青素的功能作用。

关键词： 紫色甘薯；花青素；来源；成分；功能

紫色甘薯隶属于璇花科甘薯属，因其富含花青素的成分而备受关注。研究表明，紫色甘薯花青素具有极强的耐热性、耐光性以及自然环境中相对的稳定性，因此广泛应用于食品、医药和保健品等领域，是一种极具开发价值的天然色素资源。

1　紫色甘薯花青素的来源与性质

紫色甘薯的块根和茎叶中均含有花青素，且以块根外层含量最高，而含有花青素的细胞在块根内呈不均匀分布，它们以气孔为起点向四周呈放射状分布，而外界环境对气孔的压力可对花青素的形成产生影响[1]。紫色甘薯的基因型决定了其生物合成的具体含量，并因其基因型存在显著差异。20 世纪 90 年代初起，日本首先筛选出花青素含量较高的紫色甘薯品种，其中 Ayamurasaki 的花青素含量是山川紫的 2 倍[2]。而目前国内的徐紫薯 3 号、济黑 1 号、宁紫薯 1 号、烟紫薯 1 号和广紫薯 1 号等品种，花青素含量尚低于日本的同类品种[3]。

紫色甘薯花青素为花色苷类化合物，具有类植物多酚黄酮类化合物的典型结构，通常是紫红色固态颗粒或粉末，为非脂溶性色素，易溶于水、稀盐酸和乙醇等。

2　紫色甘薯花青素的成分与结构

紫色甘薯花青素以 C3、C6 以及 2- 苯基·苯并吡喃阳离子为其基本的结构骨架和特征，而不同品

基金项目： 四川省教育厅人文社会科学重点研究基地：马铃薯主粮化战略研究中心"新品种、新技术对四川省马铃薯绿色产业发展的作用机制" MLS1804。

作者简介： 黄静玮（1985—），女，讲师，博士，研究方向：薯类作物营养与人类健康研究。E-mail：huangjingwei1003@qq.com。

*通讯作者： 屈会娟，女，副研究员，博士，研究方向：作物高产栽培生理生态研究。E-mail：qhjuan120@126.com。

种的紫色甘薯花青素的具体结构差异源自母核苯环中的取代基、羟基和甲氧基的数量及位置差异。

不同品种的紫色甘薯花青素的主要成分有所差异[4~5]，但其主要成分为单酰基或双酰基化矢车菊素和芍药素等花色苷。

研究表明光照、温度、pH值、植物体内的含水量、含糖量以及氮元素的浓度、生长环境中磷和硼的含量等多种环境因素变化均可影响花青素合成。在其生物合成途径中，其所需的苯丙氨酸解氨酶（PAL）、查尔酮合成酶（CHS）、二氢黄酮醇还原酶（DFR）均以光敏色素为光受体的光调节酶[6]，当光照激活光敏色素，上述光调节酶的合成增多或活性增强，促进花青素的合成积累。强光导致花青素合成高水平表达，以蓝色素的生成最多，弱光则能诱使类黄酮色素的形成，低温可促进花青素的生成，块根内花青素含量随着土壤温度的升高而下降[7]。当pH值为3，色素具有一定的热稳定性，当pH值<5，且长时间位于高温环境，其热稳定性下降，但当pH值>6其热稳定性明显下降。通常在酸性环境，520 nm处出现特征吸收峰，水溶液呈稳定的红色，环境中pH值升高则可致其分子结构可逆性变化，在中性环境4'-OH解离，呈紫色；碱性环境，基解离并与金属离子配位而变为蓝色。不同品种紫色甘薯的紫色花青素的生物结构组成、解离状态、花青素是否与其他金属离子络合以及其生存的外界环境决定了紫色甘薯花青素所表现出的不同色泽[8]。

3 紫色甘薯花青素的提取与提纯

由于花青素对某些外界环境表现出的不稳定性，因而其提取和纯化工艺的改进在紫色甘薯花青素的利用中尤为重要。

3.1 提取方法

紫色甘薯花青素的提取主要包括溶剂法和发酵法。溶剂法中以酸性溶剂法提取为主，常用的提取剂包括乙酸、盐酸、硫酸、甲酸、柠檬酸、酸化乙醇等，柠檬酸更利于其后期加工，而利用丙酮提取花青素，可避免果胶干扰[9~10]。由于单一的溶剂浸提法提取花青素的得率较低，因此在提取过程中，先后有报道采用酸性乙醇结合超声波辅助提取工艺、循环超声波乙醇提取法、加压液体萃取法、脉冲电场处理结合用响应面法、微波提取法、超声—微波协同萃取法、发酵法、酶法预处理–酵母菌发酵法[11~16]等方法以提高花青素得率。

比较溶剂浸提法、超声波萃取法和微波萃取法分别提取紫色甘薯花青素，结果表明：溶剂浸提法提取率较高，但提取时间较长；超声波萃取法的提取率较低，且需要多次提取；微波萃取法具有短时高效的特点，优化提取条件，提取量较高[16]。而利用酶法预处理–酵母菌发酵法，在提取过程中加以果胶酶和糖化酶处理可显著提高花色苷的提取率[15]。

3.2 提纯方法

通过上述方法对紫色甘薯花青素进行提取，其产品纯度一般比较低，含有较多的多糖、有机酸等杂质，因此通常需要提纯粗提取液，从而获得纯度高且性质稳定的花青素。目前报道的对紫色甘薯花青素分离纯化方法主要包括交换树脂法[17]、膜分离法和高速逆流色谱法[18]等。其中交换树脂法中，以AB-8大孔吸附树脂在吸附能力上明显优于其他树脂[17]，同时吸附液pH值、吸附流速、乙醇浓度等，对紫色甘薯花青素的纯度均有影响。

4 紫色甘薯花青素的功能作用

4.1 抗氧化功能

紫色甘薯花青素在人体内发挥抗氧化功能途径主要有2种：（1）提高体内抗氧化酶活性以提高自

由基清除效率及自身分子结构中的酚羟基的利用效率；（2）作为自由基清除剂通过氧化还原释放电子补给自由基因而直接清除各类自由基。因此，紫色甘薯花青素对蛋白质和脂类物质，均能提供抗过氧化作用[19]。

体外实验中，通过紫色甘薯花青素有效快速还原 H_2O_2 和 NaClO 溶液，证明紫色甘薯花青素在体外可快速还原氧化物质，具有清除氧化基的功能。研究证明，紫色甘薯花青素在低浓度（1.5 mg/mL）时，以 86.3% 的清除率清除 $O_2^-\cdot$，而紫色甘薯品种中其颜色越深，花青素含量与对 OH 自由基的清除率和抗氧化性呈正相关[20]。紫色甘薯花青素的主要成分矢车菊素和芍药素其对·OH、$O_2^-\cdot$ 和 DPPH· 三种自由基的清除能力均具有较强的清除能力，但都随浓度的增大而增强，清除率最高可分别达到 100%、75%、99%[21]，而紫色甘薯花青素的抗氧化能力远高于其他薯类的 21 种醇提物[22]。

动物实验研究证明紫色甘薯花青素可以抑制大鼠的肝及大脑中的脂质过氧化水平，提高谷胱甘肽还原酶和谷胱甘肽 -S. 转移酶的活性，降低尿液中二苯基肼基自由基（DPPH 自由基）含量[23-24]。同样紫色甘薯花青素可以有效提高小鼠血清中抗氧化能力（T-AOC）、超氧化物歧化酶（SOD）及谷胱甘肽过氧化物酶（GSH-PX）活力，降低脂质过氧化物丙二醛含量（MDA），且其抗氧化活性随紫色甘薯花青素浓度升高而增强[19]。

4.2　改善肝肾功能

对于患有急性肝炎的大鼠，紫色甘薯花青素可有效抑制其血清中谷氨酸 - 草醋酸转氨酶（GOT）、谷氨酸 - 焦葡萄糖酸转氨酶（GPT）的上升，并且对硫化巴比妥酸（TBA）反应物、肝脏中的 TBA 反应物及氧化脂蛋白的增加存在一定的抑制能力，减轻肝损伤及肝脏脂肪堆积[25]；同时其可阻断大鼠体内的氧化及内质网应激作用，从而减缓胰岛素抵抗[26] 及肝内脂质的过氧化[27]，紫色甘薯花青素可预防急性和亚急性的酒精性肝造成的肝损伤作用[28]。

4.3　抗高血糖功能

小鼠口服 100 mg/kg 的紫色甘薯花青素后，其通过抑制 α- 葡糖苷酶，致使小鼠血糖浓度明显下降[29]。而对糖尿病大鼠，服用紫色甘薯花青素 7 周后大鼠血糖显著降低[30]。

4.4　抑菌作用

研究证明紫色甘薯花青素对通过抑制金黄色葡萄球菌、大肠杆菌和绿脓杆菌的蛋白质合成、致使其质壁分离，解体成空泡，而抑制细菌生长，且抑菌效果与浓度成正相关，其中紫色甘薯花青素对金黄色葡萄球菌的抑菌作用最强，而对绿脓杆菌的抑菌效果相对较弱[9, 31]。通过菌株生长曲线发现，紫色甘薯花青素对细菌的抑制主要发生在对数生长期[9]。通过以上结果可推测，紫色甘薯花青素可通过其分子结构上的酚羟基官能团，破坏菌体内特定的蛋白质合成，增强细胞膜的通透性，从而导致细胞质的固缩和解体，产生抑菌作用。

参考文献

[1] Charron C S, Beverly A C, Steven J B, et al. Effect of Dose Size on Bioavailability of Acylated and Nonacylated Anthocyanins from Red Cabbage (*Brassica oleracea* L. var. *capitata*) [J]. Journal of Agricultural & Food Chemistry, 2007, 55 (13): 5354-5362.

[2] Terahara N, Konczakislam I, Nakatani M, et al. Anthocyanins in callus induced from purple storage root of *Ipomoea batatas* L.[J]. Phytochemistry, 2000, 54 (8): 919-922.

[3] 李强，王欣，张允刚，等 . 高花青苷高淀粉甘薯品种 "徐紫薯 3 号" 的创制及特性鉴定 [J]. 西南农业学报，2014，27（4）：1409-1413.

[4] Shi Z U，Bassa I A，Gabriel S L，et al. Anthocyanin Pigments of Sweet Potatoes—*Ipomoea batatas*[J]. Journal of Food Science，1992，57（3）：755-757.

[5] Goda Y. Two acylated anthocyanins from purple sweet potato[J]. Phytochemistry，1997，44（1）：183-6.

[6] Turturică，M，Oancea A M，Râpeanu，G，et al. Anthocyanins：naturally occuring fruit pigments with functional properties.[J]. Annals of the University Dunarea De Jos of Galati，2015，39（1）：9-24.

[7] Kobayashi，T.，H. Ikoma，and H. Mochida. Effect of cultural conditions on composition of pigments of sweetrotatos with high antocyanin content[J]. Chemistry，2011. 17（6）：1907-1914.

[8] 王玲，邓敏姬 . 紫甘薯天然红色素的提取及其稳定性研究 [J]. 食品科技，2011（4）：179-183.

[9] 王关林，岳静，李洪艳，等 . 甘薯花青素的提取及其抑菌效果分析 [J]. 中国农业科学，2005，38（11）：2321-2326.

[10] Horbowicz M，Kosson R，Grzesiuk A，et al. Anthocyanins of Fruits and Vegetables—Their Occurrence，Analysis and Role in Human Nutrition[J]. Vegetable Crops Research Bulletin，2008，68（1）：5-22.

[11] Ching-YiLien，Chin-FengChan，Yung-ChangLai，et al. Ultrasound-Assisted Anthocyanin Extraction of Purple Sweet Potato Variety TNG73，*Ipomoea batatas*，L[J]. Separation Science，2012，47（8）：7.

[12] Truong V D，Hu Z，Thompson R L，et al. Pressurized liquid extraction and quantification of anthocyanins in purple-fleshed sweet potato genotypes[J]. Journal of Food Composition and Analysis，2012，26（1-2）.

[13] Puértolas，Eduardo，Cregenzán，Oliver，Luengo E，et al. Pulsed-electric-field-assisted extraction of anthocyanins from purple-fleshed potato[J]. Food Chemistry，2013，136（3-4）：1330-1336.

[14] 裴志胜，张海德，袁腊梅，等 . 超声 - 微波协同萃取紫参薯花青素工艺 [J]. 食品科学，2012，33（2）：78-83.

[15] 韩永斌 . 紫甘薯花色苷提取工艺与组分分析及其稳定性和抗氧化性研究 [D].南京：南京农业大学，2007.

[16] 李新华，林琳，鄂巍 . 紫甘薯红色素提取技术的研究 [J]. 沈阳农业大学学报，2007，38（4）：556-559.

[17] 孙健，岳瑞雪，钮福祥，等 . 紫甘薯花青素的大孔树脂动态吸附工艺优化 [J]. 江苏农业科学，2013. 41（6）：227-229.

[18]Montilla E C，Hillebrand S，Butschbach D，et al. Preparative Isolation of Anthocyanins from Japanese Purple Sweet Potato（*Ipomoea batatas* L.）Varieties by High-Speed Countercurrent Chromatography[J]. Journal of Agricultural and Food Chemistry，2010，58（18）：9899-9904.

[19] 王杉，邓泽元，曹树稳，等 . 紫薯色素对老龄小鼠抗氧化功能的改善作用 [J]. 营养学报，2005，27（3）：245-248.

[20]Teow，C C，Truong，V D，McFeeters. R F，et al. Antioxidant activities，phenolic and β-carotene contents of sweet potato genotypes with varying flesh colours[J]. Food Chemistry，2007，103（3）：829‐838.

[21] 姚钰蓉 . 紫甘薯花青素的提取纯化、稳定性及抗氧化活性研究 [D]. 河北农业大学，2009.

[22] 朱洪梅，赵猛 . 紫甘薯花色苷的组分及抗氧化活性研究 [J]. 林产化学与工业，2009，29（1）：39-45.

[23]Kyu-Ho H，Asami M，Ken-Ichiro S，et al. Effects of anthocyanin-rich purple potato flakes on antioxidant status in F344 rats fed a cholesterol-rich diet[J]. British Journal of Nutrition，2007，98（5）：8.

[24] Kano M，Takayanagi T，Harada K，et al. Antioxidative Activity of Anthocyanins from Purple Sweet Potato，\r，Ipomoea batatas\r，Cultivar Ayamurasaki[J]. Bioscience，Biotechnology and Biochemistry，2005，69（5）：979–988.

[25] Hwang Y P，Choi J H，Han E H，et al. Purple sweet potato anthocyanins attenuate hepatic lipid accumulation through activating adenosine monophosphate–activated protein kinase in human hepg2 cells and obese mice[J]. Nutrition Research，2011，31（12）：896–906.

[26]Zhang Z F，Lu J，Zheng Y L，et al. Purple sweet potato color attenuates hepatic insulin resistance via blocking oxidative stress and endoplasmic reticulum stress in high–fat–diet–treated mice[J]. The Journal of Nutritional Biochemistry，2013，24（6）：1008–1018.

[27] Hwang Y P，Choi J H，Han E H，et al. Purple sweet potato anthocyanins attenuate hepatic lipid accumulation through activating adenosine monophosphate–activated protein kinase in human hepg2 cells and obese mice[J]. Nutrition Research，2011，31（12）：896–906.

[28] Sun H，Mu T，Liu X，et al. Purple sweet potato（*Ipomoea batatas* L.）anthocyanins：preventive effect on acute and subacute alcoholic liver damage and dealcoholic effect.[J]. J Agric Food Chem，2014，62（11）：2364–2373.

[29] Sugita K，Matsui J T，Oki A T，et al. alpha–Glucosidase inhibitory action of natural acylated anthocyanins. 1. Survey of natural pigments with potent inhibitory activity.[J]. J Agric Food Chem，2001，49（4）：1948–1951.

[30] 马淑青，吕晓玲，范辉. 紫甘薯花色苷对糖尿病大鼠血糖和血脂的影响 [J]. 营养学报，2010，32（1）：88–90.

[31] 岳静，方宏筠. 紫甘薯红色素体外抑菌性初探 [J]. 辽宁农业科学，2005（2）：47–47.

施钾量对紫色甘薯新品种南薯 015 块根花青素积累与相关酶活性的影响

屈会娟 [1]，王 平 [2]，沈学善 [2*]，黄静玮 [3]，李 明 [1]，张 聪 [1]，冯俊彦 [1]，蒲志刚 [1]

（1. 四川省农业科学院生物技术核技术研究所，四川成都 610066；2. 四川省农业科学院，四川成都 610066；

3. 成都大学，四川成都 610106）

块根中原位合成大量花青素（花青素含量在 10 ～ 100 mg/100 g 鲜薯），肉色为紫色的一类甘薯称为紫色甘薯。紫色甘薯花青素具有很好的稳定性，具有清除自由基抗氧化、抗肿瘤、抗突变和辐射、预防和治疗心血管疾病、抑菌等多种药用功能，是重要的生理保健食品。甘薯属于喜钾作物，钾素是影响紫色甘薯产量和紫色作物花青素含量的主要因子，钾可以通过促进糖分积累、提高光合速率或提高苯丙氨酸解氨酶活性来增加植物花青素含量。目前有关钾素对紫色甘薯块根花青素生物合成酶活性、花青素积累影响的研究报道较少。本研究以紫色甘薯为材料，通过田间盆栽试验，设置不同的钾素供给量和供给时期，研究钾素对紫色甘薯花青素合成关键酶活性、花青素含量动态变化影响的作用机理，明确钾素对紫色甘薯块根花青素合成的影响机制，为紫色甘薯调优高产栽培提供理论依据。

1 材料与方法

1.1 试验材料与试验设计

供试材料为鲜食型紫色甘薯品种南紫薯 015。

试验于 2015 年在四川省农业科学院（金堂县竹篙镇）科研示范基地进行。试验地土质为黄红紫泥土，前茬为油菜。

试验采用随机区组设计，设 0、60、90、120、150 kg/hm² 共 5 个 K_2O 供给水平。试验盆钵采用聚乙烯塑料桶，每盆播种 1 株，每个处理 36 盆，共计 180 盆，试验施纯 N 60 kg/hm²、P_2O_5 60 kg/hm²。钾肥为硫酸钾。5 月 31 日取顶段苗移栽入盆钵中，移栽苗为长 20 cm 的尖梢苗，11 月 6 日收获。其他栽培措施同当地高产田。

1.2 测试项目与方法

取样：从薯块彭大期开始，每隔 20 d，每小区取取长势均匀一致的单株 5 株，挖取块根，部分样

基金项目： 国家自然科学基金项目（31401346）；"十三五"省财政创新能力提升专项（2016GYSH–027）；"十三五"四川省农作物及畜禽育种攻关项目（2016NYZ0051）。

作者简介： 屈会娟，女，副研究员，博士，研究方向为薯类高产栽培。E-mail：qhjuan120@126.com。

* 通讯作者： 沈学善，男，副研究员，博士后，研究方向：作物高产栽培生理生态研究。E-mail：shenxueshan@126.com。

品迅速用蒸馏水洗净擦干、立即用液氮速冻，处理后在低温 –80℃下保存，供酶学测定使用，其余块根用自来水洗净晾干后测定。

测定指标：块根鲜重、干重、花青素含量、紫色甘薯块根中苯丙氨酸解氨酶（PAL）、查尔酮异构酶（CHI）、二氢类黄酮还原酶（DFR）和类黄酮糖基转移酶（UFGT）活性。

1.3 统计分析方法

采用 Excel 2007 和 DPS 14.5 统计软件计算与分析试验数据。

2 结果与分析

2.1 施钾量对紫色甘薯块根干物质积累的影响

块根鲜质量和干质量随生育期的推进表现出逐渐升高的趋势，不同钾素供给量之间有所差异。在块根膨大后期，不同供钾量处理块根鲜质量和干质量总体表现出随供钾量的增加呈现出先升后降的趋势，移栽后 160 d，K60、K90、K120、K150 处理块根鲜质量较对照 K0 处理分别提高了 12.41%、14.15%、5.15%、6.25%。块根干质量则分别提高了 15.09%、17.40%、5.80%、8.71%。

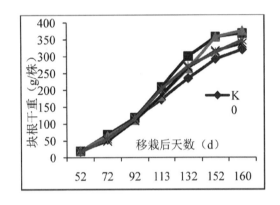
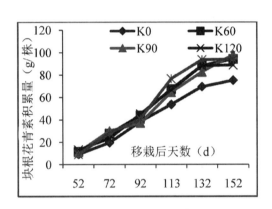

图 1　施钾量对紫色甘薯块根干物质和花青素积累的影响

2.2 施钾量对紫色甘薯块根花青素积累的影响

块根花青素含量随生育期的推进有降低的趋势，以移栽后 52 d 最高。其中，块根花青素含量在移栽后 92 d 前下降较快，之后缓慢下降。在块根膨大后期，块根花青素含量总体表现出随供钾量的增加呈现出先升后降的趋势，移栽后 160 d，K60、K90、K120、K150 处理块根花青素含量较对照 K0 处理分别提高了 2.14%、6.41%、9.01%、17.02%。

块根花青素积累量随生育期的推进表现出逐渐升高的趋势，不同钾素供给量之间有所差异。供钾提高了块根中的花青素积累量，移栽后 160 d，南紫薯 015 K60、K90、K120、K150 处理块根花青素积累量较对照 K0 处理分别提高了 25.10%、30.22%、17.99%、24.98%。

2.3 施钾量对紫色甘薯块根花青素合成相关酶活性的影响

块根 PAL 活性随生育期的推进呈现出升高 – 降低 – 升高 – 降低的"双峰"曲线，第一个峰值出现在移栽后 72 d，第二个峰值出现在移栽后 113 d 或 132 d，不同钾素供给条件块根 PAL 活性规律波动较大。各处理的平均 PAL 活性以 K120 处理最高，块根膨大后期则随供钾量的增加逐渐升高，以 K150 处理最高。

块根 CHI 活性则随生育期的推进呈现出升高 – 降低 – 再升高的趋势。不同供钾量处理相比较，各处理的平均 CHI 活性以 K60 和 K120 处理较高，块根膨大后期以 K60 处理最高。

块根 DFR 活性随生育期的推进呈现出升高 – 降低 – 升高 – 降低的双峰曲线,第一个峰值出现在移栽后 72 d 或 113 d,第二个峰值出现在移栽后 132 d。供钾提高了块根膨大后期各处理的块根 DFR 活性,移栽后 152 d,南紫薯 015 K60、K90、K120 处理块根 DFR 活性较对照 K0 处理分别提高了 48.15%、54.78%、27.63%。

平均块根 UFGT 活性随生育期的推进呈现出升高 – 降低 – 升高 – 降低的双峰曲线,第一个峰值出现在移栽后 92 d,第二个峰值出现在移栽后 132 d。各处理的平均块根 UFGT 活性以 K60 处理最高,块根膨大后期则随供钾量的增加呈先升后降的趋势,以 K90 处理最高。

2.4　紫色甘薯块根花青素含量、积累量与 PAL、CHI、DFR 和 UFGT 活性的相关性

不同钾素供给条件下紫色甘薯块根花青素含量和积累量均有极显著负相关关系。在 4 个花青素合成酶中,PAL 活性和花青素含量显著正相关,PAL 和 CHI 之间显著正相关,PAL 和 DFR 之间极显著正相关。

3　讨论

3.1　南紫薯 015 块根花青素积累规律

供钾促进了紫色甘薯块根中干物质和花青素的积累,不同供钾量处理块根鲜质量、干质量、花青素含量、花青素积累量总体随供钾量的增加呈先升后降的趋势。

3.2　南紫薯 015 块根花青素合成关键酶活性

平均块根 PAL 活性以 K120 处理最高,平均块根 CHI 活性以 K60 和 K120 处理较高,平均块根 UFGT 活性以 K60 处理最高。

3.3　块根花青素含量、积累量与花青素合成关键酶的相关性

紫色甘薯块根花青素含量和积累量呈极显著负相关关系。PAL 活性和花青素含量显著正相关,PAL 和 CHI 之间显著正相关,PAL 和 DFR 之间极显著正相关。

参考文献

[1] Ye X L,Li X G,Li K P,et al. Studies on the hue stability of anthocyanin in purple sweet potato. Journal of Southwest China Normal University(Natural science),2003,28:725–729.

[2] Sakatani M,Suda I,Oki T,et al. Purple sweet potato anthocyanin reduces the intracellula hydrogen–peroxide(H2O2)level in bovine embryos caused by heat stress. Sweet potato Research Front,2004,18:2.

[3] 王关林,岳 静,李洪艳,等 . 甘薯花青素的提取及其抑菌效果分析 [J]. 中国农业科学,2005,38(11):2321–2326.

[4] Delgado R,Gonzá lez M,Martí n P. Interaction effects of nitrogen and potassium fertilization on anthocyanin composition and chromatic features of Tempranillo grapes[J]. International Journal of Vine and Wine Science,2006,40(3):141–150.

[5] 王 霞,吕晓玲,张建平 . 紫甘薯花色苷组分抗氧化活性研究 [J]. 食品研究与开发,2009,30(3):185–187.

[6] 黄鸿曼,袁利兵,彭志红,等 . 花青素的生物合成与环境调控研究进展 [J]. 湖南农业科学,2011,(13):118–120.

[7] 胡朝阳,周友凤,龚一富,等 . 紫色马铃薯查尔酮合成酶基因(CHS)的克隆及分析 [J]. 中国农业科学,2012,45(5):832–839.

[8] 郭世乾，王春枝，李瑛，等.施肥对南果梨花青素含量及苯丙氨酸解氨酶活性的影响 [J]. 中国农学通讯，2006，22（2）：313-315.

[9] 赵文婷，马谨，雷纬沙，等.遮阴对紫肉甘薯块根鲜质量花色苷含量及产量的影响 [J]. 西南大学学报（自然科学版），2011，33（2）：6-11.

[10] 王庆美，侯夫云，汪宝卿，等.遮阴处理对紫甘薯块根品质的影响 [J]. 中国农业科学，2011，44（1）：192-200.

[11] 宁运旺，曹炳阁，朱绿丹，等.施钾水平对甘薯干物质积累与分配和钾效率的影响 [J]. 江苏农业学报，2012，28（2）：320-325.

[12] 吕长文，赵勇，唐道彬，等.不同类型甘薯品种氮、钾积累分配及其与产量性状的关系 [J]. 植物营养与肥料学报，2012，18（2）：475-482.

基于 RNA-seq 的川薯 218 高淀粉性状形成机理研究

杨松涛，乔　帅，廖安忠，宋　伟，刘可心，谭文芳[*]

（四川省农业科学院作物研究所，四川成都　610066）

摘　要： 川薯218是四川省农业科学院作物研究所育成的一个综合性状优良的高淀粉品种。为了研究川薯218高淀粉性状形成机制，对川薯218和低淀粉材料15-94块根的3个不同发育时期进行了转录组测序分析。利用Illumina平台进行大片段末端测序，共获得了46 840个unigene，并验证了两个材料间的差异表达基因（DEGs）。结果表明：DEGs的数量随着块根的发育而增加，说明两个材料的差异随着块根的成熟而加大。DEGs主要富集于淀粉生物合成、植物激素调控和遗传信息处理等通路。最后用qRT-PCR验证了与淀粉生物合成相关的DEGs表达模式。本研究结果为影响甘薯淀粉含量的分子机制和候选基因的研究提供了有价值的参考。

关键词： 基因调控；RNA-Seq；块根；淀粉含量；甘薯

甘薯是一种重要的块根作物，同时也是世界上第六大粮食作物，其主要用于淀粉生产、鲜食或饲用[1]。甘薯块根以淀粉和糖的形式贮藏高浓度的碳水化合物，这其成为生物燃料的潜在来源[2]。根据联合国粮农组织2014年的统计，全球甘薯年产量超过1亿t，中国是全球最大的甘薯生产国。

甘薯块根在碳水化合物贮藏及营养繁殖中发挥着巨大的作用，其发育是甘薯生产中最重要的生理和经济过程。You等人构建了块根发育早期的cDNA文库，发现22个基因在块根和纤维根之间有差异表达。其中J8蛋白和1个转录因子蛋白上调，而块根中NAM（无顶端分生组织）蛋白下调[3]。此外，参与糖代谢和淀粉生物合成的基因在块根发育过程中上调表达，例如ADP葡萄糖焦磷酸化酶（AGPase）和颗粒结合淀粉合成酶Ⅰ（GBBSⅠ）；然而与根功能分类和木质素生物合成相关的基因如：木质素生物合成的基因编码酶、4-香豆酸辅酶A连接酶（4CL）、咖啡木质素辅AO-甲基转移酶（CCoAOMT）和肉桂醇脱氢酶（CAD）下调表达[4]。这一趋势也能通过对比分析甘薯及其近缘物种I.trifida的转录谱得以体现[5]。同时细胞分裂素、脱落酸和茉莉酸在内的植物激素在甘薯块根的形成和发育中也发挥重要作用[6~11]。细胞分裂素和茉莉酸都可诱导IbMADS1的表达，IbMADS1是参与块根形成的转录因子。虽然前人对甘薯淀粉合成和块根发育的相关基因开展过研究，但是在转录组水平上对块根不同发育时期的综合研究仍然缺乏。此外，众所周知不同甘薯品种的淀粉含量不同，如Zm品种

基金项目： 现代农业产业技术体系建设专项基金资助项目（CARS-10-B5）；四川省科技厅"十三五"农作物育种攻关（2016NYZ0032）。

作者简介： 杨松涛（1984—），男，助理研究员，硕士，研究方向为甘薯遗传育种。E-mail：yost60@126.com。

* 通讯作者： 谭文芳，女，研究员，硕士，研究方向：甘薯遗传育种。E-mail：zwstwf414@163.com。

的淀粉含量⁽¹²⁾只有 Ym 品种的 51.8%[13]，但造成这种差异的根本机制目前尚不清楚。

川薯 218 是四川省农业科学院作物研究所 2012 年育成的一个高淀粉品种，淀粉含量达到鲜重的 25.5%。为了研究川薯 218 高淀粉性状形成机制，对川薯 218（高）和低淀粉材料 15-94（低）的 3 个发育时期块根进行了转录组测序组装，共鉴定出 46 840 个转录 unigene，通过分析高、低淀粉含量品种的转录组，确定了差异表达基因（DEGs）。随着块根的发育，两个品种基因间的 DEGs 数量增加，并且在移植后 100 d 的 S3 时期达到峰值。利用 qRT-PCR 验证最显著的上下调基因以及淀粉生物合成相关基因的表达模式。此外，在川薯 218 中，与淀粉生物合成、茉莉酸合成和转录因子 KNOX1 相关基因均上调。然而，这些基因的转录水平在块根的 3 个发育时期是不同的，这说明两个品种在淀粉含量上的差异是由于块根在不同发育时期中差异基因及其表达模式共同作用的结果。

1 材料与方法

1.1 植物材料和生长条件

本研究所用材料川薯 218 和 15-94 种植于四川省农业科学院作物研究所内。其中川薯 218 为高淀粉品种，15-94 为低淀粉品种。2016 年 3 月 5 日，选择两个品种相同大小的健康种薯于大棚内育苗。同年 5 月 24 日，取两个品种苗势一致的薯苗扦插于 25 cm 顶径相同花盆里（每盆 1 株），并于 20 ~ 34 ℃ 室外环境下生长。植株在盆栽时，均匀拌土，等量浇水且没有提供额外的肥料。移栽后分 3 个发育时期收集块根用于测序：第一时期取生长在 0.5 ~ 1 cm 的直径范围（S1，30 d）；第二时期取 2 ~ 3 cm 的直径范围（S2，65 d）；第三时期取的直径 >4 cm（S3，100 d）。在同一时期从 3 个独立的植株上随机采集块根，然后汇集在一起进行淀粉含量测定和 RNA 提取。提取 RNA 时，采集的样品一部分直接冷冻在液氮中，然后磨成粉末。另一部分样品用于淀粉含量的定量测定⁽¹⁴⁾。我们采用 3 个独立的生物重复测定淀粉含量，并对两个甘薯品种的淀粉含量进行统计分析。所有的实验都进行了 3 次重复，每 1 次都包含了 3 个独立植株的块根。

1.2 RNA 测序，从头转录组组装和 PCR 检测

根据产品说明书使用 Trizol 试剂（Sigma 公司）提取总 RNA，使用 TURBO DNA-free Kit（Ambion 公司）去除 DNA 污染物，然后使用 TruSeq 链 mRNA 试剂盒（Illumina 公司）按照标准制造说明书构建文库。使用 Fragment Analyzer（Advanced Analytical 公司）对 RNA-Seq 建库质量进行评估。使用 Illumina HiSeqX 测序仪对通过质控的文库进行测序，生成 150 nt 的双端测序 reads。通过对低质量序列数据（Q < 20）进行过滤，从起始双端测序 reads 中获得 Clean reads。如先前的研究所述，采用了 Trinity 程序进行从头组装^(15, 16)。

cDNA 制备和 qRT-PCR 采用了之前的研究所述的方法⁽¹⁷⁾。我们使用 Power SYBR Green Master Mix（Applied Biosystem 公司）试剂盒在 Step One Plus Real-time PCR 系统（Applied Biosystem 公司）上进行，并采用比较 CT 法对不同样本的定量基因表达进行分析。

1.3 基因功能注释

使用 BLASTX 程序（期望值 E<10⁻⁵）在公共数据库 NCBI Nr 蛋白质数据库、Swiss-Prot 数据库、京都基因和基因组百科全书数据库（KEGG）、同源群数据库（COG）中进行相似性比对。最终，通过 Nr 注释获得基因本体（GO）信息。

1.4 DEGs 的识别和分类

利用 edgeR 的负二项分布初步鉴定了两个不同淀粉含量甘薯品种之间的 DEGs⁽¹⁸⁾。然后使用 RSEM 生成 FPKM⁽¹⁹⁾。只有同时满足 edgeR 中的假发现率（FDR）<0.05 和 FPKM 中倍数变化 > 2 的

基因被确认为 DEGs。接下来使用 GOstats 超几何检验对识别出来的 DEGs 进行功能富集分析[20]。基因本体（GO）采用参数：$P<0.001$，基因数 > 50 进行富集分析；KEGG pathway 采用参数：$P<0.01$，基因数 > 5 进行富集分析。

2 结果与分析

2.1 测定了两种不同品种甘薯淀粉含量

本研究中采用的高低淀粉甘薯品种川薯 218 和 15-94 如图所示（图 1a）。我们在 3 个发育时期测定了其块根的淀粉含量（图 1b）。其中川薯 218 的块根在 3 个时期的淀粉含量均显著高于 15-94（双样本独立 t 检验，$P < 0.01$）（图 1c）。有趣的是，川薯 218 中淀粉含量随着生育期持续增加，而 15-94 中淀粉含量没有增加，这使得这两种淀粉含量的差异随着块根的发育而增大（图 1c）。

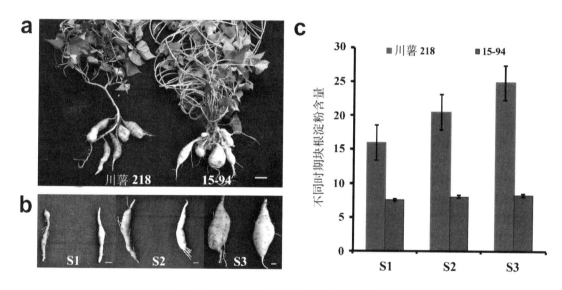

图 1　川薯 218 和 15-94 的淀粉含量差异

a. 川薯 218 和 15-94 植株形态 比例条：5 cm；b.3 个不同发育时期块根形态 比例条：1 cm；c. 川薯 218 的块根淀粉含量明显高于 15-94。统计数据是采用两个样本独立 t 测试（n=3，$P<0.01$）。

2.2 RNA 测序和转录组组装

为了鉴定川薯 218 和 15-94 在 3 个发育时期中与淀粉含量差异有关基因及其潜在调控机制，使用 Illumina HiSeqX 进行了 RNA 测序，并在转录组水平分析了甘薯储藏根的基因表达。在 18 个样本中，通过转录组高通量测序共产生了 7.55 亿 reads，去除衔接和低质量序列后，共获得约 7.34 亿 Clean reads，包含 110 亿个核苷酸（Q < 20）。将所有样本的 Clean reads 集合在一起，使用 Trinity 程序进行从头转录组组装，共组装得到 64 972 个转录本，长度从 201 nt 到 15 528 nt，平均长度为 812 nt，N50 长度为 1 298 nt。进一步选择每个基因的最长亚型生成功能基因集合，包含平均长度为 738 nt 的 46 840 个 unigenes，N50 长度为 1 215 个 nt，最大转录本长度为 15 528 个 nt。41.2% 的组装转录本和 48.0% 的 unigenes 分别位于 201 ~ 400 nt 的大小，只有 2.4% 的组装转录本中和 2.0 % 的 unigenes 大于 3 000 nt（图 2）。

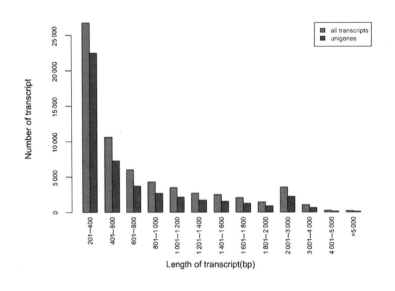

图2　组装长度分布图

2.3　基因的功能注释和分类

为了确定这些 unigenes 可能的功能，在已知公共蛋白质数据库进行了相似性比对，包括 NCBI（Nr）数据库，Swiss-Prot 数据库，Gene Ontology（GO）数据库，KEGG 数据库和 COG 数据库。采取的是 BLAST-X 检索方式（e 值为 1.0 E-05）。在 46 840 个 unigenes 中，77.40%（36 254 个 unigenes）成功地与 Nr 数据库中的已知蛋白质比对上。而其他四个数据库（Swiss-Prot、GO、KEGG 和 COG），unigenes 的比对数量分别为 28 158、8 822、7 891 和 32 446 个。总的来说，77.75% 的功能基因与已知的蛋白质有显著的同源性，可以为甘薯转录本提供了功能性注释。与其他物种相比，甘薯与烟草均来自茄目，因此两者相似度最高。然而，烟草中只有一小部分功能基因（6.60%）与甘薯有同源性，这可能是由于现有公共数据库中已报道的甘薯基因数量少所致（图3）。

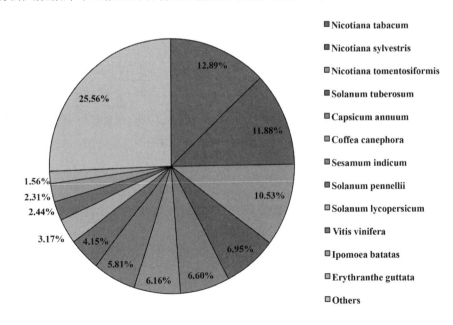

图3　unigenes 序列与其他物种的相似性

通过 GO 数据库对甘薯功能基因的潜在功能进行分类，共成功注释了 8 822 个功能基因，并根据 GO level 2 进一步分类为 49 个亚类（图 4）。其中 cell（细胞，51.6%）、cell part（细胞部分，50.8%）和 organelle（细胞器，22.7%）在细胞成分类别中高表达；metabolic process（代谢过程，53.3%）、cellular process（细胞进程，50.0%）和 biological regulation（生物调节，15.9%）在生物过程中高表达；在 binding（结合，55.0%）、catalytic activity（催化活性，43.7%）和 transporter activity（转运活性，5.1%）在分子功能类别中高表达。

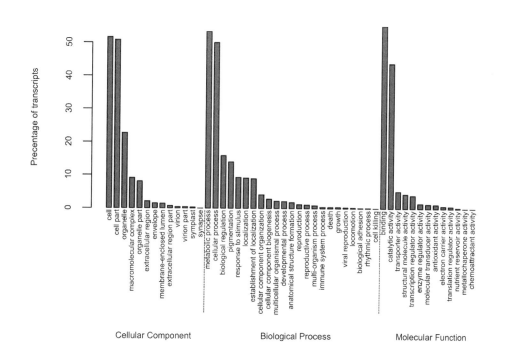

图 4 unigenes 的基因本体分类

为了更好地了解甘薯块根发育过程中的生物学机制，进行 KEGG pathway 分析，以进一步研究其生物学功能和基因的相互作用。通过 KEGG 注释，7 891 个 unigenes 分别位于 359 个通路中，5 个最富集通路为：Ribosome（核糖体，448 个 unigenes），Carbon metabolism（碳代谢，248 个 unigenes），Biosynthesis of amino acids（氨基酸的生物合成，234 个 unigenes），Protein processing in endoplasmic reticulum（内质网蛋白质加工，212 个 unigenes）和 Plant hormone signal transduction（植物激素信号转导，212 个 unigenes），表明甘薯块根的发育与生物合成和植物激素的调控相关。

COG 同样被用于功能基因的分类分析，其中最主要参与的集群是 General function prediction only（仅主要功能预测，4 181 个 unigenes），其次是 Signal transduction mechanisms（信号转导机制，2 608 个 unigenes），Posttranslational modification，protein turnover，chaperones（转录后修饰、蛋白质代谢、分子伴侣，2 261 个 unigenes），Translation，ribosomal structure and biogenesis（翻译，核糖体结构和生物起源，1 268 个 unigenes），Transcription"（转录，1 191 个 unigenes）和 Carbohydrate transport and metabolism（碳水化合物转运与代谢，1 103 个 unigenes）。

2.4 差异表达基因分析

通过测序组装的转录组为参照，我们确定了差异表达基因（DEGs）。通过主成分分析显示，川薯

218 的样品和 15-94 的样品可分为两组，但不同时期的样品间无显著差异。与 15-94 相比，川薯 218 样品中 S1、S2 和 S3 时期上调 DEGs 分别为 959、1 491 和 2 331 个，而 S1、S2 和 S3 时期下调 DEGs 分别为 752、1 156 和 2 209 个。在 3 个发育时期中，DEGs 之间存在着显著的重叠，551 个基因和 450 个基因在 3 个发育时期分别上调和下调表达（图 5）。随着块根的发育，两品种之间的 DEGs 数量增加。这一结果与 3 个发育时期两品种中淀粉含量差异增大的结果一致（图 1c），说明这些基因表达的变化可能是表型差异的遗传"驱动力"。

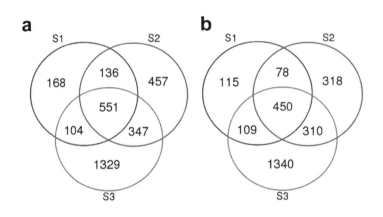

图 5　三个不同时期的块根中鉴定的 DEG 的维恩图

2.5　DEGS 的 GO 和 KEGG 富集分析

对 DEGs 进行 KEGG 和 GO 富集分析，KEGG 和 GO 的大多数富集项都出现在 S3 时期。与其他两个时期相比，KEGG 和 GO 在 S1 时期的富集项最少。川薯 218 在 S2 时期上调表达基因主要富集在 Biosynthesis of other secondary metabolites（其他次生代谢生物合成）通路中，如 Phenylpropanoid biosynthesis（苯基丙酮生物合成）和 Flavonoid biosynthesis（类黄酮生物合成）；Starch and sucrose metabolism（淀粉和蔗糖代谢）通路中上调表达基因主要富集在 S2 期和 S3 期。同时，在川薯 218 中下调表达基因在 S1 和 S3 时期富集于 Ribosome（核糖体）通路，在 S3 时期富集于 MAPK signaling pathway-plant（MAPK 信号通路 - 植物）通路。S3 时期的 GO 富集中，translation（翻译）、peptide biosynthetic process（肽生物合成过程）、amide biosynthetic process（酰胺生物合成过程）、peptide metabolic process（肽代谢过程）、macromolecule biosynthetic process（高分子生物合成过程）在生物过程类目中是最显著的分类，structural molecule activity（结构分子活性）、structural constituent of ribosome（核糖体结构成分）、protein binding（蛋白结合）RNA binding（RNA 结合）和 nucleic acid binding transcription factor activity（核酸结合转录因子活性）是分子功能类目中最显著的分类；而 ribosome（核糖体）、ribonucleoprotein complex（核糖核蛋白复合体）、non-membrane-bounded organelle（非膜结合细胞器）、intracellular non-membrane-bounded organelle（细胞内非膜结合细胞器）、extracellular region（细胞外区域）是细胞成分类目中最显著的分类。

此外，为了显示两个品种在淀粉积累过程中的整体差异（图 6），对淀粉合成途径中的 DEGs 进行分析。发现只有 1 个基因 Iba_01330 [己糖激酶（HT）] 在 S1 时期下调，而另一直接同源基因 Iba_33456 在 S2 和 S3 时期上调。编码 AGPase 基因在所有 3 个时期均显著上调表达。这 3 个时期中，随着块根的发育，越来越多的基因被随块根的发育而上调表达，S1 时期有 1 个基因（Iba_39204），S2 时期中的 2 个基因（Iba_39202 和 Iba_39204），S3 时期有 4 个基因（Iba_09133、Iba_20557 Iba_38455，Iba_39204）。此外，编码蔗糖合酶（SUS）的基因在 S2 和 S3 时期均上调，编码细胞壁结合转化酶（invi –cw）的基因仅在 S1 时期上调，编码 I 型淀粉磷酸化酶（PHO1）、淀粉合酶（Sss，Gbss）、异淀粉酶（ISA）的基因仅在 S3 时期上调。这一结果表明，在块根的发育过程中，参与淀粉含量差异形成的基因是不同的，淀粉的生物合成受到复杂的基因时空表达调控。

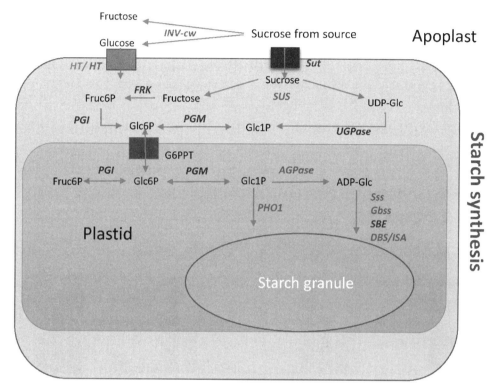

图 6　DEGs 的淀粉合成途径

川薯 218 中上调的 DEG 标记为红色，下调的 DEG 标记为绿色。绿色标记的 HT 代表基因 Iba_01330，红色标记代表基因 Iba_33456。AGP 酶，ADP- 葡萄糖焦磷酸化酶（EC 2.7.7.27）；DBE/ISA，脱支酶 / 异淀粉酶（EC 3.2.1.68）；FRK，果糖激酶（EC 2.7.1.4）；G6PPT，葡萄糖 –6– 磷酸 / 磷酸转运蛋白（EC 2.7.9.4）；HT，己糖转运蛋白（EC 2.7.1.1）；INV-cw，细胞壁结合转化酶（EC 3.2.1.26）；PGI，葡萄糖 –6– 磷酸异构酶（EC 5.3.1.9）；PGM，磷酸葡糖苷酶（EC 5.4.2.2）；PHO1，L 型淀粉磷酸化酶（EC 2.4.1.1）；SBE，淀粉分支酶（EC 2.4.1.18）；Sss，可溶性淀粉合成酶，Gbss，颗粒结合淀粉合成酶（EC 2.4.1.21）；SUS，蔗糖合成酶（EC 2.4.1.13）；Sut，蔗糖转运蛋白；UGPase，UDP- 葡萄糖焦磷酸化酶（EC 2.7.7.9）；ADP-Glc，ADP- 葡萄糖；Fruc6P，果糖六磷酸；Glc6P，葡萄糖六磷酸；Glc1P，葡萄糖一磷酸；UDP-Glc，UDP- 葡萄糖

2.6　DEGs 的 qRT–PCR 验证

通过 qRT–PCR 验证极端差异表达和与淀粉生物合成相关的 DEGs 的表达变化。最初选择 3 个时期中的 8 个 DEGs，分别包括 4 个最显著的上调和下调基因进行验证。川薯 218 中上调表达幅度最高的 4 个差异基因基因分别是：GDSL 酯酶脂肪酶基因（Iba_45586–GDSL esterase/lipase gene），环烯醚萜苷生物合成基因（Iba_03572– iridoid biosynthesis gene），甘薯贮藏蛋白 A 基因（Iba_37888–sporamin A gene）和推测为晚疫病抗性同源蛋白 R1B–14 基因（Iba_41383– late blight resistance protein homolog R1B–14 gene）（图 7a）。而甘薯贮藏蛋白 A 作为块根中主要的贮藏蛋白，它的积累与淀粉的积累呈正相关关系[21]。S3 时期中下调幅度最大的 4 个基因 Iba_05943、Iba_07844、Iba_07846 和 Iba_34075，经过验证也与我们的 RNA–Seq 数据一致。Iba_34075– 基因编码 TAR1 蛋白，可能参与线粒体 DNA 稳定性和

线粒体基因转录后表达调控[22]，而另外 3 个基因编码的是未被注释的蛋白质。此外，最显著的上调和下调的 DEGs 都含有与淀粉含量没有直接关联的基因，这表明在这两个甘薯品种中，块根有其他表型变异，如颜色、防御反应等。

选择 4 个淀粉生物合成相关基因进行 qRT-PCR 验证（图 7c）。Iba_38455（ADP-glucose pyrophosphorylase）是 ADP- 葡萄糖焦磷酸化酶的同源基因，参与淀粉和蔗糖代谢途径。Iba_38455 在川薯 218 各个时期均差异上调表达，并随着块根的发育，表达水平不断升高（图 7c）。淀粉合成酶基因 Iba_28848 的转录模式与 Iba_38455 相同，在川薯 218 中差异上调，随着块根生长过程中表达不断增加。茉莉酸羧甲基转移酶基因 Iba_04016 和 KNOX1 基因 Iba_12849 在川薯 218 中均有上调，但其转录模式不同。Iba_04016 在 S1 期表达量最高，S2 期表达量减少，S3 期表达量略有增加。Iba_12849 在 S1 和 S2 期均有较高的表达水平，S3 期转录水平降低。总体而言，我们的 qRT-PCR 结果成功验证了 RNA-Seq 分析的可信度，RNA-Seq 与 qRT-PCR 表达数据之间存在较高的 Spearman 相关系数（r = 0.72）。淀粉生物合成相关基因在川薯 218 中呈现显著上调，且在三个时期表现出不同的表达模式。这些已鉴定的淀粉生物合成相关基因为进一步研究甘薯块根的发育和今后开展分子育种提供了宝贵的遗传资源。

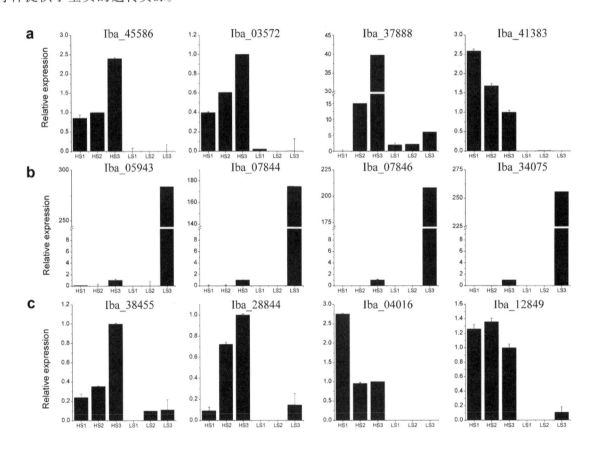

图 7　通过 qRT-PCR 验证所选基因的相对表达水平

a. 川薯 218 中最显著上调的 DEGs；b. 川薯 218 中最显著下调的 DEGs；c. 川薯 218 中与的淀粉生物合成相关 DEGs

2.7　与甘薯单倍型参考基因组比对

目前甘薯的单倍型参考基因组已公布[23]，用这个参考基因组重新分析了我们的 RNA-Seq 数据。

我们的样本的比对作图率在 50.6% ～ 61.9% 之间，这可能是由测序甘薯品种泰中 6 号与本研究使用的两个甘薯品种之间存在的遗传变异引起。接下来我们用同样的方法进行 DEGs 分析，从两个甘薯品种在 3 个不同的发育时期的数据中分别鉴定出 2081、3095 和 6758 个 DEGs。这一趋势与我们使用从头组装得到的转录组结果一致，进一步印证了 DEGs 数量随着块根发育而增加的结果。接下来对这些 DEGs 进行 KEGG 和 GO 富集分析。在 KEGG 富集分析中，Ribosome（核糖体）和 Flavonoid biosynthesis（类黄酮生物合成）途径仍是最主要的富集通路，但 Starch and sucrose metabolism（淀粉和蔗糖代谢）途径仅在我们从头组装的转录组中富集。两种方法在 GO 生物过程分类富集分析中对 S3 时期的 DEGs 的富集存在差异。蛋白质的 translation（转译）、peptide biosynthetic process（肽的生物合成过程）等，在我们从头组装的转录组中富集，而 protein folding（蛋白质折叠）、cellular carbohydrate metabolic process（细胞碳水化合物代谢过程）、response to temperature stimulus（对温度刺激的反应）、response to heat（对热的反应）和 carbohydrate metabolic process（碳水化合物代谢过程）等通路在本次重新分析中富集。在分子功能分类中，我们发现在两种方法对 structural molecule activity（结构分子活性）和 structural constituent of ribosome（核糖体的结构成分）具有相同的富集。

3　讨论

　　甘薯作为世界上最重要的块根作物之一，其块根形成和发育影响着其产量和品质。本研究中，我们对高低淀粉品种川薯 218 和 15-94 的 3 个不同时期根的转录序列进行了全面的分析，两个甘薯品种在生育期淀粉含量存在显著差异（图 1 b 和 c）。随着生育期的增长，越来越多的 DEGs 被发现。通过功能富集分析表明，这些 DEGs 主要是富集在淀粉生物合成、植物激素调控和基因信息处理通路，说明随着块根的发育，越来越多的基因被激活，并参与了甘薯块根的发育过程中的淀粉合成。

　　已有研究表明，植物激素在甘薯块根的发育中起着重要作用。细胞分裂素（CK）是一种植物激素，在细胞分裂中起着重要作用，与甘薯块根的发育和增厚密切相关[7]。在此我们发现，细胞分裂素核苷 5- 单磷酸磷水解酶基因（iba_15311- cytokinin riboside 5'-monophosphate phosphoribohydrolase）在高淀粉含量的川薯 218 中 S1 和 S3 期均有明显的上调。细胞分裂素对甘薯淀粉积累和淀粉体形成发挥着积极的作用[24~26]。

　　赤霉素 GA_3 氧化酶也可能参与调控甘薯淀粉合成和胞外多糖合成，其表达可以通过降低 ADP- 葡萄糖焦磷酸化酶基因的活性来抑制淀粉合成（ADP- 葡萄糖焦磷酸化酶是淀粉合成的限速酶），从而促进胞外多糖的合成[27]。另外两种主要甘薯块根发育相关蛋白和 β- 淀粉酶的 mRNA 表达能够被 GA_3- 化酶所抑制[28]。川薯 218 中甘薯 GA_3 同源基因 Iba_08727 明显下调，导致甘薯贮藏蛋白 sporamin A 基因 Iba_37888 和 ADP- 葡萄糖焦磷酸化酶基因 Iba_38455 转录显著增加（图 10）。此外，脱落酸（ABA）可以诱导 sporamin A 基因的表达[28]。

　　研究表明，CK 和 GA 是 KNOX1 蛋白的潜在靶点，该蛋白抑制赤霉素生物合成基因的表达，但增加 CK 生物合成相关基因的转录[29]，而高 CK 和低 GA 的内部条件正好是形成和维持分生组织的必要条件[30, 31]。与淀粉含量较低的品种 15-94 相比，本试验中川薯 218 的 KNOX 基因 Iba_12849 在各个时期均上调（图 10c）。如果将上述基因的表达信息整合在一起，甘薯块根发育过程中向我们展示了一个植物激素调控通路，提供了一个连续的激素调控过程。

　　茉莉酸甲酯（MeJA）是茉莉酸的非活性衍生物，同时也是参与介导细胞多种发育过程的调控因子[32, 33]。已经发现在拟南芥、烟草和菠菜等植物中，MeJA 调控淀粉合成基因的上调表达，如编码 APS1、APL4、GBSS1、SS2、SS3 的基因，从而能促进淀粉积累[34]。根据我们的结果，在川薯 218 中茉莉酸羧基甲基转移酶基因（Iba_04016）显著上调表达，表明茉莉酸与甘薯淀粉积累有关。

综上所述，川薯 218 和 15-94 两个淀粉含量显著不同的甘薯品种间在激素调节相关基因、转录因子以及其他淀粉合成相关基因在不同发育阶段表现出差异表达。本研究中发现并验证的 DEGs 可以作为甘薯块根功能研究有价值的候选基因，对今后通过 CRISPR/Cas9 技术或 RNAi（例如淀粉生物合成）对甘薯淀粉含量进行遗传改良具有重要意义。

参考文献

[1] International Potato Center（2018）. Sweetpotato Facts and Figures. Available at：https：//cipotato.org/crops/sweetpotato/sweetpotato-facts-and-figures/[accessed March 27，2018].

[2] Ziska，L.H.，Runion，G.B.，Tomecek，M.，et al.（2009）. An evaluation of cassava，sweet potato and field corn as potential carbohydrate sources for bioethanol production in Alabama and Maryland. Biomass and Bioenergy 33（11），1503-1508.

[3] You，M.K.，Hur，C.G.，Ahn，Y.S.，et al.（2003）. Identification of genes possibly related to storage root induction in sweetpotato. FEBS Letters 536（1-3），101-105

[4] Firon，N.，LaBonte，D.，Villordon，A.，et al.（2013）. Transcriptional profiling of sweetpotato（Ipomoea batatas） roots indicates down-regulation of lignin biosynthesis and up-regulation of starch biosynthesis at an early stage of storage root formation. BMC Genomics 14，460.

[5] Ponniah，S.K.，Thimmapuram，J.，Bhide，K.，et al.（2017）. Comparative analysis of the root transcriptomes of cultivated sweetpotato（Ipomoea batatas [L.] Lam） and its wild ancestor（Ipomoea trifida [Kunth] G. Don）. BMC Plant Biol 17（1），9.

[6] Matsuo，T.，Mitsuzono，H.，Okada，R.，et al.（1988）. Variations in the levels of major free cytokinins and free abscisic acid during tuber development of sweet potato. Journal of Plant Growth Regulation 7（4），249-258.

[7] Matsuo，T.，Yoneda，T.，and Itoo，S.（1983）. Identification Of Free Cytokinins And the Changes In Endogenous Levels during Tuber Development Of Sweet-Potato（Ipomoea-Batatas Lam）. Plant And Cell Physiology 24（7），1305-1312.

[8] Nakatani，M.，and Komeichi，M.（1992）. Changes In Endogenous Indole Acetic-Acid Level during Development Of Roots In Sweet-Potato. Japanese Journal Of Crop Science 61（4），683-684.

[9] Wang，Q.-m.，Zhang，L.-m.，Guan，Y.-a.，and Wang，Z.-l.（2006）. Endogenous Hormone Concentration in Developing Tuberous Roots of Different Sweet Potato Genotypes. Agricultural Sciences in China 5（12），919-927.

[10] Ku，A.T.，Huang，Y.S.，Wang，Y.S.，et al.（2008）. IbMADS1（Ipomoea batatas MADS-box 1 gene） is involved in tuberous root initiation in sweet potato（Ipomoea batatas）. Ann Bot 102（1），57-67.

[11] Noh，S.A.，Lee，H.S.，Huh，E.J.，et al.（2010）. SRD1 is involved in the auxin-mediated initial thickening growth of storage root by enhancing proliferation of metaxylem and cambium cells in sweetpotato（Ipomoea batatas）. J Exp Bot 61（5），1337-1349.

[12] Senanayake，S.A.，Ranaweera，K.K.，Gunaratne，A.，et al.（2013）. Comparative analysis of nutritional quality of five different cultivars of sweet potatoes（Ipomea batatas（L） Lam） in Sri Lanka. Food Sci Nutr 1（4），284-291.

[13] Ahn, Y.O., Kim, S.H., Kim, C.Y., et al. (2010). Exogenous sucrose utilization and starch biosynthesis among sweet potato cultivars. Carbohydr Res 345 (1), 55-60.

[14] Smith, A.M., and Zeeman, S.C. (2006). Quantification of starch in plant tissues. Nat Protoc 1 (3), 1342-1345.

[15] Grabherr, M.G., Haas, B.J., Yassour, M., et al. (2011a). Full-length transcriptome assembly from RNA-Seq data without a reference genome. Nat Biotechnol 29 (7), 644-652.

[16] Zhan, X., Yang, L., Wang, D., et al. (2016). De novo assembly and analysis of the transcriptome of Ocimum americanum var. pilosum under cold stress. BMC Genomics 17, 209.

[17] Wang, D., Qu, Z., Adelson, D.L., et al. (2014). Transcription of nuclear organellar DNA in a model plant system. Genome Biol Evol 6 (6), 1327-1334.

[18] Robinson, M.D., McCarthy, D.J., and Smyth, G.K. (2010). edgeR: a Bioconductor package for differential expression analysis of digital gene expression data. Bioinformatics 26 (1), 139-140.

[19] Li, B., and Dewey, C.N. (2011). RSEM: accurate transcript quantification from RNA-Seq data with or without a reference genome. BMC Bioinformatics 12, 323.

[20] Beissbarth, T., and Speed, T.P. (2004). GOstat: find statistically overrepresented Gene Ontologies within a group of genes. Bioinformatics 20 (9), 1464-1465.

[21] Nakamura, K., Ohto, M.A., Yoshida, N., et al. (1991). Sucrose-Induced Accumulation of beta-Amylase Occurs Concomitant with the Accumulation of Starch and Sporamin in Leaf-Petiole Cuttings of Sweet Potato. Plant Physiol 96 (3), 902-909.

[22] Dujon, B., Sherman, D., Fischer, G., et al. (2004). Genome evolution in yeasts. Nature 430 (6995), 35-44.

[23] Yang, J., Moeinzadeh, M.H., Kuhl, H., et al. (2017). Haplotype-resolved sweet potato genome traces back its hexaploidization history. Nat Plants 3 (9), 696-703.

[24] Sakai, A., Kawano, S., and Kuroiwa, T. (1992). Conversion of proplastids to amyloplasts in tobacco cultured cells is accompanied by changes in the transcriptional activities of plastid genes. Plant Physiol 100 (2), 1062-1066.

[25] Miyazawa, Y., Sakai, A., Miyagishima, S., et al. (1999). Auxin and cytokinin have opposite effects on amyloplast development and the expression of starch synthesis genes in cultured Bright Yellow-2 tobacco cells. Plant Physiology 121 (2), 461-469.

[26] Miyazawa, Y., Kato, H., Muranaka, T., et al. (2002). Amyloplast formation in cultured tobacco BY-2 cells requires a high cytokinin content. Plant and Cell Physiology 43 (12), 1534-1541.

[27] Sasaki, T., and Kainuma, K. (1984). Control of starch and exocellular polysaccharides biosynthesis by gibberellic acid with cells of sweet potato cultured in vitro. Plant Cell Rep 3 (1), 23-26.

[28] Ohto, M.A., Nakamura-Kito, K., and Nakamura, K. (1992). Induction of Expression of Genes Coding for Sporamin and beta-Amylase by Polygalacturonic Acid in Leaf-Petiole Cuttings of Sweet Potato. Plant Physiol 99 (2), 422-427.

[29] Jasinski, S., Piazza, P., Craft, J., et al. (2005). KNOX action in Arabidopsis is mediated by coordinate regulation of cytokinin and gibberellin activities. Curr Biol 15 (17), 1560-1565

[30] Sakamoto, T., Kamiya, N., Ueguchi-Tanaka, et al. (2001). KNOX homeodomain protein directly suppresses the expression of a gibberellin biosynthetic gene in the tobacco shoot apical meristem. Genes Dev 15

（5），581-590.

[31] Sakamoto，T.，Sakakibara，H.，Kojima，M.，et al.（2006）. Ectopic expression of KNOTTED1-like homeobox protein induces expression of cytokinin biosynthesis genes in rice. Plant Physiol 142（1），54-62.

[32] Seo，H.S.，Song，J.T.，Cheong，J.J.，et al.（2001）. Jasmonic acid carboxyl methyltransferase：a key enzyme for jasmonate-regulated plant responses. Proc Natl Acad Sci U S A 98（8），4788-4793.

[33] Preuss，A.，Augustin，C.，Figueroa，C.R.，et al.（2014）. Expression of a functional jasmonic acid carboxyl methyltransferase is negatively correlated with strawberry fruit development. J Plant Physiol 171（15），1315-1324.

[34]Takahashi，I.，and Hara，M.（2014）. Enhancement of starch accumulation in plants by exogenously applied methyl jasmonate. Plant Biotechnology Reports 8（2），143-149.

四、植物保护

CARAH 预警模型在马铃薯晚疫病防治药剂减量增效技术上的应用

李洪浩[1*]，淳　俊[2]，王克秀[3]，席亚东[1]，王燕平[1]，吴　婕[1]，韩　帅[1]，
张河庆[1]，王茹琳[4]，刘波微[1]

（1.四川省农业科学院植物保护研究所／农业部西南作物有害生物综合治理重点实验室，四川成都　610066；
2.成都市农林科学院，四川成都　611130；3.四川省农业科学院作物研究所，四川成都　610066；四川省农村
经济综合信息中心，四川成都　610072）

摘　要： 为了明确 CARAH 预警模型对四川马铃薯晚疫病防治药剂减量增效技术的指导效果，将 CARAH 模型应用于四川春马铃薯和秋马铃薯晚疫病的防治。试验结果表明，针对马铃薯晚疫病感病品种兴佳 2 号和中薯 2 号，其中心病株在马铃薯晚疫病第 3 代侵染循环出现。在马铃薯晚疫病第 2 代第 1 次侵染循环 5 分值进行防治药剂常规用量减量使用，常规用量减量处理均表现出较高的防治效果。在春马铃薯晚疫病防治药剂减量中常规用量减量 33% "10% 氟噻唑吡乙酮 OD 150 mL/hm² + 杰效利 3 000 倍液" 施用 3 次间隔 7d 经济效益增幅最高，而秋马铃薯晚疫病防治药剂减量中，常规用量减量 33% "10% 氟噻唑吡乙酮 OD 225 ml/hm²" 施用 2 次间隔 14d 经济效益增幅最高。

关键词： CARAH 预警模型；马铃薯晚疫病；减量增效

由致病疫霉 [Phytophthora infestans（Mont.） De Bary] 引起的马铃薯晚疫病是马铃薯生产上极具爆发性、流行性的病害，在全世界普遍发生，每年造成数十亿美元损失 [1~3]。马铃薯晚疫病是典型的气候型流行性病害，温度和相对湿度等气候因素影响马铃薯晚疫病的发生和流行。马铃薯晚疫病 CARAH 预警模型基于病原菌和寄主都存在的条件下，结合温度、相对湿度对马铃薯晚疫病的发生进行预测 [4]。自 2001 年谢开云等引入比利时 CARAH 预警模型，目前在重庆、贵州、甘肃和四川等马铃薯主产区均开展了马铃薯晚疫病监测预警防控技术应用 [5~9]。

四川复杂多样的立体气候特点为马铃薯周年生产创造了条件，马铃薯成为四川农村经济产业发展和农民增收的一大主导产业，特别是贫困山区，将发展马铃薯作为重要的脱贫支柱产业。四川春马铃薯主要分布在盆周山区、川西南山地区，是四川主要的栽种方式，占全省马铃薯栽培面积的一半以上，而秋马铃薯主要分布在海拔 1 000 m 以下的平丘地区和河谷地带，既是一种正常的增产增收途径，也常被用作救灾补偿栽培，弥补大春损失。四川马铃薯晚疫病主要发生在春马铃薯和秋马铃薯，而马铃薯晚疫病的防治主要靠化学药剂，药剂成本高、防治效果差、污染环境等因素严重影响马铃薯种植效益。

基金项目： 四川省科技计划项目（2016NYZ0053）；四川薯类创新团队项目（川农函 [2014]91 号）；四川省三农气象服务专项。

作者简介： 李洪浩（1986—），男，硕士，助理研究员，主要从事薯类病虫害研究。E-mail：leehh071@126.com。

研究 CARAH 预警模型在马铃薯晚疫病防治药剂减量增效技术中的适应性，以提高马铃薯种植经济效益、保障粮食安全，推动 CARAH 预警模型在四川的应用。

1 材料与方法

1.1 供试材料

供试品种为中薯 2 号和兴佳 2 号。

供试药剂为 10% 氟噻唑吡乙酮 OD（商品名：增威赢绿），美国杜邦公司生产；68% 精甲霜·锰锌 WDG（商品名：金雷），瑞士先正达作物保护有限公司；80% 代森锰锌 WP（商品名：大生），美国陶氏益农公司生产；激健，主要成分：多元醇型非离子表面活性剂，四川蜀峰化工有限公司生产；杰效利，主要成分：乙氧基改性三硅氧烷，美国迈图高新材料集团生产。

气象站型号为 MLS 1306 无线自动气象站，北京汇思君达科技有限公司提供。

1.2 试验站点及小区设置

2017 年春马铃薯试验地地位于彭州市龙门山镇，播种日期为 1 月 20 日，海拔 1 000 m，一年一熟栽培模式，前茬为马铃薯；秋马铃薯试验地位于眉山市丹棱县双桥镇开展，播种日期为 9 月 18 日，海拔 490 m，一年二熟栽培模式，前茬为水稻。马铃薯株距 25 cm，行距 70 cm，单垄单行种植，每个处理重复 3 次，每小区面积 20 m^2，采用随机区组排列，设保护行 0.8 m。

1.3 马铃薯晚疫病侵染监测

无线自动气象站监测田间每小时的气温和相对湿度，通过无线传输到服务器进行侵染程度分析，并根据 Conce 的方法绘制马铃薯晚疫病侵染循环曲线。

根据 Guntz-Divoux 模型计算马铃薯晚疫病的潜在侵染程度[4]。潜在侵染程度与相对湿度大于 90% 期间的时长（湿润期）和此期间的平均温度相关。湿润期持续的时间越长，在此湿润期内的平均温度越高，则发生马铃薯晚疫病侵染的程度越高。根据 CARAH 模型，每个侵染循环需获得累计 7 分才能完成从孢子成熟—孢子萌发—新孢子再侵染的过程。采用 Conce 的方法[4]进行计算，侵染循环开始后，将每日得分进行累加，累计 7 分表明一个侵染循环结束。

1.4 防治药剂及处理

春马铃薯晚疫病防治药剂减量增效试验处理如表 1，首次施药时间为 CARAH 预警模型第二代侵染循环 5 分值时；秋马铃薯晚疫病防治药剂减量增效试验处理如表 2，常规用量减量施药时间为 CARAH 预警模型第二代侵染循环 5 分值时开始。采用背负式手动喷雾器 Jacto-16 L 进行茎叶均匀喷雾，亩用水量为 40 L。

表 1 春马铃薯晚疫病防治药剂名称及用量 mL/hm^2

处理	名称	药剂及用量	施药次数（次）	间隔期（d）
T1	常规用量	10% 氟噻唑吡乙酮 OD 225 mL/hm^2	3	7
T2	常规用量减量 33%	10% 氟噻唑吡乙酮 OD 225 mL/hm^2	2	14
T3	常规用量减量 33%	10% 氟噻唑吡乙酮 OD 150 mL/hm^2+ 激健 2 000 倍液	3	7
T4	常规用量减量 33%	10% 氟噻唑吡乙酮 OD 150 mL/hm^2+ 杰效利 3 000 倍液	3	7
T5	常规用量减量 33%	10% 氟噻唑吡乙酮 OD 150 mL/hm^2	3	7
T6	常规用量减量 50%	10% 氟噻唑吡乙酮 OD 112.5 mL/hm^2+ 激健 2 000 倍液	3	7
T7	常规用量减量 50%	10% 氟噻唑吡乙酮 OD 112.5g/hm^2+ 杰效利 3 000 倍液	3	7
T8	常规用量减量 50%	10% 氟噻唑吡乙酮 OD 112.5 mL/hm^2	3	7
T9	清水对照			

表 2　秋马铃薯晚疫病防治药剂名称及用量

处理	名称	药剂及用量	施药次数（次）	间隔期（d）
T1	大户防治	80% 代森锰锌 WP 2250 g/hm² +68% 精甲霜·锰锌 WDG 1 800g/hm²	5	7
T2	农民自防	68% 精甲霜·锰锌 WDG 1 800g/hm²	1	–
T3	常规用量	68% 精甲霜·锰锌 WDG 1 800g/hm²	3	7
T4	常规用量	10% 氟噻唑吡乙酮 OD 225 mL/hm²	3	7
T5	常规用量减量 30%	68% 精甲霜·锰锌 WDG 1 260g/hm² + 杰效利 3 000 倍液	3	7
T6	常规用量减量 30%	68% 精甲霜·锰锌 WDG 1 260g/hm²	3	7
T7	常规用量减量 33%	10% 氟噻唑吡乙酮 OD 150 mL/hm²	3	7
T8	常规用量减量 33%	10% 氟噻唑吡乙酮 OD 225 mL/hm²	2	14
T9	清水对照			

1.5　调查与统计

马铃薯晚疫病分级标准参照《农药田间药效试验准则（一）》。0 级：无病斑；1 级：病斑面积占整个叶面积 5% 以下；3 级：病斑面积占整个叶面积 6% ~ 10%；5 级：病斑面积占整个叶面积 11% ~ 20%；7 级：病斑面积占整个叶面积 21% ~ 50%；9 级：病斑面积占整个叶面积 50% 以上。每小区对角线 5 点取样，每点取 2 ~ 3 株，调查全部叶片。按上述分级标准记录调查末次药后 7 d 后各小区发病情况，计算病情指数、相对防效。采用 Duncan 新复极差法统计分析差异显著性。测产后计算增产效果，病情指数 = Σ（各级病叶数 × 相对级数值）×100/（调查总叶数 ×9），相对防效（%）=（空白对照区病情指数－药剂处理区病情指数）×100/ 空白对照区病情指数，增产效果（%）=（药剂处理区产量－空白对照区产量）×100/ 空白对照区产量。

2　结果与分析

2.1　春马铃薯和秋马铃薯晚疫病侵染分析

利用 CARAH 预警模型监测春马铃薯晚疫病和秋马铃薯晚疫病发生程度和流行速度，春马铃薯晚疫病侵染循环如图 1，秋马铃薯晚疫病侵染循环如图 2，春马铃薯和秋马铃薯晚疫病侵染侵染情况统计如表 3。春马铃薯播种品种为兴佳 2 号，秋马铃薯播种品种为中薯 2 号。CARAH 预警模型显示春马铃薯晚疫病初侵染时间为出苗后 6 d，轻度侵染；秋马铃薯晚疫病初侵染时间为出苗后 1 d，中度侵染。中心病株出现时间均在 CARAH 预警模型第 3 代侵染循环，但是春马铃薯晚疫病中心病株出现时间为出苗后 28 d，而秋马铃薯晚疫病中心病株出现时间为出苗后 17 d，说明秋马铃薯生育期内气候条件更利于马铃薯晚疫病的发生，发病时间较春马铃薯晚疫病更早。在春马铃薯整个生育期 90 d 中共出现 44 次侵染，其中轻度 8 次、中度 14 次、重度 4 次和极重度 18 次，而秋马铃薯整个生育期 71 d 中共出现 46 次侵染，其中轻度 18 次、中度 16 次、重度 2 次和极重度 10 次，秋马铃薯晚疫病发生程度较春马铃薯晚疫病重，且流行速度快。

表 3　春马铃薯和秋马铃薯晚疫病侵染情况

品种	预警模型初侵染			中心病株			侵染统计			
	时间	程度	出苗后天数（d）	时间（月/日）	所处侵染循环	出苗后天数（d）	轻度	中度	重度	极重度
兴佳 2 号	3/29	轻	6	4/20	第三代侵染循环 5 分值	28	8	14	4	18
中薯 2 号	10/11	中度	1	10/27	第三代侵染循环 3 分值	17	18	16	2	10

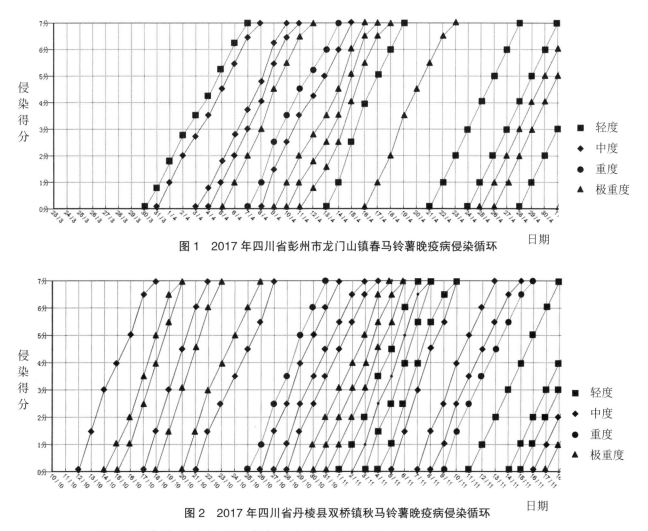

图 1　2017 年四川省彭州市龙门山镇春马铃薯晚疫病侵染循环

图 2　2017 年四川省丹棱县双桥镇秋马铃薯晚疫病侵染循环

2.2　CARAH 预警模型对春马铃薯晚疫病的防治指导效果

利用 CARAH 预警模型进行春马铃薯晚疫病的防治，试验结果如表 4，在末次药后 7 d 各处理间平均防治效果为 99.52% ~ 99.99%，常规用量 10% 氟噻唑吡乙酮 OD 225 mL/hm² 与常规用量减量 33%、常规用量减量 50% 之间不存在显著性差异。各药剂处理平均产量为 31 943.05 kg/hm² ~ 37 727.19 kg/hm²，较清水对照平均产量 14 277.97 kg/hm² 增幅 123.72% ~ 164.23%，与清水对照存在极显著差异，其中常规用量 10% 氟噻唑吡乙酮 OD 225 mL/hm²，平均产量高于常规用量减量 50%（10% 氟噻唑吡乙酮 OD 112.5 ml/hm²），且存在显著性差异。

春马铃薯晚疫病防治成本只计算药剂购买费用和人工防治成本 450 元 /hm²，各药剂处理防治马铃薯晚疫病后，按春马铃薯市场收购价 1 元 /kg 计算，总产值为 31 943.05 ~ 37 727.19 元 /hm²，纯收益 29 746.23 ~ 34 972.51 元 /hm²，较清水对照增幅 108.34% ~ 144.94%。其中常规用量减量 33%（10% 氟噻唑吡乙酮 OD 150 mL/hm²）和常规用量减量 50%（10% 氟噻唑吡乙酮 OD 112.5 mL/hm²）与常规用量（10% 氟噻唑吡乙酮 OD 225 mL/hm²）相比，对马铃薯晚疫病防治效果相当，但经济效益增效低于常规用量，分别较清水对照增幅 108.34% 和 108.75%。

而使用激健 2 000 倍液、杰效利 3 000 倍液与 10% 氟噻唑吡乙酮 OD 常规用量减量 30% 和 50% 混用，各处理间不存在显著性差异。试验数据显示，杰效利 3 000 倍液与 10% 氟噻唑吡乙酮 OD 常规用量减量 30% 和 50% 混用，在防治效果、新增效益两方面均优于激健 2 000 倍液，其中常规用量减量 33%（10% 氟噻唑吡乙酮 OD 150 mL/hm² + 杰效利 3 000 倍液）施用 3 次间隔 7 d，末次药后 7 d 经济效益增效稍高于常规用量（10% 氟噻唑吡乙酮 OD 225 mL/hm²，分别较清水对照增幅 144.94% 和 143.75%。

表 4   不同处理对春马铃薯晚疫病的防治效果及效益分析

处理	防效（%）	产量（kg/hm²）	增产（%）	施药次	防治成本（元/hm²）	总产值（元/hm²）	经济效益（元/hm²）	较 CK 增效（元/hm²）	较 CK 增幅（%）
T1	99.99Aa	37 727.19Aa	164.23	3	2 925.00	37 727.19	34 802.19	20 524.22	143.75
T2	99.68Aa	34 443.05Aab	141.23	2	1 603.50	34 443.05	32 839.55	18 561.58	130.00
T3	99.85Aa	34 652.73Aab	142.70	3	2 450.25	34 652.73	32 202.48	17 924.52	125.54
T4	99.92Aa	37 422.76Aab	162.10	3	2 450.25	37 422.76	34 972.51	20 694.54	144.94
T5	99.82Aa	32 151.48Aab	125.18	3	2 405.25	32 151.48	29 746.23	15 468.27	108.34
T6	99.61Aa	32 620.47Aab	128.47	3	2 182.50	32 620.47	30 437.97	16 160.00	113.18
T7	99.69Aa	33 632.89Aab	135.56	3	2 182.50	33 632.89	31 450.39	17 172.42	120.27
T8	99.52Aa	31 943.05Ab	123.72	3	2 137.50	31 943.05	29 805.55	15 527.58	108.75
T9		14 277.97Bc				14 277.97	14 277.97		

注：小写字母表示 0.05 显著水平，大写字母表示 0.01 显著水平。表中数据为 3 次重复平均值，下同。

2.3 CARAH 预警模型对秋马铃薯晚疫病防治指导效果

试验数据如表 5，利用 CARAH 预警模型指导秋马铃薯晚疫病的防治，各处理间防治效果存在极显著差异，大户防治防治效果与常规用量（10% 氟噻唑吡乙酮 OD 225 mL/hm²）和常规用量减量 33%（10% 氟噻唑吡乙酮 OD 150 mL/hm²）之间不存在显著性差异，分别为 99.47%、99.80% 和 99.43%，防治效果最低的为农民自防，为 30.25%。常规用量减量 33%（10% 氟噻唑吡乙酮 OD 150 mL/hm²）与各常规用量减量之间存在极显著差异，但防治效果均超过 95%。

大户防治平均产量与常规用量、常规用量减量 30%、常规用量减量 30% 之间不存在极显著差异，最高为常规用量（10% 氟噻唑吡乙酮 OD 225 ml/hm²），平均产量 13 866.05kg/hm²，较对照增产 49.24%，其次为大户防治，平均产量为 13 821.40 kg/hm²，较对照增产 48.76%。按秋马铃薯鲜薯收购价 2 元/kg 计算，各药剂处理间总产值在 23 670.00 ~ 27 732.10 元/hm²，纯收益 22 980.00 ~ 25 742.9 元/hm²，较清水对照增幅 23.67% ~ 38.53%，其中常规用量减量 33%（10% 氟噻唑吡乙酮 OD 225 ml/hm²）施用 2 次间隔 14d 经济效益增幅最高，为 38.53%。

表 5   不同处理对秋马铃薯晚疫病的防治效果及效益分析

处理	防效（%）	产量（kg/hm²）	增产（%）	施药次	防治成本（元/hm²）	总产值（元/hm²）	经济效益（元/hm²）	较 CK 增效（元/hm²）	较 CK 增幅（%）
T1	99.47Aa	13 821.40Aa	48.76	5	3 480.00	27 642.80	24 162.80	5 580.40	30.03
T2	30.25Cd	11 835.00Bc	27.38	1	690.00	23 670.00	22 980.00	4 397.60	23.67
T3	93.39Bc	13 808.35Aa	48.62	3	2 070.00	27 616.70	25 546.70	6 964.30	37.48
T4	99.80Aa	13 866.05Aa	49.24	3	2 925.00	27 732.10	24 807.10	6 224.70	33.50
T5	97.22Bb	13 680.40Aab	47.24	3	1 899.00	27 360.80	25 461.80	6 879.40	37.02
T6	96.33Bbc	13 540.55Ab	45.74	3	1 854.00	27 081.10	25 227.10	6 644.70	35.76
T7	99.43Aa	13 801.45Aa	48.54	3	2 405.25	27 602.90	25 197.65	6 615.25	35.60
T8	96.01Bbc	13 673.20Aab	47.16	2	1 603.50	27 346.40	25 742.90	7 160.50	38.53
T9		9291.20Cd				18 582.40	18 582.40		

3　讨论

马铃薯晚疫病的发生和流行受气候因素影响较大，基于每小时相对湿度、温度、降雨量等气象数据，世界各国对马铃薯晚疫病预测预报模型进行了大量研究，开发了如 NegFry 模型、Wallin 模型、Cook 模型、CASTOR 模型和 CARAH 模型等马铃薯晚疫病监测预警模型[10]。CARAH 模型在中国应用较广，在重庆市、甘肃省、贵州省、湖北省、云南省和四川省等省市均进行了应用，说明该模型适应性较广。而任何一种模型都有一定局限性，需要根据当地栽培模式、品种抗性程度等实际情况对预警模型进行调整，制定精细的防治策略，以进一步提高预测模型的适应性。

CARAH 预警模型的运行是相对独立的，即便在非马铃薯生长季节，根据田间温度、相对湿度仍可以生成马铃薯晚疫病侵染曲线[11]。马铃薯晚疫病的发生和流行受品种抗病性、气象因素和病原菌群体的影响。感病品种是符合 CARAH 预警模型最初设计的，兴佳 2 号和中薯 2 号对马铃薯晚疫病耐受程度高于费乌瑞它，中心病株出现时间均在 CARAH 预警模型第三代侵染循环，而费乌瑞它中心病株出现时间均在第二代至第三代侵染循环[8, 12]。为扩大 CARAH 预警模型的应用，可进一步研究在马铃薯晚疫病常发区，不同抗感品种发病时间与 CARAH 预警模型的相关性，建立不同品种抗性指数与预测中心病株出现时间的定量关系，精准预测不同马铃薯品种马铃薯晚疫病的发生时间，指导马铃薯晚疫病的防治。

四川马铃薯主要以农户散种散卖为主，管理粗放，对马铃薯晚疫病的预防不重视，马铃薯晚疫病年年发生，导致马铃薯产量低、商品薯率低和种植效益低。春马铃薯产量较秋马铃薯虽高，但生育期长，收获期主要在 7 ~ 9 月，即便市场上消费者青睐本地马铃薯，但相对于其他省份马铃薯在本地市场上竞争力弱，效益低。而秋马铃薯生育期短，收获期主要在 12 月至翌年 1 月，市场接受度高、效益好，部分农户铤而走险种植秋马铃薯，往往没有及时防治马铃薯晚疫病导致收益甚微甚至血本无归。将 CARAH 预警模型应用于春马铃薯和秋晚疫病防治药剂减量增效技术，精准施药，防控马铃薯晚疫病的发生和流行，提高农户马铃薯种植效益，为 CARAH 预警模型在四川马铃薯周年生产中的应用奠定基础。

参考文献

[1] KAMOUN S. Nonhost resistance to Phytophthora: novel prospects for a classical problem[J]. Current Opinion in Plant Biology, 2001, 4: 295-300.

[2] Judelson H S, Blanco F A. The spores of Phytophthora: weapons of the plant destroyer[J]. Nature Reviews Microbiology, 2005（3）: 47-58.

[3] Haldar K, Kamoun S, Hiller N L, et al. Common infection strategies of pathogenic eukaryotes[J]. Nature Reviews Microbiology, 2006（4）: 922-931.

[4] 谢开云, 车兴壁, Ducatillon C, 等. 比利时马铃薯晚疫病预警系统及其在我国的应用 [J]. 中国马铃薯, 2001, 15（2）: 67-71.

[5] 谭监润, 袁文斌, 武海燕, 等. 马铃薯晚疫病预警系统引进与应用 [J]. 南方农业, 2011（5）: 61-63.

[6] 龙玲, 刘红梅, 李丹, 等. 比利时马铃薯晚疫病监测预警模型在贵州省威宁县的应用 [J]. 中国马铃薯, 2013, 27（1）: 48-52.

[7] 仲彩萍, 杜立和, 漆文选, 等. 高寒山区马铃薯晚疫病预警系统实践与应用 [J]. 陕西农业科学, 2015, 61（2）: 45-47.

[8] 董风林，郭志乾，刘秉义，等．利用预警系统指导大田药剂防治马铃薯晚疫病 [J]. 中国马铃薯，2013，27（3）：172-174.

[9] 李洪浩，张鸿，李华鹏，等．马铃薯晚疫病 CARAH 预警模型在四川春马铃薯上的应用 [J]. 中国农学通报，2017，33（4）：136-141.

[10] 孙茂林，李树莲，赵永昌，等．马铃薯晚疫病预测模型与预警技术研究进展 [J]. 植物保护，2004，30（5）：15-19.

[11] 黄冲，刘万才，张斌．马铃薯晚疫病 CARAH 预警模型在我国的应用及评价 [J]. 植物保护，2017，43（4）：151-157.

[12] 张斌，狄坤，余杰颖，等．基于 CARAH 模型的不同品种马铃薯晚疫病发生情况观察 [J]. 江苏农业科学，2015，43（8）：112-115。

川西南山地区马铃薯晚疫病防治中存在的问题及对策

李洪浩[1]，张　鸿[1]，徐成勇[2]，彭期华[3]，刘波微[1]

（1.四川省农业科学院植物保护研究所，四川成都　610066；2.西昌农业科学研究所高山作物站，四川昭觉616150；3.凉山彝族自治州喜德县农牧局，四川喜德　616750）

摘　要： 川西南山地区地理条件优越、气候冷凉，是四川马铃薯主产区之一，而马铃薯晚疫病的发生极大阻碍本区域马铃薯产业的发展。认清川西南山地区马铃薯晚疫病防治工作中存在的问题，有助于提升本区域马铃薯产业地位，促进马铃薯产业的发展。

关键词： 马铃薯；晚疫病；问题；对策

据中华人民共和国农业部种植业管理司网站数据显示，2015年四川省马铃薯种植面积达797 200 hm²，川西南山地区是四川马铃薯三大优势区之一，主要包括凉山彝族自治州、雅安的汉源县和石棉县，该区域日照充足、昼夜温差大，年均温13 ~ 21℃，年降雨量700 ~ 1 200 mm。本区域得天独厚的优势和条件，非常适宜马铃薯生长，将马铃薯产业作为农民增收、精准脱贫的支柱产业，进一步推动了四川省马铃薯产业的发展。冷凉的气候同时也适宜马铃薯晚疫病菌的生长，其导致的马铃薯晚疫病常年发生，严重阻碍川西南山地区马铃薯产业的发展，除地理环境和气候因素外，与防治中存在的一些问题有关。

1　常见问题

1.1　自留种造成的种薯带菌

川西南山地区立体气候明显、土地资源丰富，但农民总体收入水平较低，购买马铃薯脱毒种薯的意识薄弱，马铃薯种薯主要是农户自繁自贮，以及靠政府发放。自留种一般是秋季收获的种薯，翌年春季播种，自留种时常会发生由晚疫病菌引起的烂窖，而带菌种薯是川西南山地区晚疫病发生的最主要的初侵染源。前期调查发现，川西南山地区马铃薯晚疫病菌存在不同交配型菌株[1, 2]，说明有性生殖在此区域潜在发生，且马铃薯晚疫病菌生理小种复杂、呈复合型生理小种，能克服大多数抗病基因，这对马铃薯产业的发展构成严重威胁。

1.2　防治意识缺乏

川西南山地区雨热同季，马铃薯膨大期正值高温多雨季节，部分种植区极易发生马铃薯晚疫病的侵染和流行。而部分向阳山地光照强、排水通畅，白天气温甚至超过30℃，不利于马铃薯晚疫病菌的生长，侵染中止，往往造成一种防治误区，即本地区气温高，不易发生马铃薯晚疫病，即使发生也无需防治。同时，由于马铃薯种植面积大，药剂防治会造成生产成本的增加，多数农户任由马铃薯晚疫病的发生，或者在出现中心病株后才进行药剂防治，往往由于防治不及时贻误最佳防治时期，难以控制马铃薯晚疫病的流行。缺乏统一的联合防治意识，各家各户防治时期不一致，往往部分田块马铃薯晚疫病得到控制，而部分田块已成为发展成为中心病团，导致马铃薯晚疫病的流行蔓延。

1.3 防治药剂及装备质量良莠不齐

农资市场马铃薯晚疫病防治药剂繁多，按说明书上的正常用量使用，因错过最佳防治时期，可能导致药剂防治效果差。施药器械主要以手动喷雾器为主，喷雾器不仅用于杀菌剂的喷雾，还用于杀虫剂、除草剂等的喷雾，残留的药液易造成药害。手动喷雾器压力不足，喷头喷雾效果差，导致药剂不能很好地附着于叶片，药液顺叶片流入土中，造成药剂的浪费。

2 对策

2.1 提高马铃薯晚疫病防治意识

马铃薯晚疫病是一种典型的气候型流行性病害，发生范围广、流行速度快、发病程度重、再侵染能力强，发病后 10 ～ 14 d 可蔓延全田或引起大流行。马铃薯晚疫病造成的产量损失一般为 20% ～ 50%，收获后的块茎在窖藏期常引起腐烂，窖藏期造成的损失一般在 10% ～ 35%。川西南山地区马铃薯多净作，气温回升较快，马铃薯封行后雨水增多，温湿度非常适宜马铃薯晚疫的发生蔓延。该区域内贫困户基本上家家种植马铃薯，缺乏马铃薯晚疫病发生特点及防治措施等方面的认识，应充分利用电台、广播、网络、报纸等多种形式，开展马铃薯晚疫病病害识别、病情发生动态和防治技术知识等方面的宣传，提高农户对马铃薯晚疫病的认识，以及马铃薯晚疫病的防治对产量提高的重要性。

2.2 选用抗病品种，良种配良法

川西南山地区立体气候明显，不同海拔高度和山脉走向的光、温、水、肥存在明显差异，应选择中晚熟或晚熟、丰产、抗病抗逆性强的马铃薯品种，如川凉薯系列、青薯 9 号等。根据品种特性及区域气候和土壤特点，采取相应配套栽培技术，提高植株抗病能力。种植脱毒马铃薯可大幅提高产量，充分体现种薯的优良品种，鉴于川西南山地区农户主要为贫困户，政府部门在种薯供应方面可给予优惠，提高贫困户种植脱毒薯的积极性。

精选种薯，选择无病种薯可减少田间马铃薯晚疫病初侵染发生的几率；适时早播，尽量将薯块膨大期安排在马铃薯晚疫病大发生的 6 月中下旬之前；深沟高厢排除积水，降低田间湿度，延缓马铃薯晚疫病的流行。

2.3 科学防治事半功倍

马铃薯晚疫病防治药剂施用按国际上通用的药剂喷施顺序施药：内吸剂—内吸剂（或与触杀剂混用）—触杀剂。药剂的使用次数应在规定的次数范围内，并合理轮换使用，避免加速马铃薯晚疫病菌抗药性的产生。

本着"预防为主，综合防治"的方针对马铃薯晚疫病进行防治，才能取得良好的防治效果。县级植保站可建立马铃薯晚疫病监测预警系统[3, 4]，结合天气预报，及时发布马铃薯晚疫病预警信息，科学指导和组织开展马铃薯晚疫病的联合防治，统一管理、统一喷药。出现马铃薯晚疫病侵染循环后，加强田间调查，抗病品种可在第三代侵染循环中期开始进行药剂防治。同时，淘汰劣质喷雾器，升级施药器械，配合使用杰效利、激健等增效剂，增加药液附着力，提高药效。

参考文献

[1] 刘波微，彭化贤，席亚东，等 . 四川马铃薯晚疫病菌生理小种鉴定及品种抗病评价 . 西南农业学报，2010，23（3）：747-751.

[2] 李洪浩，彭化贤，席亚东，等 . 四川马铃薯晚疫病菌交配型、生理小种、甲霜灵敏感性及 mtDNA 单倍型组成分析 [J]. 中国农业科学，2013，46（4）：728-736.

[3] 谢开云，车兴壁 . 比利时马铃薯晚疫病预警系统及其在我国的应用 [J]. 中国马铃薯，2001，15（2）：67-71.

[4] 李洪浩，张鸿，李华鹏，等 . 马铃薯晚疫病 CARAH 预警模型在四川春马铃薯上的应用 [J]. 中国农学通报，2017，33（4）：136-141.

马铃薯疮痂病的发生及防治措施

李洪浩[1]，丁　凡[2]，余韩开宗[2]，雷高[3]，刘波微[1]

（1.四川省农业科学院植物保护研究所，四川成都　610066；2.绵阳市农业科学研究院，四川绵阳　621023；
3.甘孜州农业科学研究所，四川康定　626000）

摘　要：马铃薯疮痂病是马铃薯生产上一重要病害，很难被彻底治愈，其导致薯块质量和产量降低，病薯商品品质下降，严重影响马铃薯产业的发展。目前马铃薯疮痂病有逐年发展的趋势，有必要对其进行进一步的认识，并采取多种措施减轻和缓解病害发生程度，减少造成的损失。

关键词：马铃薯疮痂病；发生；防治

马铃薯是四川重要的粮食作物，种植面积及产量居全国首位，多种植在凉山彝族自治州、甘孜藏族自治州和阿坝藏族羌族自治州等高海拔区域，为保证四川省粮食安全和贫困地区农民增收发挥着重要的作用。目前，马铃薯生产上主要防治对象为马铃薯晚疫病，往往忽略了马铃薯疮痂病的发生和危害。马铃薯感染疮痂病后，薯块表皮产生大量木栓细胞，出现褐色病斑，严重降低马铃薯的商品性，对薯农的收益造成一定的影响[1]。近年来，通过对四川各马铃薯产区马铃薯疮痂病的发生及危害情况调查和分析，提出科学合理的防治措施。

1　病原及症状

马铃薯疮痂病可由多种植物病原链霉菌属（ *Steptomyces* spp. ）[2~3]引起，已报道的病原菌主要为 *S.scabies* 、 *S.acidiscabies* 、 *S.turgidiscabies* 、 *S.europaeiscabiei* 、 *S.stelliscabiei* 、 *S.caviscabies* 和 *S.niveiscabiei* 等，属放线菌。

马铃薯疮痂病主要危害块茎，初期薯块表皮产生褐色斑点，逐渐扩大成褐色近圆形或不定形大斑，病斑多分散。病斑呈网纹状和裂口状，表皮粗糙木质化，病斑开裂后边缘隆起，中央凹陷，病斑呈锈色、暗褐色或黑色疮痂状硬斑块。病斑仅限于薯块皮部，不深入薯块内。

2　发病条件

2.1　带菌种薯

种植带菌种薯是马铃薯疮痂病发生和传播的重要途径。马铃薯疮痂病轻微发生时，若不及时采取防治措施，其发生程度随土壤中马铃薯疮痂病病原菌的积累逐年严重。马铃薯收获后，马铃薯疮痂病病原菌可在病薯或土壤中存活。

图1　马铃薯疮痂病症状

2.2　土壤理化性质

马铃薯疮痂病发病温度为 25 ~ 30℃，在中性或微碱性沙壤土环境中极易发生，河滩等水源充足地区病原菌快速繁殖往往发病较重。长期施用单一化肥可造成土壤碱性增大，有利于疮痂病病原菌生存和繁殖，而不利于拮抗有益微生物存活。

2.3　品种抗性

马铃薯白色薄皮品种易发生马铃薯疮痂病，褐色厚皮品种较抗病。

2.4　营养失衡

长期单一施用复合肥料，中微量元素钙、镁、硼等缺乏易造成马铃薯植株长势减弱，抗逆能力下降。

2.5　地下害虫危害

马铃薯疮痂病病原菌可随风雨和小昆虫传播，地下害虫的危害有利于马铃薯疮痂病侵染，加重马铃薯疮痂病的发生程度。

3　防治措施

3.1　种植无病种薯

因地制宜种植抗病品种是降低马铃薯疮痂病发生的最经济有效途径，可选择褐色、红皮、厚皮等抗病品种。提倡整薯播种，避免病菌从伤口侵入。

3.2　合理轮作

马铃薯属茄科作物，轮作时避开茄科作物，可与谷类作物、豆科、百合科和葫芦科作物等进行3 ~ 5年轮作。马铃薯疮痂病重灾区应避免继续种植马铃薯，加强轮作，改善土壤营养和排水能力。

3.3　土壤深翻

马铃薯种植田块在播种前可深翻晾晒土壤，深度为 30 ~ 35 cm，以破坏土壤中病原菌生存环境，将土壤中地下害虫暴露到地表，受高温、低温、干旱和天敌捕食等威胁，降低虫口密度，减少薯块受害几率。

3.4 加强栽培管理

选择排灌方便田块栽培马铃薯，避免选择碱性沙壤土。提倡高垄栽培和中耕培土，在结薯期和膨大期遇干旱时及时灌水，保持土壤湿润，及时排出田间积水。平衡施肥，除施用大量元素外，配合施用完全腐熟的有机肥、微生物菌肥、钙镁硼等中微量元素，保证养分齐全，增强植株抗逆性。

3.5 药剂防治

病害防治工作，预防是关键。土壤消毒可选用 40% 五氯硝基苯粉剂每 667 m² 撒施 1 kg；播种前，用 0.2% 福尔马林（甲醛）溶液浸种 2 h，晾干后播种，50% 春雷霉素·王铜可湿性粉剂拌种[4] 或用甲基托布津、阿米西达和滑石粉拌种进行种薯消毒。结合病虫害防治"肥药一体化"，在薯块结薯期和膨大期补充营养的同时配合施用疮痂病防治药剂，可预防黑胫病、青枯病等多种病害。

参考文献

[1] 李拴曹，李存玲. 马铃薯疮痂病的发生与防治 [J]. 陕西农业科学，2016，62（01）：76–77.

[2] 信净净，于秀梅，赵伟全，等. 马铃薯疮痂病新致病种 Streptomyces galilaeus 致病毒素组分分析 [J]. 中国农业科学，2010，43（18）：3742–3749.

[3] 邓宽平，丁海兵，雷尊国. 马铃薯疮痂病的实时定量 PCR 检测方法 [J]. 浙江农业科学，2012（11）：1543–1546.

[4] 苏军. 50% 春雷霉素·王铜可湿性粉剂防治马铃薯疮痂病试验研究 [J]. 农业开发与装备，2016（10）：96–97.

四川省马铃薯晚疫病绿色防控与生态环境保护

王晓黎[1]，王　平[2*]，李洪浩[1]，沈学善[2]，屈会娟[2]，黄　涛[2]

（1.四川省农业科学院植物保护研究所，四川成都　610066；2.四川省农业科学院，四川成都　610066）

摘　要： 为了绿色防控马铃薯晚疫病，2012～2015年将四川省通过审定的马铃薯抗晚疫病新品种在昭觉县、布拖县和盐源县等10个县进行品种比较展示试验，结果表明，抗病品种的发病率和病情指数明显低于主栽品种米拉的发病率和病情指数，产量明显高于米拉的产量，抗病品种增产、增收。在防治晚疫病方面，抗病品种可以减少用药量25%左右。2014年，引进比利时CARAH模型，在叙永县设置马铃薯晚疫病预测预报试验点（观察圃），采用Hobo测量仪定时收集气象数据，探索马铃薯晚疫病的预测预报。田间调查的晚疫病初次发病时间是5月30日，CARAH模型分析得到的初次发病时间是5月31日，两者结果基本一致。2015年，将晚疫病预测预报扩展到四川省7个县市，结果表明CARAH模型可以用于晚疫病的预测预报。

关键词： 马铃薯；晚疫病；抗病品种；CARAH预警模型；四川省

马铃薯是仅次于小麦、水稻和玉米的第四大粮食作物，2015年，国内常年栽种面积大约为467万hm^2，占全球种植面积的25%，产量占全球总产量的19%[1]。马铃薯晚疫病是由致病疫霉菌引起的，一种世界性、毁灭性病害，蔓延迅速，一旦大面积流行暴发，会造成产量严重损失，甚至绝收。马铃薯植株叶、茎、块茎均能受晚疫病危害，以叶片和茎秆受害最重[2~4]。发病严重时，叶片萎蔫下垂、卷曲，最后植株黑腐、死亡，全田一片枯焦。该病蔓延速度极快，田间出现中心病株后，一旦遇降雨等适宜病菌生长的条件，7 d内即可引起全田发病，10 d左右可以暴发造成大面积死亡[5~7]。近年来，春播马铃薯主产区晚疫病连年较重发生，种薯带菌率较高，且当前主栽品种抗病性普遍较差。

四川是全国马铃薯晚疫病发生流行的重灾区之一，对全省马铃薯生产造成巨大损失[8]。据中华人民共和国农业部种植业管理司网站数据显示，2016年四川省马铃薯种植面积达825 790 hm^2[9~11]。马铃薯晚疫病在四川发生普遍，其危害造成的损失通常在10%～30%，严重年份7 d之内就可使马铃薯大面积毁灭，损失可达80%以上[12~14]。长期以来，人们采取了各种方法来控制马铃薯晚疫病的流行与危害，许多农业科技工作者也结合地区特点等具体情况，进行了大量的研究与探索。特别是相应地出现了很多种防治晚疫病的化学药剂，在农民一知半解的情况下，盲目地将大量化学药剂用在农田上，虽然在一定程度上减轻了病害造成的减产程度，但同时造成了严重的环境污染、品种退化、生态环境失调等恶性后果。近年来，四川马铃薯晚疫病菌生理小种不断变化，马铃薯的周年生产、大面积、高

基金项目： 四川薯类创新团队项目（川农业函[2014]91号）。

作者简介： 王晓黎，女，博士，副研究员，主要从事薯类植保研究。E-mail：wangxiaoli16@126.com。

＊通讯作者： 王平，硕士，高级农艺师，主要从事薯类高产栽培研究。E-mail：13330981915@189.cn。

密度种植，为马铃薯晚疫病菌的菌量积累创造了较好条件，极易造成马铃薯晚疫病的大爆发和大流行，严重阻碍四川马铃薯产业的发展[15-17]。为加强和提升马铃薯晚疫病防控能力，明确 CARAH 模型在四川的适用性，四川省农业科学院从 2014 年引进比利时 CARAH 预警模型，并在四川多地开展 CARAH 预警模型的应用研究。

1　抗病品种的筛选利用

利用抗病品种是绿色防控晚疫病最经济、最环保、最有效的手段。

1.1　抗病品种展示试验

2012 ~ 2015 年将通过审定的抗晚疫病马铃薯新品种，在昭觉县、布拖县和盐源县等 10 个县进行品种比较展示试验。结果（表 1）显示，抗病品种的平均发病率范围为 18.56% ~ 40.13%，病情指数 6.37 ~ 21.73，平均 13.5；而米拉的平均发病率为 50.32% ~ 100.00%，平均病情指数为 31.00 ~ 74.41；鲜薯产量比米拉增产 10.10% ~ 75.93%，平均增产 27.9%。由此表明，抗病品种的发病率和病情指数明显低于主栽品种米拉，产量明显高于米拉的产量，抗病品种增产、增收。

表 1　马铃薯品种比较试验结果

年份	品种	试验地点	试验面积（hm²）	晚疫病		产量（kg/hm²）	米拉晚疫病		比米拉增产（%）
				发病率（%）	病指		发病率（%）	病指	
2012	凉薯 8 号	昭觉	0.1	33.61	15.04	36 075	68.70	38.00	22.00
	合作 88	会东	0.2	18.56	10.35	31 350	50.32	44.13	17.10
2013	凉薯 8 号	布拖	0.5	23.73	11.56	38 460	100.00	63.89	24.10
	合作 88	喜德	0.3	35.00	21.25	24 675	76.00	57.67	11.50
2014	川凉薯 1 号	昭觉	0.4	33.62	21.73	39 165	68.78	54.33	40.25
	川凉薯 2 号	普格	0.1	27.87	19.79	37 080	71.89	55.98	32.84
	川凉薯 3 号	冕宁	0.2	28.58	10.83	36 315	65.34	52.33	11.30
	川凉薯 4 号	甘洛	0.3	40.13	22.78	29 025	57.67	54.34	22.10
	凉薯 8 号	美姑	0.4	24.75	13.83	29 175	87.89	67.54	10.34
	合作 88	喜德	0.2	28.57	10.97	33 780	90.79	46.87	20.30
2015	川凉薯 1 号	盐源	0.2	25.74	7.94	42 750	80.00	62.00	75.93
	川凉薯 2 号	美姑	0.1	28.90	11.06	41 550	75.00	37.51	66.67
	川凉薯 3 号	昭觉	0.1	35.13	9.22	31 132.5	77.00	31.00	44.13
	川凉薯 4 号	喜德	0.2	19.85	6.37	37 582.5	79.00	43.00	13.35
	凉薯 8 号	越西	0.8	33.58	11.04	38 880	75.00	38.50	24.55
	合作 88	布拖	0.3	38.15	11.65	35 910	85.00	74.41	10.10

1.2　种植抗晚疫病品种，延缓晚疫病流行速度，降低晚疫病危害

2015 年对凉山彝族自治州大面积种植的米拉、Favorita、会 -2、合作 88 和川凉薯 1 号分别进行田间晚疫病流行速度调查。结果（表 2）显示，高抗品种的发病时间比高感品种推迟 9 d，比感病品种推

迟 6 d，发病程度显著低于高感品种和感病品种的发病程度。在防治晚疫病方面，抗病品种可以减少用药量。

表 2　品种间晚疫病流行速度调查

品种	病情指数					
	6 月 2 日	6 月 5 日	6 月 8 日	6 月 11 日	6 月 15 日	6 月 25 日
Favorita（高感）	1.9	1.33	6.59	15.94	29.71	枯死
米拉（感病）	0	0.35	1.3	5.65	18.03	71.59
会 –2（感病）	0	0.32	1.08	5.02	15.52	79.05
川凉薯 1 号（高抗）	0	0	0	0.22	2.03	38.83
合作 88（高抗）	0	0	0	0.10	1.97	40.73

2　初步建立了马铃薯晚疫病预测预报技术

马铃薯晚疫病是马铃薯生产中的一种毁灭性病害，传播速度快，在适宜气候条件下，特别是感病品种，一旦发病，如不及时用药，会造成极大危害，甚至绝收。因此，建立准确地预测预报体系，不但减少了产量损失，更重要的是减少盲目用药，减少环境污染，在马铃薯晚疫病防控上具有极其重要的意义。

2.1　根据 Conce 方法绘制侵染循环曲线

从马铃薯出苗开始，气象站采集每小时的温度、相对湿度、降雨量和风速风向等气象因子，将数据无线传输到服务器进行侵染程度分析，并根据 Conce 的方法绘制侵染循环曲线。根据 Guntz–Divoux 模型计算马铃薯晚疫病的潜在侵染程度。潜在侵染程度与相对湿度大于 90% 期间的长短（湿润期）和此期间的平均温度相关。湿润期持续的时间越长，在此湿润期内的平均温度越高，则发生马铃薯晚疫病侵染的程度越高。根据 CARAH 模型，每个侵染循环需获得累计 7 分才能完成从孢子成熟—孢子萌发—新孢子再侵染的过程。采用 Conce 的方法（表 3）进行计算，侵染循环开始后，将每日得分进行累加，累计 7 分表明一个侵染循环结束[4]。

表 3　侵染循环开始后每日得分的计算[4]

温度范围 /℃	得分
$(-\infty, 8]$	0
$(8, 12]$	0.75
$(12, 16.5]$	1
$(16.5, 20]$	1.5
$(20, +\infty)$	1

2.2　引进利用比利时 CARAH 模型对马铃薯晚疫病预测预报是完全可行的

2014 年，引进比利时 CARAH 模型，开始探索马铃薯晚疫病的预测预报。在叙永县设置马铃薯晚疫病预测预报试验点（观察圃，海拔 1 200 m），采用 Hobo 测量仪定时收集气象数据；技术员在观察圃定点、定时进行晚疫病调查。CARAH 模型根据采集的气象数据，分析得到的晚疫病预测预报的初发病时间，再与观察圃调查的初发病时间进行比较，结果发现，田间调查的晚疫病初次发病时间是 5 月

30 日（表4），CARAH 模型分析得到的初发生时期是5月31日（图1），两者结果基本一致。

表4 叙永县马铃薯鄂薯5号晚疫病病情指数调查统计表

调查时间	生育期	1号田	2号田	3号田	平均
5月21日		0.00	0.00	0.00	0.00
5月25日	现蕾期	0.00	0.00	0.00	0.00
5月30日		0.04	0.00	0.00	0.01
6月5日		1.59	0.34	0.16	0.70
6月10日		2.63	1.84	1.30	1.92
6月15日	结薯期	15.96	12.36	8.17	12.16
6月20日		27.19	30.13	25.62	27.65
6月25日		48.12	39.07	38.33	41.84
6月30日		65.36	57.21	58.84	60.47
7月5日	收获期	80.29	73.67	83.26	79.07

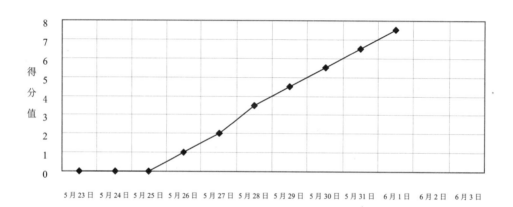

图1 CARAH 模型分析晚疫病菌初期侵染时间

2013 年，将晚疫病预测预报扩展到彭州市、万源县、彭山市、冕宁县、昭觉县、郫县和道孚县7个县市，CARAH 模型分析的预测时间与观察圃调查的晚疫病初发病时间基本一致（表5）。CARAH 模型完全可以用于晚疫病的预测预报。

表5 CARAH 模型预测晚疫病初始时间与田间调查初始时间比较汇总

地点	播种时间	CARAH 模型	田间时间
叙永县	3月初	5月31日	5月30日
昭觉县	3月初	6月6日	6月8日
郫县	9月底	10月31日	10月31日
道孚县	4月底	7月3日	7月5日
万源市	1月底	5月1日	5月3日
彭山县	12月初	4月6日	4月8日
彭州市	2月底	4月30日	5月2日
冕宁县	2月底	HOBO 仪器被盗	5月7日

2.3　改进获取气象数据手段，为建立全省马铃薯晚疫病预测预报联网打下基础

在马铃薯晚疫病预测预报的工作中，获得气象数据的手段尤为重要。由于马铃薯生产区多处于偏远山区或远离工作场所，Hobo 仪器所记载的气象数据依赖人工收取；有的地区，购置大型可发送数据的气象仪（2 万元／台），存在仪器的管理和维护。对此笔者与郫县气象局合作，由气象局每天发送气象数据，经比对，气象局的数据与郫县 Hobo 数据基本一致，这一结果，为马铃薯晚疫病的预测预报创造出更广阔的前景。应用全省各地市县气象部门的气象资料，利用先进的视讯网络，建立全省马铃薯晚疫病预测预报中心，及时、准确、有效地防治马铃薯晚疫病将成为可能。截至 2016 年 12 月，四川省农业科学院已与许多市县的气象局开展了马铃薯晚疫病的预测预报工作。

3　结论

FAO1996 年年度报告认为，马铃薯晚疫病危害性、防治难度及对社会造成的影响已超过了水稻稻瘟病和小麦锈病，被视为世界第一大农作物病害[18~19]。而四川是全国马铃薯晚疫病发生流行的重灾区之一，在全省马铃薯种植区，特别是在凉山彝族自治州等马铃薯集中种植区，晚疫病几乎是年年暴发成灾，造成巨大损失。

四川省农业科学院通过 4 年大量的试验示范，用凉薯 8 号、川凉薯 1 号、合作 88 等通过审定的抗晚疫病马铃薯新品种在昭觉县、布拖县和盐源县等 10 个县进行品种比较展示试验，结果显示抗病品种的发病率和病情指数明显低于主栽品种米拉的发病率和病情指数，鲜薯产量比米拉平均增产 27.9%；在对凉山彝族自治州的调查结果也发现，种植抗病品种可以延缓晚疫病流行速度，降低晚疫病危害，减少用药量 25% 左右。笔者认为应该提倡种植抗病品种为主导，逐步减少感病品种的种植面积，即绿色环保防控的理念。

除品种问题，在马铃薯晚疫病的防治方面，引进比利时 CARAH 模型，通过反复试验发现，CARAH 模型分析的预测时间与观察圃调查的晚疫病初发病时间基本一致，表明 CARAH 模型完全可以用于晚疫病的预测预报。进一步对郫县基地的调查数据显示，气象局的数据与 Hobo 数据基本一致，这一结果为马铃薯晚疫病的预测预报创造出更广阔的前景：应用全省各地市县气象部门的气象资料，利用先进的视讯网络，建立全省马铃薯晚疫病预测预报中心，做到及时、准确、有效地防治马铃薯晚疫病将成为可能。笔者目前正逐步与许多市县的气象局开展马铃薯晚疫病的预测预报工作，在四川马铃薯主产区应用并完善，增强了预测的时效性。利用晚疫病预测预报技术或关键时期的田间晚疫病普查，获得施药的关键时间，避免盲目施药和漏施；通过上述措施，最大限度降低农药的使用量，保护环境、保护生态平衡。

4　讨论

已有研究表明，品种的生育期长短影响 CARAH 模型[20]，目前生产上早熟品种一般为感病品种，而中晚熟品种一般比较抗病[21~23]。CARAH 模型用于不同抗性的马铃薯品种时，晚疫病田间中心病株出现时间预测的代次是不同的，即使是同一品种在不同区域也存在差异[24~25]。笔者研究初步明确了 CARAH 模型在四川省多地区应用于不同抗性品种的基本规律，但尚没有建立抗性指数与中心病株出现时间预测的定量关系，这是以后试验的目的和方向。

四川海拔 300 ~ 4 000 m 的平丘地区及河谷地带，雨量充沛、气候温暖，将模型与不同海拔高度、不同马铃薯品种、不同种植模式、不同生态区域下的适用性开展更细致深入的研究，通过将模型预测与田间调查相结合的办法，研究不同品种抗性、不同区域气候特征和不同病菌群体结构下，CARAH 模

型的适用性参数，分类制定应用CARAH模型开展马铃薯晚疫病监测预警的技术方法，提高四川马铃薯晚疫病监测预警水平。

参考文献

[1] 李洪浩，张鸿，李华鹏，等.马铃薯晚疫病CARAH预警模型在四川春马铃薯上的应用[J].中国农学通报，2017，33（4）：136-141

[2] 王晓黎，沈学善，李春荣，等.不同品种和栽培措施对盆周山区春马铃薯生育期和产量的影响[J].中国农学通报，2015，31（30）：128-131.

[3] 张玉新，胡同乐，曹克强，等.中国马铃薯晚疫病监测预警系统的研制[J].河北农业大学学报，2012，35（1）：118-122.

[4] 谢开云，车兴壁.比利时马铃薯晚疫病预警系统及其在我国的应用[J].中国马铃薯，2001，15（2）：67-71.

[5] Bisht G S, Khulbe R D. In vitro efficacy of leaf extracts of certain indigenous medicinal plants against brown leaf spot pathogen of rice[J]. Indian Phytopath, 1998, 48（4）：654-663.

[6] Wu J, Fu C, Chen S, et al. Soil faunal response to use：effect of estuarine tideland reclamation on nematode communities[J]. Appl Soil Ecol, 2002, 21：131-147.

[7] 朱杰华，张志铭，杨志辉.马铃薯晚疫病病菌（Phytophthora infestans）A2交配型的研究进展[J].河北农业大学学报，2000，22（4）：49-54.

[8] 刘波微，彭化贤，席亚东，等.四川马铃薯晚疫病生理小种鉴定及品种抗病评价[J].西南农业学报，2010，23（3）：747-751.

[9] 张斌，耿坤，莫莉娅，等.CARAH马铃薯晚疫病预警模型在贵阳地区的应用[J].西南农业学报，2015，28（5）：2070-2074.

[10] 张斌，余杰颖，李添群，等.CARAH模型指导下防控马铃薯晚疫病的效果[J].江苏农业科学，2015，43（11）：185-188.

[11] 张斌，耿坤，李添群，等.CARAH模型预测不同海拔马铃薯晚疫病中心病株出现时间观察[J].中国植保导刊，2016（5）：40-43.

[12] 刘波微，陈茜，彭化贤，等.采用微卫星标记技术研究四川省马铃薯晚疫病菌种群遗传多样性[J].西南农业学报，2010，23（1）：91-97.

[13]Cooke D E L, Young V, Birch P R L. Phenotypic and genotypic diversity of *Phytophthora infestans* populations in Scotland[J]. Plant Pathology, 2003, 52：181-192.

[14]Knapova G, Gisi U. Phenotypic and genotypic structure of *Phytophthora infestans* populations on potato and tomato in France and Switzerland[J]. Plant Pathology, 2002, 51：641-653.

[15]Wilbert G Flier, Niklaus J Grunwald, Laurens P N M Kroon, et al. The population structure of *Phytophthora infestans* from the Toluca valley of central Mexico suggests differentiation between populations from cultivated potato and wild Solanum spp[J]. Ecology and Population Biology, 2003, 93（4）：382-390.

[16] 徐征.土壤生态调控马铃薯晚疫病发生的研究[D].西南大学，2006.

[17] 姚国胜.中国部分地区马铃薯晚疫病病菌遗传多样性研究[D].河北农业大学，2006.

[18] 宋伯符，谢开云.CIP的全球晚疫病防治倡议与我国的参与[J].马铃薯杂志，1997，11（1）：51-55.

[19]Van der Lee T，Robold A，Testa A，et al. Mapping of avirulence genes in Phytophthora infestana with AFLP markers selected by bulked segregant analysis[J]. Cenetics，2001，157：949-956.

[20]Cho Y G，Ishil T，Temnykh S，et al. Diversity of microsatellites derived from genomic libraries and GenBank sequences in potato[J]. Theoretical and Applied Genetics，2000，27（8）：725-733.

[21]李洪浩，彭化贤，席亚东，等.四川马铃薯晚疫病菌交配型、生理小种、甲霜灵敏感性及mtDNA单倍型组成分析[J].中国农业科学，2013，46（4）：728-736.

[22]黄冲，刘万才，张君.马铃薯晚疫病物联网实时监测预警系统平台开发及应用[J].中国植保导刊，2015（12）：45-48.

[23]仲彩萍，杜立和，漆文选，等.高寒山区马铃薯晚疫病预警系统实践与应用[J].陕西农业科学，2015，61（2）：45-47.

[24]Judelson H S，Blanco F A. The spores of Phytophthora：weapons of the plant destroyer[J]. Nature Reviews Microbiology，2005（3）：47-58.

[25]Haldar K，Kamoun S，Hiller N L，et al. Common infection strategies of pathogenic eukaryotes[J]. Nature Reviews Microbiology，2006（4）：922-931.

凉山彝族自治州马铃薯晚疫病防治药剂筛选试验研究

董红平，刘　言，王玲波，夏江文，刘绍文*

（凉山彝族自治州西昌农业科学研究所，四川西昌　615000）

摘　要：对 5 种马铃薯晚疫病防控药剂的防效试验表明：在试验区域，80% 代森锰锌 +10% 氟噻唑吡乙酮防效最好，为 75.3%；防效居第二、三位的分别是 42% 肟菌·戊唑醇和 30% 烯酰.密菌脂，防效分别为 62.4% 和 61.2%。从鲜薯产量和产值来看，排名第一至第三的依次也是 80% 代森锰锌 +10% 氟噻唑吡乙酮、42% 肟菌·戊唑醇和 30% 烯酰·密菌脂三种药剂。因此，建议本区域防控晚疫病时交替换使用上述三种药剂。

关键词：马铃薯；晚疫病；防治药剂；筛选

通过对几种晚疫病防治药剂的防效比较试验 [1~5]，筛选出适宜本区域防效较好、使用成本较低的药剂，为生产实际应用提供参考。

1　材料与方法

1.1　试验设计

试验设在普格县五道箐乡采洛洛博村，海拔 2 560 m，土质系壤土，肥力中等，前作荞麦，荞麦收后种植圆根萝卜，播前旋耕碎土，人工开厢平地。

试验共设 6 个处理，随机区组排列，小区面积 5 m×4 m，3 次重复，每小区种植 4 垄，双行高厢垄作，1 m 开厢，种植密度 52 500 穴 /hm²。供试品种为青薯 9 号脱毒种薯，供试药剂见表 1。

3 月 14 日整薯播种，播种时每公顷施复合肥 900 kg，生物有机肥 7 500 kg 作基肥，播后起垄。5 月 3 日中耕、锄草、培土，并追肥每公顷施尿素 112.5 kg。6 月 24 日齐苗。6 ~ 7 月雨天理沟排涝基本做到田间无积水。6 月 1 日调查病情基数，6 月 2 日第一次喷施药剂，第一次喷药后第 6 d、12 d 调查病情基数。6 月 15 日进行第二次喷药，第二次喷药后第 7 d、14 d 调查病情基数。8 月 7 日实收测产、考种。

基金项目：国家现代农业产业技术体系（CARS-10-ES18）。

作者简介：董红平，女，高级农艺师，主要从事马铃薯育种栽培研究和示范推广工作。

***通信作者**：刘绍文，男，推广研究员，主要从事马铃薯育种栽培研究和示范推广工作。E-mail：liushw2009@163.com。

表 1　马铃薯晚疫病药剂筛选试剂表

处理	化学通用名	有效成分含量（%）	剂型	生产商
1	肟菌·戊唑醇	42%	水分散粒剂	深圳诺普信农化股份有限公司
2（CK）	清水			
3	代森锰锌 + 氟噻唑吡乙酮	80%+10%	可湿性粉剂 + 可分散油悬浮剂	利民化工股份有限公司美国杜邦公司
4	枯草芽孢杆菌	1 亿 CFU/g	微囊粒剂	成都特普科技发展有限公司
5	烯酰·密菌脂	30%	水分散粒剂	江西省鹰潭市双收农药有限责任公司
6	唑醚·代森联	72%	水分散粒剂	陕西韦尔奇作物保护有限公司

1.2　病害分级标准

1 级：无任何病斑；2 级：初感，2.5% 叶片病斑；3 级：10% 叶片病斑；4 级：25% 叶片病斑；5 级：50% 叶片病斑；6 级：75% 叶片病斑；7 级：90% 叶片病斑：8 级：97.5% 叶片病斑；9 级：全部病死，100% 叶片病斑。

病情指数（DI）= $\sum (si \cdot ni)/9N \times 100$

si——发病级别；ni——相应发病级别的株数；N——调查总株数

防治效果（%）=[（对照区病情指数 – 药剂处理区病情指数）/ 对照区病情指数] $\times 100$

2　结果与分析

2.1　各处理产量

产量最高的是 80% 代森锰锌 +10% 氟噻唑吡乙酮（处理 3），为 40 521.0 kg/hm²，比对照增产 41.1%，达极显著水平；产量居第二位的是 42% 肟菌·戊唑醇（处理 1），为 33 567.0 kg/hm²，比对照增产 16.9%，达显著水平；其余从高到低依次是 30% 烯酰 . 密菌脂（处理 5），为 32 616.0 kg/hm²，比对照增产 13.6%，达显著水平。

表 2　各处理产量统计表

处理	小区产量（kg/20 m²）			产量（kg/hm²）	较对照 ±（%）
	Ⅰ	Ⅱ	Ⅲ		
1	67.7	63.7	69.9	33 567.0 b	16.9
2（CK）	61.4	57.6	53.1	28 714.5 d	–
3	82.7	81.9	78.3	40 521.0 a	41.1
4	55.2	56.7	65.2	29 515.5 cd	2.8
5	65.9	67.7	62.1	32 616.0 bc	13.6
6	64.2	61.2	62.2	31 266.0 bcd	8.9

2.2　各处理对马铃薯晚疫病的防效

各处理随着马铃薯生育期的增长病情指数不断增加，第一次喷药后 12 d 清水对照区病情指数为 1.36，药剂防治区病情指数在 0.93 ~ 1.25 之间，80% 代森锰锌 +10% 氟噻唑吡乙酮（处理 3）病情指数最低为 0.93，其他几个处理病情指数差别不大；第二次喷药后 14 d，清水对照区病情指数发展到 5.83，药剂防治区病情指数在 1.44 ~ 4.24 之间，80% 代森锰锌 +10% 氟噻唑吡乙酮（处理 3）病情指数最低为 1.44，其中 80% 代森锰锌 +10% 氟噻唑吡乙酮（处理 3）防效最高为 75.3%，42% 肟菌·戊唑醇（处理 1）防效第二为 62.4%，30% 烯酰·密菌脂（处理 5）防效最第三为 61.2%，72% 唑醚·代森联（处理 6）防效第四为 49.6%，枯草芽孢杆菌（处理 4）防效最差为 27.3%。

表 3　各处理对马铃薯晚疫病的防效

处理	第 1 次施药前病指	第一次施药后病指		第二次施药后病指		第二次施药后 14 d 的防效（%）
		6 d	12 d	7 d	14 d	
1	0.36	0.94	1.19	1.69	2.19	62.4
2	0.21	0.85	1..36	2.02	5.83	–
3	0.07	0.57	0.93	1.15	1.44	75.3
4	0	1.14	1.25	1.78	4.24	27.3
5	0.21	0.64	1.11	1.26	2.26	61.2
6	0.36	0.93	1.22	1.47	2.43	49.6

2.3　各处理产值

各处理产值均比对照清水高，产值最高的是 80% 代森锰锌 +10% 氟噻唑吡乙酮（处理 3），为 33 579.0 元 /hm²，扣除防控成本后，净产值 33 579.0 元 /hm²；42% 肟菌·戊唑醇（处理 1）产值第二，每公顷为 27 229.5 元，扣除防控成本 390 元，净产值 26 839.5；30% 烯酰·密菌脂（处理 5）产值第三，每公顷为 28 077.0 元，扣除防控成本 1 350.0 元，净产值 26 727.0 元。

2.4　各处理投入产出比

42% 肟菌·戊唑醇（处理 1）净产值 26 839.5 元，排第三位，但防控成本仅 390 元 /hm²，投入产出比最高为 1∶13.3；72% 唑醚·代森联（处理 6）净产值 25 020.0 元，排第四位，防控成本 342 元 /hm²，投入产出比第二为 1∶9.7；80% 代森锰锌 +10% 氟噻唑吡乙酮（处理 3）净产值最高为 33 579.0 元，防控成本最高 3 900 元 /hm²，投入产出比第三为 1∶6.9。

表 4　各处理防控成本、产值、投入产出一览表

处理	商品率（%）	防控成本（元 /hm²）		产值（元 /hm²）	净产值（元 /hm²）	投入产出比
		用工成本	药剂			
1	76.4	150	240	27 229.5	26 839.5	13.3
2	71.0	0	0	22 053.0	22 053.0	
3	84.6	150	1800	35 529.0	33 579.0	6.9
4	74.6	150	300	23 518.5	23 068.5	3.3
5	82.6	150	1200	28 077.0	26 727.0	4.5
6	76.4	150	192	25 362.0	25 020.0	9.7

注：马铃薯价格以当时市场价格为准，大薯以 1.00 元 /kg、小薯以 0.20 元 /kg 计。投入产出比即：（农药处理产值 – 对照产值）/ 防控成本。防控成本包括药剂成本和用工成本。

3　讨论

试验结果表明，各处理药剂对马铃薯晚疫病都有一定的防治效果，对各处理的防效、产量、产值及投入产出比进行比较分析，产量为第一的 80% 代森锰锌 +10% 氟噻唑吡乙酮，产值第一，药剂带有附着剂，根据田间观察，第一次喷药到下次喷药时叶面上还附着药剂，药效长，但防治成本高，由于今年马铃薯价格低，投入产出比不高，仅 1∶6.9；产量第二的 42% 肟菌·戊唑醇，虽然产值不高排在

参试药剂第三位，但投入产出比最高为 1 ： 13.3；产量第三的 30% 烯酰·密菌脂（处理 5），产值排第二位，投入产出比也在第二位，为 1 ： 9.7；在实际生产上这三种药剂轮换使用，可降低防治成本，获得好的收益。

参考文献

[1] 潘建君 . 马铃薯晚疫病综合防治方法及改进措施 [J]. 农业与技术，2018，38（24）：59.

[2] 王平，王晓黎，李洪浩，等 . 四川省马铃薯晚疫病绿色防控与生态环境保护 [J]. 农学学报，2018，8（12）：13-17.

[3] 李洪浩，杨晓蓉，向运佳，等 . 不同药剂对马铃薯晚疫病的防治效果分析 [J]. 四川农业科技，2018（12）：34-36.

[4] 淳俊，桑有顺，冯焱，等 . 四川省马铃薯晚疫病研究进展 [J]. 中国农学通报，2018，34（30）：136-139.

[5] 朱江，牛力立，樊祖立，等 . 七种杀菌剂对马铃薯晚疫病的影响 [J]. 耕作与栽培，2018（04）：22-24+3.

四川省马铃薯晚疫病研究进展

淳 俊，桑有顺[*]，冯 焱，陈 涛，汤云川，李 倩

（成都市农林科学院，四川成都 611130）

摘 要： 马铃薯晚疫病是由致病疫霉菌引起的毁灭性的真菌病害。四川省是国内马铃薯重要产区之一，也是马铃薯晚疫病高发区。通过综述近年来四川省马铃薯晚疫病的发病特点、马铃薯晚疫病菌群体遗传特征、马铃薯抗病品种选育和马铃薯晚疫病监测预警防治方法等方面的研究，提出四川省应加快适应性马铃薯抗病品种筛选，同时对基于大数据分析的监测预警技术进行深入研发和有效推广运用，将是今后研究的热点和防治该病害的重要手段。

关键词： 马铃薯；晚疫病；品种

马铃薯晚疫病是由致病疫霉菌引起作物等破坏性的疾病，是对马铃薯具有毁灭性的疾病。晚疫病的发源地在墨西哥中部，1848 年首次报道了该病的发生，随后其在欧洲乃至世界迅速传播开来[1~2]。马铃薯各部位皆可发病，叶片和块茎上可形成显而易见的病斑，带病块茎往往是第二年晚疫病发病的初侵染源。晚疫病流行包括中心病株出现阶段、普遍蔓延阶段和严重发病阶段，中心病株的出现是第一次进行化学防治的最佳时期[3]。马铃薯晚疫病在全球范围内广泛传播、危害性大、防治难度高，已经超过水稻稻瘟病和小麦锈病，被视为国际第一大作物病害[4]。国内外科学家高度重视马铃薯晚疫病，已对其发病机理和防治等方面进行了深入研究[5]。各地马铃薯晚疫病病原菌存在多样性和变异性，流行情况复杂，预测和防治方法也存在差异，需要根据实际情况采取切实可行的措施。

马铃薯是中国第四大粮食作物，也是世界上马铃薯种植面积最大的国家。但因马铃薯晚疫病等因素的制约，国内亩产低于世界平均水平[6]。根据农业部《关于推进马铃薯产业开发的指导意见》，计划 2020 年实现马铃薯种植面积上亿亩，并将马铃薯晚疫病的防治作为推进国内马铃薯产业的重点内容之一[7]。四川省自然条件适合马铃薯生长，是国内马铃薯主产区之一，也是马铃薯晚疫病最严重的地

基金项目： 国家马铃薯产业技术体系项目"成都综合试验站"（农科教发 [2017]10 号）；四川薯类创新团队（川农业函 [2014]91 号）；2017 年成都市农林科学院科研专项（510100-201700290-2017-00363）。

作者简介： 淳俊（1983—），女，副研究员，博士，主要从事生物技术与薯类研究工作。E-mail：jamiechun123@163.com。

* 通讯作者： 桑有顺（1963—），男，推广研究员，大专，主要从事马铃薯良种繁育工作。E-mail：cdkxgs@163.com。

区之一。目前四川省在马铃薯晚疫病的发生条件及规律、病原菌生理小种鉴定、预警体系和防治方法等方面进行了大量的工作，这提高了省内马铃薯晚疫病的科学防控水平，也为国内马铃薯晚疫病的防治提供了理论参考[8]。笔者系统结合四川省各地马铃薯晚疫病发生情况和防治研究现状等进行综述，将这些结果进行系统性整理和总结，以期为开展马铃薯晚疫病的监测和防治工作提供参考。

1 发病特点

1.1 发病几率大

降水是马铃薯晚疫病流行和蔓延的关键因子[9]。四川省马铃薯种植区多降水充沛，气候温润，易引起马铃薯晚疫病菌的发生和蔓延。研究表明，四川等西南省份成熟期马铃薯晚疫病发病率在30% ~ 60%，远高于中原马铃薯产区的晚疫病发病率（20% ~ 40%）[6]。如雅安市空气湿润，降雨量大，温度适宜，多年来马铃薯晚疫病发病情况较为严重[10]。彭州市地处龙门山过渡地带，降水充沛，马铃薯晚疫病发生情况严重[11]。凉山彝族自治州降雨期集中（6 ~ 9月），与在马铃薯生长的关键时期相一致，从而加剧了马铃薯晚疫病的发生[12]。根据四川省各地降雨和马铃薯生长期分析，马铃薯膨大期与多雨季节同步，极易造成马铃薯晚疫病的发生和流行，尤其以川西南最为严重。

1.2 发病周期长

四川省地理环境独特，自然条件适合马铃薯生长，形成了川西南加工型马铃薯、川东北种薯及兼用型马铃薯、川东南冬马铃薯和川西川中秋马铃薯等四个各具特色和优势的产区。从特点来看，四川省马铃薯有春作、秋作和冬作之分，一年四季都有马铃薯种植，呈现"周年生产，周年供给"的格局。导致马铃薯晚疫病常年发生。如自贡市为亚热带湿润季风气候，秋冬气候适宜马铃薯生长，马铃薯晚疫病多发生在秋冬季[13]。会东县多春季播种，马铃薯晚疫病多发生在夏季[14]。加之，四川省各地区马铃薯调运频繁，从而加剧了马铃薯晚疫病的蔓延，延长了四川省马铃薯晚疫病的发病周期。此外，四川省部分地区大规模集中连片和连作种植，也加剧了马铃薯晚疫病的发生。

2 病原菌研究

2.1 发病机理

马铃薯晚疫病的病原菌属于鞭毛菌亚门、卵菌纲、霜霉目、疫霉属，属于活体营养致病卵菌[15]。马铃薯晚疫病菌通常以无性繁殖方式进行繁殖，当存在不同交配型时，也可通过卵孢子繁殖方式进行有性繁殖。带病马铃薯种薯多为晚疫病的初侵染源，可通过伤口、芽眼鳞片等进入马铃薯内部，形成的地下孢子囊感染马铃薯茎基。随马铃薯生长，露出地面的孢子囊随雨水等媒介扩散，形成次生传染源[3]。对马铃薯晚疫病菌的生理学研究表明，湿度为100%最利于晚疫病菌孢子囊的形成和传播[16]。四川省等西南地区马铃薯属于一二季混作区，该地区空气湿润、气候温和、雨水多，有利于马铃薯晚疫病的流行，是国内马铃薯晚疫病最为严重的地区之一。

2.2 交配型

马铃薯晚疫病菌主要为A1和A2两种交配型，其次还有自育型晚疫病菌类型[17]。朱杰华等[18]研究表明，在四川省马铃薯主产区也发现了 A2 交配型。2007 年以前，四川省马铃薯晚疫病菌主要以 A1 交配型为主，A2 交配型出现的频率极低[4]。李洪浩等[19~20]对 2008 ~ 2011 年四川省 188 株马铃薯晚疫病菌进行鉴定，结果表明四川省马铃薯晚疫病以 A2 交配型为主，占供试菌株的 46.3%，A1 交配型仅占 28.2%。2014 ~ 2016 年，A2 交配型晚疫病菌为优势菌系，A1 交配型仅在凉山彝族自治州的昭觉县被低频率地检测到[8]。随着四川省马铃薯产业的发展，马铃薯晚疫病群体结构发生了明显的变化，A2 交配型晚疫病菌已经迅速生长为优势病菌类型。此外，马铃薯晚疫病自育型菌株的发生与环境和遗传等因素有关[21]。川西南马铃薯晚疫病菌存在潜在的有性生殖，从而使得四川省马铃薯晚疫病菌呈现复合型，交配型变化更加复杂[22]。

2.3 生理小种

马铃薯晚疫病菌生理小种组成、分布情况和变异性等直接关系到病害的发生和流行。和其他植物 – 病原菌系统相似，马铃薯抗晚疫病菌基因和无毒基因成对存在[23]。国内发现的马铃薯晚疫病生理小种主要有 18 种，含有对 R1、R2、R3、R4、R6、R7、R8、R10、R11、R14 等毒力基因[24~25]。2003 ~ 2007 年对四川省主产区的马铃薯晚疫病菌生理小种进行鉴定，主要存在 11 个生理小种类型，其中优势小种为 3 号、4 号，次优势小种不同年份存在差异[26]。如 2008 ~ 2009 年四川省马铃薯晚疫病生理小种复合型小种为主导，单基因小种比例仅占 0.97%[27]。2008 ~ 2011 年四川省马铃薯晚疫病菌群体发生变化，生理小种 1-11 发生频率最高，且超过 99% 的菌株含有多个毒力基因。2013 ~ 2016 年四川省等西南地区马铃薯晚疫病优势小种为 1、2、3a、3b、4、6、7、9、10、11[8]。近年来，多国发现了高致病性 13-A2 基因型，该基因型具有适应性强、侵染性强、抗病性强等特点，对马铃薯产业造成严重损失[28]。Li 等[29]通过马铃薯晚疫病系统进化研究表明，四川省可能存在 13-A2 或类似的基因型。总体而言，四川省马铃薯晚疫病菌的生理小种种类相对较少，但是毒力结构复合度较高。

3 防治方法

3.1 监测预警

中心病株出现时进行防治是化学防治的最佳时期，马铃薯晚疫病一旦流行，无论采取何种药物或方法都会造成减产，因此马铃薯晚疫病的预防是防治的最重要环节。科研人员一直致力于马铃薯晚疫病预警系统开发和应用。马铃薯晚疫病预警技术经历了人工预警方法、电算预警技术和基于田间晚疫病监测和网络技术的预计系统。如比利时的 CARAH 模型、英国的 Fight Against Blight 系统、瑞士的 PhytoPRE+2000 系统和我国的 Lateblight-China 系统等[30]。诸多监测预警模型中，CARAH 和 Lateblight-China 在国内的推广和应用比较成功，能够实现对马铃薯晚疫病的实时监测、预警和诊断[33]。王余明等[32]利用 CARAH 模型和 Lateblight-China 预警系统对四川省雅安市马铃薯晚疫病分析，对施药时间和种类进行指导，2 个系统各有利弊，但均能预警雅安冬作马铃薯晚疫病。李洪浩等[33]运用 CARAH 模型对四川省 8 个监测站点的春马铃薯晚疫病进行预警，并根据不同海拔和不同品种等进行防治，对 CARAH 预警模型适应性进行研究。

3.2 抗病品种筛选

四川省晚疫病菌群体结构变化和抗药性增强，致使马铃薯品种抗病性下降，从而导致马铃薯晚疫病的流行。因此，加强特定区域或环境下马铃薯抗病品种筛选和培育具有重要意义。王东升等[34] 对四川省叙永县对 12 个马铃薯品种进行对比试验，会 –2 抗病性最好，中薯 2 号抗病性差。四川省自贡市秋冬马铃薯主栽培品种川芋 56 号、云薯 301、川芋早等抗病性较差，而坝薯 10 号、合作 88 和翼张薯 8 号等表现出较好的适应性和较强的抗病性[35]。夏江文等[36] 对丽薯、克新系列品种进行品种比较试验，并以当地主栽培品种凉薯 97 号作对照，初步筛选得到了适宜凉山彝族自治州的抗晚疫病品种丽薯 10 号、丽薯 11 号和丽薯 12 号。王平等[37] 对四川省成都平原、川中丘陵、川东等 6 个不同生态区冬马铃薯品种进行多点试验，筛选出适应不同地区推广的品种。四川省马铃薯产业具有周年生产、周年供应的特点，因此应加大选育适应不同生境和用途类型的马铃薯品种，以满足四川不同地区的发展需求[38]。

3.3 药物防治

由于马铃薯晚疫病的致病疫霉基因组的易变性，以及 A2 交配型在全球的迅速蔓延，高致病和抗药性的菌株不断出现，马铃薯晚疫病的防治工作易显困难。李洪浩等[22, 39] 对四川省主产区马铃薯晚疫病菌进行研究表明，四川马铃薯晚疫病菌对甲霜灵表现出抗药性；而具有代表性的晚疫病单孢子囊菌株尚未出现氟啶胺药剂的抗性。李润等[40] 通过对 4 种药剂的试验，选出防治凉山彝族自治州马铃薯晚疫病的最佳药剂为 18.7% 凯特，为凉山彝族自治州晚疫病的大面积防治提供一定的参考。淳俊等[41] 在崇州对 5 种化学药剂进行多方面评价，表明 47% 德劲为马铃薯晚疫病最佳替代药剂。另外，增威赢绿、福帅得在四川地区防效良好。

4 展望

近年来，国内马铃薯主产区呈现向西迁移的趋势，四川省已经成为全国马铃薯主食产品试点省份之一。四川省气候适宜马铃薯生产，但也利于晚疫病的发生和流行。马铃薯晚疫病将是威胁四川省马铃薯的最大病害和产业发展瓶颈。在马铃薯晚疫病防治方面，坚持"以防为主，防控结合"的原则。应根据产业区域规划，推广各区域高产抗病品种，推进种薯良种化；建立分级脱毒种薯繁育体系和监测制度，确保种薯质量。马铃薯新品种培育难度大、周期长，在培育适应性抗病新品种同时，应加强品种引种和筛选。马铃薯晚疫病监测预警体系能实时监测、预警和诊断，依托大数据和人工智能进行模型优化，进一步完善监测预警系统，对马铃薯晚疫病的控制至关重要。此外，还应结合各地实际，因地制宜发展机械化，推广配套高效栽培技术，避免因栽培管理不到位带来的晚疫病发生和流行。化学药物容易造成农药残留和环境污染等问题，加强马铃薯晚疫病防治的植物源药物开发是农业可持续发展和人类健康的需求。四川省药用植物资源丰富，从植物资源中开发马铃薯晚疫病农药具有得天独厚的优势，这有望成为四川省马铃薯晚疫病防控的特色和亮点。

参考文献

[1] Goodwin S B, Spielman L J, Matuszak J M, et al. Clonal diversity and genetic differentiation of Phytophthora infestans populations in northern and central Mexico[J]. Phytopathology, 1992, 82（9）: 955-961.

[2] Reddick D. Development of blight-immune varieties[J]. American Potato Journal, 1943, 20（5）: 118-126.

[3] 林传光, 黄河, 王道本, 等. 马铃薯晚疫病中心病株形成的观察 [J]. 植物病理学报, 1957, 3（1）: 19-29.

[4] 陈茜. 四川省马铃薯晚疫病菌生物学特性与遗传多样性研究 [D]. 四川农业大学, 2008.

[5] Haverkort A J, Boonekamp P M, Hutten R, et al. Societal Costs of Late Blight in Potato and Prospects of Durable Resistance Through Cisgenic Modification[J]. Potato Research, 2008, 51（1）: 47-57.

[6] 黄冲, 刘万才. 近几年我国马铃薯晚疫病流行特点分析与监测建议 [J]. 植物保护, 2016, 42（5）: 142-147.

[7] 佚名. 农业部关于推进马铃薯产业开发的指导意见 [Z]. 中华人民共和国农业部公报, 2016: 4-7.

[8] 曹继芬, 霍超, 潘哲超, 等. 西南马铃薯晚疫病监测及防控技术研究与应用 [A]. 中国作物学会马铃薯专业委员会. 马铃薯产业与精准扶贫 2017[C]. 黑龙江.

[9] 李亚杰, 石强, 李德明, 等. 甘肃旱区马铃薯晚疫病始发期的预测研究 [J]. 干旱地区农业研究, 2016, 34（5）: 114-119.

[10] 王余明, 彭洁, 马定邦, 等. 2 种预警系统对雅安市冬作马铃薯晚疫病防治的效应 [J]. 江苏农业科学, 2011, 39（4）: 107-109.

[11] 李洪浩, 李华鹏, 刘丹, 等. 倍创与福帅得混用对马铃薯晚疫病的防治效果评价 [J]. 四川农业科技, 2015（9）: 28-29.

[12] 阮俊, 彭国照, 罗清. 凉山彝族自治州马铃薯产业发展现状与对策 [J]. 现代农业科技, 2008（4）: 54-56.

[13] 杨航, 范昭能. 自贡市秋冬马铃薯晚疫病发生原因分析及防治对策 [J]. 四川农业科技, 2016（5）: 30-32.

[14] 邓兴祥. 会东县马铃薯晚疫病绿色防控技术 [J]. 四川农业科技, 2016（10）: 26-27.

[15] Bourke P M A. Emergence of Potato Blight, 1843-46[J]. Nature, 1964, 203: 805-808.

[16] 陈素华, 潘进军, 王志春. 气候变化对内蒙古马铃薯晚疫病流行的影响 [J]. 干旱地区农业研究, 2006, 24（6）: 48-51.

[17] Hohl H R, Iselin K. Strains of Phytophthora infestans, from Switzerland with A2 mating type behaviour[J]. Transactions of the British Mycological Society, 1984, 83（3）: 529-530.

[18] 朱杰华, 张志铭, 李玉琴. 马铃薯晚疫病菌（Phytophthora infestans）A2 交配型的分布 [J]. 植物

病理学报，2000，30（4）：375.

[19] 李洪浩.四川马铃薯晚疫病菌群体遗传多样性分析 [D].四川农业大学，2011.

[20] 赵青，郑峥，李颖，等.四川省马铃薯晚疫病菌群体表型和遗传变异的分析 [J].菌物学报，2016，35（1）：52-62.

[21] Smart C D，Mayton H，Mizubuti E S，et al. Environmental and Genetic Factors Influencing Self-Fertility in Phytophthora infestans[J]. Phytopathology，2000，90（9）：987-994.

[22] 李洪浩，彭化贤，席亚东，等.四川马铃薯晚疫病菌交配型、生理小种、甲霜灵敏感性及 mtDNA 单倍型组成分析 [J].中国农业科学，2013，46（4）：728-736.

[23] Knapova G，Gisi U. Phenotypic and genotypic structure of Phytophthora infestans populations on potato and tomato in France and Switzerland[J]. Plant Pathology，2010，51（5）：641-653.

[24] 宋伯符，王军，张志铭，等.我国马铃薯晚疫病研究的进展和建议 [J].中国马铃薯，1996（3）：138-142.

[25] 王晓丹，李学湛，刘爱群，等.黑龙江省马铃薯晚疫病研究进展与综合防治 [J].中国马铃薯，2008，22（6）：357-360.

[26] 刘波微，彭化贤，席亚东，等.四川马铃薯晚疫病生理小种鉴定及品种抗病评价 [J].西南农业学报，2010，23（3）：747-751.

[27] 李洪浩，张敏，雷高，等.四川省马铃薯晚疫病菌生理小种组成及分布 [A].中国植物保护学会.公共植保与绿色防控 [C].北京，2010.

[28] Chowdappa P，Nirmal Kumar B J，Madhura S，et al. Severe outbreaks of late blight on potato and tomato in South India caused by recent changes in the Phytophthora infestans population[J]. Plant Pathology，2015，64（1）：191-199.

[29] Li Y，Lee T V D，Zhu J H，et al. Population structure of Phytophthora infestans in China- geographic clusters and presence of the EU genotype Blue_13[J]. Plant Pathology，2013，62（4）：932-942.

[30] 胡同乐，曹克强.马铃薯晚疫病预警技术发展历史与现状 [J].中国马铃薯，2010，24（2）：114-119.

[31] 黄冲，刘万才，张君.马铃薯晚疫病物联网实时监测预警系统平台开发及应用 [J].中国植保导刊，2015（12）：45-48.

[32] 王余明，彭洁，马定邦，等.2 种预警系统对雅安市冬作马铃薯晚疫病防治的效应 [J].江苏农业科学，2011，39（4）：107-109.

[33] 李洪浩，张鸿，李华鹏，等.马铃薯晚疫病 CARAH 预警模型在四川春马铃薯上的应用 [J].中国农学通报，2017，33（4）：136-141.

[34] 王东升，王应康，李德华，等.叙永县秋作马铃薯种薯新品种比较试验与评价 [J].四川农业与农机，2012（4）：37.

[35] 杨航，范昭能.自贡市秋冬马铃薯晚疫病发生原因分析及防治对策 [J].四川农业科技，2016（5）：30-32.

[36] 夏江文，刘绍文，董红平，等 . 凉山彝族自治州马铃薯新品种丽薯、克新系列引进品种比较试验初报 [J]. 农业科技与信息，2016（2）：64-65.

[37] 王平，刘丽芳，沈学善，等 . 四川省冬马铃薯不同生态区品种引进与筛选 [J]. 中国马铃薯，2017，31（1）：1-6.

[38] 淳俊，桑有顺，陈涛，等 . 加快优良品种繁殖助力马铃薯主食化 [J]. 四川农业科技，2016（11）：61-63.

[39] 李洪浩，吴应山，杨春林，等 . 四川马铃薯晚疫病菌对氟啶胺的敏感性研究 [J]. 西南农业学报，2015，28（5）：2331-2333.

[40] 李润，余显荣，李艳，等 . 马铃薯晚疫病防治药剂筛选研究 [J]. 现代农业科技，2015（20）：90-91.

[41] 淳俊，桑有顺，陈涛，等 . 成都平原冬春作马铃薯晚疫病防治药效试验 [J]. 四川农业科技，2015（9）：46-48.

甘薯高效杂草防除技术研究

丁　凡[1]，刘跃富[2]，何成杰[2]，余韩开宗[1]，刘丽芳[1]，余金龙[1*]

（1.四川省绵阳市农业科学研究院，四川绵阳　621023；2.盐亭县农牧局，四川绵阳　621000）

摘　要： 甘薯杂草危害一直是影响甘薯优质高效生产的一个重要因素，为探讨不同除草剂对甘薯除草效果的影响，为生产提供指导。采取随机区组排列，共选取了6种药剂16个处理进行药剂防控试验。结果表明：对禾本科杂草以精喹禾灵的防除效果最好，其次是99.9%乙草胺乳油4 500 mL/hm²。对水花生、苍耳等双子叶杂草以33%二甲戊灵3 000 mL/hm²+70%巴佰金30 g/hm²的防除效果最好。其中以施用99.9%乙草胺乳油4 500 mL/hm²后，田间杂草总数量最小。根据试验结果，筛选到了两套除草剂组合（99.9%乙草胺乳油4 500 mL/hm²+33.3%二甲戊灵3 000 mL/hm²+70%巴佰金30 g/hm²；33%二甲戊灵3 000 mL/hm²+70%巴佰金30 g/hm²+10.8%精喹禾灵600 mL/hm²），可广泛应用于甘薯杂草防除。

关键词： 甘薯；杂草；防除

甘薯杂草危害一直是影响甘薯优质高效生产的一个重要因素，生产中杂草不仅通过与甘薯竞争光、争水、争肥而抑制作物生长，而且为病害蔓延提供了适宜的环境，影响甘薯产量。在甘薯生产中，每年因杂草引起减产5%～15%，严重的地块，减产50%以上[1]。Seem等试验指出，甘薯种植后杂草密度和生物量积累会逐渐增加，造成甘薯产量的显著下降，草害严重时，甘薯地上部分生长缓慢，地下的薯块小而少，通常甘薯种植后田间2～6周内除草才不会影响块根产量[2]。

杂草防除一直以来是农业生产的一个难题，特别是选择广谱、高效、安全、禾阔双除的药剂配方更是一大难点。由于甘薯田杂草的多样性以及受前作物及地理环境的影响，使得不同的田块杂草优势种群有很大的改变。前作是小麦或油菜的地块，由于小春化学除草遗留的一些恶性种群，也可能影响到甘薯田优势种群的变化。特别是冬闲地杂草种类更加丰富，选择高效除草剂类型的难度更大。

本研究通过对甘薯生长期施用不同类型、不同剂量的除草剂，对甘薯地田间杂草的防除效果进行比较，以期筛选出防效最明显的除草剂，以解决甘薯除草困难等问题，为今后的甘薯除草提供理论指导。

基金项目： 四川薯类创新团队项目（川农业函[2014]91号）；国家甘薯产业技术体系（CARS-10-C-22），四川省科技成果转化项目（17NZZH0038）。

作者简介： 丁凡，男，高级农艺师，主要从事薯类育种与栽培技术研究。E-mail：38862234@qq.com。

*** 通讯作者：** 余金龙，男，研究员，主要从事甘薯育种和栽培研究。E-mail：jinlongyu004@163.com。

1 材料和方法

1.1 试验概况

试验于 2017 年 5 ～ 11 月在绵阳市盐亭县麻秧乡进行，土质为沙壤土，肥力中等，前作小麦。小区面积 30 m²，每处理 3 次重复，随机区组排列，合计 48 个小区。供试品种为绵紫薯 9 号。6 月 2 日栽插，11 月 7 日收获，大田全生育期 158 d。

1.2 供试药剂与处理

供试药品及浓度如表 1 所示。

表 1　供试药剂及浓度

编号	处　理
1	99.9% 乙草胺乳油 1 500 mL/hm²
2	99.9% 乙草胺乳油 3 000 mL/hm²
3	99.9% 乙草胺乳油 450 mL/hm²
4	33% 二甲戊灵乳油 1 500 mL/hm²+70% 巴佰金 30g/hm²
5	33% 二甲戊灵乳油 3 000 mL/hm²+70% 巴佰金 30g/hm²
6	33% 二甲戊灵乳油 6 000 mL/hm²+70% 巴佰金 30g/hm²
7	80% 阔草清 30g/hm²
8	80% 阔草清 45g/hm²
9	12% 烯草酮乳油 375 mL/hm²
10	12% 烯草酮乳油 750 mL/hm²
11	99.9% 乙草胺乳油 3 000 mL/hm²+80% 阔草清 30g/hm²
12	99.9% 乙草胺乳油 3 000 mL/hm²+12% 烯草酮乳油 375 mL/hm²
13	10.8% 精喹禾灵乳油 600 mL/hm²
14	10.8% 精喹禾灵乳油 1 125 mL/hm²
15	10.8% 精喹禾灵乳油 1 500 mL/hm²
16	空白对照

1.3 施药时间、次数、喷雾器和喷液量

试验共进行了 3 次施药：①甘薯移栽前土壤处理：在甘薯起垄后，于 5 月 30 日喷施药剂作芽前处理，使用药剂为处理 1 ～ 12，兑水 450 kg/hm² 喷雾，6 月 2 日栽插。②甘薯移栽定根后定向施药除草：移栽成活后，于 6 月 19 日对处理 1 ～ 6、9、10、12 进行第二次药剂处理，用水量 450 kg/hm²，定向喷雾，不能喷在甘薯叶片上。③红薯生长期茎叶处理：甘薯生长期，于 6 月 25 日对处理 13 ～ 15 进行试验，田间禾本科杂草 2 ～ 3 叶期，用水量 450 kg/hm²，茎叶喷雾。

1.4 调查内容及方法

1.4.1 调查内容

土壤封闭处理前目测记载杂草种类及数量（覆盖率）。

第一次调查于移栽后 15 d 调查各处理主要杂草发生程度，并观测记载农药药害情况。

第二次调查于移栽后 30 d，调查各处理主要杂草发生程度，记载主要杂草发生情况及药害发生情况。

第三次调查于移栽后 45 d 进行，每小区随机抽取 3 点，每点 1 m²，扯出全部杂草，按主要杂草类别再生麦、水花生、苍耳和其他 4 类，分别称其鲜重并记录。

1.4.2 调查方法

对第 1 ～ 3 次目测调查数据作百分率比对，即目测其覆盖百分数，然后与对照比较各自百分防效，

防效参考徐彬彬的计算方法[3]。防效（%）=（CK−PT）×100/CK，式中 CK 为对照区杂草株数（或鲜重），PT 为处理区杂草株数（或鲜重）。第 4 次调查数据按 4 类杂草分别进行方差分析，计算各处理对全部杂草的总体防效和单项杂草的防效及其差异显著性。

2 结果与分析

2.1 土壤封闭处理前杂草种类及数量

土壤封闭处理日期为 2017 年 5 月 30 日，处理时田内杂草仅有再生麦、覆盖率约 1%，处理药剂为表 1 中 1 ~ 12 项，即针对单子叶杂草作芽前封闭处理。

2.2 移栽后 15 d 对杂草的防效

从表 2 中可以看出：处理 1 ~ 12 对再生麦虽有一定的防除效果，但不理想。其中以处理 3 和处理 11 防除效果最好，防效均达到 80% 以上。药剂浓度不同对再生麦的防除效果也不一致，各种药剂的处理效果随着浓度的增加而增大，其中对再生麦的防效以 99.9% 的乙草胺乳油 4 500 mL/hm² 用量时效果最佳，其次是 99.9% 乙草胺乳油 3 000 mL/hm²+80% 阔草清 30 g/hm²。对水花生防除以二甲戊灵 + 巴佰金处理效果较好，其次是阔草清，而乙草胺防效相对较差，而稀草酮无效，其中 33% 二甲戊灵乳油 3 000 mL/hm²+70% 巴佰金 30 g/hm² 处理效果最好。对苍耳防除以处理 7 ~ 12 效果较好，即烯草酮、阔草清、乙草胺 + 阔草清或乙草胺 + 烯草酮对苍耳的防除效果均较好，其中 99.9% 乙草胺乳油 3 000 mL/hm²+80% 阔草清 30 g/hm² 防效最好。从防除后田间杂草总量来看，药后 15 d 以 99.9% 乙草胺乳油 4 500 mL/hm² 和 99.9% 乙草胺乳油 3 000 mL/hm²+80% 阔草清 30 g/hm² 的防除效果最好。

通过对各小区薯苗地上部生长情况进行调查，表明各小区薯苗地上部与对照薯苗基本一致，证明各处理对甘薯薯苗是安全的。

表 2 移栽后 15d 田间杂草发生情况及防效

处理	再生麦	防效（%）	水花生	防效（%）	苍耳	防效（%）	其他	防效（%）
1	30	42.3	3	25	6	25	3	−200
2	27	48.1	3	25	9	−12.5	2	−100
3	7	86.5	2	50	6	25	4	−300
4	34	34.6	1	75	4	50	1	0
5	24	53.8	0	100	7	12.5	1	0
6	21	59.6	2	50	7	12.5	1	0
7	23	55.8	1	75	2	75	1	0
8	17	67.3	2	50	3	62.5	4	−300
9	20	61.5	17	−325	3	62.5	0	100
10	17	67.3	19	−375	5	37.5	2	−100
11	10	80.8	2	50	0	100	1	0
12	22	57.7	3	25	2	75	0	100
13	52	0	3	25	6	25	1	0
14	48	7.7	3	25	6	25	5	−400
15	75	−44.2	5	−25	9	−12.5	2	−100
16	52		4		8		1	

2.3 移栽后 30 d 对杂草的防效

从表 3 中可以看出，处理 13 ~ 15 对再生麦防除效果极好，均在 98% 以上，表明精喹禾灵对再生麦有极好的防除效果，乙草胺对再生麦也有较好的防除效果，且最佳施用浓度为 99.9% 乙草胺乳油

4 500 mL/hm²。从处理 4～6 的结果中可以看出，1 500 mL/hm² 的二甲戊灵＋巴佰金对再生麦无效，但当二甲戊灵的用量在 3 000 mL/hm² 和 4 500 mL/hm² 时，对再生麦的防除也有一定的效果。烯草酮对再生麦的防除也有一定的效果，且防除效果随浓度的增加而上升，但效果不是很理想。处理 7、8 再生麦发生程度超过对照，说明阔草清对防除再生麦无效。

对水花生、苍耳这类双子叶以及其他杂草以处理 4～6 的防效最好，且防效都在 96% 以上，这表明二甲戊灵＋巴佰金对双子叶杂草效果显著。从表 3 中还可以看出处理乙草胺和阔草清对水花生也有较好的防除效果，但乙草胺的浓度应在 3 000 mL/hm² 以上。处理 2～7、处理 9～13 对苍耳的防除效果均在 85% 以上，其中防除效果最好的依次是二甲戊灵＋巴佰金、12% 烯草酮乳油 7 500 mL/hm² 以及 99.9% 乙草胺乳油 3 000 mmL/hm²+12% 烯草酮乳油 375 mL/hm²。其他杂草以 33% 二甲戊灵 3 000 mL/hm²+70% 巴佰金 30g/hm² 的防除效果最好。

从杂草防除效果来看，单子叶杂草以精喹禾灵的防除效果最好，其次是 99.9% 乙草胺乳油 4 500 mL/hm²。对双子叶及其他除禾本科以外的杂草（包括狗牙根、香附子、雀稗等）以 33% 二甲戊灵 3 000 mL/hm²+70% 巴佰金 30g/hm² 的防除效果最好。其中以施用 99.9% 乙草胺乳油 4 500 mL/hm² 后，田间杂草总数量最小。

表 3　移栽后 30d 田间杂草发生情况及防效

处理	再生麦	防效（%）	水花生	防效（%）	苍耳	防效（%）	其他	防效（%）
1	72	41.5	28	44	31	69.6	6	40
2	79	35.8	15	70	13	87.3	10	0
3	9	92.7	10	80	13	87.3	6	40
4	135	−9.8	1	98	0	100	9	10
5	54	56.1	2	96	1	99	4	60
6	60	51.2	0	100	1	99	8	20
7	215	−74.8	15	70	4	96.1	20	−100
8	150	−21.5	12	76	37	63.7	17	−70
9	56	54.5	63	−26	3	97.1	28	−180
10	27	78	81	−62	1	99	12	−20
11	18	85.4	40	20	7	93.1	7	30
12	70	43.1	37	26	1	99	19	−90
13	2	98.4	20	60	10	90.2	9	10
14	2	98.4	22	56	25	75.5	29	−190
15	0	100	65	−30	84	17.6	19	−90
16	123		50		102		10	

2.4　移栽后 45d 对杂草的防效

从表 4 中可以看出，无论施用何种药剂，都能减少甘薯地田间杂草发生的总量，减少的幅度在 19.52%～78.88% 之间，以 12% 烯草酮乳油 375 mL/hm² 减少的幅度最小，以 99.9% 乙草胺乳油 4 500 mL/hm² 减少的幅度最大。

方差分析表明：与对照相比，处理 1、处理 7～10 杂草总量减少不明显，表明当乙草胺用量为 1 500 mL/hm² 时，对田间杂草防除效果不明显；阔草清、烯草酮对甘薯地田间杂草总体防除效果不明显。处理 2、4、6、14 杂草总量与对照有显著差异，表明 99.9% 乙草胺乳油 3 000 mL/hm²、33.3% 二甲戊灵 1 500 mL/hm²+70% 巴佰金 30 g/hm²、33.3% 二甲戊灵 6 000 mL/hm²+70% 巴佰金 30 g/hm² 和 10.8%

精喹禾灵乳油 1 125 mL/hm² 对甘薯地田间杂草有较好的防除效果，可以显著减少田间杂草的总量。处理 3、5、13、15 杂草总量与对照相比有极显著的差异，表明 99.9% 乙草胺乳油 4 500 mL/hm²、33.3% 二甲戊灵 3 000 mL/hm²+70% 巴佰金 30 g/hm²、10.8% 精喹禾灵乳油 375 mL/hm² 和 10.8% 精喹禾灵乳油 1 500 mL/hm² 对于减少甘薯地田间杂草有极显著的作用，从田间杂草的总量来看，以 99.9% 乙草胺乳油 4 500 mmL/hm² 的防除效果为最好。

表 4　移栽后 45 d 田间杂草发生情况调查数据总表　　　　　　　　（单位：kg/m²）

处理	重复 I	重复 II	重复 III	合计	差异显著性		防效（%）
					0.05	0.01	
1	0.56	0.43	0.55	1.54	abcd	ABC	38.6
2	0.31	0.53	0.40	1.24	bcd	ABC	50.6
3	0.22	0.19	0.12	0.53	d	C	78.9
4	0.50	0.44	0.31	1.25	bcd	ABC	50.2
5	0.27	0.44	0.27	0.98	bcd	BC	61
6	0.44	0.56	0.32	1.32	bcd	ABC	47.4
7	0.48	0.6	0.42	1.5	abcd	ABC	40.2
8	0.6	0.4	0.62	1.62	abcd	ABC	35.5
9	0.61	0.59	0.82	2.02	ab	AB	19.5
10	0.53	0.71	0.50	1.74	abc	ABC	30.7
11	0.33	0.44	0.17	0.94	bcd	BC	62.5
12	0.36	0.30	0.36	1.02	bcd	BC	59.4
13	0.19	0.69	0.19	1.07	bcd	BC	57.4
14	0.49	0.40	0.42	1.31	bcd	ABC	47.8
15	0.25	0.3	0.29	0.84	cd	BC	66.5
16	1.03	0.61	0.87	2.51	a	A	

3　结论与讨论

前人对施用乙草胺防治甘薯杂草的研究较多，且使用的浓度也不一样[4~6]，也有关于精喹禾灵防治甘薯田间杂草的研究[7]，但鲜有关于二甲戊灵、巴佰金、烯草酮和阔草清用于甘薯地除草的报道。

单一的除草剂很难达到禾阔双除，本研究中在双子叶杂草处理区域，由于抑制了部分双子叶杂草的生长，而单子叶杂草和无效双叶杂草得到了有效生长空间，迅速生长；而单子叶杂草处理区双子叶杂草得到迅速生长。

每种除草剂皆有一定的除草范围，必须根据田间杂草优势种群选择适当的除草剂品种，精喹禾灵的特点只适用于单子叶杂草，对双子叶杂草无效，只能与其余除草剂混用，才能达到禾阔双除的目的，且施药最佳时间是禾本科杂草生长 2 ~ 3 叶期。巴佰金对水花生、苍耳等双子叶杂草有非常好的效果，但其用量必须严格控制在 30 g/hm² 范围内，作芽前土壤处理时，间隔最好应在 3 d 以上；苗后使用需定向喷雾，不能喷在叶片上。

为了达到甘薯地禾阔双除的效果，且兼顾低剂量、高防效，通过对上述 6 种药剂 16 个处理进行药剂防控试验。结果表明：如甘薯前作是小麦，在选择除草剂时应选择精喹禾灵或者乙草胺，且 99.9% 乙草胺乳油最佳浓度为 4 500 mL/hm²；如田间以水花生、苍耳为主，则选择二甲戊灵 + 巴佰金。如果田间单子叶杂草和双子叶杂草均较多，可施用 99.9% 乙草胺乳油 4 500 mL/hm² 进行芽前除草，薯苗成活后用 33.3% 二甲戊灵 3 000 mL/hm²+70% 巴佰金 30 g/hm² 进行定向喷雾，可达到较好防效；也可用 33% 二甲戊灵 3 000 mL/hm²+70% 巴佰金 30 g/hm² 进行定向喷雾，然后在杂草 2 ~ 3 叶期用 10.8% 精喹禾灵 600 mL/hm² 进行全田喷雾。

参考文献

[1] 李贵，王一专，吴竞仑. 甘薯田杂草的防除策略 [J]. 杂草科学 .201 0（4）：15-19

[2] Jessica E S, Nancy G C, David W M. Critical weed-free period for'Beauregard' sweetpotato（Ipomoea batatas）[J].Weed Technology，2003，17（4）：686-695.

[3] 徐彬彬 . 大豆田除草剂筛选试验 [J]. 农业科技与装备 .200 9，2：21-22.

[4] 徐泉明，胡友发，熊多根，等. 甘薯地杂草高效药剂筛选试验初报 [J]. 江西植保 .201 1，34（1）：44-45.

[5] 李艳霞，范建芝，王春兰，等 . 两种除草剂防除甘薯田杂草药效试验 [J]. 山东农业科学 .201 0（4）：65-66.

[6] 陈亨康，胡恒怡，王相福 . 甘薯田使用乙草胺除草剂试验初报 [J]. 植物保护 .199 3（6）：49.

[7] 李云，宋吉轩，李丽，等 . 不同除草剂对甘薯田间杂草的防效研究 [J]. 园艺与种苗 .201 2（9）：41-43，49.

五、贮藏加工

四川山地马铃薯安全贮藏技术

李昕昀，梅　猛，蔡诚诚，余丽萍，黄　涛，邓孟胜，杨　勇，王西瑶[1*]

（四川农业大学农学院，四川成都　611130）

摘　要：本技术规定了四川山地马铃薯的收获、贮藏预处理以及贮藏管理过程中技术操作规程。

关键词：四川山地；马铃薯；安全；贮藏技术

四川省作为全国马铃薯播种面积、产量第一大省，在马铃薯安全贮藏上有迫切需求。四川省马铃薯主要产自以凉山彝族自治州、阿坝藏族羌族自治州、秦巴山区等为代表的海拔 1 000 米以上的高山地区。本研究团队通过总结多年在四川高山地区马铃薯安全贮藏上的研究，形成本文，旨在指导四川及类似地区马铃薯安全贮藏，促进马铃薯产业健康发展。

1　技术要点

1.1　块茎的愈伤处理
新收的块茎放在通风良好，温度 12 ~ 18℃ 的库房中，经过 14 ~ 30 d 的预贮过程，使表皮木栓化，薯皮干爽。

1.2　块茎休眠
块茎收获后在一定的时间内，块茎上的芽即使在最适宜其生长的条件下也不能萌发生长的状态。

1.3　加热熏蒸
利用加热熏蒸装置，将马铃薯控芽物质进行加热熏蒸，并作用于马铃薯的一种药剂施用方法[1~3]。

2　收获、预处理和选择

2.1　适期收获
当田间大部分茎、叶由绿转黄，达到枯萎，块茎易与植株脱离而停止膨大时开始采收。

基金项目：国家现代农业产业技术体系四川薯类创新团队项目（川农业函 [2014]91 号）。

作者简介：李昕昀，男，硕士，主要从事马铃薯贮藏研究。E-mail：272021722@qq.com。

* 通讯作者：王西瑶，女，博士，教授，博导，主要从事马铃薯研究。E-mail：wxyrtl@163.com。

2.2 田间晾晒

马铃薯收获后，在田间以小堆堆放，稍加晾晒至表皮干燥，泥土能自然脱落。切忌曝晒、冷冻。

2.3 愈伤处理

在通风良好的室内、荫棚下或库房中，将马铃薯放至薯皮干爽、表皮木栓化。在不同温度下需要的愈伤处理（或创伤愈合）时间如下：

18 ℃左右约需 14 d；15 ℃左右约需 20 d；12 ℃左右约需 30 d。

2.4 选薯

选择"一干六无"的马铃薯入库（房、窖）贮藏，即：薯皮干燥、无病块、无烂薯、无伤口、无破皮、无冻伤、无泥土及其他杂质。

按照分品种、分级别的要求，选择品种纯度一致的块茎入库（房、窖）贮藏。马铃薯分级参照 GB 4406—84 标准[4]执行。

3 马铃薯贮藏方式

3.1 薄摊散光贮藏

选择通风、透光、干燥的库（房）。放置竹制或木制多层架床，架高不超过库（房）高度的 2/3。将马铃薯摊放于架层上，每层厚度不超过 30 cm，架层间及架四周留一定空隙，便于通风、透光、散热。充分利用库（房）内的散射光抑制马铃薯发芽。避免直射光照射马铃薯。

3.2 筐（袋）堆藏

将马铃薯装入竹或木筐中，堆码于库（房、窖）内，每筐约 25 kg，垛高以 5～6 筐为宜；也可将马铃薯装入尼龙丝网袋中，根据库（房、窖）的实际大小，参照 50 kg/袋，6 袋/垛，3 垛/排，每 10 排空 1 排的标准堆放，并在库（房、窖）中间和四周设通风道。

3.3 冷藏

马铃薯进入冷藏库后，用 14 d 左右时间将库温缓慢降至贮藏适宜温度 2～5 ℃，库内采用筐（袋）堆藏的，贮藏期间翻筐（袋）1 次，以提供适当的氧气。冷藏库中物理条件的定义和测量按照 GB 9829—88 标准[5]执行。

3.4 窖藏

选择地势高、地下水位低、排水良好和土质坚实的地方做窖。马铃薯入窖前，需打开窖口，对贮藏窖进行通风。

4 马铃薯贮藏要求

4.1 马铃薯贮藏量

马铃薯的堆积高度不超过贮藏库（房、窖）高度的 2/3，马铃薯容积约占贮藏窖容积的 60%～65%。按照马铃薯的重量为 650～750 kg/m³，根据贮藏窖的总容积，由以下公式计算出马铃薯贮藏的适宜数量：

$$W=V \cdot (650 \times 0.65) \text{ 或 } W=V \cdot (750 \times 0.65)$$

W：马铃薯的适宜贮藏量（kg），V：贮藏库（房、窖）的总容积（长×高×宽）（m³）。

4.2 贮藏库（房、窖）的消毒

马铃薯在入贮藏库（房、窖）前，将贮藏库（房、窖）内清理干净，用石灰水消毒地面和墙壁。按 4.2 g/m³ 高锰酸钾、5.8 g/m³ 甲醛（福尔马林）用量，将高锰酸钾与甲醛溶液混合，对贮藏库（房、窖）进行熏蒸消毒。贮藏期间每周用 2% ~ 5% 的甲酚皂溶液（来苏水）对贮藏库（房、窖）内的过道进行一次喷雾消毒。

4.3 温湿度

冷藏方式温度保持在 2 ~ 5 ℃，其余各贮藏方式温度均保持在 5 ~ 8 ℃。各贮藏方式相对湿度均保持在 80% ~ 90%。贮藏期间，尽量利用室外空气通风。夏季阻止热空气进入贮藏库（房、窖）。冬季在马铃薯表面加覆盖物，如稻草、麦秸或旧麻袋片等，以保温散湿。

4.4 防鼠灭鼠

经常检查贮藏库（房、窖），及时堵塞鼠洞。用 2% ~ 5% 磷化锌拌成新鲜食饵灭鼠。

4.5 去除烂、病薯

适时翻薯、翻筐（袋），及时去除烂、病薯。

4.6 马铃薯出库（房、窖）

适时出库（房、窖），出库（房、窖）时马铃薯质量应符合 GB 4406 — 84 标准[4] 的相关规定。

5 抑制发芽处理

根据实际需要决定是否进行抑芽处理。抑芽处理时种薯和商品薯应分开进行，切勿混合。

5.1 商品薯的抑芽

在商品薯收获后的第 20 d，采用 40 mg/kg 浓度的 CIPC 在贮藏库内进行加热熏蒸，熏蒸时间 7 d。

5.2 种薯的抑芽

马铃薯抑芽时间的选择应根据不同品种来确定，在种薯即将解除休眠前 7 d 内采用 200 mL/kg 浓度的左旋香芹酮进行加热熏蒸，可以抑制芽的生长。同时，应根据种薯的贮藏时长，做持续性熏蒸。此外，在播种前 20 d 应该停止香芹酮熏蒸，以使种薯恢复萌芽，便于播种[4]。

参考文献

[1] 张路 . 氯苯胺灵对马铃薯贮藏作用效果及残留研究 [D]. 呼和浩特：内蒙古农业大学 . 2011.

[2] 丁映，张敏，雷尊国，等 . 化学试剂处理对贮藏后马铃薯品质变化的影响 [J]. 安徽农业科学，2009，37（1）：359-360，367.

[3] 王彦平，蒙美莲，门福义 . 氮肥对马铃薯块茎收后贮藏期间淀粉、还原糖含量的影响 [J]. 现代农业，2004（12）：21，23.

[4] GB 4406 — 84 马铃薯 .

[5] GB 9829 — 88 水果和蔬菜冷库中物理条件定义和测量 .

[6] Moses S. Owolabi, Rasaq A. Olowu, Labunmi Lajide, et al. Inhibition of potato tuber sprouting during storage by the controlled release of essential oil using a wick application method. Industrial Crops and Products[J], 2013, 45（1）：83-87.

紫茎泽兰在抑芽保鲜中的作用研究进展

余丽萍，黄　涛，詹小旭，王西瑶[*]

（四川农业大学农学院，四川成都　611130）

摘　要：紫茎泽兰是一种具有很大危害的入侵植物，其提取物具有抑菌、抑芽作用，利用该特性可望变废为宝产生较大的经济效益和社会效益。本文综述了利用紫茎泽兰在抑制植物种子和植株生长方面的研究，尤其在马铃薯抑芽保鲜中的作用。虽然紫茎泽兰在抑芽保鲜方面的研究取得了一些成果，但其活性成分的分离鉴定和抑芽保鲜机理并不清楚，有待进一步研究。

关键词：紫茎泽兰；马铃薯；贮藏；调控研究

紫茎泽兰属菊科泽兰属丛生型半灌木多年生草本植物，生长迅速，繁殖、抗逆、传播和自然演替等能力都强，自身具有易挥发性成分，对人和家畜具有接触性致敏毒性。20 世纪 60 年代以来，在我国西南地区迅速蔓延，对农业生产和生态环境造成严重危害[1]。在国家环保局 2003 年公布的首批入侵外来物种名单中，紫茎泽兰名列首位[2~4]。紫茎泽兰植株不同部分的提取物均能抑制植物种子的萌发和幼苗生长，并分离出了一些化感物质[5~7]。

马铃薯块茎含水量高，在贮藏期间易感染病菌和提前萌芽，造成贮藏损失严重，导致贮藏成为限制马铃薯产业发展的重要环节之一。紫茎泽兰提取物作为一种生物制剂，若能成功应用于马铃薯贮藏，无论是降低紫茎泽兰的危害，还是促进马铃薯产业的发展，都意义重大。

1　紫茎泽兰研究进展

1.1　紫茎泽兰的生物学特性及危害

紫茎泽兰具有强大的繁殖能力。有性生殖方面，紫茎泽兰结实量巨大，种子小又轻，带冠毛，成熟季节与春夏时期人们常见的漫天飞舞的杨柳种子极其相似[8]。无性生殖方面，紫茎泽兰根茎都具有生根发芽能力，都可进行无性繁殖[9]。有研究表明，紫茎泽兰将更多的生物量分配到植株的地上部分，进一步促进植物长高，增加了对光的捕获能力，从而促进自身生物量的积累，这样的"策略"足以让入侵种替代周围的当地物种[10]。

紫茎泽兰是一种世界公认的恶性有毒杂草，已给我国的农业、牧业和林业造成严重的经济损失，严重破坏生态环境，对本地物种多样性构成严重威胁[11]。由于紫茎泽兰对环境良好的适应性和应对胁

基金项目：国家现代农业产业技术体系四川薯类创新团队项目（川农业函 [2014]91 号）。

作者简介：余丽萍，女，本科，主要从事薯类贮藏技术研究及推广工作。E-mail：757336519@qq.com。

* 通讯作者：王西瑶，女，博士，教授，博导，主要从事马铃薯研究。E-mail：wxyrtl@163.com。

迫的能力，在生态环境形成了优势种群[12]。在一些脆弱的生态系统中，紫茎泽兰与本地物种竞争资源，改变生物多样性，导致生态链的破坏[13]。由于其生长速度快，具有化感特性[14]，它迅速地传播到内陆地区，造成了巨大的经济损失，并以每年60 km的速度迅速扩散[15]。2007年紫茎泽兰成为"进境植物检疫性有害生物"，它的入侵对本地植物或动物带来了很大的生存威胁，形成了一种生态史上的"绿色灾难"[16~17]。

紫茎泽兰也是一种对人畜和其他植物有毒害的入侵植物[18~19]。据报道紫茎泽兰能引起牲畜急性哮喘、腹泻、脱毛，甚至死亡[20]。实验证明，大鼠饲料混入冷冻干燥后的紫茎泽兰叶粉，会导致肝中毒[21]。

1.2 紫茎泽兰抑制种子萌芽和植株生长的研究

紫茎泽兰对植物种子及幼苗生长的抑制作用是广泛存在的。受试植物对紫茎泽兰提取液表现出不同程度的受抑制现象，见表1。

表1 紫茎泽兰提取物对植物的抑制作用

受试植物	提取溶剂	提取部位	对种子的生物活性	对株高的生物活性	对单株鲜重的生物活性	对根长的生物活性
甜荞种子	水	叶	抑制			
	水	根	抑制			
	水	茎	高浓度抑制			
紫花苜蓿种子	水	叶片	抑制	高浓度抑制	高浓度抑制	高浓度抑制
白三叶种子	水	叶片	抑制	抑制	抑制	抑制
东非狼尾草种子	水	叶片	抑制	抑制	抑制	抑制
非洲狗尾草种子	水	叶片	高浓度抑制	抑制	抑制	抑制
鸭茅草种子	水	叶片	抑制	抑制	抑制	抑制
光叶紫花苕种子	水	叶片	抑制	高浓度抑制	高浓度抑制	高浓度抑制
红三叶种子	水	叶片	抑制	高浓度抑制	高浓度抑制	高浓度抑制
蓝桉种子	水	叶片		抑制	抑制	抑制
木棉种子	水	叶片	抑制			
	水	根	抑制			
小麦种子	水	根茎叶混合	高浓度抑制	高浓度抑制		高浓度抑制
白三叶种子种子	水	根茎叶混合	高浓度抑制	高浓度抑制	高浓度抑制	高浓度抑制
黑麦草种子种子	水	根茎叶混合	高浓度抑制	高浓度抑制	高浓度抑制	高浓度抑制
紫花苜蓿种子种子	水	根茎叶混合	高浓度抑制	高浓度抑制	高浓度抑制	高浓度抑制
水稻内5优306种子	水	叶片	抑制	抑制	抑制	抑制
水稻内5优39种子	水	叶片	抑制	抑制	抑制	抑制
水稻内7优40种子	水	叶片	抑制	抑制	抑制	抑制
玉米云端1号种子	水	叶片、茎	高浓度抑制	高浓度抑制	高浓度抑制	高浓度抑制
玉米云糯1号种子	水	叶片、茎	高浓度抑制	高浓度抑制	高浓度抑制	高浓度抑制
玉米鲁三3号种子	水	叶片、茎	高浓度抑制	高浓度抑制	高浓度抑制	高浓度抑制

续表

受试植物	提取溶剂	提取部位	对种子的生物活性	对株高的生物活性	对单株鲜重的生物活性	对根长的生物活性
稗草种子	乙醇	叶片	抑制	抑制	抑制	抑制
灰绿藜种子	乙醇	叶片	抑制	抑制	抑制	抑制
反枝苋种子	乙醇	叶片	抑制	抑制	抑制	抑制
芸豆种子	乙醇	叶片	高浓度抑制	高浓度抑制	抑制	
云烟85种子	水	叶片	抑制	抑制	抑制	抑制
蒙古冰草种子	水	叶片	高浓度抑制	高浓度抑制	高浓度抑制	高浓度抑制
扁穗冰草种子	水	叶片	高浓度抑制	高浓度抑制	高浓度抑制	高浓度抑制
蒙古农冰草种子	水	叶片	高浓度抑制	高浓度抑制	高浓度抑制	高浓度抑制
沙生冰草	水	叶片	高浓度抑制	高浓度抑制	高浓度抑制	高浓度抑制
蚕豆种子	水	叶片		高浓度抑制	高浓度抑制	抑制
甜荞麦种子	水	叶片	高浓度抑制			
苦荞麦种子	水	叶片	低浓度抑制			
白菜种子	水	叶片	抑制	高浓度抑制		抑制
芹菜种子	水	叶片	抑制	高浓度抑制	高浓度抑制	高浓度抑制
白菜种子	水	叶片	抑制	高浓度抑制	高浓度抑制	高浓度抑制
马尾松种子	水	叶片		高浓度抑制		
杉木幼苗	水	叶片		高浓度抑制		
构树幼苗	水	叶片		高浓度抑制		
板栗幼苗	水	叶片		高浓度抑制		
花椒幼苗	水	叶片		高浓度抑制		
油茶幼苗	水	叶片		高浓度抑制		
火棘幼苗	水	叶片		高浓度抑制		

2 紫茎泽兰在甘薯和马铃薯抑芽保鲜中的研究

刘晨等研究采用紫茎泽兰沸水提取液和干粉粉末不同剂量处理南紫薯008、香薯、豫薯7号三个甘薯品种，发现经紫茎泽兰处理均不同程度地降低了烂薯率；提高了水分含量、淀粉、可溶性蛋白、可溶性糖的含量，降低了 α - 淀粉酶的活性。紫茎泽兰沸水提取液浸种、紫茎泽兰干粉粉末拌种处理质量比为 1 ∶ 15 各品种贮藏保鲜综合效果均最佳，但贮藏过程中重量损失率、腐烂率差异不显著[43]。

詹君等研究发现紫茎泽兰沸水提取液浸种、无水乙醚索氏提取物喷施、无水乙醇索氏提取物喷施、锯末与紫茎泽兰混合物拌种四种方式分别处理川芋早、米拉和中薯马铃薯原原种，结果表明各处理都不同程度地延长了种薯的贮藏期，减小了重量损失，抑制了种薯的芽长，降低了块茎细胞活力、呼吸速率、POD 活性和淀粉酶活力，当紫茎泽兰与马铃薯的质量比为 1 ∶ 150 浸种处理时，能延长各品种的休眠期达 27% 以上[44]。

3　紫茎泽兰抑芽、抑菌活性成分研究

目前，从紫茎泽兰中分离到的化合物单体已有几百个，主要涉及萜类（单萜，倍半萜和三萜等）、黄酮类、苯丙素类等物质，而仅从其地上部的脂溶性提取物中就鉴定了100多种。其中脂溶性提取物含量最高的当属单萜和倍半萜类化合物[45~52]。

对紫茎泽兰的主效化感物质进行分离、筛选和结构鉴定，并测定了主效化感物质对旱稻和苜蓿根长50%的抑制浓度[53]。张梅等从紫茎泽兰乙醇提取物经石油醚和乙酸乙酯萃取分部，通过硅胶柱层析、葡聚糖凝胶柱层析等色谱分离手段，从石油醚萃取部分分离得到1个化合物，从乙酸乙酯萃取部分分离得到6个化合物，经波谱数据分析和文献比对，分别鉴定为万寿菊苷、6-甲氧基-三萘酚-7-β-D-葡萄糖苷、4′-甲基泌-万寿菊苷、6-甲氧基-三萘酚-3-β-D-葡萄糖苷、邻苯二甲酸丁酯、邻苯二酸（2-乙基）己酯[54]。邻苯二甲酸二丁酯对苜蓿具有较强的化感抑制作用，对有机磷细菌的生长具有抑制作用，表明邻苯二甲酸二丁酯可能为紫茎泽兰中的抑芽抑菌物质[55]。

詹小旭等对紫茎泽兰主效抑芽活性物质的提取、分离，在提取、纯化过程中以油菜种子作为快速鉴定体系，分步检测活性。并通过TOF-MS和NMR理化检测等方法，最终发现两个化合物单体，其中化合物2的活性最为显著，并对其主效抑芽活性物质进行了结构鉴定，化合物2确定为邻苯二甲酸二丁酯[56]。

刘伯言以紫茎泽兰为原料，鉴定并分离纯化3种单咖啡酰奎尼酸类化合物[57]。廖兴举研究发现紫茎泽兰提取液在高浓度下对鉴定体系的生物膜系统造成高度损伤，并导致萌发时间延迟，发芽率降低，种子存活率下降，同时也影响幼苗的发育。进一步对紫茎泽兰提取液通过液-液萃取，大孔树脂层析、硅胶柱层析，Sephadex LH-20柱层析、HPLC纯化得到3种化合物单体，化合物1和化合物2的抑芽活性很高，并通过TOF-MS和NMR检测，确定化合物1为5-咖啡酰奎尼酸，化合物2可能为6-甲氧基木犀草素[58]。

刘晓漫研究发现紫茎泽兰叶油主要成分为9-羰基-10Hβ泽兰酮、9-羰基-10Hα泽兰酮、9-羰基-10,11-去氢泽兰酮，对5种病原菌的菌丝生长均有一定的抑制效果[59]。

4　结语

随着生物安全，食品安全被逐渐引起重视，同时人们对于自身生存环境的担忧，如何防控入侵物种，变废为宝成为大家的关注焦点。充分利用紫茎泽兰抑芽和抑菌活性，发掘其次生代谢物质的功能，开发出具有低毒、低残留、环境友好型的化学抑芽剂替代物。特别对于马铃薯贮藏中抑制发芽和腐烂，延长其贮藏期具有很重要的意义。但紫茎泽兰抑芽抑菌活性成分的鉴定并未取得统一认识，且其抑菌抑芽机制尚待进一步研究。

参考文献

[1] 丁莉，杜凡，张大才. 云南外来入侵植物研究[J]. 西部林业科学，2006，35（4）：98-103.

[2] 张修玉，许振成，宋巍巍，等. 紫茎泽兰（*Eupatorium adenophorum*）入侵地的生物多样性[J]. 生态环境学报，2010，19（7）：1525-1531.

[3] 孙涛，陈强，赵亚雄，等. 祁连山高山草地毒杂草侵入对蝗虫相对多度的影响[J]. 草业学报，2013，22（3）：85-91.

[4] 张志中，石秋香，孙志浩，等. 入侵植物空心莲子草对生菜和罗布的化感效应[J]. 草业学报，

2013，22（1）：288-293.

[5] 郑丽，冯玉龙 . 紫茎泽兰叶片化感作用对 10 种草本植物种子萌发和幼苗生长的影响 [J]. 生态学报，2005，25（10）：2782-2787.

[6] 宋启示，付昀，唐建维，等 . 紫茎泽兰的化学互感潜力 [J]. 植物生态学报，2000，24（3）：362-365.

[7] 李霞霞，张钦弟，朱珣之 . 近十年入侵植物紫茎泽兰研究进展 [J]. 草业学报，2017，34（2）：283-292.

[8] Sang W G，Zhu L，Axmacher J C. Invasion pattern of *Eupatorium adenophorum* Spreng in southern China[J]. Biological Invasions，2010，12（6）：1721-1730.

[9] 田宇 . 紫茎泽兰化学防除和化学成分初步研究 [D]. 北京：中国农业科学院，2007.

[10] Gao X M，Zhao Y J，Yang X Y，et al. Linking trait differences to conmmunity dynamics：Evidence from *Eupatorium adenophorum* and co-occuring native species during a three-year succession[J]. PLoS One，20138（1）：E50 247.

[11] 谢全喜，张建梅，张文 . 入侵植物紫茎泽兰研究进展 [J]. 畜牧与饲料科学，2013，34（9）：85-89.

[12] Wang J Y，Zhang H W，Huang R F. Expression analysis of low temperature responsive genes in *Eupatorium Adenophorum* Spreng using cDNA-AFLP[J]. Plant Molecular Biology，2007，25：37-44.

[13] Sun X Y，Lu Z H，Sang WG. Review on studies of *Eupatorium adenophorum*：an important invasive species in China[J]. Journal of Forestry Research，2004，15：319-322.

[14] Rymer C. The effect of wilting and soaking *Eupatorium adenophorum* on its digestibility in vitro and voluntary intake by goats[J]. Animal Feed Science and Technology，2008，141：49.

[15] Lu P，Sang W G，Ma K P. Progress and prospects in research of an exotic invasive species *Eupatorium adenophorum*[J]. Acta Phytoecologica Sinica，2005，29（6）：1029.

[16] 黄振，郭琼霞 . 检疫性杂草紫茎泽兰的形态特征、分布与危害 [J]. 武夷科学，2017，33：113-117.

[17] 万方浩，刘万学，郭建英，等 . 外来植物紫茎泽兰的入侵机制与控制策略研究进展 [J]. 中国科学，2011，41（1）：13-21.

[18] Sharma O P，Dawra R K，Kurade N P. A review of the toxicosis and biological properties of the genus eupatorium[J]. Toxins，1998，6：1-14.

[19] Katoch R，Sharma O P，Dawra R K，et al. Hepatotoxicity of *Eupatorium adenophorum* to rats[J]. Toxicon，2000，38：309-314.

[20] Wu Z H，Qin G L，Deng T J. Invasion and establishment of *Eupatorium adenphorum*（Spreng.）and its risk appraisal in some areas of Guangxi[J]. Southwest China Journal Agricultural Science，2004，17：469-471.

[21] Ye X. Research on the damage of *Eupatorium adenophorum* in China and utilization of the weed material[J]. Chinese Journal of Southwest Forestry College，2001，23（4）：75-78.

[22] 龚勋，王珩义 . 不同年生紫茎泽兰不同部位水浸液对甜荞种子萌发的影响 [J]. 浙江农业科学，2016，44（3）：161-164.

[23] 张凤英，杜芝芝，和加卫，等 . 紫茎泽兰凋落物提取液对自身种子萌发和幼苗生长的影响 [J]. 水土保持，2016，23（3）：291-297.

[24] 单贵莲，张艾青，张银，等. 紫茎泽兰对 7 种牧草种子萌发及幼苗生长的化感作用 [J]. 草原与草坪，2014，34（4）：25-30.

[26] 曹子林，王乙媛，王晓丽，等. 紫茎泽兰对蓝桉种子萌发及苗生长的化感作用 [J]. 种子，2017，36（11）：38-43.

[27] 曹子林，王乙媛，王晓丽，等. 紫茎泽兰对杉木种子萌发及苗生长的化感作用 [J]. 种子，2017，36（7）：32-36.

[28] 赵高卷，马焕成，胡世俊，等. 紫茎泽兰对木棉种子萌发和幼苗光合特性的影响 [J]. 应用与环境生物学报，2014，20（4）：683-689.

[30] 范倩，黄建国. 紫茎泽兰对小麦的化感作用及腐熟肥效 [J]. 中国农业科技，2018，5（4）：708-717.

[31] 王亚麒，焦玉洁，陈丹梅，等. 紫茎泽兰浸提液对牧草种子和幼苗生长的影响 [J]. 草业学报，2016，25（2）：150-159.

[32] 袁驰，陈勇，梁永霞，等. 紫茎泽兰水浸提液对不同基因型水稻种植萌发及幼苗生长的影响 [J]. 种植，2018，37（5）：81-84.

[33] 拱键婷，张子龙. 紫茎泽兰水浸液对不同玉米品种的化感分析 [J]. 山地农业生物学报，2014，33（5）：1-6.

[34] 马金虎，杨文秀，孙亮亮，等. 紫茎泽兰提取物对 3 种杂草化感胁迫的生理机制 [J]. 生态学报，2018，38（10）：1-11.

[35] 李艳. 紫茎泽兰提取物对芸豆生长的影响试验 [J]. 技术与市场，2016，23（4）：46-48.

[36] 刘铭. 紫茎泽兰提取液对烟草种子出苗及幼苗生长的影响 [J]. 农业与科技，2014，34（11）：20

[37] 鲁京慧. 紫茎泽兰叶浸提液对 4 种冰草的化感作用 [J]. 江苏农业科学，2018，46（9）：90-94

[38] 万宁佳，李可念，陈劲松，等. 紫茎泽兰叶片水浸液对蚕豆的化感效应 [J]. 广西植物 .2018，38（12）：1641-1650.

[39] 龚勋，丁晓. 紫茎泽兰叶片水提取液对荞麦种子萌发的影响 [J]. 贵州农业科学，2015，43（12）：65-68.

[40] 李春龙. 紫茎泽兰叶水浸液对白菜种子萌发的影响 [J]. 园艺与种苗，2013（5）：20-21，43.

[41] 杨伟，龚荣高，廖明安. 紫茎泽兰叶水浸液对芹菜和白菜种子萌发的化感作用 [J]. 广西农业科学，2014，14：27-32.

[42] 刘济明，陈敬忠，孙运刚，等. 紫茎泽兰叶水提液对 7 种乡土植物幼苗生长和叶绿素的化感影响 [J]. 广西植物 .2019，39（01）：79-86.

[43] 刘晨. 紫茎泽兰提高甘薯贮藏保鲜效应及处理甘薯食用安全性初探 [D]. 雅安：四川农业大学，2012：1-51.

[44] 詹君. 紫茎泽兰延长马铃薯贮藏期的效应及有效成分分离 [D]. 雅安：四川农业大学，2011：1-60.

[45] 丁智慧，古昆. 紫茎泽兰及飞机草两种泽兰属植物的化学成分研究 [D]. 昆明：云南大学，2001.

[46] 杨婕，曹坳程，何兰. 紫茎泽兰脂溶性化学成分的研究 [J]. 中草药，2006，37（1）：30-31.

[47] Lan H E, Yang B E. A new Sesquiterpenoid from *Eupatorium adenophorum* spreng[J].Chinese Journal of Chemistry, 2006, 24（10）：1375-1377.

[48] Pala-Paul J, Perez-Alonso MJ. Analysis by gas chromatography-mass spectrometry of the volatile

components of *Agertina adenophora* spreng. [J]. Journal of Chromatography A，2002，947（2）：327-331.

[49] 同乾胜，杨婕，李华民，等 . 入侵物种紫茎泽兰化学成分及生物活性研究进展 [J]. 北京师范大学学报：自然科学版 .2006，42（1）：70-73.

[50] 杨郭，张承红，杨强强，等 . 紫茎泽兰中总黄酮含量的测定 [J]. 化工时刊，2008，22（9）：28‐29.

[51] 丁智慧，郭玉彬，丁靖垲 . 紫茎泽兰花的化学成分 [J]. 云南植物研究，1999，21（4）：505‐511.

[52] Wei Y，Zhang K，Zhang G L，et al. Isolation of five bioactive components from *Eupatorium adenophorum* Spreng. usingstepwise elution by high-speed countercurrent chromatography.[J]. J Liq Chromatogr Relat Techn，2011，34（20）：2505‐2515.

[53] 杨国庆 . 紫茎泽兰淋溶主效化感物质的分离鉴定及其对旱稻幼苗的作用机理 [D]. 北京：中国农业科学院，2006.

[54] 张梅，刘伟丽，高峡，等 . 紫茎泽兰的化学成分研究 [J]. 亚热带热带植物学报，2015，23（6）：697-702.

[55] 金亚南 . 紫茎泽兰根系分泌化感物质的分离鉴定及其作用评价 [D]. 重庆：西南大学，2010：41-48.

[56] 詹小旭 . 紫茎泽兰中控芽活性物质的分离、鉴定与纯化 [D]. 雅安：四川农业大学，2016：1-71.

[57] 刘伯言 . 入侵植物紫茎泽兰的资源化利用研究 [D]. 北京：中国科学院大学，2017：1-150.

[58] 廖兴举 . 紫茎泽兰主效抑芽活性物质的提取、分离及结构鉴定 [D]. 雅安：四川农业大学，2013：1-68.

[59] 刘晓漫 . 紫茎泽兰中倍半萜化合物的抗菌活性、作用机理及水解规律研究 [D]. 北京：中国农业科学院，2016：1-112.

乙烯利加热熏蒸对马铃薯贮藏的影响

梅　猛，李昕昀，黄　涛，余丽萍，黄雪丽，王西瑶*

（四川农业大学农学院，四川成都　611130）

摘　要：为减少高残留、毒性大的化学试剂在马铃薯贮藏过程中的应用，以马铃薯费乌瑞它为供试材料，采用气雾熏蒸法，探究不同浓度乙烯利对马铃薯控芽的影响。结果表明：乙烯利加热熏蒸后，延长休眠期的效果为：160 mg/kg > 80 mg/kg > CK > 20 mg/kg > 40 mg/kg；与 CK 比较，160 mg/kg的乙烯利处理能延长休眠期 7 d，40 mg/kg 的乙烯利处理则缩短休眠期 7 d；芽长关系为：40 mg/kg > 20 mg/kg > CK > 80 mg/kg > 160 mg/kg。在整个贮藏期，块茎过氧化物酶及淀粉酶活性变化与块茎的休眠和萌发密切相关。贮藏后期，过氧化物酶活力与淀粉酶活力变化趋势为：160 mg/kg > 80 mg/kg > CK > 20 mg/kg > 40 mg/kg。乙烯利加热熏蒸处理影响马铃薯产量结构，其单株结薯数、单株薯重、商品薯率及亩产关系均为：40 mg/kg > 20 mg/kg > CK > 80 mg/kg > 160 mg/kg。结论：40 mg/kg 的乙烯利熏蒸处理对马铃薯的催芽效果最好，而 160 mg/kg 的乙烯利熏蒸处理对马铃薯的抑芽效果最好，且40 mg/kg 处理对马铃薯有增产效果。试验结果表明乙烯利及配套的加热熏装置在马铃薯贮藏中的实用性，可对其在生产中进行推广及应用。

关键词：马铃薯；休眠；萌芽；乙烯利；加热熏蒸

马铃薯每年因贮藏不当造成的损失高达 20% ~ 30%。乙烯作为植物激素之一，对植物生长发育的调控有重要作用。可乙烯作为气体，很难在生产中直接利用。而乙烯利可以释放乙烯，因此在农业生产中被广泛应用[1]；在促进植物发芽与抑制植物发芽的研究中，乙烯同样用于打破许多植物种子的休眠期[2]。乙烯参与种子休眠与萌发，是与 GA、ABA 相互作用完成。王伟清在对 3 类乙烯反应的突变体的研究表明乙烯是通过拮抗脱落酸从而促进种子萌发[3]。Denny 在研究中发现外源乙烯可以打破块茎的休眠[4]。Burton 发现高浓度乙烯能够延长块茎休眠期，起到抑芽效果[5]。而 Irena Rylski 研究发现块茎用乙烯短期处理促进发芽，长期处理则会抑制发芽[6]。传统的马铃薯贮藏方法包含喷施、拌种、浸泡。喷施是通过喷雾的形式，将液体药剂喷施于马铃薯，喷施往往存在不均匀的情况，部分种薯被喷施，部分不能被喷施，或者同一薯块不同部位喷施也不均匀，且液体施用会加重烂薯现象。浸泡克服了施用不均匀的弊端，但浸泡后的薯块烂薯现象更加严重。拌种是将催芽剂与沙、木屑按一定比例混合后与种薯混合，该方法也克服了施用不均匀的情况，但工作量大。为克服传统贮藏处理方式的弊端，本研究采用气雾熏蒸法处理，即将催芽剂采用适当的溶剂配制成液体—贮藏液，通过加热贮藏液，使其

基金项目：国家现代农业产业技术体系四川薯类创新团队项目（川农业函 [2014]91 号）。

作者简介：梅猛，男，硕士，主要从事马铃薯贮藏研究。E-mail：1663480262@qq.com。

* **通讯作者**：王西瑶，女，博士，教授，博导，主要从事马铃薯研究。E-mail：wxyrtl@163.com。

蒸发，气态的贮藏剂会充分扩散到空气中，与种薯充分接触，起到熏蒸的效果，这一方法称为贮藏液加热熏蒸法。该方法需要一套类似电热蚊香液的加热熏蒸装置，结构简单，成本低廉，施用均匀，操作便捷，在推广上具有良好的前景。通过前人研究可以看出，乙烯对种子萌发和休眠都会产生影响。本试验验旨在探究乙烯对马铃薯催芽和抑芽的双重效果，为马铃薯贮藏寻找更加高效的处理方式。

1 材料与方法

供试材料为费乌瑞它（四川农业大学农学院马铃薯研究与开发中心提供），供试药品为乙烯利（科龙试剂厂提供，含量 ≥ 85.0%），仪器设备为加热熏蒸装置、模拟贮藏库纸箱（1 m × 0.6 m × 0.6 m）、游标卡尺、离心机。

试验设 5 个处理：T1：不进行任何处理（CK）；T2：在费乌瑞它收获后 7 d 用乙烯利 20 mg/kg 加热熏蒸；T3：在费乌瑞它收获后 7 d 用乙烯利 40 mg/kg 加热熏蒸；T4：在费乌瑞它收获后 7 d 用乙烯利 80 mg/kg 加热熏蒸；T5：在费乌瑞它收获后 7 d 用乙烯利 160 mg/kg 加热熏蒸。

在剔除烂薯、病薯和伤薯后，挑选粒径大小相同的块茎，7 d 后采用 0、20、40、80、160、320 mg/kg 的乙烯利配成溶液进行熏蒸。每处理 3 个重复，每重复 50 个薯块，将处理好的薯块放在阴凉通风处避光贮藏。每过 7 d 进行取样。

指标测定：（1）萌芽的观察及发芽率。发芽率：当萌芽大于或等于 2 mm 时，即视为块茎发芽；休眠期：将 80% 马铃薯发芽的日期定位该处理的发芽期，休眠期为从收获到发芽期的时间（d）。发芽后每隔 7 d 统计一次发芽率并拍照。（2）芽长测定。每 7 天用游标卡尺进行芽长值的测定。（3）过氧化物酶活性的测定[7]采用随机取样的方式，每处理取 3 个薯块，每个薯块各取芽眼处 0.5 g 作为测定部分，将取样混匀后 0.5 g 进行测定，实验设置 3 次重复。（4）α - 淀粉酶活性的测定[8]采用随机取样的方式，每处理取 3 个薯块，每个薯块各取芽眼处 0.1 g 作为测定部分，将取样混匀后 0.1 g 进行测定，实验设置 3 次重复。（5）产量测定。不同浓度乙烯利处理，3 次重复，小区面积 16 m × 1.5 m=24 m²，单垄双行种植，垄距 1 m，株距 20 cm，12 月 20 日播种，4 月 28 日收获。产量测定时从小区中选取 3 m 长测定产量，并分别随机选择 3 株记录商品薯（≥ 50 g），小薯（<50 g）数，单株结薯数，单株重以及商品薯率、折合产量。

2 结果与分析

2.1 乙烯利熏蒸对马铃薯发芽的调控作用

2.1.1 不同浓度处理对马铃薯发芽率的影响

从图 1 可看出，不同浓度的乙烯利处理对马铃薯贮藏过程中发芽率的影响各不相同，乙烯利浓度从 0 mg/kg 到 40 mg/kg，浓度越高，发芽率越高，乙烯利表现为催芽效果；而浓度从 80 mg/kg 到 160 mg/kg，浓度越高，发芽率越低，乙烯利表现为抑芽效果。40 mg/kg 的乙烯利处理有明显的打破休眠的作用，处理后的块茎休眠期打破提前 7 d，表明 40 mg/kg 的乙烯利可以打破休眠，缩短休眠期。反之，160 mg/kg 的乙烯利有一定延长休眠的作用，休眠期较对照延长 7 d，表明 160 mg/kg 的乙烯利可适当延长马铃薯的休眠。这种催芽或抑芽的效果在前期显著，随着贮藏时间的延长，效果越来越差。这表明外源乙烯利对马铃薯的作用效果持续性不强。

2.1.2 不同浓度处理对马铃薯芽长的影响

由表 1 可看出 40 mg/kg 和 160 mg/kg 乙烯利处理各发芽阶段芽长的平均增长率均高于对照，发芽率从 10% ~ 50%、50% ~ 90%、90% ~ 100% 的 3 个阶段芽长平均增长率，40 mg/kg 乙烯利处理分别为

0.237 mm/d、0.409 mm/d 和 0.551 mm/d，CK 分别为 0.176 mm/d、0.317 mm/d 和 0.411 mm/d，160 mg/kg 乙烯利处理发芽率 10% ~ 50%、50% ~ 90% 的芽长平均增长率分别为 0.189 mm/d 和 0.329 mm/d。

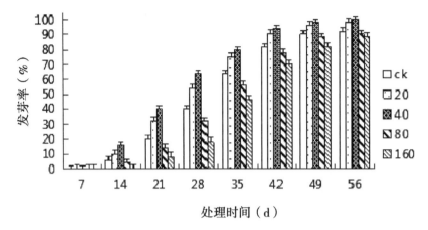

图 1 不同处理对马铃薯发芽率的影响

各个贮藏时期芽的长度 40 mg/kg > 20 mg/kg > CK > 80 mg/kg> 160 mg/kg，表明 CK ~ 40 mg/kg 乙烯利处理，浓度越高，越能促进芽长生长；80 ~ 160 mg/kg 乙烯利处理，浓度越高，越不利于芽长生长。这表明乙烯对马铃薯有催芽和抑芽的双重效果。

表 1 不同处理对马铃薯芽长的影响

处理	时间 /d							
	7	14	21	28	35	42	49	56
CK	0.00aA	1.20bAB	2.43bcBC	3.66bcB	5.88bcBC	8.10bcBC	10.32bcB	13.20bcBC
20	0.00aA	1.42abA	2.82abAB	4.17abAB	6.47bB	8.91bB	11.85bB	14.89bB
40	0.00aA	1.54aA	3.30aA	5.02aA	7.81aA	10.65aA	14.62aA	18.48aA
80	0.00aA	1.10bBC	2.10cBC	3.20cB	4.80dCD	6.94dBC	9.22cBC	11.50cBC
160	0.00aA	0.00cC	0.98dD	2.27dC	3.51eD	4.85eC	7.15dC	9.45dC

注：不同小写字母为 0.05 水平下的差异显著性，不同大写字母为 0.01 水平下的差异显著性。

2.2 乙烯利熏蒸对马铃薯酶活力的影响

2.2.1 不同处理对马铃薯过氧化物酶活力的影响

如图 2 所示，5 个处理贮藏下的马铃薯过氧化物酶（peroxidase POD）活性变化趋势基本相同，均随贮藏期的延长逐渐下降，贮藏至 56 d 时，过氧化物酶活性表现为：160 mg/kg > 80 mg/kg > CK > 20 mg/kg > 40 mg/kg，可看出在 80 ~ 160 mg/kg 的浓度范围内，浓度越高，过氧化物酶活性越高；而在 0 ~ 40 mg/kg 的浓度范围内，浓度越高，过氧化物酶活性越低。这表明 40 mg/kg 的乙烯利能缩短马铃薯的休眠期，而 160 mg/kg 的乙烯利能延长马铃薯的休眠期。

2.2.2 不同处理对马铃薯淀粉酶活力的影响

如图 3 所示，各处理下的马铃薯淀粉酶活性总体变化趋势基本相同，均随贮藏期的延长呈先升高后下降的趋势。各处理的淀粉酶活性在 0 ~ 14 d 无明显差异，40 mg/kg 处理在第 35 d 达到最大值，CK、20 mg/kg、80 mg/kg 在第 42 d 达到最大值，160 mg/kg 处理在第 49 d 达到最大值，此后淀粉酶活性快速下降。

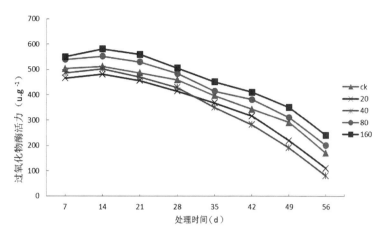

图 2　不同处理对马铃薯过氧化物酶活力的影响

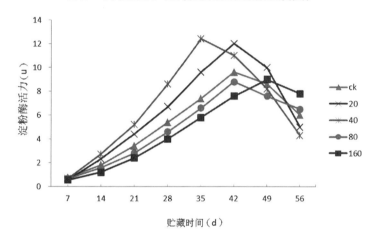

图 3　不同处理对马铃薯淀粉酶活力的影响

2.3　不同处理对马铃薯产量的影响

由表 2 可知，与 CK 相比，20 mg/kg 处理的单株结薯数比 CK 多 0.04 个，单株薯重比 CK 高 24.09 g；40 mg/kg 处理的单株结薯数比 CK 多 0.1 个，单株薯重比 CK 高 31.83 g；80 mg/kg 处理的单株结薯数比 CK 少 0.06 个，单株薯重比 CK 低 15 g；160 mg/kg 处理的单株结薯数比 CK 少 0.09 个，单株薯重比 CK 低 30.12 g；各处理的商品薯单株个数及商品薯率：40 mg/kg > 20 mg/kg > CK > 80 mg/kg > 160 mg/kg；各处理的折合亩产关系为：40 mg/kg > 20 mg/kg > CK > 80 mg/kg > 160 mg/kg。

表 2　不同处理对马铃薯产量结构的影响

处理	平均单株薯数（个）	平均单株薯重（g）	商品薯（≥ 50g）		产量（kg/666.7 m²）
			薯数（个/株）	商品薯率（%）	
CK	4.30bAB	350.58bAB	2.65bAB	61.52bcB	789.20bAB
20	4.34abAB	374.67aA	2.86abAB	65.93bAB	843.43abA
40	4.40aA	382.41aA	3.06aA	69.58aA	860.85aA
80	4.24bcB	335.58cB	2.55bcAB	60.10cBC	755.43bcB
160	4.21cB	320.46dB	2.50cB	59.4cC	721.40cB

3 讨论

本试验对费乌瑞它进行不同浓度乙烯利熏蒸处理，研究发现催芽效果最佳浓度 40 mg/kg 可使马铃薯的休眠期提前 7 d，且能提高后期产量；而抑芽效果最佳浓度 160 mg/kg，可使马铃薯的休眠期延长 7 d。马铃薯块茎休眠与休眠解除是一个极为复杂的生理过程，在马铃薯收获后需要经过一段时间才能萌芽。现普遍认为马铃薯块茎的内源激素一直参与了休眠过程的调控[9]，外源激素同样会对马铃薯贮藏产生影响，生产中常用赤霉素打破休眠，延长休眠期可采用脱落酸[10]。乙烯利熏蒸贮藏马铃薯具有方便快捷的优势，既可使马铃薯发芽，也可抑芽，因此值得更进一步的研究和推广。

乙烯利熏蒸的结果表明，在马铃薯贮藏过程中发芽与抑芽的情况，乙烯并不是"低促高抑"，即浓度越低促进发芽，而浓度越高抑制发芽。乙烯控芽与 GA、ABA 的合成与含量息息相关。20 mg/kg 处理与 CK 的休眠期、发芽率等均不显著，这可能是因为浓度太低，未能引起块茎中 GA 含量的变化；当处理浓度升高到 40 mg/kg 时，处理表现为催芽的效果即发芽率与芽长大于其他处理，这可能是因为乙烯达到可以影响块茎内 GA 含量的浓度；而随着浓度的提高，催芽效果逐渐消失，乙烯利浓度为 80 mg/kg 时，处理与 CK 差异不显著；当浓度达到 160 mg/kg 时，马铃薯发芽得到一定程度的抑制即发芽率与芽长低于其他处理，这可能是因为此时的浓度影响了块茎内 ABA 的含量。关于激素间的相互作用至今依然没有谁得出准确结论。

酶的活性变化是植物体生理活性变化的具体反映[11]。过氧化物酶活性高使 IAA 含量降低，过氧化物酶活性低则 IAA 含量增加，IAA 能够促进打破休眠[12]。这与本试验结果相吻合，贮藏前期块茎内过氧化物酶活性较高，所以块茎处于休眠状态；随着休眠的解除，酶活性逐渐降低。过氧化物酶是植物体内清除过氧化氢的关键酶。根据试验结果中过氧化物酶的活力变化，外源乙烯可能影响多种代谢过程的顺利进行，内平衡破坏，活性氧升高，因此过氧化物酶活性短暂上升。但随着贮藏时间的延长，外源乙烯的浓度降低，无法刺激代谢过程，植物代谢变为较为平衡的状态，因此过氧化物酶活性会逐渐下降。高浓度乙烯可能导致块茎产生大量自由基，活性氧升高，导致过氧化物酶活性比对照高；有研究指出，在马铃薯休眠解除的过程中，内源激动素（KT）含量有所增加，而低浓度乙烯可能使细胞分裂素增加，从而抑制细胞清除活性氧的能力，导致过氧化物酶活性比对照低[13]。

淀粉酶的作用是把不可利用的淀粉分解成可利用态的糖，在块茎萌发和芽初始生长时的异养阶段提供碳素营养和能量，当淀粉分解作用完成后芽生长逐渐进入自养，淀粉酶活性必然下降[14]。较低浓度的乙烯能促进淀粉酶的活性，而高浓度的乙烯则抑制淀粉酶的活性。在反应条件下，酶分子热运动导致其构象可能发生涨落，结构简单的疏水乙烯小分子容易渗入疏水性的淀粉酶内部，直接影响淀粉酶分子的微观结构，从而调控淀粉酶的活性。通过测定不同浓度的乙烯利熏蒸处理后的淀粉酶活性，试验结果表明：深度休眠时酶活性较低，随着休眠的解除酶活性迅速增强，随着芽进一步的生长，淀粉酶活性又逐渐下降。

有研究表明播前进行催芽处理，打破休眠期，促进幼苗早出土，促进马铃薯早出苗、出齐苗、多结薯、结大薯的关键[15]。根据试验结果，40 mg/kg 处理可适当提高单株结薯数、单株薯重、商品薯率及总产，160 mg/kg 处理的单株结薯数、单株薯重、商品薯率及总产比对照低，这可能是因为经 40 mg/kg 的乙烯利熏蒸后，马铃薯能够提前发芽，相对延长生育期，且催芽处理后能提高马铃薯出苗整齐度；而 160 mg/kg 的乙烯利熏蒸处理有抑芽效果，相对缩短生育期。

参考文献

[1] 许智宏，薛红卫 . 植物激素作用的分子机理 [M]. 2012：147-148.

[2] 赵荣秋，杨湘红 . 乙烯在种子休眠与萌发中的调控作用 [J]. 长江大学学报（自然版），2016，13（33）：47-51，56.

[3] 王伟清，程红焱 . 拟南芥突变体种子休眠与萌发的研究进展 [J]. 植物学通报，2006，23，（6）：625-633.

[4] Denny F E. Hastening the sprouting of dormancy potato tubers[J]. Am J Bot，1926，13：363-391.

[5] Burton W J. Studies on the dormancy and sprouting of potatos[J]. Planta，1985，165：118-365.

[6] Rylska I，Pappaport L，Pratt H K. Dnal effect of ethylene on potato dormancy and sprout growth[J]. Plant Physio，1974，53：658-662.

[7] 熊庆娥 . 植物生理学实验教程 [M]. 成都：四川科学技术出版社，2003：72-73.

[8] 熊庆娥 . 植物生理学实验教程 [M]. 成都：四川科学技术出版社，2003：111-112.

[9] 张丽莉，陈伊里，连勇 . 马铃薯块茎休眠及休眠调控研究进展 [J]. 中国马铃薯，2003，17（3）：352-356.

[10] 钟蕾，邓俊才，王良俊，等 . 生长调节剂对马铃薯贮藏期出芽及主要碳氮代谢物质含量的影响 [J]. 浙江大学学报，2016，42（1）：81‐88.

[11] 莫开菊 . 过氧化物酶在园艺植物研究中的应用 [J]. 四川果树，1993，21（2）：12-14.

[12] 武禄光 . 过氧化物酶在色木槭种子休眠向萌发转变中的作用 [J]. 东北林业大学学报，1987，15（6）：8-14.

[13] 吴晓玲，姚新灵，柳金凤 . 不同激素对马铃薯组培苗生长特性及酶活性的影响 [J]. 江苏农业科学，2007，（1）：85-87.

[14] 王鹏，连勇，金黎平 . 马铃薯块茎休眠及萌发过程中几种酶活性变化 [J]. 华北农学报，2003，18（1）：33-36.

[15] 申海峰 . 马铃薯催芽的几种方法 [J]. 现代农业科技，2008，（3）：59.

薄荷醇和茉莉精油对马铃薯抑芽效果研究

黄　涛，叶　旭，黄雪丽，李昕昀，梅　猛，余丽萍，邹　雪，王西瑶*

（四川农业大学农学院，四川成都　611130）

摘　要：为探究薄荷醇和茉莉精油对马铃薯块茎萌芽的影响，以费乌瑞它品种为材料，采用自然挥发处理的方式，研究在常温条件下不同用量的薄荷醇、茉莉精油对马铃薯发芽率、重量损失、淀粉含量、还原糖含量、淀粉酶活性等的影响；同时，采用体视显微镜和石蜡切片技术，对比观察块茎顶芽组织形态在贮藏期间的变化。结果表明：薄荷醇和茉莉精油可有效减少马铃薯重量损失，保持块茎中淀粉的含量，降低淀粉酶活性、还原糖含量，抑制马铃薯的萌芽；薄荷醇处理的马铃薯顶芽死亡，块茎薄壁细胞中淀粉粒含量较多；茉莉精油能有效抑制芽生长，芽后期生长正常，块茎薄壁细胞中淀粉粒的消耗较少。薄荷醇适用于马铃薯商品薯的贮藏药剂开发；茉莉精油既可用于商品薯的贮藏药剂开发，也可用于种薯的贮藏药剂开发。

关键词：马铃薯；薄荷醇；茉莉精油；贮藏；抑芽

马铃薯属鲜活农产品，贮藏过程中常发生发芽、受冻、腐烂、软缩和变绿等问题，导致品质下降，经济损失严重[1]。目前，马铃薯主要通过冷藏恒温设施和化学药剂处理贮藏，能够有效降低马铃薯贮藏期的损失，但恒温贮藏库建设成本昂贵，运行费用高，还存在低温糖化的问题，影响马铃薯的加工品质。常用马铃薯化学抑芽剂，氯苯胺灵（CIPC）过量使用存在易残留，有致癌、致畸和易引起食物慢性中毒等不安全问题，并且其破坏薯芽，不能用于种薯贮藏[2]。

植物精油作为纯天然提取产物，近年来以其具有抗氧化活性及抑菌防腐特性被广泛研究应用，在果蔬保鲜方面功效显著[3~4]。薄荷醇（MEN）是薄荷精油的主要成分之一，是医药中常用的渗透促进剂，广泛应用于经皮渗透药物和日常用品如牙膏、香水中，具有抑菌和抗氧化的作用[5]；茉莉精油（JAS）成分复杂，抑菌抗氧化性强，广泛应用于食品、医疗和日用化妆领域[6]。但这两种物质在作物上的应用，特别是在贮藏保鲜和抑制马铃薯发芽方面，鲜见报道，本研究通过研究薄荷醇和茉莉精油对马铃薯块茎贮藏中萌芽的影响，探索两种物质作为天然、安全、绿色贮藏抑芽保鲜剂的潜力。

1　材料和方法

1.1　试验材料

供试品种：马铃薯短休眠品种费乌瑞它，由四川农业大学马铃薯研究开发中心提供；薄荷醇购自西格玛奥德里奇上海贸易有限公司；茉莉精油购自吉安市国光香料厂。

基金项目：四川薯类创新团队项目（川农业函[2014]91号）。

作者简介：黄涛，男，硕士，主要从事马铃薯萌芽和栽培生理研究。E-mail：137260963@qq.com。

* 通讯作者：王西瑶，教授，主要从事马铃薯研究。E-mail：wxyrtl@163.com。

1.2 试验设计

块茎贮藏及生理指标测定。挑选新鲜收获的大小均匀，表皮完整，单薯重量 50 ~ 60 g 的马铃薯原种块茎。摊晾于阴凉通风处，愈伤处理 14 d 后进行贮藏及试验处理。室温贮藏（平均气温 15.9℃，平均相对湿度 84%）。

薄荷醇处理：每处理取薯块 2.5 kg（约 40 粒），放入体积为 5 L 的密封纸箱，薄荷醇用量为 0.5 g、1.5 g、2.5 g，纸箱内自然挥发，分别记为：MEN 0.5 g、MEN 1.5 g、 MEN 2.5 g。茉莉精油处理：每处理取马铃薯块茎 2.5 kg，放入体积为 5 L 的密封纸箱，茉莉精油用量 2.5 mL、5 mL、10 mL，分别记为：JAS 2.5 mL、JAS 5 mL、JAS 10 mL。药剂装入 10 mL 离心管，并用胶带固定在纸箱壁上。取 2.5 kg 薯块不做任何处理作为空白对照（CK1）和用 500 mg/kg CIPC（2.5% 的粉剂）喷粉处理作为阳性对照（CK2）。每处理重复 6 次，其中 3 次用于发芽率测定、失重率测定，3 次用于内部生理生化指标测定。常温贮藏 60 d，每 15 d 取样一次，每次随机取薯块 6 个，取顶芽芽眼部直径 1 cm，深 1.5 cm 圆柱形用于相关指标的测定。

块茎顶芽组织形态观察。将费乌瑞它马铃薯原原种（新鲜收获，愈伤处理 14 d）每份 80 粒（每粒 5 ~ 8 g），装入 5 L 的盒里，处理为空白对照、薄荷醇 2 g、茉莉精油 10 mL，分别记为 CK、MEN 2 g、JAS 10 mL，药剂放入盒中，自然挥发，每个处理重复 3 次。在贮藏的第 7、14 、21 、28 、35 、42 d，以芽眼为中心取直径为 5 mm 马铃薯小块，用 FAA（70% 乙醇：乙酸：甲醛 =90 ∶ 5 ∶ 5）固定 24 h，置于 4℃保存。每次取样均在体视显微镜下解剖观察马铃薯顶芽发芽情况，拍照保存。

1.3 测定指标及方法

发芽率测定：块茎中出现长于 2 mm 的芽定义为发芽，发芽率 = 发芽薯块数 / 总薯数 ×100%；失重率（%）=（g1–g2）/g1×100%，g1 为初始块茎重量，g2 为测定时薯块重量；淀粉含量测定采用碘比色法[7]；还原糖含量测定采用 3，5- 二硝基水杨酸比色法[8]；淀粉酶活性测定采用 DNS 法[8]；石蜡切片制作参考李兵等[9]使用方法。

2 结果与分析

2.1 块茎发芽动态

在常温贮藏下，薄荷醇处理马铃薯在贮藏期间的块茎形态及发芽情况见图 1。贮藏 60 d 时，薄荷醇处理马铃薯顶芽都出现坏死黑点，未见发芽。茉莉精油处理马铃薯在贮藏期间的块茎形态及发芽情况见图 2。2.5 mL、5.0 mL 处理有少许发芽，芽形态正常，10 mL 处理未见发芽。

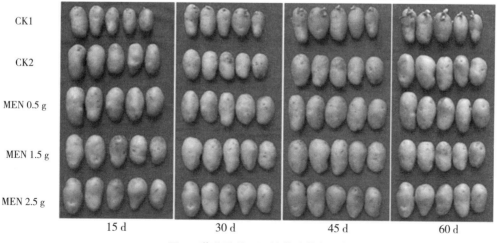

图 1 薄荷醇处理马铃薯贮藏期的抑芽情况

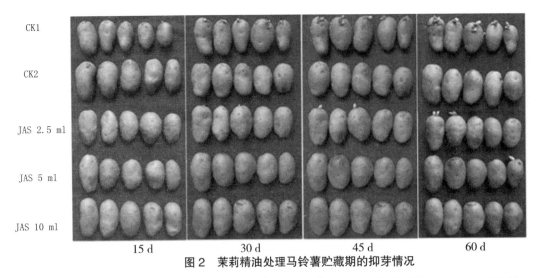

图2　茉莉精油处理马铃薯贮藏期的抑芽情况

　　根据块茎发芽统计结果，由图3可以看出，CK1在15 d时发芽率为55.60%，处理30 d后全部发芽。经CIPC处理的阳性对照CK2在前30 d未发芽，60 d贮藏期结束时，发芽率为6.70%。薄荷醇、茉莉精油与CK1相比均能降低马铃薯发芽率，3种薄荷醇浓度处理的薯块均未发芽，茉莉精油处理浓度越高，发芽率越低。30 d时，JAS 2.5 mL和JAS 5 mL处理的薯块有少量发芽，JAS 10 mL处理的薯块在60 d内均未萌芽。结果表明，在常温条件下，薄荷醇和茉莉精油均能显著抑制块茎萌芽。

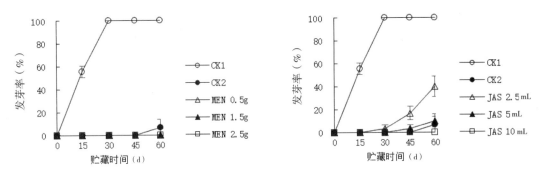

图3　不同浓度薄荷醇（左）和茉莉精油（右）处理对马铃薯发芽率的影响

2.2　不同处理下马铃薯芽的生长

　　体视显微镜观察空白对照CK的萌芽过程见图4。在贮藏21 d时即开始萌发（芽长≥2 mm），在贮藏28 d时马铃薯块茎全部萌芽。

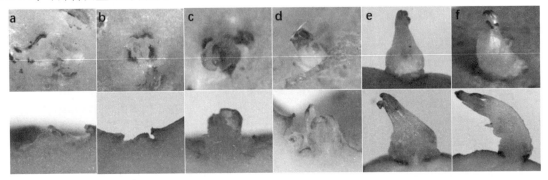

图4　空白对照CK的萌芽过程

a～f分别表示贮藏7、14、21、28、35、42 d的变化情况，上排为完整芽眼，下排为芽眼剖面。下同

薄荷醇处理的萌芽过程见图5。在7 d时，块茎芽眼部位即出现黑色，顶芽干枯，枯点逐渐扩大，在处理后期，顶芽周围的薯肉出现变黑现象，块茎上其他部位芽眼出现了同样的坏死。

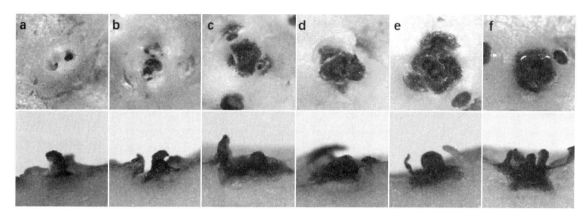

图5　薄荷醇处理后的芽坏死

茉莉精油处理的萌芽过程见图6。在贮藏过程中，顶芽保持较慢的生长速度，从扁平到突起经历35 d，到42 d时，发芽率为11%，芽的形态与对照未见明显差异。抑芽效果明显，能有效控制块茎顶芽的萌发，与对照相比能延后马铃薯发芽20 d左右。芽原基未受破坏，在后期贮藏中顶芽和侧芽均能正常萌发。

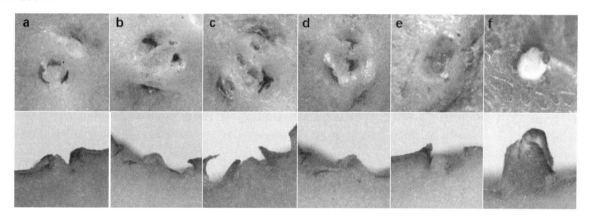

图6　茉莉精油处理后的芽变化

2.3　块茎失重率变化

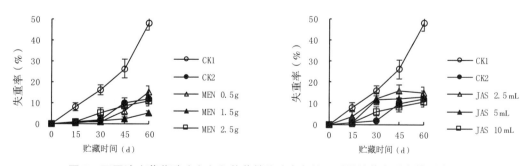

图7　不同浓度薄荷醇（左）和茉莉精油（右）处理对马铃薯失重率的影响

常温贮藏条件下,各处理马铃薯失重率变化见图7。马铃薯失重率随贮藏时间的延长而上升。CK1失重率显著高于CK2及不同浓度薄荷醇和茉莉精油处理。60 d贮藏期结束时,CK1的失重率为48.24%,而CK2的失重率为12.01%。薄荷醇处理失重率 MEN 1.5 g < MEN 2.5 g < CK2 < MEN 0.5 g < CK1,MEN 1.5 g处理失重率显著低于CK2处理。茉莉精油处理失重率,JAS 10 mL < CK2 < JAS 5 mL < JAS 2.5 mL < CK1,JAS 10 mL失重率较CK2低1.38%,差异不显著。结果表明,常温贮藏下薄荷醇和茉莉精油处理都能减少重量损失,MEN 1.5 g减少重量损失效果最佳。

2.4 不同处理对马铃薯淀粉含量的影响

整个贮藏期内,马铃薯淀粉含量表现出了先降低(0~30 d)后回升(30~60 d)的变化趋势(图8),CK1变化幅度最大,下降最多,在贮藏30 d时,其中,CK1下降了1.24%,MEN 2.5 g处理仅降低了0.26%。30 d后各处理块茎淀粉含量逐渐回升。整个贮藏期,薄荷醇处理淀粉含量CK1 < CK2 < MEN 0.5 g < MEN 1.5 g < MEN 2.5 g,各处理显著高于CK1。茉莉精油处理CK1 < JAS 2.5 mL < JAS 5 mL < CK2 < JAS 10 mL,随浓度升高效果越好。贮藏60 d时,薄荷醇3个浓度处理、JAS 10 mL的淀粉含量都比CK2高,降低淀粉消耗效果较好。

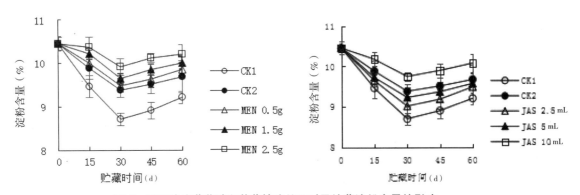

图8 不同浓度薄荷醇和茉莉精油处理对马铃薯淀粉含量的影响

2.5 不同处理对马铃薯还原糖含量的影响

由图9可见,常温条件下,整个贮藏期内,马铃薯的还原糖含量表现出了先升高(0~30 d)后降低(30~60 d)的趋势,各处理变化趋势相同。薄荷醇处理用量越高,变化幅度越小,贮藏60 d时,薄荷醇处理还原糖含量CK1 > CK2 > MEN 0.5 g > MEN 1.5 g > MEN 2.5 g,各浓度处理都显著低于CK1。茉莉精油处理中,还原糖变化仍然呈先上升后降低趋势,JAS 2.5 mL和JAS 5 mL的变化范围介于CK1与CK2之间,还原糖含量CK1 > JAS 2.5 mL > JAS 5 mL > CK2 > JAS 10 mL,JAS10 mL处理最低。两种物质都能降低还原糖含量,浓度越大,还原糖含量越低。

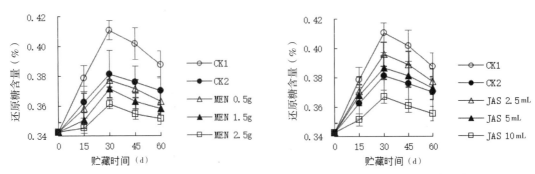

图9 不同浓度薄荷醇(左)和茉莉精油(右)处理对马铃薯还原糖含量的影响

2.6 不同处理对马铃薯淀粉酶活性的影响

由图10可以得知,整个贮藏期内,块茎的淀粉酶活性表现出了先升高后降低的趋势,在45 d时达到最大值。薄荷醇处理中,薄荷醇用量越高,淀粉酶活性越低。在贮藏60 d时,薯块淀粉酶活性表现出CK1 > CK2 > MEN 0.5 g > MEN 1.5 g > MEN 2.5 g,说明薄荷醇能显著抑制淀粉酶的活性。经茉莉精油处理的块茎淀粉酶活性在贮藏期结束时,茉莉精油浓度越高淀粉酶活性越低,JAS 10 mL处理贮藏期结束时淀粉酶活性最低,显著低于CK1。

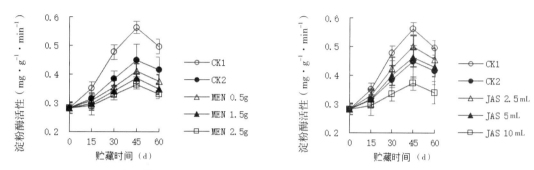

图10 不同浓度薄荷醇(左)和茉莉精油(右)处理对马铃薯淀粉酶活性的影响

2.7 石蜡切片观察不同处理薄壁细胞中淀粉粒情况

不同处理的薄壁细胞中淀粉粒分布情况见图11。薄壁细胞中淀粉粒主要呈圆形或卵圆形。对照淀粉粒小,分布较少(图11 a)。薄荷醇处理后的块茎薄壁细胞中淀粉粒充实饱满分布密集(图11 b)。茉莉精油处理后(图11 c)的马铃薯薄壁细胞中也含有大量的淀粉粒,与薄荷醇处理相似。

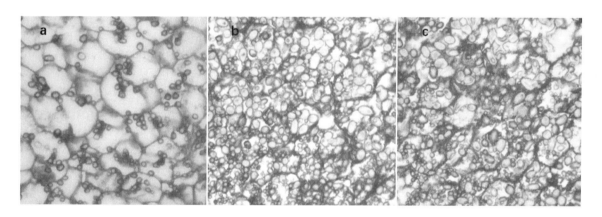

图11 不同处理的薄壁细胞中淀粉粒分布情况

a ~ c分别表示贮藏42 d时CK,MEN 2 g,JAS 10 mL处理马铃薯薄壁细胞中淀粉粒情况

3 讨论

CIPC作为应用广泛的马铃薯抑芽剂,会杀死马铃薯块茎芽分生组织,显著降低马铃薯的重量损失和其生理代谢活动,本试验结果与前人研究一致[10 ~ 12]。本研究中,薄荷醇和茉莉精油两种新型马铃薯抑芽剂处理马铃薯块茎后,马铃薯失重率和发芽率都降低,减少了贮藏中马铃薯的损失。进一步分析发现,两种药剂处理后马铃薯块茎淀粉含量下降减速,还原糖含量变化幅度缩小,淀粉酶活性较对照低,石蜡切片也发现淀粉粒消耗较少,说明两种药剂都能抑制马铃薯生理活动水平,并且一定含量的两种物质在多项指标上均表现为抑芽效果优于CIPC。这种抑芽效果也优于其他植物精油在马铃薯上的

应用[13~15]，与浓度和药剂本身效果可能都有关系。

本试验对照顶端分生组织发育以及淀粉粒变化与文义凯等[16]研究基本一致，但虽使用相同品种，本试验薯块休眠期约短 10 d，可能与株系、薯块大小和贮藏环境不同有关。本实验经薄荷醇和茉莉精油处理后的马铃薯块茎萌发都受到抑制，但是体视显微观察推断两种物质抑制马铃薯发芽的作用机理不同。薄荷醇处理后 7 d，即可观察到芽生长锥消失，芽眼部位变黑、干枯，芽形态畸形，在后续贮藏中整个块茎都无芽的萌发，且薯肉中淀粉粒含量较多。薄荷醇能够改变角质层细胞磷脂双分子层致密结构，增加其流动性，从而改变皮层透性[17]，而持续高浓度的薄荷醇涂抹处理会导致家兔破损皮肤产生鳞屑和结构变化[18]。马铃薯芽眼部位是角质层相对薄弱的位置，持续暴露在高浓度的薄荷醇环境下，可能是导致其芽死亡的原因。普红梅使用浓度 20 ~ 80 μL/L 薄荷精油处理马铃薯，发现浓度越高，抑芽效果越好，未报道芽是否死亡，可能与其使用精油浓度较低有关，其认为发挥抑芽作用的是薄荷精油的主要成分香芹酮，由此推断其使用的精油可能是绿薄荷提取的精油，薄荷醇只是其少量组分之一，而非主要成分是薄荷醇的薄荷提取的精油[15, 19]。P. Teper-Bamnolker 等[20]研究发现绿薄荷精油及其主要成分 R- 香芹酮在马铃薯抑芽上有相同的效果，30 μL/kg 的绿薄荷精油和 4.5 uL/L R- 香芹酮都会抑制马铃薯萌芽，并且都造成芽的死亡，结合本试验推断薄荷精油中的薄荷醇和绿薄荷中的 R- 香芹酮在马铃薯抑芽上有相似的效果。茉莉精油处理的马铃薯块茎休眠期明显延长，随着时间的推移，部分块茎开始萌发，相比对照，芽的生长出现延缓的现象，但芽形态正常，顶芽和侧芽均可正常萌发，未见与对照明显差异，可以作为种薯贮藏控芽剂。薄荷醇和茉莉精油处理马铃薯后，虽然淀粉、还原糖含量和淀粉酶活性，以及淀粉粒数量形态出现相似的变化趋势，但从体视显微观察结果推断其更深层次的作用机制并不相同。薄荷醇和茉莉精油的具体分子机制，有待进一步研究。

4　结论

常温贮藏条件下，薄荷醇和茉莉精油均能有效抑制块茎发芽，降低淀粉酶活性、还原糖含量，保持马铃薯块茎中淀粉含量，减少块茎重量损失，保持了马铃薯的贮藏品质和良好的商品性。薄荷醇处理会造成马铃薯芽死亡；茉莉精油能有效抑制芽生长，不破坏芽原基，芽的后期生长正常。因此，薄荷醇适用于商品薯的贮藏药剂开发，茉莉精油既可用于商品薯的贮藏药剂开发，亦可用于种薯的贮藏药剂开发。

参考文献

[1] 田甲春，田世龙，程建新，等 . 贮藏温度对马铃薯品质和采后生理的影响 [J]. 保鲜与加工，2017，17（3）：16-20.

[2] PAUL V，EZEKIEL R，PANDEY R. Sprout suppression on potato：need to look beyond CIPC for more effective and safer alternatives[J]. Journal of Food Science and Technology，2016，53（1）：1-18

[3] 宋姝婧，王晓拓，王志东，等 . 5 种植物精油对樱桃番茄常温保鲜效果的影响 [J]. 核农学报，2015，29（5）：932-939.

[4] 吴新，金鹏，孔繁渊，等 . 植物精油对草莓果实腐烂和品质的影响 [J]. 食品科学，2011，32（14）：323-327.

[5] 兰颐，王景雁，陶野，等 . 薄荷油与薄荷醇促进中药成分经皮吸收的对比研究 [J]. 中国中药杂志，2016，41（8）：1516-1522.

[6] 徐晓俞，李爱萍，郑开斌，等 . 茉莉花香气成分及其加工应用研究进展 [J]. 中国农学通报，

2017，33（34）：159–164.

[7] 张治安，张美善，蔚荣海，等 . 植物生理学实验指导 [M]. 北京：中国农业科学出版社，2004：73–74.

[8] 李合生，孙群，赵世杰，等 . 植物生理生化实验原理和技术 [M]. 北京：高等教育出版社，2000：197–199，169–172.

[9] 李兵，李登弟，张杰，等 . 植物树脂半薄切片染色方法的改进 [J]. 植物生理学报，2011，47（12）：1207–1212

[10]　　　刘芳，李喜宏，韩聪聪，等 . 氯苯胺灵对马铃薯品质的影响 [J]. 食品科技，2016，41（10）：28–32.

[11] 张欣，张丙云，田世龙，等 . CIPC 对贮藏期间马铃薯不同部位酶活性的影响 [J]. 食品工业科技，2013，34（19）：316–319.

[12] 程建新 . CIPC 对马铃薯块茎的抑芽效果及部分机理的研究 [D]. 甘肃农业大学，2012.

[13] 李永才，毕阳 . 几种新型马铃薯抑芽剂效果评价 [J]. 中国农学通报，2012，28（6）：135–139.

[14] 王学贵，沈丽淘，姚建洪，等 . 几种精油对马铃薯种薯储藏期的生理生化影响（英文）[J]. 植物保护学报，2016，43（2）：300–306.

[15] 普红梅，杨万林，刘凌云，等 . 薄荷精油对不同基因型马铃薯原原种的抑芽效果 [J]. 中国蔬菜，2016（10）：67–70.

[16] 文义凯，刘柏林，卢蔚雯，等 . 马铃薯块茎休眠解除过程的形态学观察与鉴定 [J]. 中国马铃薯，2013，27（1）：14–18.

[17] 薛漫清，梁庆，黄钊，等 . 利用 ATR–FTIR 变化探讨薄荷醇对皮肤角质层结构的影响 [J]. 中草药，2012，43（12）：2474–2477.

[18] 王晖，陈丽，张瑞涛，等 . 薄荷醇的皮肤安全性评价 [J]. 中药药理与临床，2008（3）：32–35.

[19] 李慧，白红彤，王晓，等 . 椒样薄荷、薄荷和苏格兰留兰香精油与抗生素的协同抑菌功能 [J]. 植物学报，2011，46（1）：37–43.

[20]TEPER-BAMNOLKER P，DUDAI N，FISCHER R，et al. Mint essential oil can induce or inhibit potato sprouting by differential alteration of apical meristem[J]. Planta，2010，232（1）：179–186.

植物源抑芽物质对延长甘薯贮藏期的作用效果

丁　凡[1]，邹　雪[1, 2]，余韩开宗[1]，罗万宇[2]，陈年伟[1]，刘丽芳[1]，余金龙[*]，王西瑶[2]

（1. 绵阳市农业科学研究院，四川绵阳　621023；2. 四川农业大学农学院，四川成都　611130）

摘　要： 为探寻延长甘薯块根贮藏期的方法，以萌芽性好的绵 12-25-1 和耐贮藏紫肉品种绵紫薯 9 号块根为材料，用常规抑芽剂氯苯胺灵（CIPC）、源于植物的挥发性物质薄荷醇（MEN）和香芹酮（CAR）处理，比较它们对延长块根贮藏期的效果。结果表明，CIPC、MEN、CAR 3 种试剂均能抑制甘薯块根芽的生长，抑芽能力大小依次为 CAR>MEN>CIPC。芽的生长被抑制后可以减少块根的物质消耗，使重量损失降低，贮藏 150 d 时，经 CAR 处理的甘薯块根的重量损失仅为对照组的 46.40%；贮藏期间甘薯块根干物质中的淀粉含量整体呈下降趋势，但抑芽处理组的淀粉含量下降缓慢，尤其是经 CAR 处理的甘薯块根的淀粉含量，在贮藏 150 d 时，两材料分别比对照组高出 34.57% 和 24.82%；抑芽处理能不同程度地延缓甘薯块根可溶性糖、花青素的代谢消耗，延缓能力与抑芽能力呈正相关，150 d 时 CAR 处理的绵紫薯 9 号花青素含量比对照高 22.06%。抑芽处理对 α - 淀粉酶活性影响弱，但能刺激与抗逆相关的过氧化物酶 POD 活性显著升高。结论表明，CAR 用量低且环境友好，对抑制甘薯块根萌芽、保持块根品质的效果最显著，具有应用于延长甘薯贮藏期的潜力。

关键词： 甘薯；贮藏；抑芽；香芹酮；品质

甘薯为旋花科番薯属植物，起源于热带南美洲，我国甘薯的总面积和总产量均居世界首位。甘薯块根既能鲜食也可用于加工成粉丝、薯脯，还能作为饲料和工业原料生产乙醇和变性淀粉。但由于甘薯块根无休眠期，温度适宜即可萌芽，故每年因贮藏不当引起的甘薯块根霉烂变质的经济损失约达 15%，且萌芽会导致甘薯干物质减少 50% 以上，淀粉消耗约有 80%[1 ~ 2]。

甘薯块根水分含量高，对贮藏温度比较敏感，可在 16 ~ 35 ℃范围内萌芽，贮藏温度越高，萌芽越快，消耗的营养成分也越多。低温贮藏有利于保证甘薯块根的新鲜度，但甘薯块根本身不耐低温，贮藏温度低于 9 ℃便易出现冷害现象[2 ~ 3]。研究表明，甘薯块根的最适贮藏温度一般在 10 ~ 13 ℃，但实际上，贮藏环境很难长期满足这一条件或需要增加成本来维持[4]。抑制甘薯块根萌芽，是保证其品质、延长贮藏期，实现长期供应的有效方式。

目前用于抑制块根、块茎萌芽的方法可以分为物理法和化学法。辐照处理可以抑制马铃薯、甘薯发芽，但对保持品质的效果不理想；化学试剂乙烯、1- 甲基环丙烷等处理马铃薯和甘薯存在加速细胞衰老和腐烂问题[5 ~ 8]。已知氯苯胺灵（3- 氯氨基甲酸异丙基酯，CIPC）是世界范围内用于马铃薯贮藏

基金项目： 四川薯类创新团队项目（川农业函 [2014]91 号）；国家甘薯产业技术体系（CARS-10-C-22），四川省科技成果转化项目（17NZZH0038）。

作者简介： 丁凡，男，高级农艺师，主要从事薯类育种与栽培技术研究。E-mail：38862234@qq.com。

* 通讯作者： 余金龙，男，研究员，主要从事甘薯育种和栽培研究。E-mail：jinlongyu004@163.com。

的抑芽剂，CIPC 属低毒类物质 [LD$_{50}$（小鼠）>2 000 ~ 4 200 mg/kg 体重]，在马铃薯中的使用浓度一般为 30 ~ 60 mg/kg。随着人们对食品安全的重视，在欧盟、德国、加拿大等国家均制定了严格的残留限度（5 ~ 15 mg/kg），市场可接受度也一直在下降 [9 ~ 10]。将 CIPC 用于甘薯贮藏能明显抑制发芽，贮藏 20 d 时，发芽率仅 22.22%，但要达到这种效果所需的 CIPC 浓度高达 400 mg/kg，约为马铃薯常规用量的 10 倍，另一方面，高浓度的 CIPC 会加重甘薯腐烂 [11] 化感物质是植物向环境中释放的并对周围植物产生有害或有利影响的一些次生代谢物质，能影响种子萌发、幼苗生长和开花结实等 [12 ~ 13]。研究表明从一些芳香植物中提取的精油对马铃薯块茎萌芽具有不同程度的抑制作用。薄荷、芫荽和尤加利精油处理马铃薯块茎 10 d 后均能不同程度地延缓发芽 [14]。研究表明，留兰香精油及其主要成分香芹酮能抑制马铃薯块茎发芽以及真菌和细菌活性，并且开发出新型安全抑芽产品，是未来极有潜力的绿色安全控芽剂 [15 ~ 17]。目前这些来源于植物的挥发性抑芽物质对甘薯的抑芽效果和品质影响未知。

本试验以 CIPC 为阳性对照，选用薄荷精油中的主要成分薄荷醇（2- 异丙基 -5- 甲基环己醇，MEN）、留兰香精油中的主要成分 R- 香芹酮（2，3- 二甲基 -5- 异丙烯基 - 环己酮 -1，CAR）处理甘薯块根，探讨 MEN、CAR 对延长甘薯块根贮藏期的作用效果，以期为甘薯保鲜贮藏提供一定参考。

1 材料与方法

块根萌芽性好的甘薯绵 12-25-1、耐贮藏的紫肉甘薯品种绵紫薯 9 号，由绵阳市农业科学研究院提供。氯苯胺灵（97%，固体）、薄荷醇（98%，固体）、R- 香芹酮（98%，液体）购自美国 Sigma-Aldrich。

2016 年 11 月初收获后挑选整齐、健康的甘薯块根，甘薯绵 12-25-1、绵紫薯 9 号各选取 18 ~ 21 块共放置在 20 L 的塑料箱，每箱约 5 kg。根据文献报道 [11] 及前期预试验，设置 500 mg/kg CIPC（试剂与块根重量比）、100 mg/kg MEN（试剂与块根重量比）、100 μL/kg CAR（试剂与块根的体积和重量比）3 组处理，每处理包括 5 箱；以未添加试剂组作为空白对照（control，CK）。将自制加热设备调至 250 ℃使原样试剂直接雾化，并在塑料箱中密闭循环 5 min 后，四周各开直径 3 cm 小孔以便甘薯块根透气、透水。为尽早观察试验效果，将塑料箱放置在温度 23 ℃ ±2 ℃，湿度 55% ~ 65% 的环境中（此条件有利于甘薯块根萌芽），贮藏时间为 2016 年 11 月 15 日至 2017 年 4 月 20 日。

各项指标的测定 （1）外观：处理后贮藏 3 d，在各试验箱取样，取薯块根痕部位切开，用 OLYM-PUS SZ51 型体视镜（日本奥林巴斯）观察并拍照保存。（2）重量损失率：分别于贮藏第 0、30、60、90、120、150 d 进行整箱称重，计算重量损失。同时取样以测定其他指标。（3）淀粉含量的测定：每处理取 6 个薯块切成 2 ~ 3 mm 薄片于 105 ℃杀青 20 min，80 ℃烘至恒重。粉碎干样后过 150 μm 孔径网筛，碘比色法测定淀粉含量。（4）可溶性糖含量的测定：称取上述粉末 0.1 g，用蒽酮比色法测定可溶性糖含量。（5）α- 淀粉酶活性的测定：用直径 7 mm 的打孔器从薯块中部取样，称取 1 g 冰上研磨提取，定义与 0 号对照管的 A$_{620}$ 差值每减少 0.1 为 1 个酶活力单位。（6）过氧化物酶活性的测定：愈创木酚法测定过氧化物酶（POD）活性，称取 1 g 冰上研磨提取，每分钟 A$_{470}$ 变化 0.01 为 1 个酶活力单位。上述测定和计算方法参考熊庆娥等 [18 ~ 19]。（7）花青素含量的测定：称 0.2 g 干粉，用柠檬酸 - 磷酸氢二钠缓冲液（pH 值 3.0）提取花青素，测定 OD$_{525}$ 吸光度，以 958 为吸光度转换为质量体积比的经验系数 [20]。

2 结果与分析

2.1 不同处理下贮藏期间甘薯的萌芽情况

甘薯绵 12-25-1 的萌芽性较好，田间收获时就开始发芽，开始贮藏时的平均发芽率已达 23.91%，温室中贮藏使得发芽速率增快；绵紫薯 9 号属耐贮藏品种，在温室中放置 7 d 只有少量薯块发芽。由图 1 可知，抑芽物质对甘薯块根的抑芽能力大小为 CAR > MEN > CIPC。CAR 处理组甘薯块根芽及分生组织整体死亡，MEN、CIPC 处理组中的甘薯块根芽只是顶端被不同程度破坏但芽内部结构还在。抑芽物质不仅对甘薯块根长出的芽有抑制作用，同时也会影响芽的形成。由表 1 可知，贮藏第 7 d，绵 12-25-1 的发芽率达到了 66.70%，各处理都能极显著抑制发芽，但随着贮藏时间的增加发芽率也在明显上升，30 d 时 CIPC 和 MEN 的发芽率均已超过 50%，90 d 时所有处理均发芽，但芽或畸形只有 2 ~ 3 mm 并不能正常生长或死亡。各处理对耐贮藏品种绵紫薯 9 号的抑制效果更佳，贮藏 90 d 时，CK 发芽率达 96.25%，已展叶生长超 50 mm，而 CIPC 处理的薯块无发芽迹象，CAR 和 MEN 处理发芽率低，且都仅是芽点或死亡的芽组织。处理 3 d 后的体视镜检表明 MEN 和 CAR 的抑芽能力强于 CIPC，但在贮藏后期对绵紫薯 9 号的抑芽效果却弱于 CIPC 处理，推测是 CAR、MEN 具有挥发性，而该品种发芽晚，中后期试剂挥发使得有效浓度降低所致。

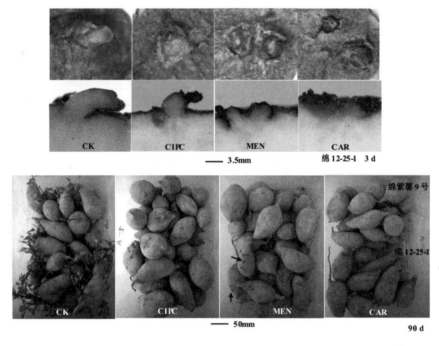

图 1　不同处理对甘薯萌芽的影响

箭头表示贮藏 90 d 后 MEN 处理组绵 12-25-1 长出的畸形芽

表 1　贮藏期间不同处理对甘薯发芽率的影响（%）

品种	贮藏时间（d）	对照组	CIPC 处理组	MEN 处理组	CAR 处理组
绵 12-25-1	0	23.29 ± 2.02 A	23.68 ± 2.28 A	23.33 ± 5.77 A	25.33 ± 2.88 A
	7	66.70 ± 1.71 A	44.12 ± 3.76 B	36.67 ± 2.89 BC	28.33 ± 7.64 C
	30	100 A	52.54 ± 2.50 C	68.33 ± 7.64 B	36.67 ± 7.64 D
	90	100 A	100 A	100 A	100 A
绵紫薯 9 号	0	0 A	0 A	0 A	0 A
	7	23.33 ± 2.89 A	0 B	0 B	0 B
	30	50.42 ± 5.64 A	0 B	0 B	0 B
	90	96.25 ± 3.31 A	0 C	20.95 ± 2.52 B	13.33 ± 2.89 B

注：同一行不同大写字母表示差异极显著（P < 0.01）。

2.2 不同处理下贮藏期间甘薯重量损失率的变化

贮藏期间，甘薯块根的重量损失主要包括呼吸、芽生长消耗、水分散失等。由图 2 可知，随贮藏时间增加，甘薯块根重量不断下降，重量损失均呈升高趋势。三种试剂能不同程度抑制芽的生长，从而减少物质消耗，在贮藏后期各处理组的重量损失均极显著低于对照。贮藏 150 d 时对照重量损失率高达 30.71%，抑芽效果最好的 CAR 处理组损失率最低，只有 11.72%，只占对照损失的 46.40%。贮藏 90 d 时绵 12-25-1 腐烂率有 5.01%，CIPC、MEN 处理使腐烂率分别上升到 6.93% 和 9.61%，CAR 处理组的腐烂率与对照无显著差异；绵紫薯 9 号所有处理组在整个贮藏期间均无任何腐烂，属耐贮藏品种（数据未列出）。由两材料的腐烂情况对比可以看出，甘薯块根腐烂与基因型密切相关，若块根本身有腐烂，外源抑芽处理会加剧这一情况，但不会主动引起块根腐烂。

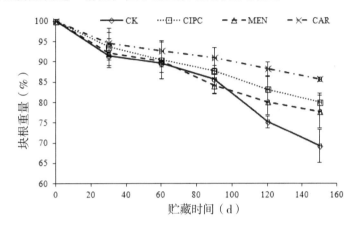

图 2　贮藏期间不同处理对甘薯块根重量损失率的影响

2.3 不同处理下贮藏期间甘薯品质的变化

2.3.1 贮藏期间不同处理对甘薯淀粉含量的影响

由图 3 可知，贮藏 0 d 时绵 12-25-1 的淀粉含量高达 71.86%，极显著高于绵紫薯 9 号（$P < 0.01$）；两材料淀粉含量均随贮藏时间的延长而下降，最大降幅出现的时间点分别在贮藏 90 d 和 120 d，与它们的发芽和旺盛生长时间差异相关。各处理组绵 12-25-1、绵紫薯 9 号的淀粉含量也呈下降趋势，但与对照组相比各处理组均有减缓两材料淀粉含量下降的作用，其中 CAR 处理组的效果最佳。各处理组保持块根淀粉含量的能力在绵 12-25-1 中更显著，90 d 时处理组的淀粉含量均保持与贮藏起始相似的水平，而此时对照已下降到 48.06%，150 d 时 CAR 处理组的淀粉含量保持最高，比同时期对照高 34.57%，并显著高于另两处理（$P < 0.05$）。

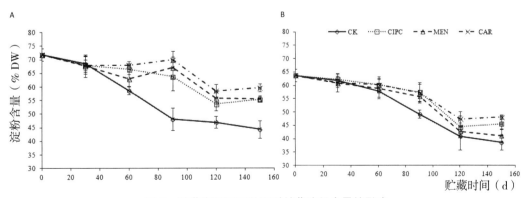

图 3　贮藏期间不同处理对甘薯淀粉含量的影响

A：为甘薯绵 12-25-1；B：为绵紫薯 9 号。下同

2.3.2　贮藏期间不同处理对甘薯可溶性糖含量的影响

与淀粉含量相反，可溶性糖含量在绵紫薯 9 号中极显著高于绵 12-25-1（$P < 0.01$），是其 1.52 倍。随贮藏时间延长，对照组和各处理组绵 12-25-1、绵紫薯 9 号的可溶性糖含量均呈波动下降趋势，各处理组的可溶性糖含量在贮藏后期高于对照组。绵 12-25-1 的可溶性糖含量在 30 d 时升高到最大值，各处理组能推迟最高值出现的时间，其中 CIPC 和 MEN 在 60 d 达最大值，而抑芽能力最强的 CAR 处理组则在 90 d 出现峰值。可溶性糖峰值出现的时间差异从侧面反映出抑芽差异对块根生理状态影响的不同。绵紫薯 9 号的 MEN 处理组可溶性糖含量的变化与对照的相似，呈平稳下降；CIPC 和 CAR 则在 120 d 时达到峰值再下降。

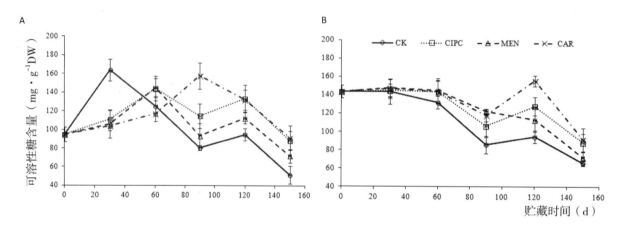

图 4　贮藏期间不同处理对甘薯可溶性糖含量的影响

2.3.3　贮藏期间不同处理对绵紫薯 9 号花青素含量的影响

对照和各处理组绵紫薯 9 号干粉中的花青素含量在贮藏 60 d 内变化不明显，但随后均呈快速下降趋势（图 5）。对照组至贮藏 90 d 时降幅最大，花青素含量仅为初始含量的 64.29%；各处理组的花青素含量在贮藏中、后期均高于同时期对照的，150 d 时 CIPC、MEN、CAR 的花青素含量分别比对照高出 23.83%、7.44% 和 22.06%，即抑制块根发芽生长有利于延缓花青素消耗。

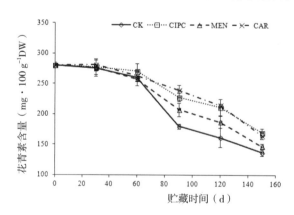

图 5　贮藏期间不同处理对绵紫薯 9 号花青素含量的影响

2.4　贮藏期间不同处理下甘薯酶活性的变化

2.4.1　贮藏期间不同处理对甘薯 α - 淀粉酶活性的影响

淀粉酶通过将淀粉分解为小分子糖类，为甘薯萌芽和生长提供能量。由图 6 可知，贮藏期间，无论是对照组还是各处理组，萌芽性好的甘薯材料绵 12-25-1 α - 淀粉酶活性均极显著高于耐贮藏品种绵紫薯 9 号的活性（$P < 0.01$），最高可达 4.90 倍。绵 12-25-1 的酶活性在对照组和各处理组均随时间呈下降趋势，而各处理组促进酶活性下降 在 120 d 时均显著低于对照（$P < 0.05$），以 CIPC 组的作用最为显著其余时间点与对照差异不显著。绵紫薯 9 号的 α–淀粉酶活性在对照组和各处理组中均随时间呈升高趋势，各处理组有促进酶活性升高的作用，但与对照差异不显著。α–淀粉酶活性在两甘薯材料中的变化趋势相反，推测绵 12-25-1 萌芽早，贮藏后期块根逐渐老化，而绵紫薯 9 号萌芽晚，在贮藏中、后期正是幼苗旺盛生长阶段造成。

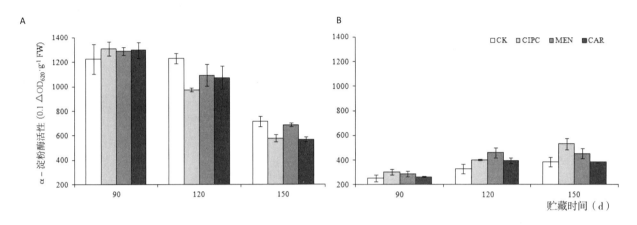

图 6　贮藏期间不同处理对甘薯 α–淀粉酶活性的影响

2.4.2　贮藏期间不同处理对甘薯 POD 活性的影响

POD 作为活性氧清除系统中的关键酶，能减轻盐、干旱等外界胁迫产生的活性氧或自由基对细胞膜系统的伤害，是重要的防御酶类[21]。在贮藏期间，各处理组在两材料中均刺激甘薯 POD 活性出现极显著高于同期对照的情况（$P < 0.01$），但变化无明显规律。90 d 时绵 12-25-1 的 CAR 处理组活性最高，是对照的 1.39 倍，120 d 和 150 d 时 CAR 与 CIPC 处理组的活性相似均高于 MEN 处理组和对照，。在 90 d 时处理组的绵紫薯 9 号 POD 活性均高于对照，其中 CIPC 组活性最高，比对照高 36.83%，而 CAR 处理与对照差异不显著；120 d 时 CIPC 和 MEN 处理组的 POD 活性下降略低于对照，而 CAR 的相较于对照升高 22.48%；150 d 时对照和处理组差异不显著。POD 是重要的防御酶类，其活性的升高说明块根在贮藏期间受到各处理的抑制作用后产生了抗逆反应。

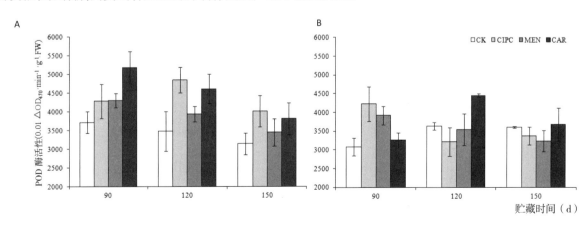

图 7　贮藏期间不同处理对甘薯 POD 活性的影响

3 讨论

大多数化感物质对种子萌发和生长均有一定的抑制作用，从防风草中提取的精油能抑制杂草胚根、幼苗伸长及其干重积累[22]。研究表明，化感物质绿原酸、咖啡酸和儿茶酚等通过抑制磷酸化酶、蛋白水解酶、淀粉酶的活性降低物质代谢、能量供应以抑制发芽[13, 23]。薄荷醇和香芹酮作为芳香植物中的挥发性次生代谢物，可用作牙膏、口香糖、饮料、糖果和香水等的赋香剂，被广泛应用于食品和化工领域。研究表明薄荷醇和香芹酮会引起马铃薯块茎芽分生组织顶端的膜损伤而抑制发芽直至芽死亡[16~17]，可以作为环境友好型的抑芽物质，具有开发绿色安全控芽剂的潜力。在本试验中，将薄荷醇、香芹酮分别用于处理甘薯块根，结果表明，两者均可抑制甘薯发芽，在体视镜下可观察到芽顶端生长点坏死到整个芽死亡的过程，与抑制马铃薯块茎发芽的过程相似，推测它们对块茎、块根发芽的抑制作用具有相似性。

贮藏过程中，甘薯块根由于呼吸作用和发芽会消耗其水分和淀粉，且水分的消耗快于淀粉，故选用鲜样测定淀粉含量，测定值会偏高[24]。本研究中，选择干样测定，一定程度上去除了水分变化的影响提高了结果的可信度。谢逸萍等[25]测定5个甘薯品种在13 ℃±1 ℃贮藏120 d的变化，发现淀粉含量降幅0.14 %～10.80 %不等。而本试验在23 ℃±2 ℃下贮藏，绵12-25-1和绵紫薯9号的对照在120 d时下降达34.62%和35.85%，远高于13 ℃±1 ℃的，说明高温加快了块根的呼吸和发芽使得淀粉消耗加剧。抑芽物质处理在抑制甘薯发芽的同时极显著地延缓了的淀粉下降速率，对于保持淀粉含量作用明显，以CAR效果最佳，120 d时只下降17.01%。推测CAR处理若结合更低一些的温度贮藏，在保持品质上效果更佳。

淀粉酶分解淀粉为小分子糖类，为甘薯萌芽和生长提供能量，因此研究认为高淀粉酶活性是薯块发芽的正常反应[26~27]。易穗上发芽水稻品种在萌芽过程中 α-淀粉酶活性、可溶性糖、可溶性蛋白和水分含量比不易穗上发芽品种的相对较高[28]。这与本试验中耐贮藏甘薯品种绵紫薯9号的 α-淀粉酶活性远低于萌芽性好的材料绵12-25-1的特点相符，从延缓萌芽培育耐贮藏品种角度考虑，筛选低淀粉酶材料可以作为选择指标之一。甘薯块根无休眠期，在西南丘陵区11月初收获时因温度限制而进入强制休眠，但在田间收获时发现绵12-25-1不同于其他材料，薯块打破了温度限制已大量发芽。已知种子发芽需要内源赤霉素促进淀粉酶合成，对马铃薯的研究表明赤霉素诱导块茎休眠解除与促进 α-和 β-淀粉酶编码基因的转录本聚集相关[29]，高 α-淀粉酶活性且易萌芽的绵12-25-1块根内部是否合成了较高浓度的赤霉素，抑芽处理组延缓淀粉下降的同时是否也抑制了赤霉素的合成，还有待研究。

表达Cu/Zn SOD和APX基因的转基因甘薯在盐胁迫下表现为叶片抗氧化酶系统的POD、SOD等酶活性均高于未转基因甘薯，并提高了转基因甘薯的耐盐性[30]。香芹酮、丁香酚处理马铃薯块茎在抑制芽生长的同时引起POD酶活性在不同时间提高，升高程度与浓度呈正相关[31]。这一结果与本试验各抑芽处理组能不同程度提高块根POD活性一致，推测外源抑芽物质处理引起了块根代谢紊乱活性氧升高，提高活性氧清除系统中的关键酶POD活性是一种保护机制。

4 结论

CAR、MEN、CIPC 3种试剂均具有抑制甘薯块根发芽的作用，抑芽能力大小为CAR.>MEN>CIPC。CIPC用于抑制发芽所需的浓度过高，不适用于甘薯贮藏保鲜；CAR抑制芽生长的效果最佳，能降低甘薯块根的重量损失，对保持淀粉含量效果极显著，同时能延缓可溶性糖和花青素的耗损。故从抑芽能力和环境安全角度考虑，来源于植物且用量低、抑芽效果稳定的CAR更适用于延长甘薯贮藏期。

参考文献

[1] 袁宝忠. 甘薯栽培技术 [M]. 北京：金盾出版社，2006.

[2] 张有林，张润光，王鑫腾. 甘薯采后生理、主要病害及贮藏技术研究 [J]. 中国农业科学，2014，47（3）：553-563.

[3] 董顺旭，李爱贤，侯夫云，等. 北方甘薯安全贮藏影响因素的研究进展 [J]. 山东农业科学，2013，45（12）：123-125，130.

[4] 史光辉，胡志和，吴子健，等. 贮藏温度对 3 种甘薯品质的影响 [J]. 核农学报，2015，29（3）：0493-0498.

[5] Mahto R，Das M. Effect of gamma irradiation on the physic-mechanical and chemical properties of potato（Solanum tuberosum L.），cv. 'Kufri Sindhuri'，in non-refrigerated storage conditions [J]. Postharvest Biology and Technology，2014，92（1）：37-45.

[6] 刘红锦，王炜，李鹏霞，等. 辐照处理对 2 种甘薯的保鲜效果 [J]. 江苏农业学报，2011，27（1）：160-163.

[7] Lu Z H，Donner E，Yada R Y，et al. Impact of γ-irradiation，CIPC treatment，and storage conditions on physicochemical and nutritional properties of potato starches[J]. Food Chemistry，2012，133（4）：1188-1195.

[8] Foukaraki S G，Cools K，Chope G A，et al. Impact of ethylene and 1-MCP on sprouting and sugar accumulation in stored potatoes[J]. Postharvest Biology and Technology，2016，114：95-103.

[9] Daniels-Lake B J，Pruski K，Prange R K. Using ethylene gas and chlorpropham potato sprout inhibitors together [J]. Potato Research，2011，54（3）：223-236.

[10] Huang Z，Tian S，Ge X，et al. Complexation of chlorpropham with hydroxypropyl-β-cyclodextrin and its application in potato sprout inhibition[J]. Carbohydrate Polymers，2014，107（107）：241-246.

[11] 王雪姣. 甘薯保鲜新技术研究 [D]. 山东农业大学，2016：14，32-33.

[12] Pergo É M，Ishii-Iwamoto E L. Changes in energy metabolism and antioxidant defense systems during seed germination of the weed species Ipomoea triloba L. and the responses to allelochemicals[J]. Journal of Chemical Ecology，2011，37（5）：500-513.

[13] Shankar R M，Veeralakshmi S，Sirajunnisa A R，et al. Effect of Allelochemicals from Leaf Leachates of Gmelina arborea on Inhibition of Some Essential Seed Germination Enzymes in Green Gram，Red Gram，Black Gram，and Chickpea[J]. International Scholarly Research Notices，2014，2：1-7.

[14] Gómez-Castillo D，Cruz E，Iguaz A，et al. Effects of essential oils on sprout suppression and quality of potato cultivars[J]. Postharvest Biology and Technology，2013，82（1）：15-21.

[15] Hartmans K J，Diepenhorst P，Bakker W，et al. The use of carvone in agriculture：sprout suppression of potatoes and antifungal activity against potato tuber and other plant diseases[J]. Industrial Crops and Products Applications，1995，4（1）：3-13.

[16] Oosterhaven K，Poolman B，Smid E J. S-carvone as a natural potato sprout inhibiting，fungistatic and bacteristatic compound[J]. Industrial Crops and Products Applications，1995，4（1）：23-31.

[17] Teper-Bamnolker P，Dudai N，Fischer R，et al. Mint essential oil can induce or inhibit potato sprou-

ing by differential alteration of apical meristem[J]. Planta, 2010, 232（1）: 179-186.

[18] 熊庆蛾 . 植物生理学实验教程 [M]. 成都: 四川科学技术出版社, 2003.

[19] 中国科学院上海植物生理研究所 . 现代植物生理学实验指南 [M]. 1 版 . 北京: 科学出版社, 1999.

[20] 陈香颖, 杨国才, 王季春, 等 . 不同烘干温度对紫色甘薯淀粉率和花青素含量的影响 [J]. 江苏农业科学, 2013, 41（2）: 211-213.

[21] 王忠 . 植物生理学 [M]. 北京: 中国农业出版社, 2009.

[22] Batish D R, Singh H P, Kaur M, et al. Chemical characterization and phytotoxicity of volatile essential oil from leaves of Anisomeles indica（Lamiaceae）[J]. Biochemical Systematics and Ecology, 2012, 41（41）: 104-109.

[23] 杨期和, 叶万辉, 廖富林, 等 . 植物化感物质对种子萌发的影响 [J]. 生态学杂志, 2005, 24（12）: 1459-1465.

[24] 陶向, 张勇为, 姜玉松, 等 . 甘薯块根储藏过程中的淀粉含量变化 [J]. 2010, 应用与环境生物学报, 2010, 16（5）: 741-744.

[25] 谢逸萍, 李洪民, 王欣 . 贮藏期甘薯块根淀粉酶活性变化趋势 [J]. 江苏农业学报, 2008, 24（4）: 406-409.

[26] 唐君, 周志林, 赵冬兰, 等 . 甘薯贮藏过程淀粉酶活性变化及对薯块芽萌发的影响 [J]. 福建农业学报, 2010, 25（6）: 699-702.

[27] 张原箕, 张化, 赵力, 等 . 甘薯块茎中 β - 淀粉酶同工酶特性及其在萌芽过程中的组织分布 [J]. 农产品加工, 2006（10）: 53-56.

[28] Stanley D, Farnden K J F, Macrae E A. Plant α -amylases: functions and roles in carbohydrate metabolism[J]. Biologia, Bratislava, 2005, 60（16）: 65-71.

[29] Rentzsch S, Podzimska D, Voegele A, et al. Dose- and tissue-specific interaction of monoterpenes with the gibberellin-mediated release of potato tuber bud dormancy, sprout growth and induction of α -amylases and β -amylases[J]. Planta, 2012, 235（1）: 137-151.

[30] 王欣, 过晓明, 李强, 等 . 转逆境诱导型启动子 SWPA2 驱动 Cu/Zn SOD 和 APX 基因甘薯 [Ipomoea batatas（L.）Lam.] 耐盐性 [J]. 分子植物育种, 2011, 9（6）: 754-759.

[31] Afify A E M R, El-Beltagi H S, Aly A A, er al. Antioxidant enzyme activities and lipid peroxidation as biomarker for potato tuber stored by two essential oils from caraway and clove and its main component carvone and eugenol[J]. Asian Pacific Journal of Tropical Biomedicine, 2012, 2（z2）: S772-S780.

甘薯抗氧化活性相关物质研究

靳艳玲[1]，杨林[1]，何素兰[2]，李育明[2]，方　扬[1]，谭　力[1]，易卓林[1]，
何开泽[1]，赵　海[1*]

（1.中国科学院成都生物研究所，中国科学院环境与应用微生物重点实验室，环境微生物四川省重点实验室，
四川成都　610041；2.南充市农业科学院，四川南充　637000）

摘　要： 为筛选出抗氧化活性较高的甘薯品种、为甘薯的精深加工提供理论依据，比较了菜叶型、淀粉型、鲜食型、紫薯等4种类型共18个品种（系）甘薯的叶、藤、皮、肉4个部位的抗氧化活性，并分析了其与多酚含量、黄酮类化合物含量的相关性。结果表明：4种类型中以紫薯各部位抗氧化活性、多酚含量和黄酮类化合物含量均较高；4个部位中以叶的各项指标均较高；18个品种（系）中，以绵紫9号、南紫018、泉薯830和川薯228各项指标均较高；抗氧化活性与多酚含量极显著正相关（$P < 0.01$），与黄酮类化合物含量呈显著正相关（$P < 0.05$）；甘薯各部位黄酮类化合物组成成分各不相同，但以槲皮苷为主。

关键词： 甘薯；多酚；黄酮；抗氧化活性

医学研究表明，当机体内氧化与抗氧化作用失衡、氧化作用生成的活性氧簇超过机体的抗氧化能力时，则产生氧化应激，并被认为是导致衰老和疾病的一个重要因素[1~2]。因此，近年来抗氧化药品和食品正不断引起人们的重视，而具有天然抗氧化活性的植物因安全性、经济性等诸多优势更受到越来越多的专家学者和消费者的关注。

甘薯的抗氧化特性是其最重要的功效之一，也是近年来研究的热点问题。已有文献表明，甘薯抗氧化活性与其多酚、黄酮含量有关[3~5]，但大多研究仅评价了甘薯地上或地下部分的多酚或黄酮含量，且对于其具体组成成分鲜有报道。因此，本研究系统比较了近年来育成的菜叶型、淀粉型、鲜食型、紫薯等4种类型共18个品种（系）甘薯的叶、藤、皮、肉4个部位的多酚和黄酮含量，评价了其与抗氧化活性的相关性，并解析了黄酮类物质的具体组成成分，以期为甘薯的深度加工利用提供理论依据。

1　材料与仪器

1.1　甘薯

18个品种（系）甘薯：川薯228、万薯5号、绵紫9号、渝薯17、福菜薯23、渝薯1号、泉薯830、渝薯27、福薯7-6、渝薯15、南薯016、南薯017、绵12-1-126、绵12-32-6、南紫018、浙薯

基金项目： 国家现代农业产业技术体系建设专项基金（CARS-10-B22）。

作者简介： 靳艳玲，女，副研究员，博士，主要从事甘薯产后加工研究。E-mail：jinyl@cib.ac.cn。

***通讯作者：** 赵海，男，研究员，博士生导师，主要从事甘薯产后加工研究。E-mail：zhaohai@cib.ac.cn。

33、南 TD1212-9、秦薯 5 号，由相应的育种单位提供薯苗，统一种植于四川省什邡市中国科学院成都生物研究所试验基地，于 2017 年 11 月 2 日收获，生育期 150 d。

1.2 试剂
甲醇、乙腈（均为色谱纯）购自德国 Meker 公司；芦丁、没食子酸、DPPH 购自 Sigma 公司；乙醇、福林酚、丙酮、碳酸钠等分析纯试剂购自成都科龙化工试剂公司。

1.3 仪器
SCIENTZ-18N 冷冻干燥机：宁波新芝生物科技公司；R210 旋转蒸发仪：瑞士 Buich 公司；754N 分光光度计：上海奥谱勒仪器有限公司；UV6000 高效液相色谱系统：美国 Thermo 公司；CBM-30A 超高效液相色谱系统：日本 Shimadzu 公司；4500 QTRAP 串联质谱：美国 Applied Biosystems 公司。

2 方法

2.1 甘薯预处理
甘薯收挖后立即清洗，切割为叶、藤、皮、心 4 部分，-20℃冷冻过夜，冷冻干燥机干燥至恒重。

2.2 抗氧化活性测定
参照文献的方法测定 1, 1- 二苯基 -2- 三硝基苯肼（1，1-diphenyl-2-picrylhydrazyl radical 2，2-diphenyl-1-（2，4，6-trinitrophenyl）hydrazyl，DPPH）自由基清除率[6, 7]。

2.3 总多酚含量测定
参照文献[8, 9]改进的方法采用福林酚（Folin-Ciocalteu，FC）法测定。0.100 0 g 过 100 目的甘薯冻干样粉末于 50 mL 离心管中，加入 25 mL 50% 的丙酮溶液，30℃超声避光提取 30 min，5 000 rpm 4℃离心 5 min。取滤液 1 mL，依次加入 FC 试剂 2 mL，10% 碳酸钠溶液 10 mL，蒸馏水定容至 25 mL，50℃避光反应 60 min，以蒸馏水为空白，在 765 nm 处立即测定吸光度值。同法以系列浓度梯度的没食子酸标准溶液绘制标准曲线（含量以没食子酸计）。

2.4 黄酮类物质含量测定
参照文献[10]改进的方法以高效液相色谱法测定。称取 0.100 0 g 过 100 目的甘薯冻干样粉末，加入 30 mL 70% 的甲醇，4 ℃冰箱过夜，期间涡旋三次，10 000 rpm 4℃离心 10 min，用 0.22 μm 有机系滤膜过滤。滤液以高效液相色谱 – 紫外检测器（HPLC-UV）检测。色谱条件：设定检测器波长 340nm，采用 Kromasil 100-5C18（250 mm×4.6 mm，5 μm）色谱柱，流速 0.6 mL/min，柱温 35℃，进样量 10 μl，A 泵纯甲醇，B 泵水（加 0.5% 乙酸）。梯度设置如下：0 ~ 20 min 30 ~ 40%A，20 ~ 30 min 40 ~ 53%A，30 ~ 40 min 53 ~ 90%A，40 ~ 45 min 90%A。以系列浓度芦丁标准品对色谱峰面积绘制标准曲线，根据标准曲线计算样品中各色谱峰的累计黄酮含量（含量以芦丁计）。

2.5 黄酮类物质组成解析
2.4 中的提取液以超高效液相色谱 – 串联质谱法由武汉迈维公司进行黄酮类物质成分鉴定及相对定量[11]。基于其自建数据库及 MassBank（http：//www.massbank.jp/）、KNAPSAcK（http：//kanaya.naist.jp/KNApSAcK/）、HMDB（http：//www.hmdb.ca/）[12]、MoTo DB（http：//www.ab.wur.nl/moto/）和 METLIN（http：//metlin.scripps.edu/index.php）[13] 等已有的质谱公共数据库对代谢物结构进行定性分析。代谢物定量是利用三重四级杆质谱的多反应监测模式（MRM）分析完成，获得不同样本的代谢物质谱分析数据后，对所有物质质谱峰进行峰面积积分，并对其中同一代谢物在不同样本中的质谱出峰进行积分校正[14]。

2.6 数据分析
以上测定均为 3 个重复，结果以平均值 ±SD 表示，采用 SPSS 19.0 进行统计学和相关性分析。

3 结果与分析

3.1 不同品种甘薯不同部位的抗氧化活性

对于植物抗氧化活性的体外评价，目前主要有自由基清除法（包括 DPPH 自由基和·OH 自由基）、光化学发光法（CL）、氧自由基吸收能力法（ORAC）和三价铁离子还原法（FRAP）等[15]，其中 DPPH 法有稳定性好、灵敏度高、操作简单等优点，已在全世界范围内被广泛使用[15~17]。本研究通过 DPPH 自由基清除率比较了菜叶型、淀粉型、鲜食型、紫薯等 4 种类型共 18 个品种（系）甘薯的叶、藤、皮、肉 4 个部位的抗氧化活性（见表 1），结果表明：4 种类型甘薯的抗氧化活性依次为紫薯＞菜叶型甘薯＞鲜食型甘薯＞淀粉型甘薯，但 4 种类型间仅薯肉的抗氧化活性有显著差异，紫薯肉抗氧化活性极显著高于淀粉型和鲜食型甘薯薯肉（$P < 0.01$），菜叶型甘薯薯肉抗氧化活性极显著高于淀粉型甘薯薯肉（$P < 0.01$）、显著高于鲜食型甘薯薯肉（$P < 0.05$）。4 个部位的抗氧化活性依次为叶＞藤＞皮＞肉，且叶、藤、皮的抗氧化活性均极显著高于肉的抗氧化活性（$P < 0.01$）。18 个品种（系）中，各部位抗氧化活性均较高的为 4 种紫薯——绵紫 9 号、绵 12-1-126、绵 12-32-6、南紫 018，菜叶型甘薯泉薯 830 及鲜食型甘薯川薯 228。

表 1　不同品种甘薯不同部位抗氧化活性

序号	类型	品种（系）	DPPH 清除率（%）			
			叶	藤	皮	肉
1	菜叶型	福菜薯 23*	80.92 ± 0.01	82.71 ± 0.03	NA	NA
2		泉薯 830	88.69 ± 0	83.35 ± 0.06	83.01 ± 0.07	60.74 ± 1.16
3		福薯 7-6	78.50 ± 0.02	86.37 ± 0.29	59.57 ± 0.02	51.29 ± 0.08
4	淀粉型	万薯 5 号	84.54 ± 0.06	91.56 ± 0.06	79.53 ± 0.08	23.17 ± 0.13
5		渝薯 17	81.57 ± 0.02	65.27 ± 0.07	53.35 ± 0.03	17.6 ± 0.07
6		渝薯 1 号	82.80 ± 0.06	63.53 ± 0.17	78.49 ± 0.01	13.50 ± 0.04
7		渝薯 27	84.65 ± 0.01	54.68 ± 0.15	80.09 ± 0.02	6.56 ± 0.03
8		渝薯 15	85.58 ± 0.04	69.48 ± 0.12	70.88 ± 0.04	6.30 ± 0.03
9	鲜食型	川薯 228	90.20 ± 0.04	93.2 ± 0.01	72.57 ± 0.95	72.96 ± 0.03
10		南 TD1212-9	67.88 ± 0.06	83.80 ± 0.02	79.92 ± 0.03	17.53 ± 0.05
11		秦薯 5 号	76.52 ± 0.03	76.89 ± 0.48	80.6 ± 0.07	18.36 ± 0.17
12		南薯 016	78.64 ± 0.02	32.47 ± 0.18	86.13 ± 0.02	11.23 ± 0.08
13		南薯 017	74.82 ± 0.04	91.64 ± 0.05	82.99 ± 0.02	21.88 ± 0.01
14		浙薯 33	71.48 ± 0.04	82.65 ± 0.03	81.50 ± 0.02	32.48 ± 0.13
15	紫薯	绵紫 9 号	87.35 ± 0.07	79.35 ± 0.16	84.82 ± 0	75.62 ± 0.12
16		绵 12-1-126	85.68 ± 0.16	84.10 ± 0.02	84.44 ± 0.04	72.24 ± 0.16
17		绵 12-32-6	77.78 ± 0	89.14 ± 0.06	84.59 ± 0.04	69.65 ± 0.03
18		南紫 018	72.33 ± 0.03	84.1 ± 0.04	81.01 ± 0.08	70.68 ± 0.16

注：* 福菜薯 23 至生育期 150 d 时基本未结薯，仅收获极个别 10g 左右的小薯无法分离皮和肉。下表同。

3.2 不同品种甘薯不同部位的多酚含量

为解析甘薯的抗氧化活性相关物质，比较了菜叶型、淀粉型、鲜食型、紫薯等 4 种类型共 18 个品种（系）甘薯的叶、藤、皮、肉 4 个部位的多酚含量（见表 2），结果表明：4 种类型甘薯的多酚含量依次为紫薯＞鲜食型甘薯＞菜叶型甘薯＞淀粉型甘薯，紫薯皮、肉的多酚含量极显著高于其他三种类型甘薯皮、肉的多酚含量（$P < 0.01$）。4个部位的多酚含量依次为叶＞藤＞皮＞肉，且叶的多酚含量极显著高于其他三个部位（$P < 0.01$），藤的多酚含量极显著高于肉（$P < 0.01$）。18个品种（系）中，各部位多酚含量均相对较高的为紫薯——绵紫9号、南紫018，菜叶型甘薯——泉薯830及鲜食型甘薯川薯228、浙薯33。相关性分析表明，多酚含量与抗氧化活性极显著正相关（$P < 0.01$）。

表2　不同品种甘薯不同部位的多酚含量

序号	类型	品种（系）	多酚含量（%）			
			叶	藤	皮	肉
1	菜叶型	福菜薯23*	2.32 ± 0.10	2.07 ± 0.10	NA	NA
2		泉薯830	4.02 ± 0.16	1.58 ± 0.06	0.93 ± 0.04	0.11 ± 0.02
3		福薯7-6	2.18 ± 0.03	1.28 ± 0.17	0.41 ± 0.08	0.49 ± 0.03
4	淀粉型	万薯5号	2.27 ± 0.09	1.71 ± 0.03	0.72 ± 0.01	0.01 ± 0.01
5		渝薯17	1.89 ± 0.05	0.45 ± 0.04	0.44 ± 0.10	0.20 ± 0.02
6		渝薯1号	2.24 ± 0.04	3.04 ± 0.10	0.34 ± 0	0.15 ± 0.01
7		渝薯27	2.57 ± 0.11	1.18 ± 0.03	0.36 ± 0.01	0.13 ± 0
8		渝薯15	1.74 ± 0.10	0.46 ± 0.05	0.33 ± 0.02	0.19 ± 0
9	鲜食型	川薯228	4.60 ± 0.15	1.38 ± 0.09	1.63 ± 0.04	0.42 ± 0
10		南TD1212-9	3.35 ± 0.12	3.69 ± 0.15	0.11 ± 0.02	0.25 ± 0.01
11		秦薯5号	1.44 ± 0.07	0.68 ± 0.09	0.25 ± 0.04	0.27 ± 0.02
12		南薯016	1.32 ± 0.04	0.34 ± 0.02	0.76 ± 0.04	0.17 ± 0.03
13		南薯017	1.80 ± 0.03	1.00 ± 0.03	1.36 ± 0.04	0.28 ± 0.03
14		浙薯33	3.50 ± 0.10	5.15 ± 0.13	0.34 ± 0.04	0.32 ± 0.06
15	紫薯	绵紫9号	3.33 ± 0.08	0.56 ± 0.05	2.41 ± 0.12	1.45 ± 0.04
16		绵12-1-126	2.21 ± 0.07	0.80 ± 0.06	2.25 ± 0.11	0.92 ± 0.05
17		绵12-32-6	2.06 ± 0.02	0.79 ± 0.06	1.27 ± 0.03	2.06 ± 0.07
18		南紫018	2.48 ± 0.09	0.96 ± 0.03	1.78 ± 0.07	2.41 ± 0.04

3.3　不同品种甘薯不同部位的黄酮类物质含量

黄酮类物质组成复杂，且多种物质难以获得标准品，因此无论以分光光度计法还是液相色谱法测定时，一般选取一种代表性黄酮成分作为标准品绘制标准曲线。芦丁有典型的黄酮类结构和紫外特征，且在很多含有黄酮类物质的植物中广泛存在，所以目前文献报道中采用较多的标准品为芦丁，即测定的黄酮总量以芦丁含量计[18～20]。因此，本研究以芦丁为标准品利用高效液相色谱法评价了菜叶型、淀粉型、鲜食型、紫薯等4种类型共18个品种（系）甘薯的叶、藤、皮、肉4个部位的黄酮含量（见表3），结果表明：4种类型甘薯的黄酮含量依次为紫薯＞菜叶型甘薯＞鲜食型甘薯＞淀粉型甘薯，紫薯皮、肉的黄酮含量极显著高于其他三种类型甘薯皮、肉的黄酮含量（$P < 0.01$）。4个部位的黄酮含量依次为叶＞皮＞藤＞肉，且叶的黄酮含量极显著高于其他三个部位（$P < 0.01$），其余部位间的黄酮含量差异不显著。18个品种（系）中，各部位黄酮类物质含量均相对较高的为紫薯——绵紫9号、南紫018、绵12-1-126，菜叶型甘薯——泉薯830及鲜食型甘薯川薯228。相关性分析表明，黄酮含量与抗氧化活性呈显著正相关（$P < 0.05$）。

表 3　不同品种甘薯不同部位的黄酮类物质含量

序号	类型	品种（系）	黄酮含量（%）			
			叶	藤	皮	肉
1	菜叶型	福菜薯 23*	2.56 ± 0	1.63 ± 0.05	NA	NA
2		泉薯 830	8.61 ± 0.01	1.06 ± 0.04	2.56 ± 0.10	1.49 ± 0.06
3		福薯 7-6	3.21 ± 0	0.81 ± 0.01	0.29 ± 0.01	1.24 ± 0.06
4	淀粉型	万薯 5 号	3.37 ± 0.03	3.06 ± 0.15	1.38 ± 0.06	0.70 ± 0.01
5		渝薯 17	3.06 ± 0	1.04 ± 0.03	0.31 ± 0.01	0.53 ± 0.02
6		渝薯 1 号	4.37 ± 0.05	0.97 ± 0.03	0.68 ± 0.01	0.44 ± 0
7		渝薯 27	5.09 ± 0.01	0.27 ± 0	0.58 ± 0.02	0.41 ± 0.01
8		渝薯 15	2.47 ± 0.04	0.98 ± 0.01	0.56 ± 0.01	0.37 ± 0.01
9	鲜食型	川薯 228	9.85 ± 0.05	1.86 ± 0.03	3.54 ± 0.11	1.75 ± 0.02
10		南 TD1212-9	7.09 ± 0.04	1.04 ± 0.01	0.77 ± 0.01	0.70 ± 0.02
11		秦薯 5 号	1.07 ± 0	0.72 ± 0.01	0.84 ± 0.01	0.66 ± 0.01
12		南薯 016	2.09 ± 0.02	0.86 ± 0.01	1.34 ± 0.03	0.79 ± 0.01
13		南薯 017	2.92 ± 0.01	2.08 ± 0.07	3.32 ± 0.15	0.82 ± 0.02
14		浙薯 33	6.46 ± 0.01	0.73 ± 0	1.07 ± 0.05	0.81 ± 0.03
15	紫薯	绵紫 9 号	6.47 ± 0.08	0.98 ± 0.02	5.19 ± 0.12	3.17 ± 0.16
16		绵 12-1-126	2.86 ± 0.01	1.04 ± 0.04	5.93 ± 0.20	3.12 ± 0.11
17		绵 12-32-6	0.96 ± 0.02	0.75 ± 0.02	2.62 ± 0.11	1.95 ± 0.09
18		南紫 018	3.33 ± 0	1.75 ± 0.06	4.24 ± 0.14	3.66 ± 0.17

3.4　黄酮类物质组成

黄酮类化合物种类较多，相互之间的物理、化学性质相差较大，以芦丁计并不能完全准确地反映其黄酮的水平。但目前鲜有文献报道甘薯黄酮类物质的具体组成，因此，本研究利用超高效液相色谱 - 串联质谱解析了不同部位的黄酮化合物（见表 4），并通过各物质的峰面积进行了相对定量。结果表明，不同部位的黄酮化合物组成有较大差异，但总体来看甘薯的主要黄酮成分是具有抗氧化、抗肿瘤、降血糖、降血脂等多种药理作用[21～23]的槲皮苷，如槲皮素 -3-O- 半乳糖苷、槲皮素 5-O- 己糖苷、槲皮素 -3-O- 葡萄糖苷等，可为其精深加工提供参考。

表 4　甘薯不同部位的黄酮类物质组成

	类别	数量（种）	主要成分
叶	黄酮	37	木樨草素 O- 丙二酰己糖苷、异鼠李素 O- 己糖苷
	黄酮醇	25	甲基槲皮素 O- 己糖苷、山奈酚 3-O- 葡萄糖苷、槲皮素 5-O- 己糖苷、槲皮素 -3-O- 葡萄糖苷、金丝桃苷（槲皮素 -3-O- 半乳糖苷）
	类黄酮	23	杨梅苷、橙皮素 -5-O- 葡萄糖苷
	异黄酮	5	羟基金雀异黄素、奥洛波尔
	花青素	4	芍药花青素 3- 葡萄糖苷、锦葵色素 3-O- 己糖苷
	原花青素	4	原花青素 B、原花青素 B$_2$、原花青素 B$_3$
	合计	98	

续表

类别	数量（种）	主要成分
藤		
黄酮	36	异鼠李素 O- 己糖苷、木樨草素 O- 丙二酰己糖苷、木樨草苷
黄酮醇	20	金丝桃苷（槲皮素 -3-O- 半乳糖苷）、槲皮素 5-O- 己糖苷、槲皮素 -3-O- 葡萄糖苷
类黄酮	20	橙皮素 -5-O- 葡萄糖苷、杨梅苷、鱼藤酮
花青素	7	花翠素 3-O- 葡萄糖苷、锦葵色素 3-O- 己糖苷、芍药花青素 O- 己糖苷
异黄酮	5	染料木素、羟基金雀异黄素、黄豆黄素
原花青素	2	原花青素 B、原花青素 B3
合计	90	
皮		
黄酮	36	异鼠李素 O- 己糖苷、羟甲基黄酮 5-O- 己糖苷、羟甲基黄酮 O- 丙二酰 - 己糖苷
黄酮醇	21	槲皮素 -3-O- 葡萄糖苷、金丝桃苷（槲皮素 -3-O- 半乳糖苷）、槲皮素 5-O- 己糖苷
类黄酮	19	橙皮素 -5-O- 葡萄糖苷、杨梅苷、五甲氧基查尔酮
异黄酮	5	染料木素、羟基金雀异黄素、染料木苷
原花青素	6	原花青素 B、原花青素 B2、原花青素 B3
花青素	4	氯化花青素苷、花翠素 3-O- 葡萄糖苷、芍药花青素
合计	91	
肉		
黄酮	19	木樨草苷、异鼠李素 O- 己糖苷、川陈皮素
黄酮醇	10	槲皮素 5-O- 己糖苷、槲皮素 -3-O- 葡萄糖苷、金丝桃苷（槲皮素 -3-O- 半乳糖苷）
类黄酮	11	橙皮素 -5-O- 葡萄糖苷、五甲氧基查尔酮、杨梅苷
异黄酮	4	染料木苷、羟基金雀异黄素、奥洛波尔
原花青素	3	原花青素 B、原花青素 B2、原花青素 B3
花青素	1	乙酰花翠素 O- 丙二酰基 - 丙二酰基己糖苷
合计	48	

4 讨论

我国年产甘薯超过 7 000 万 t，但茎叶资源并未得到充分利用。所产甘薯 2% ~ 5% 被用作动物饲料，在一些南方地区也用作蔬菜，其余大部分被直接丢弃，造成严重的资源浪费的同时也造成了农村的面源环境污染[10]。本研究结果表明：甘薯叶的抗氧化活性、多酚含量、黄酮类化合物含量均较其他部位高，有精、深加工的潜力。目前已出现茎叶青汁粉、茎叶茶等产品，虽然还未得到推广和普及，仍是值得关注的开发方向。

另外，根据甘薯不同部位的黄酮类化合物组成，可针对性地进行深度开发利用，以改变目前甘薯加工产品较单一、同质化问题较突出的问题，提高甘薯种植、加工效益。

参考文献

[1] Apak R，Ozyurek M，Guclu K，et al. Antioxidant activity capacity measurement. 1. Classification，physicochemical principles，mechanisms，and electron transfer（ET）-based assays[J]. Journal of Agricultural and Food Chemistry，2016，64（5）：997-1027.

[2] 邹波，曾丹，吴继军，等 . 不同品种紫肉甘薯抗氧化能力评价及花色苷成分分析 [J]. 食品科学，2018，39（2）：38-44.

[3] 傅玉凡，曾令江，杨春贤，等 . 叶菜型甘薯蔓尖黄酮类化合物含量在不同品种、部位和采收期的变化 [J]. 中国中药杂志，2010，35（9）：1104.

[4] Hua，L，Wang，X，Yong，L，et al. Polyphenolic compounds and antioxidant properties of selected China wines[J].Food Chemistry，2009，112（2）：454-460.

[5] Dong，X，Chen，W，Wang，W，et al. Comprehensive profiling and natural variation of flavonoids in rice[J].Journal of Integrative Plant Biology，2014，56（9）：876-886.

[6] 曾晖 . 不同产地红薯梗、茎、叶提取物的抗氧化性能研究 [J]. 河北北方学院学报（医学版），2010，27（5）：25-27

[7] Teow C C，Truong V D，Mcfeeters R F，et al. Antioxidant activities，phenolic and β-carotene contents of sweet potato genotypes with varying flesh colours[J]. Food Chemistry，2007，103（3）：829-838.

[8] Rumbaoa R GO，Cornago D F，Geronimo I M. Phenolic content and antioxidant capacity of Philippine sweet potato（Ipomoea batatas L）varieties[J]. Food Chemistry，2009，113（4）：1133-1138.

[9] 李文仙，俞丹，林玲，等 . Folin-Ciocalteu 比色法应用于蔬菜和水果总多酚含量测定的研究 [J]. 营养学报，2011，33（3）：302-307.

[10] 陆国权，任韵，唐忠厚，等 . 甘薯黄酮类物质的提取及其基因型差异研究 [J]. 浙江大学学报（农业与生命科学版），2005，31（5）：541-544.

[11] Chen W，Gong L，Guo Z，et al. A Novel Integrated Method for Large-Scale Detection, Identification, and Quantification of Widely Targeted Metabolites：Application in the Study of Rice Metabolomics[J]. Molecular Plant，2013，6（6）：1769-1780.

[12] Wishart，D S，Jewison T，Guo A C，et al.，HMDB 3.0—The Human Metabolome Database in 2013[J]. Nucleic Acids Research，2013. 41（Database issue）：D801-807.

[13] Zhu，Z J，Schultz A W，Wang J，et al.，Liquid chromatography quadrupole time-of-flight mass spectrometry characterization of metabolites guided by the METLIN database[J].Nature Protocols，2013. 8（3）：451-460

[14] Fraga，C G.，Clowers B H，Moore R J. et al.，Signature-discovery approach for sample matching of a nerve-agent precursor using liquid chromatography-mass spectrometry，XCMS，and chemometrics[J]. Analytical Chemistry，2010. 82（10）：4165-4173.

[15] Scherer R，Godoy H T. Antioxidant activity index（AAI）by the 2，2-diphenyl-1-picrylhydrazyl method[J]. Food Chemistry，2009，112（3）：654-658.

[16] Ozcelik B，Lee J H，Min D B. Effects of light，oxygen and pH on the absorbance of 2，2-diphenyl-1-picrylhydrazyl[J]. Journal of Food Science，2003，68（2）：487-490.

[17] 韦献雅，殷丽琴，钟成，等 .DPPH 法评价抗氧化活性研究进展 [J]. 食品科学，2014，35，（09）：317-321.

[18] 周丽，史新敏，任香梅，等 . 淮山药叶乙醇提取物黄酮和皂苷含量及抗氧化抗肿瘤活性研究 [J]. 食品科技，2015（8）：204-207.

[19] 陶东川 . 紫甘薯叶活性物质提取及黄酮护肝作用研究 [D]. 天津科技大学，2010.

[20] 许钢 . 红薯中黄酮提取及抗氧化研究 [J]. 食品与生物技术学报，2007，26（4）：22-27.

[21] 张家瑞 . 槲皮苷和山奈酚对糖尿病小鼠血糖及血脂水平的影响 [J]. 现代食品科技，2013，29（3）：459-462.

[22] 刘丽，侯立强，满莹，等 . 槲皮苷对乙酰氨基酚诱导的大鼠急性肝损伤的保护作用研究 [J]. 中国现代医生，2007，45（10）：98，116.

[23] 刘晓岩，王莹，李廷利 . 熊果酸与槲皮苷镇静催眠作用 对 NO，IL-1β 和 TNF-α 水平的影响 [J]. 中国实验方剂学，2010，16（9）：162-165.

[24] Hue S M, Boyce AN, Somasundram C. Antioxidant activity, phenolic and flavonoid contents in the leaves of different varieties of sweet potato（Ipomoea batatas L）[J]. Australian Journal of Crop Science, 2012, 6（3）：375-380.

[25] 孙红男，木泰华，席利莎，等 . 新型叶菜资源 – 甘薯茎叶的营养特性及其应用前景 [J]. 农业工程技术（农产品加工业），2013，12：45-49.

甘薯良种龙薯9号贮藏品质提升技术研究

邓代辉，杨翠芹*，付国召，张志伟

（四川农业大学农学院，四川成都 611130）

摘 要： 以鲜食型甘薯品种龙薯9号为试材，研究了1-甲基环丙烯（1-MCP）、水杨酸（SA）、草木灰对甘薯贮藏过程中相关品质和酶活性的影响。结果表明，三种处理剂中，1-MCP处理剂和SA处理剂能显著提升甘薯贮藏品质，减缓贮藏甘薯品质下降速率，草木灰处理对前期甘薯的腐烂起到了明显的抑制效果，而对贮藏甘薯品质提升作用不大，1 μL/L 的1-MCP处理和0.1 g/L 的SA处理在整个贮藏期间表现出较好的贮藏效果，有效减缓了贮藏薯块中可溶性糖、淀粉、可溶性蛋白、维生素C含量的下降，并保持较高的抗氧化酶活性和较低的多酚氧化酶活性，起到了延缓贮藏甘薯衰老的作用，从而在贮藏后期保持较好的品质和较低的腐烂率。

关键词： 甘薯；贮藏；1-MCP；SA；品质；抗氧化

甘薯是西部地区尤其是四川省主要的农作物之一，其块根和茎叶均含有丰富的营养成分[1~2]。甘薯的集中收获与分期销售之间的矛盾决定了甘薯在收获后需经历长时间的贮藏过程，在此过程中，由于环境的改变以及甘薯自身的呼吸消耗，往往会造成甘薯的腐烂与品质的下降，如何减少此类问题的发生，一直是甘薯贮藏研究的主要内容。化学保鲜剂处理是当下最受欢迎的蔬果保鲜方式之一，对提高甘薯抗冷性，防止水分散失和抑制霉腐变质具有明显的效应。1-甲基环丙烯（1-methylcyclopropene，1-MCP）是一种乙烯受体抑制剂，可以通过与乙烯竞争受体而延缓呼吸跃变型果实的衰老，从而起到延长果蔬贮藏时间的效果；由于其低毒、用量少，保鲜效果好，1-MCP处理剂已经广泛应用在苹果[3~4]、猕猴桃[5]、石榴[6]、豇豆[7]等果蔬贮藏保鲜上。水杨酸（salicylic acid，SA）是一种广泛存在于高等植物中的简单酚类化合物，参与植物生长、发育、成熟等多种生理过程，并能诱导植物产生系统抗性，提高多种病程相关蛋白的表达[8]，部分研究表明其能提升甘薯[9]、苹果[10]等蔬果贮藏保鲜效果。草木灰浸出液为碱性，具有消毒杀菌的作用，同时富含钾、钙等营养成分[11]，在处理过程中对产品品质影响较小。本研究用草木灰浸出液、水杨酸、1-甲基环丙烯三种常见保鲜剂按不同浓度处理龙薯9号甘薯，通过贮藏过程中其品质和相关酶活性的变化，来探讨龙薯9号在本试验条件下的最佳

基金项目： 四川省教育厅项目"两种鲜食甘薯的采后生理与脱毒快繁的研究"（16ZB0042）、四川省科技计划项目"平昌县紫薯产业提升关键技术应用示范"（2017NFP0057）、四川省科技计划项目（2018NZ0027）。

作者简介： 邓代辉，男，硕士，主要从事甘薯贮藏研究。E-mail：13111870190@163.com。

* 通讯作者： 杨翠芹，女，副教授，主要从事薯类发育与贮藏生理研究。E-mail：651639684@qq.com。

处理方式，以期能为甘薯安全贮藏提供技术参考。

1　材料与方法

1.1　试验材料

甘薯试供材料为龙薯9号（福建省龙岩市农科所选育、四川农业大学农学院马薯类研究与开发中心提供）。

1.2　试验方法

1.2.1　田间栽培

田间栽培试验于2017年6月18日在四川省崇州市四川农业大学现代农业研发基地进行，于2017年11月9日收获。

1.2.2　贮藏前处理

于田间收获后，挑选出贮藏所用薯块，通风放置一周进行愈伤培养后进行贮藏处理，贮藏使用纸箱规格为44 cm×21 cm×28 cm。

SA处理：每桶加入20 L蒸馏水，按浓度0.01、0.1、0.5 g/L称取SA加入桶内，将薯块放入并充分浸没在溶液中，浸泡1 h后取出晾干，装入纸箱统一贮藏，每个处理3次重复。

1-MCP处理：事先将薯块放入纸箱，再用聚乙烯塑料薄膜包裹，然后分别按照1-MCP处理浓度：0.5、1、1.5 uL/L计算每纸箱体积所用1-MCP量，放入事先加入蒸馏水的离心管中拧紧摇匀后，将离心管放入纸箱，打开离心管盖后迅速密封箱体熏蒸24 h后，打开通风12 h，后与其他处理进行统一贮藏，每个处理30个薯块，3次重复。

草木灰处理：每桶加入30 L蒸馏水，按照0.25、0.5、0.75 kg/L称取草木灰，加入蒸馏水中后搅拌，过滤出浸出液，然后将薯块放入浸出液，浸泡1 min后捞出晾干，将晾干薯块放入纸箱后统一贮藏，每个处理30个薯块，3次重复。

贮藏试验于2017年11月20日至2018年3月20日进行，以收获后不用处理剂的薯块为对照进行贮藏试验，每7 d检查烂薯情况，每30 d统计一次烂薯数，每30 d取样一次测定品质指标。

1.2.3　指标测定

可溶性糖、淀粉均采用硫酸-蒽酮法测定[12]、可溶性蛋白采用考马斯亮蓝G-250法测定[13]、维生素C采用钼蓝比色法测定[14]，超氧化物歧化酶（SOD）、过氧化物酶（POD）、过氧化氢酶（CAT）、多酚氧化酶（PPO）酶活性均按蔡庆生[15]方法测定。

1.3　数据处理

试验数据采用EXCEL 2007软件进行整理，采用SPSS 23.0软件进行统计分析，采用Origin 7.0制图。

2　结果与分析

2.1　不同处理剂及浓度对贮藏期间甘薯可溶性糖含量的影响

由图1可以看出，随着贮藏时间的延长，草木灰、1-MCP、SA三种处理剂对可溶性糖含量的影响都表现出30～60 d缓慢增加，60～90 d快速增加，90 d达到最大值，90～120 d时下降，三种处理剂中，草木灰处理变化幅度最大，其次是SA处理，变化幅度最为稳定的是1-MCP处理。在0～90 d贮藏期中，三种处理剂处理的甘薯中可溶性糖含量均高于CK处理，在贮藏到120d时，草木灰处理C0.25和C0.75的贮藏甘薯中可溶性糖含量均比CK低（图1A），草木灰C0.5处理、1-MCP所有处理、SA 所有处理的薯块可溶性糖含量均高于 CK 处理，说明 1-MCP 处理和 SA 处理能降低贮藏薯块后期可溶性糖含量的损失。对比发现三种处理各自最优浓度贮藏甘薯中可溶性糖含量表现为（图 1D）：S0.1>M1>C0.5>CK。

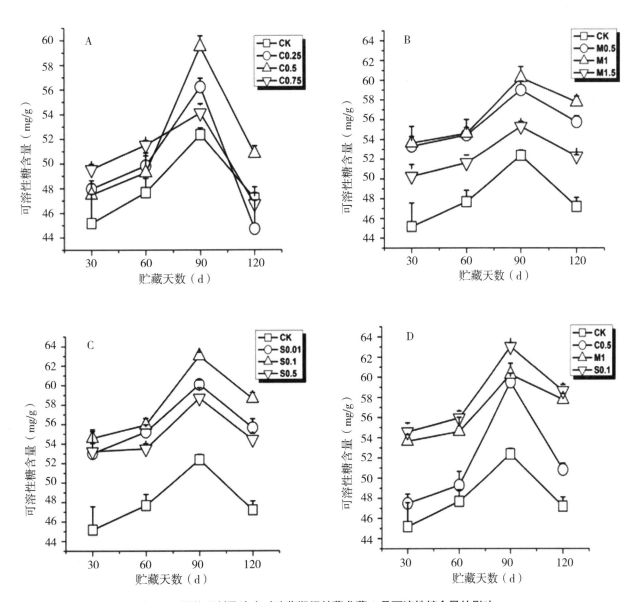

图 1　不同处理剂及浓度对贮藏期间甘薯龙薯 9 号可溶性糖含量的影响

图例中 CK 为对照处理，C 字母表示草木灰处理，M 字母表示 1-MCP 处理，S 字母表示 SA 处理。图 A：草木灰处理；
图 B：1-MCP 处理；图 C：SA 处理；图 D：三种处理剂最优浓度处理。下同

2.2　不同处理剂及浓度对贮藏期间甘薯淀粉含量的影响

图 2 表明，所有处理的甘薯淀粉含量随着贮藏时间的延长呈现不断下降的趋势。1-MCP 处理和 SA 处理薯块的淀粉变化都表现出在 0 ~ 90 d 比 90 ~ 120 d 下降缓慢（图 2B、C）；而草木灰处理与对照处理都表现出近乎直线下降的趋势（图 2A）。虽然三种处理剂处理的薯块淀粉含量在贮藏期间都高于

CK 处理的薯块淀粉含量，但与草木灰处理相比，1-MCP 处理和 SA 处理明显能减少贮藏薯块中淀粉含量的损失与消耗，1-MCP 处理与 SA 处理的最优浓度间差异不大（图 2D）。

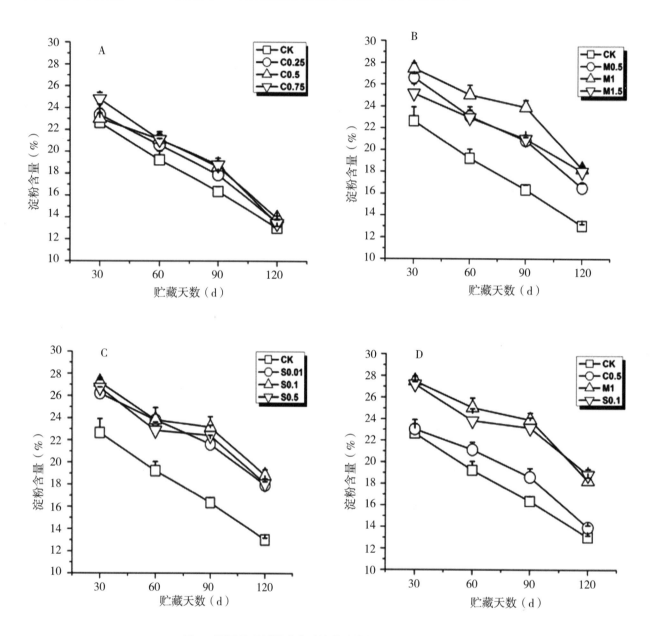

图 2　不同处理剂及浓度对甘薯贮藏期间淀粉含量的影响

2.3　不同处理剂及浓度对贮藏期间甘薯可溶性蛋白含量的影响

图 3 表明，所有处理的薯块可溶性蛋白含量随着贮藏时间延长均呈现出不断下降的趋势，其中草木灰处理和 1-MCP 处理在 0 ~ 60 d 贮藏期中缓慢下降，60 ~ 120 d 快速下降（图 3A、B），SA 处理在 90 d 之后才快速下降（图 3C）；所有经处理剂处理的薯块可溶性蛋白含量均高于 CK，说明处理三种处理剂均能降低薯块在贮藏期中可溶性蛋白的损失。从贮藏时间来看，所有处理的薯块可溶性蛋白在 0 ~ 30 d 贮藏期中均没有差异，在贮藏 60 d 以后，1-MCP 处理和 SA 处理中薯块的可溶性蛋白含量显著高于 CK 处理，并且处理剂浓度之间无明显差异。图 3D 表明，M1 处理薯块的可溶性蛋白在整个贮藏期中缓慢下降，而 S0.1 处理薯块的可溶性蛋白在 0 ~ 90 d 缓慢下降，90 ~ 120 d 快速下降；在

120 d 时，薯块中可溶性蛋白含量表现为：M1>S0.1>C0.5>CK。

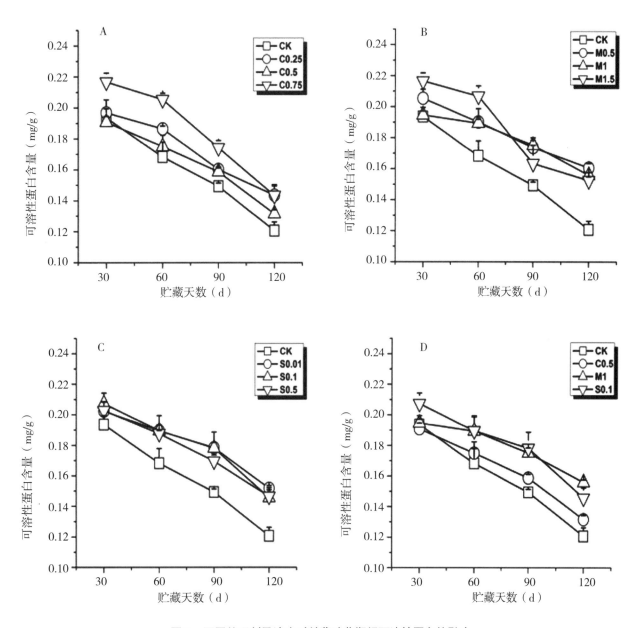

图 3　不同处理剂及浓度对甘薯贮藏期间可溶性蛋白的影响

2.4　不同处理剂及浓度对贮藏期间甘薯维生素 C 含量的影响

图 4 表明，随着贮藏时间的延长，各处理薯块中维生素 C 含量不断下降。在草木灰处理中（图 4A），C0.25 处理薯块的维生素 C 含量在 30 ~ 60 d 快速下降，60 ~ 90 d 有所增加，90 ~ 120 d 快速下降；C0.5 和 0.75 处理的维生素 C 含量缓慢下降，90 ~ 120 d 快速下降。在 1-MCP 处理中（图 4B），M0.5 和 M1 处理的薯块的维生素 C 含量在 30 ~ 60 d 快速下降，随后缓慢下降，90 ~ 120 d 快速下降；M1.5 处理的薯块在整个贮藏期中都快速下降。在 SA 处理中（图 4C），三个浓度水平处理的薯块的维生素 C 含量下降趋势一致，均无差异。图 4D 表明，所有处理的薯块中维生素 C 含量都呈现出不断下降的趋势且均高于 CK 处理，三个处理剂最优浓度之间均差异不大。

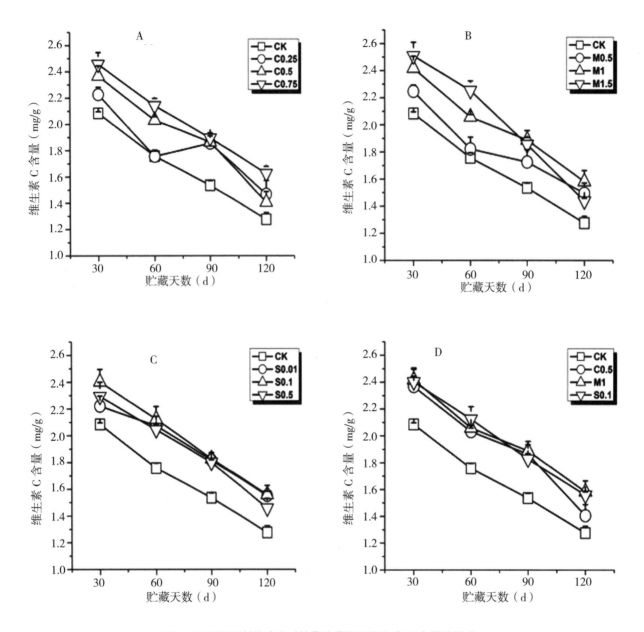

图 4　不同处理剂及浓度对甘薯贮藏期间维生素 C 含量的影响

2.5　不同处理剂及浓度对贮藏期间甘薯 SOD、POD、CAT、PPO 酶活性的影响

图 5 表明，在贮藏过程中，所有处理 SOD 酶活性和 POD 酶活性都表现出先增加后降低的趋势，SOD 酶活性峰值出现在 90 d 时，POD 酶活性峰值出现在 60 d 时，经 1-MCP 处理和 SA 处理后的薯块 SOD 酶活性和 POD 酶活性增加幅度和下降幅度都要小于对照处理和草木灰处理；CAT 酶活性表现出不断下降的趋势，在贮藏 60 d 后，对照处理和草木灰处理的 CAT 酶活性开始快速下降，而经 1-MCP 处理和 SA 处理后的薯块在贮藏到第 90 d 时才开始快速下降；PPO 酶活性则表现出不断升高的趋势，在整个贮藏期，1-MCP 处理和 SA 处理的薯块的 PPO 酶活性远低于对照处理和草木灰处理。

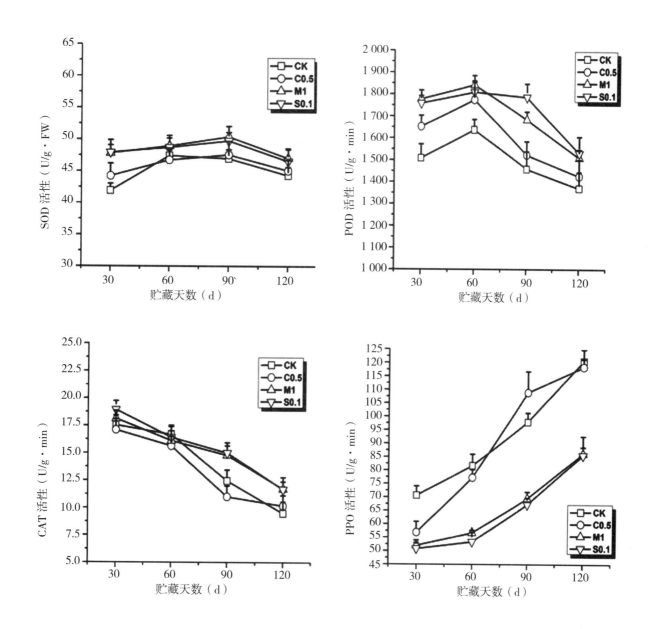

图5 不同处理剂最优浓度对甘薯贮藏期间相关酶活性的影响

2.6 不同处理剂及浓度对贮藏期间甘薯腐烂率的影响

图6可以看出，CK处理在贮藏期烂薯最多，烂薯率最高，其次是草木灰处理，1-MCP处理烂薯最少。CK处理随着贮藏时间的延长，烂薯数不断增加；草木灰处理在贮藏0～60 d均没有出现烂薯，在贮藏到90 d才出现烂薯，且后期烂薯数多；1-MCP处理和SA处理虽然前期也存在烂薯，但在贮藏每个阶段烂薯少，因此在整个贮藏阶段的烂薯率低。贮藏到120 d时的烂薯率表现为：CK＞草木处理＞SA＞1-MCP。

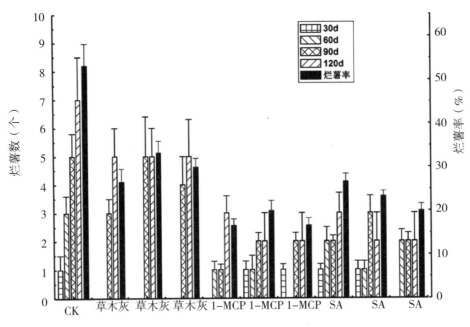

图6　不同处理剂及浓度对甘薯贮藏期间腐烂的影响

3　讨论

甘薯在贮藏过程中,其糖和淀粉的变化非常显著,特别是鲜食型甘薯,糖分的变化往往决定贮藏甘薯的食用口感,而贮藏过程中淀粉的变化则会影响大部分淀粉加工型甘薯的淀粉生产与加工。研究表明[16],在甘薯贮藏过程中,薯块中可溶性糖含量变化经历由高到低再到高的趋势,并且与干率密切相关,也有研究表明[17],贮藏甘薯中可溶性糖呈现持续上升的趋势。本研究结果发现,在甘薯贮藏过程中,其薯块的可溶性糖含量变化经历先升高后降低的趋势,在贮藏期0~90 d期间,呈现上升趋势,随后可溶性糖含量开始下降,而在处理效果上,草木灰浸泡处理呈现出与对照一致的急剧升高后急剧降低,1-MCP熏蒸处理与SA浸泡处理在贮藏期间有效减少了可溶性糖含量的损失,这可能是由于前期温度较低,薯块呼吸弱,薯块的呼吸消耗低于薯块的失水,从而引起薯块内的可溶性糖含量的上升,在后期温度升高后,薯块呼吸增强,1-MCP和SA处理后抑制了薯块的呼吸,从而减少了薯块的呼吸消耗。通常情况下,贮藏甘薯薯块中的淀粉会随着贮藏时间的延长而不断下降[16, 18~19],研究表明[20],甘薯块根在贮藏前期,淀粉含量会增加,而后下降,在贮藏后期缓慢下降,而在贮藏期间淀粉的转化多由于β-淀粉酶作用,但也有研究表明[21~22]在贮藏期间α-淀粉酶活性持续上升,β-淀粉酶活性持续下降。本研究结果表明,淀粉含量在贮藏期间呈现不断下降的趋势,相比对照处理,草木灰处理并没有减缓薯块中淀粉含量的下降,而1-MCP处理和SA处理条件下的薯块淀粉含量明显高于对照处理和草木灰处理,减小了淀粉的损失程度与损失量,由于本试验没有测定相关淀粉酶的活性,尚且不清楚在本试验中是哪一种淀粉酶活性升高引起的淀粉含量下降。可溶性蛋白是重要的渗透调节物质和营养物质,对提高细胞保水能力,保护生物膜其重要作用[23]。本研究表明,甘薯在贮藏期间,其可溶性蛋白质含量与维生素C含量都呈现不断下降的趋势,这与刘晨等[21, 24~25]研究结果一致,同时,相比对照处理,1-MCP熏蒸处理和SA浸泡处理能有效减少贮藏甘薯的可溶性蛋白和维生素C含量的降低。活性氧的积累是引起贮藏蔬果类衰老的重要原因,抗氧化酶能清除植物体内积累的活性氧,从而达到延缓衰老的作用,而多酚氧化酶则直接反映马铃薯、甘薯褐变程度[26~27]。本研究表明,在甘薯贮藏过程中，SOD 酶活性与 POD 酶活性均呈现出先增加后降低的趋势，而 CAT 酶活性则表现出持续下降的趋势，PPO 酶活性表现出持续升高的趋势；总体来说，经 1-MCP 处理和 SA 处理的薯块在贮藏期间其 SOD、POD、CAT 酶总活性均高于对照处理和草木灰处理，而 PPO 酶活性则显著低于对照处理和草木灰处理，说明 1-MCP 和 SA 处理能有效提高贮藏薯块中的抗氧化酶活性并且抑制 PPO 酶活性，延缓薯块的衰老与褐变。本试验在进行中仅针对贮藏薯块的品质相关指标进行了测定，对反应相关贮藏效果的呼吸强度、干率、相关淀粉转化酶等则需要进一步试验，才能对 1-MCP 处理和 SA 处理效果与应用做进一步评价。

4 结论

龙薯 9 号在贮藏期间，1-MCP 处理剂和 SA 处理剂能有效提升处理薯块在贮藏后期的品质，降低贮藏薯块可溶性糖、淀粉、可溶性蛋白、维生素 C 含量的下降速率，并在后期保持较低的腐烂率以及较高的 SOD、POD、CAT 酶活性和较低的 PPO 酶活性，延缓了贮藏甘薯后期的衰老与褐变，降低了腐烂率；草木灰处理在前期对贮藏甘薯的腐烂起到较好的抑制作用，但在后期其品质下降快，烂薯增加。

参考文献

[1] 马代夫，李强，曹清河，等．中国甘薯产业及产业技术的发展与展望 [J]. 江苏农业学报，2012，28（5）：969–973.

[2] 黄咏梅，卢森权，李彦青，等．甘薯的开发利用及发展前景 [J]. 广西农业科学，2008，39（5）：696.

[3] Kyoung-ook Kim，Jingi Yoo，Jinwook Lee. Effects of 1-methylcyclopropene（1-MCP）and poly-ethylene（PE）film liner treatments on the fruit quality of cold-stored 'Gamhong' apples[J]. Horticulture, Environment and Biotechnology，2018，59：51‒57.

[4] 朱金薇，冯江涛，延卫．1- 甲基环丙烯在苹果贮藏保鲜中的应用研究进展 [J]. 北方园艺 2010，20：195–198.

[5] 李德英．1-MCP 对猕猴桃冷藏过程中采后生理及香气的影响 [D]. 陕西师范大学，2008，05.

[6] 张延晖．1-MCP 处理对番石榴采后若干生理生化变化的影响 [D]. 福建农林大学，2010，06.

[7] 陈刚，马晓．1- 甲基环丙烯处理对豇豆贮藏效果的影响 [J]. 食品行业科技，2016，18（37）：340–343.

[8] 任俊洁，赵喜亭．水杨酸类物质在果实贮藏保鲜上的研究进展 [J]. 保鲜与加工，2018，18（1）：125–128，133.

[9] 余文英，王伟英，邱永祥，等．水杨酸对甘薯抗薯瘟病和抗氧化酶系统的影响 [J]. 福建农林大学学报，2008，37（1）：23–26.

[10] 董增，岳付萍，曹稳根，等．水杨酸对鲜切苹果贮藏效果的影响 [J]. 怀化学院学报，2017，36（11）：62–67.

[11] 黎国运，王钦城，杨枝林，等．草木灰浸出液对青皮种子出苗率的影响研究 [J]. 热带林业，2017，45（02）：12–13.

[12] 王晶英．植物生理生化实验技术与原理 [M]. 哈尔滨：东北林业大学出版社，2003.

[13] 熊庆娥．植物生理学实验教程 [M]. 四川：四川科学技术出版社，2003.85–86.

[14] 樊金娟，阮燕晔．植物生理学实验教程 [M]. 北京：中国农业大学出版社，2015.108–110.

[15] 蔡庆生 . 植物生理学实验 [M]. 北京：中国农业大学出版社，2013.89，182–187.

[16] 朱红，李洪明，张爱君，等 . 甘薯贮藏期呼吸强度与主要品质的变化研究 [J]. 中国农学通报，2010，26（7）：64–67.

[17] 刘少茹，聂明建，王丽虹，等 . 甘薯贮藏过程中淀粉与可溶性糖的变化 [J]. 安徽农业科学，2015，43（25）：274–276.

[18] 陶向，张勇为，姜玉松，等 . 甘薯块根储藏过程中的淀粉含量变化 [J]. 应用与环境生物学报，2010，16（5）：741–744.

[19] Agnes Nabubuya, Agnes Namutebi, Yusuf Byaruhanga, ad. Influence of development, postharvest handling, and storage conditions on the carbohydrate components of sweetpotato（Ipomea batatas Lam.） roots. Food Science–Nutrition. 2017，5：1088‐1097.

[20] 张有林，张润光，王鑫腾 . 甘薯采后生理、主要病害及贮藏技术研究 [J]. 中国农业科学，2014，47（3）：553–563.

[21] 艾玉春，王炜，李鹏霞，等 . 甘薯在贮藏期间营养与生理变化研究 [J]. 食品科学 技术学报，2013，31（2）：37–42.

[22] 张勇为，张义正，谭文芳，等 . 甘薯贮藏期间淀粉酶种类变化及其部分性质分析 [J]. 四川大学学报（自然科学版），2018，55（1）：197–200.

[23] 陈曦，邓吉良，陈日东，等 . UV–C 处理对甘薯贮藏品质的影响研究 [J]. 热带作物学报，2018.

[24] 刘晨 . 紫茎泽兰提高甘薯贮藏保鲜效应及处理甘薯的食用安全性初探 [D]. 硕士学位论文，四川农业大学，2012，06.

[25] 刘文静，余华，黄薇，等 . 不同温度对甘薯新品系福薯88贮藏生理营养性状的影响 [J]. 福建农业学报，2011，26（5）：711–717.

[26] 高路，李新华 . 紫甘薯贮藏期间多酚氧化酶活性及褐变强度变化的研究 [J]. 食品科学，2008，29（06）：424–427.

[27] 刁小琴，关海宁，魏雅冬 . 1– 甲基环丙烯处理对窖藏马铃薯的保鲜效果 [J]. 食品行业科技，2014，35（06）：303–306.

紫茎泽兰对甘薯的贮藏保鲜效应研究

彭　洁，闫宇薇，刘一盛，詹小旭，王余明，黄雪丽，刘　晨，余丽萍，王西瑶[1*]

（四川农业大学农学院，成都温江　611130）

摘　要：为解决甘薯贮藏期间烂薯率高、贮藏后品质不好的问题，在常温条件下，采用紫茎泽兰沸水提取液浸种和干粉粉末拌种两种处理方式分别处理3个甘薯品种，在贮藏后第0、60、120、180 d测定其烂薯率、水分含量、淀粉含量、可溶性蛋白含量、可溶性糖含量和α-淀粉酶活性，探讨紫茎泽兰对甘薯贮藏保鲜效果的影响。结果表明：与对照相比紫茎泽兰各处理均不同程度地降低了烂薯率，降幅在7%～12%之间；提高了淀粉、可溶性蛋白、可溶性糖的含量，提高了保水能力；降低了α-淀粉酶的活性。紫茎泽兰沸水提取液与甘薯质量比1：15的处理和紫茎泽兰干粉粉末与甘薯质量比1：15的处理分别在浸种和拌种处理方式中的贮藏保鲜综合效果最佳。浸种处理和拌种处理间贮藏效果保鲜差异不显著。综上所述，紫茎泽兰对甘薯具有显著的贮藏保鲜效应，具备开发为甘薯贮藏保鲜剂的潜力。

关键词：紫茎泽兰；甘薯；贮藏；保鲜

甘薯是一种主要的粮食作物[1]。我国常年种植甘薯约620万 hm^2，总产量1.06亿 t，是全球最大的甘薯生产国[2]。甘薯以块根为收获物，新鲜薯块组织脆嫩、含水量高，易感染黑斑病和软腐病，因此在常规贮藏下贮藏期短、腐烂率高、营养损失多[3]。中国甘薯15%因贮藏不当而霉烂掉[4]。紫茎泽兰属于菊科泽兰属多年生草本植物，目前在我国西南地区大范围蔓延，对农业生产和生态环境造成极大危害[5]。前人对紫茎泽兰进行过较多的研究[6]，紫茎泽兰对其生存环境的其他生物具有化感作用[7]，该作用在植物、动物、菌类中均有发现。紫茎泽兰应用于甘薯贮藏保鲜的研究尚未见报道，本课题组已有研究发现紫茎泽兰对延长马铃薯贮藏期效果显著，这一研究结果对紫茎泽兰应用于甘薯贮藏上有指导的意义。本研究旨在找到一种安全、简洁、有效地贮藏甘薯的方法，运用到甘薯贮藏之中，降低其烂薯率、营养损失，增加甘薯产业的附加值，从而加快甘薯产业链的发展。同时也为利用紫茎泽兰开发植物源甘薯贮藏保鲜剂提供参考，使其能变害为宝。

基金项目：国家现代农业产业技术体系四川薯类创新团队项目（川农业函[2014]91号）。

作者简介：彭洁，女，博士生，主要从事薯类作物研究。E-mail：271306348@qq.com。

*通讯作者：王西瑶，女，教授，博导，主要从事马铃薯研究。E-mail：wxyrtl@163.com。

1 材料与方法

1.1 材料

供试品种：南薯008、香薯、豫薯7号。每个品种挑选出大小均称，无烂薯的甘薯5 kg。紫茎泽兰地上部分采于凉山彝族自治州西昌市，阴干后用打粉机打成60目的粉末。

1.2 甘薯贮藏前处理

将1 000 g紫茎泽兰干粉，用沸水浸提2 h，3层纱布过滤两次即得水浸提母液，定容至5 000 mL，母液浓度为20%，4℃保存。将母液稀释成处理剂量对应的浓度用于甘薯浸种处理。处理剂量设为紫茎泽兰与甘薯质量比1：15，1：30，1：45，每个处理用1 L处理液浸泡。

以紫茎泽兰干粉与木屑混合后对甘薯进行拌种处理，木屑与紫茎泽兰粉末以覆盖甘薯为准，每个处理混合粉末体积约为0.025 m³（约为纸箱体积的一半，可以覆盖处理的甘薯）。处理剂量设为紫茎泽兰干粉与甘薯质量比1：15，1：30，1：45。

以上两种处理方式均设置空白对照（CK），即对甘薯不作任何处理。每个处理设3次重复。处理后的甘薯晾干装入50 cm×35 cm×25 cm的纸箱中进行贮藏。贮藏采用堆放方式。试验设在常温（温江年平均气温为16.8℃）的贮藏条件下进行。

1.3 贮藏期间各指标测定方法

在贮藏180 d后测定烂薯率，烂薯率（%）=烂薯数/甘薯总数×100%。分别在贮藏第0、60、120、180 d随机选择各处理的甘薯，取样测定其含水量[8]、α-淀粉酶活性[9]、可溶性蛋白含量[10]、可溶性糖含量[11]，在105℃杀青，60℃烘干，测定甘薯中的淀粉含量。

2 结果与分析

2.1 紫茎泽兰处理对甘薯烂薯率的影响

由图1可知，除1：45浓度浸种处理外，甘薯经紫茎泽兰处理后烂薯率显著降低，紫薯和淀粉薯随着处理剂量增大，烂薯率呈降低趋势，与3个品种甘薯质量比为1：15处理烂薯率均最低，与各自空白对照降低了7%～12%；香薯在浓度为1：15和1：35的处理下也显著低于对照级1：45的处理，但两个浓度之间差异不显著。不同品种间烂薯率淀粉薯＜香薯＜紫薯，不同处理之间对于烂薯影响效果也有差异，3个品种的拌种处理烂薯率均低于同浓度浸种处理的烂薯率，同浓度之间拌种比浸种处理的烂薯率低2%～5%。

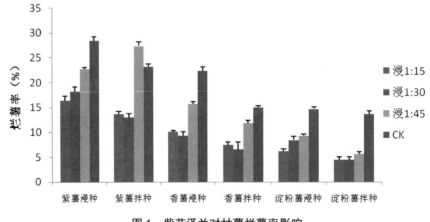

图1 紫茎泽兰对甘薯烂薯率影响

2.2　紫茎泽兰处理对甘薯含水量的影响

由图 2 可知，甘薯水分含量在贮藏期间，随时间的增加而总体呈下降的趋势。贮藏结束时，各品种不同处理均显著低于贮藏前。紫薯、香薯、淀粉薯 3 个品种在贮藏期间水分规律变化一致，在贮藏开始至 60 d 和 120 ~ 180 d 这两段时间下降剧烈，而在 60 ~ 120 d 期间水分下降不明显或者略有回升。另外各处理水分含量降低随着紫茎泽兰浓度增加而降低，各品种最佳处理均为 1 ：15 浓度最佳。同一紫茎泽兰浓度拌种浸种处理两种方式对相同品种水分含量降低影响差异不显著。贮藏 180 d 时，紫薯、香薯、淀粉薯浸种处理水分含量分别比对照高出 1%、0.8%、1.1%；紫薯、香薯、淀粉薯拌种处理水分含量分别比对照高出 1.2%、0.6%、0.8%。在不同品种间，水分含量减少比例也不相同，呈现出香薯＜淀粉薯＜紫薯的现象。

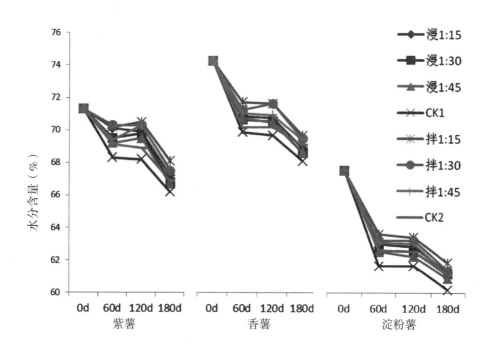

图 2　紫茎泽兰处理对甘薯贮藏期水分含量影响

2.3　紫茎泽兰处理对甘薯 α－淀粉酶的影响

由图 3 可知，在不同品种甘薯在贮藏过程中，甘薯的 α－淀粉酶活性随贮藏时间的变化先增加再下降。不同品种甘薯经紫茎泽兰处理后 α－淀粉酶活性均低于对照。同种处理方式中，随着紫茎泽兰浓度的增加，α－淀粉酶活性则降，1 ：15 处理剂量处理降低 α－淀粉酶活性效果最佳。

紫薯经紫茎泽兰浸种 1 ：15 处理后 α－淀粉酶活性贮藏 60、120、180 d 比对照分别降低 5%、6%、9%，香薯经紫茎泽兰浸种 1 ：15 处理后 α－淀粉酶活性贮藏 60、120、180 d 比对照分别降低 8%、6.3%、7.6%，淀粉薯经紫茎泽兰浸种 1 ：15 处理后 α－淀粉酶活性贮藏 60、120、180 d 比对照分别降低 5.8%、10.3%、3.6%；各品种经紫茎泽兰 1 ：15 拌种处理后，紫薯在 α－淀粉酶活性贮藏 60、120、180 d 比对照分别降低 5.8%、4.3%、6.9%，香薯降低 8.1%、2.6%、4.8%，淀粉薯降低 9.0%、2.2%、8.6%，到 180 d 后均显著小于对照 α－淀粉酶活性。但两种种薯处理方式对于 α－淀粉酶活性影响差异不显著。

另外，不同品种 α－淀粉酶活性不同，呈现出紫薯＞香薯＞淀粉薯的现象，在贮藏 60 ~ 120 d 之间，α－淀粉酶活性有一个峰值。

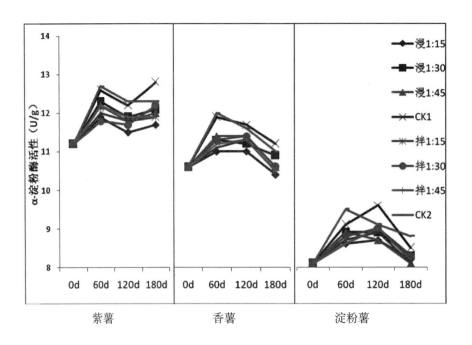

图3　紫茎泽兰处理对甘薯 α – 淀粉酶活性的影响

2.4　紫茎泽兰处理对甘薯淀粉的影响

由图4可知，不同品种甘薯贮藏时，淀粉含量均随时间增加而降低，但呈一个先下降后平稳的趋势，前120 d淀粉含量迅速下降，120 d后缓慢下降或者停止下降。

紫茎泽兰不同处理下，各品种甘薯淀粉含量均高于对照，紫茎泽兰浓度越大，甘薯中淀粉含量越高，浓度1∶15时降低淀粉含量下降的效果最佳。在贮藏120 d，紫茎泽兰1∶15浸种处理在紫薯、香薯、淀粉薯分别比对照淀粉含量提高了0.7%、0.6%、0.7%；紫茎泽兰1∶15拌种处理在紫薯、香薯、淀粉薯分别比对照淀粉含量提高了0.3%、0.6%、0.6%。不同处理方式之间，浸种处理在同品种同处理剂量下淀粉含量要高于拌种处理，但差异不显著。在不同品种间，淀粉含量淀粉薯＞香薯＞紫薯，并且紫薯的淀粉含量下降最多，香薯次之，淀粉薯最少。

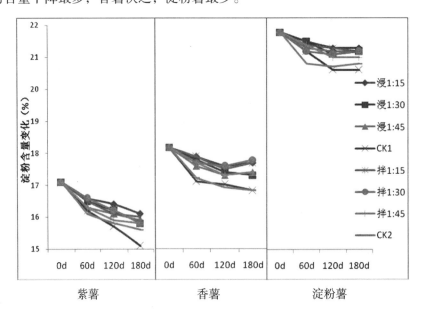

图4　紫茎泽兰处理对甘薯淀粉含量的影响

2.5 紫茎泽兰处理对甘薯可溶性蛋白的影响

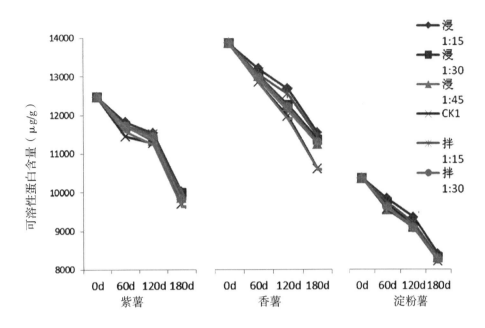

图 5　紫茎泽兰处理对甘薯可溶性蛋白含量的影响

　　甘薯贮藏过程中，可溶性蛋白含量也是随着贮藏时间的增加而呈下降趋势。由图 5 可知，紫薯在 60 ～ 120 d 期间可溶性蛋白含量下降速度稍低于 0 ～ 60 d 和 120 ～ 180 d 两个时期，而香薯和淀粉薯整个贮藏期间都呈匀速下降的趋势。在同一时期经紫茎泽兰处理的甘薯可溶性蛋白含量要高于对照，且随着处理剂量的增大，可溶性蛋白含量减少的速度越慢，紫茎泽兰浓度为 1 ∶ 15 时效果最佳。当贮藏 180 d 时，以紫茎泽兰 1 ∶ 15 浸种处理的紫薯、香薯、淀粉薯分别比 CK 对照高出 3.1%、8.7%、2.1%；紫茎泽兰拌种 1 ∶ 15 处理在紫薯、香薯、淀粉薯分别比对照高出 2.2%、8%、1.1%。不同处理方式之间，在同种品种同种浓度紫茎泽兰浸种处理的甘薯可溶性蛋白高于拌种处理，但差异不显著。不同品种之间，可溶性蛋白香薯＞紫薯＞淀粉薯。

2.6 紫茎泽兰处理对甘薯可溶性糖的影响

　　由图 6 可知，甘薯贮藏过程中，可溶性糖先上升后下降。0 ～ 60 d，各品种块根中可溶性糖含量都处于增加阶段，60 d 以后，淀粉薯块根中可溶性糖含量急剧下降，而紫薯和香薯则缓慢下降，到 120 d 以后开始迅速下降。不同浓度紫茎泽兰处理的甘薯在相同处理方式相同品种可溶性糖均大于对照，紫茎泽兰浓度越大，可溶性糖含量越高，浓度为 1 ∶ 15 延缓可溶性糖含量下降的效果最佳。贮藏 180 天后，甘薯可溶性糖含量经紫茎泽兰浓度 1 ∶ 15 紫薯浸种、紫薯拌种、香薯浸种、香薯拌种、淀粉薯浸种、淀粉薯拌种高于对照 11.3%、10.4%、6.9%、7.0%、5.3%、5.2%，差异极显著，但两种种薯处理方式之间，但差异不显著，不同品种之间的可溶性糖变化差异不显著。

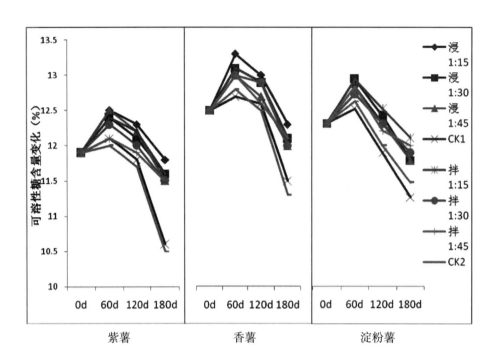

图6　紫茎泽兰处理对甘薯可溶性糖含量的影响

3　讨论与结论

甘薯在贮藏过程中，其水分含量、可溶性蛋白、淀粉等营养指标均呈现出下降的趋势，各营养指标劣变的加速期在贮藏 120 d 左右，与王炜[12]等研究结果甘薯劣变加速在 120 ～ 135 d 结果相似。

水分含量是影响甘薯感官及风味的一个重要因素，水分损失过多会造成甘薯的皱缩、失重、失鲜，从而影响甘薯的品质。紫茎泽兰处理的甘薯，水分含量增大，失水率降低，保持了甘薯的品质。与薛婧[13]等研究山药失水率与山药耐贮性呈正相关的结论正好相反。

甘薯的淀粉酶含有 α-淀粉酶和 β-淀粉酶，α-淀粉酶可作用于 α-1，4-糖苷键生成麦芽糖，葡萄糖等还原性糖，同时可以降低淀粉的黏度；而 β-淀粉酶主要是从淀粉的非还原性末端水解麦芽糖[14]。试验结果表明：α-淀粉酶活性与淀粉含量呈负相关的关系，可以分析 α-淀粉酶在淀粉水解过程中起主导作用，这与谢逸萍[15]等的甘薯主要存在淀粉酶是 β-淀粉酶的结论不一致，与龙雯虹[16]等的研究结果一致。同时，根霉，曲霉等引起甘薯烂薯的病菌可能影响淀粉分解，产生酒精造成甘薯烂薯，淀粉也可以作为侧面反应甘薯贮藏效果的指标。由此可以得出结论：紫茎泽兰处理的甘薯是由于降低了 α-淀粉酶的活性使甘薯淀粉水解减少，从而让甘薯淀粉含量比对照增加，品质提高。

甘薯在贮藏过程中，其可溶性蛋白和可溶性糖量受多个因素限制，紫茎泽兰处理的甘薯在可溶性蛋白含量和可溶性糖含量均高于对照，可能由于紫茎泽兰的化感作用影响了甘薯贮藏期间的水分含量、呼吸速率、酶活性等一系列生理指标所带来的结果，但具体的影响途径需要进一步试验进行检验。

甘薯的烂薯主要是由于贮藏时期病害和贮藏期间代谢变化造成。有研究表明紫茎泽兰含有较强的杀菌活性的物质，可用于植物源杀菌剂的开发[17]。紫茎泽兰中含有的 β-蒎烯、百里香酚、对-聚伞型花素、咖啡酸、柠檬烯、伞形花内酯、蒲公英内甾、阿魏酸等单萜类、倍半萜类、植物甾类化合物，具有抗菌、抗病毒等活性[18]。紫茎泽兰处理过的甘薯烂薯率明显比对照有减少，可以推测紫茎泽兰处理甘薯，对甘薯表面以及贮藏小环境有一定的杀菌作用，因此减少了烂薯率。

本试验结果表明，3个不同的品种呈现出的耐贮性：淀粉薯＞香薯＞紫薯。不同品种由于自身特性不同，表现出的耐贮性也不相同，我们可以根据耐贮性不同分别进行贮藏管理，抓住各自的特征，选取各自的贮藏管理方式，合理降低其贮藏成本，提高贮藏效果。

不同的处理方式，效果也有一定的差异，但差异不明显。浸种处理的烂薯率和水分含量略高于拌种处理，且贮藏期间的营养指标浸种处理要优于拌种处理，结合可操作性、成本来看，推测浸种处理后的甘薯贮藏效果要优于拌种处理。

紫茎泽兰的化感作用对甘薯贮藏期间的耐贮性有促进作用。张敏[78]等研究表明：紫茎泽兰处理后，会使处理受体体内丙二醛含量降低，超氧化物歧化酶和过氧化物酶增加。这些酶的变化可能会使甘薯的抗性得到增加，因此耐贮性也会相应增加。

从试验处理剂量分析，紫茎泽兰与甘薯质量比1∶15的剂量对甘薯在贮藏期品质变化促进作用最佳，试验中高浓度效果优于低浓度，所以处理剂量大于质量比1∶15时对贮藏的影响还需要做进一步研究，以找到最适合的浓度。

紫茎泽兰作为入侵性杂草危害环境，近年来学者研究其化感作用，渴望将其变废为宝，加以利用，造福人类。甘薯在经过紫茎泽兰处理后，提高了贮藏期的品质，降低了烂薯率。试验结果表明最适浓度为质量比1∶15，但对于再增大浓度效果是否还会更好仍需要进一步试验证实。

综上所述，紫茎泽兰对甘薯具有显著的贮藏保鲜效应，具备被开发为甘薯贮藏保鲜剂的潜力。将紫茎泽兰运用到甘薯贮藏之中，不仅能降低甘薯的烂薯率和营养损失，增加甘薯产业的附加值，从而加快甘薯产业链的发展，同时也使紫茎泽兰能变害为宝，减少对环境的危害。

参考文献

[1] Motoyasu O，Yoichi W，Takiko S. Production of Herbicide-Resistant Sweetpotato Plants by Agrobacterium tumefaciens-mediated Transformation[J]. Breeding Science. 2003，53：145-148.

[2] 何伟忠，木泰华. 我国甘薯加工业的发展现状概述[J]. 食品研究与开发，2006，27（11）：176-180.

[3] 王钊，刘明慧，樊晓中，等. 甘薯收获与安全贮藏[J]. 作物栽培. 2008（2）：21-23.

[4] 翟洪民，高霞. 甘薯烂窖的原因及综合预防措施[J]. 蔬菜，2006，12（2）：31-32.

[5] 鲁萍，桑卫国，马克平. 外来入侵种紫茎泽兰研究进展与展望[J]. 植物生态学报，2005，29（6）：1029-1037.

[6] 娄予强，黄健，陆自芹，等. 入侵植物紫茎泽兰的开发利用[J]. 广西热带农业，2008，5：21-23.

[7] 杨国庆，万方浩，刘万学. 紫茎泽兰水提液的化感潜势及其渗透压的干扰效应[J]. 生态学杂志，2008，27（12）：2073-2078.

[8] 中华人民共和国商业部. GB/T5497—1985. 粮食、油料检验水分测定法[s]. 北京：中国标准出版社，1986.

[9] 熊庆娥. 植物生理学实验教程[M]. 成都：四川科学技术出版社，2003：111-113.

[10] 李合生. 植物生理生化实验原理和技术[M]. 北京：高等教育出版社，2001：184-186.

[11] 韩雅珊. 食品化学实验指导[M]. 北京：中国农业大学出版社. 1996.

[12] 王炜 . 两种甘薯在中后期贮藏期间的品质变化研究 [J]. 江西农业学报，2011，23（3）：136-139

[13] 薛婧 . 山药采后生理及贮藏技术研究 [D]. 河北农业大学，2008.

[14] Fatma K，Dong Y S，Charles L G. Roles of B－amylase andstarch breakdown during temperatures stress[J]. Physiol plantarum. 2006（126）：120-128.

[15] 谢逸萍，李洪民，王欣 . 贮藏期甘薯块根淀粉酶活性变化趋势 [J]. 江苏农业学报，2008，24（4）：406-409.

[16] 龙雯虹，郭华春，高星，等 . 3种薯蓣植物珠芽休眠过程中糖类和可溶性蛋白质含量及淀粉酶活性的变化规律 [J]. 西部林业科学，2009，38（3）：22-27.

[17] 聂林红 . 紫茎泽兰化感作用的研究进展 [J]. 中国植保导刊，2011，31（1）：10-12

[18] 谭仁祥 . 植物成分功能 [M]. 北京：科学出版社，2003.

[19] 张敏 . 紫茎泽兰叶片对小麦、油菜幼苗的化感作用及化感机制的初步探究 [J]. 浙江大学学报，2010，36（5）：547-553.

马铃薯全粉糊化性质的研究

李佩华*，林　巧*，潘　新，徐桂芝

（西昌学院/四川省马铃薯重点实验室，四川西昌　61500）

摘　要： 通过使用 DV-T2 黏度温控一体机测定马铃薯全粉在不同溶剂中黏度的变化曲线。结果表明，马铃薯细粉的热稳定性、凝胶性较马铃薯雪花全粉强，更易回生；以硬度高的水为溶剂时马铃薯全粉的热稳定性较蒸馏水好，凝胶性较弱，不易回生；以柠檬酸溶液或食盐溶液为溶剂时，马铃薯全粉的热稳定性随浓度的升高而增强，凝胶性随浓度的升高而减弱，不易回生；以蔗糖溶液为溶剂时，马铃薯全粉的热稳定性、凝胶性随浓度的升高而增强，容易回生。本试验结果为不同类别的马铃薯全粉的食品生产加工提供一定的理论基础。

关键词： 马铃薯全粉；糊化；热稳定性；凝胶性；回生

马铃薯全粉是马铃薯食品加工行业的基础原料，利用马铃薯全粉可以生产各具特色的食品[1]。以新鲜马铃薯块茎为原料，经过清洗、去皮、挑选、切片、漂洗、预煮、冷却、蒸煮、捣泥等工艺过程，再经脱水干燥而得到的粉末状、颗粒状或片屑状产品统称为马铃薯全粉。而马铃薯全粉又因其脱水后干燥的方式不同而分为细粉和雪花粉。用脱水马铃薯制品经粉碎而得到的粉末状产品称为马铃薯细粉，简称"细粉"；以滚筒干燥工艺生产的，厚度为 0.1 ~ 0.25 mm、片径 3 ~ 10 mm，外观像雪花的不规则片屑状产品，称为马铃薯雪花全粉，简称"雪花粉"[2]。

马铃薯细粉和马铃薯雪花全粉因生产干燥工艺的不同，其性质、使用方法等都有较大的差异[3]。淀粉糊是淀粉应用的主要形式，因此对其性质的研究非常重要，而这些性质中最为重要的就是黏度性质。本试验使用 DV-T2 黏度温控一体机，测定在水、柠檬酸溶液、蔗糖溶液和食盐溶液这几种溶剂中马铃薯细粉、马铃薯雪花全粉的糊化黏度曲线，进而分析马铃薯细粉、马铃薯雪花全粉之间的糊化性质的差异，为不同类别的马铃薯全粉在专用产业链中提供一定的理论基础。

1　材料与方法

1.1　试验试剂和材料

柠檬酸、蔗糖、食盐、马铃薯细粉、马铃薯雪花全粉，以上材料均为市售。

基金项目： "十三五"四川省农作物及畜禽育种攻关"突破性薯类材料与方法创新"（2016NYZ0032），西昌学院马铃薯主食化工程技术中心专项。

*通讯作者：李佩华（1975—），男，副研究员，硕士，主要从事马铃薯等育种、栽培生理、良繁研究。E-mail：Lipeihua_2004@sina.com。林巧（1978—），硕士，教授，主要从事食品发酵及其副产品的研究。E-mail：66656736@qq.com。

1.2 仪器和设备

DV-T2黏度温控一体机：上海尼润智能科技有限公司；DELI—500A万能高速粉碎机：永康市群华五金配件厂。

1.3 试验方法

1.3.1 不同硬度的水对马铃薯全粉糊化性质的影响

准确称取5 g马铃薯细粉、5 g马铃薯雪花全粉分别用自来水配制成5%的淀粉悬浮液定容于100 mL容量瓶中，测定其糊化性质。

准确称取5 g马铃薯细粉、5 g马铃薯雪花全粉分别用蒸馏水配制成5%的淀粉悬浮液定容于100 mL容量瓶中，测定其糊化性质。

1.3.2 柠檬酸溶液对马铃薯全粉糊化性质的影响

用蒸馏水配制浓度为0%、0.1%、0.2%、0.3%、0.4%的柠檬酸溶液分别定容于100 mL容量瓶中，准确称取一定量的马铃薯细粉、马铃薯雪花全粉分别加入柠檬酸溶液配制成5%的淀粉悬浮液，测定其糊化性质。

1.3.3 蔗糖溶液对马铃薯全粉糊化性质的影响

用蒸馏水配制浓度为0%、5%、10%、15%、20%的蔗糖溶液分别定容于100 mL容量瓶中，准确称取一定量的马铃薯细粉、马铃薯雪花全粉分别加入蔗糖溶液配制成5%的淀粉悬浮液，测定其糊化性质。

1.3.4 食盐对马铃薯全粉糊化性质的影响

用蒸馏水分别配制浓度为0%、1%、2%、3%、4%的食盐溶液，准确称取一定量的马铃薯细粉、马铃薯雪花全粉分别加入食盐溶液配制成5%的淀粉悬浮液，测定其糊化性质。

1.4 测定方法

采用DV-T2黏度温控一体机测定不同条件下马铃薯细粉、马铃薯雪花全粉的糊化性质。准确量取一定量的待测悬浮液装入样品筒内，将装好待测悬浮液的小量样品筒放入中心位置并且卡住，缓慢下移黏度测量仪至规定位置，使液面正好到转子的液面标记处；以200 rpm/min的转速进行搅拌，整个测定过程历时25 min。根据测定得到的糊化曲线，标记淀粉在糊化过程中的糊化温度、峰值黏度、谷值黏度、最终黏度[4]、衰减值和回生值（图1）。其中衰减值为峰值黏度与谷值黏度的差，主要反映淀粉糊的热稳定性，衰减值越小，淀粉糊稳定性越好[5]；回生值为最终黏度与谷值黏度的差，反映淀粉的老化的程度，即淀粉糊冷却至50℃左右形成的凝胶强弱，回生值越大，凝胶性越强，越易回生[6]。

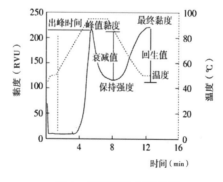

图1 淀粉糊化标准曲线

2 结果与分析

2.1 实测马铃薯全粉糊化曲线

采用 DV-T2 黏度温控一体机测定马铃薯全粉的糊化性质，糊化黏度曲线见图 2。

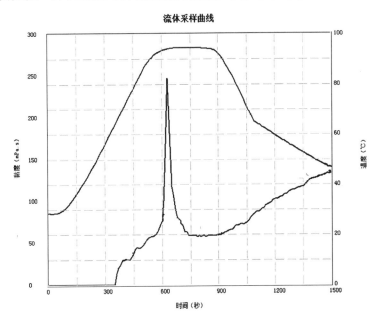

图 2 马铃薯全粉糊化曲线

2.2 不同硬度的水对马铃薯全粉糊化性质的影响

自来水和蒸馏水对马铃薯全粉糊化性质的影响见表 1。溶解马铃薯全粉的水不同，其开始糊化的温度变化不显著。马铃薯细粉在自来水和蒸馏水中的谷值黏度、最终黏度和回生值均高于马铃薯雪花全粉，峰值黏度、衰减值均低于马铃薯雪花全粉，说明马铃薯细粉的热稳定性、凝胶性较马铃薯雪花全粉强，更易回生。这可能是因为马铃薯细粉在生产过程中采用了回填、调质、微波烘干等先进工艺，其块茎果肉中的组织细胞破坏很少，而马铃薯雪花全粉在生产加工中采用的是滚筒干燥[7]，在蒸煮、制泥等过程中细胞破坏率较高，使最终得到的产品含有一定比例的游离淀粉[8]，因此在后续加工中表现出峰值黏度更大、热稳定性更差的特性。

马铃薯全粉在自来水中的峰值黏度和衰减值均低于蒸馏水中的值，说明马铃薯全粉在自来水中的热稳定性较好。这可能是因为自来水中因含 Mg^{2+}、Ca^{2+}、Cl^- 等矿物质离子[9]使其硬度偏大，而蒸馏水中几乎不含矿物质离子，其硬度小，经过软化后的水会显著提高全粉的峰值黏度，因而马铃薯全粉在蒸馏水中的峰值黏度高于自来水。

表 1 不同硬度的水对马铃薯全粉糊化性质的影响

序号	淀粉种类	溶剂类型	开始糊化温度（℃）	峰值黏度（mPa.s）	谷值黏度（mPa.s）	最终黏度（mPa.s）	衰减值（mPa.s）	回生值（mPa.s）
1	细粉	自来水	66.0	196.2	92.5	170.0	103.7	77.5
2	细粉	蒸馏水	65.1	266.2	85.0	177.5	181.2	92.5
3	雪花粉	自来水	70.7	250.0	28.7	105.3	221.3	76.6
4	雪花粉	蒸馏水	68.2	287.5	30.0	103.7	257.5	73.7

2.3 柠檬酸溶液对马铃薯全粉糊化性质的影响

不同浓度的柠檬酸溶液对马铃薯细粉糊化性质的影响见表2，不同浓度的柠檬酸溶液对马铃薯雪花全粉糊化性质的影响见表3。与空白对照相比，马铃薯细粉和马铃薯雪花全粉开始糊化的温度均升高，峰值黏度、谷值黏度、最终黏度、衰减值和回生值均降低[10]，说明柠檬酸添加量的增加马铃薯细粉和马铃薯雪花全粉的热稳定性提高，凝胶性减弱，不易回生。这可能是因为随着柠檬酸浓度的升高，酸的水解能力增强，从而加快了淀粉分子在水溶液中的分散，减弱了分子间的作用力，淀粉分子重新聚集的机会减少[11]，酸的浓度越高，淀粉的抗酸能力越弱，所以马铃薯全粉开始糊化的温度升高，各点黏度随着酸浓度的升高而降低。

表2 柠檬酸溶液对马铃薯细粉糊化性质的影响

序号	柠檬酸溶液浓度（%）	开始糊化温度（%）	峰值黏度（mPa.s）	谷值黏度（mPa.s）	最终黏度（mPa.s）	衰减值（mPa.s）	回生值（mPa.s）
1	0	65.1	266.2	85.0	177.5	181.2	92.5
2	0.1	72.4	263.7	84.2	161.2	179.5	77.0
3	0.2	75.8	253.7	78.7	151.2	175.0	72.5
4	0.3	76.7	238.7	75.0	140.8	163.7	65.8
5	0.4	74.9	225.0	68.7	127.5	156.3	58.8

表3 柠檬酸溶液对马铃薯雪花全粉糊化性质的影响

序号	柠檬酸溶液浓度（%）	开始糊化温度（%）	峰值黏度（mPa.s）	谷值黏度（mPa.s）	最终黏度（mPa.s）	衰减值（mPa.s）	回生值（mPa.s）
1	0	68.2	287.5	30.0	103.7	257.5	73.7
2	0.1	70.0	217.5	29.5	94.5	188.0	65.0
3	0.2	71.2	177.5	28.2	89.4	149.3	61.2
4	0.3	72.4	176.2	23.2	76.5	153.0	53.3
5	0.4	73.7	150.0	27.7	72.0	122.3	44.3

2.4 蔗糖溶液对马铃薯全粉糊化性质的影响

不同浓度的蔗糖溶液对马铃薯细粉糊化性质的影响见表4，不同浓度的蔗糖溶液对马铃薯雪花全粉糊化性质的影响见表5。与空白对照相比，马铃薯细粉和马铃薯雪花粉开始糊化的温度和衰减值降低，谷值黏度、最终黏度和回生值逐渐升高，说明蔗糖添加量的增加使马铃薯细粉和马铃薯雪花全粉的热稳定性和凝胶性都增强，容易回生。当蔗糖浓度低于10%及其以下时，马铃薯细粉的峰值黏度低于空白对照值；当蔗糖浓度在15%及其以上时，其峰值黏度显著高于空白对照值。在表5中，当蔗糖浓度低于15%时，马铃薯雪花全粉的峰值黏度低于空白对照值；当蔗糖浓度在20%时，其峰值黏度显著高于空白对照值。这可能是因为随着蔗糖浓度的升高，蔗糖分子中含有多个极易溶于水的羟基[12]与马铃薯全粉竞争结合水分子，蔗糖溶液本身也具有一定的黏度，细粉悬浮液中的淀粉颗粒吸收具有黏度的溶剂而变得黏稠，所以马铃薯细粉开始糊化的温度降低，峰值黏度呈现逐渐升高的趋势。

表4　蔗糖溶液对马铃薯细粉糊化性质的影响

序号	蔗糖溶液浓度（%）	开始糊化温度（℃）	峰值黏度（mPa.s）	谷值黏度（mPa.s）	最终黏度（mPa.s）	衰减值（mPa.s）	回生值（mPa.s）
1	0	65.1	266.2	85.0	177.5	181.2	92.5
2	5	55.8	208.7	93.7	196.2	115.0	102.5
3	10	56.9	247.5	108.7	234.3	138.8	125.6
4	15	57.8	283.7	133.2	281.9	150.5	148.7
5	20	59.5	337.5	162.5	316.2	175.0	153.7

表5　蔗糖溶液对马铃薯雪花全粉糊化性质的影响

序号	蔗糖溶液浓度（%）	开始糊化温度（℃）	峰值黏度（mPa.s）	谷值黏度（mPa.s）	最终黏度（mPa.s）	衰减值（mPa.s）	回生值（mPa.s）
1	0	68.2	287.5	30.0	103.7	257.5	73.7
2	5	64.9	234.2	82.5	169.3	151.7	86.8
3	10	65.8	258.5	94.2	190.7	164.3	96.5
4	15	66.5	275.0	102.5	224.7	172.5	122.2
5	20	67.4	313.7	123.7	258.5	190.0	134.8

2.5　食盐溶液对马铃薯全粉糊化性质的影响

不同浓度的食盐溶液对马铃薯细粉糊化性质的影响见表6，不同浓度的食盐溶液对马铃薯雪花全粉糊化性质的影响见表7。与空白对照相比较，随着食盐浓度的升高，马铃薯细粉、马铃薯雪花全粉开始糊化的温度均逐渐升高，峰值黏度、谷值黏度、最终黏度、衰减值和回生值逐渐降低，说明食盐的增加使马铃薯细粉和马铃薯雪花全粉的热稳定性提高，凝胶性减弱，马铃薯全粉不易回生。这可能是因为食盐的主要成分 NaCl 是一种强电解质，易溶于水，在水中可完全解离为 Na⁺ 和 Cl⁻，金属钠离子与氯离子的存在会减弱淀粉悬浮液中水分子与淀粉分子间的相互作用[13~16]，食盐浓度越高，淀粉的糊化就越困难。所以其糊化温度随着食盐浓度的升高而升高，各点黏度随着浓度的升高而降低。

表6　食盐溶液对马铃薯细粉糊化性质的影响

序号	食盐溶液浓度（%）	开始糊化温度（℃）	峰值黏度（mPa.s）	谷值黏度（mPa.s）	最终黏度（mPa.s）	衰减值（mPa.s）	回生值（mPa.s）
1	0	65.1	266.2	85.0	177.5	181.2	92.5
2	1	73.7	217.5	76.2	141.0	141.3	64.8
3	2	75.9	197.5	62.5	124.7	135.0	62.2
4	3	76.4	186.2	57.5	117.5	128.7	60.0
5	4	79.3	140.0	30.0	73.0	110.0	43.0

表7　食盐溶液对马铃薯雪花全粉糊化性质的影响

序号	食盐溶液浓度（%）	开始糊化温度（℃）	峰值黏度（mPa.s）	谷值黏度（mPa.s）	最终黏度（mPa.s）	衰减值（mPa.s）	回生值（mPa.s）
1	0	68.2	287.5	30.0	103.7	257.5	73.7
2	1	71.8	197.5	25.2	92.5	172.3	67.3
3	2	73.4	145.7	23.7	86.4	122.0	62.7
4	3	74.9	121.2	22.5	64.0	98.7	41.5
5	4	76.5	111.2	20.4	45.6	90.8	25.2

3 结论

马铃薯细粉由于生产中采用了回填、调质、微波烘干等先进工艺，最大限度地保护了组织细胞，而马铃薯雪花全粉是经去皮、切片、蒸煮等工艺之后采用滚筒干燥法生产，加热强度大，引起了一定数量的细胞破裂，最终产品含有部分游离淀粉，所以在后序加工中马铃薯雪花全粉表现出热稳定性、凝胶性弱的特性。因此在加工以马铃薯全粉为原材料的食品时，应充分考虑马铃薯全粉原料对产品品质的影响，选择合适的马铃薯全粉作为原材料。添加柠檬酸或食盐，马铃薯全粉的糊化速度减慢，热稳定性提高，凝胶性减弱，降低了马铃薯全粉的老化程度；添加蔗糖会增强马铃薯全粉的热稳定性和凝胶性，加快马铃薯全粉的老化。所以在生产马铃薯面制品时，尽量避免过量的酸、盐、糖等对马铃薯全粉二次加工的影响，选择合适的添加量，也可以通过加入面粉改良剂调整马铃薯全粉的性质，最终得到高品质的马铃薯面制品。

参考文献

[1] 郭心义 . 马铃薯全粉生产状况及前景展望 [J]. 粮油加工与食品机械，2003，10（3）：8-10

[2] 从小甫 . 中国马铃薯全粉加工业现状 [J]. 食品科学，2002，23（8）：348-352

[3] 李福利 . 浅议马铃薯全粉 [J]. 内蒙古农业科技，2012（1）：133-134

[4] 赵敏 . 淀粉类凝胶食品制备及特性研究 [D]. 陕西科技大学，2014

[5] 杨文建，俞杰，孙勇，等 . 添加金针菇粉、茶树菇粉对面团流变学特性的影响 [J]. 食品科学，2014，35（23）：43-47

[6] 吕振磊，李国强，陈海华 . 马铃薯淀粉糊化级凝胶特性研究 [J]. 食品与机械，2010，26（3）：22-27

[7] 杜润鸿 . 开创干燥工业新纪元—高达滚筒干燥机 [J]. 粮油加工与食品机械，2002，1：29-30

[8] 何贤用 . 马铃薯全粉加工技术与市场 [J]. 食品科技，2009，34（9）：160-162

[9] 薛婷 . pH 值、盐、糖、酸对马铃薯淀粉黏度特性的影响 [D]. 陕西科技大学，2014

[10] 李志伟，钟雨越，吴权明，等 . 高直链玉米淀粉的理化特性研究 [J]. 西北农林科技大学学报，2014，42（7）：53-60

[11] 李鑫，赵燕，廖斌等 . 甘薯淀粉糊透明度及凝沉性初探 [J]. 食品研究与开发，2011，32（3）：34-37

[12] 李洁，田翠华，项丽霞，等 . 添加剂对莲藕淀粉糊流变特性的影响 [J]. 中国粮油学报，2007，22（1）：65-68

[13] 王琴，张任英，王丽娟 . 紫马铃薯全粉流变学特性的研究 [J]. 食品研究与开发，2010，31（2）：30-33

[14] 胡珊珊，孙剑锋，刘亚琼，等 . 不同添加物对羟丙基木薯淀粉流变特性的影响 [J]. 中国粮油学报，2012，27（5）：35-38

[15] 许亚伦 . 三种马铃薯淀粉及其乙酰化淀粉黏度性质的研究 [D]. 西安：陕西科技大学，2012

[16] 杜双奎，周丽卿，于修烛，等 . 山药淀粉加工特性研究 [J]. 中国粮油学报，2011，26（3）：34-40

马铃薯白酒发酵动力学的研究

林　巧，李佩华 *，李　婷

（西昌学院 / 四川省马铃薯工程技术中心，四川西昌　61500）

摘　要：通过以马铃薯为主要发酵原料，玉米、高粱、苦荞为发酵原辅料经过蒸煮、发酵、陈酿等步骤进行马铃薯白酒发酵，其中采用活化后的干酵母进行恒温发酵，并对发酵过程中酵母生长、酒精形成和底物消耗建立动力学模型进行研究。研究过程中测定每隔 1 d 发酵液中的酵母菌个数、酒精度、糖类物质的含量。运用 Logistic 方程建立动力学方程模型，通过结果分析观察出发酵过程中各试验参数的动力学特征，深入了解微生物的生理特性、酵母生长和产物形成条件各个参数之间的相互关系，为发酵工艺控制的研究奠定基础。

关键词：马铃薯；白酒；发酵；动力学模型

马铃薯白酒是以马铃薯作为主要原料，玉米、高粱、苦荞作为辅料，经过蒸煮、发酵、陈酿、过滤后的酒精饮品。发酵动力学主要研究发酵过程中的微生物生长变化，产物酒精的形成和底物总糖消耗。发酵动力学能够对试验过程进行分析及试验中各项指标进行预测。通过从各种试验中获得的各项数据进行整理分析，从而实现把小实验得到的数据运用到大型发酵工艺的设计中，达到来控制生产工艺的目的。发酵动力学中最常用的是 Logistic 方程来研究菌体生长情况，如林巧[1]等应用 Logistic 方程建立了菌体、酒精和底物动力学参数与数学模型。李侠[2]等采用 Logistic 模型对试验数据进行非线性拟合，为将来马铃薯白酒的生产工艺提供了条件。

1　材料与方法

1.1　材料与方法

1.1.1　主要材料与仪器

原辅料为马铃薯、玉米、高粱、苦荞、安琪高活性酵母、白砂糖。

1.2　试验方法

1.2.1　马铃薯白酒发酵试验工艺流程

基金项目："十三五"四川省农作物及畜禽育种攻关"突破性薯类材料与方法创新"（2016NYZ0032），西昌学院马铃薯主食化工程技术中心专项。

作者简介：林巧（1978—），硕士，教授，主要从事食品发酵及其副产品的研究。E -mail：66656736@qq.com。

*通讯作者：李佩华（1975—），男，硕士，副研究员，主要从事马铃薯育种、良种繁育、高产栽培、加工及产业发展研究。E-mail：1604003116@ qq.com。

1.2.2 操作要点

蒸煮：挑选完好无破损的马铃薯 4.5 kg 清洗干净后放入锅中蒸 40 min，蒸至用手轻压马铃薯易碎，取出蒸好的马铃薯冷却至室温，剥去外皮，全部压碎；称取等量的玉米、高粱、苦荞各 1 kg 清洗后分别倒入锅中煮 30 min，煮至原料表皮刚好破裂，最后将冷却至室温的四种原料混合均匀。

落缸搭窝：将原料和酵母混合均匀后装入陶瓷缸中，将缸中的原料表层轻压后中间留一个凹槽，在原料表面适当撒上一层干酵母，将缸盖盖好后在缸外沿加入适量的水密封。

发酵方法：将活化后的酵母与发酵原料进行混匀，再将其装入适量容积的陶瓷缸中，在 XMTD-8222 培养箱中控制温度在 28 ～ 30℃内进行发酵。每隔一天取样 1 次，测定发酵液中的残糖的含量、酒精度和菌体的生物量。

菌种活化：称取 75 g 的酿酒曲，将此酿酒曲和 10 倍质量的 10% 蔗糖溶液混匀，40℃条件下复水 30 min，使高活性干酵母进行充分活化，恢复绝大部分细胞的正常功能。

蒸馏：取 500 mL 的发酵液装入到圆底蒸馏烧瓶中，再加入等量的蒸馏水，用电热套进行加热，加热至温度达到 85℃左右，蒸发的酒精通过冷凝回流管流入锥形瓶中，全过程温度控制在 85 ～ 90℃，蒸馏 60 min 左右。

1.3 检测方法

用计数法统计酵母细胞数量：血球计数板法，选用 16 中方格（一个中方格有 25 个小方格）规格的载玻片通过直接计数法对酵母菌数进行测定[3～5]。

用比重法测酒精度：根据 GB5009225-2016 食品安全国家标准酒中乙醇浓度的测定规定的方法测定。

用分光光度计测总糖：根据 GB/T 15038-2006 食品安全国家标准食品中总糖的测定规定的方法测定。

1.4 发酵动力学模型

1.4.1 酵母生长模型

酵母生长采用 Logistic 模型，此模型通常被众人理解为是反映细胞生长速率与发酵液中营养物质含量之间的非线性关系的方程，常适合于生物研究中的分批发酵动力学的研究。本试验采用如下方程研究：

Logistic 方程：$\dfrac{d_x}{d_t} = \dfrac{\mu_{m1}x}{1-\dfrac{x}{x_m}}\sqrt{b^2-4ac}$ （1）

发酵初期 $t=0$，$x=x_0$，μ_{m1} 为酵母的最大比生长速率，x_m 为最大酵母浓度，此方程的积分式为：

$$\mu_{m1}t = \ln(\frac{x_m}{x_0}-1) + \ln(\frac{x}{x_m-x})$$ （2）

或 $x_{(t)} = \dfrac{x_0 \times \exp(\mu_{m1}t)}{1-\dfrac{x_0}{x_m}\times[1-\exp(\mu_{m1}t)]}$ （3）

1.4.2 产物形成模型

在发酵过程中，酒精产量的多少与酵母的生长速率有关。在发酵刚开始的时候，酵母需要适应发酵环境而生长速率较低，从而导致发酵产物酒精的产量较少，在酵母进入对数生长期后酵母代谢旺盛，酒精产量逐渐增多，在发酵后期酵母生长代谢速率因受底物影响而降低，酒精产量也随之减少并趋于稳定 [15-17]。因此，酒精生成模型同酵母生长模型具有一定的相似性，因此酒精产生的模型如同酵母生长模型。

Logistic 方程：$\dfrac{d_p}{d_t} = \dfrac{u_{m2}p}{1 - \dfrac{p}{p_m}}$ （4）

发酵前阶段 $t=0$，$p=p_0$，μ_{m2} 为酒精的最大产生速率，p_m 为最大酒精浓度，此方程的积分式为：

$$u_{m2}t = \ln(\frac{p_m}{p_0} - 1) + \ln(\frac{p}{p_m - p})$$ （5）

或 $p_{(t)} = \dfrac{p_0 \times \exp(u_{m2}t)}{1 - \dfrac{p_0}{p_m} \times [1 - \exp(u_{m2}t)]}$ （6）

1.4.3 底物消耗模型

糖类物质在发酵试验中起到为酵母繁殖生长提供所需碳源的作用；糖类物质被还原产生的能量供酵母新陈代谢所需；同时也可以提高潜在酒精含量和提供甜味物质，改善马铃薯白酒的口感等 [18~22]。试验底物的消耗可由下式表示：

$$\frac{d_s}{d_t} = \frac{1}{y_{x/s}} \times [\frac{d_x}{d_t}] - [\frac{1}{y_{p/s}}] \times [\frac{d_p}{d_t}] - k_e x$$ （7）

将（4）代入方程（7），可得：

$$\frac{d_s}{d_t} = (\frac{1}{y_{x/s}} + \frac{a}{y_{p/s}}) \times \frac{d_x}{d_t} - (\frac{\beta}{y_{p/s}} + k_e) \times x$$ （8）

或 $\dfrac{d_s}{d_t} = -b_1 x - b_2[\dfrac{d_x}{d_t}]$ （9）

$t = 0$ 时 $s = s_0$，式中 $b_1 = \dfrac{\beta}{y_{p/s}} + k_e$ 、 $b_2 = \dfrac{1}{y_{x/s}} + \dfrac{\alpha}{y_{p/s}}$

发酵后期，即 $\dfrac{d_x}{d_t} = 0$，可根据（10）计算得：

$$b_1 = \frac{\dfrac{d_s}{d_t}}{x_m}$$

进而对（10）式积分得： $s_{(t)} = s_0 - b_2 \times A_{(t)} - b_1 B_{(t)}$ （10）

方程（6）可写成如下形式：

$$A_{(t)} = x_{(t)} - x_0$$ （11）

$$B_{(t)} = \frac{x_m}{\mu_{m1}} \ln\{1 - \frac{x_0}{x_m} \times [1 - \exp(\mu_{m1}t)]\}$$

公式符号说明：

X_0 表示初始菌体浓度，g/L；

$X_{(t)}$ 表示菌体浓度，g/L；

X_m 表示最大菌体浓度，g/L；

μ_{m1} 表示最大比生长速率，h^{-1}；

μ_{m2} 表示最大比产生速率，h^{-1}；

P_0 表示初始酒精浓度；

$P_{(t)}$ 表示酒精浓度；

α 表示动力学模型参数，g/g；

β 表示动力学模型参数，g/（g·h）；

S_0 表示初始底物浓度，g/L；

$S_{(t)}$ 表示底物浓度，g/L；

b_1 表示动力学模型参数，g/（g·h）；

b_2 表示动力学模型参数，g/g；

$Y_{x/s}$ 表示菌体得率系数，g/g；

$Y_{p/s}$ 表示产物得率系数，g/g；

Ke 表示细胞维持系数，h^{-1}；

t 表示发酵时间。

2 结果与分析

2.1 马铃薯酒发酵过程中酵母、产物及残糖的变化

由表1可知，发酵试验中，酵母发挥着非常重要的作用，酵母的生长曲线是典型的 S 型曲线，每个生长阶段都较分明。由表得出酵母生长过程中的延滞期时间较短，生长速率较快。3 d 后进入对数生长期，随着发酵的继续进行，到 11 d 时，酵母生长进入稳定期。发酵刚开始的时候，酒精产量几乎为零，糖含量最高，随着酵母的生长，酒精产量越来越高，糖含量逐渐下降。根据酵母菌体的生长规律，在底物丰富的阶段，菌体生长迅速，随着底物的逐渐消耗，从 12 ~ 15 d 阶段，底物消耗缓慢，酒精产生也相对较少。

表 1 发酵过程中的各项参数

时间（d）	酵母个数（×10⁷cfu/mL）	酒精得率（%）	糖含量（g/L）
0	0.00	0.00	457.11
1	1.25	0.50	451.89
2	2.35	1.30	430.67
3	3.25	2.80	386.53
4	4.00	4.40	318.39
5	4.90	7.20	261.43
6	5.79	10.20	211.86
7	6.30	15.40	165.11
8	6.72	20.40	107.49
9	6.90	24.00	57.92

续表

时间（d）	酵母个数（×10⁷cfu/mL）	酒精得率（%）	糖含量（g/L）
10	7.08	27.60	25.79
11	7.12	30.10	13.57
12	7.10	30.60	10.96
13	7.11	31.60	5.74
14	7.10	31.50	2.74
15	7.10	31.50	2.23

2.2 酵母生长动力学

由酵母菌体生长模型公式（2）和2.1表中的试验数据可知：用$\ln(\frac{x}{x_m-x})$对t作图的直线斜率为b，截距为$\ln(\frac{x_m}{x_0}-1)$。建立直线回归方程的：

$$y = bx + a$$

式中，y为$\ln(\frac{x}{x_m-x})$；x为t；a为$\ln(\frac{x_m}{x_0}-1)$；b为μ_{m1}。计算可得直线回归方程为：

$$\overline{y} = 2.0335 + 0.6588x$$

因 a 为$\ln(\frac{x_m}{x_0}-1)$和 $x_m = 7.12 \times 10^7$cfu/mL，可得 $x_0 = 0.824 \times 10^7$cfu/mL，所以，$\mu_{m1} = 0.6588$ d^{-1}，$x_0 = 0.824 \times 10^7$cfu/mL。将以上试验数据代入酵母生长动力学模型公式（3）得发酵中酵母生长动力学模型如下：

$$x_{(t)} = \frac{0.824 \times \exp(0.6588t)}{1 - \frac{0.824}{7.12}[1 - \exp(0.6588t)]}$$

由酵母生长动力学模型的方程式计算出相应的模型值，模型值与测定值间的比较见图1，模型值和测定值的平均相对误差为4.3%，说明本试验结果与动力学模型计算的结果基本相符。从图1可知，在生长初期酵母为适应环境条件而生长缓慢，随着发酵的进行，酵母生长速率逐渐增加，在3～9 d，酵母呈现对数增长，在11 d后酵母增长缓慢，进入稳定期。

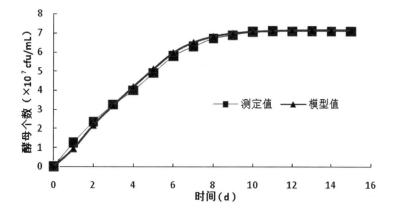

图 1 酵母生长模型值和测定值的对比曲线

2.3 产物形成动力学

由 1.41 产物形成模型中的公式（5）及 2.1 附表中的试验数据，可以用 $\ln(\frac{p}{p_m-p})$ 对 t 作图，得到直线斜率为 μ_{m2}，截距为 $\ln(\frac{p_m}{p_0}-1)$ 建立直线回归方程如下：

$$y = b \times x + a$$

式中，y 为 $\ln(\frac{p}{p}$ $p)$；x 为 t；a 为 $\ln(\frac{p_m}{p_0}-1)$；b 为 μ_{m2}。由计算得所求直线回归方程为：

$$\overline{Y} = 0.663\,6x + 4.476$$

因为 a 为 $\ln(\frac{p_m}{p_0}-1)$ 及 $P_m=31.6$ 可得 $P_0=0.355\,5$，所以，$\mu_{m2}=0.6636\ \mathrm{d}^{-1}$，$P_0=0.355\,5$，将试验数据 $P_m=31.6$ 和计算所得 $\mu_{m2}=0.6636\ \mathrm{d}^{-1}$，$P_0=0.355\,5$ 代入酒精动力学模型公式（6）得酒精产生动力学模型如下：

$$P_{(t)} = \frac{0.355\,5 \times \exp(0.663\,6t)}{1 - \dfrac{0.355\,5}{31.6} \times [1 - \exp(0.663\,6t)]}$$

由酒精形成的动力学方程的模型计算得出发酵过程中酒精形成的模型值。模型值和实测值的相互对比曲线见图 2，经计算可得模型值和实测值平均相对误差为 6.01%，由图和数据结果分析可知，动力学的模型的结果与试验的结果基本相符。酒精量随着发酵的进行而不断增加，第 6 ~ 10 d 生长速率最快，11 d 后不再增加。

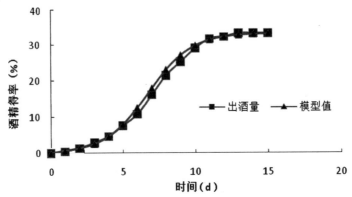

图 2　酒精合成模型值与测定值的对比曲线

2.4 底物消耗动力学

由方程（11）$S_{(t)} = s_0 - b_2 \times A_{(t)} - b_1 B_{(t)}$ 得：

$$S_{(t)} = s_0 - b_2 \times (x_{(t)} - x_0) - b_1 \frac{x_m}{\mu_{m1}} \ln\{1 - \frac{x_0}{x_m}[1 - \exp(\mu_{m1}t)]\}$$

和动力学模型参数 $\mu_{m1}=0.658\,8\mathrm{d}^{-1}$，$x_0=0.824 \times 10^7\mathrm{cfu/mL}$ 及试验数据 $x_m=7.12 \times 10^7\mathrm{cfu/mL}$、$s_0=457.11\ \mathrm{g/L}$ 建立二元一次方程组，得模型参数：$b_1=1.93$，$b_2=17.68$。因此，底物总糖消耗的动力学方程为：

$$s_{(t)} = 457.11 - 17.68(x_{(t)} - 0.824) - 1.93 \times \frac{7.12}{0.6588} \ln\{1 - \frac{0.824}{7.12}[1 - \exp(0.6588t)]\}$$

马铃薯白酒发酵的过程中，底物中糖类物质的消耗情况如下图 3 所示：

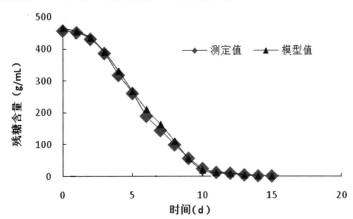

图 3　底物消耗模型值与测定值的对比曲线

由底物动力学模型方程可计算得底物消耗模型值。图 3 是对模型值和试验测定值之间进行比较，平均相对误差为 8.22%，表示动力学模型与试验数据基本相符，此底物发酵动力学模型能较好地表示底物残糖含量随着发酵时间的变化而变化。在第 4 d 后糖类物质的消耗逐渐加剧，此时的糖类物质主要用于为酵母的生长提供碳源和能量，11 d 后，糖类物质几乎消耗完，酵母不再继续生长，发酵基本中止。

3　结论

通过 Logistic 方程对马铃薯白酒发酵生成酒精的过程中，建立了一系列的动力学模型，经对比模型预测值与试验数据，结果基本相符，证实了此模型是的建立研究可行的。

针对试验来说，酵母在 3 ~ 9 d 为对数生长期，这一阶段提高菌体浓度最佳，11 d 开始残糖量几乎为零，酵母也近乎不再繁殖。若将发酵动力学运用到实际生产中，可以采用动力学中酵母生长速度快、生成酒精产量多等特点来达到工艺控制的目的，优化生产工艺的过程，达到提高生产效率的目的，依据控制发酵过程来增加酒精产量。

根据对发酵动力学的研究，深入了解微生物的生理特性、酵母生长和产物形成条件各个参数之间的相互关系，为发酵工艺控制的研究奠定基础。

参考文献

[1] 林巧，李燕红，孙小波，等 . 樱桃果酒发酵动力学研究 [J]. 中国酿造，2009（07）：65-68.

[2] 李侠，彭丹，张春晖，等 . 红枣酒发酵动力学研究 [J]. 中国酿造，2012，31（01）：190-193.

[3] 彭金龙，毛健，姬中伟，等 . 黄酒发酵动力学研究 [J]. 食品与机械，2013，29（03）：12-15.

[4] 吴悦，李强，林燕，等 . 酵母乙醇发酵动力学模型研究 [J]. 可再生能源，2014，32（02）：229-233.

[5] 丁乾坤 . 酒精发酵产物动力学模型的研究 [D]. 哈尔滨工程大学，2012.

[6] 张勇，李从发，艾遥琴，等 . 蜂蜜酒发酵动力学研究 [J]. 食品工业科技，2015，36（05）：136-139.

[7] Liu Z，Wu Z，Li R，et al. Two-stage foam separation technology for recovering potato protein from potato processing wastewater using the column with the spiral internal component[J]. Journal of Food Engineer-

ing.201 3（02）：192–198.

[8] 代志凯，印遇龙，阮征 . 微生物发酵动力学模型及其参数拟合的软件实现 [J]. 计算机与应用化学，2011，28（04）：437–441.

[9] Sen Qing Fan, Shi Ping Chen, Xiao Yu Tang. Kinetic model of continuous ethanol fermentation in closed–circulating process with pervaporation membrane bioreactor by Saccharomyces cerevisiae[J].Bioresource Technology, 2015, 117（02）：169–175.

[10] 张虹洁 . 马铃薯渣酒精发酵工艺优化及提取膳食纤维的研究 [D]. 山西农业大学，2016.

[11] 王慧君 . 马铃薯蒸馏酒生产工艺研究及香气成分分析 [D]. 甘肃农业大学，2015.

[12] 郑丽蔓 . 浓醪发酵在酒精生产中的应用 [D]. 北京化工大学，2017.

[13] A.E.Ghaly, M. Kamal, L.R. Correia. Kinetic modelling of continuous submerged fermentation of cheese whey for single cell protein production[J].Bioresource Technology.200 4（10）：1143–1152.

[14] 杨俊慧，郑岚，马耀宏，等 . 马铃薯中还原糖不同测定方法的比较 [J]. 食品研究与开发，2011，32（06）：104–108.

[15] 姜勇，李春玲，孙承国 . 对玉米发酵生产酒精过程中酵母影响因素的研究 [J]. 酿酒，2006（04）：39–40.

[16] 薛军侠 . 酿酒酵母的筛选鉴定及耐受性初步研究 [D]. 西北农林科技大学，2007.

[17] 吴徐建 . 酱香型白酒固态发酵过程中酵母与细菌群落结构变化规律的研究 [D]. 江南大学，2013.

[18] Wen–Xue Zhang, Zheng–Yun Wu, Qi–Sheng Zhang. Combination of newly developed high quality Fuqu with traditional Daqu for Luzhou–flavor liquor brewing[J].World Journal of Microbiology and Biotechnology.200 9（10）：1721–1726.

[19] 李兴革，李志江，牛广财，等 . 利用马铃薯生产酒精发酵工艺参数的研究 [J]. 农产品加工（学刊），2009（07）：16–18+23.

[20] Yong Zhang, Yao Qin Ai, Qi Wu, et al, Optimization of Fermentation Conditions of Mead by Response Surface Methodology[J].Advanced Materials Research, 2014, 881–883（01）；789–792.

[21] 周永治，赵培城，毕静 . 利用马铃薯为原料制醋酒精发酵工艺的优化 [J]. 中国酿造，2015，34（10）：103–105.

[22] 陈蒙恩，樊建辉，侯建光 . 陶融型白酒酿造工艺优化研究 [J]. 酿酒科技，2017（10）：35–41.

马铃薯苦荞蛋糕的制作工艺研制

宋玉婷[1]，李冬梅[2]，张　忠[2*]

（1. 成都理工大学环境学院，四川成都　610059；2. 西昌学院农业科学学院，四川西昌　615013）

摘　要： 采用单因素与正交试验设计方法，以蛋糕的感官综合得分结果、理化检测结果为评价指标，并且充分考虑国家马铃薯主粮化的战略目标和迎合目前大众对低糖食品的热衷，得到制作马铃薯苦荞蛋糕最适工艺为：马铃薯泥添加量 8.0%，苦荞粉：小麦粉为 1.5：1，鸡蛋：小麦粉为 5.0：1，蔗糖添加量 12%，且该配方制作的蛋糕富含多种抗氧化成分，如维生素 A、维生素 C 以及芦丁等。该研究为凉山彝族自治州马铃薯与苦荞的开发利用提供了参考。

关键词： 马铃薯；苦荞；蛋糕；制作工艺

促进贫困地区的种植业发展是一项可持续性扶贫办法，因此如何利用该地区种植广泛的马铃薯和苦荞麦成为目前凉山彝族自治州的研究热点。马铃薯的块茎里富含丰富的碳水化合物、高蛋白质、纤维素、脂肪及多种维生素和无机盐等[1, 2]。苦荞即苦荞麦，位于"五谷之首"，是自然界中很少的药食两用粮食作物。苦荞内部含有的生物类黄酮成分（主要为芦丁，占总量的 80%）具有抗菌、消炎、止咳、平喘、祛痰的功用。因此，荞麦还有"消炎粮食"的美称[3, 4]。生产蛋糕的主要原料有小麦粉、食用油、苏打粉和鸡蛋[5~6]。为响应国家马铃薯主粮化发展战略[7]，研发马铃薯与苦荞更多的利用空间。本试验主要研究蛋糕制作时，马铃薯添加量与苦荞添加量与蛋糕品质的影响，以期制作口感俱佳、富含营养保健的新型马铃薯苦荞蛋糕，同时是一项具有一定社会意义的研究。

1　材料与方法

1.1　试验材料
小麦粉，马铃薯泥，苦荞粉，蔗糖，鸡蛋，玉米油，双效泡打粉，柠檬，水。

1.2　工艺流程
称取同一批次的马铃薯，先洗净，再手动去皮，切成 0.1~0.3 cm 厚的片状，加入适量水于电磁炉中煮制 10 min 至熟软，捞出沥干水用擀面杖打至均匀，使其不含马铃薯颗粒，放置备用。称取一定量小麦粉与苦荞粉混合并搅拌均匀，再称取马铃薯泥若干质量混合。将一定量的鸡蛋打入搅拌机，加

───────────────

基金项目： "十三五"四川省农作物及畜禽育种攻关"突破性薯类材料与方法创新"（2016NYZ0032），西昌学院马铃薯主食化工程技术中心专项。

作者简介： 宋玉婷，成都理工大学环境学院。

* 通讯作者： 张忠（1968—），硕士，教授，从事马铃薯主食化产品研发及相关品质分析、检测等工作。Email：676004127@qq.com。

入适量蔗糖，先慢速搅拌 2 min 混合蛋液和蔗糖，加入柠檬，然后迅速搅拌 10 min，打到原始体积的 3 倍，将混合物倒入搅拌机内搅拌均匀。将浆液倒入模具中，备用。将模具置入烤箱内，表面温度设置为 150℃，底温设置成 180℃，并烤制 19 min 取出即可。

1.3 感官评定方法

将试验做出的马铃薯苦荞蛋糕分别给予 10 个不同的人品尝，感官评定（表 1）马铃薯苦荞蛋糕品质，包括苦荞马铃薯成品的形态、色泽、组织、滋味与口感、杂质。

1.4 马铃薯苦荞蛋糕理化指标测定方法

根据 GB5009.82-2016[8]，测定维生素 A 含量。根据 GB14754-2010[9]，测定维生素 C 的含量。根据 NY/T1295-2007[10]，测定芦丁含量。

表 1 马铃薯苦荞蛋糕产品感官评分标准

项目	满分	评分标准	分数
形态	20	表面结构细腻，光滑，无变形	16 ~ 20
		表面结构光滑细腻，稍微变形	11 ~ 15
		表面粗糙、变形严重	1 ~ 10
色泽	20	表面色泽均匀，呈浅蛋黄色	11 ~ 20
		表面色泽不均匀呈焦黄色	1 ~ 10
组织	20	表面组织极富有弹性，无明显大孔洞，没有糖粒，无粉块	16 ~ 20
		蛋糕表面的组织弹性适中，有些许小孔洞，没有糖粒，无粉块	11 ~ 15
		表面组织死板，有孔洞，有糖粒或粉块	1 ~ 10
滋味与口感	30	蛋糕味道纯正，没有异味，口感极细腻	20 ~ 30
		味道较纯正，些许异味，口感稍细腻	11 ~ 20
		味不纯正，有异味口感粗糙	1 ~ 10
杂质	10	表面洁净，无杂质	6 ~ 10
		有明显肉眼可见的杂质	1 ~ 5

1.5 马铃薯苦荞蛋糕制作工艺优化方案

1.5.1 单因素试验

分别考察单因素：马铃薯泥添加量（A）、苦荞粉/小麦粉（B）、鸡蛋/小麦粉（C）、蔗糖添加量（D）对蛋糕品质的影响。首先固定 B 为 1/1、C 5/1、D 15%，A 分别取 6%、8%、10%、12%、15%，考察 A 因素对蛋糕品质的影响；然后固定 A 8%、C 5/1、D 15%，B 分别取 1/2、1/1.5、1/1、1.5/1、2/1，考察 B 因素对蛋糕品质的影响；再次固定 A 8%、B 为 1/1、D 15%，C 分别取 4/1、5/1、6/1、7/1、8/1，考察 C 因素对蛋糕品质的影响；最后固定 A 8%、B 为 1/1、C 5/1，D 分别取 6%、8%、10%、15%、20%，考察 D 因素对蛋糕品质的影响。

1.5.2 正交试验

该试验考察的因素有 4 个。试验每个因素设置 3 个水平（表 2），设置 2 个重复。

表 2 因素水平表

水平	因素			
	马铃薯添加量（A）（%）	苦荞粉/小麦粉（B）	鸡蛋/小麦粉（C）	蔗糖添加量（D）（%）
1	7	1.2/1	4.5/1	12
2	8	1.5/1	5.0/1	15
3	9	1.8/1	5.5/1	18

2 结果与分析

2.1 单因素试验结果

表 3　各因素对蛋糕品质影响的总评分

马铃薯泥	添加量（%）	6	8	10	12	15
	评分	75	78	74	72	69
苦荞粉／小麦粉	比值	1/2	1/1.5	1/1	1.5/1	2/1
	评分	82	74	81	87	84
鸡蛋／小麦粉	比值	4/1	5/1	6/1	7/1	8/1
	评分	82	91	80	84	87
蔗糖	添加量/%	6	8	10	15	20
	评分	84	87	91	93	90

邀请9位同学对所做的不同比例的蛋糕按照表2进行评分（表3）。单因素试验分别考察马铃薯泥的添加量、小麦粉／苦荞粉、鸡蛋／小麦粉和蔗糖添加量对蛋糕的形态、色泽、组织、滋味与口感的影响，根据总评分大小比较，得到马铃薯泥的添加量、小麦粉／苦荞粉、鸡蛋／小麦粉和蔗糖最佳添加量四个因素各水平对蛋糕质量的影响均表现出先增加再减小的趋势，峰值分别为8%、1.5/1、5/1、15%，即根据单因素试验得到的峰值，通过正交试验，将4个因素的添加量更加精确化。

2.2 正交试验结果与分析

方差分析表明，对蛋糕品质的影响大小顺序为马铃薯泥的添加量 > 小麦粉／苦荞粉 > 鸡蛋／小麦粉 > 蔗糖添加量。马铃薯和苦荞的添加量影响较鸡蛋和蔗糖的影响大。A 因素的最优水平是 A1 和 A2，B 因素的最优水平为 B2，C 因素的最优水平为 C2，D 因素的最优水平为 D1 和 D3。理论最优配方：A1B2C2D1、A1B2C2D3、A2B2C2D1、A2B2C2D3，其中 A1B2C2D3 正是正交表 9 个处理中的蛋糕评分最高的处理，验证了结果的正确性。但是考虑到国家的马铃薯主粮化的战略目标和迎合目前大众对低糖食品的热衷[11]，A 因素选择高添加量 A2，D 因素选择低添加量 D1 为好，因此以上四组优化方案中，A2B2C2D1 成为最终制作马铃薯苦荞蛋糕的首选，即马铃薯泥添加量 8.0%，苦荞粉：小麦粉为 1.5：1，鸡蛋：小麦粉为 5.0：1，蔗糖添加量 12%。

表 4　正交试验结果

试验号	A	B	C	D	评分	
1	1	1	1	1	86	84
2	2	1	2	2	85	85
3	3	1	3	3	76	77
4	3	2	1	2	74	72
5	1	2	2	3	98	97
6	2	2	3	1	94	93
7	2	3	1	3	80	81
8	3	3	2	1	74	76
9	1	3	3	2	80	83

表 5　多重比较结果表（Dunncan's 新复极差检验法）

因素	水平		
	1	2	3
A	88[aA]	86[aA]	75[bB]
B	82[bB]	88[aA]	79[bB]
C	80[bB]	86[aA]	84[bAB]
D	85[aA]	80[bB]	85[aA]

表 6　验证性结果

处理	评分结果	RSD%
A1B2C2D3	98aA	3.8
A2B2C2D1	97aA	4.4

2.3　马铃薯苦荞蛋糕的理化指标

芦丁的标准曲线 $y=32.633x-0.003\,6$ 在浓度 $0\sim0.02$ mg/mL 范围内，线性关系良好，$R^2=0.997\,9$。由蛋糕部分理化指标测定结果（见表 8），可以看出该蛋糕富含抗氧化成分维生素 A、维生素 C 以及芦丁，且干燥失重 <42%（GB/T20977《糕点通则》蛋糕的干燥失重要求 ≤ 42%）。

表 7　各理化指标测定结果

指标	平均值	RSD（%）
维生素 A 含量（μg/100 g）	4.25	3.2 / 4.1
维生素 C 含量（μg/100 g）	14.46	4.7
芦丁浓度 /（g/100 g）	0.78	3.0
干燥失重 /（%）	39.9	2.8

3　结论

根据马铃薯主粮化的战略目标和迎合目前大众对低糖食品的热衷，A2B2C2D1 成为制作马铃薯苦荞蛋糕的首选方案，即马铃薯泥添加量 8.0%，苦荞粉：小麦粉为 1.5：1，鸡蛋：小麦粉为 5.0：1，蔗糖添加量 12%。且该配方做出的蛋糕干燥失重满足 GB/T20977《糕点通则》，同时富含多种抗氧化成分，如维生素 A、维生素 C 以及芦丁等，为凉山彝族自治州尤其高山民族贫困地区的种植的马铃薯与苦荞产品开发利用渠道。

参考文献

[1] 马孟苹，张来林，王彦波，等.马铃薯全粉蛋糕工艺优化研究 [J]. 现代食品，2016（14）：69-73.

[2] 吕巨智，染和，姜建初.马铃薯的营养成分及保健价值 [J]. 中国食物与营养，2009，（3）：51-52.

[3] 贾素贤 . 四种苦荞食品的研制及储藏稳定性研究 [D]. 河南工业大学，2012.

[4] 肖诗明，张忠，吴兵 . 苦荞麦蛋糕生产工艺条件的研究 [J]. 食品科学，2004，25（1）：204-206.

[5] 贺萍，张喻 . 马铃薯全粉蛋糕制作工艺的优化 [J]. 湖南农业科学，2015，7：60-62，66.

[6] 赵延伟，耿欣，陈海华，等 . 面包及蛋糕的质构与感官评价的相关性研究 [J]. 中国农学通报，2012，28（21）：253-259.

[7] 张星灿，康建平，邹光友，等 . 马铃薯薯粉类制品主食化应用研究进展 [J]. 食品与发酵科技 .2017，53（2）：100-103.

[8] GB/5009.82-2016，食品安全国家标准 食品中维生素 A、D、E 的测定 [S].

[9] GB/14754-2010，食品安全国家标准 食品添加剂维生素 C[S].

[10] NY/T1295-2007，荞麦及其制品中总黄酮含量的测定 [S].

[11] 王志刚，张玉先，李升升，等 . 低糖荞麦蛋糕加工方法的研究 [J]. 保鲜与加工 .2007，7（4）43-45.

速冻马铃薯面条工艺研究及品质控制

杜秋燕，史碧波*，李佩华*

（西昌学院，四川西昌 615013）

摘　要：以小麦面粉为原料，研究不同马铃薯添加量、加水量以及食盐、胶体和食用碱等添加剂对面条品质的影响，同时研究速冻时间及速冻温度对速冻面条的影响，确定适宜的速冻条件，通过单因素试验和正交试验，得出最佳配方及控制条件。结果表明：马铃薯添加量 30%、加水量 40%、食盐添加量 1%、食用碱添加量 0.1%、魔芋精粉添加量 0.25% 时，产品质量最佳；在 −30℃ 的温度条件下速冻 30 min，在 −18℃ 进行冷冻贮藏，速冻面条在贮藏 20 d 内品质变化不明显，蒸煮损失少。

关键词：马铃薯；面条；速冻；工艺；品质

马铃薯含有淀粉、蛋白质、膳食纤维等多种营养素[1]，我国马铃薯的种植面积非常广泛[2]。马铃薯面条不仅具有马铃薯的特殊风味，也具有小麦原有麦香味，加工工艺较为简单，加入一定量马铃薯全粉，使面条的营养不再单一，从而有利于人体营养平衡，是一种营养、安全、新型的健康主食[3]。速冻马铃薯面条是将马铃薯面条按照速冻工艺所制得的面条，可以弥补鲜面条不方便流通、不耐储存的缺点[4]；速冻面条因保质期长、水分含量高，冷冻后阻止了水分的转移及淀粉的老化[5]，口感好，基本保持了鲜面条的品质，且不添加防腐剂[6]。目前国内市场速冻米面制品较多为速冻水饺、速冻馒头，速冻面条还较少，因此，对速冻面条的生产工艺及品质控制进行研究有利于速冻面条工业化生产技术的提高，在一定程度上满足了人们对健康营养方便快捷食品的要求[7]。

1　材料与方法

1.1　试验材料

大凉山马铃薯、高筋面粉、富强粉；食用盐、食用碱、魔芋精粉（食品级）。

1.2　工艺流程与操作要点

工艺流程：将高筋粉与富强粉 1：1 作为底料，添加一定量的马铃薯全粉、食盐、食用碱、魔芋精粉以及一定量的水搅拌均匀，于压面机 3.5 mm、2.5 mm、1.5 mm 处反复压制[8]，至面片中水分及其他辅料均匀后，静止 30 min，进行第二次复压，切成条。于 −30℃ 中快速冻结 30 min，后于 −18℃ 冷藏。

基金项目："十三五"四川省农作物及畜禽育种攻关"突破性薯类材料与方法创新"（2016NYZ0032），西昌学院马铃薯主食化工程技术中心专项。

作者简介：杜秋燕，西昌学院农学院 2018 级食品系学生。

*通讯作者：史碧波（1977—），硕士，副教科，主要从事攀西特色农产品研究与开发。Email：42273374@qq.com。李佩华（1975–），男，硕士，副研究员，主要从事马铃薯育种、良种繁育、高产栽培、加工及产业发展研究。E-mail：1604003116@qq.com。

和面时加水量：面粉成絮状。表现为将面絮在手中握紧可使面絮成团，而手松开时成团的面絮又可散开[9]。压片：分别在 3.5 mm、2.5 mm 处重复压延，静止 30 min 后于 1.5 mm 再次压延，并切条[10]。

1.3 试验方法

1.3.1 马铃薯添加量对产品品质的影响

将马铃薯添加量为 25%、30%、35%、40%、45% 分别进行试验，以面粉 100% 为基准，水添加量 40%、食盐 2%、食用碱 0.2%、魔芋精粉 0.2%，按照速冻马铃薯面条生产工艺流程进行试验，对成品进行感官评价，并测定面条的断条率、蒸煮损失率，确定马铃薯全粉的适宜添加量。

1.3.2 加水量对产品品质的影响

将水的添加量选定为制备粉的 30%、35%、40%、45%、50% 分别进行试验，以面粉 100% 为基准，马铃薯 35%、食盐 2%、食用碱 0.2%、魔芋精粉 0.2%，按照速冻马铃薯面条生产工艺流程进行试验，对成品进行感官评价，并测定面条的断条率、蒸煮损失率确定适宜的加水量。

1.3.3 食盐添加量对产品品质的影响

将食盐添加量为 0、0.5%、1%、1.5%、2% 分别进行试验。以面粉 100% 为基准，马铃薯 35%，水添加量 40%、食用碱 0.2%、魔芋精粉 0.2%，按照速冻马铃薯面条生产工艺流程进行试验，对成品进行感官评价，并测定面条的断条率、蒸煮损失率，确定食盐的适宜添加量。

1.3.4 食用碱添加量对产品品质的影响

将食用碱添加量选定为 0、0.1%、0.15%、0.2%、0.25% 分别进行试验。以面粉 100% 为基准，马铃薯 35%，水 40%，食盐 2%、魔芋精粉 0.2%，按照速冻马铃薯面条生产工艺流程进行试验，对成品进行感官评价，并测定面条的断条率、蒸煮损失率，确定食用碱的适宜添加量。

1.3.5 魔芋精粉添加量对产品品质的影响

将魔芋精粉添加量为 0、0.1%、0.2%、0.3%、0.4% 分别进行试验。以面粉 100% 为基准，马铃薯 35%，水 40%，食盐 2%，食用碱 0.2%，按照速冻马铃薯面条生产工艺流程进行试验，对成品进行感官评价，并测定面条的断条率、蒸煮损失率，确定魔芋精粉的适宜添加量。

1.3.6 正交试验设计

根据各单因素试验，确定对速冻马铃薯面条影响较大的 4 个因素为马铃薯添加量、食盐添加量、食用碱添加量、魔芋精粉添加量，选取 4 个因素的 3 个较优水平，进行 $L_9(3^4)$ 正交试验。以感官指标及断条率、蒸煮损失率为评指标，确定速冻马铃薯面条最优的添加比例及添加量[11]。

表 1 正交试验因素水平表

水 平	因 素			
	A 马铃薯添加量（%）	B 食盐（%）	C 魔芋精粉（%）	D 食用碱添加量（%）
1	30	1	0.15	0.1
2	35	1.5	0.2	0.15
3	40	2	0.25	0.2

1.4 速冻马铃薯面条的品质控制

1.4.1 温度对速冻马铃薯面条的影响

将成品分别放置于 0 ～ -4 ℃、-18 ℃、-30 ℃条件下储藏 30 min，于 -18 ℃条件下放置 2 d，按照感官指标及断条率、吸水率和蒸煮损失率为评指标，检验不同冻结温度对面条品质的影响，确定适合的冻结温度。

1.4.2 冷藏时间对马铃薯面条的影响

将成品在速冻 30 min 之后，放置 -18 ℃冷藏 0、5、10、15、20 d 后进行试验，按照感官指标及断条率、吸水率和蒸煮损失率为评指标，检验冷藏时间对面条品质的影响。

1.5 产品设计与检测方法

1.5.1 感官评定

由 10 人组成评价小组，参照 LS/T 3212–2014《挂面》标准对马铃薯速冻面条进行感官评价（表 2），评分总分为 100 分[12]。

1.5.2 理化指标

参照 SB/T 10412–2007《速冻米面食品》及 LS/T 3212–2014《挂面》的标准对面条进行理化检验[13]。

表 2　感官评价评分标准

项目评分标准	含义	分值
色泽（10分）	应有色泽及亮度	乳白色偏马铃薯的黄色为 7.5 ~ 10 分；一般为 4.5 ~ 7.5；发黑为 1 ~ 4.5 分
表观状态（10分）	面条表面形态	表面结构细密、光滑为 7.5 ~ 10 分；较为光滑、细密为 4.5 ~ 7.5；表面粗糙、变形等 1 ~ 4.5 分
适口性（20分）	品尝时感觉	适中为 17 ~ 20 分，一般为 7 ~ 15 分，太硬或太软为 1 ~ 7 分
韧性（25分）	在咀嚼时咬劲和弹性的大小	富有弹性为 18 ~ 25 分，一般为 9 ~ 18 分，太差或弹性不足为 1 ~ 9 分
黏性（25分）	成品取出之后的黏团情况及咀嚼时的黏牙程度	不黏 18 ~ 2 分，一般为 9 ~ 18 分，黏成一团或非常粘牙为 1 ~ 9 分
食味（10分）	具有马铃薯及面条的特殊风味	具有马铃薯及麦清香为 7.5 ~ 10 分；无特殊风味 4.5 ~ 7.5；有异味为 1 ~ 4.5 分

2 结果与分析

2.1 马铃薯添加量对产品品质的影响

不同的马铃薯添加量对速冻面条的影响，其感官评定和蒸煮评定结果见图 1、图 2。马铃薯全粉添加量在 35% 时感观评价最高，断条率 ≤ 5%，蒸煮损失较少，随着马铃薯全粉添加量的增多，面条韧性下降，黏性上升。这是因为马铃薯中缺乏面筋蛋白，从而影响面条面筋的形成。综上所述，确定马铃薯最佳添加量为 35%。

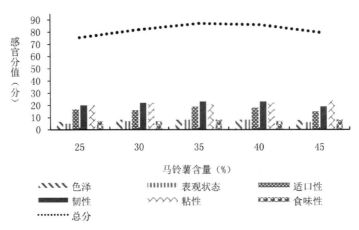

图 1　马铃薯添加量对速冻面条的感官品质的影响

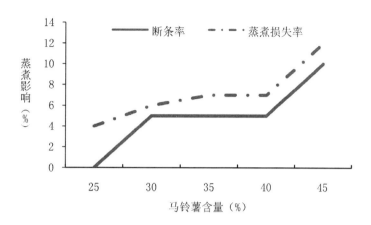

图2 马铃薯添加量对速冻面条蒸煮损失率及断条率的影响

2.2 加水量对产品品质的影响

水可使淀粉膨胀产生黏性，使蛋白质形成面筋，影响面条的弹性及主要影响速冻面条的弹性及延展性[14]。加水量对速冻马铃薯面条感官评价及蒸煮影响见图3、图4。在加水量为40%时断条率及损失率最低。当加入45%之后时，面条表现为速冻之前看上去正常，但速冻后蒸煮发现断条率及蒸煮损失率均有所增大，综上所述，最佳水添加量为40%。

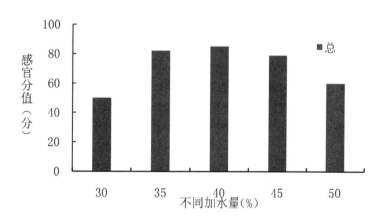

图3 加水量速冻马铃薯面条的感官评分

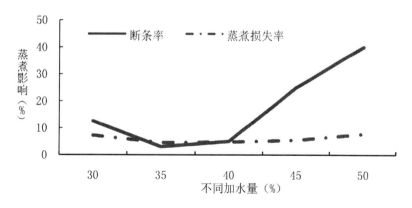

图4 加水量对速冻马铃薯面条断条率及蒸煮损失率的影响

2.3 食盐添加量对产品品质的影响

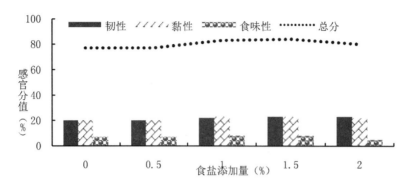

图 5 食盐添加量速冻马铃薯面条的感官评分

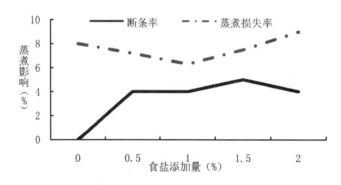

图 6 食盐添加量对速冻马铃薯面条断条率及蒸煮损失率的影响

食盐具有收敛面筋质、增加面条的延展性及弹性，降低水的表面分压，具有保湿的效果，但加得过多又会使面筋蛋白变质，使湿面筋的数量和质量降低[15]。食盐的添加量对马铃薯速冻面条的影响，其感官评定结果和蒸煮影响见图5、图6。当食盐添加量在1%～1.5%时对面团的韧性及黏性有所改变，但食盐添加过多会极大地影响面条的口感，在2%时面条具有明显咸味。综上所述，最佳食盐添加量为1%。

2.4 食用碱添加量对产品品质的影响

食用碱同样具有收敛面筋质、使面条不易浑汤、便于贮存等特点[16]。随着食用碱添加量的增大，面条的韧性有所改变，但当食用碱加至0.15%时，继续上升将是面条的色泽变差，主要表现为颜色变深。因此最佳食用碱添加量为0.15%。

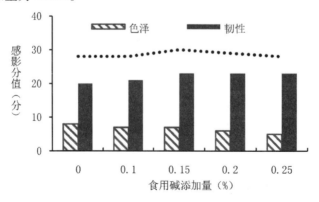

图 7 食用碱添加量速冻马铃薯面条的感官评分

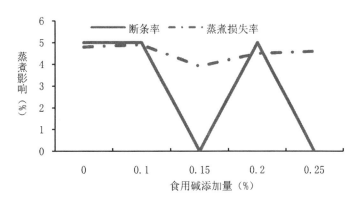

图8　食用碱添加量对速冻马铃薯面条断条率及蒸煮损失率的影响

2.5　魔芋精粉添加量对产品品质的影响

魔芋葡甘聚糖是魔芋精粉的主要成分，具有独特优良的凝胶性能，在碱性条件下形成热不可逆稳定凝胶，在挂面中加入魔芋精粉及碳酸钙，会提高面条的韧性，降低其蒸煮损失[17]。当魔芋精粉的添加量为0.2%时，其感官评价分值最高，断条率基本为0，蒸煮损失率呈明显的下降趋势，随着魔芋精粉添加量的增加，面条不会出现断条，而且蒸煮损失率也没有明显的变化，因此，从产品质量和经济的角度，选择魔芋精粉的最佳添加量为0.2%。

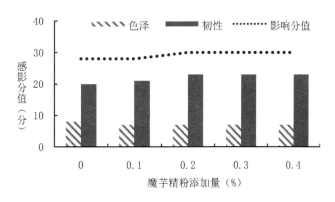

图9　魔芋精粉添加量速冻马铃薯面条的感官评分

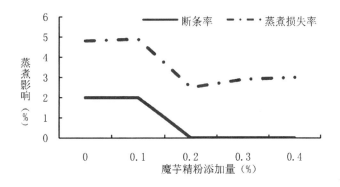

图10　魔芋精粉添加量对速冻马铃薯面条断条率及蒸煮损失率的影响

2.6 正交试验结果与分析

根据单因素试验结果，选择马铃薯添加量、食盐添加量、魔芋精粉添加量和食用碱添加量进行四因素三水平的 $L_9(3^4)$ 正交试验研究，试验结果见表3。

表3 正交试验结果表

试验序号	A 马铃薯（%）	B 食盐（%）	C 魔芋精粉（%）	D 食用碱（%）	指标评价			
					感官评分（分）	断条率（%）	吸水率（%）	蒸煮损失率（%）
1	1（30）	1（1）	1（0.15）	1（0.1）	85.0	4.0	10.0	7.5
2	1	2（1.5）	2（0.2）	2（0.15）	79.0	5.0	10.0	6.0
3	1	3（2）	3（0.25）	3（0.2）	71.0	0.0	9.0	4.0
4	2（35）	1	2	3	75.0	7.5	11.0	5.0
5	2	2	3	1	82.0	5.0	14.0	7.0
6	2	3	1	2	80.0	7.5	12.0	9.0
7	3（40）	1	3	2	76.4	15.0	12.0	6.0
8	3	2	1	3	75.98	18.0	13.0	12.0
9	3	3	2	1	81.4	20.0	15.0	7.0

	k 值和极差 R	因素 A	因素 B	因素 C	因素 D
感官	k1	235.0	236.4	241.0	248.4
	k2	237.0	237.0	235.4	235.4
	k3	233.8	232.4	229.4	222.0
	k1	78.3	78.8	80.3	82.8
	k2	79.0	79.0	78.5	78.5
	k3	77.9	77.5	76.5	74.0
	R_1	1.1	1.5	3.9	8.8
断条率（%）	k1	9.0	26.5	29.5	29.0
	k2	20.0	28.0	27.5	27.5
	k3	53.0	27.5	20.0	25.5
	k1	3.0	8.8	9.8	9.7
	k2	6.7	9.3	9.2	9.2
	k3	17.7	9.2	6.7	8.5
	R_2	14.7	0.5	3.2	1.2
吸水率（%）	k1	35.0	33.0	35.0	21.5
	k2	36.0	37.0	36.0	21.0
	k3	35.0	36.0	35.0	21.0
	k1	11.7	11.0	11.7	7.2
	k2	12.0	12.3	12.0	7.0
	k3	11.7	12.0	11.7	7.0
	R_3	0.3	1.3	0.3	0.2
蒸煮损失率（%）	k1	17.5	18.5	28.5	21.5
	k2	21.0	25.0	18.0	21.0
	k3	25.0	20.0	17.0	21.0
	k1	5.8	6.2	9.5	7.2
	k2	7.0	8.3	6.0	7.0
	k3	8.3	6.7	5.7	7.0
	R_4	2.5	2.2	3.8	0.2

在感官指标中，通过分析 R_1，发现因素 D（食用碱用量）的 R 值要明显大于其他三个因素的 R 值，说明食用碱的用量对感官影响较大，在 D 的三个水平中，发现 K_1 的感官值最高，则判定为当食用碱添加量在 D_1 水平（1%）时，影响最好。

在断条率指标中，通过分析 R_2，发现因素 A（马铃薯添加量）的影响较大，而断条率越小表明面条的质量越好，在 A 因素中，以 K_1 水平所表现的断条率比其他水平都小，则判定当马铃薯添加量为 A_1（30%）的添加量最佳。

在吸水率指标中，通过分析 R_3，发现因素 B（食盐添加量）对其影响比其他三个因素大，在作者试验中发现，吸水率越高，说明面条的面筋网状结构与淀粉颗粒间的结合程度不紧密，淀粉吸水较多，使面条表面更黏，口感更黏牙，由此吸水率较小的面条更好。又发现，K_1 的吸水率较小，则判定为 B_1（1%）的添加量影响最好。

在蒸煮损失率指标中，通过分析 R_4，发现因素 C（魔芋精粉添加量）对其影响较大，魔芋精粉在碱性条件下的凝胶作用增强，使面条内部结构更加严密，不易浑汤，以蒸煮损失最小作为评判依据，发现 K_3 的蒸煮损失最小，则判定为 C_3（0.25%）的添加量最佳。

综合上述四个指标的分析，速冻马铃薯最佳面条的工艺配方为：马铃薯添加量 30%，食盐添加量 1%，魔芋精粉添加量 0.25%，食用碱添加量 0.1%。

2.7　速冻马铃薯面条的品质控制

面条在冷藏期间由于低温的影响极易造成面条组织的机械损伤，从而使面筋网状结构得到破坏[18]，温度的波动引起的重结晶现象会严重影响其品质。因此，研究速冻面条在速冻中的品质变化非常重要。

2.7.1　温度对马铃薯的影响

速冻时一般为快速冻结，不同的速冻温度下马铃薯面条的品质变化见表 4、表 5。随着温度的降低，面条的感官得分逐渐上升，当温度低于 –18℃，速冻面条的品质较好。吸水率及损失率都较低。这是由于快速冻结时避开了 1 ~ –5 ℃ 的小冰晶形成带，对面筋蛋白的破坏较少。

表 4　不同速冻温度对马铃薯的感官影响

温度（℃）	0 ~ –4	–18	–30
色泽	7	7	7
表观状态	6	8	8
适口性	16	16	16
韧性	19	21	22
黏性	18	22	20
食味性	7	7	7
总分	73	81	80

表 5　不同速冻温度对马铃薯的蒸煮影响

温度（℃）	0 ~ –4	–18	–30
蒸煮时间	3.0	3.5	3.5
吸水率（%）	7.0	6.0	6.0
断条率（%）	15.0	10.0	5.0
烹饪损失率（%）	9.2	7.3	6.5

2.7.2 冻藏时间对速冻马铃薯面条的影响

不同冻藏时间对速冻马铃薯面条品质的影响见表6、表7。当速冻时间加长时，对面条的黏性及口感具有较大影响，明显表现在 15 d 之后，可能由于面条在冻藏期间，冰晶使淀粉遭到损伤，破损淀粉增多，面条中淀粉酶活性增强[18]，在水煮时糊精吸收大量水分，使面条吸水率增多，导致面条变得更有黏性。试验结果表明，将面条在 –30℃下速冻 30 min，于 –18℃冷藏，最佳速冻时间 ≤ 20 d。面条品质变化不大。

表 6　不同冻藏时间对速冻马铃薯面条的感官影响

时间（d）	0	5	10	15	20
色泽	7	7	7	7	6
表观状态	8	8	8	7	6
适口性	15	16	16	16	15
韧性	21	21	22	21	20
黏性	23	21	21	21	19
食味性	7	7	7	7	7
总分	81	80	81	79	76

表 7　不同冻藏时间对速冻马铃薯面条的蒸煮影响

时间（d）	0 d	5 d	10 d	15 d	20 d
蒸煮时间	3.5	4.0	3.5	3.5	4.0
吸水率（%）	13.0	12.0	14.0	15.0	15.0
断条率（%）	10.0	5.0	5.0	0.0	13.0
烹饪损失率（%）	5.2	5.7	5.5	6.3	9.0

2.8　马铃薯产品质量指标

将上述所试验出的最佳配方及最佳控制条件进行重复试验，经过三次重复试验发现面条感官评价在 85 分以上，理化项目均符合速冻米面制品、挂面的国标要求，则按照正交试验出的最佳配方以及严格控制速冻条件对于马铃薯速冻面条的生产具有好的可操作性。

表 8　马铃薯产品质量指标

项目	速冻面条感官要求	项目	速冻面条理化指标
色泽	白色或浅黄色，色泽均匀一致	水分含量（%）	35.0
杂质	表面较光滑，无肉眼可见异物	酸度（mL/10 g·s）	3.2
气味	无酸味、霉味及其他异味	断条率（%）	5.0
口感	煮熟后口感不黏，不牙碜	烹饪损失率（%）	7.9

3　结论与讨论

在制作速冻马铃薯面条时马铃薯的添加量、加水量以及食用盐的添加量、食用碱及凝胶的添加量都会对面条产生影响，速冻过程中温度和时间的控制也至关重要。

通过试验，得出了速冻马铃薯的最佳工艺为配方为马铃薯添加量为30%、食盐添加量1%、魔芋精粉添加量 0.25%、食用碱添加量 0.1%，所做出的面条较好，断条率在 5% 以下，蒸煮损失在 10% 以下，且通过重复实验，较为稳定，口感也较佳。

在品质控制中，将面条快速冻结，即在 –30℃ 条件下速冻 30 min，后于 –18℃ 冷藏，得出速冻面条在 20 d 之内面条品质变化不大。

按照上述工艺所做出的速冻马铃薯面条较优，在试验过程中发现，食用碱变化量幅度 0.5% 左右并不会对面条的韧性及弹性产生明显的影响，添加量适中会使面条呈碱性风味，对口感有一定的积极影响，但一旦不慎添加过多，会大大影响面条的颜色，因为面粉中有胡萝卜素和黄酮类色素，后者在碱性条件下显黄色，但碱增多，会使其变黑。

试验还发现，和面及熟化的时间对速冻马铃薯面条的影响也很重要，和面不均或者时间过短会影响面条的颜色以及面筋质的形成。将和面和熟化时间一共控制在 30 min 为最佳。

参考文献

[1] 宋斌，李逸鹤 . 马铃薯面条加工工艺研究 [J]，现代面粉工业，2016（3）：10–13.

[2] 魏圆圆，万菲菲 . 马铃薯全粉面条加工工艺的研究 [N]，农产品加工，2016.12（12）：24–27.

[3] 木泰华，张苗 . 马铃薯主食加工技术知多少 [M]. 北京：科学出版社，2014，35–50.

[4] 江敏 . 速冻马铃薯新产品和新工艺的研究 [D]. 湖南：湖南农业大学，2007.

[5] 张剑，李梦琴 . 鲜面条速冻生产工艺条件研究 [J]. 食品科学，2011（10）.8–10.

[6] 姜海燕，陆启玉 . 速冻熟制拉面的制备工艺研究 [D]. 郑州：河南工业大学学，2015.1–3.

[7] 姚丽丽 . 冷冻面条的品质变化及其改良剂的研究 [D]. 郑州：郑州工程学院，2014.10–12.

[8] 王春香 . 马铃薯面条的研制 [D]. 陕西：西北农科技大学，2004.

[9] 艾宇微 . 和面工艺对面团品质影响的研究 [D]. 郑州：河南工业大学，2013.6–8.

[10] 曾洁 . 粮油加工试验技术（第二版）[M]. 北京：中国农业出版社，2009.51–98.

[11] 王春香 . 制作马铃薯面条 [J]. 农村实用科技信息，2008（6）：3–5.

[12] LS/T 3212–2004. 粮食行业标准 挂面 [S].

[13] SB/T 10412–2007. 速冻米面食品 [S] .

[14] 杨炳南，李树君 . 马铃薯薯条加工及对策 [J]. 农机与食品机械，1999，（2）：1–2.

[15] 刘明，田晓红 . 加水量对豌豆面条挂面品质的影响 [J]. 粮油食品科技，2015，（4）：7–11.

[16] 陈启玉 . 粮油食品加工工艺学 [M]. 北京：中国轻工业出版社，2005.9，182–183.

[17] 张忠，巩发永，肖诗明 . 碳酸钾和魔芋精粉添加量对苦荞挂面品质的研究 [J]. 西昌学院自然科学报，2012，（4）：24–28.

[18] 郑子懿 . 冷冻面条在储藏期间的品质变化研究 [D]. 河南：河南工业大学粮油食品学院，2013.

一种马铃薯泥玉米馒头配方的优化

刘滨文，张　忠[*]，李佩华[*]

（西昌学院农业科学学院，四川西昌　615013）

摘　要：试验以小麦粉、马铃薯泥、玉米面为主要原料，添加一定量活性干酵母研制薯泥玉米面馒头。采用单因素试验、正交试验，以感官评定来确定混合馒头的最优配方。结果表明：最优方案为薯泥小麦粉配比为 11：27，玉米面添加量为 6.5%，活性干酵母添加量为 1.0%，发酵时间为 40 min，此时馒头的弹性、组织状态、色泽、香味和口感最好，做出的产品口感细腻，表皮有光泽，弹性较好，有嚼劲，不黏牙，内部气孔均匀细小，含有 4.657 mg/100 g 的维生素 C。

关键词：薯泥；玉米面；馒头

馒头是中国主要的日常主食之一，面食文化的代表。马铃薯是一种菜食两用植物[1]。马铃薯因其富含碳水化合物、蛋白质、纤维素、脂肪、多种维生素和无机盐等多种人体所需营养成分，而拥有"植物之王""第二面包""地下苹果"的美称[2~3]。此外，马铃薯含有人体更容易吸收利用的完全蛋白、多种人体必需氨基酸、大量酚类物质、生物酶和酶抑制剂等活性成分[4]。玉米富含维生素 E 和维生素 A、维生素 B_1、维生素 B_2、烟酸、铁质[5~7]、富含不饱和脂肪酸以及植物纤维、含有谷固醇、卵磷脂等，有利于人体肠道蠕动，同时能降低胆固醇，防止高血压、冠心病和心肌梗死的发生，并具有延缓脑功能退化的作用[8]。本试验以薯泥、小麦粉以及玉米面为主要原料，研制出一种薯泥玉米面馒头，与传统馒头相比，薯泥玉米面馒头填补了传统馒头缺乏维生素 C、膳食纤维的不足，一定程度上推进了马铃薯的主粮化[9]的实现。

1　材料与方法

1.1　试验材料

马铃薯（凉薯 8 号），玉米面，高活性干酵母，双面泡打粉，高筋小麦粉。

基金项目："十三五"四川省农作物及畜禽育种攻关"突破性薯类材料与方法创新"（2016NYZ0032），西昌学院马铃薯主食化工程技术中心专项。

作者简介：刘滨文，西昌学院农学院 2018 级食品系学生。

[*]通讯作者：张忠（1968—），硕士，教授，主要从事马铃薯主食化产品研发及相关品质分析、检测等工作。Email：676004127@qq.com。李佩华（1975—），男，硕士，副研究员，从事马铃薯育种、良种繁育、高产栽培、加工及产业发展研究。E-mail：1604003116@ qq.com。

1.2 试验方法

1.2.1 操作要点

薯泥的制作：挑选无芽、无绿变、无机械损伤的马铃薯进行清洗、削皮、切块，放入锅内煮至马铃薯熟为止，然后趁热将煮熟的马铃薯挤压成泥。

和面：把玉米面、薯泥、泡打粉、高筋小麦粉、酵母加水和匀制成面团，其中和面时间大致为 10 min。（小麦粉含水率为 13.5%，薯泥的含水率为 78.0%，玉米面的含水率为 14.0%，固定面团的含水率为 40.0%，添加适量的水分）

发酵：把面团置于醒发箱中，温、湿度分别设成 30℃、30%，醒发时间大概为 60 min。

成型：把完成发酵的面团取出切块成型。

醒面：把成型的面团在室温环境下醒发 20 min。

蒸制：醒面完成后把面团置于蒸锅内蒸煮，水烧开后开始计时，时间为 20 ~ 25 min，经确认蒸熟后，关火焖几分钟。

1.2.2 单因素试验设计

1.2.2.1 薯泥与小麦粉配比的确定

总重为 2 kg，固定玉米面的添加量为 5.0%，活性干酵母的添加量为 1.0%，发酵时间为 60 min，添加适量的水，设计薯泥与小麦粉的比例分别为 3∶16、4∶15、9∶14、6∶13、7∶12 的试验，通过感官评价优化薯泥与小麦粉配比。

1.2.2.2 玉米面添加量的确定

总重为 2 kg，活性干酵母的添加量为 1.0%，发酵时间为 60 min，添加适量的水，设计玉米面的添加量分别为 2.5%、5.0%、7.5%、10.0%、12.5% 的试验，通过感官评价优化玉米面添加量。

1.2.2.3 活性干酵母添加量的确定

总重为 2 kg，发酵时间为 60 min，添加适量的水，设计活性干酵母的添加量分别为 0.5%、1.0%、1.5%、2.0%、2.5% 的试验，通过感官评价优化活性干酵母添加量。

1.2.2.4 发酵时间的确定

总重为 2 kg，添加适量的水，设计发酵时间分别为 20、40、60、80、100 min 的试验，通过感官评价优化发酵时间。

1.2.3 正交试验设计

在单因素试验的基础上，以感官评价为参考指标做 $L_9(3^4)$ 正交试验，来确定最佳的薯泥玉米面混合馒头最佳方案，其中因素水平如表 1 所示。

表 1 正交试验因素水平表

水平	A 薯泥小麦粉配比	B 玉米面添加量（%）	C 活性干酵母添加量（%）
1	13∶25	3.5	0.7
2	12∶26	5.0	1.0
3	11∶27	6.5	1.3

1.2.4　感官评定标准

表 2　感官评定表

形状	满分	分数	要求
弹性	30	20 ~ 30	指压不破裂，下压 3cm 可完全恢复
		10 ~ 20	指压不破裂，下压 3cm 不完全恢复
		0 ~ 10	指压后即破裂
组织状态	20	15 ~ 20	切面细密，气孔细小均匀
		7 ~ 15	切面较细密，基本无大气孔
		0 ~ 7	切面不均匀，膨松
色泽	10	7 ~ 10	表面白色，切面有浅黄色
		5 ~ 7	表面淡黄，切面颜色均匀
		0 ~ 5	表面颜色太深，切面颜色不均
香味	10	7 ~ 10	有馒头香味、马铃薯味浓
		5 ~ 7	馒头香味淡
		0 ~ 5	无馒头香味
口感	30	20 ~ 30	有嚼劲、不黏牙、松软
		10 ~ 20	嚼劲一般、不黏牙、松软
		0 ~ 10	质感较硬、无嚼劲、黏牙

请 10 名食品专业学生进行感官评价，去掉最高分、最低分，以平均分为最终得分，满分为 100 分，其感官评价表[10] 如表 2 所示。

1.2.5　维生素 C 含量测定

用 GB 5009.86-2016 中维生素 C 含量测定第三法（2，6- 二氯靛酚滴定法）[11] 测定。

2　结果与分析

2.1　单因素试验结果

从图 1 可以看出，随着薯泥小麦粉配比、玉米面、活性干酵母添加量及发酵时间的增加，馒头的感官评分基本都表现出先缓慢上升后快速下降的趋势。薯泥小麦粉配比、玉米面、活性干酵母添加量及发酵时间的评分最高点的水平值分别为 6 ：13、5%、1%、40 min 或 60 min 或 80（发酵时间三水平间差异不显著，$P>0.05$）。除发酵时间外，其他三因素的评分最大值均显著高于次大值，因此这三个因素最佳取值范围分别为 5 ：14< 薯泥小麦粉配比 <7 ：12、2.5%< 玉米面添加量 <7.5%、0.5%< 活性干酵母添加量 <1.5%，需要进一步优化。由图 1D 并结合方差分析结果表明发酵时间 40 min、60 min、80 min 对评分影响不显著，因此取 40 min 为最佳发酵时间，不需要进一步优化。

2.2　正交试验结果

表 3 结果经方差分析后得到表 4，三因素对馒头感官评分影响顺序为活性干酵母的添加量 > 薯泥

小麦粉配比＞玉米面添加量，其中活性干酵母的三个添加量对感官评分存在极显著影响（$P<0.01$），薯泥小麦粉三个配比对感官评分存在显著影响（$0.01<P<0.05$），玉米面的三个添加量对感官评分不存在显著影响（$P>0.05$）。同时方差分析结果还显示空列对感官评分不存在显著影响（$P>0.05$），说明因素间的互作效应较小。经多重比较得到薯泥小麦粉、玉米面添加量与活性干酵母的最优水平分别为：A1 或 A2、B1 或 B2 或 B3、C2。结合提高马铃薯的利用率和制作粗粮馒头的目的，最终选择的最佳配方为 A2B3C2，即薯泥小麦粉 11：27、玉米面添加量 6.5%、活性干酵母 1.0%。将该配方进行验证性试验，结果表明该配方与正交试验中的评分最高组合 A1B2C2 的评分结果差异不显著，说明该配方合适。

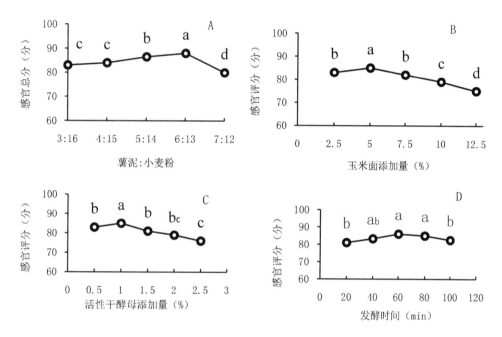

图1 四种成分不同水平对薯泥玉米面馒头的感官评分的影响

（A 薯泥小麦粉配比，B 玉米面的添加量，C 活性干酵母添加量，D 发酵时间）

表3 正交试验结果

水平	A 薯泥小麦粉比例	B 玉米面添加量（%）	C 活性干酵母添加量（%）	空列	感官评（分）	
1	1（13：25）	1（3.5）	1（0.7）	1	83.0	84.1
2	1	2（5.0）	2（1.0）	2	89.5	88.5
3	1	3（6.5）	3（1.3）	3	85.1	86.0
4	2（12：26）	1	2	3	85.8	87.0
5	2	2	3	1	83.0	84.3
6	2	3	1	2	85.8	84.0
7	3（11：27）	1	3	2	82.9	85.0
8	3	2	1	3	83.4	81.4
9	3	3	2	1	84.5	86.0

表 4 四个因素不同添加量的方差分析及多重比较结果（Duncan 法）

因素	F 值	水平		
		1	2	3
薯泥小麦粉配比 A	5.982*	86.0a	85.0ab	83.9b
玉米面添加量 B	0.470	—	—	—
活性干酵母的添加量 C	14.870**	83.6b	86.9a	84.4b
空列	4.248	—	—	—

2.3 产品种维生素 C 含量

测定配方优化后的馒头中率维生素 C 含量为 4.657 mg/100 g。

3 结果与讨论

综上所述，最优方案为薯泥小麦粉配比为 11∶27，玉米面添加量为 6.5%，活性干酵母添加量为 1.0%，发酵时间为 40 min，此时馒头的弹性、组织状态、色泽、香味和口感最好，做出的产品口感细腻，表皮有光泽，弹性较好，有嚼劲，不粘牙，内部气孔均匀细小，含有 4.657 mg/100 g 的维生素 C。

参考文献

[1] 王蔚新，陆兴森，占剑峰．马铃薯荞麦面条的研制 [J]．黄冈师范学院学报，2016，36（03）：38–41，46.

[2] 孙维思，张仁堂，乔旭光．马铃薯馒头加工工艺研究 [J]．中国食物与营养，2016，22（07）：31–36.

[3] 孙维思．马铃薯混配粉对馒头品质影响机理研究 [D]．山东农业大学，2017.

[4] 李泽东．马铃薯馒头加工新技术研究 [D]．山东农业大学，2017.

[5] 浮吟梅，石晓，王凤霞．玉米馒头工艺研究 [J]．粮油食品科技，2007（02）：15–17.

[6] 王岩．玉米高粱馒头的研制 [J]．粮食与饲料工业，2008（11）：18–19.

[7] 王岩．花生壳玉米馒头的研制 [J]．食品科技，2009，34（12）：190–192.

[8] 李雨露，宋立，刘丽萍，等．玉米面馒头品质影响因素研究 [J]．农业机械，2012（21）：67–70.

[9] 陈萌山，王小虎．中国马铃薯主食产业化发展与展望 [J]．农业经济问题，2015，36（12）：4–11.

[10] 许芳溢，李五霞，吕曼曼，等．苦荞馒头抗氧化品质、体外消化特性及感官评价的研究 [J]．食品科学，2014，35（11）：42–47.

[11] GB 5009.86–2016，食品中抗坏血酸的测定．

一种马铃薯薯泥苦荞挂面的研制

郑同飞，刘晓燕*，李佩华*

（西昌学院农业科学学院，四川西昌　615013）

摘　要： 以感官评价为指标，通过单因素试验和双因素试验，优化小麦粉：苦荞麸皮粉：马铃薯泥比例、食盐添加量、海藻酸钠添加量对马铃薯苦荞挂面品质的影响并测定了成品水分、熟断条率、蒸煮损失率、芦丁含量等指标。结果表明：小麦粉、苦荞麸皮粉与薯泥最适比例为 7：1：2，食盐的添加量 2.2%，海藻酸钠的添加量为 0.3%。通过此配方制得的挂面除自然断条率外，水分含量、蒸煮时间、熟断条率、蒸煮损失率均果符合《挂面》相关标准，且挂面中含有 3.56 mg/g 芦丁。

关键词： 马铃薯泥；苦荞麸皮粉；挂面

挂面是中国的传统食品[1]。由于凉山彝族自治州盛产马铃薯与苦荞，因此研究薯泥苦荞麦混合挂面的配方具有一定的地方特色意义。我国是世界上马铃薯种植面积和总产量最大的国家[2~4]。马铃薯碳水化合物、蛋白质、氨基酸、维生素、膳食纤维含量丰富，胆固醇含量极低，粗纤维含量比大米和小麦粉高。马铃薯还易消化，适宜营养不良、脾胃气虚、缺乏维生素 B_1、坏血病患者等经常食用[5~7]。苦荞是蓼科苦荞属一年生草本植物[8]，富含芦丁、槲皮素、桑色素、儿茶素、山萘酚等黄酮类化合物[9~10]。本研究通过试验方案得出马铃薯泥苦荞麦挂面的最优配方，以期为市场提供一种新型的营养的具有一定保健功能的食用面制品，同时为马铃薯和苦荞的综合开发利用提供了一定的参考。

1　材料与方法

1.1　试验材料
马铃薯、苦荞麸皮粉、高筋小麦粉、食盐、海藻酸钠。

1.2　工艺流程与操作要点
马铃薯泥的制作：选取优质、无病虫害、大个的马铃薯洗净、去皮，然后切成约 1cm 厚的薄片，在沸水中煮 15 min，当筷子可以轻松穿透即可关火。将煮熟的马铃薯凉冷后，在不锈钢臼内捣碎制成薯泥放冰箱备用。

基金项目： "十三五"四川省农作物及畜禽育种攻关"突破性薯类材料与方法创新"（2016NYZ0032），西昌学院马铃薯主食化工程技术中心专项。

作者简介： 郑同飞，西昌学院农学院 2018 级食品系学生。

*通讯作者： 刘晓燕（1983—），硕士，讲师，主要马铃薯相关产品研发与检测。E-mail: 794083849@qq.com。李佩华（1975–），男，硕士，副研究员，从事马铃薯育种、良种繁育、高产栽培、加工及产业发展研究。E-mail: 1604003116@qq.com。

和面：按比例称取不同的马铃薯泥、苦荞麸皮粉、小麦粉共 2 kg，加入海藻酸钠和食盐及适量的温水，使胚料含水量为 33% 左右，搅拌均匀，然后在压面机上辊压几次，使之变为光滑均匀色泽一致的面团。

熟化：将辊压后的面团装入保鲜袋中密封保存 15 ~ 25 mim，温度为 25 ~ 30℃，在此条件下面团充分吸水，形成具有面筋网络状结构，以利于挂面后续的加工。

压片、切条：熟化后的面团经压面机 4 ~ 6 次的辊压，使其成为组织细密，表面平整光滑厚 2 mm 的面带，然后放入切面机中切成宽 2 mm 长 40 cm 左右的挂面。

干燥：将湿挂面在室温下悬挂晾干，根据 LS/T 3212–2014 使其水分含量 ≤ 14.5% 后取下，用剪刀剪成长 20 cm 左右的挂面，装入保鲜袋，密封备用。

1.3 单因素试验设计

1.3.1 小麦粉、苦荞麸皮粉、薯泥三者比例

固定食用盐和海藻酸钠的添加量，小麦粉、苦荞麸皮粉、薯泥三者之间比例选取 8：1：1、7.5：1：1.5、7：1：2、7.5：1.5：1、7：1.5：1.5、6.5：1.5：2、7：2：1、6.5：2：1.5、6：2：2 九个水平，以感官评分为试验指标，考察小麦粉、苦荞麸皮粉和薯泥三者的配比对挂面品质的影响。

1.3.2 食盐最适添加量

固定小麦粉、苦荞麸皮粉和薯泥三者的配比和海藻酸钠添加量，食盐添加量分别为 1%、1.5%、2%、2.5%、3%，以感官评分为试验指标，考察食盐的添加量对挂面品质的影响。

1.3.3 海藻酸钠最适添加量

固定小麦粉、苦荞麸皮粉和薯泥三者的配比和食盐添加量，海藻酸钠添加量分别为 0.1%、0.2%、0.3%、0.4%、0.5%，以感官评分为试验指标，考察海藻酸钠的添加量对挂面品质的影响。

1.4 两因素试验设计

在单因素试验的基础上，设计两因素的水平，如表 1。

表 1　马铃薯泥苦荞挂面两因素水平表

小麦粉：苦荞麸皮粉：薯泥 A	食用盐 B/%
15.0：2.0：3.0	2.2
14.5：2.0：3.5	2.4
14.0：2.0：4.0	2.6
14.5：2.5：3.0	2.8
15.0：3.0：2.0	—

1.5 薯泥苦荞混合挂面感官评分标准

邀请 10 个食品专业的同学对所做的不同比例的面条按照表 2 进行评分。

表 2　感官评定标准

项目	评定标准	感官评分（分）
黏性	不黏，挂面不互相粘连	21 ~ 25
	稍黏，少数挂面互相粘连	15 ~ 21
	黏手，多数挂面互相粘连	1 ~ 15

续表

项目	评定标准	感官评分（分）
韧性	有咬劲，富有弹性	21 ~ 25
	有咬劲、弹性一般	15 ~ 21
	咬劲差，弹性不足	1 ~ 15
适口性	入口顺滑，软硬适中	17 ~ 20
	入口不够顺滑，稍偏硬或偏软	12 ~ 17
	入口较粗糙，太硬或太软	1 ~ 12
色泽	光亮，颜色浅黄，均匀一致	8.5 ~ 10
	亮度一般，颜色浅黄，不太均匀	6 ~ 8.4
	亮度差，颜色浅黄，不均匀	1 ~ 6
表观状态	均匀光滑，无裂痕	8.5 ~ 10
	稍粗糙	6 ~ 8.4
	较粗糙，有裂痕	1 ~ 6
滋味	具有特殊风味，味道爽口	8.5 ~ 10
	具有特殊风味，滋味一般	6 ~ 8.4
	有异味	1 ~ 6

1.6 薯泥苦荞混合挂面的理化特性测定

薯泥水分含量采用差量法测定；最佳蒸煮时间以沸水煮至挂面中间的白芯刚好消失所用的时间；自然断条率以长度不到平均长度 2/3 的挂面所占比例；熟断条率以沸水中煮到最佳蒸煮时间时断条所占比例；蒸煮损失率以沸水中煮制前后干重的损失率来计；挂面中芦丁含量的测定：按照 NY/T1295-2007 测定挂面中芦丁的含量，以建立的标准曲线 $y=11.445x-0.015\,1$（$R^2=0.999\,3$，线性范围 $0.005 ~ 0.08\,mg/mL$）。

2 结果与分析

2.1 单感官评价项目主成分分析

由主成分分析结果可知，不论是哪种因素，感官评价的前三个因素，黏性、韧性、适口性三者的累积贡献率达到 95% 以上，因此感官评分汇总时只计黏性、韧性、适口性的总分，色泽、表观状态、滋味的评分不入总分。

表 3　三个因素不同水平影响感官评价项目的主成分分析

因素	感官评价项目	特征值	方差贡献率（%）	累积贡献率（%）
小麦粉：苦荞麸皮粉：薯泥	黏性	4.329	72.155	72.155
	韧性	0.900	14.998	87.153
	适口性	0.533	8.882	96.036
食盐添加量	黏性	4.307	71.777	71.777
	韧性	1.334	22.236	94.013
	适口性	0.355	5.919	99.932
海藻酸钠添加量	色泽	4.324	72.072	72.072
	表观状态	1.246	20.764	92.836
	适口性	0.393	6.550	99.386

2.2 单因素结果分析

小麦粉、苦荞麸皮粉和马铃薯泥9个比例对挂面最终的影响最大，食盐与海藻酸钠次之。小麦粉、苦荞麸皮粉和马铃薯泥比例在8.0：1.0：1.0至7.5：1.5：1.0之间时均高于57分，其余比例评分均低于54分，海藻酸钠不同水平感官评分在59～66分之间，因此海藻酸钠的最优水平确定为0.3%，其余两因素最佳比例取值范围为7.5：1.0：1.5 ≤小麦粉、苦荞麸皮粉和马铃薯泥≤ 7.5：1.5：1.0，2.0%< 食盐添加量 <3.0%。

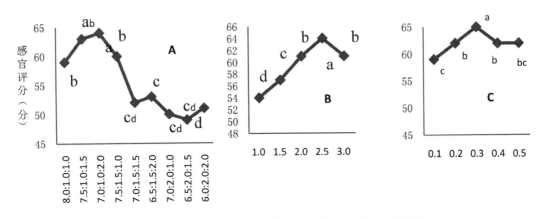

图1 三个因素不同水平对挂面的感官评分的影响分趋势图

A– 小麦粉：苦荞麸皮粉：薯泥；B– 食盐添加量（%）；C– 海藻酸钠添加量（%）

2.3 两因素试验优化结果

根据单因素试验结果，确定两因素小麦粉、苦荞麸皮粉和马铃薯泥（A）5个水平与食盐添加量（B）4个水平。

小麦粉、苦荞麸皮粉和马铃薯泥（A）5个水平与食盐添加量（B）4个水对薯泥苦荞混合挂面感官品质影响差异均不显著，因此考虑到提高苦荞麸皮及薯泥的利用率，小麦粉、苦荞麸皮粉和马铃薯泥比例优化后为14.0：2.0：4.0即7：1：2，食盐添加量选择2.2%。

表4 两因素试验结果

B食用盐添加量（%）	A 小麦粉：苦荞麸皮粉：薯泥				
	15.0：2.0：3.0	14.5：2.0：3.5	14.0：2.0：4.0	14.5：2.5：3.0	15.0：3.0：2.0
1（2.2）	59.2	60.8	58.8	62.0	61.3
2（2.4）	60.4	59.6	52.5	62.1	62.7
3（2.6）	55.1	55.7	53.1	56.1	58.4
4（2.8）	61.4	57.0	60.2	52.8	57.9

2.4 薯泥苦荞混合挂面的理化测定结果

表 5 薯泥苦荞混合挂面的理化测定结果

指标	单位	均值	误差 /%
薯泥水分含量	g	78.1	2.2
最优组挂面水分含量	g	11.8	1.7
最佳蒸煮时间	s	270	3.1
自然断条率	%	8.0	3.7
熟断条率	%	4.1	4.1
蒸煮损失率	%	9.1	2.9
芦丁含量	mg/g	3.56	4.5

3 结论

通过本次试验得出挂面最佳配方为：小麦粉、苦荞麸皮粉与薯泥最适比例为 7：1：2，食盐的添加量 2.2%，海藻酸钠的添加量为 0.3%。通过此配方制得的挂面除自然断条率外，蒸煮时间、熟断条率、蒸煮损失率均较适宜，且挂面中含有 3.56 mg/g 芦丁。此挂面在营养价值方面得到较大的提高，相比同类型的挂面成本较低，适合大众口味，还具有一定的保健功能。

参考文献

[1] 刘锐，张影全，张波，等.中国挂面理化和烹调特性研究 [J].中国食品学报，2015，15（06）：212–219.

[2] 王蔚新，陆兴森，占剑峰，等.马铃薯荞麦面条的研制 [J].黄冈师范学院学报，2016，36（03）：38–41，46.

[3] 蔡兴奎，谢从华.中国马铃薯发展历史、育种现状及发展建议 [J].长江蔬菜，2016（12）：30–33.

[4] 张振中.中国和世界马铃薯生产发展概况（Z）.新浪博客，2017.

[5] 曾著莉.马铃薯添加量对面条品质及挥发性物质的影响 [D].甘肃农业大学，2017.

[6] 陈萌山，王小虎.中国马铃薯主食产业化发展与期望 [J].农业经济问题，2015，（12）：4–11.

[7] 曾凡逵，许丹，刘刚，等.马铃薯营养综述 [J].中国马铃薯，2015，29（4）：233–243.

[8] 邹亮，王战国，胡慧玲，等.苦荞提取物中芦丁和槲皮素的含量测定 [J].中国实验方剂学杂志，2010，16（17）：60–62.

[9] 孙博航，吴雅清，高慧媛，等.苦荞麦的化学成分 [J].沈阳药科大学学报，2008，25（7）：541.

[10] 薛庆林，王昕伟.熟化面条的生产与挤压膨化面条机 [C].第六届全国包装与食品工程学术年会论文集，2002：192–196.

一种马铃薯匀浆苦荞挂面配方的研制

龙建强，刘晓燕 *，李佩华 *

（西昌学院农业科学学院，四川西昌 615013）

摘　要： 以马铃薯匀浆、苦荞粉、小麦粉为主要原料，以感官评价作为考察指标，通过单因素试验、正交试验研究马铃薯匀浆、苦荞粉、食盐、海藻酸钠这四个因素对马铃薯匀浆苦荞挂面感官评价的影响。结果表明：马铃薯匀浆苦荞挂面配方优化为马铃薯匀浆添加量为 15%、苦荞粉添加量为 10%、食盐添加量为 3.25%、海藻酸钠 0.2%。在此配方下制作的挂面烹煮断条率低，烹煮损失率低，感官评定好，且含有芦丁 3.18 mg/g。该研究结果可为马铃薯利用及工业化生产提供参考。

关键词： 马铃薯匀浆；苦荞粉；挂面

挂面是我国的传统食品[1~2]。近年来我国挂面行业得到了高速的发展，种类琳琅满目[3]。四川省凉山彝族自治州多处于高海拔山区，种植较多的马铃薯及苦荞，将这两种当地盛产的粗粮添加到小麦种制作成面条成为当地特色产品，具有一项值得研究的课题。马铃薯是全球第四大主要粮食，块茎含有大量蛋白质、维生素以及膳食纤维等多种营养物质[5]，只含有少量脂肪，因此马铃薯主食化必将成为当今中国最具影响力的解决粮食危机的举措[6]。荞麦是一种药食同源性植物，苦荞中不仅含有维生素 B_1、维生素 B_2、维生素 B_6 等 B 族维生素，还有一定数量的维生素 E、烟酸等[7~8]。本次试验目的在于研发出一种添加马铃薯和苦荞的挂面，增强该产品的营养价值和保健作用，为马铃薯、苦荞利用提供新的配方和为工业化生产提供参考。

1 材料与方法

1.1 试验材料
高筋面粉，苦荞粉，海藻酸钠，食盐，马铃薯匀浆，水，D- 异抗坏血酸钠。

1.2 操作要点
和面：将马铃薯匀浆、苦荞粉和小麦粉混匀，同时加入一定的水、食盐和海藻酸钠混合均匀。

基金项目： "十三五"四川省农作物及畜禽育种攻关"突破性薯类材料与方法创新"（2016NYZ0032），西昌学院马铃薯主食化工程技术中心专项。

作者简介： 龙建强，西昌学院农学院 2018 级食品系学生。

* 通讯作者： 刘晓燕（1983—），硕士，讲师，主要马铃薯相关产品研发与检测。E-mail：794083849@qq.com。李佩华（1975—），男，硕士，副研究员，从事马铃薯育种、良种繁育、高产栽培、加工及产业发展研究。E-mail：1604003116@qq.com。

醒发：将面团置于醒发箱，醒发 15 min。

压延，切条：将醒发后的面团置于电动压面机中，经过反复碾压 5 ~ 6 次，控制面条厚度为 2 mm，最后将压延后的面皮置于电动切面机中切面。

切断：干燥后的面条截断成 20 cm 即可。

干燥：将挂面成品置于通风处自然晾干。

1.3 指标测定方法

马铃薯匀浆含水量的测定采用差量法；烹煮断条率以放入沸水中蒸煮至没白芯后的挂面断条根数展占总数的比例来计；烹煮损失以煮熟前后干重损失来计；挂面中芦丁含量的测定根据《NY/T 1295–2007》方法，以制作的标准曲线 $y=0.086\,6 \times x+0.002\,2$（$0.005 ~ 0.080$ mg/mL，$R^2=0.995\,7$）来计算。

1.4 感官评定

将煮熟的挂面放入容器中，由品尝小组（4 ~ 5 人）参照 LS/T 3212—2014《挂面》的方法进行感官评价[9]。感官评分标准见表 1。

表 1　挂面的感官评分标准

项目	评分标准	分数
色泽	挂面奶黄色、棕色、光亮	8 ~ 10
	亮度一般	6 ~ 8
	颜色发灰、发暗、亮度较差	1 ~ 6
表观状态	光滑透亮、结构细密	8 ~ 10
	轻微膨胀	6 ~ 8
	外观膨胀、粗糙、严重变形	1 ~ 6
适口性	用牙齿咬断一截挂面的力量适中	16 ~ 20
	轻微偏软、轻微偏硬	10 ~ 16
	过软、过硬	1 ~ 10
韧性	弹性大、有嚼劲	20 ~ 25
	弹性适中	15 ~ 20
	缺乏弹性、嚼劲差	1 ~ 15
黏性	咀嚼时不黏牙、爽口	20 ~ 25
	轻微黏牙、较为爽口	15 ~ 20
	发黏、不爽口	1 ~ 15
光滑性	口感光滑	4.3 ~ 5
	光滑度一般	3 ~ 4.3
	光滑度较差	1 ~ 3
食味	有小麦清香味	4.3 ~ 5
	基本无异味	3 ~ 4.3
	有异味	1 ~ 3

1.5 单因素试验

1.5.1 马铃薯匀浆含量

总重 4 kg，固定苦荞粉添加量为 10%，土豆匀浆依次为 10%、15%、20%、25%、30%，加入一定的水，醒面时间 15 min，探究加入不同比例的土豆匀浆对面条感官品质的影响。

1.5.2 苦荞粉含量

总重 4 kg，固定土豆匀浆添加量为 10%，苦荞粉为 10%、12.5%、15%、17.5%、20%，加入适量的水，醒面时间 15 min，探究加入不同比例的苦荞粉对马铃薯匀浆苦荞面条感官品质的影响。

1.5.3 食盐添加量

总重 4 kg，固定土豆匀浆、苦荞粉添加量均为 10%，食盐添加比例分别是 2%、2.5%、3%、3.5%、4%，加入适量的水，醒面时间 15 min，探究加入不同比例的食盐对马铃薯匀浆苦荞挂面的感官品质的影响。

1.5.4 海藻酸钠添加量

总重 4 kg，固定马铃薯匀浆添加量为 10%、苦荞粉添加量为 10%、食盐添加量为 3%，添加海藻酸钠分别为 0.2%、0.3%、0.4%、0.5%、0.6%，加入适量的水，醒面时间 15 min，探究加入不同比例的海藻酸钠对马铃薯匀浆苦荞面条感官品质的影响。

1.6 正交试验设计

以马铃薯匀浆添加、苦荞粉、食盐、海藻酸钠 4 个因素的添加量为研究对象，以感官品质为判断指标，设计 $L_9(3^4)$ 正交试验对各因素进一步优化研究马铃薯匀浆苦荞挂面的工艺制作（表 2）。

表 2 正交试验设计因素水平表

水平	因素		
	A 马铃薯匀浆含量（%）	B 苦荞含量（%）	C 食盐含量（%）
1	1（12.5%）	1（12.5%）	1（2.75%）
2	2（15.0%）	2（13.5%）	2（3.00%）
3	3（17.5%）	3（14.5%）	3（3.25%）

2 结果与分析

2.1 感官评价项目主成分分析

由主成分分析结果可知，不论是哪种因素，感官评价的前三个因素，色泽、表观状态、适口性三者的累积贡献率达到 95% 以上，因此感官评分汇总时只计色泽、表观状态、适口性的总分，韧性、黏性、光滑性与食味的评分不入总分。

表 3 四个因素不同添加量影响感官评价项目的主成分分析

因素	感官评价项目	特征值	方差贡献率 %	累积贡献率 %
马铃薯匀浆	色泽	4.640	77.330	77.330
	表观状态	0.643	10.721	88.051
	适口性	0.425	7.077	95.128
苦荞粉	色泽	4.086	68.099	68.099
	表观状态	1.548	25.793	93.892
	适口性	0.285	4.757	98.649
食盐	色泽	3.647	52.105	52.105
	表观状态	2.176	31.086	83.191
	适口性	1.012	14.456	97.647
海藻酸钠	色泽	3.645	52.070	52.070
	表观状态	1.912	27.311	79.382
	适口性	1.174	16.770	96.152

2.2 挂面单因素试验的感官评价

由图 1 可知,图 1A、1C 相似,随着马铃薯匀浆与食盐添加量的增加,感官评分基本呈现出一个先增加后减少的趋势,且最高点均显著高于次高点。马铃薯匀浆与食盐不同添加水平对感官评分存在极显著影响,这两个因素的最佳水平取值范围为:10%< 马铃薯匀浆添加量 <20%,2.5%< 食盐添加量 <3.5%。由图 1B 并考虑提高苦荞利用率,推测苦荞最佳添加量的取值范围为 12.5% ≤苦荞添加量 <15.0%。图 1D 显示海藻酸钠的 5 个添加水平对产品感官评分影响不存在显著差异,因此选择最低水平 0.2% 为海藻酸钠的最佳添加量。

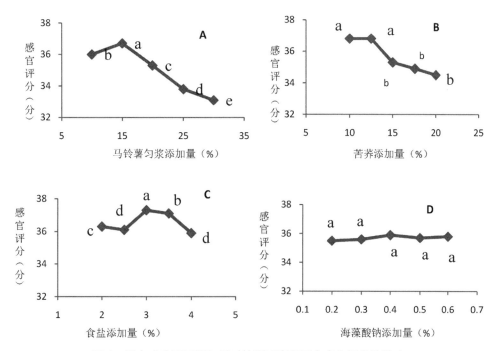

图 1　四个成分不同添加量对挂面感官项目主成分评分的影响

A. 马铃薯匀浆;B. 苦荞粉;C. 食盐;D. 海藻酸钠

2.3 正交试验结果

结合表 4 正交试验结果与表 5 多重比较结果可知,各要素对马铃薯匀浆苦荞挂面感官评价的影响大小依次为:A 马铃薯匀浆添加量 > C 食盐添加量 > B 苦荞粉添加量,其中前两者不同水平间差异极显著,苦荞粉不同水平间差异显著。多重比较结果说明三个因素的最优水平分别为 A2、B1、C3,因此最佳组合为:A2B1C3,即马铃薯匀浆添加量为 15%、苦荞粉添加量为 10%、食盐添加量为 3.25%。此优化配方正是正交试验中评分最高的 6 号试验配方。

表 4　正交试验结果

序号	空列	C 食盐添加量（%）	B 苦荞粉添加量（%）	A 马铃薯匀浆添加量（%）	感官评价（分）	
1	1	1（2.75）	1（12.5）	1（12.5）	28.7	29.1
2	1	2（3.00）	2（13.5）	2（15.0）	31.6	28.6
3	1	3（3.25）	3（14.5）	3（17.5）	28.8	29.2
4	2	1	2	3	26.2	27.1
5	2	2	3	1	25.7	26.3
6	2	3	1	2	33.3	34.5
7	3	1	3	2	30.0	29.4
8	3	2	1	3	28.3	28.7
9	3	3	2	1	30.6	29.3

表5　四个因素不同添加量的方差分析及多重比较结果（Duncan 法）

因素	F 值	水平		
		1	2	3
A 马铃薯匀浆添加量（%）	21.5**	28.3b	31.2a	28.1b
B 苦荞粉添加量（%）	8.7*	30.4a	28.9b	28.2b
C 食盐添加量（%）	16.0**	28.4b	28.2b	31.0a

2.4　理化指标

表6　马铃薯匀浆含水量

测定指标	单位	参考值	测定值	误差
马铃薯匀浆含水量	%	—	75.8	2.3
烹煮断条率	%	≤ 5%	8.0	1.7
烹煮损失率	%	≤ 10%	9.37	2.0
芦丁含量	mg/g	—	3.18	3.4

3　结论与讨论

综上所述，马铃薯匀浆苦荞挂面配方优化为：马铃薯匀浆添加量为 15%、苦荞粉添加量为 10%、食盐添加量为 3.25%、海藻酸钠 0.2%。在此配方下制作的挂面烹煮断条率低，烹煮损失率低，感官评定好，且含有芦丁 3.18 mg/g。同时添加马铃薯和苦荞后降低了挂面的成本。

参考文献

[1] 卢黄华，覃世民，胡元斌，等 . 面头对挂面品质的影响研究进展 [J]. 粮食与饲料工业，2012（11）：39-41.

[2] 史芹，陈华，高新楼 . 小麦品种豫麦 47 制面品质研究 [J]. 农业科技通讯，2013（02）：59-61.

[3] 申连芳，陆启玉 . 我国挂面行业的现状及发展趋势 [J]. 粮食与食品工业，2011，18（01）：4-5，10.

[4] 王麦茹，魏兵团，陈睿，等 . 电感器的现状和发展趋势 [J]. 科技资讯，2013（23）：130-131.

[5] 施建斌，蔡沙，隋勇，等 . 鲜马铃薯面条的制备工艺研究 [J]. 湖北农业科学，2017，56（23）：4582-4585.

[6] 李韦谨，张波，魏益民，等 . 机制面条制作工艺研究综述 [J]. 中国粮油学报，2011，26（06）：86-90，96.

[7] 贾冬英，姚开，张海均 . 苦荞麦的营养与功能成分研究进展 [J]. 粮食与饲料工业，2012（5）：25-27.

[8] 杨政水 . 苦荞麦的功能特性及其开发利 [J]. 食品研究与开发，2005（1）：100-103

[9] 李景茹，高晶晶 . 炸薯条用原料马铃薯的特性研究 [J]. 吉林农业，2011（07）：82-83

[10] 刘海燕，张娟娟，王晓梅，等 . 海藻酸钠对面包烘焙特性的影响研究 [J]. 食品工业科技，2013，34（20）：319-322.

一种马铃薯匀浆苦荞馒头配方的优化

叶　强，张　忠，李佩华 *

（西昌学院农业科学学院，四川西昌　615013）

摘　要： 以马铃薯匀浆、苦荞粉、酵母、泡打粉为试验因素，通过单因素试验、正交试验，以感官评价为评价指标，探索制作马铃薯苦荞馒头的最佳配方，同时测定产品部分理化指标。结果表明：馒头配方优化为马铃薯匀浆 15%、苦荞粉 9.0%、酵母 0.3%、泡打粉 0.5%，在此配比下制作的馒头感官综合评分较高且比容和 pH 值符合馒头国标。马铃薯与苦荞的加入使得该产品中含有 4.94 mg/100 g 的维生素 C、2.7 mg/g 的黄酮。

关键词： 馒头；苦荞粉；马铃薯匀浆；酵母；泡打粉

我国已成为世界马铃薯第一生产大国，但深加工水平相对较低，在国家提出马铃薯主食化背景下，开发以马铃薯为主要原料的主食产品具有重要意义[1, 2]。马铃薯块茎有着"营养之王"的美誉，含有 20% 的干物质[3]、9% ~ 23% 的淀粉[4]、2% 左右的蛋白质、18 种氨基酸（包括人体必需的全部氨基酸）及铜、硼、钼、锰、锌、铁等多种微量元素[5]，若将马铃薯馒头替换普通馒头可使得产品营养显著提高[6]。同时我国荞麦资源极为丰富，共有 10 个种和 2 个变种[7, 8]，富含高生物价的蛋白质、维生素、矿质元素、功能性成分黄酮等[9]。本研究利用当地特色杂粮，开展马铃薯苦荞馒头制作配方的研究。旨在为当地的马铃薯与苦荞产业提供更广阔的利用空间。

1　材料与方法

1.1　试验材料
高筋面粉，苦荞粉，酵母，泡打粉，马铃薯。

1.2　操作要点
马铃薯匀浆制备：取同批次的马铃薯称重，去皮后用打浆机粉碎至浆均匀。

　　和面：将不同比例的马铃薯匀浆、苦荞粉与面粉总量为 4 kg 的混合加入和面机，加入辅料和水至

基金项目： "十三五"四川省农作物及畜禽育种攻关"突破性薯类材料与方法创新"（2016NYZ0032），西昌学院马铃薯主食化工程技术中心专项。

作者简介： 叶强，西昌学院农学院 2018 级食品系学生。

* 通讯作者： 张忠（1968—），硕士，教授，主要从事马铃薯主食化产品研发及相关品质分析、检测等工作。Email：676004127@qq.com。李佩华（1975—），男，硕士，副研究员，从事马铃薯育种、良种繁育、高产栽培、加工及产业发展研究。E-mail：1604003116@ qq.com。

面粉量的 40%，旋转 80 r/min，和面 15 min。

醒发：将合成的面团置于保鲜膜中发酵 30 min。

塑形：将面团搓成粗长条，再均匀切割成若干小面块。蒸制：在蒸锅中加入纯净水 1 L，在水沸腾后，放好蒸具，均匀放入面团，蒸制 15 ~ 20 min。

1.3 单因素试验

1.3.1 马铃薯添加量

以馒头的感官评价综合评分为试验指标，固定苦荞添加量为 9%，酵母添加量为 0.4%，泡打粉添加量为 0.4% 的条件下，马铃薯添加量选取 6 个水平（5%、10%、15%、20%、25%、30%）进行优化。

1.3.2 苦荞添加量

以馒头的感官评价综合评分为试验指标，固定马铃薯匀浆 15%，酵母 0.4%，泡打粉 0.4% 的条件下，苦荞添加量选取 6 个水平（3%、6%、9%、12%、15%）进行优化。

1.3.4 酵母添加量

以馒头的感官评价综合评分为试验指标，固定马铃薯匀浆 15%、苦荞 9%，泡打粉 0.5% 的条件下，酵母添加量选取 6 个水平（0.1%、0.2%、0.3%、0.4%、0.5%）进行优化。

1.3.5 泡打粉添加量

以馒头的感官评价综合评分为试验指标，固定马铃薯匀浆 15%，苦荞 9%，酵母 0.4%，的条件下，泡打粉添加量选取 6 个水平（0.3%、0.4%、0.5%、0.6%、0.7%）进行优化。

1.4 正交试验

在单因素试验基础上，进行正交试验进一步优化马铃薯匀浆、苦荞粉、酵母粉与泡打粉的添加量，因素水平表见表 1。

表 1　马铃薯苦荞馒头制作工艺的因素水平表

水平	A 马铃薯匀浆添加量（%）	D 苦荞粉添加量（%）	B 酵母添加量（%）	C 泡打粉添加量（%）
1	12	8	0.25	0.45
2	15	9.0	0.30	0.50
3	17	10	0.35	0.55

1.5 感官评定

请 10 名食品专业学生参照感官评价标准表 2，进行感官评价。评分结果去掉一个最高分，去掉一个最低分，然后取平均分。

表 2　马铃薯浆馒头感官评价标准

项目	评分标准
外观 （20分）	外形完整，表皮完整有光泽，15 ~ 20 分
	表面有裂缝，有少量褶皱，光泽一般 8 ~ 14 分
	表面裂缝较大较多，没有光泽，表面褶皱较多，0 ~ 7 分
弹性 （20分）	有良好的弹性，轻按立即恢复 15 ~ 20 分
	有一定的弹性，黏手，轻按恢复较慢 8 ~ 14 分
	几乎没有弹性，按下几乎不能恢复，0 ~ 7 分
内部 （20分）	有整齐、密集、大小相似的气孔，无大洞坑 15 ~ 20 分
	有整齐、密集、大小相似的气孔，出现少量大孔洞，8 ~ 14 分
	气孔大小不一，较多大孔，0 ~ 7 分

续表

项目	评分标准
适口性 （20分）	不黏牙，松软适口，味道很好，15 ~ 20分
	比较松软，较为黏牙，味道较为纯正，8 ~ 14分
	比较硬，口感较差，0 ~ 7分
风味 （20分）	具有马铃薯特有风味及馒头香味，没有异味，15 ~ 20分
	香气较淡，有轻微的异味，8 ~ 14分
	味道差，气味不好，0 ~ 7分

1.6 马铃薯馒头的理化指标测定

比容、水分、pH 值根据《小麦粉馒头》国家标准 GB/T21118 中方法测定。维生素 C 含量根据 GB5009.86–2016 水果、蔬菜维生素 C 含量测定法进行测定。总黄酮含量采用分光光度计 – 外标法测定。

2 结果与分析

2.1 单因素试验结果

马铃薯苦荞馒头四个成分因素：马铃薯添加量、苦荞添加量、酵母粉添加量、泡打粉添加量均对馒头感官评分均存在极显著影响。由图 1 可以看出，马铃薯苦荞馒头评分随着马铃薯添加量、苦荞添加量、酵母粉添加量、泡打粉添加量的增加均表现出先增加后减小的变化趋势，最高点分别为马铃薯 15%、苦荞 9%、酵母粉 0.3%、泡打粉 0.5%。由于最高点均显著高于次高点（$P<0.05$），因此 4 个成分的最佳值范围确定为马铃薯 10% ~ 20%、苦荞 6% ~ 12%、酵母粉 0.2% ~ 0.5%、泡打粉 0.4% ~ 0.6%。

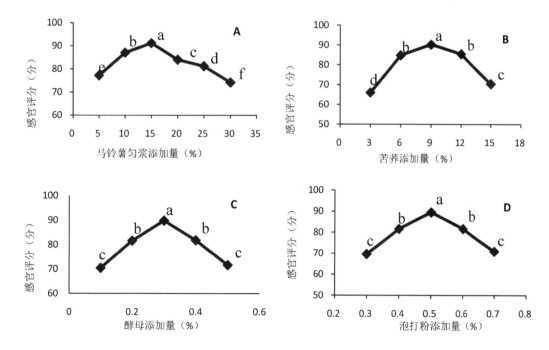

图 1 不同成分添加量对馒头感官评分的影响

A 马铃薯匀浆；B 苦荞添；C 泡打粉；D 酵母

2.2 正交试验结果

4 个成分因素对马铃薯苦荞馒头品质影响的顺序为 B＞A＞D＞C，即苦荞添加量＞马铃薯添加量＞泡打粉添加量＞酵母添加量，且这 4 个因素的 3 个添加量对产品的感官均存在极显著或显著影响。四个成分因素的最优水平分别为 A1、A2，B2，C2、C3，D1、D2，其中 A2B2C3D1、A1B2C2D2 为正交试验中感官评分最高的两组，考虑到提高马铃薯利用率、减少酵母粉与泡打粉的使用量，最终优化后的水平组合为 A2B2C2D1，即马铃薯匀浆添加量 15%，苦荞粉添加量 9.0%，酵母添加量 0.3%，泡打粉添加量 0.45%。经验证性试验感官综合评分为 89.4，与 A2B2C3D1、A1B2C2D2 的评分无显著差异（$P>0.05$）。

表 3　正交试验结果表

序号	A	B	C	D	综合评分（分）	
					重复 I	重复 II
1	1（12%）	1（8.0%）	1（0.25%）	1（0.45%）	82.5	83.0
2	1	2（9.0%）	2（0.30%）	2（0.50%）	90.2	88.1
3	1	3（10.0%）	3（0.35%）	3（0.55%）	83.0	85.7
4	2（15%）	1	2	2	84.7	83.6
5	2	2	3	1	88.5	91.8
6	2	3	1	3	86.2	86.0
7	3（17%）	1	2	2	84.5	85.2
8	3	2	1	3	83.0	82.1
9	3	3	3	1	81.7	83.0

表 4　四个成分不同添加量的方差分析及多重比较结果（Duncan 法）

因素	F 值	水平		
		1	2	3
马铃薯匀浆添加量 A	12.236**	85.4a	86.8a	83.3b
苦荞添加量 B	13.094**	83.9b	87.3a	84.3b
酵母粉添加量 C	6.720*	83.8b	85.2ab	86.5a
泡打粉添加量 D	8.709*	83.6ab	86.5a	82.7b

2.3 马铃薯苦荞馒头理化指标检测

表 5　马铃薯苦荞馒头理化指标检测

检测指标	单位	含量（n=3）	误差（%）
维生素 C	mg/100 g	4.94	3.2
比容	—	＞1.7	—
pH 值	—	5.6–7.2	1.2
总黄酮	mg/g	2.7	2.5

3 结论与讨论

最终优化后的水平组合为A2B2C2D1，即马铃薯匀浆添加量15%，苦荞粉添加量9.0%，酵母添加量0.3%，泡打粉添加量0.5%，在此配比下制作的馒头感官综合评分较高，说明产品外形完整，表皮完整有光泽，有良好的弹性，轻按立即恢复，有整齐、密集，大小相似的气孔，无大洞坑，不黏牙，松软适口，味道较好，具有马铃薯特有风味及馒头香味，没有异味。经理化指标检测说明馒头比容和pH值合适，馒头符合国标理化性质要求。由于本馒头中加入了马铃薯匀浆和苦荞，丰富了馒头的营养，检测到了维生素C和黄酮的存在，增加了馒头的保健作用。

参考文献

[1] 王乐，黄峻榕，张宁，等. 马铃薯面条制作工艺及品质研究 [J]. 食品研究与开发，2017，38（1）：78–82.

[2] 曾凡逵，许丹，刘刚. 马铃薯营养综述 [J]. 中国马铃薯，2015，29（4）：233–243.

[3] 胡宏海，张泓，戴小枫. 马铃薯营养与健康功能研究现状 [J]. 生物产业技术，2017（4）：31–35.

[4] 姜丽霞，张胜. 马铃薯微量元素特性研究进展 [J]. 现代农业，2017（4）：30–32.

[5] 孙君茂，郭燕枝，苗水清. 马铃薯馒头对中国居民主食营养结构改善分析 [J]. 中国农业科技导报，2015，17（6）：64–69.

[6] 李魁，赵素娟，路洪义. 双菌种发酵苦荞麦酸乳饮料及成分的研究 [J]. 中国粮油学报，2011，26（10）：88–92.

[7] 王杰. 新疆苦荞麦降血糖临床初步观察 [J]. 荞麦动态，1992，（2）：42–44.

[8] 徐宝才，孙芸，丁宵霖. 苦荞营养保健粉的研制 [J]. 食品工业科技，2007，（4）：159–167.

一种鲜马铃薯馒头的研制

李先友，李佩华*，张　忠*

（西昌学院农业科学学院，四川西昌　615013）

摘　要： 以感官评定作为指标，通过单因素试验和正交试验研究马铃薯丁、面粉、水和活性干酵母添加量对馒头品质的影响。结合比容、pH 值和水分含量指标对馒头配方做评价。结果表明：马铃薯丁 75 g、面粉 120 g、水 60 g、干酵母 4 g，制成的馒头在弹性、组织状态、色泽、香味和口感最好，感官评分最高。馒头中的维生素 C 含量为 4.83 mg/100 g，比容为 1.94 mL/g，pH 值为 6.3，水分含量为 31.7%，各理化指标均符合国家标准。

关键词： 馒头；马铃薯；干酵母；小麦粉

传统馒头中的维生素 C 含量极低，而马铃薯中维生素 C 含量较高，一般为 180 mg/kg。在馒头中加入马铃薯可以提高馒头的营养物质含量，如维生素 A、维生素 C、矿物质等[1]。为马铃薯馒头的进一步工业生产提供参考，也为马铃薯的主粮化探索出一条道路。

1　材料与方法

1.1　试验材料

高筋小麦粉，高活性干酵母，马铃薯。

1.2　方法

称取同一批次的马铃薯，先洗净，再手动去皮，切成 3 mm × 3 mm × 3 mm 的小块，用蒸锅在电磁炉上将水烧至沸腾，将事先切好的马铃薯丁放入蒸锅中漂烫 3 min 后取出沥干。准确称取面粉 120 g、水 60 g、活性干酵母 4 g 和漂烫过的马铃薯丁 75 g，先将马铃薯、干酵母、马铃薯丁放入盆中混合均匀，缓慢加入水，用手反复揉搓，直至面团表面光滑，停止揉搓。注意不要揉搓过度，以免破坏面筋[2]。将揉搓好的面团放入盆中加盖，放入恒温箱中发酵，恒温箱温度控制在 25℃，发酵 2 h，将发酵后的面团揉搓后切成 8 cm 宽、5 cm 高的立体放蒸锅中蒸熟。冷却后，对其进行感官评定及理化检测。

基金项目： "十三五"四川省农作物及畜禽育种攻关"突破性薯类材料与方法创新"（2016NYZ0032），西昌学院马铃薯主食化工程技术中心专项。

作者简介： 李先友，西昌学院农学院 2018 级食品系学生。

*通讯作者： 李佩华（1975—），男，硕士，副研究员，从事马铃薯育种、良种繁育、高产栽培、加工及产业发展研究。E-mail: 1604003116@qq.com。张忠（1968—），硕士，教授，主要从事马铃薯主食化产品研发及相关品质分析、检测等工作。Email: 676004127@qq.com。

1.3 感官评定方法

将试验做出的马铃薯馒头分别给予 10 个不同的人品尝，感官评定马铃薯馒头品质，包括馒头的口感、组织状态、气味、色泽及弹性等感官指标[3]，定性研究各试验因素对马铃薯馒头质量的影响（表1）。

1.4 鲜马铃薯馒头理化指标测定方法

根据 GB5009.86–2016[4]，测定维生素 C 含量，根据 GB/T20981–2007[5]，测定馒头比容、水分及 pH 值。

1.5 鲜马铃薯馒头制作工艺优化方案

1.5.1 单因素试验

分别考察单因素：鲜马铃薯丁 / 小麦粉（A）、水的添加量（B）、活性干本酵母添加量（C）对馒头感官品质的影响。首先固定 B、C 分别为 60 g、3 g，A 分别取 3/7、4/6、5/5、6/4、7/3，考察 A 因素对馒头品质的影响；然后固定 A 为 4/6，C 为 3 g，B 分别取 50 g、55 g、60 g、65 g、70 g，考察 B 因素对馒头品质的影响；再次固定 A 4/6、B 为 60 g，C 分别取活性干酵母 2 g、3 g、4 g、5 g、6 g，考察 C 因素对馒头品质的影响。

1.5.2 正交试验

考察的因素有 4 个。试验每个因素设置 3 个水平（表2），设置 2 个重复。

表 1　鲜马铃薯馒头产品感官评分标准

项目	满分	评分标准	分数
弹性	30	指压不破裂，下压 3cm 可完全恢复	20 ~ 30
		指压不破裂，下压 3cm 不完全恢复	10 ~ 20
		指压即破裂	1 ~ 10
色泽	10	表面白色，切面有浅黄色	7 ~ 10
		表面淡黄，切面颜色均匀	5 ~ 7
		表面颜色太深，切面颜色不均	0 ~ 5
组织	20	切面细密，气孔细小均匀	15 ~ 20
		切面较细密，基本无大气孔	7 ~ 15
		切面不均匀，膨松	0 ~ 7
滋味与口感	30	馒头味道纯正，没有异味，口感极细腻	20 ~ 30
		味道较纯正，些许异味，口感稍细腻	11 ~ 20
		味不纯正，有异味口感粗糙	1 ~ 10
杂质	10	表面洁净，无杂质	6 ~ 10
		有明显肉眼可见的杂质	1 ~ 5

表 2　马铃薯馒头配方因素水平表

水平	马铃薯丁质量（g）	面粉质量（g）	水质量（g）	干酵母质量（g）
1	75	115	57	3.5
2	80	120	60	4
3	85	125	63	4.5

2 结果与分析

2.1 单因素试验结果分析

从表3可以得出，单因素试验分别考察鲜马铃薯丁与小麦粉比值、水添加量、活性干酵母添加量对馒头的形态、色泽、组织、滋味与口感的影响，根据总评分大小比较，得到鲜马铃薯丁/小麦粉、水的添加量、活性干酵母最佳添加量对馒头质量的影响均表现出先增加再减小的趋势，峰值分别为4/6、60、4，即根据单因素试验得到的峰值，通过正交试验，将3个因素的添加量更加精确化。

表3 各因素对蛋糕品质影响的总评分

鲜马铃薯丁/小麦粉	添加量（%）	3/7	4/6	5/5	6/4	7/3
	评分	76	80	70	66	63
水	添加量（g）	50	55	60	65	70
	评分	62	68	74	72	68
活性干酵母	添加量（g）	2	3	4	5	6
	评分	77	84	86	82	76

2.2 正交试验结果与分析

从9个处理号中可以直观地看出，最优水平组合是2号处理，即A1B2C2D2。马铃薯丁75 g、面粉120 g、水60 g和活性干酵母4 g，感官评分为86.2。根据各因素与实验指标（感官评分）的关系图得出结论，最优水平组合为A1B2C2D2即马铃薯丁75 g、面粉120 g、水60 g和活性干酵母4 g，和正交实验最优组合完全一致，所以无须做验证性实验。

表4 正交试验表

试验号	A 马铃薯丁（g）	B 面粉（g）	C 水（g）	D 干酵母（g）	感官评分（分）
1	1	1	1	1	81.7
2	1	2	2	2	86.2
3	1	3	3	3	82.5
4	2	1	2	3	82.7
5	2	2	3	1	83.2
6	2	3	1	2	80.5
7	3	1	3	2	82.4
8	3	2	1	3	80.1
9	3	3	2	1	81.3
K1	83.5	82.3	80.8	82.1	
K2	82.1	83.8	83.4	83.0	
K3	81.2	83.3	82.7	81.8	
极差R	2.3	1.5	2.6	1.2	

2.3 理化指标的测定结果

由馒头部分理化指标测定结果（表5）可以看出该馒头含有维生素C，且相关指标符合馒头相关标准。

表 5　各理化指标测定结果

指标	平均值	RSD（%）
维生素 C 含量（μg/100 g）	4.83	3.2
		4.1
馒头比容（mL/g）	1.94	4.7
pH 值	6.3	3.0
水分含量（%）	31.7	2.8

3　结论与讨论

研究表明，鲜马铃薯馒头较为合理的配比为面粉 46.3%、马铃薯 29.0%、水 23.2% 和活性干酵母 1.5%，在这个配比下，蒸制出来的鲜马铃薯馒头在弹性、组织状态、色泽、香味和口感等方面都较好。由于马铃薯中的蛋白质、脂肪、维生素 A、维生素 C 等营养成分含量丰富，传统馒头中的脂肪、维生素 A、维生素 C 含量极低，与传统馒头相比，极大地提高了馒头中的营养成分。本课题研究对马铃薯中的维生素 C 进行了测定，其含量为 4.83 mg/100 g，测得馒头的比容为 1.94 ml/g，pH 值为 6.3，水分含量为 31.7%，均符合国家标准。

参考文献

[1] 周灿，周鹏程，徐同成，等 . 马铃薯鲜薯馒头的研制 [J]. 食品科技，2017，42（04）：134–138.

[2] 刘常金，薛丽丽，李娜，等 . 添加马铃薯全粉对馒头食用品质的影响研究 [J]. 粮食与油脂 .2016，29（10）：25–27.

[3] 李志博，尚勋武 . 灰色关联度分析法在兰州拉面粉质量评价中的应用 [J]. 麦类作物学报 .2009，27（1）：59–62.

[4] GB5009.86-2016，水果、蔬菜维生素 C 测定法 [S].

[5] GB 21118-2007，小麦粉馒头 [S].

"川薯"淀粉薯业三产融合发展模式研究与实践

刘小谭[1],胡志立[2],杨松涛[3],褚红春[1]

(1.四川省农业机械研究设计院,四川成都 610066;2.宜宾市顶古山薯业有限公司,四川宜宾 645151;3.四川省农业科学院作物研究所,四川成都 610066)

摘 要:四川省是全国甘薯主产区,产量和面积均居全国第一。但种植业大而不强,受地形、土壤和良繁体系限制,四川育成的"川薯"系列高淀粉型品种,适应性好、产量高,但推广面积小。目前甘薯淀粉加工和粉条加工以作坊为主,规模小、加工水平落后,规范化、标准化生产程度低,能耗高、效率低,产品质量难以保证,废弃物处理和排放无法达到国家标准,行业发展遭遇瓶颈。顶古山薯业有限公司通过自身的发展和实践,提出了"三产"融合发展思路。通过产学研推用一体化创新研发,重点针对产业发展中品种繁育推广体系建设,栽培和加工设备研发改造,加工工艺、废水、废渣综合处理工艺及设备创新应用,以龙头公司作为主要投入和创新的主体,合理布局基地和加工园区,牵引合作社组织农户规范种植提供优质原料,统一品牌和市场推广,通过标准化加工确保质量、控制成本、达标排放为抓手,为供给侧改革四川淀粉薯业转型升级提供了融合发展新的思路,为促进产业发展,农民增收提供了新的借鉴。

关键词:甘薯生产;淀粉加工;三产融合;发展模式;品种推广

四川省是全国甘薯主产区,常年种植面积在 73 万 hm² 左右,年产量 1 300 万 t 以上,居全国第一。甘薯生产成本低,其种植难度低,种植技术要求不高,播种期、收获期时间跨度长,具有耐旱、耐贫瘠、高产、高干物质、高淀粉和保健营养成分丰富的特点[1]。长期以来甘薯作为西南地区重要的抗旱作物之一,适合在西南地区占农田比例 60% 以上的丘陵山坡地、旱地和常年缺水、干旱地带种植,具有重要的生态效应,与种植业、养殖业和农产品贮藏加工业结合紧密,是四川省最具有资源优势和竞争力的粮食作物之一。四川省育成了具有高产、适应性强、性状优良的"川薯"系列高淀粉品种,为淀粉加工提供了优质的种质资源。薯类加工成淀粉、淀粉制品,增值倍数大,效益好[2]。甘薯产业是四川丘陵地区贫困农村农民主要增收来源,希望通过研究和实践,为实现四川甘薯产业(淀粉和粉条加工)的转型升级提供发展方向和思路,将淀粉型甘薯产业发展成为能带领千万薯农增收致富的大产业。

基金项目:国家现代农业产业技术体系四川薯类创新团队项目(川农业函[2014]91 号)。

作者简介:刘小谭(1972—),高级工程师,从事农业机械,农副产品加工等农业装备新技术、新产品研发。E-mail:lxt1972@163.com。

1 四川淀粉型甘薯产业存在的问题

1.1 原料供应方面存在的问题

四川大多数的淀粉型甘薯种植区位于丘陵地带，种植区地块小、坡度大，以农户分散种植为主，种植大户非常少，甘薯种植专业合作社在四川甘薯种植发展中起到的带动和引领作用非常有限。甘薯属于无性繁殖，通过块根、薯藤均可实现快速的扩繁，由于农户缺乏品种权意识，加之产品收益不稳定，在引进优质淀粉型甘薯品种方面，也没有高价格引进甘薯新品种的意愿，同时也缺乏引进品种的便捷渠道，造成四川目前广泛种植的淀粉型甘薯多是栽种多年的兼用型老品种，农户自留种使得甘薯种植仍存在散、乱、杂的现象，多年种植病毒病积累，品质退化、产量下降[3]，淀粉含量低，甘薯淀粉加工企业不愿意提高鲜薯收购价格，种植效益低。而随意从省外引进品种或采用来源不明的品种存在适应性差、产量不理想，容易造成严重损失，甚至带来外来毁灭性病虫害，风险巨大。对淀粉加工行业而言，迫切需要淀粉含量更高、产量更高、更加耐粗放种植的品种，以满足降低生产成本，提高产品品质的需求。针对四川省甘薯种植的地形和气候特点，四川省农业科学院作物研究所目前育成了川薯217、川薯218、川薯219、川薯231等一系列高产高淀粉甘薯专用型新品种，目前新品种宣传推广力度不够，亟须建立起新品种健康种薯种苗快速繁育体系。

受地形条件、土壤和良繁体系限制，目前四川淀粉型甘薯优良品种推广率低，亩产值不高，亩利润低，造成农户发展淀粉型甘薯种植业的积极性不高，大多数淀粉型甘薯都用作养殖饲料，用于加工淀粉的比例非常低，因此有较大发展空间。要发展淀粉型甘薯原料基地，在优质品种推广、育苗技术推广、种植机械推广方面还有很多工作要做。

1.2 淀粉加工业存在的困难

四川淀粉型甘薯种植区主要位于丘陵地带，鲜薯运输成本较高，不适合长途运输后集中加工。四川现存的甘薯淀粉加工厂，以传统工艺作坊为主，每个主产县都有几个甚至几十个小型甘薯淀粉加工作坊，大多数加工作坊的投资在 5 万 ~ 50 万元之间，采用酸浆法[4]、自然沉淀法[5]工艺制作甘薯淀粉。在整个生产过程中，所需要的加工机械设备非常少，主要是笼式清洗机、渣浆分离机、搅拌机、抽浆机、抽水机，没有采用旋流器、除砂器等先进提纯设备，缺乏真空脱水机、热风烘干机等可以自动化连续生产的设备。由于大多数企业采用太阳晒干或者土炕烘干的方式制作干淀粉，从鲜薯到干淀粉的周期最短也要几天，淀粉较长时间露在空气中，其中的脂肪、蛋白质等很多有机物易被氧化，造成干淀粉颜色暗淡，白度、灰分、蛋白质、斑点数、黏度值、水分等多项指标均达不到《GB/T 34321–2017 食用甘薯淀粉》国标的要求，原则上不能上市流通。

在淀粉加工废水处理方面，传统甘薯淀粉加工作坊加工 1 t 品质较好的干淀粉，需要用清水 70 t 左右，排出加工废水 60 t，加工废水基本不经过任何沉淀、过滤、发酵等处理，直接排入河道或者农田，因水中 BOD_5、COD_{cr} 超标，导致水中藻类及其他浮游生物迅速繁殖，从而大量消耗水中溶解氧，造成水体严重缺氧，以致水下面鱼类和其他生物大量死亡与腐烂，使水质不断恶化。部分加工作坊为了加速淀粉沉降，增加湿淀粉产出率，在淀粉浆沉降池中加入大量明矾作絮凝剂，不仅造成淀粉成品中铝离子超标，而且致使淀粉加工废水中铝离子超标，排放后造成土壤、水体的化学污染。故传统淀粉加工作坊在加工废水排放总量和排放质量方面均达不到《GB/T 25461–2010 淀粉工业水污染物排放标准》的要求。

当前四川甘薯淀粉加工企业，需抓紧时间完成加工工艺的升级，确保加工的淀粉质量和排放的加工废水达到新国标的要求，否则即将被淘汰。

淀粉型甘薯主要用于加工成甘薯淀粉，用于初级食材和制作甘薯粉条，四川的传统甘薯粉条加工业历史悠久，以漏瓢工艺的作坊为主，粉条生产所需设备少，加工工艺简单，单个作坊投资小，多数作坊年产量不超过 50 t，以自然老化、人工开粉或者冷冻老化、人工开粉防止粉条并丝，以露天晾晒为主，生产区域卫生环境整体比较差，粉条标准化生产程度低，产品品质主要依赖粉条制作师傅的经验来控制。在四川各淀粉型甘薯主产区，每个县都有数个甚至几十个以家庭为中心的小规模的甘薯粉条加工作坊，产品以地方特产的方式，在生产地周边区域进行销售。由于传统工艺生产粉条需要添加明矾作为发泡剂、沥水剂、耐煮剂，让粉条更耐煮、爽滑，但明矾对人的身体健康有明显的危害，国家已明确限制其用量[6]。传统粉条加工作坊由于生产管理粗放，其生产的甘薯粉条大多出现明矾超标的现象。

在环保方面，由于作坊规模小，投资小，一般都不会建设加工废水处理设施，加工后的废水直接排入外部环境，造成较大的环境污染，达不到环保要求。

1.3 淀粉及粉条营销存在的问题

由于四川甘薯淀粉和粉条加工企业以作坊为主，技术创新力低、技术含量低，缺乏严格的质量标准和管控体系，每批次产品品质都存在较大差异，质量难以达到相关国家标准的要求，只能走低端路线，依靠低廉的价格抢占市场，随着消费者健康意识的加强，低端质次的产品市场空间逐渐萎缩。随着政府对食品安全的管控越来越严格[7]，将导致四川广大作坊生产的产品都无法在正规市场渠道进行销售，更谈不上品牌建设和可持续发展。

2 顶古山薯业三产融合发展模式，破解产业难题

经过对全国淀粉型甘薯主产区的产业发展状况调研考察，顶古山薯业经过 3 年多的试验和实践后提出，通过三产融合发展的方式来解决四川甘薯淀粉加工产业转型发展难题。

2.1 组建甘薯加工技术科研中心，进行产业关键共性技术创新

从 2013 年开始，顶古山薯业与省内外高校、科研院所、烹饪大师等在淀粉型甘薯育苗、种植、淀粉加工、粉条加工、美食开发等方面合作，建立产学研推一体化机构—顶古山薯业科研中心，通过不断创新研发解决产业发展中遇到的技术难题，促进新工艺开发的产品快速推向市场，为产业发展提供持续的创新示范。

2.2 推广高效栽培技术和机械化种植，推广普及优质淀粉型甘薯品种

发展淀粉型甘薯产业，必须构建良繁体系，加速优质品种推广，扩大优质品种种植面积，保证优质甘薯原料的供应。

首先在甘薯淀粉加工园区内，建设优质"川薯"高淀粉型甘薯健康种薯、种苗核心扩繁基地和种薯贮藏库，通过引进高淀粉新品种优质种薯，采用温室大棚快速繁育、健康种薯安全贮藏等技术，解决种薯扩繁和贮藏难题，为辐射发展甘薯原料基地提供优质种源。栽培优质的淀粉型甘薯新品种，实现薯种就近供应，降低引种成本。同时为选育新品种和试验、示范等科研工作提供长久稳定的基地。

其次以甘薯淀粉加工园区为中心，在 30 km 的半径范围内，寻找适合甘薯种植、交通运输方便的村镇，帮助农户成立甘薯种植专业合作社，指导合作社争取各种农业支持资金，建设育苗大棚，就近向加入合作社的种植户发放优质薯苗并与种植户签署鲜薯回购协议。种植户按照领取薯苗的数量向合作社供应约定数量的成品鲜薯。合作社负责按照淀粉加工厂的生产安排，收购本社鲜薯后，统一运至淀粉加工厂进行加工，确保原料足量按时运抵淀粉加工厂，提升加工厂的生产效率。

最后为降低甘薯种植的劳动强度，提升淀粉型甘薯的生产效率，顶古山薯业与四川省农业机械研究设计院合作，研发适合丘陵地带甘薯种植的微型起垄机、甘薯苗割苗机、薯藤切段机等用于甘薯育

苗、栽种、收割的设备，大幅降低甘薯种植的劳动强度，提升劳动效率，同时通过把薯苗和薯藤加工利用，再次提升甘薯产值和利润，提升甘薯种植农户的积极性。

2.3 创新淀粉加工设备和工艺，建设节能、节水系统

为确保加工的甘薯淀粉质量水平达到《GBT 34321-2017 食用甘薯淀粉》和加工废水排放达到《GB/T 25461-2010 淀粉工业水污染物排放标准》的要求，在以下方面进行创新实践。

2.3.1 甘薯清洗环节

采用三级笼式旋转清洗机，确保甘薯在进入粉碎前尽量清洁，从而减少粉浆中的泥沙杂质含量。为了节约用水，把三级笼式旋转清洗机中排出的清洗水，分别过滤后排放在三个清洗水沉淀池中，经沉淀后，上层清液重复用于该段鲜薯的清洗。为确保鲜薯粉碎前的洁净，不断在最后一级甘薯清洗中补入新鲜清水。定期清理过滤池和沉淀池中的泥沙杂质及浑浊液，确保甘薯清洗水的干净卫生。通过建设甘薯清洗水循环使用工艺，把吨干淀粉清洗环节加工废水排水量降至 3 t 以内。

2.3.2 甘薯粉碎和渣浆分离环节

传统甘薯加工作坊采用锯片锉磨的方式对鲜薯进行粉碎，该工艺对甘薯细胞壁破壁能力有限，遇到大的甘薯，粉碎破壁效果更差。锉磨机使用的钢锯片比较薄，遇到石子等硬质异物时，锯片很容易断裂，不仅造成粉碎效果下降，而且断的锯片落入粉渣中，很易划破渣浆分离用过滤网。为提升破碎的效果，提高鲜薯的出粉率，采用两级破碎、三级过滤工艺。

首先用旋刀破碎机把鲜薯切成比较小的薯块后，再进入锤式粉碎机，大幅提升鲜薯破壁效率。由于锤式粉碎机的核心配件是比较厚的钢质锤片，即使遇到石子等硬质异物，锤片也不易断裂，不会划破滤布，更换锤片简单快捷。大幅提升鲜薯粉碎环节的稳定性。经过从 80 目、120 目粗过滤后，也可再对粉渣进行锉磨式破碎，加水过滤。将过滤后的所有粉浆，再通过 200 目的第三级圆筛过滤，尽量把粉浆中的渣（纤维）去除，提升鲜薯出粉率。粉碎过滤后的粉渣采用带自动纠偏功能的带式压滤机连续脱水，然后进行饲料化利用。

2.3.4 粉浆旋流工艺提纯，提高淀粉品质

将过细圆筒筛过滤后的粉浆通过二级除砂器，除去粉浆中密度最大的砂子，然后采用 18 级旋流器，把粉浆中的黄粉、细纤维等轻杂分离出来，然后对粉浆进行浓缩，大幅提升淀粉的纯度和白度。为节水，将粉浆浓缩过程中分离出来的粉水收集起来用做鲜薯粉碎用水。通过该节水工艺，获取 1 t 干淀粉在粉碎、过滤环节加工废水排放量不到 4 t。

2.3.5 粉浆真空脱水和淀粉中温烘干工艺

经过旋流器浓缩的淀粉浆，含水量在 80% 左右，将粉浆通过真空脱水机后，得到含水量在 50% 的以内的淀粉，然后将该淀粉用热风烘干机快速烘干。将真空脱水机中的粉水，收集后用于鲜薯粉碎，从而实现节水减排的目标。

采用蒸汽换热方式加热空气介质和中温干燥工艺，确保淀粉的含水率和质量的稳定，将烘干后的淀粉颗粒通过 100 目滤网筛分后，使淀粉的细度达到国标的要求。

2.3.6 创新淀粉加工废水处理思路和措施

一个日产 10 t 干淀粉的传统淀粉加工厂，日排放加工废水约 600 t，如果要达到国标排放标准，需要投资 250 万元建设一个污水处理厂，但是污水处理设施一年仅用 2 ～ 4 个月，投资回收周期太长。故为提升淀粉加工厂的经济效益，采用变废为宝，充分利用周边土地承载新废水、废渣处理工艺。

首先采用加工用水分段循环处理利用，让每吨甘薯干淀粉加工废水排水量不到 8 t。将加工排出的废水收集后，采用先进的无害化絮凝沉降技术，将淀粉加工废水中的 95% 以上的悬浮颗粒物沉降，60% 以上溶于水的有机物沉降。在沉降后将上清液排入下一级废水处理池中，向其中加入适量的生石

灰，充分搅拌后沉降，抽取上清液用于第一级甘薯泥污清洗，从而大幅降低污水对外排放量。

将絮凝沉降后的渣脱水后用作果蔬的有机肥，将处理后有一定异味的低有机物含量的加工废水调节 pH 值，通过厌氧发酵后用于园区绿化苗木、果蔬的水肥。

2.4 创新粉条加工设备和工艺，建设节能节水系统

为了提升粉条的品质，彻底解决粉条添加有害身体健康的明矾难题，确保产品品质的稳定性，提升加工效率，采用自动化铺浆式无明矾粉条生产工艺，该工艺生产的产品，外观匀称美观，口感柔软，耐煮耐泡。大幅降低粉条生产的劳动强度，提升生产效率，实现从淀粉搅拌到粉条成品的加工时间缩短至 3 h 左右。

为了实现节能节水目标，将粉条生产中的冷却水进行循环使用，将每小时排水量从 4 ~ 5 t 降低至 10 kg；将用于烘干和蒸箱的高温蒸汽冷凝水收集后用于蒸汽锅炉进水，每小时节约用水接近 1 t，且水温高达 70℃以上，大幅节约了把锅炉用水从常温加热到沸点所需的能源。

把设备清洗水、锅炉排水、生活污水收集起来，进入三级沉淀发酵池中进行处理，然后将处理后的废水用于园区的植物浇灌，既节约了清水使用量，又把生产、生活废水变废为宝。

2.5 建设三产融合发展产业园，提升投资回报率利用率

2.5.1 优质种薯种植基地建设在淀粉加工厂附近降低管理成本

淀粉加工厂每年 3 ~ 10 月份都比较闲，没有原料可以加工，把优质薯种植基地建设在淀粉加工厂附近，可以由淀粉加工厂的管理人员和技术人员等负责种植基地的育苗管理工作，对甘薯种植合作社、甘薯种植户进行技术培训，既能够稳定员工队伍，又能够确保原料的供应。

2.5.2 建设规模适度、布局合理的湿淀粉加工厂

四川淀粉型甘薯加工产业，多位于丘陵地区，不适合大规模集中进行淀粉加工，否则大量加工污水的集中排放会超出加工厂周边环境的自然降解承载能力，建议先建设日加工鲜薯 70t 的淀粉加工厂，根据当地情况采用废渣、废水处理和再利用的最佳工艺，不断降低污染治理成本，提升整个加工厂的投资回报率。通过生产实践，估算出单个加工厂最佳的原料供应半径。根据加工技术进步情况和原料市场的发展状况，逐步扩大加工规模。

2.5.3 合理布局淀粉烘干厂，提高设备利用率，提升单位投资产值

顶古山薯业认为，甘薯湿淀粉加工厂每年一般加工期 2 ~ 3 个月，根据运输和管理半径最佳的原则，合理布局淀粉烘干厂和粉条加工厂。日加工 70 t 鲜薯规模的淀粉厂，建设一条淀粉烘干生产线，烘干设备、包装设备及场地建设至少需要投资 30 万元以上；购买燃气锅炉设备和按照国家安全标准建设锅炉房及相关基础设施至少需要投资 30 万元以上，安装天然气专线管道需要投资 10 万元以上；建设能保持 500 t 干淀粉保存仓库及辅助设备设施且至少需要投资 30 万元以上；还要配备专门的检测、检验设备器材和场所，至少投资 10 万元以上；配备相关的锅炉的操作技工和质检人员、仓库管理人员等 4 ~ 5 名至少一年要 10 万元以上的工资，故单个淀粉加工厂建设一个达到国家标准的日产 10 t 干淀粉的烘干生产线，至少需要一次性投入 110 万元，每年增加额外的工资 10 万元。如果算上各种包装袋小规模印刷等造成的成本增加，成本必将更高。

如果 5 ~ 10 个淀粉加工厂在合理的地理位置，联合建设一个烘干厂及仓库，集中进行淀粉烘干与包装、集中储存、集中管理和销售，大幅提升单位基础设施投资额带来的产值，降低人工成本，从而实现整个产业投资价值的最大化。

2.5.4 合理布局甘薯粉条加工厂，降低加工成本

把甘薯粉条加工厂、甘薯淀粉烘干厂及甘薯淀粉加工厂联建，可以再次大幅降低粉条成品的加工、运输、包装成本。

粉条加工时需要把淀粉搅拌成粉浆，如果粉条厂直接用脱水湿淀粉加工成成品粉条，至少每千克节约淀粉烘干成本 0.4~0.6 元/kg，节约包装袋和包装成本 0.2 元/kg，综合下来，粉条成品可以节约 0.6~0.8 元/kg 的成本，每吨粉条节约成本 600~800 元，相当于粉条加工净利润翻了一倍。如果把淀粉烘干厂和粉条加工厂建设在一起，可以共用锅炉、原料库、仓库管理人员、技术人员、检测人员等，既大幅提升单位投资额的产值，也大大节约了原料往返运输成本，还实现产品可追溯，确保产品品质的安全。

2.5.5 把园区建设成乡村旅游地，提升园区的综合经济效益

产业园区充分利用土地的承载能力，采用实用的废水、废渣处理工艺，需要布局一定的种植、绿化区。同时园区生产期间需为员工提供食宿服务，本身就需要配套一定的餐饮设备设施及烹饪人员、保安等。故建议园区建设在离主干道和城镇较近的区域，在加工忙碌期结束后，依托园区的种植基地，种植优质水果、蔬菜等，利用厂区宽敞的环境和停车场，对外提供特色农家菜、承办各种规格的宴席、举办采摘活动、户外休闲度假等服务等，让加工厂的员工每年有更长的工作时间和总工资收入，提升园区的知名度和影响力，促进产品的销售，促进更多的农户成为园区签约甘薯种植户。

2.5.6 建设产品营销体验中心

依托产业园形成的人流，对外展示销售园区生产的鲜薯、淀粉、粉条等产品，同时通过电商平台、互联网、自媒体等，宣传公司的品牌和产品，增加园区的销售收入。

可以根据产业发展的需要，对育苗基地、湿淀粉加工、淀粉烘干、粉条加工、乡村餐饮旅游业、技术研发中心、营销体验中心等进行组合，构成一、二、三产业融合发展的产业园。

2.6.7 创新企业发展模式，发展连锁加盟模式，多渠道解决发展资金

供给侧改革对于四川淀粉型甘薯产业产生了较大影响，必须要转换传统的低质量、低成本发展思路，依靠现代化加工设备和加工技术的持续创新来提升加工效率、提升产品品质，进行经营模式创新。单个加工企业的体量小，盈利总额小，无力投入巨资进行系统的技术创新，也无能力独自建设技术和管理人才培养体系、进行标准化的经营管理制度、生产流程建设，进行营销渠道和品牌建设，进行资本运作解决企业资金难题等。现代加工业投资大，回报周期相对较长，需要不断提升设备设施利用率，防止同业恶性价格竞争，打造优质产品品牌，才能获得正常利润，才能有效促进产业继续创新。

要破解这些产业难题，顶古山薯业认为唯一的办法就是发展连锁加盟，由核心龙头企业投入大量资金，对整个产业链的关键技术进行攻关和反复测试、熟化，形成标准化的加工设备体系、加工工艺流程、产品质量管控体系、低成本的污水治理体系、专业的技术和管理人才培养体系、产品品牌和营销体系。龙头企业根据市场需要，合理区域布局，分三个等级（湿淀粉加工厂园区、湿淀粉干淀粉和粉条一体化加工厂、全产业链加工园区）的产业园，最大程度提升单位投资的产值，提升园区的经营效率，实现多个加工厂按照标准生产出符合社会需要的合格产品，并集中进行品牌宣传和销售，从而大幅降低关键共性技术创新、技术人才培养、品牌和营销体系建设、市场拓展的成本，降低设施重复建设成本，降低同质化价格战造成产业丧失正常的利润，让整个产业走上技术不断创新、产品质量持续提升、有正常的投资回报率的良性发展道路。同时通过不断挖掘并开发出消费者潜在需求的新产品及匹配的加工设备，不断提升整个甘薯加工产业的毛利率和竞争力，形成"品牌＋技术＋规模＋合作组织"组成的优势组合，四川甘薯产业才能在未来的市场竞争中获得生存和发展壮大的机遇。

3 总结展望

随着中国各行各业产能的过剩，在经济新常态和供给侧改革的大环境下，国家对环境污染零容忍，

对食品安全越来越严格的管控，不能达到环保标准和甘薯淀粉及淀粉制品国标要求的甘薯加工企业必将被淘汰，而产能规模适中、加工技术现代化程度高、技术创新能力强、品牌知名度高、成本管理能力强、销售渠道管控能力强的现代化精深加工企业连锁集团将会快速崛起，市场集中度将快速提高，整个产业加工技术水平将获得快速提升。四川的甘薯淀粉加工企业需要抓住产业转型升级的发展机遇，强练内功，实现技术创新和经营规模的快速提升，形成具有全国竞争力的一、二、三产业融合发展产业集团，并通过在资本市场，获得更多融资渠道，为产业发展提供持续的资金支持，助力脱贫攻坚，实施乡村振兴战略，推动四川两薯振兴工作。

参考文献

[1] 马代夫，李强，曹清河，等.中国甘薯产业及产业技术的发展与展望 [J]. 江苏农业学报，2012，28（5）：969-973.

[2] 朱永清，梁强，谢江.加快推进四川甘薯加工业发展的建议 [J]. 四川农业科技，2016（6）：52-54.

[3] 黄钢，沈学善，屈会娟.为做强做优薯类产业构筑科技支撑 [J]. 四川农业科技，2017（10）：49-51.

[4] 刘文菊，沈群，刘杰.酸浆法生产淀粉机理研究初探 [J]. 食品科学，2006，27（1）：79-82.

[5] 李洪艳，李建国，岳静，等.提高甘薯淀粉出粉率的研究 [J]. 辽宁师范大学学报（自然科学版），2004，27（3）：336-338.

[6] 杨书珍，于康宁，黄启星，等.明矾替代物对甘薯粉丝品质的影响 [J]. 中国粮油学报，2009，24（10）：54-58.

[7] 王可山，苏昕.我国食品安全政策演进轨迹与特征观察 [J]. 改革，2018（2）.

不同品种甘薯淀粉加工特性及影响因素研究

靳艳玲[1]，杨　林[1]，丁　凡[2]，方　扬[1]，谭　力[1]，易卓林[1]，何开泽[1]，赵　海[1*]

（1.中国科学院成都生物研究所，中国科学院环境与应用微生物重点实验室，环境微生物四川省重点实验室，
四川成都　610041；2.绵阳市农业科学院，四川绵阳　621023）

摘　要： 对24个甘薯品种的淀粉含量、干率、可溶性糖含量、淀粉的黏度特征谱和磷含量进行了比较研究。结果表明，试验品种薯块的平均淀粉含量为22.14%，以渝薯1号最高，达31.45%；平均干率为31.38%，品种之间的差异较小；平均可溶性糖含量2.32%；褐变指数7.00 ~ 20.01，最低的为渝薯27；糊化温度范围为66.8 ~ 77.1℃，秦薯9号、苏薯24、烟薯26和济薯25淀粉的糊化温度均低于70℃；峰值黏度最高的品种为运薯271，达1207 BU；崩解值最低的品种为桂粉3号，为381 BU；回生值最大的品种为渝薯27，达477 BU；磷含量82 ~ 231 mg/kg，与崩解值和回生值均呈正相关，与峰值黏度极显著正相关（$P<0.01$）。

关键词： 甘薯；品种；淀粉；加工特性

我国是薯类生产大国，甘薯的种植面积和总产量均居世界第一位，其中，四川省的甘薯产量居全国首位，在保障食品安全和满足消费需求多样化方面发挥了重要作用。加工是促进农业持续增效、农民持续增收的重要途径，因此，相关科研单位和企业一直在持续地开展甘薯加工新产品的研发工作，甘薯可加工利用的主要成分其所含的淀粉，最直接的产品为淀粉及衍生物淀粉；甘薯还可以通过微生物发酵将其中的淀粉转化生产酒精、饮料、饲料、调味品以及其他大宗工业产品。随着消费者对甘薯保健功能的认可，甘薯食品的研制和生产开发得到较快的发展，质量亦不断提高，出现了甘薯方便食品、休闲食品、甘薯饮料、功能保健产品等产品[1 ~ 4]。但因技术门槛和设备投入要求较低，而且甘薯淀粉类产品价位相对玉米淀粉和马铃薯淀粉产品较高，所以目前甘薯加工的主要形式仍为淀粉、粉丝、粉条等产品，"三粉"加工仍占据主导地位。农户和企业加工的积极性也较高，北方薯区淀粉加工所占比例为58.7%，南方薯区为31.3%，长江中下游薯区为44.4%[5 ~ 7]。

不同甘薯品种的淀粉含量、出粉率以及加工粉条的品质差异很大，直接影响加工利润。而在实际生产过程，绝大多数加工企业使用的甘薯原料品种较为混杂，不利于发挥最大效益、保证生产的稳定

基金项目： 国家现代农业产业技术体系建设专项基金（CARS-10-B22）。

作者简介： 靳艳玲，女，副研究员，博士，主要从事甘薯产后加工的研究。E-mail：jinyl@cib.ac.cn。

***通讯作者：** 赵海，男，研究员，博士生导师，主要从事甘薯产后加工的研究。E-mail：zhaohai@cib.ac.cn。

性。另外，淀粉除用于烹调和食品加工外，用途非常广泛，如在工业上用于黏合、成膜、上胶，在药品里用于增稠、崩解等。不同的应用方向对于淀粉的品质具有不同的要求，为此，本研究对国内近年来育成的 24 个品种甘薯的加工性能参数进行了比较，对加工产品品质相关的因素进行了分析，以期为淀粉及相关产品加工专用甘薯品种育种提供参考。

1 材料与设备

1.1 材料

渝薯 1 号、济薯 25、渝薯 198、渝薯 27、冀薯 98、商薯 19、漯薯 11、运薯 271、桂粉 3 号、秦薯9 号、湛薯 12、万薯 34、鄂薯 6 号、龙薯 28、苏薯 24、秦薯 5 号、烟薯 26、广薯 87、湘薯 98、皖薯7 号、川薯 221、阜薯 24、郑红 23、万薯 9 号等 24 个品种甘薯由国家甘薯产业技术体系提供。

1.2 仪器设备

高效液相色谱仪（ELSD 6000）：美国奥泰公司；电感耦合等离子体发射光谱仪（Optima 8300）：美国 PerkinElmer 公司；分光光度计（754N）：上海奥普勒仪器有限公司；微量快速黏度仪（MVAG 803202）：德国 Brabender 公司。

2 方法

2.1 干率

采用常压 105℃烘干重量分析法测定。

2.2 淀粉含量测定

参照 GB/T 5009.9-2016《食品中淀粉的测定》改进后的方法，薯浆酸水解后的葡萄糖以高效液相色谱 – 蒸发光检测器法（HPLC-ELSD）测定[8, 9]。水解液处理：吸取一定量水解液，依次通过预先以甲醇活化好的 C18 固相萃取小柱和 0.22 μm 水系滤膜过滤。色谱条件：以超纯水为流动相，采用 BIO-RAD AminexR HPX-87P 色谱柱，流速 0.6 mL/min，柱温 79 ℃，蒸发光检测器温度 105 ℃，进样量 20μL。以系列浓度葡萄糖溶液和相应的色谱峰面积绘制标准曲线，根据标准曲线计算水解液中葡萄糖浓度并根据水解样品重量折算甘薯中葡萄糖浓度，此为淀粉水解和可溶性糖溶解获得的总葡萄糖浓度，减去同法测得未水解甘薯的可溶性葡萄糖浓度再除以 1.1 即为淀粉含量。

2.3 可溶性糖测定

准确称取 10g 薯浆，蒸馏水洗入 250 mL 容量瓶中，加入 5 mL 的 1 mol/L 乙酸锌溶液混匀，再加入5 ml 的 0.25 mol/L 亚铁氰化钾溶液混匀，定容，静置 30 min 后过滤。吸取 0.5 mL 样液于试管中，用蒸馏水补至 2 mL，加入 9% 苯酚 1 mL，迅速加 5 mL 浓硫酸。摇匀后，在室温下静置 30 min，以不含蔗糖溶液的空白为参照，测定 OD$_{485}$[10]。同法以系列浓度葡萄糖标准溶液绘制标准曲线，根据标准曲线计算出甘薯中可溶性糖含量。

2.4 褐变指数测定

参照文献方法[11]采用分光光度计测定，以 10·A 410 表示褐变度。

2.5 淀粉的提取

参照文献的方法[12]提取，得到的淀粉在 45℃干燥，过 100 目筛备用。

2.6 淀粉糊化特性测定

采用 BRABENDER 微型糊化黏度仪测定。添加 0.05 mol/L 硝酸银钝化 α – 淀粉酶以消除 α – 淀粉酶在升温过程中对糊化特征参数的干扰[13, 14]。糊化黏度测定参数及温控程序：转速 250 rpm，升温速度 7.5 ℃ /min，升至 92 ℃后保温 5 min，然后以同样速度降温至 50 ℃，保温 1 min。黏度结果以布拉班德黏度单位 BU 表示。

2.7 磷含量测定

采用 GB 5009.87–2016《食品中磷的测定》改进后的方法测定。消解灰化的样品以电感耦合等离子体发射光谱仪（ICP–OES）测定磷浓度。

2.8 数据分析

以上测定均为 3 个重复，结果以平均值 ±SD 表示。采用 SPSS 19.0 进行描述性统计和 Duncan 检验差异分析。

3 结果与分析

3.1 不同品种薯块淀粉加工相关品质参数

根据国家甘薯产业技术体系 2017 年开展的不同用途甘薯品质需求调研，淀粉加工企业和农户最关注的薯块品质参数有：高淀粉、低褐变、高干率、低糖。其中，淀粉含量是关注度最高的指标，直接关系到出粉率和经济效益。由表 1 可见，试验品种薯块的平均淀粉含量为 22.14%，以渝薯 1 号最高，达 31.45%。干率是指块根的干物质含量，是甘薯品种最重要的经济性状之一，干率排在前三位的依次为济薯 25、渝薯 1 号、运薯 271，平均干率为 31.38%，24 个品种之间的干率差异较小，变异系数 13.45。而可溶性糖含量差异较大，变异系数达 43.97，平均含量 2.32%。褐变是影响甘薯淀粉品质的一个重要指标，在多酚氧化酶作用下薯块中的酚类物质被氧化形成醌，醌自我聚合或者通过共价修饰，与其他物质结合产生黑色或褐色的色素沉淀，使淀粉的白度降低，从而影响淀粉的商品性[15, 16]。另外，褐变指数较高的品种，淀粉加工废水的颜色也较深，处理过程中相应地要增加脱色的成本。试验品种褐变指数 7.00 ~ 20.01，褐变指数最低的为渝薯 27。已有学者开发了多种方法抑制褐变，如加入亚硫酸盐、加入蛋白酶抑制剂、隔绝氧气等[11]，但这些方法均依赖化学试剂或设备，成本较高且有药剂残留问题。如能选育低褐变指数的高淀粉甘薯品种，则是一条从源头上减少褐变、提高淀粉白度的安全、有效的途径。

表 1 24 个品种甘薯薯块主要淀粉加工相关品质参数

	品种	淀粉（%）	干率（%）	可溶性糖（%）	褐变指数
1	渝薯 1 号	31.45 ± 0.17 aA	37.61 ± 0.87 aA	1.74 ± 0.04 lIJ	8.75 ± 0.12 jkJK
2	济薯 25	28.93 ± 0.55 bB	38.14 ± 0.24 aA	2.10 ± 0.03 jH	10.97 ± 1.15 efEFG
3	渝薯 198	27.05 ± 0.08 cC	34.13 ± 0.5 cdeDE	1.18 ± 0.03 nK	10.77 ± 0.69 efgEFGH
4	渝薯 27	25.72 ± 0.02 dD	32.73 ± 0.54 fEF	1.09 ± 0.02 nK	7.00 ± 0.32 lL
5	冀薯 98	25.69 ± 0.27 dD	35.01 ± 0.85 bcdCD	2.26 ± 0.03 iG	9.44 ± 0.91 hijHIJK
6	商薯 19	25.37 ± 0.37 dD	36.03 ± 0.22 bBC	4.98 ± 0.12 aA	10.73 ± 0.33 efgEFGH
7	漯薯 11	24.5 ± 0.39 eE	34.89 ± 0.59 bcdCD	2.05 ± 0.12 jH	9.60 ± 0.15 hijGHIJ
8	运薯 271	23.56 ± 0.5 fF	37.26 ± 0.56 aaAB	2.36 ± 0.01 hG	9.73 ± 0.39 ghijGHIJ
9	桂粉 3 号	23.34 ± 0.36 fF	32.09 ± 0.89 fF	3.70 ± 0.02 cC	13.32 ± 0.42 cCD
10	秦薯 9 号	23.23 ± 0.11 fFG	30.03 ± 0.74 gGH	2.26 ± 0.03 iG	12.05 ± 0.25 DE
11	湛薯 12	23.13 ± 0.39 fFG	35.26 ± 0.45 bcCD	1.63 ± 0.07 mJ	14.9 ± 0.3b B

续表

	品种	淀粉（%）	干率（%）	可溶性糖（%）	褐变指数
12	万薯 34	23.04 ± 0.64 fgFG	28.87 ± 0.31 hiHI	1.77 ± 0.06 klI	8.64 ± 0.28 jkJK
13	鄂薯 6 号	22.58 ± 0.36 gG	33.1 ± 0.88 efEF	2.71 ± 0.01 fF	10.13 ± 0.47 fghiFGHIJ
14	龙薯 28	21.49 ± 0.18 hH	29.83 ± 0.32 ghGH	3.57 ± 0.03 dD	9.03 ± 0.62 ijkIJK
15	苏薯 24	21.42 ± 0.15 hH	30.49 ± 0.59 gG	2.12 ± 0.02 jH	20.01 ± 0.79 aA
16	秦薯 5 号	20.11 ± 0.31 iI	30.62 ± 0.55 gG	0.42 ± 0.04 oL	8.03 ± 0.23 klKL
17	烟薯 26	20.08 ± 0.37 iI	33.99 ± 0.63 deDE	2.64 ± 0.04 fgF	14.31 ± 0.14 bBC
18	广薯 87	19.62 ± 0.13 iI	25.04 ± 0.78 kJK	4.43 ± 0.14 bB	15.12 ± 0.52 bB
19	湘薯 98	18.93 ± 0.14 jJ	26.26 ± 0.45 jJK	1.76 ± 0.02 klI	10.42 ± 0.40 fghFGHI
20	皖薯 7 号	17.95 ± 0.06 kK	26.19 ± 0.82 jJK	1.84 ± 0.01 klI	9.31 ± 0.55 hijHIJK
21	川薯 221	17.55 ± 0.08 kK	26.61 ± 0.40 jJ	2.90 ± 0.03 eE	11.53 ± 1.29 deEF
22	阜薯 24	16.73 ± 0.11 lL	28.32 ± 1.20 iI	2.58 ± 0.02 gF	10.38 ± 0.92 fghFGHI
23	郑红 23	15.86 ± 0.07 mM	24.76 ± 0.30 kK	1.76 ± 0.03 lI	9.20 ± 0.65 ijIJK
24	万薯 9 号	14.12 ± 0.42 nN	25.74 ± 0.96 jkJK	1.86 ± 0.02 kI	7.21 ± 0.36 lL
平均值		22.14	31.38	2.32	10.86
标准差		4.13	4.22	1.02	2.93
变异系数		18.65	13.45	43.97	26.98
变化范围		14.12 ~ 31.45	24.76 ~ 38.14	0.42 ~ 4.98	7.00 ~ 20.01

注：表中同列数据后不同小写字母表示差异显著（$P<0.05$），不同大写字母表示差异极显著（$P<0.01$）。下表同。

3.2 不同品种甘薯淀粉黏度谱（RVA）的差异

淀粉是一种亲水性的胶体，淀粉在适当温度下在水中溶胀、分裂、形成均匀的糊状溶液的过程被称为糊化，糊化的直接表现为黏度增加，黏度在淀粉产品加工及最终产品的功能方面非常重要，不同产品要求使用具有不同的流变特性的淀粉。不同品种甘薯糊化淀粉的特征黏度谱间存在明显差异，在加热（糊化）和冷却（胶凝化）过程的流变特征不同可以满足不同产品的需要。

使淀粉达到糊化状态的温度是糊化温度，受淀粉晶型、结构、颗粒大小的影响，不同作物以及同一作物不同品种淀粉的糊化温度存在差别[17]。受试甘薯淀粉的糊化温度范围为 66.8 ~ 77.1℃，其中，秦薯 9 号、苏薯 24、烟薯 26 和济薯 25 淀粉的糊化温度均低于 70℃。较低的糊化温度有利于降低加工能耗和时间、有利于大规模工业化生产；而较高的糊化温度表明淀粉晶体结构稳定，不易被破坏。峰值黏度与淀粉糊的黏结性和增稠性密切相关[18, 19]，受试品种甘薯淀粉的峰值黏度变化范围为 922 ~ 1207 BU，最高的为运薯 271。崩解值越小，代表其溶胀后的淀粉颗粒强度越大、不易破裂，导致其抗剪切性和热糊稳定性好[17]，受试品种甘薯淀粉的崩解值变化范围为 69 ~ 526 BU，其中，桂粉 3 号具有最低的崩解值，为 381 BU。缪铭的[20]研究表明，块根类淀粉崩解值与慢消化淀粉显著负相关，崩解值较低的淀粉意味着其缓慢消化吸收、持续释放能量，有利于稳定餐后血糖。淀粉的回生值越大表示其越容易老化，制作增稠剂时凝胶性强[19, 21]，受试品种甘薯淀粉回生值变化幅度较大，变异系数为 16，其中渝薯 27 的回生值最高，为 477 BU。

表 2 24 个品种甘薯淀粉黏度谱

	品种	糊化温度（℃）	峰值黏度（BU）	崩解值（BU）	回生值（BU）
1	渝薯 1 号	72.6 ± 0.4 efEFGH	1024 ± 23 fHI	564 ± 6 dD	365 ± 6 gG
2	济薯 25	66.8 ± 1.1 lM	1195 ± 25 aAB	563 ± 5 dD	313 ± 5 iI
3	渝薯 198	72.9 ± 1.5 efDEFG	1111 ± 18 cDE	495 ± 10 fGH	389 ± 15 eDE
4	渝薯 27	74.3 ± 0.4 cdCD	1107 ± 11 cDEF	617 ± 10 bB	477 ± 11 aA
5	冀薯 98	72.3 ± 0.7 fgFGHI	1060 ± 18 deGH	623 ± 4 bB	338 ± 13 hH
6	商薯 19	71 ± 0.3 hijHIJ	1183 ± 22 abAB	596 ± 10 cC	375 ± 8 fgEFG
7	漯薯 11	75.7 ± 1.1 bABC	922 ± 15 iL	457 ± 11 hiJ	269 ± 3 kJ
8	运薯 271	71.3 ± 0.3 ghiGHIJ	1207 ± 11 aA	539 ± 7 eEF	448 ± 13 bB
9	桂粉 3 号	77.1 ± 0.1 aA	940 ± 11 hiKL	381 ± 8 kL	335 ± 6 hH
10	秦薯 9 号	68.9 ± 0.3 kKL	1131 ± 18 cCD	677 ± 11 aA	395 ± 4 eD
11	湛薯 12	75.3 ± 0.7 bcBC	964 ± 6 ghJK	447 ± 8 iJ	366 ± 5 gFG
12	万薯 34	70.8 ± 0.3 ijIJ	1112 ± 13 cDE	417 ± 7 jK	343 ± 3 hH
13	鄂薯 6 号	76.3 ± 0.4 abAB	1021 ± 18 fHI	497 ± 11 fGH	369 ± 9 gFG
14	龙薯 28	75.3 ± 0.4 bcBC	1122 ± 18 cD	559 ± 10 dDE	396 ± 6 eD
15	苏薯 24	68.9 ± 1.5 kKL	1164 ± 19 bBC	562 ± 3 dD	450 ± 5 bB
16	秦薯 5 号	73.1 ± 0.2 defDEF	1103 ± 4 cDEF	569 ± 11 dD	241 ± 1 lK
17	烟薯 26	67.4 ± 0.5 lLM	1190 ± 16 abAB	533 ± 6 eF	342 ± 6 hH
18	广薯 87	72.2 ± 0.3 fghFGHI	1056 ± 27 deGH	530 ± 15 eF	398 ± 13 eD
19	湘薯 98	74.2 ± 0.3 cdCDE	1071 ± 9 dFG	529 ± 15 eF	394 ± 6 eD
20	皖薯 7 号	74.3 ± 0.6 cdCD	1075 ± 21 dEFG	555 ± 8 dDE	315 ± 6 iI
21	川薯 221	72.2 ± 0.3 fghFGHI	1032 ± 6 efH	468 ± 9 ghIJ	432 ± 3 cBC
22	阜薯 24	73.2 ± 0.4 defDEF	990 ± 12 gIJ	456 ± 10 hiJ	384 ± 3 efDEF
23	郑红 23	70 ± 0.4 jkJK	1047 ± 10 defGH	506 ± 5 fG	284 ± 6 jJ
24	万薯 9 号	73.6 ± 1 deDEF	986 ± 10 gIJ	479 ± 15 gHI	417 ± 11 dC
平均值		72.5	1077	526	368
标准差		2.7	81	69	50
变异系数		3.8	8	13	16
变化范围		66.8 ~ 77.1	922 ~ 1207	381 ~ 677	241 ~ 477

3.3 淀粉磷含量与黏度谱的相关性

影响淀粉黏度特征的因素除作物种类（如淀粉晶型）外，同一种作物间还受品种差异的影响，主要因素为直链淀粉和支链淀粉的含量[22]，但根据前期研究的结果，不同品种甘薯淀粉的直链、支链淀粉含量差异较小，变异系数仅 1.03[23]。另有报道，磷与马铃薯淀粉的黏度特征具有显著相关性，磷是存在于淀粉中的非碳水化合物结构，以磷酸单酯形式结合于支链淀粉后可以增加淀粉的黏度和透明度[24]。因此，测定了不同品种甘薯淀粉的磷含量及其与黏度特征参数的相关性，结果表明：24 个品种甘薯淀粉磷含量变化幅度较大（82 ~ 231 mg/kg），变异系数达 22.33，且磷含量与崩解值和回生值均呈正相关，与峰值黏度极显著正相关（$P<0.01$）。这一结果提示：磷含量可以作为育种的参考指标，同时，可以尝试通过调节磷肥使用量等途径影响甘薯淀粉磷含量，从而改变其黏度特征。

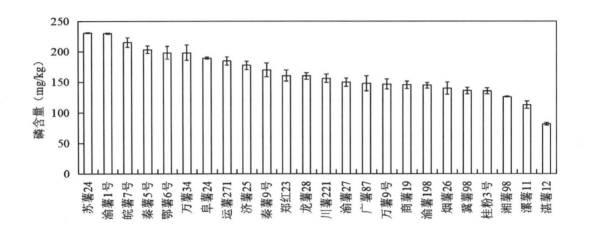

图 1　24 个品种甘薯淀粉磷含量

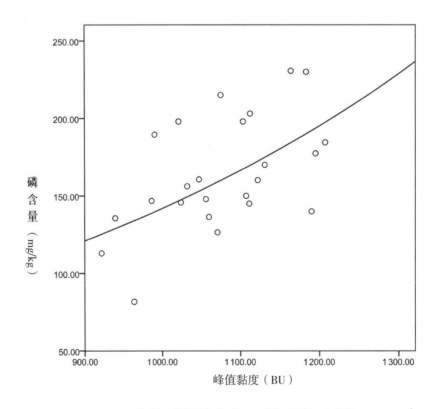

图 2　甘薯淀粉磷含量与峰值黏度的相关性拟合曲线

4 讨论

传统观念认为，淀粉加工用甘薯只要淀粉含量高就可以了，农户和企业在引种、加工时对其他指标并无过多关注。随着企业技术和管理水平的提升，已逐渐认识到高淀粉含量确实是淀粉及相关产品加工的基本指标，但品质指标同样重要，不同产品对淀粉的品质指标需求有较大差异，是否选择合适的品种关系到原料能否物尽其用、生产能否提质增效以及废弃物能否实现减量化。本研究对 24 个品种甘薯薯块及淀粉品质进行了比较分析，筛选出各类品质特性突出的品种，可以为后续育种工作提供材料和参考。

参考文献

[1] 汤月敏，代养勇，高歌，等.我国甘薯产业现状及其发展趋势 [J]. 中国食物与营养，2010，8：23 — 26.

[2] 孙红男，木泰华，席利莎，等.新型叶菜资源 – 甘薯茎叶的营养特性及其应用前景 [J]. 农业工程技术（农产品加工业），2013（11）：45-49.

[3] Sivakumar P S，Panda S H，Ray R C，et al.Consumer acceptance of lactic acid–fermented sweet potato pickle[J]. Journal of Sensory Studies，2010，25：706‐719.

[4] Jin Y L，Fang Y，Zhang G H，et al. Comparison of ethanol production performance in ten varieties of sweet potato at different growth stages[J]. Acta Oecologica，2012，44：33-37.

[5] 戴起伟，钮福祥，孙健，等.我国甘薯加工产业发展概况与趋势分析 [J]. 农业工程技术，2015（35）：27-31.

[6] 戴起伟，钮福祥，孙健，等.中国甘薯加工产业发展现状与趋势分析 [J]. 农业展望，2016，4：39-43.

[7] 国家甘薯产业技术体系产业经济专家组.我国甘薯产业现状与市场分析 [J]. 调研报告 .201 5.

[8] Zhang L，Chen Q，Jin Y L，et al. Energy–saving direct ethanol production from viscosity reduction mash of sweet potato at very high gravity[J]. Fuel Processing Technology，2010，91：1845-1850.

[9] Zhang L，Zhao H，Gan M Z，et al. Application of simultaneous saccharification and fermentation（SSF）from viscosity reducing of raw sweet potato for bioethanol production at laboratory，pilot and industrial scales[J].Bioresource Technology，2011，102：4573‐4579.

[10] 叶慧琴，祁宝秀，齐云霞，等.总糖含量影响因素分析 [J]. 轻工科技，2013（11）：35-36.

[11] 袁洁，霍垲，唐玉婷，等.不同甘薯品种鲜切薯块褐变度的筛选及其聚类分析 [J] 分子植物育种，2014，12（5）：929-936.

[12] 张正茂，赵思明，熊善柏.不同提取方法对甘薯淀粉性质的影响 [J]. 食品科技 .2016，41（04）：243-248.

[13] 刘晓丹，潘志芬，琚亮亮，等.α–淀粉酶对小麦糊化特性的影响 [J]. 应用与环境生物学报，2017（06）：1-12.

[14] 任嘉嘉，孟少华，曹永政，吴海文，李鸿印.大麦品种籽粒、制粉和黏度特性研究 [J]. 粮油加工 .2014（6）：50-53.

[15] 李山云，隋启君，白建明，等.抗机械损伤褐变马铃薯品种（系）的筛选 [J]. 中国马铃薯，2010，24（4）：193-196.

[16] Lee C Y, Kagan V, Jaworski A W, et al. Brown.Enzymatic Browning in Relation to Phenolic Compounds and Polyphenoloxidase Activity among Various Peach Cultivars[J].Journal of Agricultural and Food Chemistry. 1990, 38, 99–101.

[17] 缪铭, 江波, 张涛. 淀粉的消化性能与 RVA 曲线特征值的相关性研究 [J]. 食品科学, 2009, 30 (5): 16–19.

[18] 刘敏, 代曜伊, 毕家钰, 等. 魔芋胶对莲藕淀粉糊化和流变特性的影响 [J]. 食品与发酵工业.2017, 43 (7): 109–114.

[19] 冯琳, 陈江枫, 陈明育, 等. 高峰值黏度淀粉及凝胶型淀粉的研制 [J]. 现代食品科技, 2010, 26 (3): 291–294.

[20] 缪铭. 慢消化淀粉的特性及形成机理研究 [D]. 江南大学, 2009.

[21] 赵敏. 淀粉类凝胶食品制备及特性研究 [D]. 陕西科技大学, 2014.

[22] Shibanuma Y, Takedab Y, Hizukurin S.Molecular and pasting properties of some wheat starches[J]. Carbohydr Polym, 1996, 29 (3): 253–261.

[23] 靳艳玲, 何素兰, 李育明, 等. 不同品种甘薯淀粉产量及糊化特性的比较研究 [J]. 江苏师范大学报（自然科学版）, 2018, 36, 1: 17–20.

[24] Zaidul I S M, Yamauchi H, Kim S J, et al..RVA study of mixtures of wheat flour and potato starches with different phosphorus contents[J].Food Chemistry, 2007, 102 (4): 1105–1111.